BRIGITTE TIMMERMANN (TEXT)   FREDERICK BAKER (BILD-ESSAY)
DER DRITTE MANN
AUF DEN SPUREN EINES FILMKLASSIKERS

Gefördert vom Filmfonds Wien

Die Deutsche Bibliothek – CIP Einheitsaufnahme
Timmermann, Brigitte / Baker, Frederick: Der Dritte Mann.
Auf den Spuren eines Filmklassikers / Brigitte Timmermann, Frederick Baker
Wien: Czernin Verlag 2002
ISBN 3-7076-0143-9
© by Czernin Verlag GmbH, Wien

Umschlag: [nach einer Idee von Sandra Fasolt] Frederick Baker, Bernhard Kerbl
Layout: Bernhard Kerbl
Druck: Druckerei Theiss GmbH, A-9431 St. Stefan
ISBN 3-7076-0143-9
Alle Rechte vorbehalten, auch der auszugsweisen
Wiedergabe in Print- oder elektronischen Medien

**EINLEITUNG
BRIGITTE
IMMERMANN**
006

**VORWORT
FREDERICK
BAKER**
008

01
vv
**GEBURT
EINES FILM-
KLASSIKERS**
015

02
vv
**EIN BRITISCHER
FILMTRIUMPH**
033

03
vv
**EIN FILM
SCHREIBT
STADT-
GESCHICHTE**
046

04
vv
**HINTER DEN
KULISSEN**
092

05
vv
**CAROL REED
UND SEIN
GENIALES TEAM**
118

06
vv
**WIEN
ZWISCHEN
DICHTUNG UND
WAHRHEIT**
144

INHALT

08
vv
ANNA, EIN FRAUENSCHICKSAL IM NACHKRIEGS-WIEN
210

09
vv
ORSON IN DER UNTERWELT
222

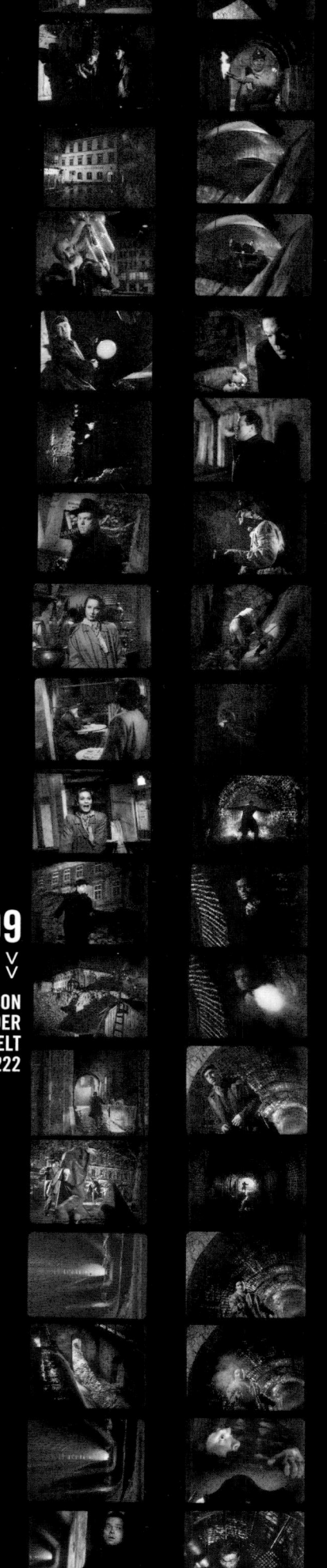

10
vv
HERR, GIB IHM DIE EWIGE RUHE
260

1:39:28

THE END

ANMERKUNGEN	270
BILDNACHWEIS	277
CHRONOLOGIE DES FILMS	278
WIENER DREHORTE	278
PRODUKTIONSSTAB UND BESETZUNG	279
GLOSSAR	280
QUELLENNACHWEIS	284
AUTOREN	287
DANK	287
SPONSOREN	288

EINLEITUNG VON BRIGITTE TIMMERMANN

Wien, ein Sonntagnachmittag 2002: Überdimensionale Zithersaiten füllen die Kinoleinwand. Sie vibrieren. Wie von Geisterhand bewegt spielen sie eine vertraute, eine wienerische Melodie: das Harry Lime-Theme. Eine Kennmelodie, die auf über 40 Millionen verkauften Schellacks im wahrsten Sinne des Wortes millionenfach um die Welt gegangen ist und auf Wien eingestimmt hat.

London, Herbst 1947: Bestsellerautor Graham Greene schlägt Filmproduzent Alexander Korda die Geschichte vom mysteriösen Verschwinden und plötzlichen Wiederauftauchen eines Mannes namens Harry vor. Die Idee gefällt Korda. Aber London als Drehort? Findet er wenig spektakulär. Wie wäre es mit Wien? Da gäbe es doch das Sacher! Und Wien als ungewöhnliche und tagespolitisch hochaktuelle Kulisse ließe sich in Verbindung mit einer internationalen Starbesetzung weltweit viel besser verkaufen ...

Und so ergibt es sich, dass die legendäre Geschichte des Penicillinschiebers Harry Lime nicht nur in Wien spielt, sondern 1948 auch in der Stadt gedreht wird. Nur wenige Monate später steht das Kinopublikum rund um den Erdball Schlange, Cannes zeichnet den „Dritten Mann" mit der Goldenen Palme aus, Hollywood verleiht ihm einen Oscar. Im März 1950 erobert Carol Reeds Meisterwerk auch das Kinopublikum seiner „Geburtsstadt".

Heute, mehr als ein halbes Jahrhundert danach, hat „Der Dritte Mann" nichts von seiner Faszination verloren. Die Figur des Erzbösewichts in schwarzem Mantel und Schlapphut ist zu einem Symbol für ein Wien jenseits von kaiserlicher Pracht und Walzerherrlichkeit geworden. Er ist Teil unseres kulturellen Erbes und Selbstverständnisses und hat das Bild Wiens im Ausland entscheidend mitgeprägt.

„Der Dritte Mann" ist aber nicht bloß ein Erfolgsfilm, den der Vorführer zum x-ten Mal durch den Projektor laufen lässt, und es geht um mehr als nur die Erlebnisse eines wenig erfolgreichen amerikanischen Schriftstellers, den es ins besetzte Nachkriegs-Wien verschlagen hat. Die oberflächlich betrachtet so simple Erzählung ist gleichzeitig auch eine höchst authentische Momentaufnahme der Weltgeschichte, eine nahtlose Verflechtung der Fiktion eines genialen Drehbuches und der Realität einer durch den Krieg entstellten Stadtlandschaft.

Schon 1985 hat die vorbildlich recherchierte und ausgezeichnet zusammengestellte Ausstellung „Der dritte Mann. Die Zeit, die Stadt, der Film" der Wiener Stadt- und Landesbibliothek im Wiener Rathaus den sehr erfolgreichen Versuch unternommen, diese vielschichtigen Vernetzungen aufzuzeigen. In der Zwischenzeit sind auch lange verschlossen gehaltene Kriegs- und Geheimdienstarchive in Ost und West zugänglich geworden und haben der Aufarbeitung der Nachkriegsgeschichte ein neues Fundament gegeben. All das geht Hand in Hand mit einem weltweit neu entfachten Interesse an Graham Greene, Carol Reed und dem britischen Film der vierziger Jahre, letztlich auch am „Dritten Mann" selbst: Die 50. Wiederkehr der Londoner Premiere bot Anlass zu einem viel beachteten Neustart, die Filmindustrie kürte den „Dritten Mann" zum Besten britischen Film des Jahrhunderts.

Historisch fällt „Der Dritte Mann" in die Jahre der alliierten Zonenteilung und des Wiederaufbaus, aber auch in die Zeit des Kalten Krieges und des wachsenden Misstrauens der Großmächte gegeneinander. Anders als Berlin hat Wien eine gemeinsam verwaltete Internationale Zone, was der Stadt eine Sonderstellung in der Weltpolitik zuweist und die Augen der Weltöffentlichkeit auf Wien richtet: Hier müssen sich die beiden Blöcke arrangieren, hier können sie einander aber auch gegenseitig beobachten, was Wien wiederum zu einer Drehscheibe internationaler Spionage werden lässt. Auch Harry Lime muss den Russen „manchmal Informationen zukommen lassen", sein Freund Holly Martins wiederum fühlt sich von einem „Spion mit Quadratlatschen" durch die dunklen Straßen Wiens verfolgt. Das macht den Film noch lange nicht zu einem Spionagefilm – wäre da nicht die Tatsache, dass die Drahtzieher hinter dem „Dritten Mann" durchwegs aus dem Geheimdienstmilieu stammen, die gesamte Entstehungsgeschichte des Filmes – von der ursprünglichen Idee über die Finanzierung und die Dreharbeiten in Wien bis hin zur Vermarktung – auf deren vielschichtigen internationalen Kontakten basiert, und vieles von ihrem „geheimen" Wissen in die Handlung eingeflossen ist.

Filmpolitisch gesehen ist „Der Dritte Mann" aus einer Krisensituation des britischen als auch des österreichischen Nachkriegsfilms heraus entstanden. Die englische Filmindustrie muss gegen die amerikanische Konkurrenz und eine ruinöse heimische Steuer- und Filmfinanzierungspolitik ankämpfen, die österreichische Filmindustrie wiederum versucht, aus ihrer kriegsbedingten Isolation auszubrechen und neu Anschluss an die internationale Kultur- und Filmszene zu finden. Beide stehen auch vor dem Problem der inhaltlichen Neuorientierung nach dem Krieg. Und wieder spielen persönliche Beziehungen eine wichtige Rolle: Sir Alexander Korda produziert und hält alle Fäden in der Hand, der amerikanische Filmmogul David O. Selznick stellt die Stars Joseph Cotten und Alida Valli, und dem Österreicher Karl Hartl, Mann an der Spitze der Wien-Film, verdanken wir, dass die Geschichte vom „Dritten Mann" in Wien und nicht in Rom oder Paris spielt, dass der Film durchgehend in Wien an Originalschauplätzen gedreht wird ... womit sich im „Dritten Mann" auch ein Stück österreichischer Filmgeschichte spiegelt.

Entscheidend für den Erfolg des Filmes ist aber auch die äußerst unkonventionelle Zusammenarbeit zwischen Greene und Reed. Beide kommen persönlich nach Wien, in wochenlangen Sitzungen erarbeiten sie ein perfektes Drehbuch, das Carol Reed mit subtilem Gespür für die Stadt in Film umsetzt. Er lässt keinen Zweifel daran, dass „Der Dritte Mann" für ihn viel mehr ist als nur ein Thriller im Schiebermilieu. Er macht aus ihm einen Jahrhundertfilm, gleichzeitig Liebeserklärung und Schwanengesang auf Wien und seine einstige Pracht.

Aber nicht nur der Drehbuchautor, der mit einem hochkarätigen englischen Team arbeitende Regisseur und die internationalen Stars Orson Welles, Joseph Cotten, Alida Valli und Trevor Howard tragen zum weltweiten Erfolg des „Dritten Manns" bei. Da sind auch die unvergessenen österreichischen Publikumslieblinge wie Paul Hörbiger und Hedwig Bleibtreu, Ernst Deutsch, Siegfried Breuer, Annie Rosar und der große „Meister der leisen Töne", Erich Ponto, nicht zu vergessen der kleine Hansl.

Überhaupt ist der Film „österreichischer" als allgemein bekannt: Die Dreharbeiten wurden mithilfe eines Millionenkredits der Österreichischen Nationalbank vorfinanziert, das großartige Finale auf dem Zentralfriedhof verdanken wir der Kameraarbeit eines Österreichers, Österreicher haben Regie- und Dialogassistenz gemacht, Kordas Shepperton Studios bei London waren ein Hort österreichischer Emigranten, von denen viele neben den Stars in Kleinrollen des „Dritten Manns" vor der Kamera agiert haben, das Joseph Cotten-Double war ein gefeiertes Idol der österreichischen Boxszene, die spektakulären Studiokulissen stammen von einem gebürtigen Wiener und eine der drei Oscar-Nominierungen ging an einen Steirer.

Begonnen hat meine Liebe zum „Dritten Mann" vor vielen Jahren mit dem kleinen Hansl („Papa, der war der Mörder! Ich hab's doch g'sehn!") und der Neugierde eines amerikanischen Freundes. Ob ich vielleicht etwas über den kleinen Jungen wisse? Ein mit Bleistift auf ein altes Filmfoto gekritzelter Name bringt mich auf seine Spur. Die Lust an weiterer Detektivarbeit ist geweckt: Wo finde ich das Café Marc Aurel, durch welche Litfasssäule ist Harry im Kanal verschwunden, wo mag der Balkon von Baron Kurtz gewesen sein? Ich mache mich auf die Suche nach den unzähligen, oft schwer identifizierbaren Originaldrehorten in Wien (das Drehbuch gehorcht nicht dem Stadtplan!), beginne in österreichischen und englischen Archiven, Filminstituten und Bibliotheken zu recherchieren. Zeitungsartikel, Rezensionen, literaturkritische Aufsätze, Stöße von Fotos, Aufzeichnungen von Radio- und Fernsehinterviews und Erinnerungsstücke aus der Nachkriegszeit lassen eine immer größer werdende Sammlung entstehen. Als Anglistin interessiert mich vor allem der Autor Graham Greene und der sprachliche und literaturhistorische Aspekt des „Dritten Mannes", als Historikerin die Geschichte hinter der Geschichte, als Filmfan die Umsetzung der Wiener Stadt- in Filmlandschaft und als Fremdenführerin die Einmaligkeit der mit dem historischen Ambiente Wiens untrennbar verbundenen Drehorte.

Ich merke, dass ich mit meiner wachsenden Begeisterung für den Film nicht allein bin. Was liegt daher näher, als den „Dritten Mann" zum Thema einer Stadtführung zu machen? Allen Zweiflern zum Trotz („Wer schaut sich denn noch so einen alten Schwarz-Weiß-Film an? Die sind doch schon alle tot!") kommen viele, um Wien auf den Spuren Harry Limes zu entdecken. Einheimische und Gäste aus dem Ausland, viele Fans aus dem angelsächsischen Sprachraum, sogar aus Japan, wo „Der Dritte Mann" zu den beliebtesten ausländischen Klassikern zählt. Es sind alle Generationen vertreten, Fans von Orson Welles oder Anton Karas, ehemalige Besatzungsoffiziere, Historiker, Film- und Reisejournalisten, Schulklassen, Leute vom Film oder ganz einfach eingeschworene Liebhaber des Klassikers. Welche andere Stadt der Welt kann schon mit einer derartigen Fülle authentischer Schauplätze eines einzigen Filmes aufwarten?

Für die einen ist alles noch erlebte Geschichte, sie schwärmen vom Hörbiger und der Bleibtreu, den Stars ihrer Jugend. Andere wollen einfach nur einen Blick in das legendäre Kanalsystem unter ihrer eigenen Stadt werfen. Die einen oder anderen Jüngeren erinnern sich an die legendäre Szene mit Harrys Katze als erstes bewusst wahrgenommenes Kinoerlebnis, haben aber kaum eine Vorstellung von den verheerenden Luftangriffen auf Wien, davon, wie sehr Hunger, Kälte, Not und die Besatzungszeit den Alltag in der Nachkriegszeit bestimmt haben, dass Schwarzmarktgeschäfte und Schieberei nicht nur Filmkulisse, sondern bittere Realität darstellten. Für die Gäste aus dem Ausland bedeutet „Der Dritte Mann" schlicht und einfach – Wien!

Da „Der Dritte Mann" bis dato – vor allem, was die Dreharbeiten betrifft – in der Filmliteratur überraschenderweise sehr stiefmütterlich behandelt worden ist, mache ich mich auf die Suche nach Leuten, die selbst am Film mitgearbeitet haben oder von denen zumindest Informationen aus erster Hand zu erwarten sind. Ein reger Briefverkehr mit Meldeämtern, Auskunfteien und Filmgewerkschaftsarchiven sowie faszinierende Gespräche mit „Zeitzeugen" aus Wien und aus England folgen. Ein immer facettenreicheres Bild vom „Dritten Mann" und seinem zeitlichen und räumlichen Umfeld entsteht. Es macht Spaß, Gespräche mit Guy Hamilton in seinem Haus auf Mallorca und mit Elizabeth Montagu auf dem Familienanwesen in Beaulieu bei Southampton zu führen, einen an sich unbedeutenden Statisten in Melbourne aufzustöbern, der wegen seines „russischen Kinns" als Besatzungssoldat engagiert worden ist. Aber auch in Österreich werde ich fündig.

Eine umfassende zeitgeschichtliche Dokumentation des Films und seiner Stadt, die Einblicke hinter die Kulissen des Films, aber auch in den kulturellen und politischen Alltag der Nachkriegszeit zu gewähren vermag, wird eine logische Folgerung. Wo sonst als in Wien – wo alle Fäden zusammengelaufen sind – sollte sie geschrieben werden? Darüber hinaus wäre es unverzeihlich, das Wissen bereits rar gewordener Zeitzeugen undokumentiert zu lassen – ein Stück Wiener Stadtgeschichte ginge ebenso unwiederbringlich verloren wie ein Stück österreichischer Filmgeschichte.

Filminstitute und Filmarchive können alte Filme vor dem Vergessen bewahren. Dass dasselbe auch für jene Menschen gilt, die diese Filme geschaffen haben, dürfe man von ihnen aber nicht erwarten, meinte einmal der englische Filmbuchautor Charles Drazin. Ihnen ein würdiges Denkmal zu setzen, obliege dem Liebhaber.

Frederick Baker stellt meiner „Hommage in Worten" seine „Hommage in Bildern" zur Seite. Mit dem Blick des Regisseurs hat er dabei die ästhetisch spektakulärsten und inhaltlich interessantesten Einstellungen des „Dritten Mannes" ausgesucht, die je ihren Weg vom Celluloid auf Papier gefunden haben. Facts and Fiction, zu einer untrennbaren, harmonischen Einheit verschmolzen – zum Genießen und Schmökern.

VORWORT VON FREDERICK BAKER

Bilder einer fremden Heimat

Film = *Movie* (amerikanisch-englisch, von *to move* / bewegen)
Film = *Picture* (britisch-englisch, von *picture* / Bild)

Dieses Buch bietet die Möglichkeit, das *Movie* „Der Dritte Mann" als *Picture* zu erleben. 212 *Pictures* / Bilder, um genau zu sein. Film ist nicht nur *Movie*, Bewegung, denn eine Minute Film setzt sich aus 24 Standbildern, Kadern zusammen. Ein vollendetes, quadriertes Bild kann viel Kraft haben. In seiner Stille liegt der Impuls zur Erkenntnis. *Picture* ist gleichbedeutend mit Kondensation, Verknappung.

Kratzer

Für mich als Regisseur sind Kratzer auf Celluloid normalerweise ein Horror. Doch bei diesen Bildern haben sie etwas Besonderes. Sie bezeugen, dass der Film jedes Wochenende durch das Licht des Projektors zum Leben erweckt worden ist. Das Geheimnis des Films ist das Zusammenspiel von Bildern, Licht und Bewegung im dunklen Saal eines Kinos. Kratzer als Patina des Lebens in einer fremden Heimat, denn der „Dritte Mann" lebt in Wien nur im Burgkino am Opernring – und das ist ein fremdsprachiges Kino. In seiner Geburtsstadt wird der Film meist auf Englisch gezeigt. Trotz großen allgemeinen Publikumserfolgs – immerhin haben 1950 mehr als 120.000 Menschen den Film gesehen – war „Der Dritte Mann" für viele deutschsprachige Wiener ein Flop. Er wurde als „ausländischer Reißer" abgetan, als etwas Fremdes, als Erinnerung an die schlechte Nachkriegszeit, an Hunger und Schwarzmarkt. Ganz am Anfang des Films sagt Carol Reed in der Rolle des Erzählers, dass er das alte Wien nicht kannte und eher in Konstantinopel zu Hause sei. Jetzt, nach dem Krieg, fühle er sich in Wien heimisch. Wien als Konstantinopel! Wien als Balkan – so etwas hörte man in Wien nicht gerne. Selbstbild und Fremdbild passen selten zusammen.

Die Situation des Nachkriegs-Wien wird im Film dokumentarisch genau gezeigt. Aber für den Autor Graham Greene dient Wien nur als Bühne für ein tiefsinnigeres Spiel. Sein Anti-Held Harry Lime ist Amerikaner, der unter sowjetischem Schutz lebt. Er bewegt sich über die Grenzen des Kalten Krieges hinweg. In dieser Geschichte geht es in Wirklichkeit um zeitlose moralische Konflikte, denn Harry Lime ist ein Jedermann, ein Faust, ein Don Giovanni, der seinen Pakt mit dem Teufel geschlossen hat.

Heimat in der Fremde

„Der Dritte Mann" ist aber auch so wienerisch wie der Sektor, in dem er gedreht wurde: der erste Bezirk, Wiens „International Sector". Es ist paradox, dass die Wiener Schauspieler nach London reisen mussten, um in der Fremde die Menschen ihrer Heimat darzustellen, aber die Internationalität der Produktion verlangte das. Noch skurriler ist es, dass sie in der Fremde Wiener spielten, die auf Fremde schimpfen. Am absurdesten ist, dass diese Dialoge größtenteils mit Emigranten erarbeitet wurden, die Wien 1938 wegen des nationalsozialistischen Rassismus verlassen mussten. Es passt in die verworrene Welt des Nachkriegs-Europa, dass das Publikum bei Holly Martins' Vortrag im Wiener British Club fast durchwegs aus diesen Exil-Österrreichern bestand!

Kriminelle wie der schleimige Baron Kurtz (Ernst Deutsch) sind als einzige Wiener im Film freundlich zu den Ausländern. Ansonsten wird lieber geschimpft. Harrys Portier (Paul Hörbiger) droht: „Das hat man davon, wenn man freundlich ist mit den Ausländern. Gehn S' raus, sonst vergesse ich meinen wienerischen Charme!" Vielschichtiger ist die von Hedwig Bleibtreu gespielte Hausvermieterin. Als die Internationale Polizei Annas Briefe abholt, meint Bleibtreu: „Hier ist sogar ein Metternich ein- und ausgegangen." (Szene 35) Die Erwähnung Metternichs, dessen Geheimpolizei sich auch Privatpost zu durchforsten erlaubte, kann kein Zufall sein. Bleibtreu liefert eine sehr feine Spitze gegen Engstirnigkeit: In einem Atemzug beschreibt sie die Alliierten als „Barbaren" und im nächsten lässt sie Metternich als den zivilisierten Österreicher ins Haus – jenen Fürsten Metternich, der bis 1848, 100 Jahre vor den Dreharbeiten, Wien mit einem Polizeistaat einkreiste.

Am Höhepunkt ihrer Erregung sagt die Vermieterin: „Die Befreiung hab ich mir ganz anders vorgestellt." Heißt nicht, dass Österreich 1945 nicht befreit wurde. Vielmehr ist das ein Zeugnis für die Frustration der Wiener über die andauernde internationale Phase am Anfang der Zweiten Republik. Wie Brigitte Timmermann später zeigen wird, sind unmittelbar vor den Dreharbeiten die Alliierten Gespräche mit den Sowjets in London ein weiteres Mal gescheitert.

Original versus deutschsprachige Fassung

Zu Beginn des Films berichtet der Hausmeister über Harry Limes Tod (Szene 9, siehe Seite 19) und meint, dieser sei vielleicht im Himmel, deutet dabei nach unten. Und wenn er von der Hölle spricht, zeigt er nach oben! Als Österreicher und Brite ist mir aufgefallen, dass es in der gängigen deutschen Übersetzung genau umgekehrt ist, diese wesentliche Feinheit also verloren ging. Das ist leider kein Einzelfall. Im Buch haben wir versucht, manche dieser Fehler zu reparieren, denn ebendiese Nuancen sind wichtig, um die Vielschichtigkeit des Films zu verstehen. Ein Thriller, der gleichzeitig einen Thriller persifliert. Eine Liebesgeschichte und eine Parabel über die Glaubenskrise des Zwanzigsten Jahrhunderts.

In der Riesenradszene erwähnt Orson Welles als Harry Lime Mussolini (Szene 111). Im englischen Original spricht er an dieser Stelle nur von „The Man". Dieses Uneindeutige, Offene, Schattenhafte ist ein Schlüssel zum langjährigen Erfolg des Films. Er lässt jedem Zuschauer die Freiheit zu entscheiden, ob Harry Limes krimineller Zynismus an Faschismus, Stalinismus oder Kapitalismus erinnert. Oder an alle drei?

Dass der „Dritte Mann" seinen Platz im Kanon der Klassiker verdient, zeigt insbesondere die letzte Sequenz am Zentralfriedhof (Szene 9). Reed drehte einen Thrillerschluss: Anna wird verhaftet und den Sowjets übergeben. Gulag, Gefängnis, alles ist möglich, denn Stalin lebt noch. Doch Reed hatte den Mut, darauf zu verzichten und alles offen zu lassen. Erhobenen Hauptes geht Anna an ihrem potenziellen Retter Holly Martins vorbei. Er hat seinen bösen „Freund" Lime verraten, Anna bleibt ihrem „Harry" gegenüber loyal und so ihren eigenen Prinzipien treu. Wer Recht hat? ... die Entscheidung darüber wird dem Zuschauer überlassen. Oder in unserem Fall: dem Leser meines Bildessays zum „Dritten Mann".

Vorspann / 0:00:00
Musik:
Harry Lime-Thema

VIENNA

009

Offen gestanden ... ich habe das alte Wien gar nicht gekannt, das leichtlebige Wien des Walzertraums. Konstantinopel lag mir näher.

Ich lernte Wien erst nach dem Krieg kennen, in dem alles geschoben wurde, was die Leute brauchen konnten.

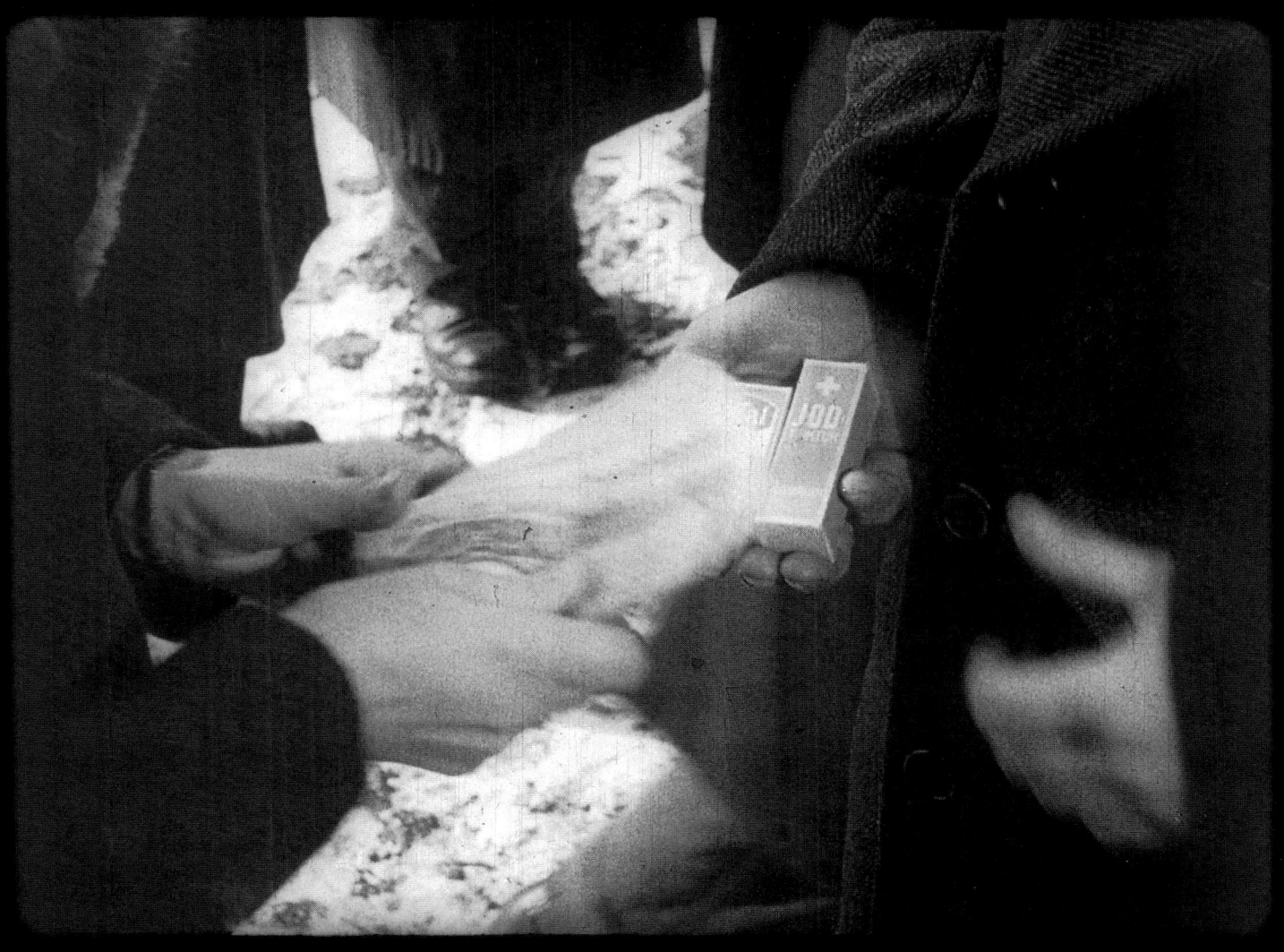

Amateure dieses Fachs konnten dabei natürlich leicht unter die Räder kommen ...

... bzw. sie landeten in der Donau. Aber wer etwas von dieser Branche verstand, der konnte reich werden.

0:02:31 Off-Stimme

„Wie Sie sich vielleicht erinnern, war die Stadt in vier Zonen aufgeteilt: Amerikaner, Engländer, Russen, Franzosen hatten je eine Zone besetzt, aber das Zentrum der Stadt war international, die Polizei dort setzte sich aus diesen vier Mächten zusammen. Wundervoll, was man sich davon alles versprochen hatte ... es waren alle ganz brave Kerle, die ihr Bestes gaben. Wien sah damals nicht viel anders aus als andere Städte, zerbombt und verhungert ... Ach, ich wollte Ihnen ja die Geschichte von Holly Martins erzählen, der nach Wien kam, um seinen Freund zu besuchen. Der Freund hieß Harry Lime ..."

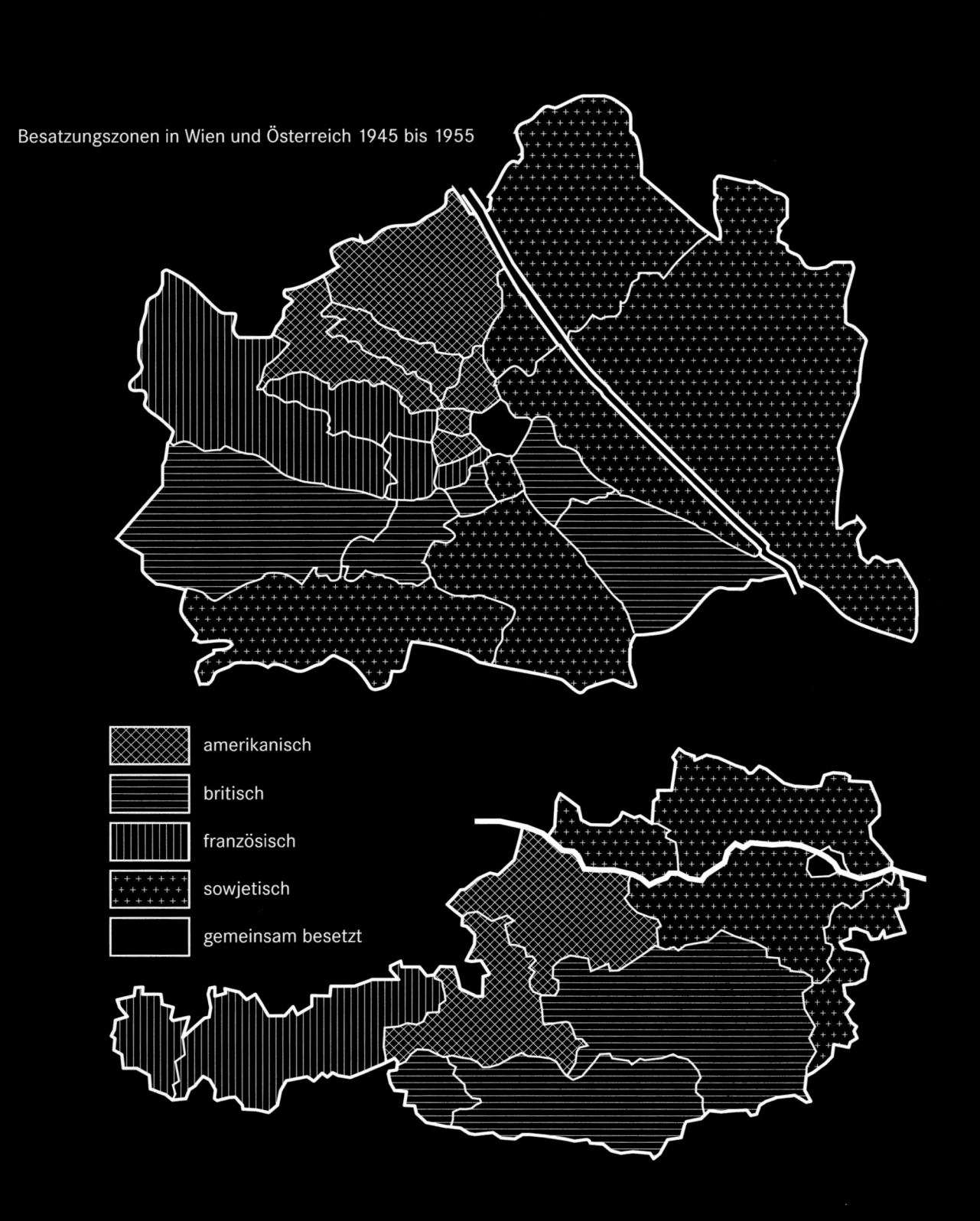

Besatzungszonen in Wien und Österreich 1945 bis 1955

- amerikanisch
- britisch
- französisch
- sowjetisch
- gemeinsam besetzt

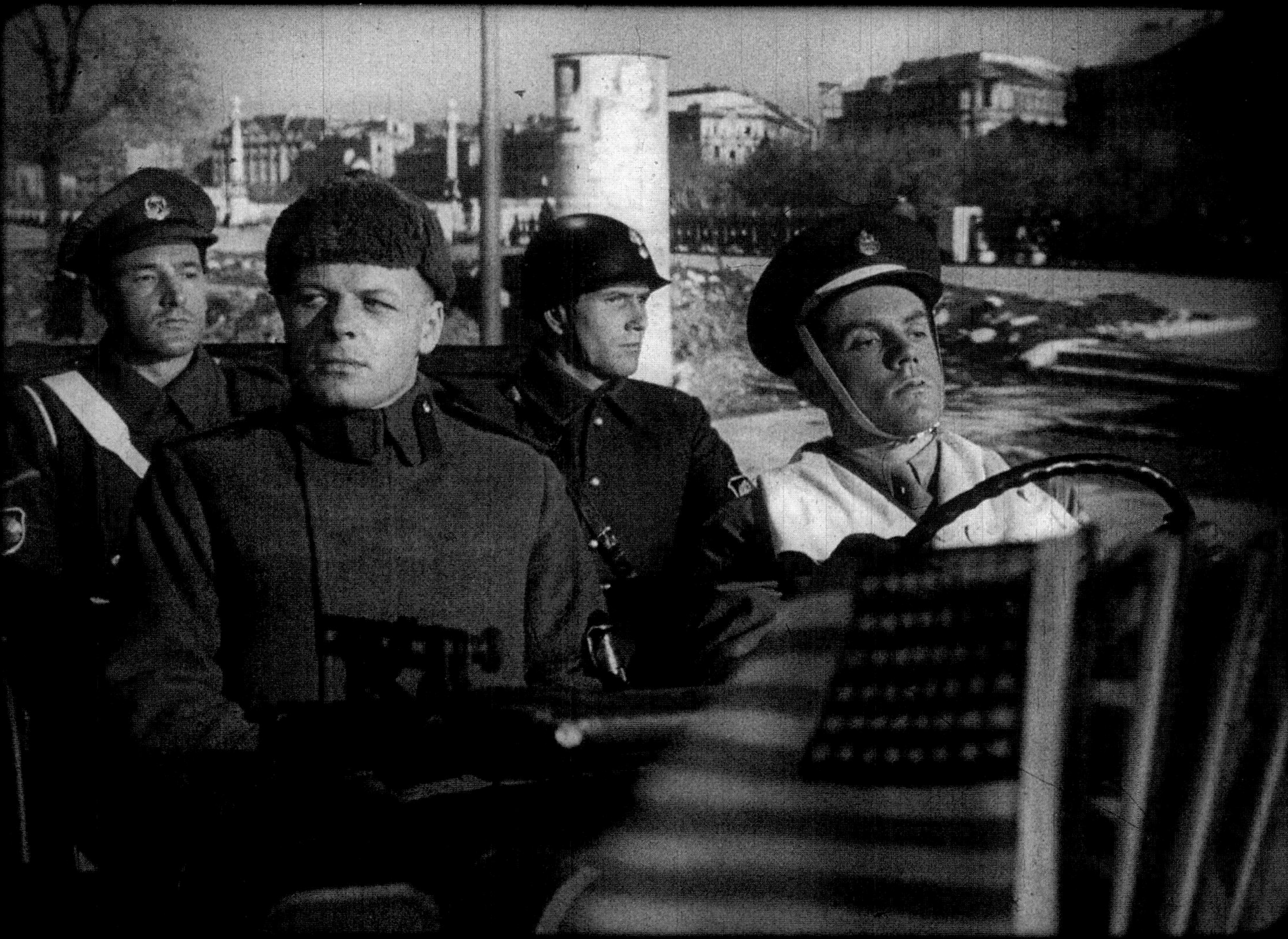

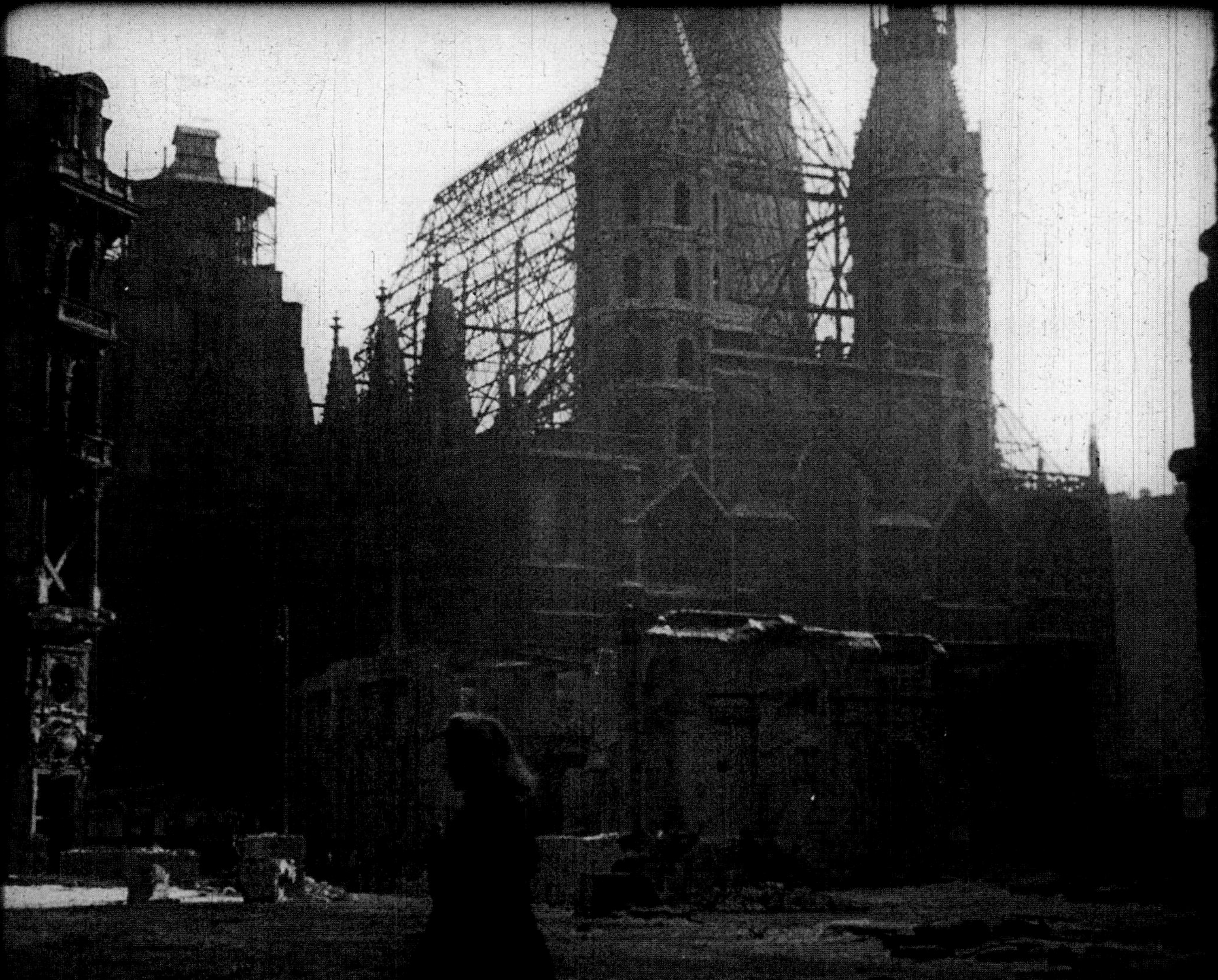

Produzent Sir Alexander Korda, Direktor der London Film Productions: Er liefert die Idee zum Film

KAPITEL 01

Co-Produzent David O. Selznick: Er stellt die Stars Cotten und Valli bereit

Produzent Karl Hartl, Direktor der
Wien-Film: Er bringt den Film nach Wien

GEBURT EINES FILMKLASSIKERS

Romancier Graham Greene:
Er schreibt das Drehbuch

Regisseur und Produzent
Carol Reed: Er dreht den Film

Ankunft des Filmteams in Schwechat, Juni 1848: Drehbuchautor Graham Greene (Mitte re.) in Begleitung von Regisseur Carol Reed und Mitgliedern der britischen Filmproduktionsgesellschaft, darunter Lady Montagu und Guy Hamilton

Gefährliche Straßen nach Wien

„Stiftskaserne" in der Stiftgasse im siebenten Bezirk. Sitz des 796th Military Police Battalion, der US-Militärpolizei. Hier war Graham Greene oft zu Besuch, aber Harry Lime hat hier nie gewohnt. „Harry's Place" befindet sich am Josefsplatz.

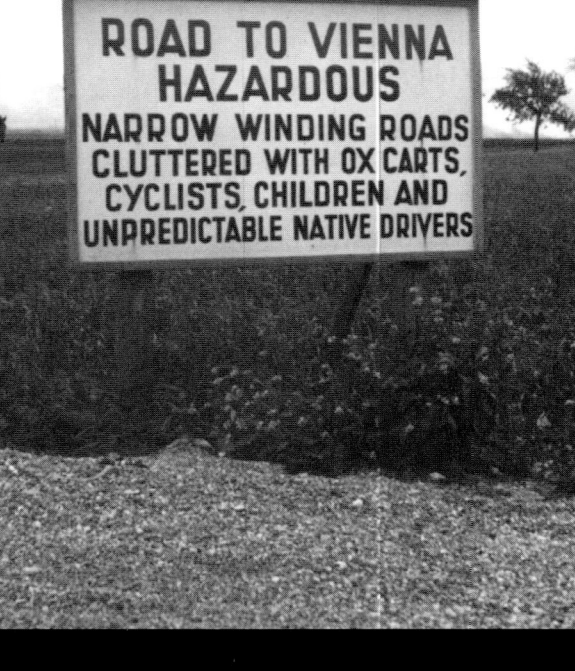

Trostloser Nachkriegsalltag im Prater

Szene 5 / 0:03:31
Bahnhof
(Part Location, day)

Polizei:	Pass bitte. Was beabsichtigen Sie hier in Wien zu tun?
Polizei:	Wo wohnen Sie?
Martins:	Bei ihm. Stiftgasse Nr. 15.
Polizei:	Der Name?
Martins:	Lime, Harry Lime.

Szene 6 / 0:03:55
Josefsplatz,
Palais Pallavicini
(Part Location, day)

Szene 9 / 0:03:55
Josefsplatz,
Palais Pallavicini
„Stiftgasse Staircase"

Portier: Da werden Sie kein Glück haben, mein lieber Herr. Sie kommen um zehn Minuten zu spät.
Da ist niemand mehr hier. Sie kommen umsonst.

Martins: Aber wieso denn?

Portier: Mr. Lime ist tot. Unfall. Überfahren vom Auto. Hier, direkt vorm Haus. Hab's selbst gesehen. War sofort tot. Er ist schon in der Hölle …

… oder im Himmel. Wenn Sie sich beeilen, kommen Sie noch zur Beerdigung zurecht.

Szene 10 / 0:04:53
Zentralfriedhof
Central Cemetery
(Part Location, day)

Martins: [auf Trauergemeinde zugehend] Können Sie mir sagen, wer ...
Calloway: Ein gewisser Lime.
Priester: ... gelitten unter Pontius Pilatus ...

Kurtz: [zu Dr. Winkel] Wer ist das? [erinnert Dr. Winkel an den Kranz] Moment bitte, der Kranz.
Winkel: Ah so.

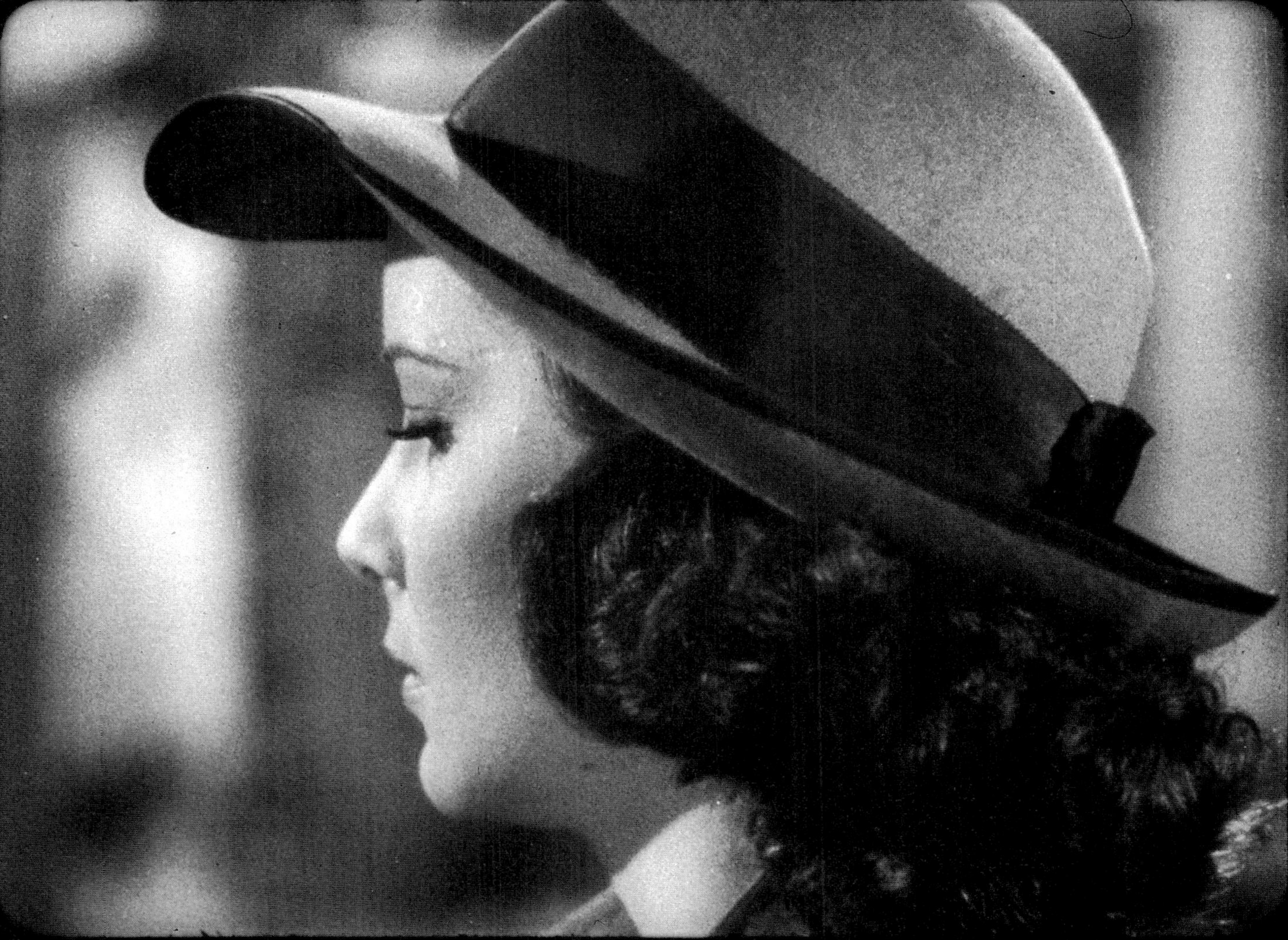

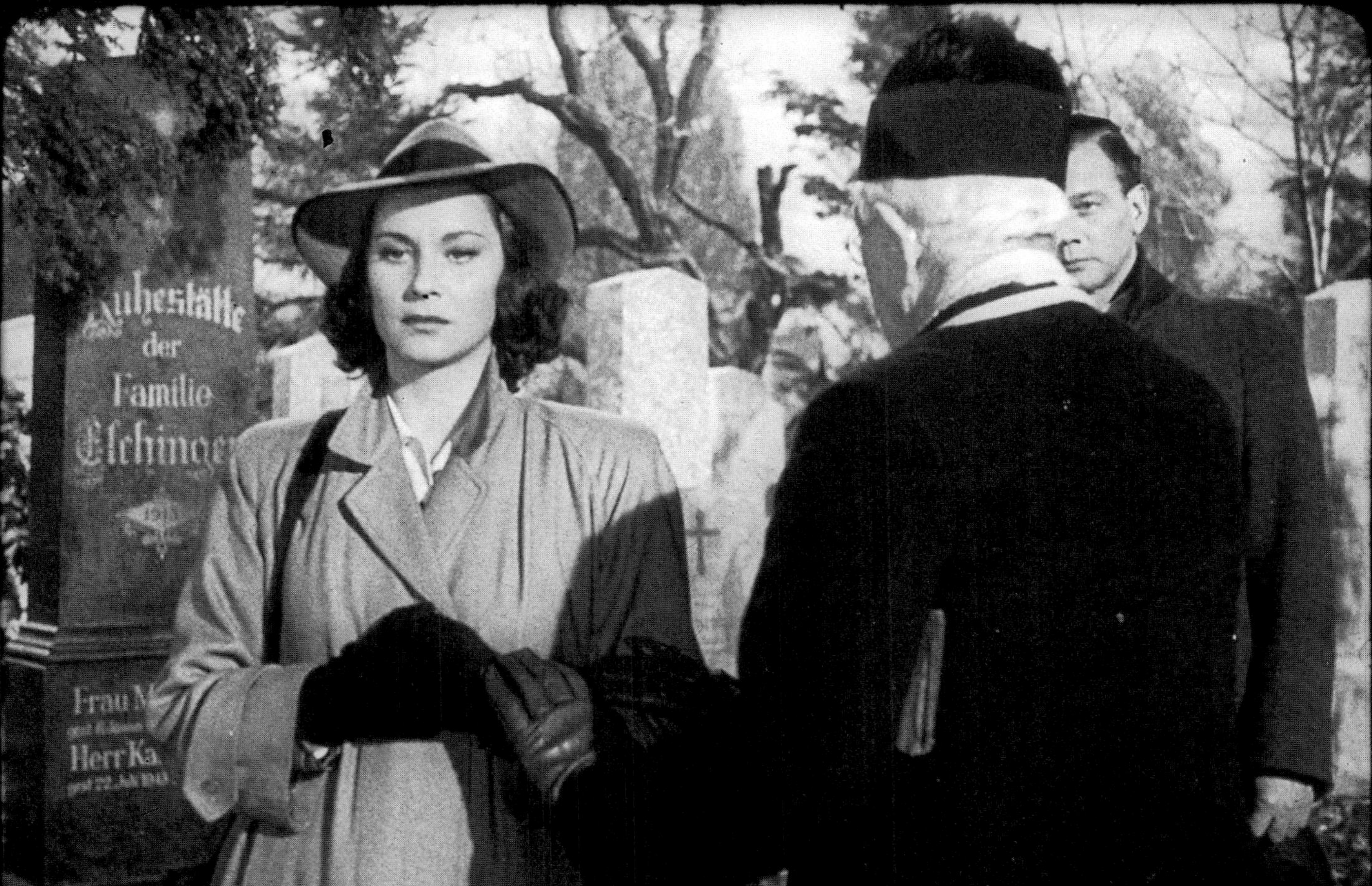
der
Familie

„London? Paris? Rom? Wie wär's mit Wien?"
Die ersten Spuren

Die ersten Spuren führen ins feudale Ambiente des Londoner Claridge Hotel, wo sich eines Tages zwei alte Freunde aus Wien – Alexander Korda, Chef der London Film Productions, und Karl Hartl, der Geschäftsführer der österreichischen Wien-Film Produktionsgesellschaft – treffen, um ein gemeinsames Filmprojekt zu besprechen. Es ist Ende 1947, und es geht um ein englisches Remake des erfolgreichen österreichischen Nachkriegsfilms „Der Engel mit der Posaune", die mehrere Generationen umspannende Chronik einer Klavierbauerfamilie, Hartls erste österreichische Filmproduktion nach 1945. Mit seiner hochkarätigen Besetzung – von Paula Wessely und Attila Hörbiger über Hedwig Bleibtreu bis hin zu den hoffnungsvollen Jungstars Maria Schell und Oskar Werner – hat der Film in Österreich selbst bereits großes Aufsehen erregt. Er wird aber auch von den Kritikern im Ausland als Anschluss an die große Tradition des österreichischen (Vorkriegs-)Films gefeiert und schließlich bei den Filmfestspielen in Venedig mit dem Goldenen Löwen ausgezeichnet. „Der Engel mit der Posaune" ist ein Stoff ganz nach dem Geschmack Kordas! Für Wiener Milieus hatte er immer schon etwas übrig. Von den Dreharbeiten Hartls in den Wiener Sieveringer Studios bringt Kordas persönliche Sekretärin Elizabeth Montagu, selbst ein großer Österreich-Fan, Drehmuster nach London mit.

Die englische Version des Films, „The Angel With the Trumpet", wird zwar nicht der große Hit, den sich Korda und Hartl erwarten; dafür fehlen die großen österreichischen Schauspieler, die sich weigern, in einer ihnen nicht geläufigen Fremdsprache zu drehen. Einzig Maria Schell und Oskar Werner nehmen das Engagement in England an – und legen damit den Grundstein zu ihrer internationalen Karriere. Die englischen Schauspieler halten sich tapfer, aber mit einer Wessely oder einem Hörbiger können sie es einfach nicht aufnehmen. Und Karl Hartl, der bei der österreichischen Version so erfolgreich Regie führte, bekommt für die Dreharbeiten in London keine Arbeitsgenehmigung. Das Remake bringt jedoch die beiden alten Freunde wieder zusammen: Denn als Karl Hartl Kordas Gast in London ist, wird – vorerst noch vage – die Idee zu einer weiteren Zusammenarbeit geboren, aus der schließlich „Der Dritte Mann" hervorgeht.

Korda schwebt schon seit einiger Zeit ein Filmprojekt vor dem Hintergrund einer vom Krieg gezeichneten europäischen Hauptstadt vor. Der 1942 von seinem ungarischen Landsmann Paul Tabori geschriebene Roman „Epitaph for Europe" sollte als Drehbuchgrundlage für dieses neue Filmprojekt – eventuell mit Spencer Tracy in der Hauptrolle – dienen. Die Pläne zerschlagen sich aber, da Korda die Rechte an dem Roman wegen der Auflösung seiner Zusammenarbeit mit MGM verliert. Auch etwas Spritziges in der Art der Komödie „Night train to Munich" mit Cary Grant in der Hauptrolle wird in Erwägung gezogen. Schließlich entscheidet er sich für eine Zusammenarbeit mit dem Erfolgsteam Graham Greene und Carol Reed, mit dem er schon 1947 einen international anerkannten Film produzieren konnte – „Fallen Idol" („Kleines Herz in Not") mit Ralph Richardson, Michèle Morgan und dem Kinderstar Bobby Henrey.

Greene hat soeben „The Heart of the Matter" beendet und arbeitet bereits am Konzept für einen neuen Roman. Die ersten Zeilen dazu hatte er – wie er rückblickend in seinen Lebenserinnerungen schreibt – irgendwann einmal auf die Rückseite eines Briefumschlags gekritzelt: „Ich hatte mich gerade vor einer Woche von Harry verabschiedet, als sein Sarg in die gefrorene Februarerde versenkt wurde, und da begegnete ich ihm plötzlich zu meiner großen Verwunderung und ohne dass er sich zu erkennen geben würde, unter der Menschenmenge am Strand wieder."[1] Sollte diese Idee nicht auch für ein Drehbuch gut sein, noch dazu, wenn man damit – wie bei „Fallen Idol" – ein wesentlich größeres Publikum ansprechen und außerdem viel besser verdienen könnte als mit einem Roman? Was also liegt näher, als sie Korda für das neue Filmprojekt vorzuschlagen?[2]

Korda ist begeistert, London als Drehort findet er aber zu unspektakulär. Wie wär's mit Wien? Die vom Krieg zerstörte und von den Alliierten besetzte Stadt am Höhepunkt des Kalten Krieges als ungewöhnliche und tagespolitisch aktuelle Kulisse in Verbindung mit internationaler Starbesetzung? Daraus müsste doch ein Hit zu machen sein und das Publikum nicht nur in Großbritannien, sondern weltweit ins Kino locken! Also stellt Alexander Korda seinen alten Freund Hartl, der ohnehin gerade in London ist, Graham Greene und Carol Reed vor – und es gibt keinen Abend mehr während Hartls zehntägigem Aufenthalt, an dem die beiden nicht mit dem österreichischen Regisseur über die Zustände in Wien diskutieren, einer Stadt, die weder Greene noch Reed persönlich kennen.

Warum sollte die Geschichte um Harry Lime aber nur in Wien spielen, sie könnte doch auch in Wien gedreht werden, sind sich Korda und Hartl einig. Wien verfügt über einzigartige Drehorte – neben geheimnisvollen und gleichzeitig pittoresken Altstadtwinkeln, neben Riesenrad, Zentralfriedhof und einer spektakulären Unterwelt auch über genügend Bombenruinen für die benötigte Nachkriegsatmosphäre. Außerdem könnten Hartl und seine Wien-Film in vielerlei Hinsicht bei den Dreharbeiten behilflich sein, angefangen von der Finanzierung bis zur Bereitstellung von Statisten, Kameraleuten, Requisiten und Studiokapazitäten. Denn Wien hat nicht nur einen – wenn auch durch die Jahre des Nationalsozialismus international in Misskredit geratenen – Ruf als Filmmetropole, sondern auch bedeutende Studios, die den Krieg unbeschadet überstanden haben. Eine hochkarätige ausländische Filmproduktion nach Wien zu

Drehpause zu „The Angel With A Trumpet" in London, Herbst 1947: Regisseur Karl Hartl mit Maria Schell, Oskar Werner und Anthony Bushell

bringen und die internationale Filmindustrie wieder auf die Donaustadt als Produktionsstandort aufmerksam zu machen, das müsste ihnen doch gelingen! Und so laufen bald alle Fäden der Filmproduktion in Wien zusammen.

Die Freundschaft der beiden Produzenten geht auf die Anfänge des österreichischen Films in den zwanziger Jahren zurück, als Graf Sascha Kolowrat begann, Wien zu einem Mekka des europäischen Films aufzubauen.

Mit den besten Leuten aus ganz Europa und Produktionen mit gigantischen Aufbauten, märchenhaften Ausstattungen und faszinierenden Effekten werden zahlreiche Filme nach dem Vorbild Hollywoods produziert. Zu den vielversprechenden Talenten dieser Zeit gehört auch der junge ungarische Filmemacher Alexander Korda, der nach der Machtübernahme durch den faschistischen und antisemitischen Reichsverweser Horthy mit britischer Hilfe nach Österreich kommt. Dem jungen Korda stellt Sascha Kolowrat einen Regieassistenten zur Seite, mit dem ihn bald eine tiefe Freundschaft verbindet, die ein Leben lang andauern wird: Karl Hartl.

Gemeinsam inszenieren Korda und Hartl zwischen 1920 und 1922 drei der bekanntesten Sascha-Filme: „Seine Majestät, das Bettelkind" nach einer Erzählung von Mark Twain, der als „Prince and the Pauper" auch in Amerika große Erfolge feiert, „Herrin der Meere" und „Eine versunkene Welt", ein Melodram um den österreichischen Erzherzog Johann Salvator, der als bürgerlicher Schiffskapitän Johann Orth vor Südamerika Schiffbruch erleidet. Als Eigenproduktion der Corda-Film entsteht 1922 in den Studios auf dem Wiener Laaerberg – neben Neubabelberg in Berlin und den Bavaria Studios in München die größten Filmstudios in Europa – der Monumentalstreifen „Samson und Delilah", der durch riesige Bühnenaufbauten, gewagte filmtechnische Experimente und den Einsatz Tausender Statisten zu einem Meilenstein der österreichischen Filmgeschichte wird. Wie viele andere Filmschaffende gehen auch Korda und sein Regieassistent Hartl nach dem Börsenkrach von 1930, der nicht nur der Corda-Film ein Ende bereitet, nach Berlin, um hier im Dorado des deutschen Films Fuß zu fassen. Sie bleiben vier Jahre und drehen wieder gemeinsam: „Das unbekannte Morgen", „Tragödie im Hause Habsburg", „Der Tänzer meiner Frau" und „Madame wünscht keine Kinder" – ein Film, für den Karl Hartl bereits als Produktionsleiter verantwortlich zeichnet.

Für die nächsten Jahre trennen sich ihre Wege: Hartl geht nach Wien, Korda über Hollywood nach London, wo er mit den London Film Productions seine eigene Produktionsgesellschaft auf die Beine stellt. Hier beginnt auch eine der aufregendsten Erfolgsgeschichten des europäischen Films: Dem visionären ungarischen Emigranten aus dem kleinen Ort Turkéve, der seine ersten Filme noch in einer wackeligen Scheune in einem Budapester Vorort gedreht hat, gelingt es, sich in Zusammenarbeit mit seinen zwei jüngeren Brüdern Zoltan, dem Regisseur, und Vincent, dem Maler und Bühnenbildner, mit spektakulären Produktionen in Großbritannien und auf dem internationalen Filmmarkt zu etablieren. Korda ist eine Spielerseele, ein „gambler at heart"[3], kein Einsatz ist ihm zu hoch, wenn es darum geht, Hollywood und dessen immer größer werdenden Einfluss auf den europäischen Filmmarkt die Stirn zu bieten. Er läutet die Glanzzeit des britischen Unterhaltungsfilms ein und wird gleichzeitig einer ihrer leuchtendsten Stars.

Alexander Korda hätte sich mit der Gründung der London Film Productions, die 1932 erfolgt, keinen besseren Zeitpunkt aussuchen können: Einerseits befindet sich die britische Filmindustrie durch die übermächtige Konkurrenz aus den USA in einer ernsten Krise, andererseits hat Berlin seine Vormachtstellung als europäischer Hauptproduzent für den amerikanischen Markt durch das Aufkommen des Tonfilms verloren, weshalb viele Filmschaffende von Berlin nach London abwandern. Bereits mit seiner ersten Produktion, „The Private Life of Henry VIII." mit Charles Laughton und Merle Oberon, seiner späteren zweiten Frau, katapultiert sich Korda 1933 an die Spitze des britischen Films; er schafft es, zumindest vorübergehend, das Monopol Hollywoods in der Produktion künstlerischer Filme zu brechen. „The Private Life of Henry VIII." bleibt über lange Zeit der im In- und Ausland erfolgreichste britische Film und bestimmt den Trend zu historischen Kostümfilmen; und das zu einem Zeitpunkt, als Filmfachleute bereits geringschätzig meinen, es sei unmöglich, dem Publikum noch länger solche Filme anzubieten![4] In kurzen Abständen folgen zahlreiche Kassenschlager, die Korda zum beliebtesten und erfolgreichsten Regisseur und Filmproduzenten der Britischen Inseln werden lassen. Er kann es sich nun leisten, eine Penthouse Suite im eleganten Claridge Hotel zu bewohnen und für seine London Film Productions drei Stadtpalais am Hyde Park Corner zu kaufen, eines davon aus dem Besitz der königlichen Familie. Er ist praktisch konkurrenzlos; neben ihm gibt es nur zwei weitere britische Produzenten, die eigene Genres entwickeln: Anthony Asquith, der mit Gesellschaftskomödien wie „Pygmalion" große Erfolge feiert, und Alfred Hitchcock mit Psychothrillern wie „The Man Who Knew Too Much" und „The Thirty-Nine Steps".

Alexander Korda ist ein Mann, wie ihn sich der britische Film nur wünschen kann: mit Weitblick, Unternehmungsgeist und einer unendlichen Großzügigkeit ausgestattet, dabei zugleich unkonventionell und international denkend. Er lädt die besten Regisseure Europas ein, mit ihm zu arbeiten, unter anderen René Clair, Jacques Feyder und George Perinal; er stützt sich auf Drehbücher der angesehensten englischen Schriftsteller wie H. G. Wells und Graham Greene; er fördert aufstrebende Filmtalente wie Charles Laughton, Leslie Howard, Laurence Olivier und dessen Ehefrau Vivien Leigh, die als Scarlett O'Hara in „Vom Winde verweht" Furore macht. Korda ist auch der Erste, der das Star-System einführt und es mit Hilfe eines Kredits bei einer Versicherungsgesellschaft schafft, seine Londoner Denham Studios nicht nur zu den modernsten Studios Europas, sondern auch zu einem neuen europäischen Hollywood zu machen.[5] Der Ausbruch des Zweiten Weltkrieges und die amerikanische Konkurrenz bringen Kordas Filmimperium jedoch kräftig ins Wanken und lassen es in den Konkurs schlittern. Die Zahl der englischen Produktionen hat bereits in den dreißiger Jahren rapide abgenommen, und 1939 müssen die Denham Studios ihre Pforten schließen. Ein Großteil der Studios wird von der britischen Regierung für Propagandafilme requiriert. Doch Alexander Korda gelingt es – mit Kassenschlagern wie „Lady Hamilton" („Lord Nelsons letzte Liebe") mit Laurence Olivier und Vivien Leigh, dem Traumpaar des englischen Kinos, und „Jungle Boy" („Das Dschungelbuch") – erneut wie der sprichwörtliche Phönix aus der Asche zu steigen und nach 1945 nicht nur die London Film Productions und den British Lion-Verleih als private Gesellschaften weiterzuführen, sondern auch Hauptaktionär der Shepperton und Islington Studios zu werden, wo schließlich das englische Remake von „Der Engel mit der Posaune" und „Der Dritte Mann" gedreht werden.[6]

Der Publikumsgeschmack hat sich aber, nicht zuletzt unter dem Einfluss des Krieges, gewandelt; zudem ist das Fernsehen im Vormarsch, und das Publikum, das noch während der Kriegsjahre die Kinosäle stürmte, bleibt nun aus. Die Zeit der großen englischen Kostümfilme ist vorbei – die spektakuläre und aufwendige Produktion „Anna Karenina" mit Vivien Leigh lässt, obgleich im übrigen Europa und in den USA sehr erfolgreich, die englischen Zuseher relativ kalt. Der englische Film befindet sich in einer Dauerkrise, die nicht zuletzt durch die gut gemeinte, letztlich kontraproduktive Filmgesetzgebung und Steuerpolitik der Regierung verursacht ist. Für alle Filmschaffenden wird es lebensnotwendig, sich inhaltlich neu zu orientieren, alltagsbezogener, also realistischer zu werden und sich auf einen von Kriegseinsatz und Nachkriegszeit geprägten Kinogeher einzustimmen – womit vor allem für Carol Reed, einen der Meister des halbdokumentarischen Stils, die große Stunde schlägt.

Mit „Odd Man Out", einem im Irischen Bürgerkrieg angesiedelten Politthriller mit James Mason in der Hauptrolle, und „Fallen Idol" landet Alexander Korda innerhalb kürzester Zeit zwei künstlerische und kommerzielle Hits, die dem englischen Film endlich zum internationalen Durchbruch verhelfen und Carol Reed neben David Lean („Brief Encounter" mit Trevor Howard und Celia Johnson) zum zweiten großen Star unter den Regisseuren Englands machen.

Einen weiteren Rettungsanker für die britische Filmindustrie sieht Korda in der Internationalisierung der Filmproduktionen, was die Finanzierung, Besetzung und Dreharbeiten, aber auch die Drehorte anbelangt. Korda holt ausländische Stars wie Michèle Morgan, Oskar Werner und Maria Schell und Regisseure wie den Deutschen Emeric Pressburger und den Österreicher Karl Hartl in seine englischen Studios; er schöpft alle Möglichkeiten aus, englische Filme in finanzieller und produktionstechnischer Zusammenarbeit mit Partnern außerhalb Großbritanniens auf die Beine zu stellen – eine Rochade, mit

Karl Hartl, Regisseur und künstlerischer Direktor der Wien-Film

der es ihm schon vor dem Krieg gelungen war, einige seiner besten Filme zu produzieren. Im Mai 1948 kann er den unabhängigen amerikanischen Produzenten David O. Selznick, den er von einer früheren Zusammenarbeit kennt und der in der Branche als Garant für gutes, gewinnträchtiges und publikumswirksames Kino gilt, für eine Produktionsgemeinschaft gewinnen. Geplant sind rund ein Dutzend Filme, die vorwiegend mit amerikanischen Stars wie Cary Grant besetzt werden sollen; von einer Verfilmung des „Cyrano de Bergerac" mit Orson Welles in Italien ist die Rede, Verträge mit Rex Harrison und James Mason sollen geschlossen werden. Auch „Der Dritte Mann" ist in diese Überlegungen inkludiert: Im Gegenzug für die Vertriebsrechte seiner Filme in den USA – und quasi als Begleichung einer alten Rechnung bezüglich der Bereitstellung seines Stars Vivien Leigh als Selznicks Scarlett O'Hara – soll Korda die bei Selznick unter Vertrag stehenden Schauspieler Joseph Cotten und Alida Valli sowie eine Teilfinanzierung bekommen. Er hofft, damit gleich zwei Fliegen mit einem Schlag zu treffen: Zum einen könnte er mit den zugkräftigen Stars den amerikanischen Boykott englischer Filme durchbrechen und seine Filme auch in den USA mit einem erwarteten Gewinn von fünf Millionen US-Dollar verleihen[7], zum anderen stünde ihm durch die Einnahmen aus dem Verleih von Selznick-Produktionen in England (von denen infolge des 1948 mit der Motion Picture Association of America geschlossenen Abkommens 75 Prozent nicht das Land verlassen dürfen, sondern in englische Studioproduktionen investiert werden müssen) eine zusätzliche Finanzierungsquelle zur Verfügung. Dieser geniale unternehmerische Schachzug wird sich als Grundstein für den Siegeszug des „Dritten Mannes" nicht nur in den britischen, sondern auch in den amerikanischen Kinos erweisen, ergänzt durch eine Reihe von Einzelverträgen mit der 20th Century Fox, die die optimale Vermarktung des Films im übrigen Europa, in Südafrika, Australien, Neuseeland und vielen anderen Staaten sichert.[8] In Deutschland legt Korda den Filmverleih in die Hände seines alten, aus Wien stammenden Freundes Julius Aussenberger, und in Österreich übernimmt Karl Hartl als Chef der Sascha Film-Verleih die Generalrepräsentanz.

Kordas persönliche Verbindungen, seine finanziellen Rochaden und sein Verhandlungsgeschick bilden somit die Voraussetzungen für die Entstehung des „Dritten Mannes".

In Zusammenarbeit mit dem von ihm so geschätzten Team Carol Reed/Graham Greene verhilft er dem britischen Kino zu seinem alten Glanz. „Der Dritte Mann" wird das Aushängeschild des britischen Nachkriegsfilms und die erfolgreichste britische Filmproduktion aller Zeiten! Aus den Einspielergebnissen können ein Dutzend weiterer Filmproduktionen finanziert werden.

Nach diesem großen Triumph über den Konkurrenten Hollywood zieht sich Alexander Korda als Produzent zurück. 35 Jahre im Filmgeschäft haben alle Energie, die für die tägliche Kleinarbeit nötig ist, aufgebraucht. Was ihm aber nach wie vor Spaß macht: Filmprojekte zu entwerfen, Verträge auszuhandeln und Geschäfte abzuschließen. Er bleibt ein Mann des Films und kann durch seine langjährige Erfahrung anderen Regisseuren und Produzenten mit Rat und Tat zur Seite stehen. Als er 1956 stirbt, hinterlässt er beinahe 70 Filme, für die er als Regisseur und Produzent verantwortlich zeichnet. Beim Gedächtnisgottesdienst in der Londoner Kirche St. Martin-in-the-Fields am Trafalgar Square erweist ihm die Filmwelt noch einmal ihre Reverenz, und

Alexander Korda im Gespräch mit Cary Grant, der ursprünglich neben Noël Coward als Harry Lime die Rolle des Holly Martins hätte spielen sollen

Graham Greene schreibt in einem Nachruf: „Für einen Schriftsteller ist mit dem Tod Kordas der ganze Spaß am Film verschwunden. Solange er lebte, konnte das Unerwartete jederzeit eintreffen, ein zufällig in die Runde geworfenes Wort, und eine Woche später konnte man schon in Hongkong sein. ... Es gibt keinen Ersatz für ihn, er ist der einzige Mann der Filmwelt gewesen, mit dem man nicht nur über den Film, sondern über Malerei und Dichtung reden konnte und bei dem man den Eindruck hatte, dass Filme eigentlich nur beiläufig zu Kunstwerken wurden, während er Baudelaire lesend durch die griechischen Inseln segelte."[9]

Karl Hartls Rechnung hinsichtlich der geplanten Koproduktionen mit London Film Productions und die dadurch zu erwartenden Impulse für die österreichische Filmwirtschaft geht vorerst nicht im erhofften Maße auf und bleibt auf einige wenige unbedeutende Produktionen beschränkt. Auch seine enge Zusammenarbeit mit Alexander Korda findet nach dem „Dritten Mann" keine Fortsetzung mehr – Korda zieht sich aus dem aktiven Filmgeschäft zurück, und Karl Hartls Karriere erfährt 1951 durch eine politische Intrige ein unverdientes Ende. Erst in den sechziger und siebziger Jahren wird es gelingen, internationale Filmproduktionen mit Stars wie Yul Brynner, Dirk Bogard, Sophia Loren, Elizabeth Taylor, Richard Widmark und Alain Delon nach Wien zu bringen und Kooperationsverträge mit Walt Disney abzuschließen. Doch es bleibt das Verdienst von Karl Hartl, Korda, Greene und Reed davon überzeugt zu haben, dass nicht Berlin, Paris oder Rom, sondern Wien die Stadt des „Dritten Mannes" werden sollte.

„Ein Drehbuch für Mr. Cary Grant"
Graham Greene auf Motivsuche in Wien

„Für mich ist Wien nichts weiter als eine Stadt würdeloser Ruinen, die sich in diesem Februar in riesige Schneeberge und Eisgletscher verwandelten. Die Donau war ein breiter, schmutziggrauer Strom weit hinter dem zweiten Bezirk in der russischen Zone, wo sich der zerstörte und unkrautüberwucherte Prater in trostloser Öde hinbreitete. Einzig und allein das Riesenrad drehte sich ..."[10]

Im Februar 1948 ist es so weit. Graham Greene kommt im Auftrag von Alexander Korda und in Begleitung von Mitarbeitern der London Film Productions für zwei Wochen nach Wien, um Material für eine Story im Nachkriegseuropa zu sammeln.[11] Am 12. Februar berichtet die *Morning News*, die englische Tageszeitung für Mitteleuropa, in großer Aufmachung über die Ankunft des Schriftstellers, der „ein Filmdrehbuch mit österreichischem Hintergrund für Cary Grant, den in England geborenen Hollywoodstar"[12], schreiben soll, den Korda als Zugpferd für seine Produktionen unter Vertrag genommen hat. Greene steigt im berühmten Hotel Sacher ab, „somehow Korda had managed to fix me a room in the hotel, which was reserved for officers".[13] Während die Staatsoper vis-à-vis den verheerenden amerikanischen Luftangriffen vom 12. März 1945 zum Opfer gefallen ist und die unmittelbare Umgebung des Hotels in Schutt und Asche liegt, haben die Kampfhandlungen das Sacher selbst wie durch ein Wunder unversehrt gelassen. Allerdings ist es, wie Hunderte andere Hotels in Wien auch, von den Siegermächten beschlagnahmt, zuerst von den Sowjets, die im prächtigen Marmorsaal ihre Pferde unterstellen, dann von den Briten, die ihre hohen Militärs unterbringen. Hier logiert auch General Lieutenant Galloway, der Britische Hochkommissar, dessen Name Graham Greene zu „Major Calloway" inspiriert.

Im Sacher lässt es sich noch immer standesgemäß wohnen, auch wenn das exklusive Hotel von den allgemeinen Unzulänglichkeiten der Nachkriegszeit nicht verschont geblieben ist und einmal ohne Strom, dann wieder ohne Wasser ist, wie sich Elizabeth Montagu erinnert.[14] Doch im Senior Officers' Club ist man unter sich, kann schottischen Whisky und englisches Bier trinken, wird von österreichischem und englischem Personal betreut und kann dank eines in England ausgebildeten Wiener Kochs neben der mageren englischen Militärverpflegung auch echt britisches Roastbeef und Yorkshire Pudding bekommen. Zum Leidwesen der Wiener steht das Hotel aber der einheimischen Bevölkerung nicht zur Verfügung; eine Szene im „Dritten Mann" (Szene 63) zeigt den entsprechenden Anschlag in der Portiersloge: „It is regretted that Austrian guests cannot be admitted to this hotel." Das schmerzt die Wiener umso mehr, als das Sacher nicht irgendein x-beliebiges Hotel ist, sondern einst den glanzvollen Mittelpunkt des gesellschaftlichen Lebens der Stadt bildete – seine legendäre Besitzerin Anna Sacher verwöhnte hier die Welt des Hochadels und Größen aus Politik, Wirtschaft und Kunst und zählte gar Kronprinz Rudolf zu den Gästen. Auch Graham Greene scheint sich hier wohl zu fühlen, und so verwundert es nicht, dass er seinen Filmhelden Holly Martins auch im Sacher einquartiert.

Das legendäre Sacher hat schon immer Schriftsteller und Drehbuchautoren inspiriert; für „Reunion in Vienna" wählt es Noël Coward als Hauptschauplatz, und 1939 steht es in der Ufa-Produktion „Hotel Sacher" mit Sybille Schmitz, Willy Birgel, Wolf Albach-Retty und Oskar Werner im Mittelpunkt der Handlung. Anna Sacher, die Grande Dame des Hauses, verkörperte damals die Burgtheatermimin Hedwig Bleibtreu (im „Dritten Mann" die aufgebrachte Zimmervermieterin Anna Schmidts) – eine ideale Besetzung, wie sich der Oberkellner des Hauses erinnert, kannte sie schließlich die Hausherrin noch persönlich. Auch für Willy Forsts „Maskerade", Terence Youngs „Mayerling" mit Omar Sharif und Ava Gardner und den Operettenfilm „Im Prater blüh'n wieder die Bäume" von Robert Stolz wird im Sacher gedreht.

Casino Oriental, zeitgenössisches Inserat

Bis zum Frühjahr 1951 bleibt das Sacher von den britischen Alliierten beschlagnahmt, erst dann geht es an die ursprünglichen Besitzer, die Familie Gürtler, zurück, die es wieder zu dem macht, was es immer schon war: eine unverwechselbare Wiener Institution. Zu seinen Gästen zählen in den folgenden Jahren Elizabeth Taylor, Fürstin Gracia Patricia von Monaco, Walt Disney und Leonard Bernstein ebenso wie Prinzessin Margaret von England, Charles Laughton, Billy Wilder, Clint Eastwood, Placido Domingo, William Somerset Maugham, Sir Laurence Olivier, Eleanor Roosevelt und der Aga Khan. Auch Orson Welles, der nach den Dreharbeiten zum „Dritten Mann" immer wieder gerne nach Wien zurückkommt, schätzt das gepflegte Ambiente.

Das Sacher ist für Greene eine Informationsquelle ersten Ranges. Hier ist nicht nur das Personal der mit Information und politischer Propaganda befassten Information Services Branch und des Political Intelligence Departments des britischen Außenministeriums untergebracht, sondern auch jenes des im November 1945 in Wien installierten British Council, ebenso deren Gäste und Vortragende. Die Rote Bar ist der ideale Ort, um in langen Nächten all das über das Leben der Stadt zu erfahren, was Graham Greene nicht schon aus seinen Gesprächen mit Karl Hartl aus London weiß. Hier hat er Zugang zu Informationen aus erster Hand, hier bleiben ihm auch die Spannungen und ständigen Reibereien zwischen den westlichen Alliierten und den Sowjets nicht verborgen, und hier werden die ersten Fäden zu einer Filmhandlung verwoben. Doch auch außerhalb des Hotels versucht Graham Greene so tief wie möglich in die weniger heile Welt des Nachkriegs-Wien einzutauchen. Die Lage des Hotels eignet sich dafür besonders gut, befindet sich doch gleich nebenan das amerikanische Informationsbüro, „vor dem sich ein paar leichte Mädchen drängten", und um die Ecke das Café Mozart.[15] Nur wenige Gehminuten entfernt, vor dem von der Alliierten Stadtkommandatur okkupierten Justizpalast am Schmerlingplatz und vor dem Sitz des Alliierten Rates auf dem Schwarzenbergplatz, sind die täglichen Militärparaden und Wachablösen zu beobachten. Drei Häuserblocks weiter, auf dem Karlsplatz, kann Greene in den Kanal hinabsteigen oder zwischen dem Resselpark und dem Naschmarkt auf Tuchfühlung mit dem Schwarzmarkt gehen.

Es ist eine eigenartige Stimmung, die Greene in Wien vorfindet: ausgebrannte Ruinen und Schuttberge, wo einst elegante Kaufhäuser und Geschäfte standen; verblichene großbürgerliche Eleganz neben dem Elend Tausender, darunter vieler Flüchtlinge oder „Displaced Persons"; die allgegenwärtige Präsenz der Besatzungsmächte, amerikanische GIs mit ihren weißen Helmen vor dem Hotel Bristol und sowjetische Wachen mit Pelzmützen vor dem Hotel Imperial, und überall viersprachige Hinweistafeln, Aufschriften und Anschläge.

In Begleitung Elizabeth Montagus, die von Alexander Korda nach Wien geschickt wurde, um Graham Greene als Fremdenführerin und Dolmetsch zur Seite zu stehen, durchstreift er die sowjetische Zone jenseits des Donaukanals. „Hier, auf der anderen Seite des Kanals, herrschte eine ungewöhnliche Stille, die einen fantasiebegabten Journalisten dazu bewogen hätte, ein dramatisches Bild stummen Terrors zu zeichnen; der wahre Grund aber waren die breiten Straßen, die größeren Zerstörungen durch Bomben und Artilleriebeschuss und die geringere Bewohnerzahl. Es gab nichts zu fürchten. Trotzdem fiel es ihm [Holly Martins] in dieser großen, veröderten Straße [Praterstraße], wo man die ganze Zeit das Geräusch der eigenen Schritte vernahm, ziemlich schwer, sich nicht des Öfteren umzusehen."[16]

Greene und Montagu fahren auch zum Wiener Zentralfriedhof an der östlichen Peripherie der Stadt, wo sich dem staunenden Schriftsteller eine kaum zu überbietende Vielfalt an historischen Grabmälern von Musikern, Künstlern, Wissenschaftlern und führenden Persönlichkeiten des öffentlichen Lebens darbietet. Welch herrlicher Ort, einen Thriller beginnen zu lassen! Doch nicht nur die Größe, die sternförmig angelegten Alleen und die nummerierten Gräberreihen sind beeindruckend. Dass sogar der Friedhof in alliierte Zonen aufgeteilt zu sein scheint, fasziniert Greene. Besonders angetan ist er von den überlebensgroßen „geschmacklosen Statuen" bewaffneter Soldaten im sowjetischen und der „schlaff herabhängenden Trikolore" im französischen Teil. Die protzigen Familiengrüfte, deren „Engelsgestalten unter ihren heruntergerutschten Schneeperücken grotesk aussahen"[17], zeigen nachhaltige Wirkung; hier findet Graham Greene die ideale Ruhestätte für seinen Harry Lime.

In den Nächten zieht es den nach Motiven suchenden Autor, so er nicht gerade einer Aufführung von Beethovens „Fidelio" im Theater an der Wien lauscht, durch die Bars der Stadt.[18] Das Casino Oriental am Petersplatz (der spätere Fatty's Saloon der Wiener Jazzlegende Fatty George, heute Theater am Petersplatz) ist ein dunkles, feuchtes Nachtlokal mit unbegabten und halbverhungerten Striptease-Tänzerinnen aus Osteuropa, erinnert sich später Elizabeth Montagu. „Das Thema der Sünde war allgegenwärtig. Hätte man Graham angeboten, ihn um drei Uhr in der Früh in den ärgsten Sündenpfuhl Wiens zu begleiten, er wäre sofort mitgekommen."[19]

Informationsbroschüre für amerikanisches Militär- und Zivilpersonal

Greene kann sich von dieser düsteren, „sündenschwangeren" Seite Wiens nicht losreißen. Auch seinen Helden Holly Martins wird es dorthin treiben, um „sich schnurstracks einen Rausch anzuzechen. Er wählte dazu das Oriental, ein ödes, rauchiges Nachtlokal, das sich hinter einer pseudo-orientalischen Fassade verbirgt. An den Wänden des Treppenhauses hingen dieselben halbnackten Fotografien, an der Bar lehnten dieselben halb-trunkenen Amerikaner, und es gab denselben schlechten Wein und merkwürdig zusammengebrauten Gin, wie er sie in jeder drittrangigen Bar jeder anderen schäbigen Hauptstadt in dem schäbigen Nachkriegseuropa auch hätte antreffen können. ... Martins zog weiter. Im Maxim tanzten etliche Paare mit trübsinnigen Mienen, und in einem Lokal, das sich Chez Victor nannte, hatte die Heizung versagt, und die Gäste tranken ihre Cocktails im Wintermantel".[20] Auf die Frage, wie er es als praktizierender Katholik und *der* katholische Schriftsteller Englands schlechthin vertreten könne, in solch elenden Lokalen zu verkehren, hat Greene stets die Rechtfertigung bereit, „er müsse im Elend der Stadt wühlen und brauche diese Tuchfühlung mit der Welt der verlorenen Seelen, sie würden schließlich den Stoff seiner Erzählungen ausmachen und seine Romanwelten bevölkern".[21]

Verlorene Seelen gibt es im Nachkriegs-Wien viele, sowohl im Oriental als auch im Casanova oder im Maxim – für Greene allesamt Orte, die den moralischen Verfall und das Schlechte der Welt widerspiegeln. Hier verschmilzt Wien mit „Greeneland",[22] jener fiktiven Welt seiner Romane, die genauso schäbig, verkommen, von Krieg und Verbrechen gezeichnet ist wie die Welt, die er auf seinen vielen Reisen in Europa, Afrika, Asien und Lateinamerika vorfindet. Greenes Vorliebe für Aufstände, Unruhen und politische Umstürze ist in vielen seiner Romane zu spüren; es zieht ihn stets dorthin, wo gerade die Hölle los ist – sei es in das von Bürgerkrieg und religiöser Verfolgung geschüttelte Mexiko, das er in „The Lawless Roads" und in „The Power and the Glory" verarbeitet, oder in das vom Blitzkrieg verwüstete London, wo er sich als Freiwilliger zum Luftschutz meldet.

„How completely those war years were his milieu. He loved walking the bombed streets, wrapped in a shabby mackintosh, admiring the craters, the fires, and the tumbling buildings."[23] Und er beschreibt nur, wie er immer wieder betont, was er selbst gesehen hat: Revolutionen, Krieg und Anarchie.

Graham Greene sammelt zwar viele Eindrücke, doch die zündende Idee für eine Fortsetzung der Geschichte vom verschwundenen und wieder aufgetauchten Harry, die er Korda angeboten hat, lässt auf sich warten. Da soll ein Essen mit dem Nachrichtenoffizier der Informationsabteilung des Alliierten Rates in Wien, Oberst Charles Beauclerk, die Wende gebracht haben: Beauclerk hätte Greene erzählt, er wäre bei einer Routineanfrage über die Wiener Polizei auf die Abteilung „Untergrundpolizei" gestoßen. Das wäre ihm höchst verdächtig erschienen. War das eine Geheimpolizei, ein Relikt aus den Tagen des „Dritten Reiches"? Auf jeden Fall hätte er deren sofortige Auflösung angeordnet, was aber offensichtlich nicht durchgeführt wurde. Auf seine neuerliche Anfrage wäre ihm mitgeteilt worden, bei der mysteriösen Einheit handelte es sich um eine für das Wiener Kanalnetz zuständige Spezialabteilung der Wiener Polizei.[24] Greene will die geheimnisvolle Welt dieser Untergrundpolizei unter allen Umständen kennen lernen. Mit Gummistiefeln und passendem Gewand ausgestattet, steigt er kurz darauf am Karlsplatz mit der „Kanalbrigade" in die

„Unterwelt" Wiens ein – und ist fasziniert. Das ist die Welt, in die sein Harry Lime flüchten wird, um der Polizei zu entgehen!

Langsam nimmt die Geschichte Gestalt an, alles bekommt einen Sinn: „Beim Mittagessen hatte mir der Offizier von einem Penicillinschieberring erzählt, und jetzt, auf unserem Weg durch die Kanalisation, begann diese Geschichte plötzlich konkrete Formen anzunehmen. Nichts war umsonst gewesen. Die Recherchen, die ich über die Vier-Mächte-Besatzung gemacht hatte, mein Besuch bei einem alten Diener meiner Mutter in der russischen Zone, die langen Abende einsamen Trinkens im Oriental, ich hatte meinen Film."[25] Weitere Inspirationen folgen am Abend vor seiner Abreise: Er besucht eine Vorlesung der englischen Schriftstellerin Elizabeth Bowen im Leseraum des British Council und lädt sie anschließend zum Essen ins Oriental ein. Um sie zu beeindrucken, vielleicht aber auch, um sie zu schrecken, inszeniert Greene eine Razzia der Internationalen Polizei, die exakt um Mitternacht das Lokal stürmt und alle Gäste perlustriert.[26] Die Aktion verfehlt nicht ihre Wirkung; Elizabeth Bowen ist von Greenes Verbindungen beeindruckt, und Greene baut diese Machtdemonstration der Alliierten sofort in seine Geschichte ein, die im Film – allerdings stark gekürzt – in der Casanova Bar-Szene ihren Niederschlag findet.

Casanova Bar in der Dorotheergasse

Und doch: Ist Graham Greenes erster Aufenthalt in Wien wirklich so verlaufen? Die Grenze zwischen Dichtung und Wahrheit ist bei ihm fließend, ungeachtet dessen, ob es sich dabei um das erzähltechnisch bedingte Nebeneinander fiktiver und faktischer Elemente in seinen Romanen oder um sein Privatleben handelt. Jene British Cultural Relations Society, vor der Graham Greene in Anlehnung an Elizabeth Bowens Vortrag vor dem British Council Holly Martins im „Dritten Mann" ein Referat halten lässt, hat es in Wien nie gegeben, und auch der berühmte amerikanische Schriftsteller namens Benjamin Dexter, mit dem Crabbin Holly Martins verwechselt, ist fiktiv. Auch in Graham Greenes autobiografischen Reminiszenzen ist nicht zu erkennen, wo die Privatperson Greene aufhört und der Schriftsteller Greene beginnt. Dem Autor gelingt es immer wieder, seine Familie, Freunde und Biografen, aber auch das Publikum über sein Leben im Unklaren zu lassen und falsche Fährten zu legen. Ist das die Lust eines exzentrischen Schriftstellers am Fabulieren, die Notwendigkeit, etwas zu verheimlichen oder das Unbehagen eines immer penibel auf sein Privatleben achtenden Künstlers gegenüber der Neugier seiner Umgebung? Seiner in England lebenden Familie lässt er jedenfalls durch Elizabeth Montagu Telegramme aus Wien schicken, obwohl er selbst noch gar nicht eingetroffen ist, sondern sich in Brighton aufhält; oder er macht von Wien aus überraschend einen Abstecher nach Prag, um angeblich seinen Verleger von „The Power and the Glory" zu treffen[27] – und das justament zu dem Zeitpunkt, als die Tschechoslowakei von einem kommunistischen Staatsstreich erschüttert wird.

Es ist ein schwieriges Unterfangen, Graham Greenes Wienaufenthalt im Detail zu ergründen und die Geschichten und Gerüchte zu verifizieren, die bereits zum Standardrepertoire seiner Biografien gehören. Will man daher Genaues über die Entstehungsgeschichte des „Dritten Mannes" erfahren, bleiben nur die Erzählungen jener, die sich – wie Elizabeth Montagu und Guy Hamilton – noch an Greenes Wienaufenthalt im Februar 1948 erinnern, sowie die Briefe Greenes an seine langjährige Lebensgefährtin Catherine Walston, die zu dieser Zeit in Italien lebt.[28] Auch Greenes Tagebucheintragungen sind mit Vorsicht zu genießen: Für Dienstag, den 17. Februar 1948, sind Treffen mit einem „österreichischen Verleger" um 16.30, mit dem amerikanischen Polizeichef um 18.00 und mit dem Times-Korrespondenten Peter Smolka um 19.15, für den darauf folgenden Tag ein Lunch mit einer „American Information Service Woman" um 12.30 sowie Verabredungen mit einem „Gigolo at the Casanova Bar" für 16.00 und mit einem Vertreter des British Council um 19.00 notiert. Am 19. Februar lädt Greene Alida Valli zum Essen ein, und am Freitag, dem 20. Februar, kommt er mit einem österreichischen „Playboy Grafen" und einem nicht näher beschriebenen englischen Ehepaar zusammen. Am Samstag besucht er die Lesung von Elizabeth Bowen, am Sonntag ist er bei einem „österreichischen Industriellen" eingeladen. Für Montag, den 23. Februar, 6.30, lautet Greenes Tagebucheintragung: „weg, nichts wie weg". Seine „Flucht" führt ihn über Prag – wo er Zeuge der kommunistischen Machtübernahme wird – wie geplant am 26. Februar nach Italien, angeblich in einem fast leeren Flugzeug, in dem sich außer ihm nur ein junges Ehepaar befindet, von dem er später erfährt, dass es sich um Karl Prinz Schwarzenberg und dessen Gemahlin gehandelt hat, die vor den Kommunisten geflohen sind.[29] Realität bleibt, dass Greene, fernab von England und seiner Familie, die Tage auf Capri als willkommene Abwechslung genießt und hier die nötige Ruhe findet, seine Wiener Eindrücke zu einer Geschichte zu verarbeiten, die schließlich zur Grundlage für das von Alexander Korda in Auftrag gegebene Drehbuch wird.

„Im Gedenken an die vielen Wiener Nächte" Das Drehbuch entsteht

„Ich kenne die Stadt, ihre Häuser und ihre Geschäfte ganz genau. Stundenlange Motivsuche hat mich mit ihr vertraut gemacht. Dieses Wien ist architektonisch und anlagemäßig so wundervoll, dass man sich ein idealeres Aufnahmegelände, als es hier jahrhundertealte Kultur schuf, nicht wünschen kann." (Carol Reed) Im Juni 1948 landet Graham Greene zum zweiten Mal in Wien-Schwechat – diesmal in Begleitung von Regisseur Carol Reed – und findet eine schönere Stadt vor als zuletzt im grau-trüben Februar. Darüber ist er aber wenig erfreut, war es doch die trostlose Nachkriegsatmosphäre, die ihn inspiriert und fasziniert hatte. Die meisten Schuttberge sind verschwunden, das geschäftige Leben in der Stadt hat den Krieg in weite Ferne rücken lassen, auch die Restaurants sind nicht mehr auf den Schwarzmarkt angewiesen. Ständig fühlt sich Greene bemüßigt, Carol Reed zu überzeugen, dass die Stadt vor drei Monaten noch ganz anders aussah.[30] Nur die Nachtlokale und Bars scheinen unverändert, wie eine Widmung Graham Greenes in der Romanfassung vermuten lässt: „Für Carol Reed, in Bewunderung und Verehrung gewidmet – und im Gedenken an die vielen Wiener Nächte, die wir im Maxim, im Casanova und im Oriental verbrachten."[31]

Die schäbige Tristesse dieser Lokale ist zwar nicht unbedingt nach

Reeds Geschmack, doch kann er hier seiner Leidenschaft frönen und Leute beobachten, aber auch jene Atmosphäre finden, die er für seinen Film braucht. Greene begleitet ihn und schreibt Catherine Walston nach Italien: „Die Reise macht im Großen und Ganzen Spaß, aber ich trinke zu viel, arbeite zu viel, vermisse dich zu viel und denke zu viel. Die Geschichte langweilt mich eigentlich schon, auch die Leute hier, außer Carol, der immer netter wird, je näher wir uns kennen lernen. Wien ist mein Untergang ... Carol geht nie vor 4 Uhr ins Bett!" Trotz der langen Nächte arbeiten die beiden Männer mehrere Stunden täglich am Drehbuch, das vertragsbedingt vor der Abreise aus Wien, d. h. am 10. Juli, abgeschlossen sein muss. Jeden Tag wird eine bestimmte Anzahl von Seiten der ursprünglichen Geschichte durchgesehen und die Rollenverteilung Szene für Szene durchgespielt. Es ist eine ungewöhnlich intensive Zusammenarbeit zwischen dem Drehbuchautor und dem Regisseur, die beiden verstehen sich aber nicht nur persönlich gut, sie haben auch großen Respekt vor den Vorschlägen des anderen. Für Carol Reed ist es nicht neu, ein Drehbuch mit einem Schriftsteller zu erarbeiten, er tat das bereits mit A. J. Cronin und J. B. Priestley und 1947 auch mit Graham Greene und „Fallen Idol". „Ehe ich an die Arbeit gehe, muss ich mich mit dem Autor zusammengesetzt haben. Nehmen Sie das nur wörtlich. Möglichst allein, ohne jeden Dritten, dafür aber mit einer Flasche Whisky", vertraut er einmal einem Journalisten an.

Einer der Gründe, warum die beiden Männer so gut miteinander auskommen, ist – neben Reeds Respekt vor Literatur – Graham Greenes besondere Liebe zum Film. Bereits in seiner Schulzeit interessiert sich der aus Berkhamstead nordwestlich von London stammende Sohn eines Schuldirektors und Großneffe des berühmten Schriftstellers Robert Louis Stevenson („Treasure Island") für das damals noch sehr junge Medium Film. Schon früh begeistert er sich für „Tarzan" mit Jonny Weissmüller, einen Film, den er eigentlich nur zu sehen bekommt, weil sein Vater irrtümlich annimmt, es handle sich dabei um einen naturwissenschaftlich wertvollen Film. Nach seinem Studium in Oxford schwankt Greene zwischen der Laufbahn als Schriftsteller und jener eines Filmjournalisten. Bis zu seinem Eintritt in den Britischen Geheimdienst 1941 arbeitet er als Redakteur bei der *Times* und verfasst zahlreiche Filmrezensionen und filmtheoretische Aufsätze für renommierte Tageszeitungen und Kulturjournale, unter anderem für den *Spectator*, eine Wochenzeitschrift für Politik, Literatur, Kunst und Religion. Bereits damals fällt ihm Carol Reeds Talent auf, und für sein Erstlingswerk „Midshipman Easy" bescheinigt er ihm, mehr Gefühl für Kino zu besitzen als die meisten seiner bereits etablierten Kollegen. Das Medium Film entwickelt sich immer mehr zu Greenes Leidenschaft; bald schon kristallisiert sich seine ausgeprägte Vorliebe für literarische Drehbücher, poetische Filmsprache und Schwarz-Weiß-Filme heraus, wobei ihn Fritz Langs „Metropolis" besonders fasziniert. Drehbuchautor zu werden – das ist sein Traum.

Der große Wurf scheint Graham Greene zu gelingen, als die 20th Century Fox die Filmrechte für seinen ersten Roman „Stambul Train" um astronomische 1.800 Pfund ersteht. Doch hier hat er noch nicht die Möglichkeit, auch das Drehbuch selbst zu schreiben. Als der Film unter dem Titel „Orient Express" herauskommt, ist Greene über das Ergebnis entsetzt und meint, es sei der schlechteste Film, den er je gesehen habe, mit einer inkompetenten Regie und einer sentimentalen Story. (Regie führte übrigens Paul Martin, jener Mann, den Carol Reed 1948 persönlich als Dialog- und Regieassistenten für die Dreharbeiten zum „Dritten Mann" engagieren wird!) Auch in der Folgezeit ist Greene immer wieder von der Bearbeitung seiner literarischen Vorlagen enttäuscht; seine Kinoerfolge basieren fast ausschließlich auf eigenen Drehbuchbearbeitungen. Doch auch die Kritiker nehmen Greenes Beziehung zum Medium Film mit gemischten Gefühlen auf. Einige sind der Ansicht, die Qualität Greenes als Schriftsteller leide inhaltlich wie formal unter dem Einfluss des Films, andere wiederum halten ihm zugute, die Geheimnisse der populären Kunst für sich entdeckt zu haben und damit ein breites Publikum zu erreichen. „Der Schriftsteller schreibt für ein paar tausend Leser, aber der Filmkünstler muss für Millionen von Zusehern arbeiten", meint Graham Greene selbst in einem Artikel für den *Spectator*.

Neben dem „Dritten Mann" finden mehr als 30 seiner Erzählungen und Romane den Weg ins Kino, ins Fernsehen oder auf die Bühne, teilweise unter der Anleitung von Regisseuren wie Fritz Lang, Otto Preminger, John Ford und mit großartigen Schauspielern wie Laurence Olivier, Vivien Leigh, Deborah Kerr, Henry Fonda, Rod Steiger, Alec Guiness, Richard Burton und Michael Caine. Zu Greenes bekanntesten Filmvorlagen gehören Fritz Langs „Ministry of Fear", „The Confidential Agent" mit Charles Boyer, Lauren Bacall und Peter Lorre, John Fords „The Fugitive" mit Henry Fonda nach dem Roman „The Power and the Glory" (in einer deutschen Version mit Maximilian Schell verfilmt) und Carol Reeds „Fallen Idol" mit Michèle Morgan und dem Kinderstar Bobby Henrey. Von den späteren Verfilmungen ragen die 1959 gedrehte Agentenparodie „Our Man in Havana" mit Alec Guinness und das letzte gemeinsame Projekt mit Carol Reed, „La Nuit Américaine" (1973) unter der Regie von François Truffaut, ebenso heraus wie „The Honorary Consul" (1983) mit Richard Gere und Michael Caine in den Hauptrollen. Viele seiner Romane werden auch für das Fernsehen verfilmt, so „The Power and the Glory" mit Laurence Olivier (1961) und „The Tenth Man" (1988) mit Anthony Hopkins. Nur ein einziges Mal versucht sich Graham Greene als Produzent und bringt 1954 in dem britisch-italienischen Spionagethriller „The Stranger's Hand" („La Mano dello Straniero") Trevor Howard und Alida Valli noch einmal gemeinsam vor die Kamera. Dem Film wird aber, trotz einfühlsamer schauspielerischer Leistungen, nur ein Achtungserfolg zuteil und Greene sieht ein, dass Filmproduktion nichts für einen Schriftsteller ist. Dennoch erinnert er sich gerne an die Arbeit in Venedig, an die gemeinsamen Gläser Grappa mit Regisseur Mario Soldati und die Bootsrennen mit Trevor Howard.

In Carol Reed hat Graham Greene jedenfalls einen kongenialen Partner gefunden. Er schwärmt nicht nur von ihm als einem besonders warmherzigen

Das „Old Vienna" in der Kärntner Straße: Die Bar dient Graham Greene als Vorbild für die „Karntnertstrasse Bar" des Drehbuchs und das „Smolka" im Film

Schwerste Kriegsschäden in der Kärntner Straße: die Trümmer des Hotels Meißl & Schaden

Menschen, sondern betont auch immer wieder, Reed sei der einzige ihm bekannte Regisseur, der das richtige Gespür für das richtige Gesicht und den richtigen Schnitt habe, aber auch die Kraft und die Fähigkeit besitze, mit den Zweifeln des Autors umzugehen und ihn zu leiten.[32] Eine der wenigen Meinungsverschiedenheiten zwischen Carol Reed und Graham Greene betrifft die Schlussszene des „Dritten Mannes" am Wiener Zentralfriedhof. Im Gegensatz zur Romanvorlage lehnt Reed ein Hollywood-Happyend ab – und beschert damit Cineasten in aller Welt eine der klassischen Szenen des Kinos. Bescheiden überlässt Reed aber dem Autor die Lorbeeren, denn „geschrieben hat immer nur Graham, ich habe ihn dann jeweils allein gelassen".

Das Drehbuch macht den Schriftsteller jedenfalls um 4.000 Pfund (exklusive Aufenthaltskosten in Wien und Italien für die Dauer von elf Wochen) reicher – ein kleines Vermögen[33], mit dem er sich ein Haus auf Capri leisten kann. Nochmals 1.000 Pfund erhält Greene für die erste Drehbuchbearbeitung und weitere 3.000 Pfund für das voll ausgearbeitete Drehbuch.

Und wieder ist es das Hotel Sacher, wo alle Fäden zusammenlaufen. Hier arbeiten Autor und Regisseur gemeinsam an der Drehbuchfassung, und hier schlägt auch das englische Produktionsteam seine Zelte auf: Alexander Korda findet sich ein, um mit Karl Hartl die finanziellen Aspekte der Produktion zu besprechen; Kordas Bruder Vincent, um mit Karl Hartls rechter Hand Paul Martin geeignete Wiener Drehorte auszusuchen; Hugh Perceval, der Produktionsleiter, um in Zusammenarbeit mit alliierten und österreichischen Stellen die Voraussetzungen für die Dreharbeiten im Herbst zu schaffen. Auch dieses Mal ist das Sacher Ausgangspunkt für ausgedehnte Streifzüge durch die Stadt. Gemeinsam besichtigen Greene und Reed den Prater, der mit seinen Ruinen immer noch an die apokalyptischen Bilder eines Hieronymus Bosch erinnert[34], den Wiener Zentralfriedhof und die weit verzweigte Wiener Kanalwelt, die Carol Reed wegen ihrer ungeahnten Möglichkeiten für spannendes Kino ganz besonders beeindruckt. Vom Sacher ist es nur ein kleiner Sprung zu den zahlreichen Wiener Theatern, wo sie jene österreichischen Schauspieler kennen lernen, die für die Besetzung der Nebenrollen in Frage kommen. Im Theater in der Josefstadt im achten Wiener Gemeindebezirk treffen sie auf Annie Rosar und Hedwig Bleibtreu, Ernst Deutsch, Siegfried Breuer und Gaststar Erich Ponto und engagieren sie im wahrsten Sinne des Wortes von der Bühne weg. Carol Reed muss vom Ambiente dieses Theaters ganz besonders angetan gewesen sein, denn er besteht später darauf, eine Szene mit Holly Martins inmitten eines Theaterpublikums – bestehend aus 80 (!) Wien-Film-Statisten – am Originalschauplatz zu drehen[35], was einen Kritiker zu der Aussage veranlasst, dass es einen Wiener schon schmerze, dieses Theater für so eine „Tingeltangel-Komödie in Rokokoambiente" missbraucht zu sehen, wo „die Josefstadt" doch die Bühne des großen Max Reinhardt gewesen sei und man sie in aller Welt mit Dramatikern wie Arthur Schnitzler, Hugo von Hofmannsthal, Ödön von Horvath und Regisseuren wie Otto Preminger in Verbindung bringe.

Der Kritiker scheint allerdings nicht allzu viel über die Geschichte der „Josefstadt", wie sie in Wien liebevoll genannt wird, gewusst zu haben; es ist jenes einstmalige Lustspiel- und Musiktheater, in dem schon Ferdinand Raimund Triumphe gefeiert, Richard Wagners „Tannhäuser" uraufgeführt und Franz von Suppé mit seinen Operetten die Wiener zu Begeisterungsstürmen hingerissen hatte. Erst um 1900 verlagert sich der Schwerpunkt der „Josefstadt" auf das Sprechtheater; Aufführungen mit der legendären Hansi Niese sorgen für ein ausverkauftes Haus, und auch zeitgenössische Dramatiker wie Frank Wedekind, August Strindberg und Oscar Wilde finden hier eine Heimstätte. 1923 übernimmt Max Reinhardt die Leitung des Theaters; ihm folgt 1928 Otto Preminger nach, bevor er 1933 in die USA emigriert und dort seine Karriere erfolgreich beim Film fortsetzt. Der durch Fritz Langs legendären Klassiker „M – Eine Stadt sucht ihren Mörder" in die Kinogeschichte eingegangene Peter Lorre beginnt seine Karriere ebenso im Theater an der Josefstadt wie Helmut Dantine, den das Publikum nicht zuletzt als jenen jungen Emigranten aus „Casablanca" kennt, dem Rick zu unverhofftem Glück beim Roulette und damit zur Flucht verhilft. Noch vor dem offiziellen Kriegsende wird das Theater in der Josefstadt, das all die Jahre unversehrt überstanden hat, am 1. Mai 1945 wiedereröffnet, und am 29. November 1957 erlebt es die deutsche Uraufführung eines der wenigen Theaterstücke Graham Greenes, „The Potting Shed" („Das Geheimnis"), für die der Autor als Ehrengast geladen ist.[36]

Die vielen Gespräche über Gott und die Welt, die Graham Greene und Carol Reed in Wien führen, die langen Nächte an den „Orten der Sünde und des traurigen Elends", die gemeinsamen Besichtigungstouren zu möglichen Drehorten, das tagelange, intensive „Wien-auf-sich-wirken-Lassen", das Zusammentreffen mit den unterschiedlichsten Menschen und Charakteren hinterlassen schließlich in jeder Szene des „Dritten Mannes" ihre Spuren. Sie verhindern auch, dass der Film ein zwar ausgefeiltes, aber seelenloses Filmkunstwerk wird und Wien zu einer bloßen Kulisse degradiert. Die Erfahrungen, die die beiden Männer vor Ort machen, hauchen dem Film Leben und Authentizität ein, auch wenn die „Wirklichkeit nur der Hintergrund für ein Märchen" ist, wie Graham Greene im Vorwort zum Roman beteuert. Liegt hier das Geheimnis für den Erfolg des „Dritten Mannes" und für die Faszination, die der Film bis heute ausstrahlt? Wenn eine Versteigerung im Londoner Auktionshaus Sotheby's als Gradmesser herangezogen werden kann, spricht das Ergebnis des Verkaufs einer der größten privaten Graham Greene-Sammlungen im Jahr 1996 – bestehend aus Erstausgaben, Manuskripten, Drehbüchern, Filmplakaten, Briefen und anderen Erinnerungsstücken – mit einem Gesamterlös von über einer halben Million Pfund Bände: Zwei Drehbücher des „Dritten Mannes", versehen

Oben: Brief der London Film Productions an die Bank of England
Unten: Carol Reed und Graham Greene bei einer Drehbuchbesprechung

mit handschriftlichen Anmerkungen des Autors, wechselten um nicht weniger als 100.000 Pfund den Besitzer.

Die gemeinsame Arbeit am Drehbuch ist auch nach der Rückkehr nach London noch lange nicht abgeschlossen. Dialoge müssen ausgefeilt und aufeinander abgestimmt werden, auch eine Einladung nach Hollywood steht ins Haus. Der Vertrag zwischen David O. Selznick und Alexander Korda sieht nämlich eine Besprechung zwischen Regisseur, Drehbuchautor und Selznick zwei Monate vor Drehbeginn vor. Über die USA-Reise hinaus setzt sich die in Wien begonnene Arbeit am Drehbuch aber noch bis zum letzten Drehtag fort. Dass es keine endgültige Drehbuchfassung außer dem Film selbst gibt, beweist das im Lorrimer Verlag publizierte Drehbuch von Carol Reed, das die jeweils letzten Änderungen an Dialogen, wie sie aus dem Film bekannt sind, in Fußnoten wiedergibt – und in kaum einer Szene wurde nicht zumindest eine Änderung vorgenommen.

„Der Dritte Mann' wurde nicht geschrieben, um gelesen, sondern um gesehen zu werden" Keine Literaturverfilmung!

„Für mich ist es nahezu unmöglich, ein Drehbuch zu schreiben, ohne den Entwurf zunächst als Erzählung zu behandeln. Selbst ein Film erfordert mehr als bloße Handlung, seine Wirkung hängt von einem gewissen Maß an Charakterisierung, von Stimmung und Atmosphäre ab; und diese lassen sich, so scheint es mir, auf den ersten Wurf nicht in der dürren Handschrift eines Filmmanuskriptes ausdrücken".[37] Mit diesen Worten umreißt Graham Greene bereits den gesamten Werdegang des „Dritten Mannes" und stellt von vornherein klar: Beim „Dritten Mann" handelt es sich nicht um eine Literaturverfilmung!

Allerdings erweist sich die ganze Sache doch komplizierter, als es auf den ersten Blick scheint. Zum einen ist es eher ungewöhnlich, dass ein so renommierter Schriftsteller wie Graham Greene mit dem Verfassen eines Drehbuchs und nicht mit der Adaptierung eines seiner Romane beauftragt wird. Die Gründe dafür sind klar: Alexander Korda will aus seinem Erfolg mit „Fallen Idol" Kapital schlagen und möglichst schnell wieder einen Publikumshit produzieren. Was also liegt näher, als erneut auf sein Erfolgsteam Carol Reed/Graham Greene zurückzugreifen? Und ihm gefällt auch das Motiv des von den Toten Auferstandenen, des „Dead Man Walking". Die Erzählung, die Greene Ende April 1948 abliefert, wird von den London Film Productions schließlich als Grundlage für ein Drehbuch gekauft (nicht aber als eigenständiges literarisches Werk, das eventuell zur Veröffentlichung als Buch bestimmt gewesen wäre). Greene hat sich, wie er selbst betont, von Anfang an bemüht, flotte Dialoge zu schreiben, die ins Drehbuch übernommen werden können. Die rund 130 Schreibmaschinenseiten sind also nur das Rohmaterial, aus dem schrittweise und unorthodox in enger Zusammenarbeit mit dem Regisseur und über einen Zeitraum von fast einem halben Jahr das endgültige Drehbuch entwickelt wird.

Auch das Riesenrad ist ein Opfer des Krieges geworden

Diese sukzessive Fertigstellung erklärt auch die zahlreichen Diskrepanzen zwischen der ursprünglichen Erzählung („Story"), der ersten dramatischen Bearbeitung („Treatment"), den unterschiedlichen Drehbuchfassungen („Scripts"), den in Großbritannien und in den USA erschienenen Romanfassungen und den in weiterer Folge veröffentlichten diversen Übersetzungen.[38] Doch obwohl der Text nur als Arbeitsgrundlage gedacht ist, wird er in den Zeitungen abgedruckt. Zwischen 8. und 29. Dezember 1948, also fast ein Jahr vor der Fertigstellung des Films, publiziert die englische Tageszeitung Daily Express „The Third Man" als Fortsetzungsroman, im März 1949 folgt The American Magazine mit einer stark gekürzten Version, die unter dem Titel „Complete American Mystery Novel" erscheint. Greene hat zwar die Rechte am Drehbuch an die London Film Productions verkauft, nicht aber die Rechte an der ursprünglichen Erzählung. Der englische Express, der den „Dritten Mann" im Februar 1950 ebenfalls in Fortsetzungen abdruckt, kündigt daher an, dass es sich dabei nicht um eine überarbeitete Filmfassung, sondern um eine „eigenständige literarische Schöpfung handelt", und gibt die Garantie ab, dass die Erzählung nie in Buchform erscheinen werde! Doch als der Film dann in die Kinos kommt und sich als wahre Goldgrube erweist, wird der „Dritte Mann" auch als Buch auf den Markt gebracht: in den USA im März 1950 im Verlag Viking Press, in England im Juli desselben Jahres beim Heinemann Verlag in einer gemeinsamen Ausgabe mit „Fallen Idol". Zum Entsetzen des Autors fehlen in der (übrigens von ihm nie autorisierten) amerikanischen Version wichtige Handlungselemente, was den ursprünglichen Charakter der Erzählung stark verändert hat.

Über die möglichen Ursachen, die zu den beiden unterschiedlichen Romanfassungen führten, ist bislang viel gerätselt worden; die wahrscheinlichste Variante ist, dass die amerikanische Ausgabe auf einer speziell für David O. Selznick zurechtgeschnittenen, „bereinigten" Fassung basiert, die dann später auch von der französische bzw. der russischen Übersetzung übernommen wurde.

Der Umformungsprozess von der ursprünglichen Erzählung zum endgültigen Drehbuch wirft immer wieder die Frage auf, inwieweit „Der Dritte Mann" noch ein Werk von Graham Greene ist. Doch wer die einzelnen Stationen der Veränderungen nachverfolgt, kommt zum beruhigenden Schluss, dass es sich trotz allem noch um Greenes Werk handelt: Sämtliche Handlungselemente bleiben – mit Ausnahme der Schlussszene, für die Greene, anders als Carol Reed, ein Happyend wählt – weitgehend erhalten, der Großteil der Änderungen ist pragmatischer Natur und wird zugunsten einer filmgerechten Adaptierung durchgeführt. Englische Literaturkritiker sind sich darin einig, dass die Erzählung als eigenständige literarische Schöpfung innerhalb des Gesamtwerks des Schriftstellers zu sehen ist, auch wenn Greene selbst sie wiederholt als reines Rohmaterial für sein Drehbuch bezeichnet, das nicht für eine Publikation bestimmt war.[39]

Dennoch: Selbst wenn die Geschichte von Harry Lime nur als Basismaterial für ein Drehbuch gedacht war, versteht es Graham Greene meisterhaft, das Ambiente eines vor einem spektakulären, tagespolitisch hochaktuellen Hintergrund spielenden Thrillers einzufangen und ihn mit der Auseinandersetzung über moralische und religiös-ethische Fragen sowie mit raffinierten psychologischen Konstellationen zu verknüpfen. Die Menschen in seiner Erzählung sind nicht bloße

Figuren; sie beginnen sich zu verstricken und ihre Handlungen mischen sich mit Schicksal. Dabei berührt Greene Themen wie die Brüchigkeit von Freundschaft und Idealen, die oft nur hauchdünne Trennlinie zwischen Treue und Verrat, die Problematik von Schuld und Sühne, die Faszination des Bösen und die Angst vor dem Verlassensein und dem Tod. Vieles davon ist – nicht zuletzt aufgrund der Kürze der Erzählung – nur angedeutet, trotzdem gelingt es Greene, eine gut verfilmbare und dennoch in die Tiefe gehende Geschichte zu erzählen, die durch die zeitgeschichtliche Aktualität der Handlung, die Authentizität Wiens und die eigene hautnahe „Milieuerfahrung" vor Ort eine zusätzliche Dimension erhält. Warum dann aber die Form eines Thrillers? Das entspricht wohl ganz dem schriftstellerischen Charakter Greenes, der keine Scheu davor hat, auf populäre Erzählformen zurückzugreifen, um dem Unterhaltungsbedürfnis des Publikums entgegenzukommen, gleichzeitig damit aber auch weniger publikumswirksame Themen existenzieller oder religionsphilosophischer Natur anzusprechen: „Wenn du dein Publikum einmal in deinen Bann gezogen hast, kannst du ihm alle Schrecken und Leiden dieser Welt zumuten ... und das gilt für den Roman genauso wie für den Film."

Üblicherweise wird ein spannender Krimi auch nicht als geeigneter Rahmen für literaturphilosophische Exkurse gesehen; **Greene bedient sich jedoch einer so trivialen Geschichte, wie es der „Dritte Mann" zu sein scheint, um dem Publikum seine Ansichten zu elitärer Literatur kundzutun.** Er greift hierfür auf eine spielerisch-humorvolle Darstellung zurück, wie der an Peinlichkeit kaum zu überbietende Literaturvortrag Holly Martins' zeigt. Martins wird ja, da man ihn für einen berühmten amerikanischen Schriftsteller hält, eingeladen, vor der British Cultural Relations Society über moderne Literatur zu sprechen, von der er natürlich keine Ahnung hat. Das Publikum, kulturell und geistig von der NS-Zeit ausgehungert, will mehr über die bedeutendsten Schriftsteller und die neuesten Trends in der Weltliteratur wissen und bestürmt den Protagonisten mit Fragen, so auch über den irischen Autor James Joyce und seine „Erzähltechnik des Bewusstseinsstroms" („stream of consciousness"; in der deutschen Synchronfassung „Ödipuskomplex"). Für Holly Martins gibt es jedoch nur ein Vorbild, nämlich Zane Gray, einen amerikanischen Autor beliebter Westernromane (in der deutschen Synchronfassung Edgar Wallace).

„Darf ich Mr. Dexter fragen, ob er an einem neuen Roman arbeitet?"
„Ja-ja, gewiss."
„Und darf man den Titel wissen?"
„Der Dritte Mann", sagte Martins und gewann damit plötzlich ein trügerisches Selbstvertrauen, weil er diese Hürde genommen hatte.
„Mr. Dexter, würden Sie uns bitte sagen, welcher Schriftsteller Sie am stärksten beeinflusst hat?"
Gedankenlos antwortete Martins: „Grey". Er meinte natürlich den Verfasser von „Riders of the Purple Sage" und stellte mit Genugtuung fest, dass diese Auskunft alle Anwesenden befriedigte – alle, bis auf einen bejahrten Österreicher, der sofort fragte: „Grey? Was für ein Grey? Der Name ist mir unbekannt."
Martins fühlte sich auf ganz sicherem Boden und erwiderte: „Zane Grey – einen anderen kenne ich nicht", und war verblüfft von dem leisen, speichelleckerischen Gelächter, das von der englischen Kolonie im Publikum kam.

Crabbin legte sich im Interesse des österreichischen Zuhörers rasch ins Mittel und erklärte: „Das war nur ein kleiner Scherz von Mr. Dexter. Er meinte natürlich den Dichter Gray – einen sanften, zartbesaiteten, feinsinnigen Genius – man sieht sofort seine geistige Verwandtschaft mit ihm".
„Und er heißt Zane Grey?"
„Nein, darin lag eben Mr. Dexters Scherz. Zane Grey schrieb das, was wir als Wildwestschmöker bezeichnen würden – billige, für die Massen bestimmte Abenteuerromane über Banditen und Cowboys."
„Und er ist kein großer Dichter?"
„Nein, nein, weit davon entfernt", urteilte Mr. Crabbin. ... [Martins] hatte sich nie als Romandichter betrachtet, aber Crabbins überhebliche Manier reizte ihn ...
„Und warum zum Teufel soll er es nicht sein?", fiel ihm Martins heftig ins Wort. ...
„Und James Joyce, in welche Richtung würden Sie James Joyce einreihen, Mr. Dexter?"
„Was meinen Sie mit einreihen? Ich will keinen Menschen irgendwo einreihen."
„Ich meine: Würden Sie ihn wirklich zu den ganz Großen zählen?"
„Wenn Sie es unbedingt wissen wollen: Ich habe noch nie von ihm gehört. Was hat er denn eigentlich geschrieben?"
Martins begriff nicht, dass er damit einen ungeheuren Eindruck machte. Nur ein ganz großer Dichter konnte es sich erlauben, eine so arrogante, so originelle Haltung einzunehmen.[40]

Graham Greene bekennt sich aber nicht nur zur Populärliteratur, sondern auch zu deren Sprache, was ihm Kritiker immer wieder vorwerfen. Dabei orientiert er sich an den spezifischen Anforderungen des Mediums Film; es überwiegen jene Dialoge, die bereits mit Blick auf die Erfordernisse des Drehbuchs geschrieben wurden, während etliche beschreibende Passagen schroff und nüchtern wirken. Gleichzeitig verwendet Greene eine sehr visuelle Sprache, die es dem Regisseur erleichtern soll, sie in Bilder umzusetzen. Wertungen und ausführliche Situationsschilderungen oder Stimmungsbilder treten dabei völlig in den Hintergrund. Das ist eine Technik, die er auch in anderen Romanen erfolgreich anwendet und sie zu idealen Drehbuchvorlagen macht. Auch die Erzählsituation der „Original Story" geht weit über eine bloße Vorstufe zu einem Drehbuch hinaus: Sie schwankt zwischen ständig wechselnden Perspektiven, aus denen die Geschichte erzählt wird: Graham Greene beginnt mit Major Calloway als dem Erzähler („Als ich Holly Martins das erste Mal sah, machte ich mir folgende Notiz ..."), der aber im Laufe der Geschichte wieder in den Hintergrund tritt bzw. völlig verschwindet und durch den Autor als Erzähler ersetzt wird. Durch diesen ständigen Wechsel verschiebt sich zwangsläufig auch die Position des Lesers gegenüber dem Erzählten und schwankt zwischen unmittelbarer Betroffenheit und distanzierter Betrachtung, wodurch die Geschichte eine ganz eigene Dynamik und Spannung verliehen bekommt. Spannung und Ungewissheit herrschen auch beim Kinopublikum, dem Carol Reed die Identität des Erzählers verschweigt.

Trotzdem wäre die Erzählung Greenes wahrscheinlich eines jener Taschenbücher geblieben, die man sich für eine längere Bahnreise einpackt, hätte es nicht die geniale Zusammenarbeit mit Carol Reed gegeben, der dem „Dritten Mann" die besondere Note gab. Seine meisterhafte Regie, kombiniert mit der Einmaligkeit des Drehorts, verlieh der Geschichte Kultstatus und ließ den „Dritten Mann" zu einem der erfolgreichsten Werke Graham Greenes werden, das auch seinen Ruf als einer der führenden Literaten des 20. Jahrhunderts begründete.

Amerikanische Militärpolizei mit Wienerinnen vor dem Burgtheater

KAPITEL
02

EIN BRITISCHER FILMTRIUMPH

Für David O. Selznick, den Meister des großen Hollywood-Kinos, ist es das Wichtigste, dass die Hauptdarsteller Amerikaner sind. Der bei ihm unter Vertrag stehende Joseph Cotten bietet sich ideal und kostengünstig für die Besetzung des Holly Martins an. Auf der anderen Seite liegt Sir Alexander Korda, dem prominentesten Vertreter des britischen Unterhaltungsfilms, viel daran, dass „Der Dritte Mann" ein britischer (d. h. europäischer) Film bleibt

Szene 14 / 0:07:17
Smolka. Bar in der
Kärntner Straße

Martins: Ich sage Ihnen, niemand hat Harry so gut gekannt wie ich.
Calloway: Seit wann denn?
Martins: Seit der Schulzeit, wir beide hingen zusammen wie die Kletten.
Calloway: Wann sahen Sie ihn denn zuletzt?
Martins: September 39.
Calloway: Bevor es losging?
Martins: Mhm.
Calloway: Waren Sie viel mit ihm zusammen?
Martins: Oh ja. Blutsbrüder waren wir.
Calloway: Das klingt so nach Abenteuerroman.
Martins: Ich schreibe Abenteuerromane.
Calloway: Ich habe noch nie von Ihnen gehört. Wie war doch Ihr Name?
Martins: Holly Martins.
Calloway: Nein, tut mir leid.
Martins: Kennen Sie „Der Todesreiter von Santa Fe"?
Calloway: Also, da müsste ich lügen.

Calloway: Er war der übelste Schieber, den Wien je gesehen hatte.
Martins: Polizei, was?
Calloway: Trinken Sie noch einen?
Martins: Nein, nicht mit der Polizei, mit Ihnen schon gar nicht.
Calloway: Und warum nicht?
Martins: Sie beleidigen meinen toten Freund.
Bloß weil er ein bisschen mit Benzin oder so was geschoben hat. Ein Schwein sind Sie.
Calloway: Es war kein Benzin.
Martins: Dann waren es Autoreifen oder Süßstoff. Fangen Sie doch lieber ein paar Mörder.
Calloway: Was Ihr Freund getan hat, war viel mehr als Mord.
[zu Paine, der Martins durch einen Kinnhaken außer Gefecht gesetzt hat]
Paine, er ist nur ein Schreiberling, der einen in der Krone hat. Bring Mr. Holly Martins ins Hotel.
Paine: Holly Martins? Sind Sie der Dichter von „Der Todesreiter von Santa Fe"?
Martins: Callaghan ...
Calloway: Calloway, ich bin Engländer, kein Ire.
Martins: Die Toten können sich nicht wehren, aber noch bin ich da.
Calloway: Wollen Sie vielleicht den wahren Täter finden? Wie in Ihren Abenteuerromanen? Danke!
Martins: Ich werde es Ihnen beweisen, da können Sie Ihre Koffer packen.
Calloway: Hier haben Sie ein bisschen Geld, ich werde Sie für heute im Hotel Sacher unterbringen, aber vertrinken Sie es nicht gleich wieder. Morgen verfrachte ich Sie in ein Flugzeug.
Paine: [zu Martins] Vorsicht, junger Mann. Na, kommen Sie.
Calloway: Bring ihn ins Sacher und fass ihn etwas sanfter an. Gehen Sie ruhig dahin, es ist ein beschlagnahmtes Hotel.
Paine: Ich freue mich, Sie kennen zu lernen. Ich kenne fast alle Ihre Bücher.
Kellner: Habe die Ehre.

037

„Sie beleidigen meinen toten Freund!"
Der Wilde Westen in Wien

Major Calloway hat kein Erbarmen mit Holly Martins, der wild entschlossen ist, seinen Freund Harry Lime zu rächen. In seinem „Todesreiter von Santa Fe" habe er „ja auch schon einen Sheriff erledigt, der seinen besten Freund verraten hat", und außerdem: Ein „Oklahoma Kid" lässt sich nicht unterkriegen! Mit derselben ur-amerikanischen Geradlinigkeit und Spontaneität, mit der sich „Kid" auf die Suche nach den Mördern seines Vaters macht, will Martins die (vermeintlichen) Mörder seines Freundes aufspüren, die üblen Machenschaften um dessen mysteriösen Tod aufklären und aus Calloway „den größten Narren von Wien machen".[1] Major Calloway holt ihn auf den Boden der Wirklichkeit zurück und macht ihm klar, dass er kein Cowboy und Wien nicht Santa Fe ist: „Sie haben sich mit der gefährlichsten Schieberbande von Wien eingelassen. Mit dem Erfolg, dass man Sie jetzt als Mörder sucht." Unter dem Druck der Beweise hat Holly Martins keine andere Wahl, als abtrünnig zu werden und den Freund zu verraten: Er muss erkennen, dass Böses nur mit Bösem besiegt werden kann, zum Beispiel durch Verrat und Tod. Holly Martins befreit sich von der Vergangenheit und verhilft der Gerechtigkeit zum Sieg. Er wird erwachsen – jedoch mit der Einschränkung, dass er zum Schluss wieder in seine unbedarfte Romantik zurückfällt und übersieht, dass er bei Anna keine Chance hat. „Vernunft war noch nie meine Stärke", lässt er Major Calloway wissen.

Amerikaner hier, Brite dort, ein Tauziehen zwischen zwei gegensätzlichen Welten. Im Film selbst ist es das Kräftemessen zwischen dem von Cowboys und Sheriffs träumenden, durch die Welt driftenden amerikanischen „Schreiberling" trivialer Westernromane und dem stets nüchtern-pragmatisch denkenden, pflichtbewussten britischen Offizier Major Calloway; hinter den Kulissen prallen die Welten des britischen (d. h. europäischen) und des amerikanischen Kinos aufeinander. Dieser Konflikt zieht sich durch die gesamte Entstehungsgeschichte des „Dritten Mannes" – vom Planungsstadium über die endlosen Diskussionen um die Drehbuchänderungen bis hin zu zwei unterschiedlichen Roman- und Kinofassungen, ganz abgesehen von den noch heftigeren Auseinandersetzungen um Verleih- und Vertriebsrechte diesseits und jenseits des Atlantiks.

Die Zusammenarbeit der beiden Filmgiganten Alexander Korda und David O. Selznick erfolgt ursprünglich aus rein finanziellen Gründen, gewinnt aber im Laufe der Produktion an Eigendynamik und spiegelt sich im „Dritten Mann" wider. Amerikanischer Film hier, britischer Film dort. Zwar sind es keine handfesten Kinnhaken, die die jeweils andere Seite zur Vernunft bringen sollen, doch Unmengen an Telefonaten, Briefen, Memos und Dutzende Arbeitssitzungen münden schließlich in gerichtliche Verfügungen. Wer wird gewinnen? Wird es Korda und seinem Team Greene/Reed gelingen, einen Blockbuster des britischen Films zu produzieren, oder wird Hollywood, wie schon so oft zuvor, die Oberhand behalten?

Da Koproduzent Selznick Holly Martins mit seinem eigenen Vertragsstar Joseph Cotten besetzen will, soll er im Drehbuch zu einem Amerikaner mutieren. Nach zahlreichen Rochaden – der gebürtige Brite Cary Grant ist Carol Reeds erste Wahl, James Stewart jene von Selznick –, wird die Rolle mit Cotten besetzt. Dieser besitzt die nötigen Starqualitäten und braucht nicht teuer eingekauft zu werden. Für „Portrait of Jenny" an der Seite von Selznicks Frau Jennifer Jones wurde er in Venedig immerhin zum besten ausländischen Schauspieler des Jahres 1948 gekürt. Dabei hat sich Cottens Traum von der großen Karriere erst nach Umwegen über Jobs wie Gelegenheitsjournalist, Lagerarbeiter und Fußballprofi, einer Schauspielausbildung in New York und jahrelangem Tingeln durch die Provinz erfüllt. Der Broadway-Hit „The Philadelphia Story" mit Katharine Hepburn macht ihn amerikaweit bekannt; dem Kinopublikum wird er ein Begriff, als er in „Citizen Kane" gemeinsam mit seinem Freund Orson Welles vor der Kamera steht, den er 1934 bei der Arbeit an einer Radioserie kennen gelernt und der ihn an sein legendäres „Mercury Theater" geholt hat. Im Alter von 36 Jahren gibt Cotten sein Filmdebüt und begründet damit umgehend eine erfolgversprechende Karriere. „The Magnificent Ambersons" („Der Glanz des Hauses Amberson") und „Journey Into Fear" („Von Agenten gejagt") – wieder an der Seite von Orson Welles – lassen ihn in die Riege der führenden Hollywoodstars aufsteigen. In dem Gruselklassiker „Shadow of A Doubt" („Wiegenlied für eine Leiche") steht er 1942 unter der Regie von Alfred Hitchcock gemeinsam mit Bette Davis vor der Kamera, in „Gaslight" und „Under Capricorn" mit Ingrid Bergman und in „I'll Be Seeing You" mit Ginger Rogers.

Joseph Cotten: Sightseeing am winterlichen Donaukanal. Anders als sein Holly Martins zeigt Joseph Cotten viel Interesse an der Stadt

„... unter normalen Umständen ein harmlos-fröhlicher Narr. Trinkt zuviel und verursacht dann möglicherweise Scherereien, ein großer Junge, womit sich vielleicht auch die Verehrung erklärt, die er Lime entgegenbrachte"[2], so beschreibt Graham Greene seinen Holly Martins. Er ist ein liebenswerter Träumer, der „fröhlich wie eine Haubenlerche" und „ohne einen Cent in der Tasche" in Wien ankommt, ahnungslos unter einer Leiter durchgeht und alsbald von einer Peinlichkeit in die nächste stolpert. Der fremden Umgebung, in die ihn ein Brief seines Freundes Harry versetzt hat – er sollte eigentlich über dessen humanitäre Hilfsaktion in Wien schreiben –, ist er hilflos ausgeliefert, er versteht weder die Sprache, noch weiß er, was um ihn herum geschieht. Warum soll es keinen Zweck haben, an Harrys Haustüre zu läuten? Was redet der Portier von einem Sarg, von Friedhof und gefrorener Februarerde? Was ist überhaupt mit Harry passiert?

Es ist die Arbeit am „Dritten Mann", die Joseph Cotten und Orson Welles wieder vor der Kamera zusammenführt, diesmal jedoch mit dem hausbacken wirkenden Cotten in der Hauptrolle, dem Welles einst, als er ihn für die Rolle des Jed Leyland in „Citizen Kane" wählte, den Ratschlag mit auf den Weg gab, für die große Karriere genüge es einfach nicht, bloß über die Bühne zu stolpern. Aber Cotten erweist sich als Idealbesetzung des ewigen Verlierers Holly Martins. Er vermag jeden Winkel dieser einfältig-naiven, verwundbaren und einer veralteten Romantik verhafteten Seele auszuleuchten und neben einer so charismatischen Persönlichkeit wie Welles glaubhaft zu bestehen. **„Joseph Cotten spielt den jungen Amerikaner in einer Art, dass man sich schon alleine seinetwegen den Film anschauen müsste. Von Haus aus unbeschwert und unbekümmert,** sieht er die Welt das erste Mal von ihrer Kehrseite. Er verliert den Freund. Das Mädel, in das er sich verliebt, vermag er nicht zu gewinnen. Wie liebenswert und menschlich echt trägt er alle diese Enttäuschungen"[3], urteilt der Filmkritiker der *Presse* nach der Wiener Premiere am 12. März 1949. Und beinahe 50 Jahre danach schwärmt der Kritiker der *New York Times* anlässlich des Neustarts des „Dritten Mannes" im Film Forum Manhattan: „Es ist Joseph Cotten, der mit seinem Portrait des einfältigen Amerikaners dem Film erst das besondere Etwas gegeben hat."⁴ „Das Riesenrad ist mein Glücksrad geworden"⁵, erinnert sich Joseph Cotten später an seine Arbeit am „Dritten Mann", der zum Höhepunkt seiner Karriere werden sollte.⁶

Sein Holly Martins durchschaut nicht, was mit Annas Pass los ist und warum die Polizei ihre Wohnung durchsucht; er hat keine Ahnung, wie man Dr. Winkels Namen richtig ausspricht, geschweige denn den „Heuri-i-i-gen" in Annas Rollentext. Joseph Cotten versteht perfekt, in die Rolle des Feiglings zu schlüpfen, der vor einer aufgescheuchten Menschenmenge davonläuft. Gekonnt vermeidet er, dass Holly zu einer Karikatur seiner selbst wird, und lässt nicht zu, dass die Tragik ins Melodramatische abgleitet. Selbst als er sich dem Publikum seines Literaturvortrags nur mehr stotternd mitteilen kann, bewahrt er Haltung. Als ewig Schwankender, der sich nicht zwischen Treue und Verrat zu entscheiden vermag, überzeugt Joseph Cotten souverän. Der Höhepunkt des Films, die Konfrontation der beiden Freunde auf dem Riesenrad, ist dabei im selben Maße sein großer Auftritt wie jener von Orson Welles, auch wenn es schließlich Letzterer ist, an den alle Welt denkt, wenn von der Riesenradszene die Rede ist.

Als Glücksfall erweist sich die Besetzung des britischen Majors Calloway mit Trevor Howard. Das Drehbuch beschreibt ihn „als einen Offizier mit einer Ausbildung bei Scotland Yard, der höchst präzise, geduldig und professionell arbeitet, den nichts aus der Ruhe bringen kann, außer man mischt sich in seine Arbeit. Er wird nie böse, denn das könnte unprofessionell wirken, und Holly Martins betrachtet er mit amüsierter Gleichmut".⁷ Nur eines verträgt sein Stolz keinesfalls: wenn Holly Martins ihn, den Engländer Calloway, zum Iren Callaghan „degradiert" ...

Trevor Howard hat seine Rolle gründlich studiert: Dem Major der Britischen Polizei, den er kurz nach seiner Ankunft in Wien kennen lernt, weicht er nicht mehr von der Seite. Von ihm übernimmt er Bewegung und Gang und einen lakonischen Unterton in der Sprache. Howards Major Calloway ist der personifizierte Brite: Distanziert bis leicht herablassend, mit der Fähigkeit zur Selbstironie und ausgestattet mit (typisch) englischem Humor, sympathisch und mit Herz, dennoch aber hartnäckig sein Ziel verfolgend, ist er „a beautifully crisp and seasoned gent", wie ein Kritiker treffend bemerkt. Unvergessen bleibt sein Augenaufschlag, als er Anna über ihre Beziehung zu ihrem Geliebten verhört. Als Major Calloway weiß er alles über ihr Verhältnis und ist verpflichtet, Recht und Ordnung wieder herzustellen; der Mann Calloway ist von Annas stiller Schönheit und ihrer standhaften Treue zu Harry völlig entwaffnet. Wie kann er anders handeln, als zu versuchen, sie aus den Fängen der bösen Russen zu befreien? Kein Wunder, dass Trevor Howards weibliche Fans unter dem in Wien stationierten britischen Personal um Autogramme Schlange stehen.

Als Jahrgangsbester der Royal Academy of Dramatic Arts fällt Trevor Howard schon früh durch seine subtile und realistische Darstellung auf, die so gar nicht der traditionellen Auffassung von Schauspiel entspricht.⁸ Das bringt ihm 1944 auch sein erstes Filmengagement ein, eine kleine Rolle an der Seite von David Niven in dem in England sehr erfolgreichen halb-dokumentarischen Durchhaltefilm „The Way Ahead". Nur drei Jahre später begeistert er die Filmkritiker und vor allem das weibliche Kinopublikum mit seiner sensiblen Darstellung des englischen Landarztes Alec Harvey in David Leans „Brief Encounter" („Begegnung"), der treffend gezeichneten Geschichte einer Zufallsbekanntschaft auf einem kleinen Londoner Vorstadtbahnhof. Was Spencer Tracy, Gary Cooper und Humphrey Bogart für den amerikanischen Film sind, wird Trevor Howard für den britischen: ein Schauspieler, der seine Gefühle filmgerecht auch jenseits großer Worte auszudrücken vermag, womit es ihm gelingt, im britischen Nachkriegsfilm völlig neue Maßstäbe zu setzen.⁹

Carol Reed ist von der unprätentiösen Darstellungskunst Trevor Howards begeistert, mit ihm wird ihn fortan eine lebenslange Freundschaft und intensive Zusammenarbeit verbinden; für ihn ist Howard die Idealbesetzung des Majors, während David O. Selznick ihn ursprünglich in der Rolle des Harry Lime gesehen hat. Doch so korrekt Trevor Howard auch im Film ist, so sehr fällt er gelegentlich bei den Dreharbeiten in Wien aus der Rolle. Am wohlsten fühlt er sich dort, wo es etwas zu trinken gibt. Vor allem die Wiener Heurigen am Stadtrand ziehen ihn an, und so – schenkt man seiner Biografin Vivienne Knight Glauben – ist es Howard, der Anton Karas eines Abends entdeckt.¹⁰ Am Set als lustiger Kumpel und „jolly good fellow" sehr beliebt, kann sich Howard gelegentlich als öffentliches Ärgernis entpuppen, „a bit of a nuisance"¹¹, wie sich Regieassistent Bob Dunbar erinnert. Getrunken wird viel, doch Trevor Howard trinkt eindeutig am meisten. Eines Tages wird er gar von der Militärpolizei verhaftet: Nach Beendigung der Dreharbeiten zu müde, seine Filmuniform gegen die Zivilkleidung zu tauschen, besucht er das berüchtigte Oriental, in dem schon Graham Greene zahlreiche Nächte durchgezecht hat. Ein Whisky folgt dem nächsten, und der immer lauter werdende Howard fällt einem echten britischen Offizier so unangenehm auf, dass dieser die Internationale Polizei ruft, um gegen den englischen Major einzuschreiten. Kurzfristig müssen die nächtlichen Dreharbeiten mit Alida Valli und Joseph Cotten im Stiegenhaus des Palais Auersperg, des Hauptquartiers der Internationalen Polizei, unterbrochen werden, um der echten Polizei die Bahn ins Oriental frei zu machen. Erstaunt wird die wahre Identität Howards erkannt; doch wofür soll man ihn nun bestrafen? Für ungebührliches Benehmen eines Offiziers oder für unerlaubtes Tragen einer Uniform? Auf jeden Fall muss Trevor Howard im britischen Hauptquartier in Schloss Schönbrunn eine Standpauke von General Galloway über sich ergehen lassen – während die Schreibdamen im Vorzimmer sehnlichst auf ein Autogramm des verehrten, wenn auch stark angeheiterten Frauenlieblings warten.¹²

Zwei weitere Rollen sind von Graham Greene als „typisch britische" Charaktere angelegt: Crabbin, der rührige Vertreter der kulturellen Umerzie-

Drehpause mit Trevor Howard

Trevor Howard und Bernard Lee: die ideale Verkörperung des britischen Elements

Celia Johnson und Trevor Howard: als Laura und Alec in David Leans „Brief Encounter" (1945) das romantische Liebespaar des britischen Nachkriegsfilms

hungsaktion, und Paine. Als pflichtbewusster Sergeant hält sich Paine stets – mit geziemendem Abstand, versteht sich – in Major Calloways Nähe auf: Er folgt ihm unauffällig im Jeep, im Smolka hilft er, den in seinem Rausch aggressiv gewordenen Martins zu bändigen, in Annas Wohnung zeigt er, dass er „etwas von seinem Geschäft versteht". Als ehemaliger Revierinspektor in der Londoner Tottenham Court Road steht er seinem Chef – was „britische Tugenden" betrifft – um nichts nach. Er wäre noch „furchtbar gerne nach Texas gefahren", hätte ihn nicht ein Schuss aus der Pistole Harry Limes niedergestreckt. Sergeant Paine, gespielt von Bernard Lee, ist ein liebenswerter Kerl, der ein Herz für Anna hat und kein Hehl aus seiner Bewunderung für den „Todesreiter von Santa Fe" macht, dieses von Calloway so gering geschätzte Werk Holly Martins'. Im Unterschied zu Holly kann er aber sehr wohl zwischen Fantasie und Wirklichkeit unterscheiden, immerhin ist sein Spezialgebiet die Untersuchung gefälschter Dokumente. Für Graham Greene ist Paine der einzig wahre Held, ein Symbol für Menschlichkeit in einer Welt des physischen und moralischen Verfalls – eine Rolle, die Bernard Lee erstmals einem breiten Kinopublikum bekannt macht.

Crabbin, der tadellose und unfehlbare, zugleich schrullige Engländer alter Schule – „Wirklich? Ein Dichter? Martins? Sehr interessant, Mr. Martins. Mein Name ist Crabbin vom CRS des GHQ … ja, kulturelle Umerziehungsaktion, Propaganda, furchtbar wichtige Sache." – wird von Wilfried Hyde-White dargestellt, der 1964 als Colonel Pickering an der Seite von Rex Harrison und Audrey Hepburn in „My Fair Lady" das Herz eines weltweiten Publikums erobert. Crabbin verkörpert zwei Personen der Erzählung, die beiden Kulturbeamten Tombs und Carter der British Cultural Relations Society, die Greene im Drehbuch zu einer Figur verschmelzen lässt, um die Handlung zu straffen. In Anspielung auf die ursprüngliche Konzeption – oder vielleicht als „practical joke" konzipiert – stellt der Autor Crabbin eine schweigsame Dame zur Seite, die ihn schattengleich ständig begleitet: „Ich kann dich wirklich nicht jedem vorstellen."

„Wer zum Teufel wird sich einen Film mit dem Titel ‚Der Dritte Mann' ansehen?" Eine britisch-amerikanische Koproduktion

Der gezielte Faustschlag Sergeant Paines als deutliche Demonstration britischer Polizeigewalt! Holly Martins soll nur wissen, mit wem er es zu tun hat! Genauso nachdrücklich sollten auch die Unmengen an Notizen des allgewaltigen Studiobosses David O. Selznick dem britischen Partner Alexander Korda und dessen Drehbuchautor Graham Greene sowie Regisseur Carol Reed beweisen, wer bei der Produktion des „Dritten Mannes" eigentlich das Sagen hat. Immer wieder überschüttet Selznick die anderen mit seinen Vorstellungen vom großen amerikanischen Hollywood-Kino, in endlosen Sitzungen versucht er ihnen klarzumachen, dass mit einem britischen Film kein Staat zu machen sei und nur Glamour, eine ordentliche Portion Melodramatik und eine überzeugende Handlung das Kinopublikum ins Kino locken können.

Bereits im Mai 1948 – Greene hat seine Erzählung vom „Dritten Mann" gerade an Korda abgeliefert – kommt es zu einer ersten Kontaktaufnahme der beiden Produzenten. Selznick lädt Korda ein, die Modalitäten der künftigen Kooperation zu besprechen. Konkret einigt man sich auf die Zusammenarbeit an vier Filmprojekten, deren erstes der „Dritte Mann" sein soll. Auch das Drehbuch soll bei diesem Treffen besprochen werden. Korda ist der Meinung, es sei das Beste, gleich den Autor, Graham Greene, und jenen Mann zu dieser Besprechung mitzunehmen, der für die geplanten Koproduktionen verantwortlich sein wird, nämlich Carol Reed. Und so machen sich Greene und Reed Anfang 1948 – unmittelbar nach Beendigung ihrer gemeinsamen Arbeit am Drehbuch in Wien – nach Kalifornien auf, wo sie bald hautnah miterleben, welchen Qualen ein (britischer) Regisseur durch einen (amerikanischen) Produzenten ausgesetzt sein kann. Noch Jahre später erinnern sich alle Beteiligten an jedes Detail des Gespräches.

David O. Selznick ist einer jener großen Studio-Bosse, die die Glanzzeit Hollywoods in den späten dreißiger und frühen vierziger Jahren prägen, als die Filmindustrie den elftgrößten Wirtschaftszweig der Vereinigten Staaten darstellt, jährlich über 400 neue Filme auf den Markt bringt und mit über 50 Millionen Kinobesuchern wöchentlich einen Jahresgewinn von fast 700 Millionen Dollar einspielt.[13] Selznick ist der Prototyp des vielseitig begabten, effizient arbeitenden Produzenten, dessen Förderung viele der großen Hollywood-Stars ihre Karriere verdanken, darunter auch Ingrid Bergman, die Schwestern Olivia de Havilland und Joan Fontaine sowie Vivien Leigh, Katharine Hepburn, Gregory Peck und Shirley Temple. Selznicks Vater emigrierte als junger Mann aus der Ukraine in die USA und arbeitete sich dort in kürzester Zeit vom Lehrling zum Unternehmer hoch. 1912 stieg er ins Filmgeschäft ein, und es dauerte nicht lange, bis er neben Adolph Zukor und Louis B. Mayer zu den Großen der Filmindustrie zählte. Er wäre es auch geblieben, hätten nicht Spielleidenschaft, zunehmende Konkurrenz und Krankheit sein Unternehmen 1923 in den Konkurs getrieben. Nun steigt David in die Fußstapfen des Vaters und erweist sich bald als Organisations-, Werbe- und Finanzgenie. 1926 noch bei MGM, wechselt er bald zu Paramount, wo unter seiner Regie und Produktionsleitung ein Kassenschlager nach dem anderen gedreht wird, im Jahr 1935 allein fünf Eigenproduktionen, darunter „Anna Karenina" mit Greta Garbo. David O. Selznick ist so erfolgreich, dass er eine eigene Produktionsfirma gründen kann, die Selznick International Pictures. 1938 gelingt ihm sein größter Coup mit der Produktion von „Gone with the Wind" („Vom Winde verweht"), einem Film, der alle bislang gültigen Dimensionen Hollywoods – von den finanziellen Mitteln über die Anzahl der Regisseure bis hin zum Kassenerfolg – sprengt. 1940 folgt die ebenfalls mit einem Oscar ausgezeichnete Verfilmung von Daphne du Mauriers „Rebecca" mit Laurence Olivier und Joan Fontaine, Alfred Hitchcocks triumphales US-Regiedebüt. Selznick ist am Zenit seines künstlerischen und finanziellen Erfolgs angelangt, doch zahlreiche Schwierigkeiten führen schrittweise zum Anfang vom Ende: Als unabhängiger Produzent ohne aufwendigen Studiobetrieb hat er keine Möglichkeit, seine gigantischen Einnahmen zu investieren, die enorme Steuerlast bedingt schließlich die Auflösung seiner Produktionsgesellschaft. Als er nach dem Krieg nicht mehr an seine früheren Erfolge anschließen kann, spezialisiert er sich auf die Zusammenstellung von Drehbuch-Regisseur-Star-Packages, die er an große Produktionsfirmen verkauft – eine Marketingidee, die schließlich auch zur Zusammenarbeit mit Alexander Korda bei „Fallen Idol" und dem „Dritten Mann" führt.

Was David O. Selznick jedoch vor allen anderen Produzenten Hollywoods auszeichnet, ist der Umstand, dass er sich als Kreativ-Produzent sieht. Sein Anteil an der Produktion des „Dritten Mannes" beschränkt sich daher

David O. Selznick: „Gone With the Wind" wird auch in England ein Triumph, nicht zuletzt wegen des beliebten britischen Stars Vivien Leigh in der Rolle der Scarlett O'Hara

nicht nur auf finanzielle Aspekte, im Gegenteil: Er will jeden Produktionsschritt persönlich überwachen und lässt dies vertraglich bis ins kleinste Detail festlegen. Dazu gehören auch die legendären Arbeitsgespräche mit Graham Greene und Carol Reed, in denen Selznick immer wieder Einwände und Ideen vorbringt, um das Drehbuch nach seinen Vorstellungen und nach dem Geschmack des amerikanischen Publikums zu gestalten. Und obwohl sich dahinter oftmals auch hilfreiche Vorschläge verbergen, prallen die gegensätzlichen Ansprüche des europäischen und des amerikanischen Films doch ständig aufs Neue aufeinander.[14]

Die Drehbuchbesprechungen beginnen spät abends und dauern zumeist bis vier Uhr Früh, wenn alle Teilnehmer bereits restlos erschöpft sind.

Eine Sekretärin hält die Gespräche penibel fest, überträgt die Sitzungsprotokolle anschließend auf Schreibmaschine und lässt sie Reed und Greene zur Durchsicht zukommen, was diese stets mit den Worten kommentieren, dass „sie es sich überlegen würden". Im Grunde ist keiner von ihnen gewillt, Änderungen vorzunehmen; sie sind mit ihrem Drehbuch so, wie es ist, zufrieden und sind sich dabei auch Kordas uneingeschränkter Rückendeckung sicher. Warum also sollte etwas verändert werden? Als Erstes kritisiert Selznick den Titel: „Hört mal, Burschen, wer zum Teufel wird sich einen Film mit dem Titel ‚Der Dritte Mann' ansehen? Denken Sie doch mal nach, Graham, Sie sind der Schriftsteller, und noch dazu ein guter. Was wir brauchen ... ist ein Titel, der die Leute ins Kino bringt!" Ihm schwebt „The Claiming of the Body" („Die Entführung") oder „The Changing of the Chair" („Der Wechsel im Vorsitz") vor; auch „A Night in Vienna" ist seines Erachtens noch besser als „Der Dritte Mann". Auch die Handlung an sich entspricht nicht seinen Vorstellungen, er findet sie schlichtweg unlogisch. Welchen Grund sollte Holly denn haben, nach dem Tod seines Freundes in Wien zu bleiben? „Das ist doch eine schwule Geschichte. Ich versteh' das nicht. Da kommt der Kerl nach Wien, um seinen Freund zu suchen, und der ist tot, o. k. Warum fährt er nicht gleich wieder nach Hause?"

Auf die Besetzung nimmt David O. Selznick ebenfalls gewaltigen Einfluss. Er besteht darauf, die Rolle des Holly Martins – anders als von Graham Greene vorgesehen – mit einem amerikanischen Schauspieler zu besetzen. Nach langwierigen Gesprächen einigt man sich auf Joseph Cotten, von dem Carol Reed anfänglich alles andere als begeistert ist. Cotten wiederum sträubt sich gegen den von Greene vorgesehenen Namen Rollo, der ihm zu homosexuell klingt. Da der Name von Harrys unbedarftem Freund aber einigermaßen naiv anmuten soll, wird Rollo in Anlehnung an den amerikanischen Dichter Thomas Holly Chivers zu Holly umbenannt. Die Besetzung von Holly Martins mit einem Amerikaner lässt in der Folge auch Harry Lime, seinen alten Schulfreund, zu einem Amerikaner werden, nachdem zuvor verschiedene Varianten besprochen wurden. (Holly als Amerikaner hätte ja auch mit dem Engländer Harry in England in die Schule gehen können.)

Noch ist allerdings die Besetzung des Harry Lime völlig offen. Auch für diese Rolle kommt, so Selznick, Cary Grant in Frage, doch der Star lässt sich – obwohl man sich bereits auf eine Gage von 200.000 US-Dollar plus 10 Prozent der europäischen Einspielergebnisse geeinigt hat – mit seiner Entscheidung zu lange Zeit. Der Beginn der Produktion ist ja für Herbst 1948 anvisiert, und man kommt zunehmend unter Zeitdruck. Selznick lehnt Orson Welles, den Wunschkandidaten Reeds, vehement ab, da er glaubt, dieser sei nach diversen Film-Eskapaden nicht mehr vermarktbar. Er denkt eher an den Engländer Noël Coward, auch Trevor Howard kann er sich in der Rolle des Harry Lime vorstellen, ebenso Robert Taylor, David Niven oder Rex Harrison. Der Kassenmagnet Robert Mitchum steht ebenfalls längere Zeit zur Debatte und hätte vielleicht auch das Rennen gemacht, wäre er nicht von der Polizei wegen Marihuanabesitzes verhaftet worden. Erst unmittelbar vor Beginn der Dreharbeiten in Wien gelingt es Carol Reed schließlich doch noch, Korda und Selznick davon zu überzeugen, dass einzig Orson Welles, das Enfant terrible Hollywoods, imstande sei, den Bösewicht hinter der Engelsmaske überzeugend zu spielen.

Auch zahlreiche andere Aspekte werden bei diesen Gesprächen zwischen Selznick, Korda, Greene und Reed behandelt. So besteht Selznick zum Beispiel auf mehr Lokalkolorit, was bei Amerikanern immer gut ankomme, und verlangt, dass Greene einige Worte auf Deutsch einfließen lasse. Aus der Ungarin Anna will er eine Tschechin machen, die Tschechoslowakei stehe ja durch die kommunistische Machtübernahme gerade im Mittelpunkt des Weltinteresses. Überhaupt solle Anna mehr Profil bekommen, vielleicht als Tochter eines aktiven Antikommunisten, der von den Sowjets getötet wurde. Auch ihr Bruder könnte beim Versuch, die sowjetische Zone zu verlassen, erschossen worden sein, eine Idee, die mit Selznicks genereller Vorstellung, den Film – von der Viermächtebesetzung Wiens abgesehen – so apolitisch wie möglich zu halten, nicht übereinstimmt. Der Hollywood-Produzent besteht auch darauf, aus dem Amerikaner Cooler den Rumänen Popescu zu machen, denn *ein* amerikanischer Bösewicht in Gestalt von Harry Lime genüge, wolle man die USA nicht in einem einseitigen Licht erscheinen lassen und negative Vorurteile schüren.[15]

Auch als Graham Greene und Carol Reed wieder in Europa sind, bleiben sie von Selznicks Vor- und Ratschlägen nicht verschont. Insgesamt 72 Memos treffen in London ein, in denen Selznick Korda regelrecht anfleht, Greene und Reed mögen sich mehr an die Vertragsklauseln halten und bedenken, dass der Film nicht nur ein britisches, sondern auch ein amerikanisches Publikum ansprechen müsse. Er, Selznick, sei zwar davon überzeugt, dass Carol Reed einen guten Film machen werde, doch für ein amerikanisches Kinopublikum sei das Drehbuch noch nicht passend genug, daher solle ein amerikanischer Drehbuchautor das Script noch einmal überarbeiten und die Dialoge für den amerikanischen Geschmack adaptieren. Das britische Englisch passe zudem nicht zu den amerikanischen Schauspielern und wirke auf das amerikanische Kinopublikum lächerlich. Vor allem aber sei es wichtig, die Amerikaner mehr in den Mittelpunkt des Geschehens zu stellen; das gegenwärtige Drehbuch lasse die Welt ja glauben, in Wien gebe es gar keine Amerikaner, außer ein paar zwielichtigen Typen und einem Kerl, der seinen Freund suche.

Einige Änderungen ergeben sich im Laufe der Dreharbeiten spontan: So wird die gewaltsame Entführung Annas durch sowjetische Soldaten gestrichen, hätte sie den Film doch zu tendenziös erscheinen lassen. Der Kinnhaken, den Major Calloway einem sowjetischen Soldaten verpassen soll, fällt ebenfalls aus diesem Grund weg, dafür aber wird die Figur des Oberst Brodsky eingeführt. Auch das Auftreten des kleinen Hansl geht auf eine Idee Reeds am Set zurück. Er soll nicht nur einen für den Zuseher nachvollziehbaren Zusammenhang zwischen Holly Martins und dem Mord an Harrys Hausbesorger herstellen, sondern auch der Jagd nach dem angeblichen Mörder ein Moment befreiender Komik verleihen. Das Zögern Hollys, seinen Freund an die Polizei zu verraten, wird ausgebaut, um größere dramatische Wirkung zu erzielen: Erst in der berührenden Szene im Kinderspital, als Holly die unschuldigen

David O. Selznick: kontrolliert jedes Detail der Produktion

Opfer Harry Limes sieht, wird ihm das ganze Ausmaß der verbrecherischen Umtriebe seines Freundes klar. Ebenfalls dem Einfluss von Carol Reed ist die Kürzung einzelner Textpassagen auf bloße Andeutungen zu verdanken: Während in der Romanvorlage in der Abschiedsszene in Annas Wohnung noch recht detailliert auf die Verbrechen Harrys eingegangen wird, ist im Drehbuch nur mehr von Penicillinverfälschung und einem Profit von 70 Pfund pro Ampulle die Rede. Im Film selbst wird überhaupt nur mehr angedeutet, dass Anna bereits alles über die Machenschaften ihres Geliebten weiß.

Anna: Er hat Ihnen wohl alles erzählt?
Martins: Was meinen Sie?
Anna: Über Harry.
Martins: Sie wissen ...?
Anna: Ich war heute auch bei Calloway.
(Szene 90)

Eine der wenigen gravierenden Änderungen, die Selznick vorschlägt und Carol Reed ohne Einwand gutheißt, betrifft den Vorspann. Wer kennt sie nicht, die wie von Geisterhand gespielte Zither und die Bilder aus einem trostlosen Nachkriegs-Wien mit seinen Ruinen, Militärparaden, Schwarzmarkthändlern und den Überresten einstigen Glanzes, begleitet von einem emotionslosen Prolog? Die „Vier im Jeep" der Internationalen Militärpolizei sind Zeichen dafür, wer in dieser Stadt herrscht. Selznick ist der Meinung, dass die einmalige weltpolitische Situation Wiens am Höhepunkt des Kalten Krieges aus der Handlung des Films selbst für ein amerikanisches Massenpublikum nicht genügend ersichtlich wird, für das Verständnis aber eine wichtige Voraussetzung bildet, um die Zuschauer auf das Kommende einzustimmen. Was er sich wünscht, ist nicht nur eine spannende und teilweise auch „humorvolle" Aufbereitung der Geschichte um Harry Lime, sondern einen Vorspann mit Dokumentationscharakter, der das Leben im besetzten Wien mit Zonenankündigungen, Paraden, Wachablösen und der Arbeit der Militärpolizei deutlich zeigen solle.[16] Selznick kann sich vorstellen, einen General einen kurzen Lagebericht über die schrecklichen Zustände in Wien geben zu lassen; er schlägt auch die Einblendung eines im Wasser treibenden Toten vor (was von Carol Reed aufgegriffen wird), eventuell mit einem daneben schwimmenden Schokoladepapier (!), um auf den in Wien herrschenden Schleichhandel hinzuweisen. Welch ein Schock für das Premierenpublikum, anstelle der bislang mit kaiserlichem Glanz und Walzerherrlichkeit verbundenen Stadt nun ein bis zur Unkenntlichkeit zerstörtes und korrumpiertes Wien wiederzufinden, wo ein Heer von Besatzern bemüht ist, ein gewisses Maß an Recht und Ordnung herzustellen!

Endlose Telefonate, ein unüberschaubarer Brief- und Telegrammverkehr zwischen England und den USA, Tobsuchtsanfälle aufseiten Selznicks, die von Reed und Greene einfach ignoriert werden, ein um die Sensibilität des europäischen Kinos kämpfender Reed, dem die amerikanische Denkweise fremd ist, gegenseitiges Ausspielen und ein kaum unterdrücktes Misstrauen prägen die Zusammenarbeit zwischen Selznick auf der einen und Korda, Greene und Reed auf der anderen Seite.

Aus einem ganzen Konvolut an Vorschlägen finden sich schließlich nur wenige in der Drehbuchfassung vom 20. September 1948 wieder, wobei sich Autor und Regisseur darauf berufen, dass der von Korda und Selznick abgeschlossene Vertrag keine Klausel enthält, die sie verpflichtet, die Vorschläge Selznicks auch tatsächlich anzunehmen. Dennoch: Einige Anregungen des amerikanischen Filmproduzenten haben Carol Reed auf seine besten Ideen gebracht! Jahre später erinnert sich Graham Greene ohne Groll an diese Zusammenarbeit: „Die 40 Protokollseiten hat sich Carol Reed nie angesehen, und da der Film ein Erfolg geworden ist, hat Selznick wahrscheinlich seine kritischen Bemerkungen ohnehin vergessen. Und ich? – Als ich das nächste Mal in New York war, hat er mich zum Essen eingeladen, um mit mir ein neues Filmprojekt zu besprechen."[17]

Noch immer aber steht eine amerikanische Überarbeitung der britischen Originalfassung im Raum. Für Selznick hat der Film einen zu starken Kammerspielcharakter, subtile Zwischentöne interessieren ihn nur wenig. Er will – die Einspielergebnisse vor Augen – plakatives amerikanisches Kino. Auch die Figur des Holly Martins soll mehr in Richtung „guter, aufrechter Amerikaner, der sich nicht vom Schicksal unterkriegen lässt"[18], ausgebaut werden. Bevor Reed allerdings selbst einen geeigneten Autor finden kann, präsentiert ihm Korda den amerikanischen Drehbuchautor Jerome Chodorov, den Carol Reed noch aus seiner Zeit bei der Armeefilmabteilung kennt.[19] Die beiden verstehen sich gut und beginnen mit den gewünschten Änderungen, doch das allein genügt Selznick nicht. Nach der Londoner Premiere im September 1949 lässt er aufgrund der Zusehermeinungen zu einer „Preview" eine eigene, um elf Minuten kürzere Fassung schneiden, die er schließlich als „Selznick picture" (und nicht „Selznick release") herausbringen will. Sie soll wohl das Publikum in den USA glauben machen, beim „Dritten Mann" handle es sich um ein amerikanisches Filmprodukt, geschaffen einzig und allein von Selznick. Sogar Orson Welles fühlt sich Jahre später bemüßigt, die Proportionen in Bezug auf Selznicks Einfluss richtig zu stellen. Selznick habe den „Dritten Mann" zwar in den USA herausgebracht, aber einzig Korda sei der Vater des Projekts gewesen; Kordas Idee sei der Film entsprungen, und er habe ihn auch in jeder Beziehung alleine produziert.[20]

Alexander Korda selbst bemerkt einmal lakonisch, er hoffe, nur ja nicht vor Selznick zu sterben. Er könne nämlich „nicht den Gedanken ertragen, dieser würde eines Nachts auf den Friedhof schleichen und seinen Namen vom Grabstein wegkratzen".[21] Ganz unbegründet sind seine Befürchtungen wohl nicht, denn in der Selznick-Biografie von Bob Thomas wird Korda im Zusammenhang mit dem „Dritten Mann" nur am Rande erwähnt. In weiser Voraussicht hat auch Kordas Anwalt vor dem 75-seitigen Vertrag gewarnt, der seines Erachtens zahlreiche Fallen beinhalte. Korda ist zumindest so vorsichtig, alle Titel vom „First Man" bis zum „Tenth Man" beim Registration Bureau of the Motion Picture Association urheberrechtlich schützen zu lassen, um eine unautorisierte Fassung „seines" Films unmöglich zu machen.[22] Für Alexander Korda geht es dabei auch um sehr viel Geld, denn als er und David O. Selznick im Mai 1948 ihre Unterschriften unter die geplante Gemeinschaftsproduktion setzen, scheint die Bereitstellung der Stars Cotten und Valli im Gegenzug zur Überlassung der amerikanischen Vertriebsrechte ein gutes Geschäft zu sein; nach dem triumphalen Erfolg des „Dritten Mannes" in Europa, der einen ähnlichen Kassenerfolg auch für die „Westliche Hemisphäre" erahnen lässt – Selznick schätzt, mit dem Film die für damalige Verhältnisse gigantische Summe von sechs bis acht Millionen US-Dollar einspielen zu können[23] –, sieht die Sache allerdings anders aus, und zwar zum Nachteil Kordas. Er versucht daher mit allen Mitteln, einen neuen Vertrag auszuhandeln, den er von Selznick schließlich auch bekommt, will er doch die Erfolgswelle, auf der „Der Dritte Mann" gerade schwimmt, schnell und gewinnbringend ausnützen. Jedenfalls führt „Der Dritte Mann" nach einem sich über Monate hinziehenden, teilweise sehr polemisch und verbissen geführten Rechtsstreit über die amerikanischen Vertriebs- und Vermarktungsrechte schlussendlich zum Ende der Zusammenarbeit und auch der Freundschaft der beiden Produzenten.

Durch den neuen Vertrag mit Korda muss Selznick zwar Haare lassen, doch hat er nun seine eigene, dem amerikanischen Publikumsgeschmack angepasste Film-Version mit einem vom unsicheren Einfaltspinsel zum Helden aufgestiegenen Holly Martins. Dabei behilft er sich mit einem Trick: mit kleinen, aber feinen Änderungen des Prologs. Denn während der unsichtbare Sprecher der britischen Fassung seine Identität der Fantasie des Zusehers überlässt („Konstantinopel lag mir näher", „... aber wer was von dieser Branche verstand ...") und in beiläufiger, fast lakonischer Art von dem gerade in Wien angekommenen Holly Martins spricht, übernimmt in der US-Fassung Martins den Part des Sprechers und lässt dadurch den Eindruck entstehen, er würde auch sein Schicksal selbst in die Hand nehmen. Er ist nicht mehr der „arme Kerl" der britischen Version, sondern ein tüchtiger, selbstbewusster

Mann, der weiß, was er will, und auf eigenen Wunsch nach Wien gekommen ist, um hier Werbung für den Wohltätigkeitsverein seines Freundes zu machen."[24]

Auch alle anderen, oft nur geringfügigen Dialogänderungen und Kürzungen berauben die amerikanische Fassung der Vielschichtigkeit des Films und machen die Zerrissenheit Holly Martins' zwischen Freundestreue und moralischer Verpflichtung zum Randthema. Das verkürzte Ende am Zentralfriedhof verflacht die Tragik seines Scheiterns (die auch nicht mehr zu dem „neuen" Holly Martins passen würde), die elegische Schwere und Melodramatik, um die Carol Reed so lange gerungen hat, fällt weg. Überhaupt wird Holly Martins zum Saubermann: Jegliche Hinweise auf Jugendstreiche, aber auch seine Vorliebe für Alkohol sind aus dem Script verschwunden. Selznick setzt jedoch nicht nur Änderungen in Bezug auf Holly Martins durch, sondern verändert durch den Schnitt auch den von Carol Reed subtil konzipierten Rhythmus. Zahlreiche, von Robert Krasker kunstvoll eingefangene Stimmungsbilder werden geopfert, im Gegenzug wird die Verfolgungsjagd durch den Kanal auf effekthaschendes Action-Kino reduziert. Die Aura an Geheimnis und Ungesagtem, die die britische Fassung kennzeichnet, ist in der amerikanischen Version verloren gegangen. Und es sind ebendiese elf gekürzten Minuten und die Änderungen, die den Film um seine feine Nuancierung und Subtilität bringen und ihm eine schale Eindimensionalität verleihen. „Selznick hat den ‚Dritten Mann' nie verstanden. Gott sei Dank ist die Entscheidung, wie der Film gemacht werden soll, nicht bei ihm gelegen."[25]

„Verzeihen Sie, wenn ich rase!"
Eine Welt im Harry Lime-Fieber

Also hat Major Calloway doch über Holly Martins gesiegt! Am 2. September 1949 jedenfalls versammelt sich vor dem eleganten Plaza, nur einen Steinwurf vom Piccadilly Circus entfernt, ein illustres Publikum zur glanzvollen Londoner Festpremiere und spendet dem Regisseur frenetischen Applaus. Der Premiere folgen ausverkaufte Wochen, nicht nur in London. Eine sich gegenseitig in Jubelmeldungen überbietende Presse ebnet den Weg zum landesweiten Erfolg in den Lichtspieltheatern, die vor den Kinokassen wartenden Menschenschlangen wollen kein Ende nehmen. Die packende Geschichte des Penicillinschiebers Harry Lime und seines Freundes Holly Martins, der ungewöhnliche Drehort, die atmosphärisch dichte Fotografie des zerstörten Nachkriegs-Wien, vor allem aber Orson Welles als Harry Lime und die Zitherklänge von Anton Karas ziehen die Menschen in die Kinosäle. Das Echo in der Presse ist gewaltig, begeisterte Kritiker jubeln: „Endlich haben wir wieder großes Kino zum Schwärmen!", „Zum dritten Mal ist es Carol Reed in ungebrochener Reihenfolge gelungen, seinem Ruf als einer der führenden Regisseure seiner Zeit gerecht zu werden" und „Verzeihen Sie, wenn ich rase"."[26] Eine Superlative jagt die andere, und als der *Daily Express* im Dezember 1949 zum Filmball in die Royal Albert Hall einlädt, dreht sich alles um den „Dritten Mann".

Kaum zwei Wochen nach der Filmpremiere stellt sich der nächste Erfolg ein: Auch bei den „Dritten Internationalen Filmfestspielen" in Cannes jubelt das Publikum, darunter Edward, Herzog von Windsor, Wallis Simpson und Jean-Paul Sartre. Unter 35 Spielfilmen wird „Der Dritte Mann" einstimmig zum besten Film des Bewerbes gekürt und mit dem Großen Preis ausgezeichnet, den ein strahlender Carol Reed am 21. Oktober 1949 im Rahmen einer britisch-französischen Feier in Paris in Anwesenheit der Außenminister Englands und Frankreichs, Edward Clark und Robert Schuman, entgegennimmt.[27] Die Presserezensionen überschlagen sich vor Begeisterung, das Publikum ebenso. Dem Siegeszug des „Troisième Homme" steht nun auch in Frankreich nichts mehr im Wege; der Film wird mit über einer viertel Million Besuchern in den ersten neun Wochen zum absoluten Spitzenreiter der französischen Kinoszene. „Nach ‚Odd Man Out' hat uns der Engländer Reed mit diesem Film bewiesen, dass er im Augenblick vielleicht der genialste Filmregisseur der Welt ist"[28], bringt ein Filmkritiker die Meinung vieler auf den Punkt. Die Britische

Brief von Pempie und Carol Reed an Anton Karas, Cannes 1949

Reed mit dem Ersten Preis in Cannes 1949: ein Regisseur am Höhepunkt seiner Karriere

Das Originalplakat der britischen Uraufführung

Filmakademie kürt den Thriller einstimmig zum „Best British Film of the Year"[29], Carol Reed und Trevor Howard werden als die Stars der britischen Filmszene gefeiert. Das Harry Lime-Thema ist der Hit des Jahres.

Im Jänner 1950 erreicht „Der Dritte Mann" Deutschland, wo er seinen Siegeszug fortsetzt. Man spricht von einem „Meilenstein in der Geschichte des Kunstfilms", von einer „Fülle verblüffender Einstellungen", von einem „vollendeten Filmkunstwerk". „Wie erfreulich ist es, wenn der ganze Postkartenkitsch endlich einmal verschwunden ist und an der Stelle der schönen blauen Donau die Abwässer der Kloake rauschen"[30], stellt auch die *Neue Zeitung* fest. Wo immer „Der Dritte Mann" gezeigt wird, ist er Tagesgespräch. „Der Bann, in dem das Publikum von Anfang an gehalten wurde, löste sich in einem langen Beifall auf", fasst der *Tagesspiegel* zusammen, ein „packendes Zeitbild, atemberaubender Kriminalfilm, darstellerische Leistung von höchstem Rang, Musik, die die Nerven vibrieren lässt".[31] Auch *Der Spiegel* ist begeistert und spricht von der „unverwechselbaren Reed'schen Atmosphäre, die einerseits die des perfekt ablaufenden Thrillers ist, andererseits aber dem Zugrundegehen des Einsamen in einer ihm fremden Welt einen phantastischen bis metaphysischen Aspekt verleiht".[32] 25 Berliner Erstaufführungstheater starten den Film, die Polizei hat alle Hände voll zu tun, die Besucherschlangen in Schach zu halten. Im März 1950, zwei Monate nach der Premiere, haben bereits 80 der in den westlichen Sektoren Berlins liegenden Kinos und 60 von 90 Lichtspieltheatern in Hamburg den „Dritten Mann" im Programm, ein noch nie da gewesener Rekord in der Kinogeschichte der beiden Städte! In nur wenigen Wochen entsteht eine deutsche Synchronfassung, und der „Schöpfer des Berliner Filmereignisses Nr. 1"[33] wird eingeladen, sich persönlich der deutschen Filmwelt vorzustellen.

Auch jenseits des Atlantiks wird dem „Dritten Mann" ein enthusiastischer Empfang bereitet. Die New Yorker Premiere – die wegen der Meinungsverschiedenheiten zwischen Alexander Korda und David O. Selznick wiederholt verschoben werden musste – findet schließlich am 1. Februar 1950 statt und übertrifft alle Erwartungen: „Broadway went wild to the sound of zither music last night when leaders of New York and Hollywood society flocked to the charity premiere of Carol Reed's film."[34] Unter den prominenten Zusehern im Victoria Theater befinden sich der Hauptdarsteller Joseph Cotten und Dame Edith Evans, die Doyenne des englischen Theaters, und auch hier muss die berittene Polizei die Zuschauermenge vor dem Kino in Zaum halten. Die *New York Times* bejubelt den „Dritten Mann" als ein „Filmwerk der Meisterklasse" und „perfekte Unterhaltung". Überschwänglich wird Graham Greenes Drehbuch gelobt, Carol Reeds außerordentliche Begabung, Spannung aufzubauen, die Besetzung des „ewigen Schurken" mit Orson Welles sowie die in den Nebenrollen glänzenden österreichischen Schauspieler. Auch die leidenschaftlich-schaurige Musik findet ausführliche Erwähnung; sie habe die Handlung perfekt ergänzt, der ganze Broadway sei Kopf gestanden. „Mr. Reed hat alle Tricks der Regie zu einem genialen Paket geschnürt und sich mit seinem ganzen kreativen Genie hinter die Kamera gestellt. Er hat die besondere Gabe, eine unheimliche Vielfalt an Einfällen in einer einzigen Einstellung zu komprimieren, nervenzerreißende Spannung aufzubauen und ständig mit neuen Überraschungen zur Hand zu sein. Gleichzeitig lässt er aber auch immer wieder seinen teuflisch schelmischen Humor durchspüren, der auch dem tiefsten Dunkel kleine Glanzlichter aufsetzt."[35]

Monatelang ebbt die Begeisterung des Filmpublikums nicht ab, die Kinos zwischen New York und Los Angeles bleiben ausverkauft, den nicht müde werdenden Fans bieten findige Kinobetreiber sogar einen ganzen Tag „Harry Lime mit Kaffee und Sandwiches" an, und die fast täglichen Auftritte Anton Karas' während seiner dreimonatigen Promotion Tour lassen die Kinokassen klingeln, auch wenn das amerikanische Kinopublikum nur die um elf Minuten verkürzte Version des Originals zu sehen bekommt, in der einige der stimmungsvollsten Einstellungen des Films fehlen. Dennoch: Die amerikanischen Regisseure und Filmkritiker wählen Carol Reed zum besten ausländischen Regisseur des Jahres, der Film selbst landet hinter „Der Titan" – dem italienischen Epos über Michelangelos Leben – und der englischen Komödie „Whisky Galore" auf Platz drei der besten ausländischen Filme.[36]

Nach den euphorischen Pressestimmen und dem Triumphzug durch Europa und Übersee wird „Der Dritte Mann" natürlich auch in Wien mit Hochspannung erwartet. „Da ist er endlich, dieser Film, der das Bild Wiens in den letzten Monaten in die Welt getragen hat, so wie keine Ministerrede und kein Österreichbuch es je hätte tun können"[37], freut sich die heimische Presse, die bereits wochenlang die Werbetrommeln gerührt hat, allen voran die *Weltpresse*, das Wochenblatt der britischen Besatzungsmacht. Sie versteht es, mit einem Gewinnspiel in Form einer fingierten „Verbrecherjagd à la Harry Lime" und Preisen in der Höhe von 1.500 Schilling die Erwartungen des Publikums bis ins Extreme zu steigern.[38] Die Wiener sind mehr als gespannt auf diesen Film, der in ihrer Stadt gedreht wurde und jetzt in der ganzen Welt Aufsehen erregt. Lange genug haben Carol Reed und sein Team die Stadt ja auf den Kopf gestellt ...

Am Donnerstag, dem 10. März 1950, ist es endlich so weit. Vertreter aus Politik, Wirtschaft und Kultur treffen im Apollo Filmpalast – mit 1.400 Sitzen zu dieser Zeit das größte Lichtspieltheater des Landes – im sechsten Wiener Gemeindebezirk ein, unter ihnen sechs Minister und zwei Staatssekretäre der Bundesregierung sowie die beiden Vizebürgermeister der Stadt Wien.[39] Auch Oberst Beauclerk, der Leiter des Britischen Informationsdienstes, der Graham Greene bereits bei dessen erstem Besuch in Wien hilfreich zur Seite gestanden war, ist als Vertreter des britischen Hochkommissars unter den Festgästen. Auf Carol Reed und Alexander Korda, deren Kommen angekündigt wurde, muss das Wiener Publikum leider verzichten. Viel wichtiger sind ihm aber ohnehin die hauseigenen Stars – Paul Hörbiger, Siegfried Breuer, Ernst Deutsch und Hedwig Bleibtreu. „Der Dritte Mann" läuft – obwohl in englischer Originalfassung und mit stark gekürzten deutschen Untertiteln versehen – beifallumbrandet an, und auch Wochen später sind die Schlangen vor den Kinokassen noch nicht kürzer. Angesichts der mit großem Aufwand gedrehten amerikanischen Farbfilme, mit denen die in alliierten Händen liegenden Filmverleihe das österreichische Filmpublikum während der Besatzungszeit verwöhnen, ist es für einen britischen Schwarz-Weiß-Film nicht leicht, das Interesse eines Massenpublikums auf sich zu lenken. „Der Dritte Mann" schafft aber genau das: Er wird die Kinosensation des Jahres 1950!

Natürlich haben die Wiener auch ihre Ressentiments, zwar nicht gegen den Film selbst, von dem sie durchwegs begeistert sind, aber gegen die Art, wie „ihr" Wien dargestellt ist. Nichtsdestoweniger setzt „Der Dritte Mann" seinen Siegeszug um die Welt fort. Durch die geschickte Verleihpolitik Alexander Kordas erreicht er auch ein begeistertes Publikum in Australien, Südafrika, Kanada und Südamerika. Es gibt kaum ein Land der westlichen Welt, in dessen Kinos der Film nicht läuft. Die amerikanische Filmakademie nominiert ihn für drei Oscars in den Kategorien Beste Regie, Beste Kamera und Bester Schnitt. Am 29. März 1951 wird es dann zur Gewissheit: Die begehrte Auszeichnung geht an Kameramann Robert Krasker, einen der ganz Großen der expressionistischen Schwarz-Weiß-Fotografie. Für Regie (Carol Reed) und Schnitt (des Exil-Österreichers Oswald Hafenrichter) bleibt es bei einer ehrenvollen Nominierung – angesichts der übermächtigen Konkurrenz Hollywoods, das in diesem Jahr mit Hits wie „All About Eve", „Sunset Boulevard", „Samson and Delilah", „Father of the Bride", „Asphalt Jungle" und „Annie Get Your Gun" ins Rennen geht, ein toller Erfolg.

„Haben wir gewusst, dass es ein Welterfolg werden wird? Natürlich nicht. Man weiß das ja nie. Jeder hat sein Bestes gegeben. Aber die Besetzung war nicht unbedingt ideal: Joe Cotten hatte soviel Sex-Appeal wie ... man hätte ihn den Vögeln vorwerfen können. Orson war Gift für die Kinokassen. Alida Valli war mehr oder weniger unbekannt. Niemand hat sie in ‚Paradine Case' verstanden. Trevor war Trevor. Keiner wird die Kinokassen stürmen. Es ist einfach kein Cary Grant drinnen. Es war eine richtige Falle"[40], hat Regieassistent Guy Hamilton die Stimmung auf den Punkt gebracht, als Carol Reed und sein Team an jenem feucht-kalten Oktobertag im Jahr 1948 in Wien ankamen, um in den Trümmern der Stadt den „Dritten Mann" zu drehen.

Der Erfolg war nicht unbedingt vorprogrammiert, trotzdem geschieht das Unerwartete: Überall – ob in London, New York, Berlin, Hamburg, Zürich, Wien, Adelaide oder Bombay – stehen die Menschen vor den Kinos Schlange, um diesen Film zu sehen. Die Sorgen waren also unnötig; wozu auch hätte Holly Martins als unbedarfter Freund Harry Limes Sex-Appeal gebraucht? Und wozu die Bedenken wegen Orson Welles, der ohnehin nur eine Fünf-Minuten-Rolle hat? „Der Dritte Mann" belehrt alle Zweifler eines Besseren und wird schließlich zum größten Triumph des britischen Films aller Zeiten. „Mit diesem im Wien der Nachkriegszeit spielenden Film hat uns Reed erneut bewiesen, dass er im Augenblick wohl der genialste Regisseur der Welt ist. Es ist ihm eine letzte Vollendung des Themas und der Form geglückt, wahrlich ein seltenes Zusammentreffen. Die spannende Handlung mit kriminellem Einschlag wird ihren Erfolg bei der großen Masse des Publikums nicht verfehlen, während die künstlerische Form einen Leckerbissen für alle am künstlerischen Fortschritt des Filmes Interessierte darstellt. Es gibt keine Konzession, der geniale Realismus des Meisterregisseurs erringt einen vollen Sieg. Der Dokumentarstil, die Psychologie und Atmosphäre vereinigen sich in grandiosem Zusammenklang zu einem der ganz großen Ereignisse der zeitgenössischen Filmkunst."[41]

„Der Dritte Mann" hat auch das japanische Publikum im Sturm erobert

Das Originalplakat der Wiener Premiere 1950

KAPITEL 03

EIN FILM SCHREIBT STADTGESCHICHTE

Paine:	Mr. Holly Martins.
Crabbin:	Ja?
Paine:	Der Dichter, ich glaube, das wird Sie interessieren.
Crabbin:	Nie gehört von ihm.
Paine:	Er schreibt aber gut. Ich kenne fast alle seine Bücher.
Crabbin:	Wirklich? Ein Dichter? Martins? Sehr interessant. Mr. Martins, mein Name ist Crabbin vom CRSSCHQ.
Martins:	Aha.
Crabbin:	Ja, kulturelle Umerziehungsaktion. Propaganda. Furchtbar wichtige Sache. Wir haben jede Woche eine Veranstaltung. Letzte Woche hatten wir Hamlet, und die Woche davor hatten wir, warten Sie ...
Paine:	Nackttänze.
Crabbin:	Ah ja, Hindutänze. Und heute heiße ich einen amerikanischen Dichter willkommen.

Hotel Sacher und der Amerikanische Informationsdienst Ecke Kärntner Straße / Philharmonikerstraße

Portier:	Mr. Martins. Verzeihung. Telefon.
Martins:	Wer ist da?
Portier:	Baron Kurtz.
Martins:	Das muss ein Irrtum sein.
Martins:	Ja?
Kurtz:	Ich war ein Freund von Harry Lime.

NOTICE
IT IS REGRETTED THAT AUSTRIAN GUESTS CANNOT BE ADMITTED TO THIS HOTEL

Kurtz:	Österreicher dürfen nicht in Ihr Hotel. Können wir uns nicht im Café Mozart treffen?
Martins:	Wo?
Kurtz:	Im Café Mozart, gleich hier um die Ecke.

Die Rote Bar im Hotel Sacher: beliebter Treff Graham Greenes und später Orson Welles'

Szene 15, 16 / 0:09:48
Hotel Sacher

Am Set: Carol Reed mit Joseph Cotten und Ernst Deutsch während einer Drehpause
auf dem Neuen Markt. Links: Script-Girl Angela Allen

Kriegszerstörungen
am Neuen Markt

Carol Reed und Joseph Cotten während einer Drehpause am Neuen Markt

Szene 17 / 0:12:15
Café Mozart
(Part Location, day)

Geöffnet an ~~Sonntagen~~

051

Kurtz: In Ihrem Buch. In jedem Kapitel ist man neugierig, was wohl wieder im nächsten passiert.

Martins: Mhm. Die Polizei glaubt, dass er in irgendwelche Schiebergeschäfte verwickelt war.
Kurtz: In Wien sind wir das alle. Schieben tut hier jeder. Sonst würden wir verhungern. Wissen Sie, ich mache Sachen, die vor dem Krieg undenkbar für mich waren. Einmal habe ich am Schwarzen Markt sogar Fahrradreifen verkauft. Was mein Vater wohl dazu sagen würde?

Martins: Die Polizei glaubt an schlimmere Sachen.
Kurtz: Komische Ideen hat die manchmal. Na, ihm kann es vollkommen gleichgültig sein.

Martins: Ihm schon, aber mir noch lange nicht. Helfen Sie mir?
Kurtz: Ich helfe Ihnen natürlich gern. Aber wissen Sie, als Österreicher hält man sich am besten von der Polizei fern.

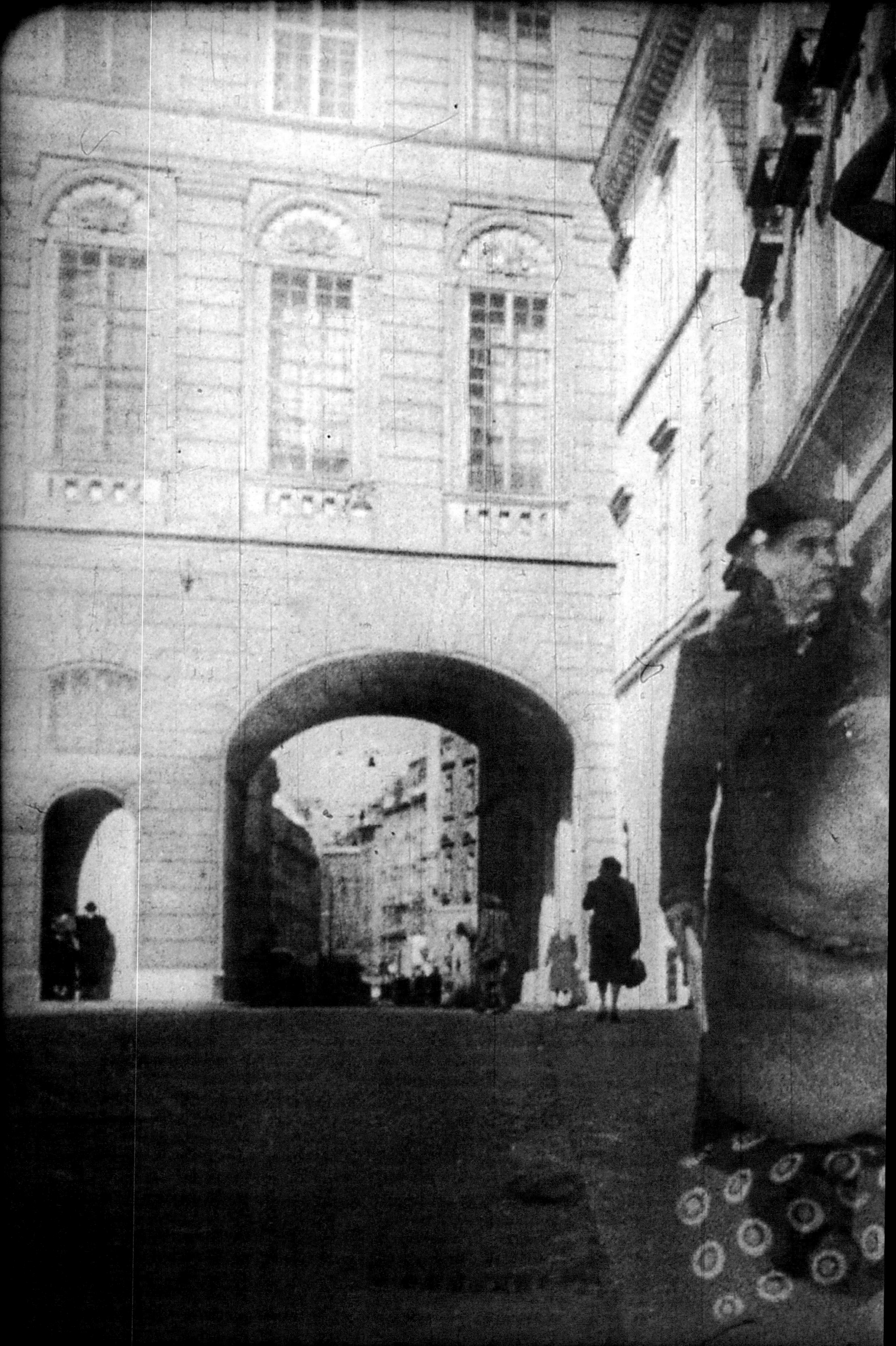

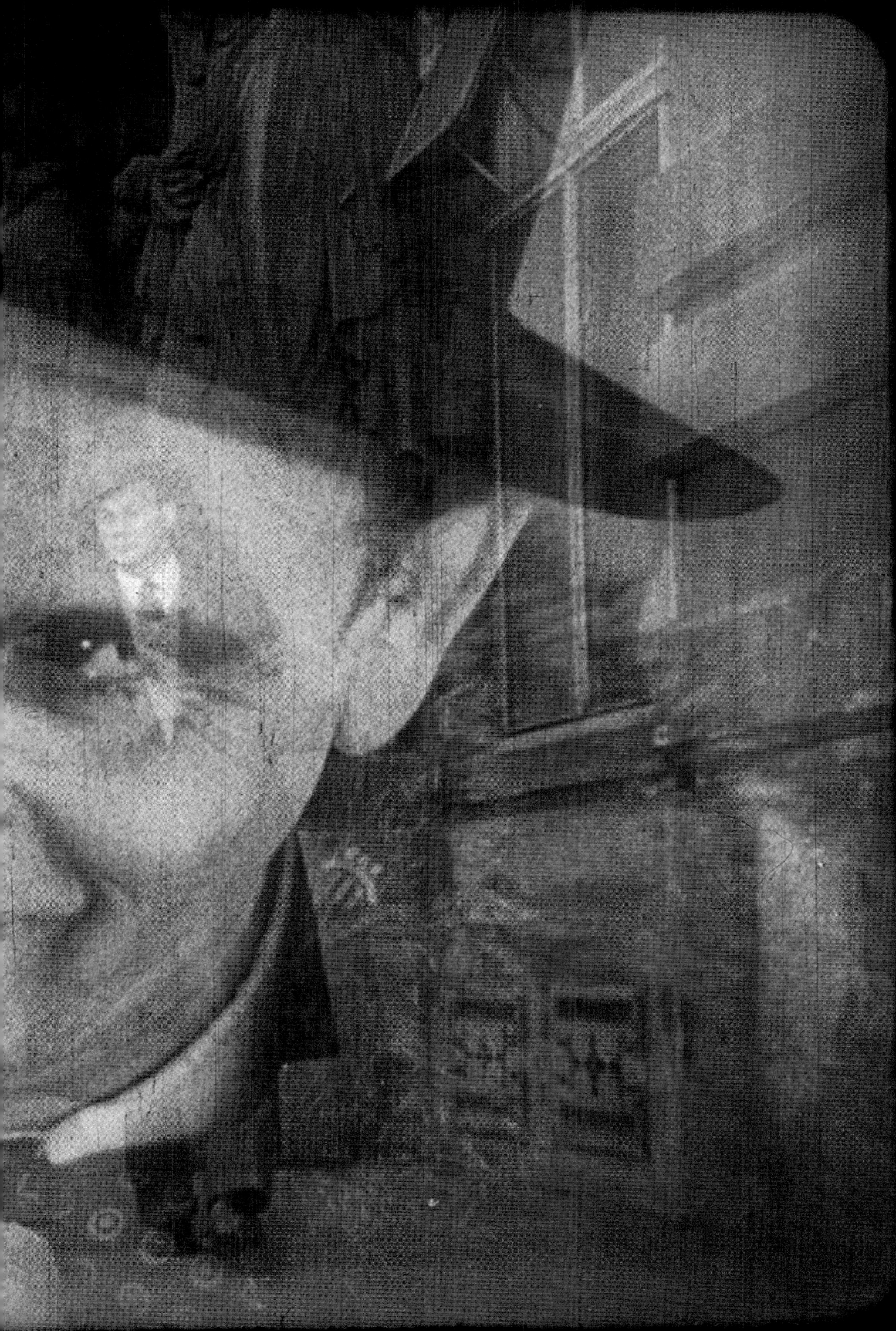

Szene 18 / 0:13:53
Josefsplatz,
„Outside Lime's Flat"
(Part Location, day)

Kurtz:	[zeigt Martins die Stelle, an der Harry Lime angeblich verunglückte] Wir kamen aus seinem Haus, wie jetzt, und gingen hier entlang. Ein Freund von ihm rief ihn von drüben an. Harry ging hinüber und der Lastwagen kam von dort. Ungefähr hier passierte es.
Martins:	Hier?
Kurtz:	Ja, Sein Freund und ich hoben ihn auf und wir brachten ihn dort hin. Es war furchtbar, furchtbar. Wir legten ihn hin, ungefähr hier. [deutet auf eine Stelle vor dem Denkmal Kaiser Josefs II.] Hier starb er. Sogar im Todeskampf hat er noch von Ihnen gesprochen.
Martins:	Was hat er gesagt?
Kurtz:	Ich weiß nicht mehr die genauen Worte ... Holly ... ich darf Sie doch wohl Holly nennen? Er sprach auch immer nur von Holly. Er nahm mir noch das Versprechen ab, mich um Sie zu kümmern, dass Sie wieder nach Haus kommen. Ja, ja, er hat noch an Sie gedacht.
Martins:	Aber er sagte, dass Harry sofort tot war, der Portier, meine ich.
Kurtz:	Er meinte, er ist gestorben, bevor der Krankenwagen kam.
Martins:	Sie waren also dabei ... und ein zweiter Mann, wer war das?
Kurtz:	Ein Rumäne, ein gewisser Popescu.
Martins:	Ich möchte ihn sprechen.
Kurtz:	Er ist nicht mehr hier.
Martins:	[zum Portier]. Entschuldigen Sie ...
Portier:	Ja bitte ?
Martins:	Sie kannten Mr. Lime gut ?
Portier:	Mr. Lime, ja ja.
Martins:	Sie wissen doch noch, ich habe ...
Portier:	Ja, ja, ich weiß.
Martins:	[zum Portier] Wer verkehrte bei Mr. Lime?
Portier:	Verkehrte ? [zu Kurtz] Wer ist der Mann?
Kurtz:	Ein Freund von Mr. Lime.
Portier:	Ah so. Es kommen so viele Leute her. Sie war'n da, der Herr Popescu. Ich kann nicht alle Leute kennen.
Portiersgattin:	Karl, kannst du einen Moment hineinkommen?
Portier:	Moment. Schau'n Sie, ich bin ja nur ...
Portiersgattin:	Du musst ans Telefon!
Portier:	Na ja. Entschuldigen Sie.
Martins:	Wer war noch beim Begräbnis ?
Kurtz:	Nur sein Arzt, Dr. Winkel.

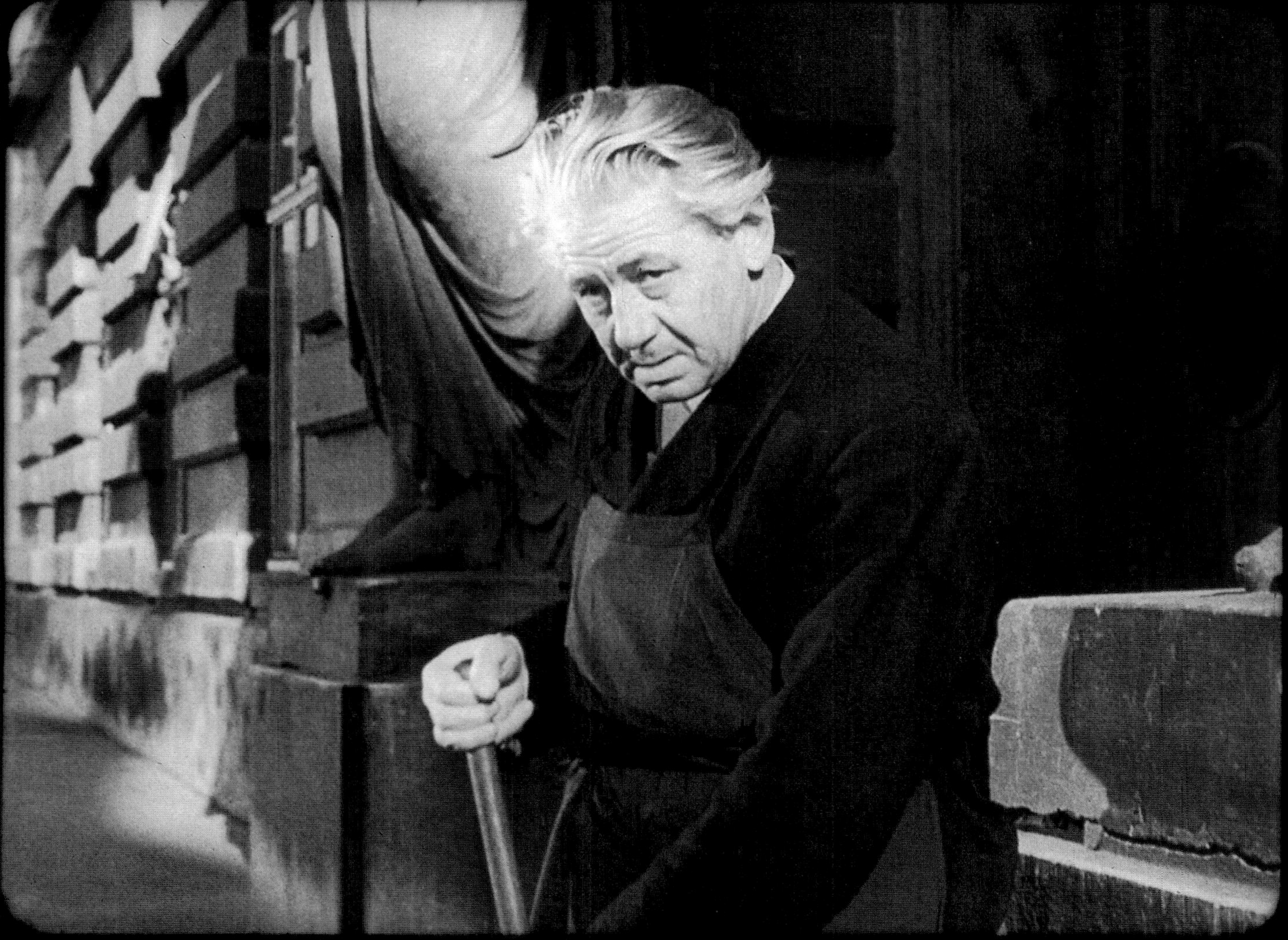

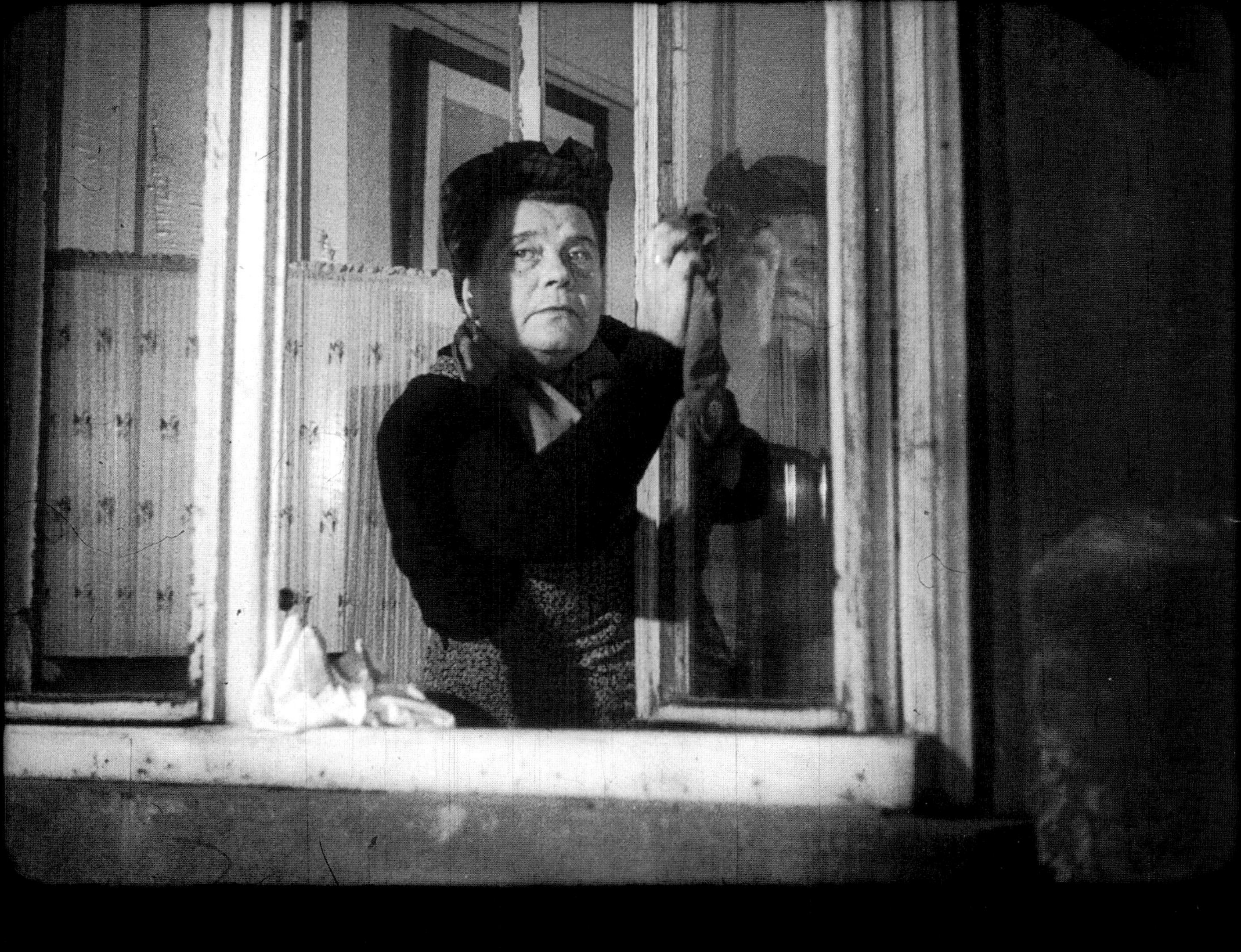

Theateraufführung im Palais Clam-Gallas, Währinger Straße, in der US-Zone

Martins:	Da war noch ein Mädchen.
Kurtz:	Ein Mädchen aus dem Josefstädter Theater. Sie kennen ja Harry's Geschmack. Ich würde nicht mit ihr sprechen. Das würde ihr höchstens weh tun.
Martins:	Das sehe ich nicht ein. Vielleicht kann sie mir helfen.
Kurtz:	Was bezwecken Sie mit Ihrem Vorhaben? Vielleicht kommt dabei was raus, was seinem Andenken schadet.
Martins:	Geben Sie mir Ihre Adresse!
Kurtz:	Ich wohne im russischen Sektor, aber Sie treffen mich jeden Abend im Casanova Club. Man muss arbeiten, wo man Arbeit findet.
Martins:	Wie heißt das Mädchen?
Kurtz:	Ich weiß nicht, hab den Namen nie gehört.
Martins:	Aber Sie wissen das Theater.
Kurtz:	In der Josefstadt. Es wäre sicher nicht im Sinne von Harry, dass ... Sie sollten lieber an sich selbst denken.

Szene 21-23 / 0:17:02
Theater i. d. Josefstadt
(Part Location)

059

Britische Lebensmittellieferung für Wien

Joseph Cotten verteilt Care-Pakete an die Wiener Bevölkerung

Anna: Möchten Sie einen Tee?
Martins: Gern.

Anna: Den hat mir jemand auf die Bühne geworfen, statt Blumen, was mir offen gestanden lieber ist, bei den Zeiten. Oder möchten Sie lieber Whisky, ich hab welchen.

Szene 24 / 0:21:13
Palais Pallavicini
„Harry's Flat"

Portier: Sehn Sie, gleich da unten ist es passiert. Vor der Tür direkt.
Martins: Haben Sie's gesehen?
Portier: Gesehen nicht, nur gehört … Starkes Bremsen … quietsch … Ich ras' zum Fenster und sah noch, wie sie ihn hinübertrugen auf die andere … zum Josef, zum Kaiser Josef Denkmal.

Portier: Sehen Sie, drei Männer haben Ihren Freund weggetragen.
Martins: Kurtz, der Rumäne, und …
Portier: Da war noch ein dritter Mann, der damals nicht aussagte.

Paul Hörbiger mit Elizabeth Montagu beim Textstudium, 1948

Martins: Wie sah der Mann aus?
Portier: Das weiß ich nicht mehr, er sah nicht nach oben. Ich hab sein Gesicht nicht gesehen, wirklich nicht. Woher soll ich überhaupt wissen, wer das war? Es war irgendjemand.

Martins: Irgendjemand?

Martins: Mir hat man gesagt, es sind nur zwei Männer gewesen. Sie müssen zur Polizei gehen.
Portier: Zur Polizei? Warum zur Polizei? Es is doch a Blödsinn, was Sie da sagen. Alles Unsinn, es war ein Unfall.
Martins: Wie können Sie denn das behaupten? Sie haben drei Männer gesehen, die einen Toten wegtrugen.
Portier: Der macht mich noch ganz deppert. Hätt' ich nur auf meine Oide g'hört, di hot ma g'sagt, mit Ihna hob ich nur Ärger. Jawohl.
Martins: Dann werde ich zur Polizei gehen.

Die Internationale Polizei, die „Vier im Jeep" genannt

[Hansl kommt zur Tür.]

Portier: Von mir aus können S' zur Gasanstalt geh'n. Oba mi lossn S' aus mit der Polizei. Des hot ma davon, wenn man freundlich is mit de Ausländer, hätt' i bloß auf mei Frau g'hört, die hot ma gleich g'sagt, loss die Hand von da Putt'n, da verbrennst da deine Finger. Hör'n Sie zu, ich weiß überhaupt nichts. Ich habe nichts gesehen, nichts gehört. Das alles geht mich gar nichts an.

Martins: Es sollte Sie aber was angehen.

Portier: Mich lossn S' aus mit der Polizei. Des hot ma davon, wenn man freundlich is mit de Ausländer. Jetzt aber gemma, Fräulein Schmidt, bitte, Sie war'n mir immer sehr sympathisch, das wissen Sie ganz genau, aber so ein Herrn bringen Sie mir nicht mehr daher! Verlassen Sie diese Wohnung, bitte, sonst vergesse ich meinen wienerischen Charme! Ich blöder Hirsch, nur weil ich höflich sein will, krieg ich jetzt Scherereien mit der Polizei.

r dem Hauptquartier
r Internationalen Polizei
Palais Auersperg:
seph Cotten kennt
ine Staralllüren

Plakat zu einer Benefizveranstaltung für bedürftige Wiener Kinder, Juni 1946

Trümmerkinder

Szene 31-34 / 0:24:52
Platz Am Hof
„Anna's Street"
(Part Location)

Anna:	Mischen Sie sich da lieber nicht ein.
Martins:	Wenn ich etwas herausbekomme, darf ich Sie da besuchen?
Anna:	Was wollen Sie eigentlich hier? Fahren Sie nach Hause.
Vermieterin:	Unglaublich. Ja wo stecken Sie denn, Fräulein Schmidt? Die Polizei ist oben, sie suchen nach Papieren und lesen all Ihre Briefe. Als wenn man ein Verbrecher wäre.
Martins:	Was ist denn?
Vermieterin:	Was will die Polizei von Ihnen?
Anna:	Ich weiß es nicht.
Vermieterin:	Das müssen Sie doch wissen. Ich meine, ohne Grund wird die Polizei ja nicht ins Haus kommen, Fräulein Schmidt. Eine Schande.
Martins:	Was soll das bedeuten?
Anna:	Ich weiß nicht, ich gehe erst einmal hinauf.

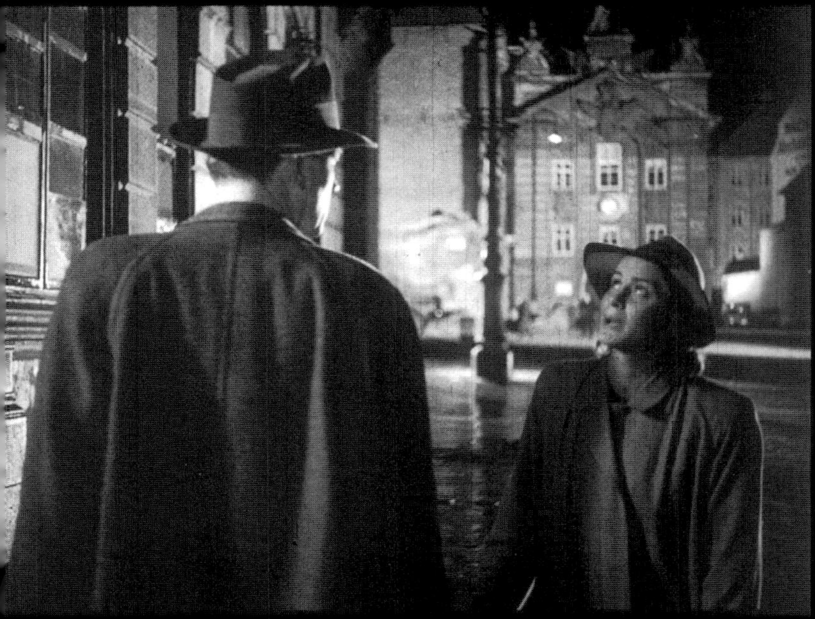
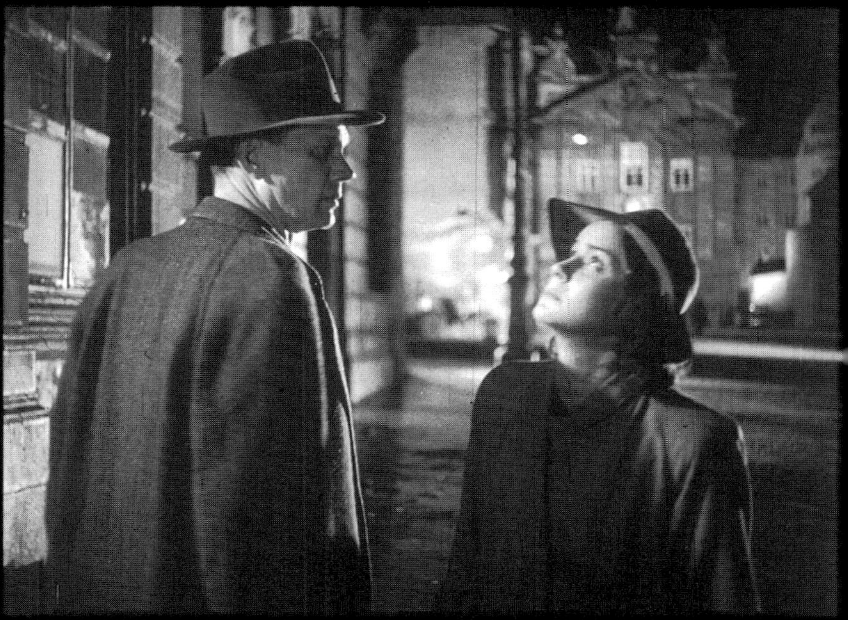
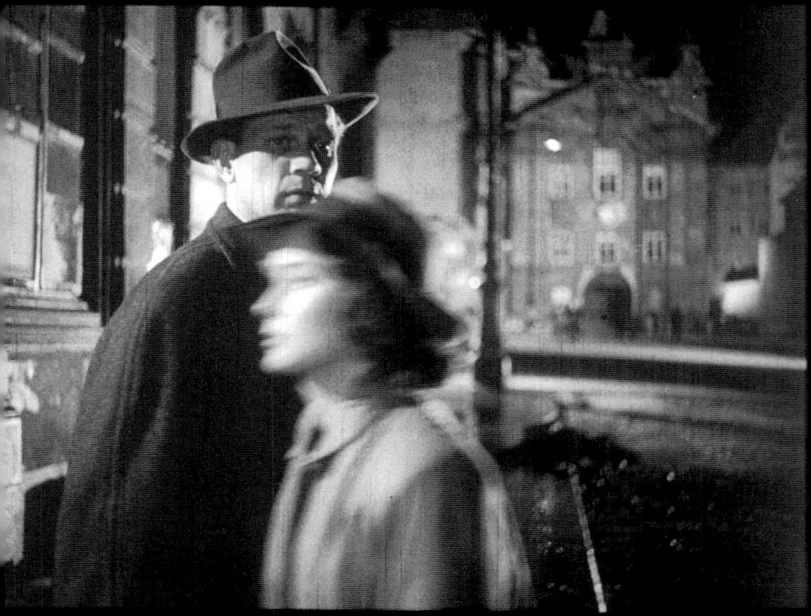
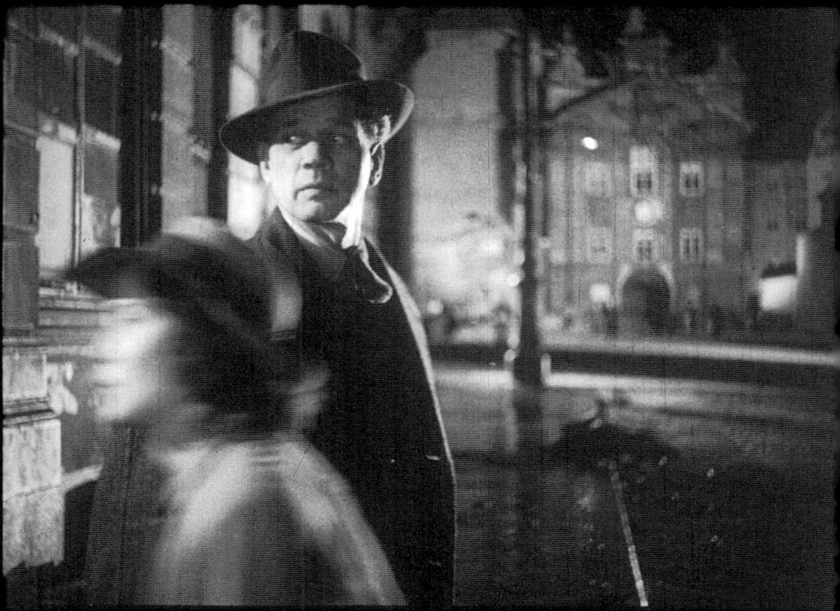
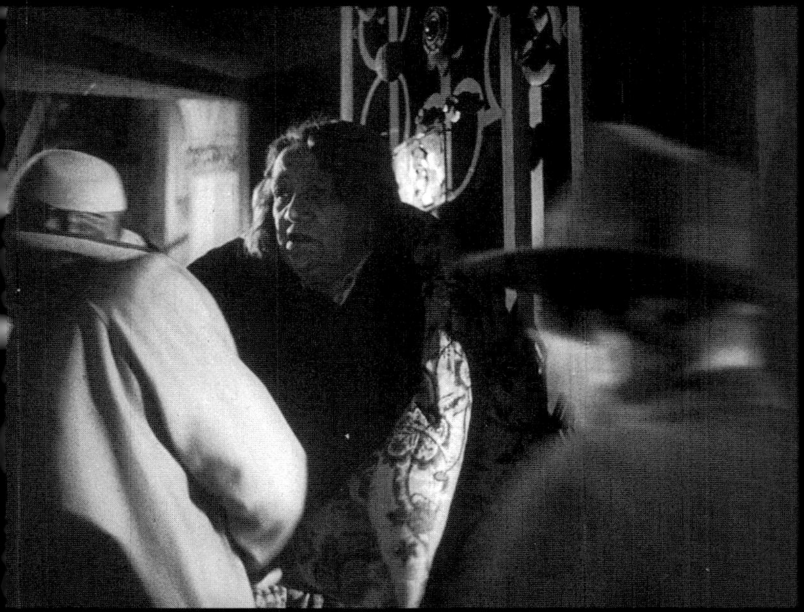
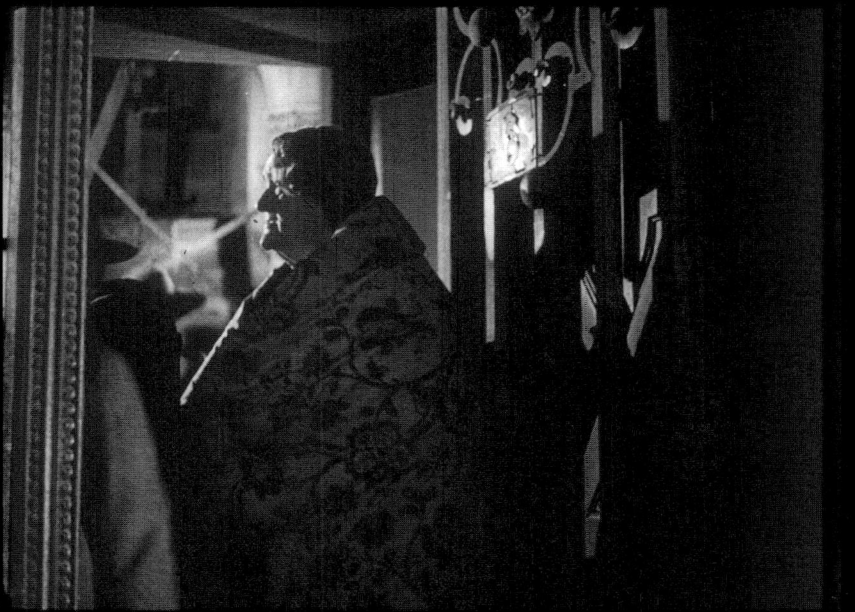

Vermieterin: Sie müssen doch wissen, um was es sich handelt. Mein Gott, das ist doch schrecklich. Man ist nicht mehr Herr in seinem eigenen Haus, wenn's wenigstens die österreichische Polizei wäre, aber Amerikaner, Russen, Franzosen und mitten in der Nacht. Ich meine, wenn Sie mich wenigstens vorher verständigt hätten.

Nachkriegselend, Strohschuhe gegen die extreme Kälte

Hedwig Bleibtreu am Set in London

Hedwig Bleibtreu auf dem Weg in die Shepperton Studios

Calloway: Danke, Sie stammen aus Graz, haben österreichische Eltern?
Anna: Ja.
Calloway: Mhm.

Anna: Müssen Sie die mitnehmen?
Paine: Sie bekommen sie wieder.
Anna: Es sind Privatbriefe.
Paine: Seien Sie unbesorgt, wir lesen sie wie ein Arzt.

Calloway: Gehen Sie nach Hause, Sie wissen ja gar nicht, in was Sie sich da einmischen. Nehmen Sie das nächste Flugzeug.
Martins: Nicht bevor ich der Sache auf den Grund gekommen bin.
Calloway: Der Tod ist was für Profis, denn unter allem lauert der Tod.
Martins: Ich werde Sie in meinem nächsten Buch zitieren. Ausweisen können Sie mich übrigens nicht.

Martins: Stimmt etwas nicht mir Ihren Papieren?
Anna: Sie sind gefälscht.
Martins: Warum?
Anna: Wegen der Russen, ich bin aus der Tschechoslowakei.

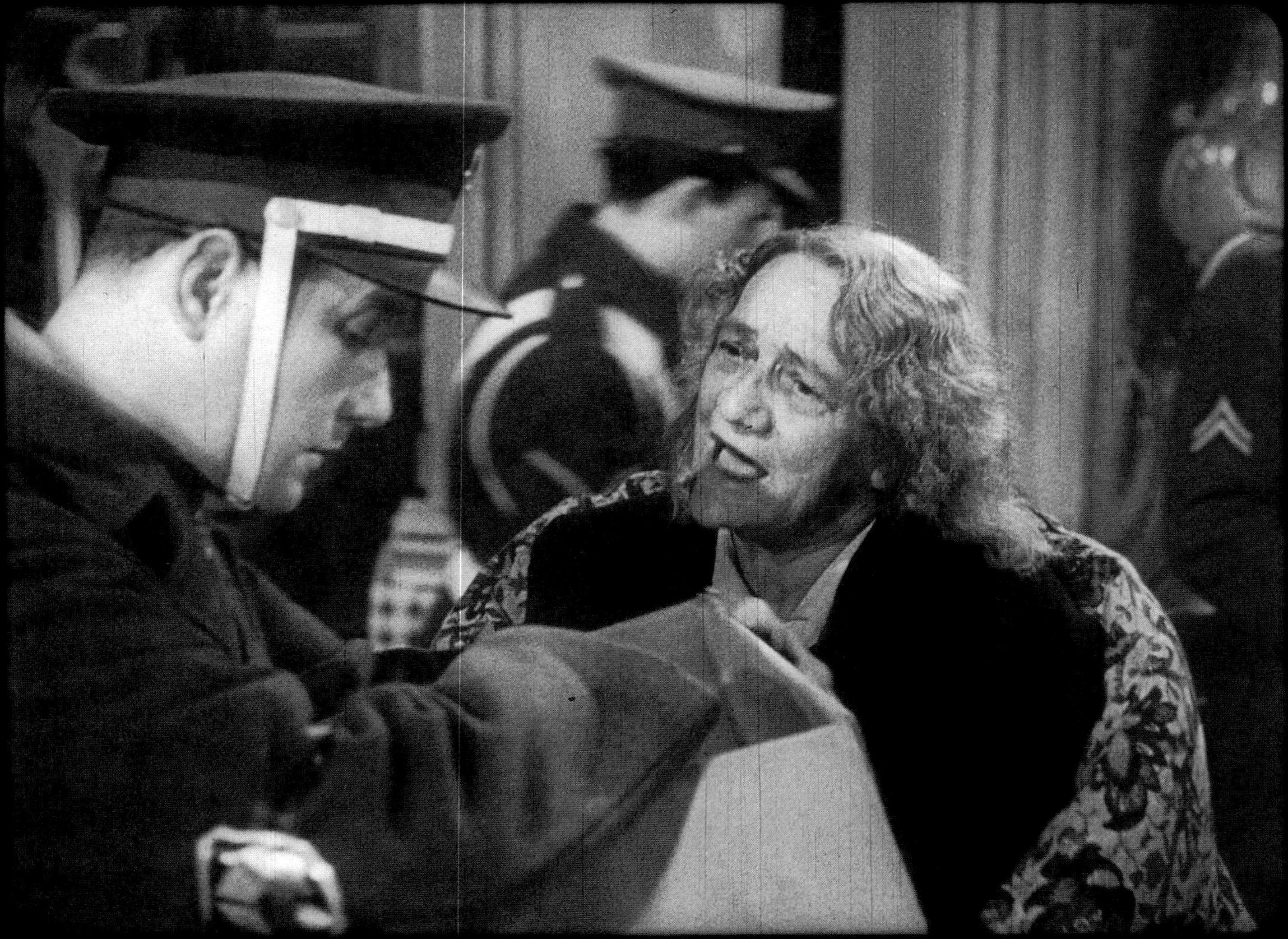

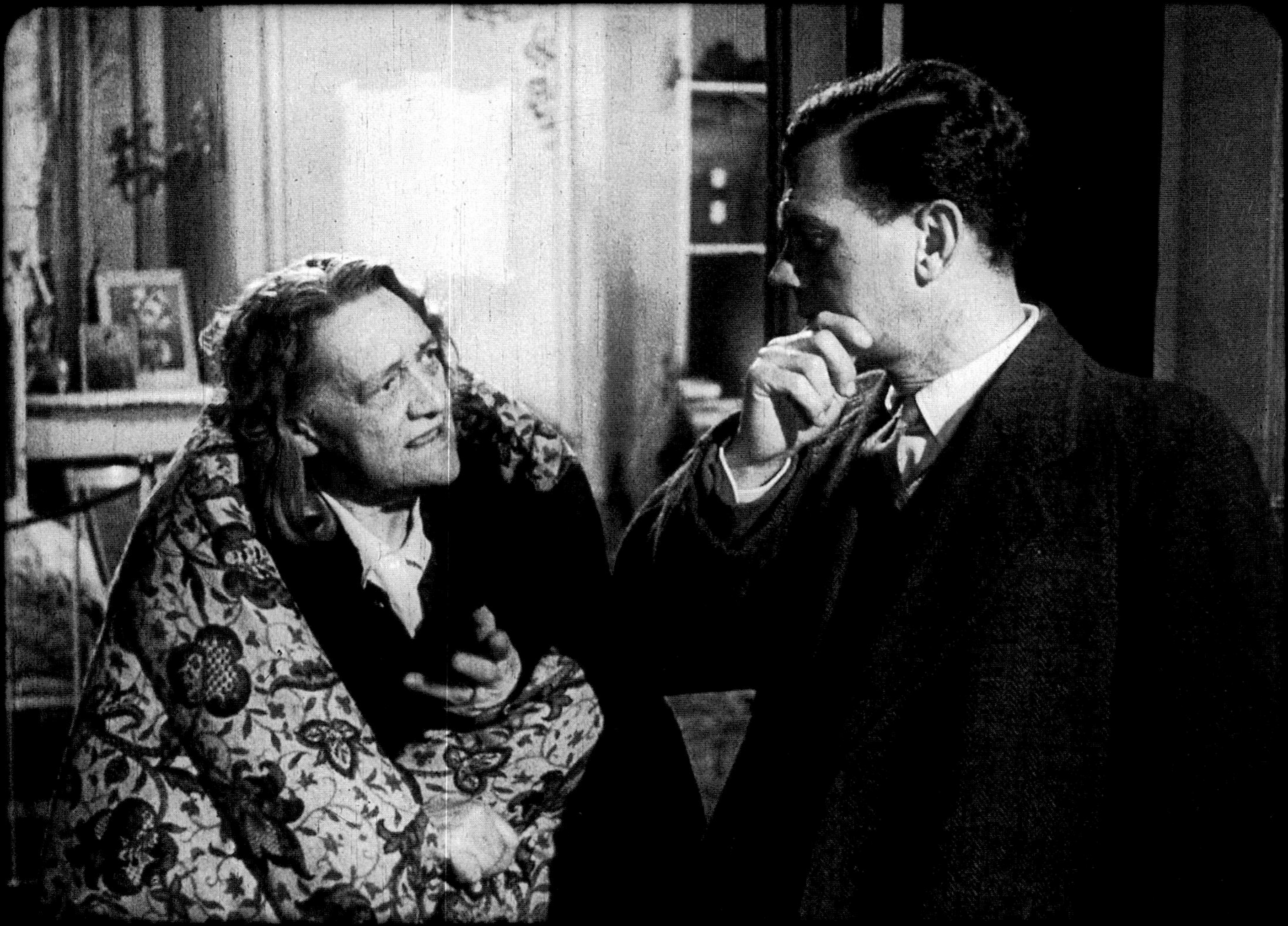

Vermieterin: He, wo schleppen Sie das alles wieder hin? Sie können das ganze Haus doch nicht auf den Kopf stellen. Versteht er auch nicht. Mensch, hier ist doch kein Wirtshaus, das ist das Zimmer einer Dame. Erklären Sie doch den Leuten …
Anna: Ja, ja.
Vermieterin: Hier sind früher Fürsten aus- und eingegangen. Hier hat schon ein Metternich verkehrt.

Hinweistafel US-Zone mit Graffiti: „Ami go home"

Clemens Fürst Metternich (1773-1859), restaurativ-konservativer Minister unter Kaiser Franz II. (I.)

Vermieterin: Sie sind Amerikaner, wäre das in Ihrem Land möglich? Diese Leute benehmen sich wie Einbrecher. Eines ist sicher: Die Befreiung hab ich mir ganz anders vorgestellt

Es lebe die Rote Armee die Befreierin Wiens!

Die Befreiung wird gefeiert, vor dem Parlament 1945

Szene 43 / 0:33:06
Internationale Polizei
„Calloway's Office"

Brodsky: Eine gut gemachte Fälschung. Wir sind an dem Fall interessiert. Haben Sie das Mädchen schon verhaftet?
Calloway: Nein, noch nicht.
Brodsky: Nehmen Sie ihn doch in Verwahrung. Ich habe noch ein paar Rückfragen, Herr Major. Sie verstehen?

Anna: Was hat er vor?
Calloway: Das wissen Sie besser als ich, Miss Schmidt. Sie waren das Verhältnis von Lime.
Anna: Wir haben uns geliebt, wenn Sie das meinen.

Calloway: Es ist dumm von Ihnen, mich zu belügen. Sie wissen, dass ich Ihnen helfen könnte.
Anna: Ich lüge nicht. Sie täuschen sich über Harry. Sie täuschen sich über alles.
Calloway: In seinen Briefen schreibt er, Sie sollen seinen Freund Josef anrufen und zwar unter der Nummer des Casanova Clubs. Das war der Treffpunkt von Limes Freunden.

Szene 46 / 0:34:52
Casanova Club
(Part Location)

Martins: Können Sie auslegen? [Anna zeigt Holly ein Foto von Harry] ... Harry?
Anna: Ja, der Kopf ist leider etwas verwackelt.

Martins: Wen suchen Sie denn jetzt schon wieder?
Anna: Sch ...
Martins: Blöde Bande!

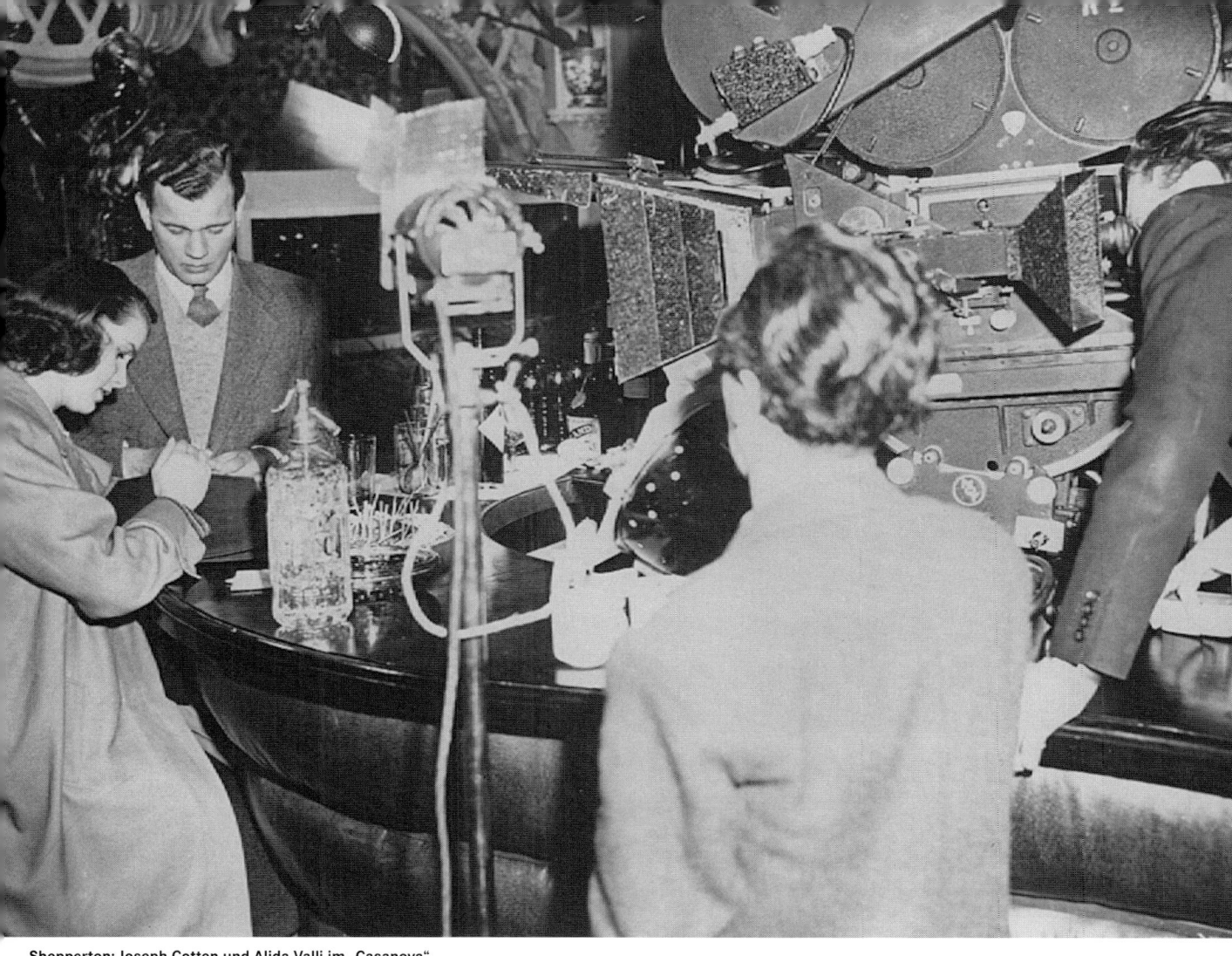

Shepperton: Joseph Cotten und Alida Valli im „Casanova"

Shepperton: das „Casanova"

Die Shepperton Studios
südwestlich von London

Actress slaps a man in studio and shouts 'Nazi'

WANDA ROTHA, red-haired actress from Vienna, slapped an Austrian actor's face on a Shepperton film set yesterday and shouted "Nazi! S.S. man!"

The actor did not move or speak. Miss Rotha, 35, who wore a veil, was led off the set by Mr. Carol Reed, film director.

Last night, sitting in bed in bright green pyjamas, Miss Rotha, a 1937 refugee from Austria, spoke of the "picture engraved in my mind."

"I can see it now," she said. "That black S.S. uniform. I saw him wearing it in Berlin in 1936. In it I saw a Fifth Column man who betrayed Austria."

Miss Rotha said she had gone to the studio to protest to Mr. Reed against the Austrian being employed on the film, "The Third Man," a thriller about post-war racketeering in Vienna.

"But I bumped straight into the man," she added. "I lost my self control and said to him:

"'How dare you come to this country, where we are used to breathing clean air?'

"Then I became so excited that I slapped him."

She shuddered. . . .

London Films stated: "We are reporting the incident to the Home Office

"As long as nothing more is known about the man, the workpeople are ready to carry on.

"He has been 'de-Nazified.'"

Siegfried Breuer

Popescu:	Ich habe ihr einen neuen Pass besorgt, Mr. Martins. So was sollte man eigentlich nicht jedem erzählen, aber Sie waren mir auf den ersten Blick sympathisch. Menschlichkeit ist Pflicht.
Martins:	Irgendwas ist komisch bei dieser Sache.
Popescu:	Komisch?
Martins:	Da stimmt doch was nicht.
Popescu:	Das meine ich auch. Kein Eis für Mr. Martins? Ja, es ist irgendwie widersinnig, dass ein Mann wie Harry durch einen Unfall zugrunde geht.
Martins:	Sonst fällt Ihnen nichts auf?
Popescu:	Was denn noch?
Martins:	Wer war der dritte Mann?
Popescu:	Das sollte ich gar nicht trinken, mein Magen. Was meinen Sie mit dem dritten Mann, Mr. Martins?
Martins:	Es soll ein dritter Mann beim Wegtragen geholfen haben.
Popescu:	Das ist reiner Unsinn. Übrigens gibt es einen Polizeibericht. Danach waren nur zwei dabei. Der Baron und ich. Wer hat Ihnen das eigentlich aufgebunden?
Martins:	Der Portier, er war nämlich gerade beim Fensterputzen.
Popescu:	Und, er hat den Unfall gesehen?
Martins:	Nein, den Unfall nicht, dafür hat er die drei Männer gesehen.
Popescu:	Warum hat er das eigentlich nicht zu Protokoll gegeben?
Martins:	Er wollte nicht hereingezogen werden.
Popescu:	Ich glaube die Österreicher werden nie gute Staatsbürger. Es war seine Pflicht auszusagen. Trotzdem, er hat sich geirrt. Was hat er noch gesagt?
Martins:	Dass Harry sofort tot gewesen ist. Ich habe das Gefühl, er weiß noch mehr. Hier lügt jemand.
Popescu:	Das scheint mir auch so.
Martins:	Die Polizei behauptet, dass er in Schiebergeschäfte verwickelt war.
Popescu:	Unmöglich, das lag Harry gar nicht.
Martins:	Der Baron hält es aber für möglich.
Popescu:	Ich kenne den angelsächsischen Charakter besser. Der Baron ist weltfremd.
Martins:	Kennen Sie einen Mann namens Harbin? Josef Harbin.
Popescu:	Josef Harbin? Nein. Ist ein nettes Mädchen [zu Anna gewendet], aber sie sollte sich in Acht nehmen in Wien. Jeder muss sich in Acht nehmen in solch einer Stadt.

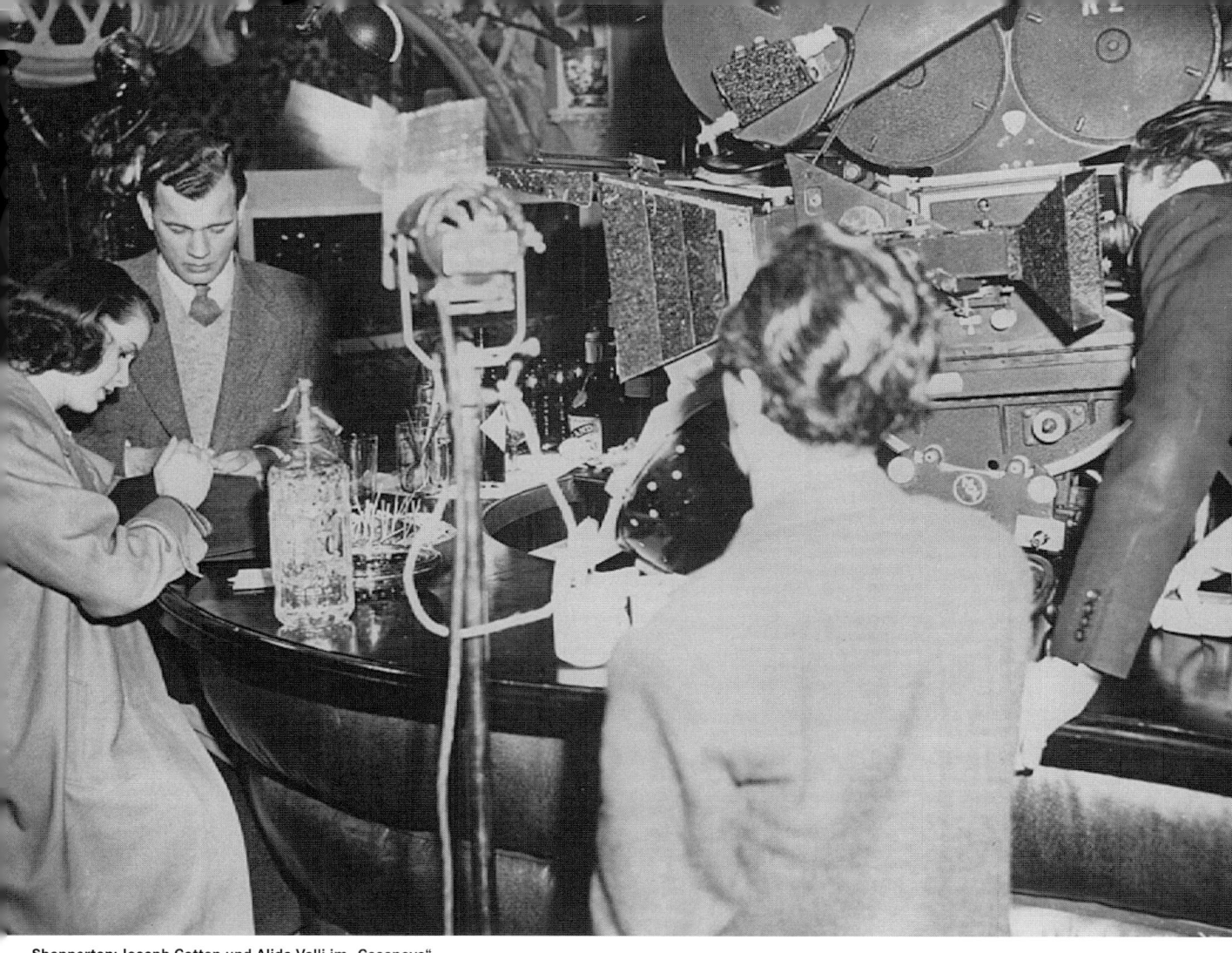

Shepperton: Joseph Cotten und Alida Valli im „Casanova"

Shepperton: das „Casanova"

Die Shepperton Studios
südwestlich von London

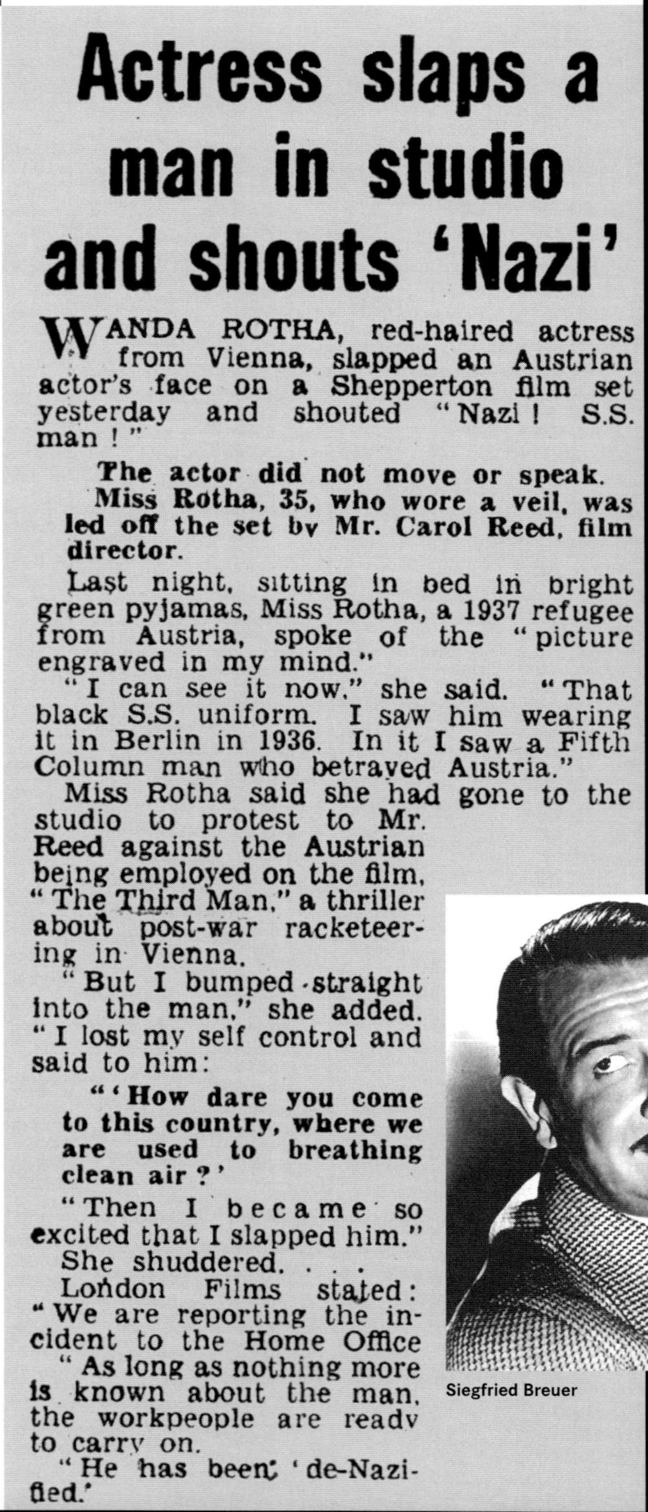

Actress slaps a man in studio and shouts 'Nazi'

WANDA ROTHA, red-haired actress from Vienna, slapped an Austrian actor's face on a Shepperton film set yesterday and shouted "Nazi! S.S. man!"

The actor did not move or speak. Miss Rotha, 35, who wore a veil, was led off the set by Mr. Carol Reed, film director.

Last night, sitting in bed in bright green pyjamas, Miss Rotha, a 1937 refugee from Austria, spoke of the "picture engraved in my mind."

"I can see it now." she said. "That black S.S. uniform. I saw him wearing it in Berlin in 1936. In it I saw a Fifth Column man who betrayed Austria."

Miss Rotha said she had gone to the studio to protest to Mr. Reed against the Austrian being employed on the film, "The Third Man," a thriller about post-war racketeering in Vienna.

"But I bumped straight into the man," she added. "I lost my self control and said to him:

"'How dare you come to this country, where we are used to breathing clean air?'

"Then I became so excited that I slapped him." She shuddered. . . .

London Films stated: "We are reporting the incident to the Home Office

"As long as nothing more is known about the man, the workpeople are ready to carry on.

"He has been 'de-Nazified.'"

Siegfried Breuer

Popescu:	Ich habe ihr einen neuen Pass besorgt, Mr. Martins. So was sollte man eigentlich nicht jedem erzählen, aber Sie waren mir auf den ersten Blick sympathisch. Menschlichkeit ist Pflicht.
Martins:	Irgendwas ist komisch bei dieser Sache.
Popescu:	Komisch?
Martins:	Da stimmt doch was nicht.
Popescu:	Das meine ich auch. Kein Eis für Mr. Martins? Ja, es ist irgendwie widersinnig, dass ein Mann wie Harry durch einen Unfall zugrunde geht.
Martins:	Sonst fällt Ihnen nichts auf?
Popescu:	Was denn noch?
Martins:	Wer war der dritte Mann?
Popescu:	Das sollte ich gar nicht trinken, mein Magen. Was meinen Sie mit dem dritten Mann, Mr. Martins?
Martins:	Es soll ein dritter Mann beim Wegtragen geholfen haben.
Popescu:	Das ist reiner Unsinn. Übrigens gibt es einen Polizeibericht. Danach waren nur zwei dabei. Der Baron und ich. Wer hat Ihnen das eigentlich aufgebunden?
Martins:	Der Portier, er war nämlich gerade beim Fensterputzen.
Popescu:	Und, er hat den Unfall gesehen?
Martins:	Nein, den Unfall nicht, dafür hat er die drei Männer gesehen.
Popescu:	Warum hat er das eigentlich nicht zu Protokoll gegeben?
Martins:	Er wollte nicht hereingezogen werden.
Popescu:	Ich glaube die Österreicher werden nie gute Staatsbürger. Es war seine Pflicht auszusagen. Trotzdem, er hat sich geirrt. Was hat er noch gesagt?
Martins:	Dass Harry sofort tot gewesen ist. Ich habe das Gefühl, er weiß noch mehr. Hier lügt jemand.
Popescu:	Das scheint mir auch so.
Martins:	Die Polizei behauptet, dass er in Schiebergeschäfte verwickelt war.
Popescu:	Unmöglich, das lag Harry gar nicht.
Martins:	Der Baron hält es aber für möglich.
Popescu:	Ich kenne den angelsächsischen Charakter besser. Der Baron ist weltfremd.
Martins:	Kennen Sie einen Mann namens Harbin? Josef Harbin.
Popescu:	Josef Harbin? Nein. Ist ein nettes Mädchen [zu Anna gewendet], aber sie sollte sich in Acht nehmen in Wien. Jeder muss sich in Acht nehmen in solch einer Stadt.

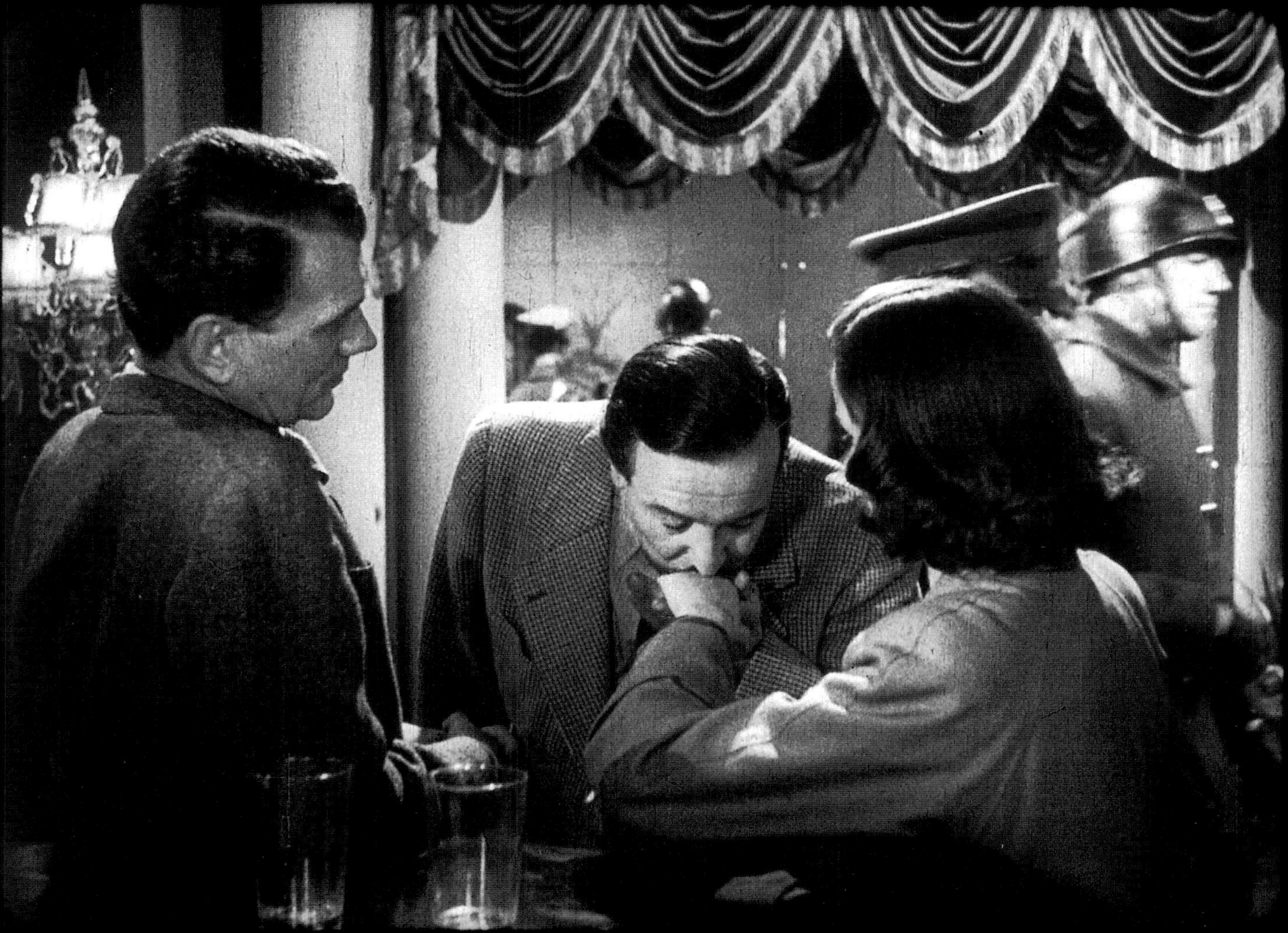

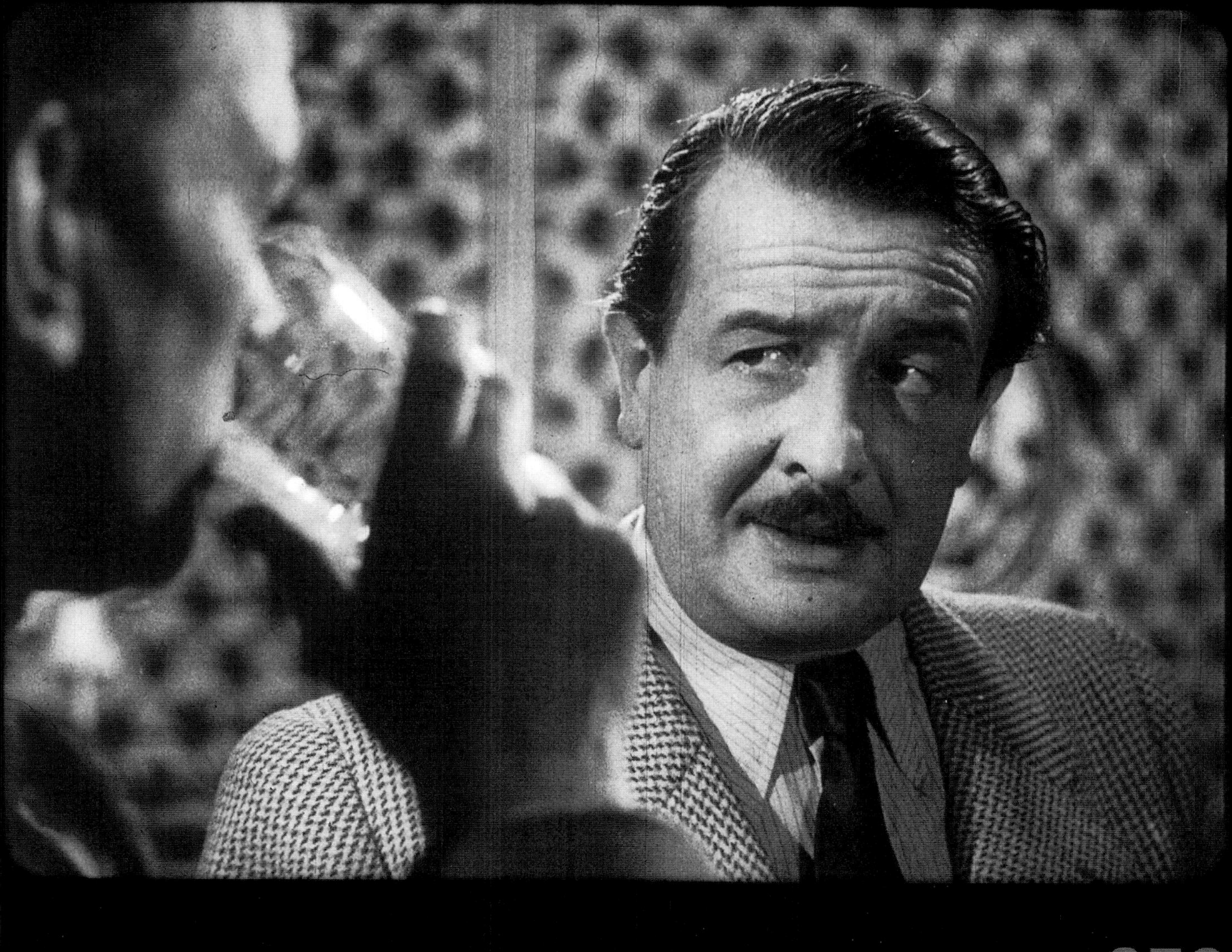

„Hier sind früher Fürsten aus- und eingegangen!"
Eine Stadt in Trümmern

„Wenn Sie diese seltsame und sehr traurige Geschichte verstehen wollen, dann müssen Sie wenigstens eine gewisse Vorstellung von dem Hintergrund haben, vor dem sie sich abspielte – von dem zerstörten, bedrückend öden Wien, das unter die vier Besatzungsmächte aufgeteilt ist, in eine russische, eine britische, eine amerikanische und eine französische Zone, Gebiete, die bloß durch Anschlagtafeln voneinander abgegrenzt sind. Und im Mittelpunkt, umgürtet von der Ringstraße mit ihren wuchtigen öffentlichen Gebäuden und ihren Denkmälern bäumender Rosse, liegt die Innere Stadt, die der Kontrolle aller vier Mächte unterstellt ist ..."[1] Graham Greene und Carol Reed entführen das Publikum im „Dritten Mann" an einen Ort der dichterischen Freiheit und cineastischen Fantasie, und trotzdem wird ihm ein außergewöhnlich präzises Bild von Wien vermittelt, von seiner durch den Krieg verstümmelten Stadtlandschaft, seinem politischen Umfeld und seinem Alltagsleben. Es gab dieses Wien des Verbrechens, des Schwarzmarkts und der Spionage tatsächlich, nur wollte es damals niemand wahrhaben. War Wien wirklich die Geisterstadt, die Carol Reed in eindrucksvollen Bildern vorführt, gab es die Harry Limes und Popescus, die Dr. Winkels und Barone Kurtz tatsächlich? Wurde auf dem Schwarzmarkt wirklich verlängertes Penicillin angeboten und sind Kinder daran gestorben? Ja, denn ganz Wien war „Der Dritte Mann"!

In der Stadt, in der „früher Fürsten aus- und eingegangen sind und ein Metternich verkehrt hat", sind die Spuren des Krieges nicht zu übersehen. Schon im September 1944 hat das erste amerikanische Bombardement schwere Verwüstungen in der Innenstadt hinterlassen, vor allem im Textilviertel um den Rudolfsplatz zwischen Wiener Börse und Donaukanal. Anfang 1945 werden die folgenschwersten Luftangriffe der Amerikaner geflogen, mehrere hundert US-Bomber zerstören im Februar fast alle Öl-, Industrie- und Transporteinrichtungen der Stadt, und am 13. März werfen 747 Kampfflugzeuge im Rahmen der größten Einzelaktion der 15. US-Luftflotte 1.667 Tonnen Bomben auf die Stadt.[2] Betroffen sind besonders das Viertel um die Staatsoper – von den Amerikanern irrtümlich für den Südbahnhof gehalten –, die Kärntner Straße und der Stephansplatz, aber auch das Gebiet um den Hohen Markt, der Platz Am Hof und der Passauer Platz um die Kirche Maria am Gestade. In Sondereinsätzen versuchen Wiederaufbautrupps, die Straßen einigermaßen passierbar zu machen, Bombentrichter zuzuschütten, die Gas-, Wasser- und Stromversorgung notdürftig instand zu setzen und die Toten der Luftangriffe zu begraben. Im April 1945 wird Wien von der Roten Armee unter General Tolbuchin eingenommen. Sowjetisches Artilleriefeuer ergießt sich über die Stadt, in der Inneren Stadt tobt ein Flammenmeer, Banden von Plünderern ziehen durch die Straßen. Nach zehn Tagen schwerer Kämpfe wird der Fall Wiens in Moskau mit 24 Salutschüssen aus 324 Geschützen gefeiert, der üblichen Anzahl für die Einnahme einer Hauptstadt.

Die Bilanz der Zerstörungen ist erschütternd: von Artilleriefeuer aufgerissene Hauswände, ausgebrannte Dachstühle, Schuttberge, bedrohlich im Wind schwankende, fensterlose Fassaden. Die Magistratsabteilung für Wohnbau und Kriegsschädenbehebung spricht von 4.440 Straßenschäden unterschiedlichen Ausmaßes und 41.600 Schäden an Gebäuden, davon 28.200 Klein-, 9.000 Teil- und 4.400 Totalschäden. Abgesehen von den verheerenden Zerstörungen an Industrie- und Gewerbebauten und öffentlichen Gebäuden sind über 90.000 Wohnungen ganz oder teilweise demoliert. Bauexperten kalkulieren für den Wiederaufbau einen Bedarf von 300 Millionen Mauerziegeln, 80 Millionen Dachziegeln, sieben bis acht Millionen Quadratmetern Glas, 300.000 Kubikmetern Holz und 200.000 Tonnen Zement.[3] Der Gesamtwert der Zerstörungen wird mit 7,5 Milliarden Schilling angegeben.[4] Der Stephansdom ist ausgebrannt, sein 500 Jahre alter Holzdachstuhl ebenso zerstört wie das prunkvolle Kircheninnere, die 22 Tonnen schwere „Pummerin" – die größte seiner Glocken – abgestürzt und in tausend Stücke zersprungen, das mit kostbaren Schnitzarbeiten verzierte gotische Chorgestühl ein Raub der Flammen geworden. Eine Fliegerbombe hat auch Schloss Schönbrunn getroffen und Teile des Prunksaales verwüstet. Der Prater, beliebter Vergnügungspark der Wiener, gleicht einer endlosen Wüste, von den berühmten Attraktionen sind nur Trümmer geblieben: kein Riesenrad, kein „Calafatti-Ringelspiel", kein „Filmpalast", und auch das seit 1782 bestehende Traditionsrestaurant „Zum Walfisch" existiert nicht mehr. „Der zerstörte Prater, dessen nacktes Totengebein aus der Schneedecke ragte, war nahezu menschenleer. An einem Stand wurden Waffeln verkauft, fast so groß wie Wagenräder, und die Kinder standen mit Lebensmittelkarten in der Hand davor Schlange."[5]

Viele Barockpalais in der Innenstadt sind ausgebrannt, das Palais Palffy am Josefsplatz ist von Bomben halbiert, kaum eines der Prachtgebäude entlang der Ringstraße blieb unversehrt. Die Oper ist ebenso eine Brandruine wie das Burgtheater, das Parlament zu 70 Prozent zerstört, das Rathaus teilweise ausgebrannt, das Kunsthistorische Museum hat Teile seiner Kuppel und seines Ostflügels eingebüßt. Auch das Bundeskanzleramt am Ballhausplatz und die Graphische Sammlung Albertina sind auf einen Schuttkegel reduziert. In den eingestürzten Luftschutzkellern unter dem gegenüberliegenden Philipphof sind über 300 Menschen gestorben. Kaum zu reparierende Schäden weisen die Häuser entlang des Donaukanals auf, viele müssen gesprengt werden. Das Kanalsystem verzeichnet über 1.800 Bombentreffer. Es gibt keinen Stadtbereich, der vom Krieg nicht berührt worden ist, am härtesten hat es aber die Innere Stadt, die Bezirke zwischen Donau und Donaukanal, die östlich der Donau liegenden Stadtteile Floridsdorf und Donaustadt und den Süden Wiens mit Favoriten und Meidling getroffen.

„Ich besitze nicht genug Fantasie, mir den Prater in seinem einstigen Glanz zu vergegenwärtigen, genau so, wie ich mir unter dem Hotel Sacher nur ein Durchgangshotel für britische Offiziere und unter der Kärntner Straße nicht die elegante Geschäftsstraße von ehedem vorstellen kann, sondern nur zwei Häuserzeilen, die größtenteils bis zur Augenhöhe reichen, oder vielleicht bis zum ersten Stock wieder aufgebaut worden sind"[6], lässt Graham Greene seinen Major Calloway sinnieren. Zwar sind 1949 schon viele Ruinen abgerissen und die meisten Schuttberge beseitigt, auf den „Dritten Mann" trifft die Kategorie „Trümmerfilm" allemal noch zu. Immer wieder wird dem Kinopublikum das Ausmaß der Zerstörungen dramatisch vor Augen geführt.

„Also wirklich, die Befreiung hab ich mir ganz anders vorgestellt!"
Wien unter alliierter Kontrolle

Dem Krieg und der Zerstörung folgt die „Besatzungszeit": „In dieser einst so vornehmen Innenstadt übernimmt jeden Monat eine der vier Besatzungsmächte den Vorsitz und damit die Verantwortung für die öffentliche Sicherheit. Des Nachts kann man, wenn man so dumm ist, seine österreichischen Schillinge in einer Bar ausgeben, mit größter Wahrscheinlichkeit die Internationale Patrouille bei der Arbeit sehen – das sind vier Militärpolizisten, von jeder Besatzungsmacht einer, die sich, wenn sie überhaupt miteinander reden, in der Sprache ihrer gemeinsamen Feinde verständigen müssen."[7]

1945 stehen rund 600.000 alliierte Soldaten auf österreichischem Boden – das sind 10 Prozent der Gesamtbevölkerung des Landes –, davon 400.000 aus der Sowjetunion. Wien wird eine geteilte Stadt. Die Bezirke 2, 4, 10, 20, 21 und 22 kommen in der russischen Zone zu liegen, 3, 11, 12 und 13 in der britischen, 5, 6, 7, 15, 16 und 17 in der französischen und 8, 9, 18 und 19 in der amerikanischen. Die sowjetische Oberkommandantur requiriert das Hotel Imperial am Kärntner Ring, für die sowjetische Stadtkommandantur wird das ehemalige Palais Epstein am Dr.-Karl-Renner-Ring 1 neben dem Parlament beschlagnahmt, das Offizierskasino im Festsaal der Hofburg installiert. Die Amerikaner nehmen ihr Hauptquartier im „Allianz-Gebäude" der Österreichischen Nationalbank in der Alser Straße im neunten Wiener Gemeindebezirk ein, und der Britische Oberkommandant belegt eine Zimmerflucht in Schloss Schönbrunn im 13. Bezirk, in dessen unmittelbarer Nähe auch ein eigenes Kurierflugfeld eingerichtet wird.⁸ Der französische Oberkommandant bezieht das Hotel Kummer in der Mariahilfer Straße 71. Der Sitz des Alliierten Rates, der obersten Regierungsbehörde im Land, wird das Haus der Industrie am Schwarzenbergplatz, die Interalliierte Kommandantur, der die gesamte Verwaltung der Stadt Wien obliegt, zieht in den Justizpalast am Schmerlingplatz ein. Dort findet auch die alliierte Truppenparade statt. Koproduzent David O. Selznick lässt sie eigens aufnehmen, um dem amerikanischen Publikum die einmalige weltpolitische Situation Wiens vor Augen zu führen (Wien ist ja die einzige Stadt in einem besetzten Land, in der es trotz des bereits angebrochenen Kalten Krieges noch eine – wenn auch nicht mehr freiwillige, so doch funktionierende – Zusammenarbeit zwischen Ost und West gibt). Nicht weit vom Schmerlingplatz entfernt befindet sich das Hauptquartier der Alliierten Polizei im Palais Auersperg, über dessen Prunktreppe Anna Schmidt ins Büro Major Calloways abgeführt wird, nur Minuten davon die ebenfalls von der Alliierten Polizei beschlagnahmte Stiftskaserne in der Stiftgasse, derselben Straße, in der auch Graham Greene seinen Harry Lime wohnen lässt.

Neben Wohnungen, Stadtrandvillen und Kasernen werden auch zahlreiche Hotels für Offizierskasinos, Bibliotheken und Clublokale beschlagnahmt, darunter das Hotel Imperial und das Grand Hotel am Kärntner Ring von den Sowjets, das Parkhotel Schönbrunn in Hietzing und das Hotel Sacher – der „Geburtsort" des „Dritten Mannes" – von den Briten sowie das Hotel de France am Schottenring von den Franzosen. Das Hotel Bristol am Kärntner Ring dient der amerikanischen Besatzungsbehörde als Quartier und untersteht neben einem zivilen Direktor auch einem Military Manager. 16.600 Schilling stehen dem Hotel monatlich an Besatzungskosten zu, die vom Magistrat der Stadt Wien abgedeckt werden. Auch General Mark Clark, der Oberbefehlshaber der amerikanischen Streitkräfte in Österreich, bewohnt hier eine Suite, die sich nach dem Auszug der Militärbehörden aus dem Hotel im Jahr 1951 als Mark Clark-Suite großer Beliebtheit bei den Gästen erfreuen wird. Beim Abzug der Alliierten übergibt Brigadier Fry, Deputy Chief of Staff der US-Army, der Hoteldirektion folgendes Dankesschreiben: „I have long intended to make my appreciation for your assistance a matter of record. The Bristol has been an important establishment to the United States Element in Austria. The receptions, dinner and miscellaneous social functions handled by the Hotel have been intended to develop friendly relations and improved understanding between a multitude of different nationalities. ... The loyal, friendly and willing cooperation which we have received has helped us with our mission, and has helped us also to understand Austria and the Austrian people."⁹

Als „Der Dritte Mann" 1948 gedreht wird, sind trotz zahlreicher Rückstellungen immer noch über 7.800 Objekte von den Alliierten beschlagnahmt. Praktisch alle Bereiche des öffentlichen Lebens sind lückenlos von der Kontrolle der Alliierten erfasst. Mit größerer Verbitterung hätte Annas alte Vermieterin ihre Wut und Verzweiflung über die Besatzer nicht zum Ausdruck bringen können als in jener Szene, da Major Calloway in Begleitung der Internationalen Polizei eine Razzia in Annas Wohnung durchführt.

Vermieterin: Wie die Vandalen. He, Sie, wo schleppen Sie denn das wieder hin? Mein Gott, Sie können doch nicht das ganze Haus auf den Kopf stellen! Mensch, hier ist doch kein Wirtshaus, hier ist das Schlafzimmer einer Dame. Frl. Schmidt, erklären Sie das doch den Leuten.
Anna: Ja, ja.
Vermieterin: Hier sind früher Fürsten aus- und eingegangen, hier hat sogar ein Metternich verkehrt.
Anna: Geben Sie ihr doch ein paar Zigaretten.
Vermieterin: Das waren noch Zeiten, da hat man sich noch anständig benommen. ... Zigaretten. Danke danke vielmals, Sie sind wirklich der einzige anständige Mensch hier im Haus. Sie sind Amerikaner, wäre so was in Ihrem Land möglich? Die Leute benehmen sich ja wie die Einbrecher. Eines ist sicher, die Befreiung hab ich mir ganz anders vorgestellt! *(Szene 35)*

Wie muss sie ihren Landsleuten aus dem Herzen gesprochen haben, zu einer Zeit, als sich niemand vorstellen kann, dass die alliierte Besatzung derart lange dauern würde. Von so manchem englischen Filmkritiker wird ihr Gezeter als exaltiert und aus der Rolle fallend abgetan – allerdings zu Unrecht, wenn man die politische Situation bedenkt, insbesondere das Scheitern der von Februar bis Mai 1948 in London stattfindenden Staatsvertragsverhandlungen, die zeitlich zufällig mit der Arbeit am Drehbuch des „Dritten Mannes" zusammenfallen. (Der ohnmächtige Aufschrei der Hauswirtin stammt übrigens nicht aus Graham Greenes Feder, sondern wird – wie alle deutschen Texte – nachträglich eingebaut und bleibt in der englischen Originalfassung unübersetzt.) Am Tag der Londoner Premiere schreibt die *Times*, dass Verbitterung und Ungeduld über das neuerliche Scheitern der Londoner Staatsvertragsverhandlungen nicht nur auf das österreichische Volk beschränkt seien, sondern auch die westlichen Verhandlungspartner ihre Enttäuschung nicht verbergen könnten. Neun Zehntel aller strittigen Punkte seien ohnehin schon geklärt, die Kärntner Grenze gegen Jugoslawien festgelegt, die Ablöse des „Deutschen Eigentums" gegen eine Barzahlung von 150 Millionen US-Dollar an die Sowjetunion geregelt, die Rechte der Sowjets an der Donaudampfschifffahrtsgesellschaft und ihr Anspruch auf österreichisches Erdöl geklärt. Die Frage eines österreichischen Vertrages hänge nur noch vom Ausgang der so genannten „Deutschlandfrage" ab. Doch neue Staatsvertragsverhandlungen folgen, werden wieder abgebrochen und neu aufgenommen, vertagt und erneut begonnen: Immer wieder verhandelt man über die „Erhaltung der österreichischen Unabhängigkeit", die es zu diesem Zeitpunkt im Grunde gar nicht gibt. Dabei geht es schon lange nicht mehr um Österreich, sondern vielmehr um die beiden Supermächte USA und Sowjetunion, zu deren Spielball Österreich geworden ist. Frust und Verzweiflung machen sich nach diesen Verhandlungen breit.¹⁰

Die Internationale Polizei: ein Symbol des Nachkriegs-Wien

Österreicher haben keinen Zutritt zu alliierten Einrichtungen

Panzereinsatz bei Razzia auf dem Schwarzmarkt

Erst ab 1950, als „Der Dritte Mann" seinen Siegeszug um die Welt antritt und endlich auch nach Wien kommt, beginnen die westlichen Besatzungsmächte ihre Truppen in Österreich massiv zu reduzieren und die Posten der Hochkommissare mit niederrangigeren Offizieren zu besetzen. So beendet auch General Lieutenant Sir Alexander Galloway mit 1. Januar 1950 seinen Dienst und wird von einem Hochkommissar im Rang eines Generalmajors abgelöst. Sichtvermerke für österreichische Staatsbürger bei Auslandsreisen werden abgeschafft, Österreich erhält die fast uneingeschränkte Post- und Telegrafenhoheit zurück (davon konnten Carol Reed und sein Filmteam Ende 1948 nur träumen; Telefonate nach London mussten zu dieser Zeit noch ausnahmslos angemeldet werden, und war man endlich durchgestellt, musste man das Gespräch möglichst kurz halten, da es nur stundenweise Verbindung mit dem Ausland gab). Am 11. Mai 1950 wird auch die amerikanische Zonenkontrolle an der Enns in Oberösterreich aufgehoben. Trotzdem sieht sich die Regierung weiterhin gezwungen, Erleichterungen der Besatzung zu fordern: die Rückgabe der Rundfunksender, die Beendigung des Beschlagnahmungsrechts der Alliierten und die Beseitigung der Militärgerichte. 1953 übersiedelt die Wiener Interalliierte Kommandantur vom Justizpalast auf den Schwarzenbergplatz, womit auch die aufwendigen Machtdemonstrationen in Form von monatlich abgehaltenen Paraden am Schmerlingplatz wegfallen und durch eine schlichtere Zeremonie, jetzt am Heldenplatz, ersetzt werden. Die Sowjets übernehmen nun auch erstmals die Kosten für die Stationierung ihrer Truppen in Österreich und die Franzosen reduzieren ihr Kontingent auf 400 Gendarmen, lediglich in Wien bleiben einige Kompanien stationiert. Die Kontrolle an den Demarkationslinien fällt endgültig weg, auch die Sowjets verzichten – als letzte Besatzungsmacht – auf einen militärischen Hochkommissar, seine Aufgaben übernimmt ein sowjetischer Zivilist im Rang eines Botschafters.

Mit der Berliner Außenministerkonferenz Anfang 1954 beginnt der letzte Abschnitt der österreichischen Besatzungszeit; es sind nur mehr 15.000 amerikanische und 40.000 sowjetische Soldaten im Land stationiert. Am 15. Mai 1955 ist es endlich so weit: Der lang erwartete Staatsvertrag wird unterzeichnet. Die Alliierte Kommission löst sich auf, die Stadtkommandanten von Wien und die verschiedenen Truppenbefehlshaber werden verabschiedet. Am 19. September 1955 verlässt der letzte sowjetische Soldat und am 25. Oktober 1955 der allerletzte alliierte Besatzer, ein Brite, Österreich.

Die ersten zwei Nachkriegsjahre sind besonders schlimm: Kind ohne Schuhe

Die ausgebombte Albertina hinter der Oper

„... in Wintermäntel gehüllt, schlürfen ein paar Herren ihren Ersatzkaffee"
Nachkriegsalltag zwischen den Ruinen

Zur Schreckensbilanz der Zerstörungen muss das menschliche Elend hinzugerechnet werden, das Krieg und nationalsozialistischer Terror hinterlassen haben: 270.000 österreichische Wehrmachtssoldaten sind gefallen oder gelten als vermisst, 300.000 Männer befinden sich in Kriegsgefangenschaft, 24.000 Zivilisten sind bei den Kampfhandlungen ums Leben gekommen, mehr als 65.000 jüdische Österreicher in Vernichtungslagern ermordet worden, über 100.000 weitere Menschen haben monate- oder jahrelange KZ-Haft hinter sich. Fast jede Familie trauert um einen Kriegstoten oder hat einen Vermissten, Kriegsgefangenen, ein Opfer politischer bzw. „rassischer" Verfolgung zu beklagen.[11] Tausende ausgebombte Wiener leben weiterhin in Luftschutzkellern und Notunterkünften, die Wohnungssituation ist nicht zuletzt durch die Zerschlagung der zentralen Stadtverwaltung trostlos. Fälle von Typhus, Cholera, Ruhr und Fleckfieber sind an der Tagesordnung. Wegen der katastrophalen hygienischen Verhältnisse hat auch die Zahl der venerischen Krankheiten rapid zugenommen, und die medizinische Versorgung sowohl der Zivilbevölkerung als auch der oft schwer verwundeten und verkrüppelten Heimkehrer ist durch das Fehlen von entsprechenden Medikamenten unzureichend. Kohlemangel macht die harten Nachkriegswinter, in denen sogar die Donau zufriert, noch härter. Es gibt kaum Arbeit, außer bei den Aufräumdiensten. In den wenigen verbliebenen Kaffeehäusern sitzen die Menschen in Wintermäntel gehüllt und trinken Ersatzkaffee. Die Bevölkerung leidet unter der Besatzung, die Ungewissheit über die Zukunft lähmt das soziale und wirtschaftliche Leben. **Nur Leute vom Schlag eines Harry Lime, die die ungeahnten Verdienstmöglichkeiten des Schwarzmarktes für sich entdeckt haben, können es sich leisten, in einem feudalen Stadtpalais zu wohnen.** 1948 sind 13.000 Arbeitsuchende gemeldet, mehr als ein Drittel von ihnen kriegsversehrt. Viele Menschen müssen mit weniger als tausend Kalorien pro Tag ihr Auslangen finden, nur so genannte „Liebesgaben" – Pakete von Wohlfahrtsorganisationen oder Privatpersonen aus dem Ausland – bringen Abwechslung in den Alltag. Tausende Kinder sind zu Gastfamilien verschickt worden. Eine während der Dreharbeiten im Spätherbst 1948 improvisierte Pressekonferenz im Grand Hotel am Kärntner Ring nimmt Paul Hörbiger, im „Dritten Mann" Harry Limes Hausmeister, als Gelegenheit, den anwesenden Journalisten die dürftige Wochenration eines österreichischen Erwachsenen vor Augen zu führen, um auf die prekäre Versorgungslage hinzuweisen, die immer wieder zusammenzubrechen droht.

Man kann das Leben im Jahr 1948 zwar nicht mehr mit den entbehrungsreichen ersten zwei Jahren nach dem Krieg vergleichen, aber die Auswirkungen des Krieges lasten immer noch schwer genug auf der Bevölkerung. Die Ungewissheit über die Zukunft lähmt das soziale und wirtschaftliche Leben.

Im Mai 1947 ruft der US-Kongress auf Anregung von General George C. Marshall mit dem European Recovery Program (ERP) ein beispielloses Hilfsprogramm für den Wiederaufbau Europas ins Leben, bis zu 150 Schiffe mit Hilfsgütern fahren täglich über den Atlantik. Österreich erhält – als Signal gegen den Kommunismus – einen überdurchschnittlich hohen Anteil aus diesem Fonds. Nahrungsmittel, Medikamente, Brennstoffe, Saatgut, Kunstdünger, Maschinen und Rohstoffe werden an die österreichische Regierung abgegeben und von dieser unter Aufsicht amerikanischer Kontrollorgane verteilt. Diese Hilfe ermöglicht eine langfristige Verbesserung der Situation und führt gleichzeitig zu einer ungemeinen Popularitätssteigerung der Amerikaner. Zwischen 1948 und 1952 erhält Österreich ERP-Hilfsgüter in Höhe von insgesamt rund einer Milliarde US-Dollar (aus einem Gesamtbudget von 13,3 Milliarden)[12], gleichzeitig verzichten die USA auf einen beträchtlichen Anteil ihrer eigenen Besatzungskosten (die sich 1947 insgesamt auf immerhin 3 Prozent des gesamten österreichischen Staatsbudgets, also rund 100 Millionen Schilling pro Jahr, belaufen!). Dank des Marshallplans gelingt es, die Industrie- und

Landwirtschaftsproduktion enorm zu steigern, die Währung zu stabilisieren und Österreich einen Entwicklungsvorsprung von geschätzten zehn Jahren zu verschaffen.[13] Von sowjetischer Seite wird versucht, mit Billigstpreisen Kundschaft in die so genannten USIA-Geschäfte, die „Marshallplan-Hilfe des Kleinen Mannes", zu locken. Propagandistische Schlammschlachten werden ausgefochten; die Sowjets verweisen auf die Vorteile der Planwirtschaft, die es ermögliche, Waren zu derart günstigen Preisen anzubieten, während ihnen die USA unterstellen, den österreichischen Handel zu ruinieren und Schwarzmarktware und Schmuggelgut zum Verkauf anzubieten. Als die USA mit Ausbruch des Korea-Krieges 1950 ihre ERP-Lieferungen nach Österreich um ein Drittel reduzieren, führt dies zu erheblichen Preissteigerungen, die letztlich zu einer Zerreißprobe für das noch geteilte Österreich werden und in groß angelegten Streikaktionen münden.

„Jeder muss sich in Acht nehmen in dieser Stadt"
Gewalt und Verbrechen

Vielleicht nicht ganz so gesetzlos wie der Wilde Westen des „Oklahoma Kid", aber doch gesetzlos genug ist jenes Wien, das Holly Martins vorfindet. Graham Greene muss Harry Lime und seine Kumpanen nicht erst erfinden; als Folge des Krieges und der Besatzung gibt es viele von ihnen – mit ausländischen oder österreichischen Pässen, viele sind aber auch staatenlos.[14] Wien, im Niemandsland zwischen Ost und West liegend, ist zu einem Tummelplatz des Verbrechens geworden. „Jeder muss sich in Acht nehmen in dieser Stadt" ist keine leere Drohung Popescus. Wer, wenn nicht der gewiefte Nachkriegsganove, hätte besser wissen sollen, wie man sich in einer Zeit wie dieser am besten durchschlägt und mit dem geringsten Aufwand den größtmöglichen Profit macht. Die Not infolge des Krieges hat allen Arten von Verbrechen Tür und Tor geöffnet, und ein Mann wie Popescu hat Erfahrung darin, was sich „im Schleich" tut, wie man einen Polizeispitzel wie Joseph Harbin verschwinden lassen kann oder zu einem gefälschten Pass für Anna Schmidt kommt.

Das Spektrum krimineller Tätigkeiten reicht von Plünderungen, Schwarzmarkthandel, Spitzelwesen und Spionage bis hin zu Mord. Die Grenzen zwischen Legalität und Illegalität sind verschwommen, Gesetze gelten wenig, was zählt, ist Eigeninitiative. Die Polizei ist schlecht bis gar nicht ausgerüstet und hat genügend schwarze Schafe in den eigenen Reihen. Immer wieder wird sie aber auch von den Besatzungsmächten am Einschreiten gehindert, vor allem, wenn es um das heikle Thema der „Besatzungskriminalität" geht, bei der Plünderungen, Schwarzmarktaktivitäten und Vergewaltigungen an vorderster Stelle stehen. In zahlreichen Presseberichten ist von diesen Verbrechen die Rede, wobei sich das Problem in den von den Sowjets besetzten Gebieten als ausgeprägter erweist als in den westlichen Zonen. Die *Arbeiter-Zeitung* fordert jedenfalls ihre Leser auf, sich „nicht an das Unrecht [zu] gewöhnen, im Gegenteil, man soll aufschreien, wenn ein Menschenraub begangen, eine Frau vergewaltigt oder ein Brief zensuriert wird".[15] Manche Verbrechen entspringen aber auch der Gräuelpropaganda gegen die sowjetische Besatzungsmacht, denn zweifelsohne verhalten sich viele sowjetische Offiziere und Soldaten vorbildlich gegenüber der Bevölkerung.

„Schieben tut hier jeder, sonst würden wir ja verhungern"
Ein blühender Schwarzmarkt

„Schleich" ist das magische Wort im Überlebenskampf nach 1945, und das bleibt es auch für die kommenden Jahre. Noch im Frühjahr 1948, als Graham Greene das erste Mal nach Wien kommt, sind zahlreiche Restaurants der Stadt auf eine Belieferung durch den Schwarzmarkt angewiesen. Erst nach 1950 normalisiert sich die Güterproduktion einigermaßen. „Wissen Sie, ich mache Sachen, die vor dem Krieg undenkbar gewesen wären. Einmal habe ich auf dem Schwarzmarkt sogar Fahrradreifen verkauft. Was mein Vater dazu sagen würde?", bringt es Baron Kurtz auf den Punkt.

Der Krieg hat praktisch die gesamte Versorgungswirtschaft zusammenbrechen lassen. Mangel herrscht an allem, und Geld ist, sofern man welches hat, nicht viel mehr wert als das Papier, auf dem es gedruckt ist. Man tauscht ein Pferd gegen ein halbes Kilo Butter, ein Radio gegen Stiefel, einen Teppich gegen einen Mantel. Wie sehr Schwarzmarkt und „Schleich" einen fixen Bestandteil des Alltagslebens darstellen, verrät auch die populäre Umdichtung der österreichischen Nationalhymne: „Land der Erbsen, Land der Bohnen, Land der vier Besatzungszonen. Wir verkaufen dich im Schleich, vielgeliebtes Österreich". Großer Mangel herrscht besonders an Gütern, die einer strengen staatlichen Reglementierung durch Bezugsscheine unterworfen sind; für Luxusgüter und Modeartikel, für die es kein öffentliches Angebot gibt, ist man bereit, ein Mehrfaches des Marktpreises zu zahlen. Trotz schwerer Strafandrohungen wird mit jeder nur erdenklichen Ware „im Schleich" gehandelt. Es sind Güter, die über die Kriegszeit gerettet werden konnten, die man sich von einem Bauern am Land organisiert oder die aus Plünderungen von Geschäften, Wehrmachtslagern und Magazinen stammen: Lebensmittel, Seife, Zigaretten – „Lucky Strike", „Camel" oder „Chesterfield" sind die Ersatzwährung der Nachkriegszeit schlechthin –, Wäsche, Schuhe, Nylonstrümpfe, Elektrogeräte, Medikamente oder Luxusartikel. Fast täglich liest man über die Aufdeckung von Schwarzmarktgeschäften: ob es Tonnen von illegal gehortetem Fleisch unbekannten Ursprungs sind, Tausende von Zahnersatzteilen oder der Handel mit gefälschten Heimatscheinen, Pässen und Lebensmittelkarten. Da sich zum Beispiel die (amerikanische) Firma Kodak weigert, die Wien-Film Produktionsgesellschaft wegen ihrer nationalsozialistischen Vergangenheit mit modernem, das heißt nicht-brennbarem Sicherheitsfilmmaterial zu beliefern, werden bei den Dreharbeiten zum „Dritten Mann" nachweislich große Mengen von englischem Eastman Kodak Plus-Rohfilmmaterial „abgezweigt" und auf dem Schwarzmarkt verschoben.[16]

„Der Schleich" ist eine begehrte Versorgungsquelle, und die Aussicht auf ungeahnt hohe Verdienstmöglichkeiten lockt nicht nur Verbrecher im großen Stil wie Harry Lime, der sich der Hilfe von Agenten oder Mittelsmännern wie Josef Harbin bedient, sondern auch den kleinen Mann, der auf diese Weise versucht, seinen Lebensunterhalt zu bestreiten. Die Schwarzmarkthändler sind schlau genug, sich im noch unsicheren System der Besatzungszeit zurechtzufinden, und sie wissen, mit welcher Besatzungsmacht sie welches Geschäft abwickeln können. Leute wie Baron Kurtz sind auf dem Schwarzmarkt genauso anzutreffen wie Geschäftsleute, Restaurantbesitzer, Hausfrauen und Arbeitslose, einkommenslose „Displaced Persons", die keinen Anspruch auf staatliche Unterstützung haben, ebenso wie Angehörige der Besatzungsmächte (vor allem der sowjetischen), auch wenn dem Schleichhandel vonseiten der Alliierten immer wieder der Kampf angesagt wird. Dass es sich um ein Massenphänomen handelt, beweist eine Urteilsbegründung des Oberlandesgerichts Wien vom 18. Juni 1946; angeklagt ist der Leiter einer Betriebsküche, der die ihm anvertrauten Lebensmittel im Schleichhandel verkauft und durch minderwertige ersetzt hat: „Es geht nicht an, immer wieder auf den künftigen Fang des großen Schleichhändlers zu warten und den kleinen allzu milde zu behandeln; denn gerade die Masse der kleinen und mittleren setzt täglich zusammen Massen von Bedarfsgegenständen und Lebensmitteln um, welche die geregelte Verteilung der vorhandenen Menge unter die Bevölkerung so ungemein erschweren."[17] Je üppiger der Schwarzmarkt blüht, umso schwieriger wird die Versorgungslage und umso höher steigen die Preise. Der Ruf nach verstärkter Kontrolle wird laut, auch wenn diese bei den Gesetzgebern nicht unumstritten ist: Denn die Gefahr ist groß, dass Schwarzmarkthändler das erhöhte Risiko durch höhere Preise kompensieren und so noch größeren volkswirtschaftlichen Schaden anrichten.

Die Zentren des Wiener Schwarzmarktes sind der Resselpark vor der Technischen Universität am Karlsplatz und der Naschmarkt entlang des Wienflusses, wo abenteuerliche Figuren zu Millionären aufsteigen und nicht selten in Luxuslimousinen vorfahren. Nirgendwo anders in der Stadt ist der Kontrast zwischen Arm und (Neu-)Reich sichtbarer. „Wien ist ein offenes Tor. Das letzte offene Tor zwischen Ost und West. Weißt du, warum es hier so ruhig ist? Weil sie hier verdienen. Zigaretten ... das ist nur ein winziger Bruchteil. Öl, Eisen, Stahl, Textilien. Alles, was dein Herz begehrt. Schnaps, Medikamente. Devisen machen sie hier, für ihre Panzer und ihre Kanonen."[18] 1948 liegen noch Tonnen von Schrott in der Donau (in den letzten Kriegsmonaten sind allein auf österreichischem Gebiet mehr als 250 Schiffe versenkt worden) – ein gigantisches Verdienstpotenzial für den Schrott- und Altmetall-Schwarzmarkt. Und so dreht sich auch eine der größten Schieberaffären dieser Zeit um den österreichischen Geschäftsmann Johann Haselgruber, Inhaber einer Metallgroßhandelsfirma, der im Auftrag der sowjetischen Besatzungsmacht bzw. sowjetischer Handelsgesellschaften westdeutsche Eisen- und Stahlerzeugnisse aufkauft und mit einem Profit in Höhe von Hunderten Millionen Schilling in die sowjetischen Besatzungszonen Deutschlands und Österreichs liefert.

Schwarzmarkt am Naschmarkt

Schwarzmarkt im Resselpark

Beamte des Gesundheitsministeriums übernehmen die erste offizielle Penicillin-Lieferung der UNRRA an Österreich

„Männer mit faulenden Gliedmaßen, Frauen mit Kindbettfieber ..."
Die Wunderdroge Penicillin

Calloway: In Wien gibt es natürlich nicht genug Penicillin. Nur im Schwarzhandel ist es zu kriegen. Gestohlenes Penicillin aus unseren Lazaretten. Aber es wird natürlich nicht rein verkauft, sondern verdünnt.
Martins: Sagen Sie bloß, ein bisschen gestohlenes Penicillin ist wichtiger als ein Mord.
Calloway: Das ist viel mehr als Mord. Männer mit faulenden Gliedmaßen, Frauen mit Kindbettfieber und dann die Kinder! Verwässertes Penicillin gegen Gehirnhautentzündung. Die Glücklicheren sterben, die anderen können Sie in der Irrenanstalt besuchen, wenn Sie Lust haben. Harry Lime ist der Organisator dieser Verbrechen. (Szene 81)

Der Schock sitzt tief, als Holly Martins im größten Kinderkrankenhaus von Wien mit den Opfern von Harry Limes Penicillinkuren konfrontiert wird. Major Calloway hat gewonnen; Martins ist bereit, den Lockvogel zu spielen und seinen Freund zu verraten. Warum konnte Harry nicht mit Saccharin oder Autoreifen handeln? Musste es das Niederträchtigste aller Schiebergeschäfte sein? „Die Schwarzhändler mit Lebensmitteln lieferten wenigstens Lebensmittel, und dasselbe galt auch für alle anderen Schieber, die verknappte Ware zu überhöhten Preisen beschafften, aber der Penicillinhandel, das war doch etwas ganz anderes."[19]

Mit der Geschichte um Harry Limes zwielichtige Schwarzmarktgeschäfte ist Graham Greene eine Meisterleistung gelungen. Als zentrales Thema verleiht sie dem Drehbuch zusätzliche Brisanz, da Penicillin auf dem Wiener Schwarzmarkt nachweislich in großem Stil gehandelt wird. Zu der Zeit, als Graham Greene sich in Wien aufhält, sind die alliierte und die österreichische Polizei gerade dabei, eine internationale Penicillinschleichhändlerbande auszuheben – und das nicht nur in, sondern auch unter der Stadt, im „unterirdischen", von einem gewaltigen Kanalsystem durchzogenen Wien.[20] Das Medikament, das zuerst in kleinen Mengen als Geschenk amerikanischer Ärzte und Militärangehöriger nach Wien gelangt, ist bald das „Wundermittel" schlechthin, mit dem man Infektionskrankheiten wie Meningitis, Diphtherie, Lungenentzündung und Geschlechtskrankheiten wirksam bekämpfen kann. Ab Mai 1946 beginnt auch die Österreich-Mission der Flüchtlingsorganisation UNRRA der österreichischen Sanitätsbehörde rationierte, aber für die ersten systematischen Therapien ausreichende Mengen an Penicillin zur Verfügung zu stellen. Die Verteilung untersteht der zentralen Verwaltung und wird von der jeweiligen Spitalsverwaltung rigoros kontrolliert, soll das Penicillin doch ausschließlich der Behandlung Schwerstkranker dienen und nicht illegal auf dem Schwarzmarkt landen. Im gleichen Jahr wird auf Initiative des französischen Besatzungsoffiziers Capitaine Michel Rambaud und mit Unterstützung der französischen Besatzungsmacht in der Bierbrauerei von Kundl in Tirol die Firma Biochemie GmbH gegründet, die gemeinsam mit österreichischen Wissenschaftlern nicht nur österreichisches Penicillin herstellt, sondern – als weltweite Sensation und Meilenstein in der Penicillintherapie – das erste so genannte „Depotpenicillin", das es ermöglicht, Penicillin in Tagesdosen zu verabreichen.[21]

Penibel geführte Bücher des als „Penicillinpapst" in die Geschichte eingegangenen Hans Hermann Spitzy dokumentieren detailliert die früheste Anwendung von Penicillin in Österreich und geben Auskunft über Spitäler, Patienten, Diagnose und verabreichte Einheiten. Das erste Mal wird Penicillin in Wien am 16. August 1946 im Wilhelminenspital gegen Sepsis eingesetzt, das zweite Mal am 30. September 1946 im Krankenhaus Lainz gegen akute Polyarthritis. Insgesamt bekommen in diesem Jahr 53 Patienten Penicillin verabreicht, 1947 sind bereits 747 Penicillinpatienten offiziell registriert, 1948 etwas über 2.000 und 1949 schon rund 4.000.[22] Sie werden gegen Lungenentzündung, Bronchitis, Gehirnhautentzündung, Abszesse, Wundfäule und Geschlechtskrankheiten behandelt. Anders als im „Dritten Mann" – wo nur von Penicillin aus „unseren Lazaretten", also den Lazaretten der Besatzungsmächte die Rede ist[23] – wird das Medikament an alle öffentlichen Krankenanstalten Wiens, an eine Reihe privater Institutionen[24] und an Spitäler außerhalb von Wien abgegeben. Um Vergeudung oder missbräuchlicher Verwendung einen Riegel vorzuschieben, werden die Depotstellen der österreichischen Krankenhäuser, die Penicillinrationen zugewiesen bekommen, durch ministeriellen Erlass zur Vormerkführung, Rückstellung der leeren Flaschen und Berichterstattung an das Bundesministerium für soziale Verwaltung verpflichtet.[25] Die einzige Möglichkeit für private Ordinationen, an das begehrte Penicillin zu kommen, ist der Schwarzmarkt.

Jenes Penicillin, das Leute wie Harry Lime „schieben", stammt höchstwahrscheinlich aus den medizinischen Depots der in Österreich stationierten Alliierten – aus „unseren Lazaretten", wie Major Calloway Holly Martins aufklärt – sowie aus der Tiroler Produktion und aus anderen ausländischen Quellen. Dass es solche ausländischen Quellen gab, bestätigt eine Begebenheit, auf die Graham Greene im Vorwort seines Romans eingeht. Ein Londoner Chirurg hatte zwei Freunde eingeladen, sich mit ihm den „Dritten Mann" anzusehen, und bemerkte zu seiner Überraschung, dass „ein Film, der ihm selbst Genuss bereitet hatte, sie in sehr nachdenklicher, gedrückter Stimmung entließ". Wie sie ihm anschließend erzählten, hatten sie selbst als Angehörige der britischen Luftwaffe in Wien Penicillin verkauft, sich aber „über die möglichen Folgen ihrer Handlungsweise nie zuvor Gedanken gemacht".[26]

„Am Anfang sind die Schiebungen damit noch verhältnismäßig harmlos gewesen. Dann aber, als die Drahtzieher sahen, dass hier Riesensummen zu verdienen waren, ist die Sache organisiert worden. Außerdem hätte das Gefühl, für einen großen Auftraggeber zu arbeiten, vielen kleinen Gaunern das Gewissen erleichtert; in ihren eigenen Augen waren sie bald so ehrenhaft wie einer, der sich sein Brot auf anständige Weise verdiente; sie gehörten einer Gruppe an, und wenn jemand Schuld auf sich lud, dann waren es die Großen. Und da die Großen damit rechneten, dass es eines Tages möglich sein würde, Penicillin auf ganz legalem Wege zu erhalten, wollten sie, solange die Gelegenheit günstig war, noch mehr und noch schneller Geld verdienen. Sie gingen also dazu über, das Penicillin mit gefärbtem Wasser zu verdünnen und im Falle von kristallisiertem Penicillin Sand beizumengen ... dieses verdorbene Penicillin hätte man dann bei Meningitis angewendet, die glücklicheren Kinder wären gestorben, die anderen irrsinnig geworden."[27]

Wie konnte Graham Greene so genau über den Penicillinschwarzmarkt in Wien Bescheid wissen? Für eigene Recherchen reichten die zwei Wochen, die er im Februar 1948 in Wien verbrachte, sicher nicht aus. Er muss also bestens informiert worden sein, höchstwahrscheinlich von Peter Smolka, einem österreichischen Journalisten, mit dessen Person Graham Greenes Wienaufenthalt eng verknüpft ist.

„Ich muss Ihnen von Zeit zu Zeit Informationen zukommen lassen" Wien als Drehscheibe der internationalen Spionage

Als ein englischer Journalist am 11. März 1950 im *Manchester Guardian* unter dem Titel „Communists and Hoteliers Dislike The Third Man" die teilweise sehr ablehnende Reaktion der österreichischen Medien und der Wiener Tourismusverantwortlichen auf den „Dritten Mann" kommentiert, meint er lakonisch, dass der Film unmöglich negative Auswirkung auf den Tourismus haben könne, sei es doch ohnehin eine bekannte Tatsache, „dass Wien nicht nur ein Spionagezentrum, sondern gleich Stockholm und Lissabon zusammen genommen wäre".[28]

Spätestens seit Ausbruch des Kalten Krieges fungiert Wien tatsächlich als eine der wichtigsten Drehscheiben der internationalen Geheimdienstszene. Als geteilte Stadt ist sie der ideale Ort, an dem sich Ost und West gegenseitig belauern können. Im Gegensatz zu Berlin ist Wien nicht von den westlichen Besatzungszonen abgeschnitten; die Sektorengrenzen innerhalb der Stadt markieren nur Hinweistafeln; und es ist ein Leichtes, die praktisch Tür an Tür liegenden, von den Alliierten beschlagnahmten Hotels wie das Imperial, das Bristol oder das Sacher zu Spionagezentralen umzufunktionieren und auch private inländische und ausländische Firmenbüros sowie Wohnungen zu Schlupfwinkeln für jede nur erdenkliche Art von Agententätigkeit zu machen. Hinzu kommt die Nähe der Stadt zum Eisernen Vorhang, durch die Wien quasi einen „Logenplatz" für Beobachtungen der unmittelbar an Österreich grenzenden kommunistischen Staaten innehat.

In Wien wimmelt es von Agenten und Informanten – unter den Alliierten, in höchsten österreichischen Regierungsstellen und im Polizei- und Sicherheitsapparat, in der Medienlandschaft wie in der Kulturszene, aber auch in der Wirtschaft. Ob unter Österreichern verschiedener politischer Ausrichtung und aus allen sozialen Schichten kommend, unter Flüchtlingen, zivilen oder militärischen sowjetischen Überläufern oder Abenteurern – die hier tätigen Geheimdienste können auf der Suche nach willigen Informanten aus dem Vollen schöpfen. Die Verdienstmöglichkeiten dabei sind gut: Aus amerikanischen Geheimdienstakten geht hervor, dass ein hauptamtlicher Agent monatlich bis zu 200 US-Dollar verdienen konnte, seine Dienste oft auch mit Carepaketen, Alkohol- oder Zigarettenrationen bezahlt wurden.[29] In Wien beginnt so manche steile Agentenkarriere. Wer sich hier bewährt, ist bei Spionageorganisationen in aller Welt geschätzt. Besonders gefragt sind Leute mit Nazi-Geheimdiensterfahrung, je stärker belastet, desto besser, und da wieder jene aus Österreich, von denen man annehmen kann, dass sie über potenzielle Osterfahrung verfügen.

Auch Greenes Harry Lime ist zum Spitzel im Dienst der Sowjets geworden. Der Schutz vor Verfolgung (durch Major Calloway) hat seinen Preis: die Beschaffung von Informationen („Ich muss Ihnen von Zeit zu Zeit Informationen zukommen lassen") und die Auslieferung seiner aus der Tschechoslowakei nach Wien geflohenen Geliebten Anna Schmidt, für die sich der sowjetische Geheimdienst interessiert. Das macht den „Dritten Mann" noch lange nicht zum Agententhriller, als der er immer wieder bezeichnet wird, auch wenn Holly Martins seinem unsichtbaren Verfolger nachruft: „Was für ein Spion bist du denn mit deinen Quadratlatschen? ... Komm ans Licht, wenn du Mut hast, verdammter Spitzel!" Trotzdem kann der Film die Aura und das Naheverhältnis zu genau diesen Kreisen nicht leugnen. Man könnte jetzt sagen, das sei einfach darauf zurückzuführen, dass „Der Dritte Mann" ein typisches Produkt der in

Sowjetische Soldaten im sowjetischen Offizierskasino, Wien 1945-1955

den vierziger Jahren in England so populären Gauner- und Spionagefilme oder dass es die durch Carol Reeds spektakuläre Schwarz-Weiß-Fotografie heraufbeschworenen Stimmung ist, die man mit Agentenfilmen verbindet. Oder sollte mehr dahinterstecken?

Graham Greene selbst war während des Krieges für die Military Intelligence MI 6 (Abteilung für Auslandsspionageabwehr) des Britischen Geheimdienstes SIS tätig und blieb vermutlich bis an sein Lebensende Informant. Auch sein Wienaufenthalt im Februar 1948 diente nicht ausschließlich den Recherchen für sein Drehbuch. Unter dem Schutz seiner schriftstellerischen Tätigkeit machte er einen Abstecher nach Prag, und das genau zum Zeitpunkt des kommunistischen Februar-Putsches. Auch Produzent Alexander Korda arbeitete jahrelang für den Britischen Geheimdienst, wobei ihm während des Krieges das Wien-Film-Büro von Karl Hartl als „toter Briefkasten" für Kontakte ins neutrale Schweden diente.[30] Elizabeth Montagu, seine Pressesekretärin und „Österreichberaterin", war bis 1945 Mitarbeiterin des von Bern aus operierenden amerikanischen Geheimdienstes und CIA-Vorläufers Office of Strategic Services OSS.[31] Tontechniker Jack Davies wiederum erinnert sich an einen mysteriösen Kollegen am Set, der dem Filmteam erst im letzten Moment

Uniformierte sowjetische Militärs bestimmen das Straßenbild. Im Hintergrund die Sowjetische Oberkommandatur

Russischer Zonenübergang am Donaukanal

als Tontechniker zugeteilt wurde. Es war offensichtlich, dass dieser Kollege nicht aus der Branche kam, sein Handwerk aber überaus schnell erlernte. Genauso mysteriös, wie er aufgetaucht war, verschwand er nach Beendigung der Dreharbeiten wieder, und Davies erinnert sich nicht, je wieder von ihm gehört zu haben.[32] Dieses Szenario wird um eine zusätzliche Facette bereichert, wenn man Greenes Verbindung zu zwei Männern unter die Lupe nimmt, die nicht nur auf das Engste mit der europäischen Geheimdienstszene verbunden waren, sondern auch vielfältige Beziehungen zu Wien hatten: zum legendären englischen Doppelspion Kim Philby und zu dem nach England emigrierten und später nach Österreich zurückgekehrten Journalisten und Geschäftsmann Peter Smolka. Noch sind nicht alle Archive geöffnet und nicht alle Biografien geschrieben, aber bereits der gegenwärtige Wissensstand würde ausreichend Stoff für eine spannende Fortsetzung des „Dritten Mannes" abgeben.

Was die Geheimdienstaktivitäten in Österreich allgemein betrifft, haben die USA Österreich bereits während des Krieges durch die Außenstellen des OSS in London, Bern, Algier, Istanbul und Kairo im Visier. Mitte 1944 wird im alliierten Hauptquartier im italienischen Casserta eine zentrale Leitstelle für OSS-Operationen in Italien, auf dem Balkan und in Zentraleuropa eingerichtet, die schon bald mit der Infiltration Österreichs durch Amerikaner und freiwillige österreichische Kriegsgefangene, so genannte „Deserter Volunteers", beginnt und Kontakt zu österreichischen Widerstandszellen aufnimmt. Der spätere Verleger Fritz Molden wird als „K-28" zu einem ihrer wichtigsten Verbindungsmänner. Ihm gelingt es schließlich, mit der Gründung des „Provisorischen Österreichischen Nationalkomitees" ein überparteiliches Vertretungsorgan für Österreich zu schaffen. Zu dieser Zeit beginnt die OSS (die 1947 von der neu geschaffenen CIA abgelöst wird) auch, speziell ausgebildete Fallschirmkommandos über Österreich abzusetzen; 1945 gibt es bereits Stützpunkte in Salzburg, Klagenfurt, Linz, Innsbruck und Zell am See mit fast 200 Mitarbeitern, die sich neben routinemäßiger Informationsbeschaffung vor allem mit sicherheitspolitischen Fragen beschäftigen. In Wien gilt die Aufmerksamkeit insbesondere der Rolle der österreichischen Kommunisten, den unmittelbaren Nachbarländern Österreichs und der militärischen Situation jenseits des Eisernen Vorhangs. Auch der Counter Intelligence Corps CIC arbeitet in Österreich als Gegenspionageabwehr. Seine Hauptaufgabe besteht vorerst in der Entnazifizierung des Landes, verlagert sich aber mit Beginn des Kalten Krieges zusehends in Richtung Beobachtung der in Österreich agierenden sowjetischen Geheimdienste, allen voran der Gegenspionageeinheit SMERSH und des NKWD, Vorläufer des KGB. Der Prager Putsch im Februar 1948 und die Berlin-

krise im Juni 1948 führen zu einer Intensivierung der Tätigkeiten der einzelnen Geheimdienste auf österreichischem Boden, ihr Schwerpunkt verlegt sich auf die Rekrutierung von Agenten für Einsätze in Osteuropa.

Ab nun gilt Wien als Frontstadt der berühmtesten Spionageringe. Die vier großen Wiener Traditionshotels am Ring dienen den Besatzungsmächten nicht nur als Quartier und Mittelpunkt ihres gesellschaftlichen Lebens, sondern fungieren auch als Umschlagplätze. Die Ansammlung alliierter Dienststellen macht den ersten Wiener Gemeindebezirk zu dem am meisten frequentierten Sammelplatz der unterschiedlichen Geheimdienste: Vom Hotel Bristol aus operiert die OSS, einen Häuserblock entfernt – vom Grand Hotel und dem gegenüber liegenden Imperial aus – der NKWD und der Nachrichtendienst MVD, und, wieder nur einen Häuserblock entfernt, vom Sacher aus die MI 6. „Wer im russischen Grand Hotel ein Zimmer buchte, war sofort als westlicher Spion unter Verdacht. Wer im Bristol einen Wodka bestellte, war sicher von der Gegenseite"[33], hieß es damals in Wien. Die britischen Geheimdienste in Österreich haben zwar nicht die Bedeutung der sowjetischen oder amerikanischen Einrichtungen, sind aber ebenfalls merklich präsent. Eine ihrer spektakulärsten Aktionen ist 1952 die Einrichtung eines in Schwechat bei Wien installierten Abhörtunnels, über den monatelang Telefongespräche der höchsten sowjetischen Besatzungsbehörden mit der Zentrale in Moskau abgehört werden.[34]

Meist bekämpft man sich im Untergrund, nicht selten wird aber der Ost-West-Gegensatz auch im offenen Agentenkrieg auf den Straßen Wiens ausgetragen. Politische Morde und Menschenraub sind an der Tagesordnung. Hohe Wellen schlägt zum Beispiel die Ermordung des Amerikaners Irving Ross, eines Mitarbeiters des Leitungsstabes der Marshallplan-Mission in Wien, den man am 31. Oktober 1948 blutüberströmt in einem Chevrolet auffindet. Im Februar 1952 wird der Attaché der US-Botschaft in Bukarest, Eugene Karp, zwischen Salzburg und Bischofshofen aus dem Arlberg-Express gestoßen und grauenhaft verstümmelt; als Täter verhaftet man einen 25-jährigen rumänischen Studenten. Bei seiner Vernehmung gibt er an, im Auftrag einer „ausländischen Macht" gehandelt zu haben, um wichtige Papiere aus dem Besitz des Amerikaners zu entwenden.[35] Am 17. April 1952 verurteilt ein amerikanisches Militärgericht den österreichischen Staatsbürger Alfred Wistawal wegen Amtsmissbrauchs und Vergehens gegen die Sicherheit der US-Streitkräfte zu acht Jahren Gefängnis: Als Mitarbeiter des CIC war es seine Aufgabe, Informationen über jene Österreicher einzuholen, die um ein Visum in die USA ansuchten; gleichzeitig stand Wistawal aber auch im Dienst des sowjetischen Geheimdienstes.[36]

Auf dem Ring

Mit Spionage wird auch die Aufsehen erregende Verschleppung von Ministerialrat Franz Katscher im Dezember 1947 in Zusammenhang gebracht. Der Regierungsbeamte ist für das „Waggonaustauschwesen" zuständig und hat in dieser Funktion mit allen Besatzungsmächten bezüglich der Rückführung von über 20.000 Güter- und Personenwaggons zu verhandeln, die seit 1945 aus österreichischen Bahnhöfen primär in den Osten verschwunden sind. Erst im Sommer 1951 gibt das sowjetische Außenministerium offiziell zu, dass Katscher 1948 von einem sowjetischen Militärgericht zu zehn Jahren Gefängnis verurteilt wurde und im Juni 1949 in der Haft verstarb. Oder der Fall des Kriminaloberinspektors Anton Marek, der, für Menschenverschleppungen in der sowjetischen Besatzungszone zuständig, im Juni 1948 von der sowjetischen Militärprokuratur zu einer Besprechung geladen wird – und verschwindet. 1951 bestätigt das sowjetische Außenministerium gegenüber der österreichischen Botschaft in Moskau, dass Marek vor ein geheimes Tribunal gestellt und wegen Spionage zu 25 Jahren Freiheitsentzug verurteilt wurde. Erst nach dem Staatsvertrag 1955 wird Marek freigesprochen und vollständig rehabilitiert.[37]

Als besondere Menschenfalle gilt die Zonengrenzkontrolle an der Ennsbrücke zwischen dem sowjetisch besetzten Niederösterreich und dem amerikanisch besetzten Oberösterreich. Oft genügt es, mit angeblich unzureichenden Papieren angetroffen zu werden, um verhaftet und in die sowjetische Kommandantur in St. Valentin überstellt zu werden. So auch im Fall der Leiterin der Planungssektion im Wirtschaftsministerium, der 29-jährigen Margarethe Ottillinger, die ihren Chef am 5. November 1948 auf einer Dienstfahrt nach Linz begleitet. Auf der Rückfahrt werden die beiden an der Zonengrenze unter dem Vorwand aufgehalten, ihre Papiere seien falsch. Vor den Augen der amerikanischen Grenzsoldaten zerren Offiziere des sowjetischen Geheimdienstes NKWD Ottillinger in ein Auto und verschleppen sie. Jahre später wird bekannt, dass sie in der Sowjetunion wegen Spionage zum Tode verurteilt, dann zu 25 Jahren Zwangsarbeit begnadigt wurde. Nach einer wahren Odyssee durch zahlreiche stalinistische Gulags kommt Ottillinger 1955 mit einem der letzten Heimkehrertransporte schwerkrank nach Österreich zurück und wird nach Aufhebung des Urteils durch den Obersten Sowjet als Opfer des Stalinismus voll rehabilitiert.[38]

Im Nachkriegs-Wien ist die „schwarze Limousine" der Inbegriff des Menschenraubes in den sowjetisch besetzten Teilen des Landes. Zwischen 1945 und 1955 werden laut Angaben des Innenministeriums weit über tausend Personen von sowjetischen Militärangehörigen, Österreichern, „Displaced Persons" und auch Amerikanern im Auftrag der Sowjets verschleppt: Männer, Frauen, auch Jugendliche.[39] Allein im Jahr 1950, dem Jahr der Premiere des „Dritten Mannes", verzeichnet die Polizei 279 Entführungsfälle. Opfer eines Menschenraubes zu werden, kann belanglose Ursachen haben: einen Streit mit betrunkenen sowjetischen Besatzungssoldaten, die Bekanntschaft mit einem sowjetischen Deserteur, ein Scherzgedicht gegen die Besatzungsmacht oder auch das Wissen um Unregelmäßigkeiten unter Angehörigen der sowjetischen Alliierten. Oder man ist einfach nur das Opfer von Denunziation und Verwechslung. „Bei Nacht tut man gut, in der Inneren Stadt zu bleiben oder in einer von drei Besatzungszonen, wenngleich auch dort gelegentlich Menschen geraubt werden – so sinnlos schien uns dieser Menschenraub bisweilen: ein ukrainisches Mädchen ohne Pass, ein alter Mann, der niemand mehr nützen konnte; manchmal freilich auch der Techniker oder der Verräter"[40], beschreibt Greene die Situation in Wien. In vielen Fällen erfahren die Opfer – wenn überhaupt – erst nach ihrer Freilassung den Grund für ihre Verurteilung. Keiner ist davor gefeit, am helllichten Tage einem Menschenraub zum Opfer zu fallen, mitten in der Nacht aus der Wohnung geholt zu werden oder nach einer Vorladung bei einer sowjetischen Kommandantur zu verschwinden. Der österreichischen Polizei ist es nicht erlaubt, gegen die Besatzungsmacht vorzugehen, sie kann einem Österreicher, der von Besatzungsorganen festgenommen und in ein Auto gezerrt wird, nicht zu Hilfe kommen.

Auch Vertriebene oder Flüchtlinge aus jenen Staaten, die nach der Konferenz von Jalta hinter dem Eisernen Vorhang zu liegen kommen, sowie ehemalige Zwangsarbeiter werden Opfer von Menschenraub. Viele von ihnen fallen der im Nachkriegs-Wien legendär gewordenen „Benno-Blum-Bande", einer der größten Schieber- und Menschenraub-Banden, in die Hände. Bei ihrer Vernehmung durch österreichische und amerikanische Behörden geben die zwölf Bandenmitglieder an, im Auftrag der Sowjets gehandelt zu haben. Ihr „Geschäft" war es, vom sowjetischen Geheimdienst gesuchte Personen aus den westlichen Besatzungszonen zu entführen; als Gegenleistung erhielten sie pro Entführtem einen Monat Schmuggelfreiheit für Großtransporte ungarischer Zigaretten, mit denen sie dann auf dem Wiener Schwarzmarkt handelten. Für die Auslieferung seiner Geliebten hat sich auch Harry Lime den Schutz der sowjetischen Zone erkauft! Als es der amerikanischen Polizei gelingt, die Bande dingfest zu machen, verlieren auch die Sowjets ihr Interesse an Benno Blum (was im Film Harry Lime für sich ebenso fürchtet: „Ich bin auch nur so lange sicher, als sie mich brauchen"), er wird in eine Falle gelockt und erschossen.

Auch Graham Greene muss um die zahlreichen Entführungsfälle, über die in- und ausländische Zeitungen fast täglich berichten, gewusst haben. Was liegt daher näher als eine gewaltsame Entführung durch die Russen auch in seine Geschichte vom „Dritten Mann" einzubauen?

Wäre es nach Greenes ursprünglicher Erzählung gegangen, hätte auch Anna Schmidt im Auftrag des sowjetischen Geheimdienstes entführt werden sollen: „Sie stiegen in den Jeep; Anna saß stumm vor Angst vorne zwischen den beiden Russen. Sie waren noch nicht weit gefahren, da klopfte der Amerikaner dem Russen auf die Schulter und sagte: ,Falsche Richtung. Zum Hauptquartier geht's dort drüben.' Der Russe schnatterte etwas in seiner Muttersprache und machte dazu eine versöhnliche Gebärde, während sie unbeirrt weiterfuhren. ,Es kommt so, wie ich es vorausgesagt habe', wandte sich O'Brian an Starling. ,Sie bringen sie in die russische Zone.' Entsetzt starrte Anna durch die Windschutzscheibe nach vorne."[41] Die politische Brisanz ist Greene in Anbetracht des Kalten Krieges aber zu groß und die Szene wird im Drehbuch ersatzlos gestrichen.

Graham Greene ist, sieht man von seiner Arbeit für den SIS (besser bekannt als MI 6) zwischen 1942 und 1944 ab, kein hauptberuflicher Agent und bezeichnet sich selbst auch nur als kleines Rädchen, als Amateur; die Faszination für den Geheimdienst lässt ihn aber ein Leben lang nicht los.[42] Seine Arbeit als Schriftsteller und seine Verbindungen zum Geheimdienst erlauben ihm – ob nun in Sierra Leone, Mexiko oder Wien –, auf Tuchfühlung mit einer Welt zu sein, zu der sonst nur wenige Zutritt haben, die ihn aber mit einer unendlichen Fülle an Charakteren und Ideen versorgt. Stammt nicht auch die Idee vom Verschwinden und geheimnisvollen Wiederauftauchen Harry Limes, die er Alexander Korda als die Schlüsselidee für das Drehbuch zum „Dritten Mann" angeboten hat, aus ebendiesem Milieu? „Bei Graham konnte man nie wissen, wo der Spionageschriftsteller aufhörte und der eigentliche Spion anfing", meint einmal Michael Korda, Alexander Kordas Neffe und Greenes langjähriger Freund, gleichzeitig auch sein amerikanischer Verleger und Intimkenner. Ihm hat Greene einst anvertraut: „Schriftsteller zu sein hat einen großen Vorteil, man kann Leute ausspionieren, indem man einfach da ist, jedem Wort gespannt zuhört. Gleichzeitig hat man aber auch die Möglichkeit, alles zu beobachten. Alles ist für einen Schriftsteller wichtig, jedes Stück Papier, aber auch der langweiligste Lunch."[43] Dass Geheimdienstchefs aber nicht immer glücklich sind, wenn Autoren zu viel bekannt geben, versteht sich von selbst: Graham Greene wirft man vor, in seiner Agentensatire „Our Man in Havana" und in „The Human Factor" zu sehr aus der Schule geplaudert zu haben. „Er hat sich unglaublich gut im Umgang mit Agenten ausgekannt, auch wie man Geheimpläne ausarbeitet. Er hat gewusst, worüber er in ,Our Man in Havana' schreibt. Es ist das beste Buch über den Geheimdienst, das je geschrieben worden ist, weil es in seine innersten Geheimnisse eindringt. Er vermittelt einem das richtige Feeling, zeigt die Lächerlichkeit des Ganzen auf, und wie es die Leute trotzdem fesselt. Man muss es ernst nehmen, und trotzdem ist es nur Fantasie"[44], antwortet der englische Meisterspion Malcolm Muggeridge treffend auf die Frage, was Greenes Vorgesetzte an diesem Roman eigentlich störte.[45]

Auch „Der Dritte Mann" ist ein Produkt der Fantasie und hat auf den ersten Blick nur wenig mit Spionage zu tun; trotzdem ist die gesamte Handlung von einem Wissen geprägt, das nur ein Insider haben kann.

Und dass Greene mit Kennern dieser Szene in Wien Kontakt hatte, bestätigt er selbst in seiner Autobiografie „Ways of Escape": Am vorletzten Tag seines Aufenthalts in der Stadt hat er, wie er schreibt, das Glück, mit dem jungen britischen Geheimdienstoffizier Beauclerk zusammenzutreffen, „womit sich seine Verbindungen zum Geheimdienst wieder einmal bezahlt gemacht hätten".[46] Oberst Beauclerk ist Chef des Information Services Branch ISB, dem unter anderem die Kontrolle österreichischer Tageszeitungen wie *Wiener Kurier*, *Die Presse* und *Salzburger Nachrichten* sowie der Radiosender Rot-Weiß-Rot unterstehen.

Als Schriftsteller im Dienst des britischen Geheimdienstes befindet sich Greene übrigens in bester Gesellschaft; es ist kein Zufall, dass gerade die englische Literatur eine Flut von Agententhrillern hervorgebracht hat und der Agentenfilm das erfolgreichste Genre des britischen Films ist. Zahlreiche britische Literaten haben sich im Laufe der Geschichte – aus den unterschiedlichsten Gründen – als Agenten ihrer Majestät anwerben lassen. Der Schriftsteller Sir Compton Mackenzie, bekannt durch den Roman „Whisky Galore", eine schrullige Komödie um einen vor der Küste Schottlands gestrandeten Whisky-Frachter, war während des Ersten Weltkrieges als Agent des MI 6 in Griechenland und Syrien und verarbeitete später seine Erlebnisse in Buchform, was ihm ein Disziplinarverfahren einbrachte. In der angelsächsischen Literaturgeschichte des frühen 19. Jahrhunderts stößt man auf den großen Vertreter der englischen Romantik, William Wordsworth, dem seine Einkünfte aus der Spionagetätigkeit für das „Home Office" ein sorgenfreies Leben ermöglichten, und auch Daniel Defoe, Autor von „Robinson Crusoe" und „Moll Flanders", stand Anfang des 18. Jahrhunderts im Dienste der englischen Königin Anna und bespitzelte die katholischen Jakobiten. Der erste Spion unter Englands Dichtern dürfte aber Shakespeares Zeitgenosse Christopher Marlowe gewesen sein, Student in Cambridge, der sein Leben bei einem mysteriösen Anschlag verlor.

Ein Geschichtsstudent der nationalen Kaderschmiede Cambridge, genauer gesagt: des Trinity College, war auch der 1963 als Doppelagent in die Sowjetunion übergelaufene Harold Adrian Russell Philby, besser bekannt unter dem Namen Kim Philby. Als Doppelagent zählte er zu den schillerndsten Figuren der europäischen Geheimdienstszene während des Kalten Krieges. Nahezu 30 Jahre lang, bis zu seiner Enttarnung, spionierte Philby in den wichtigsten Positionen des britischen Geheimdienstes und des britischen Außenamtes für die Sowjets – und wie so vieles am „Dritten Mann" beginnt auch seine „Karriere" in Wien! Im Spätsommer 1933 kommt der junge, frisch promovierte Philby mit anderen britischen und amerikanischen Linksintellektuellen nach Wien, um das Aufbäumen der sozialistischen, kommunistischen und liberalen Kräfte Österreichs gegen den faschistischen Ständestaat unter Bundeskanzler Engelbert Dollfuß ideologisch zu unterstützen. Der Kampf gegen das totalitäre Regime hat Intellektuelle und Künstler aus aller Welt in einem Ausmaß aufgerüttelt, das sich nur mit den Reaktionen auf den Spanischen Bürgerkrieg vergleichen lässt.[47] Zur gleichen Zeit soll aber von Wien aus – Deutschland ist zu diesem Zeitpunkt bereits fest in der Hand der nationalsozialistischen Machthaber – ein später für England einsetzbarer sowjetischer Agentenring installiert werden. Das politische Kräftemessen zwischen Faschisten und Antifaschisten scheint bestens geeignet, den Idealismus der jungen Engländer und Amerikaner zu stärken und sie für den sowjetischen Geheimdienst anzuwerben.

Kim Philby ist in Wien bei einer Familie in der Latschkagasse im neunten Wiener Gemeindebezirk untergebracht; über deren Tochter Lizzi Friedmann – Mitglied der kommunistischen Partei und zu diesem Zeitpunkt wahrscheinlich bereits Komintern-Agentin – findet er bald Zugang zu den linksintellektuellen Kreisen Wiens, zu denen unter anderen die später nach England emigrierte Schriftstellerin Hilde Spiel ebenso gehört wie Teddy Kollek, der nachmalige Bürgermeister von Jerusalem – und ein gewisser Peter Smolka. Am 12. Februar 1934 kommt es, nach einer polizeilichen Durchsuchung der Linzer Zentrale der Sozialdemokratischen Partei und der Ausrufung eines Generalstreiks, zu blutigen Zusammenstößen zwischen den paramilitärischen Verbänden des sozialdemokratischen Republikanischen Schutzbundes und den von der Heimwehr unterstützten Regierungstruppen. Wien gleicht einem Heerlager, das Rathaus wird besetzt und Bürgermeister Karl Seitz gewaltsam aus seinen Amtsräumen gezerrt. Besonders heiß umkämpft sind die verhassten „Bastionen des Roten Wien", die gewaltigen, in den zwanziger und frühen dreißiger Jahren unter sozialdemokratischer Stadtverwaltung errichteten sozialen Wohnhausanlagen an der Peripherie der Stadt. Ihre Fassaden werden von Maschinengewehrsalven durchlöchert und vom Artilleriebeschuss aufgerissen, unter ihnen auch der über 1.200 Wohnungen umfassende, mit großflächig begrünten Höfen palaisartig angelegte Karl Marx-Hof im 19. Bezirk, Symbol der sozialen, medizinischen und kulturpolitischen Errungenschaften der jungen Republik.[48] Bei diesen erbitterten Kämpfen gelingt es Philby, Widerstandskämpfern zur Flucht durch das weit verzweigte Kanalsystem der Stadt zu verhelfen. Unterstützt wird er dabei vom Auslandskorrespondenten des *Daily Telegraph* und der *New York Times*, Eric Gedeye, den er auch um Anzüge für die Flüchtenden bittet: „I've got six wounded friends in the sewers in danger of the gallows."[49] In der karitativen Anglo-American Quaker Mission unter der Leitung von Emma Cadbury hilft Kim Philby, Lebensmittel und Medikamente an die Verwundeten zu verteilen, und schließt sich dem „Komitee für Flüchtlinge vor dem Faschismus" an – sein englischer Pass erlaubt ihm, ungehindert die Grenze zur Tschechoslowakei zu passieren, dem einzigen noch demokratisch regierten Land Mitteleuropas.

Nur wenige Tage nach den Kampfhandlungen, die Hunderte Menschen das Leben kosten und denen die Verhaftung von mehr als 10.000 Gesinnungsgenossen, die standrechtliche Hinrichtung von neun sozialdemokratischen Führern und die Aufhebung aller demokratischen Einrichtungen folgen, wird Lizzi Friedmann Kim Philbys Frau. Nur ein britischer Pass kann sie vor einer Verhaftung und einer möglichen Verurteilung retten, und gemeinsam mit Philby geht sie nach England. Dort hat sich Philbys mutiger Einsatz schon herumgesprochen; in Pressemeldungen berichten eilig nach Wien entsandte Auslandskorrespondenten begeistert, und britische Literaten wie Stephen Spender sehen sich veranlasst, der österreichischen Arbeiterschaft schwärmerisch Tribut zu zollen. Aber auch der sowjetische Geheimdienst beginnt sich für Philby zu interessieren. Von dem aus Wien stammenden Psychologen Arnold Deutsch, einem Bekannten Lizzis, wird Philby im Juni 1934 für den NKWD rekrutiert, und bald befindet er sich in prominenter Gesellschaft: Fast alle von Deutsch für den sowjetischen Geheimdienst angeworbenen jungen Männer sind Absolventen der Eliteuniversitäten Oxford und Cambridge, darunter die vier erfolgreichsten Doppelagenten der britischen Spionagegeschichte, Guy Burgess, Donald Maclean, Anthony Blunt und John Cairncross.[50] Um keinen Verdacht aufkommen zu lassen, trennt sich Philby von seiner Frau, die 1937 nach Paris und nach ihrer Scheidung 1946 als Sowjetagentin nach Ostdeutschland zieht (wo sie heute noch lebt), und wechselt zum Entsetzen seiner Freunde augenscheinlich auch das politische Lager: Er wird aktives Mitglied des mit den Nationalsozialisten sympathisierenden Anglo-German Fellowship, geht als Korrespondent der *Times* in das bürgerkriegsgeschüttelte Spanien und macht in seinen Artikeln keinen Hehl aus seiner Sympathie für Franco, der ihn nach einem glücklich überstandenen Terroranschlag sogar mit einer Tapferkeitsmedaille auszeichnet. Als Philby schließlich 1941 dem britischen Geheimdienst SIS beitritt, beginnen sich seine Wege mit denen Greenes zu kreuzen, er wird gar dessen unmittelbarer Vorgesetzter. Bald kommen einander die beiden Männer auch freundschaftlich näher und entdecken gemeinsame Interessen, besonders ihre Vorliebe für Frauen und harte Getränke.[51]

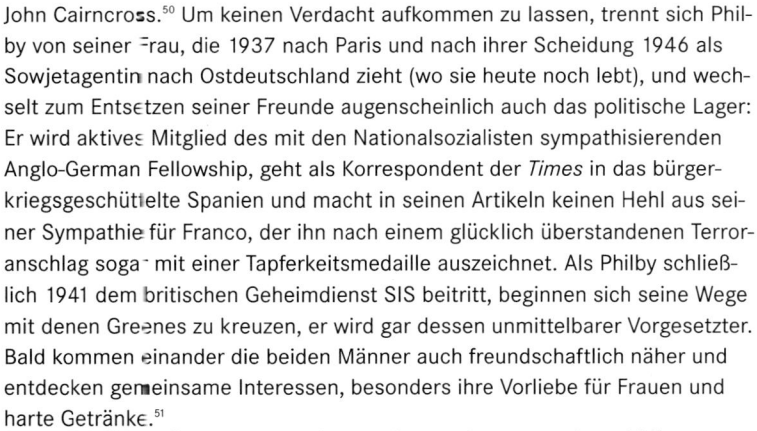

Hat Philby Greene schon damals von den Wiener Kanälen erzählt, durch die er die flüchtenden Schutzbundkämpfer geschleust hat?

War bereits zu diesem Zeitpunkt eines der wichtigsten Handlungselemente des „Dritten Mannes" festgelegt? Je weiter sich die Türen nicht nur sowjetischer Geheimdienstarchive öffnen und je mehr über das spektakuläre Doppelleben Kim Philbys und über seine Beziehung zu Graham Greene bekannt wird, desto wahrscheinlicher scheint, dass Greene den von ihm so bewunderten Vorgesetzten und Freund vor Augen gehabt haben muss, als er sich im Februar 1948 in Wien auf die Suche nach einer griffigen Story um seinen fiktiven Helden Harry Lime macht.

Und wieder einmal vermischen sich bei Greene Wirklichkeit und schriftstellerische Fantasie, angefangen bei Kim Philbys eigentlichem Vornamen Harold, dessen Kurzform Harry ist. Auch vom Charakter her sind einander der Freund und der Romanheld sehr ähnlich, verfügen sie doch beide über eine gehörige Portion an Charme, Humor und Charisma. Hinter ihrem lässigen Äußeren verbergen aber beide ein düsteres Geheimnis, ein zweites Ich, der eine als Landesverräter, der andere als Chef einer Penicillinschieberbande. Auch andere Parallelen fallen ins Auge: Als Mittelsmann des Komitees für Flüchtlinge vor dem Faschismus verhilft Philby Menschen zur Flucht, Harry Lime arbeitet – zumindest offiziell – ebenfalls in der „Flüchtlingsbetreuung". Philby verschafft Lizzi Friedmann durch Heirat einen britischen Pass, um sie vor der Verfolgung durch das austrofaschistische Regime zu schützen, Harry Lime organisiert für seine aus der Tschechoslowakei geflüchtete Geliebte jenes Dokument, das sie vor dem Zugriff der sowjetischen Besatzungsmacht bewahren soll. Philby versorgt die Sowjets mit hochbrisanten Staatsgeheimnissen, Harry Lime mit Informationen über die vom Geheimdienst gesuchte Anna. Philby verhilft kämpfenden Antifaschisten zur Flucht durch die Kanäle Wiens, über die auch Harry Lime in den Schutz der sowjetischen Zone gelangt. Philby bezeichnet seine Arbeit für den Geheimdienst als „racket", Graham Greene verwendet denselben Ausdruck für Harry Limes Schiebergeschäfte: „Well, you can say that murder was part of his racket."[52]

Wie der fiktive Schriftsteller Holly Martins sucht auch der reale Schriftsteller Greene nach einem Schlüssel zum Geheimnis seines Freundes. Spätestens seit dem Zusammentreffen mit Harry in den luftigen Höhen des Riesenrads weiß Holly, dass er sich in seinem bedingungslosen Glauben an den Freund getäuscht hat und jetzt vor der Entscheidung steht, den Freund entweder zu decken oder zu verraten. Auch Graham Greene muss zu irgendeinem Zeitpunkt vermutet haben, dass sein ehemaliger Vorgesetzter Philby Doppelagent und damit Landesverräter war.[53] Anders jedoch als im Roman und im Film, wo Holly Martins den Freund der Polizei ausliefert, bleibt Greene Philby gegenüber loyal und entzieht sich eventuellen Gewissenskonflikten durch die Flucht nach vorne: Er quittiert seinen Dienst – zu einem Zeitpunkt, als alle Staatssicherheitsstellen wegen der bevorstehenden Landung der Alliierten in der Normandie auf Hochtouren arbeiten und er selbst unmittelbar vor einer Beförderung in eine Schlüsselposition des Secret Intelligence Service steht. Sein „Verrat" an Philby ist also höchstens ein „literarischer"; er gibt sein kompromittierendes Wissen erst im „Dritten Mann" preis, und hier nur in gut verschlüsselter und ausschließlich für Eingeweihte zu enträtselnder Form.

Vielleicht ist „Der Dritte Mann" auch eine Form der Vergangenheitsbewältigung Graham Greenes selbst, der hier in die Rolle Holly Martins' schlüpft. Denn ungeachtet der vielen Parallelen zwischen Kim Philby und seinem literarischen Alter Ego Harry Lime ist an Martins und seinem moralischen Dilemma auch der Autor zu erkennen: an seiner uneingeschränkten, beinahe homoerotischen Bewunderung für den cleveren Freund, der alle Schliche und Hintertüren zu kennen scheint, an seinem allmählichen Verdachtschöpfen, das ihn in einen inneren Konflikt zwischen Loyalität und Verrat treibt. Im Mittelpunkt des scheinbar oberflächlichen Thrillers steht – vor der Kulisse der großen Weltpolitik des Kalten Krieges – eine vielschichtige Abhandlung zum Thema Freundschaft, in der sich jenes Ambiente von Zwielichtigkeit, Verrat und moralischer Doppelgleisigkeit widerspiegelt, in dem sich auch die beiden Vorbilder bewegen. Gleichzeitig gibt sie Greene die Möglichkeit, sich mit einem seiner Lieblingsthemen auseinander zu setzen: dem permanenten Kampf zwischen Gut und Böse. Als Graham Greene in einem Interview einmal gefragt wird, wie es ihm – noch dazu in Anbetracht der Gräueltaten des stalinistischen Terrors – überhaupt möglich sei, Kim Philby für seine beharrliche Treue zum Kommunismus zu bewundern, antwortet er, ihn hätte Philbys bedingungslose Loyalität zu seiner Überzeugung fasziniert.[54] Auch nach Philbys Überlaufen in die Sowjetunion wendet sich Greene nicht von ihm ab. Die beiden Männer bleiben in ständigem Kontakt, und das mit stillschweigender Duldung sowohl des KGB als auch des SIS.

Kim Philby, der englische Meisterspion, 1953

Kim Philby ist aber nicht die einzige Verbindung zwischen der Welt der Agenten und dem „Dritten Mann", auch Produzent Alexander Korda hat Geheimdienstkontakte. Schon vor Ausbruch des Zweiten Weltkrieges schart Winston Churchill eine Gruppe von einflussreichen Geschäftsleuten, bekannten Schriftstellern und Personen aus der Filmbranche um sich, mit denen er eine eigene Geheimdienstabteilung gründet. Ihre Aufgabe ist es, hinsichtlich eines bevorstehenden Krieges Informationen über die Aufrüstung des „Dritten Reiches" für die britische Regierung zu beschaffen. Stars wie Noël Coward, Roald Dahl, David Niven und Greta Garbo stehen in Churchills Diensten, aber kaum einer scheint für geheime Missionen geeigneter als Alexander Korda: Als gebürtiger Kontinentaleuropäer und deklarierter Kosmopolit kennt er Europa genau, und seine weltweiten Filmkontakte rechtfertigen ausgedehnte Reisetätigkeiten ebenso wie die Eröffnung einer Reihe von Auslandsbüros, unter anderem auch in Wien. Zwischen 1935 und 1945 unternimmt Korda 24 Atlantiküberquerungen, die meisten davon im Auftrag des Geheimdienstes. In der Nähe von Toronto simuliert er deutsche Drehorte zur Schulung britischer Agenten für ihr zukünftiges Einsatzgebiet, und mit seinen Drehortrecherchen in Nordafrika trägt er dazu bei, die Landung der Alliierten in der Normandie vorzubereiten. Sein New Yorker Büro im Rockefeller Center dient vor allem der Zusammenarbeit mit dem amerikanischen Geheimdienst OSS, seine Wiener Dependance steht in Verbindung mit Karl Hartl und dessen Wien-Film-Büro.[55] Korda geht sogar so weit, Oberst Claude Dansey, den stellvertretenden Leiter des SIS, als Direktor seiner Filmgesellschaft einzusetzen. In eingeweihten Kreisen ist es ein offenes Geheimnis, dass seine Erhebung in den Adelsstand 1942 offiziell zwar für seine Verdienste um den britischen Film erfolgt, inoffiziell aber eine Abgeltung für seine Agententätigkeit darstellt. Das Gleiche gilt auch für staatliche Subventionen in Millionenhöhe, die sich Korda nach Kriegsende mit höchsten Regierungskreisen aushandelt und die ihm – neben anderen finanziellen Rochaden – helfen, seine beiden Erfolgsfilme „Fallen Idol" und „The Third Man" mit großzügigen Budgets auszustatten. Als er Graham Greene im Februar 1948 zu Drehbuchrecherchen nach Wien schickt, geschieht dies mit dem Auftrag, Stoff für ein Drehbuch zu sammeln. Ganz nebenbei kann Greene aber für den Geheimdienst arbeiten, ohne Argwohn zu erwecken. Wie aus dem Schriftverkehr der London Film Productions hervorgeht, werden alle Reisevorbereitungen des Schriftstellers von Oberst John Codrington getroffen, einem ehemaligen Mitarbeiter Oberst Danseys beim SIS und langjährigen Angestellten der London Film Productions, der Greene und seine Mitreisenden, darunter auch Elizabeth Montagu, mit den nötigen Papieren und Währungen ausstattet und das Wiener Quartier in dem vom britischen Militär requirierten Hotel Sacher organisiert, in dessen Räumlichkeiten auch der britische Geheimdienst sein Hauptquartier hat.[56]

Graham Greene selbst hält sich über seine Tätigkeit beim Geheimdienst bedeckt, im Gegensatz zu John le Carré zum Beispiel, der fünf Jahre lang für MI 6 arbeitete und meinte, er wäre zwar „weder Mata Hari noch Himmlers Tante gewesen", sähe aber keinen Grund, wie seine Kollegen Graham Greene oder William Somerset Maugham zu verschweigen, dass er für den Geheimdienst tätig war.[57] Warum schwieg Greene? War er vielleicht mehr als nur ein kleines Rädchen in der Maschinerie des britischen Geheimdienstes? Liest man Michael Sheldens Biografie, dann könnte man meinen, dass Greene als Leiter der für den iberischen Raum zuständigen Abteilung sehr wohl an den Schalthebeln der Macht gesessen sei und zu einem nicht unbeträchtlichen Maß zur Verlängerung des Zweiten Weltkrieges im Sinne Stalins beigetragen habe. Untersuchungen innerhalb des britischen Geheimdienstes zeigen jedenfalls, dass eine der Hauptaufgaben von Greenes Chef Philby darin bestand, Widerstandsbewegungen innerhalb der Deutschen Wehrmacht zu beobachten und deren Kontaktaufnahme mit dem britischen Geheimdienst über das Büro in Lissabon zu vereiteln. Es lag nämlich nicht im Interesse der Sowjetunion, den Krieg vor einer totalen Niederlage Deutschlands zu beenden, hätte dies doch eine potenzielle Gefahr für die zukünftige sowjetische Expansionspolitik in Osteuropa bedeutet. Jene Gruppe hochrangiger preußischer Offiziere um Graf von Stauffenberg, die bestrebt war, Hitler zu stürzen und den Alliierten ein Friedensangebot zu unterbreiten, versuchte seit 1942 verzweifelt, Kontakt zur amerikanischen Botschaft in Madrid und zur britischen in Lissabon aufzunehmen, um die Unterstützung der Alliierten zu gewinnen. Dass dieses Unterfangen scheiterte, lag an den Anweisungen Kim Philbys.

Immer wieder relativiert der bekannt anti-amerikanisch eingestellte Greene Philbys Spionage für die Sowjetunion und fühlt sich bemüßigt, dessen Schuld an einer Reihe von politischen Morden an antikommunistischen Widerstandskämpfern im russisch besetzten Teil Deutschlands und in Albanien herunterzuspielen.[58] Er wendet sich auch nach Kim Philbys Absprung in die Sowjetunion – dem dritten sensationellen Absprung eines hochkarätigen britischen Doppelagenten nach Guy Burgess und Donald Maclean – nicht von ihm ab und betont sein ausgezeichnetes Verhältnis zum früheren Chef.[59] Als Philbys Autobiografie „My Silent War" erscheint, verfasst Greene ein sehr positiv gehaltenes Vorwort, in dem er unter anderem die Frage in den Raum stellt, ob nicht jeder einmal in seinem Leben in einer gewissen Weise ein Verräter sei.[60] Und mag Graham Greene auch nicht erkannt haben, in wessen Interesse er zu jenem Zeitpunkt handelte, blieb wohl vieles von diesem bösen Intrigenspiel in Erinnerung und lieferte ihm direkt oder indirekt den Stoff für den „Dritten Mann" und viele seiner anderen Romane.[61]

Während Philby also dem deutschen Widerstand jegliche Chance auf Kontaktaufnahme mit England zu nehmen versucht, steht auf der anderen Seite eine Frau, die in ihrer Eigenschaft als enge Mitarbeiterin von Allen W. Dulles, Chef des von Bern aus operierenden amerikanischen Geheimdienstes OSS, beauftragt ist, genau das Gegenteil zu tun und den Verbündeten von Graf von Stauffenberg jede nur mögliche Unterstützung zukommen zu lassen. Dabei handelt es sich um Elizabeth Montagu: jene Frau, die – im Auftrag von Alexander Korda – Karl Hartl in den Sieveringer Studios besuchte, um die Rohschnitte von „Der Engel mit der Posaune" für eine mögliche englische Verfilmung zu begutachten; jene Frau, die Graham Greene bei seiner Motivsuche in Wien als Führerin und Dolmetscherin zur Seite steht und die letztlich als „Austrian Advisor" am Set des „Dritten Mannes" der verlängerte Arm Kordas in Wien ist.

Als Tochter des zweiten Barons Montagu of Beaulieu (Grafschaft Hampshire) stammt Elizabeth Montagu aus englischem Uradel, die Türen zu den höchsten gesellschaftlichen Kreisen stehen ihr offen. Doch es zieht sie zum Theater (mit Vivien Leigh studiert sie an der Royal Academy of Dramatic Arts in London), zur Musik (sie betreut Toscanini während seiner Londoner Aufenthalte anlässlich des London Music Festivals), zur Literatur – und politisch zur Sozialdemokratie. Auf ihren ausgedehnten Reisen durch Europa besucht sie wiederholt Österreich und entdeckt für sich die Salzburger Festspiele. Im Krieg landet sie in Bern beim Geheimdienst. Und irgendwann begegnet sie Korda. In der Folge arbeitet Montagu als Dialogregisseurin in einer seiner ersten Nachkriegsproduktionen – „Anna Karenina" mit Vivien Leigh – und wird Kordas persönliche Pressesekretärin. In dieser Funktion ist sie schließlich auch maßgeblich in die Vorbereitungsarbeiten und später auch in die Dreharbeiten für den „Dritten Mann" eingebunden. Nicht zuletzt deswegen begleitet sie Graham Greene zu seinen ersten Drehbuchrecherchen im Februar 1948 nach Wien – und ebenso bei seinem Abstecher nach Prag, offiziell, um Möglichkeiten für eine Korda-Filmproduktion in Prag auszuloten. Ihre Arbeit für Alexander Korda hatte ihren eigenen Aussagen nach absolut nichts mit Geheimdienstaktivitäten zu tun gehabt, einzig und allein ihre guten örtlichen Kenntnisse und ihr makelloses Deutsch hatten Korda bewegt, sie mit der

Elizabeth Montagu,
Alexander Kordas Sekretärin

Betreuung Graham Greenes und des Filmteams in Wien zu beauftragen. Dennoch stimmen die zahlreichen Verbindungen hinter den Kulissen nachdenklich. Elizabeth Montagu war es vermutlich, die Peter Smolka, Kim Philbys alten Freund aus der Zeit der Februarkämpfe 1934, in Wien mit Graham Greene zusammenbrachte.[62]

Smolka und Greene unterhalten sich stundenlang angeregt über Wien. Für Greene muss diese Bekanntschaft wie ein Geschenk des Himmels gewesen sein, denn wer sonst kennt die Stadt so gut wie der renommierte Mitteleuropa-Korrespondent der *Times*, der selbst aus Wien stammt? Peter Smolka seinerseits hat eine penibel recherchierte und bereits fertig ausgearbeitete Geschichte über die Besatzungsmächte, die Penicillinschieberei und die Wiener Kanäle zur Hand, eine Geschichte, die nur wenige Monate später in kaum veränderter Form im „Dritten Mann" auftaucht, wenngleich auch spannend und kunstvoll mit Greenes eigener Geschichte von Harry Lime verwoben. Elizabeth Montagu ist darüber aufgebracht, nicht zuletzt aus urheberrechtlichen Gründen, die Korda in Schwierigkeiten bringen könnten. Doch weder Korda noch Greene scheinen sich daran zu stoßen. Welchen Unterschied sollte es auch machen, eine Geschichte vom wirklichen Leben abzuschreiben oder vom Manuskript eines unbekannten Autors? Schließlich erhält Smolka von den London Film Productions für seine „erwiesenen Dienste" zumindest einen Vertrag als „Drehbuchberater" und ein ansehnliches Honorar in Höhe von 210 Pfund; im Gegenzug verzichtet er auf alle Autorenrechte.[63]

Es gibt Hinweise, dass sich Peter Smolka und Graham Greene gar nicht als Fremde in Wien trafen, sondern sich bereits über Kim Philby und/oder über Alexander Korda, die ja beide über gute Beziehungen zu Winston Churchill verfügten, von England her kannten. Auch Smolkas Witwe ist davon überzeugt[64], und Kordas Intimkenner und Biograf Paul Tabori äußert sogar die Vermutung, dass es Peter Smolka gewesen sei, der Alexander Korda auf die Idee für einen Film im besetzten Nachkriegs-Wien gebracht habe! Alle Fäden, die Kim Philby, Peter Smolka, Graham Greene, Alexander Korda und Elizabeth Montagu miteinander verbinden, scheinen jedenfalls sowohl in London als auch in Wien zusammenzulaufen.

Wer ist nun dieser Peter Smolka? Die Februarkämpfe in Wien 1934 führen den jungen österreichischen Widerstandskämpfer Smolka über Lizzi Friedmann mit Kim Philby zusammen. Beide gehen unabhängig voneinander nach England, nehmen dort aber bald Verbindung auf und gründen die London Continental News Ltd., eine internationale Nachrichtenagentur für Informationen aus Mittel- und Osteuropa. Nach deren Auflösung wird Peter Smolka Leiter der Exchange Telegraph Company, eines Horts für Emigranten und Flüchtlinge aus den faschistischen Staaten Europas. Zu diesem Zeitpunkt arbeitet er erwiesenermaßen schon für den sowjetischen Geheimdienst. 1939 nimmt Smolka die britische Staatsbürgerschaft an und ändert seinen Namen auf Peter Smollett. Durch gute Beziehungen zu Churchills Informationsminister Brendan Bracken wird er Leiter des einflussreichen Russian Department des Informationsministeriums, wo er aller Wahrscheinlichkeit nach auf Graham Greene trifft, der zwischen 1940 und 1941 der Literaturabteilung desselben Ministeriums angehört.[65] Smolka arbeitet eng mit dem später als Doppelagent enttarnten und in die Sowjetunion geflüchteten Guy Burgess zusammen, der als Produzent und Russlandexperte bei der BBC tätig ist, sowie mit dem Zentraleuropaexperten E. H. Carr von der *London Times*, einem erklärten Bewunderer der Sowjetunion und späteren Biografen Lenins und Stalins. Während der gesamten Kriegszeit hat Smolka Kontakt zu seinem alten Freund Kim Philby, der ihn jedoch öffentlich als „einen hundertprozentigen Marxisten, aber trotzdem inaktiv, faul und feig"[66] denunziert. Im September 1945 scheint Peter Smolka aus dem „Geschäft" ausgestiegen zu sein. Er lässt sich mit seiner Familie in der Nähe von Wien nieder. Hier erhält er von den Sowjets das Elternhaus und das Unternehmen des Vaters zurück und baut, trotz schwerer Krankheit, die Firma Tyrolia Skibindungen wieder auf. Daneben bleibt er weiterhin Journalist und schreibt für die *London Times*, den *Daily Express* und für *Das Neue Österreich*. Unter der Patronanz von Bundeskanzler Bruno Kreisky gründet er die in Österreich sehr beliebte, in englischer und französischer Sprache erscheinende Zeitschrift *Austria Today*, als deren Herausgeber er bis zu seinem Tod 1980 fungiert. Erst nach der Öffnung der sowjetischen Geheimdienstarchive 1994 wird klar, dass Peter Smolka jahrelang unter dem Decknamen „Abo" Agent des sowjetischen Geheimdienstes war.[67] 1951 wäre er in Österreich beinahe selbst Opfer seines eigenen Geheimdienstes geworden: Laut Aussage eines in den Westen abgesprungenen KGB-Agenten hätte Smolka aus Wien entführt und in Moskau als „westlicher Verräter" vor ein Tribunal gestellt werden sollen. Man warf ihm vor, als Doppelagent auch für den britischen Geheimdienst gearbeitet und versucht zu haben, den russischen Botschafter in London für den Britischen Geheimdienst anzuwerben![68]

Wie dem auch sei, die Geschichten von Peter Smolka kommen Greene jedenfalls wie gerufen, liefern sie doch die Grundlage für seine Erzählung von Harry Lime. Greene verrät nie die Identität seines „Ideenlieferanten" und lässt alle Welt glauben, seine Informationsquelle in Wien sei ausschließlich Oberst Beauclerk, der ihm als Erster von einer „Untergrundpolizei" erzählt hatte. Er setzt Smolka aber mit jener imaginären Weinstube, in der sich Major Calloway und Holly Martins nach dem Begräbnis von Harry Lime treffen, ein „Denkmal": dem Smolka. Elizabeth Montagu hingegen, die Greene durch Wien begleitet und ihn in die Geheimnisse der Stadt eingeweiht hat, verschweigt er – wie so vieles – der Nachwelt überhaupt. Für sie bedeutet die undurchsichtige Geschichte mit Peter Smolka auch das Ende ihrer Arbeit für Alexander Korda. Ihr Vertrag wird 1949 nicht mehr verlängert, sie bleibt aber dem Metier (und ihrem geliebten Wien) treu, gründet ihre eigene Filmfirma und liefert, wie der Vorspann verrät, die Idee zu der in den Mitfünfzigern sehr populären Schweizer Produktion „Die Vier im Jeep" des österreichischen Exilregisseurs Leopold Lindtberg, die 1954 kurz vor dem Abschluss des Österreichischen Staatsvertrags noch einmal das Thema der vier Besatzungsmächte und einer „Entführung durch die Russen" aufgreift. Im Mittelpunkt der Handlung steht ein aus einem russischen Kriegsgefangenenlager entflohener Österreicher, der vom russischen Geheimdienst verfolgt wird. Der auf ihn angesetzte russische Besatzungssoldat Wassilij Woroschenko, (von Jossi Jadin gespielt, der Jahre später im Musical „Anatevka" im Theater an der Wien brilliert), muss sich zwischen Gehorsam gegenüber seinen Vorgesetzten und Menschlichkeit gegenüber dem Entflohenen entscheiden. Anders als im „Dritten Mann" wird allerdings keine einzige Außenaufnahmen in Wien gedreht, und wenn auch zahlreiche Szenen ein Naheverhältnis zum „Dritten Mann" nicht leugnen können, vermögen die „Vier im Jeep" heute höchstens nostalgische Gefühle heraufzubeschwören, aber keine Filmfans mehr in die Kinos zu locken.

Es ist die Freundschaft zweier Männer aus dem Geheimdienstmilieu, die Graham Greene als Vorbild für seine literarischen Fantasien dient, und es sind die aus Geheimdienstquellen stammenden detaillierten Informationen eines Peter Smolka über die kriminellen Machenschaften und Schiebergeschäfte in den unterirdischen Gängen und Gewölben Wiens, die die Rahmenbedingungen und den authentischen Hintergrund für den „Dritten Mann" schaffen. Wundert es da, wenn das Wien Harry Limes spontan mit Spionage gleichgesetzt wird?

Drehpause im Smolka

KAPITEL
04

HINTER DEN KULISSEN

Regieassistent Gino Wimmer

Interview mit Gino Wimmer

Die Nachtaufnahmen waren besonders schwierig, man kann das heute gar nicht mehr nachvollziehen. Es hat noch kein lichtempfindliches Filmmaterial gegeben. Man musste um das Hundertfache von heute beleuchten und riesige Kohlescheinwerfer, so genannte Brutes, aufstellen. Sie sind aus den Wiener Studios gekommen, aber sie haben sehr viel Strom verbraucht. In Wien hat es damals nie genug Nachtstrom gegeben, so hat man aus England zusätzlich ein riesiges fahrbares Stromaggregat von Mole & Richardson einfliegen müssen, die Scheinwerfer aus den Sieveringer Studios hätten nie ausgereicht. Für die Nachtaufnahmen am Hohen Markt hat man bis zu 40 Beleuchter gebraucht, heute wären es vielleicht zwei oder drei. Schwierigkeiten hat es auch bei den Stromkabeln gegeben, man durfte sie im Film ja nicht sehen. Besonders schwierig war es, die Stromkabel im Kanal zu legen. Die Leute von der Wien-Film mussten sehr geschickt sein und ständig improvisieren. Der Kanal am Karlsplatz hat übrigens noch zur Internationalen Zone gehört, die russische Zone hat hinter der Stadtbahn begonnen ... Ich war ständig bei der Sewer Unit eingeteilt, bin aber für einige andere Drehorte freigestellt worden, z. B. für den Hohen Markt oder die Mölkerbastei.

Bei den Nachtaufnahmen am Rennweg [Taxifahrt zum britischen Kulturzentrum] hat Krasker auch den „Nasseffekt" auf dem Kopfsteinpflaster entdeckt. Es war reiner Zufall. Bei den Dreharbeiten am Rennweg ist zufällig die Straßenreinigung vorbeigefahren, Krasker war ganz begeistert, wie er das nasse Pflaster im Sucher gesehen hat ...

Die Engländer haben immer nur mit einer Mitchell-Kamera gedreht, einer amerikanischen Kamera. Sie hatte den Vorteil, dass sie auf der Seite einen abnehmbaren Sucher hatte. Sowohl Krasker als auch Ted Scaif, der Chef-Kameramann der Second Unit haben damit gedreht. Hans Schneeberger hat eine österreichische Debrie-Kamera gehabt, die hat Carol Reed zur Verzweiflung gebracht, weil sie dieses Suchgerät nicht hatte ... Übrigens, der Dufflecoat von Trevor Howard hat damals Mode gemacht, das waren billige Marinewachmäntel, sie haben keinen modischen Schnitt gehabt, aber sie waren sehr praktisch, er hat mir seinen geschenkt, den trage ich heute noch ... Carol Reed war von der österreichischen Crew so begeistert, dass er das ganze Aufnahmeteam gerne nach London eingeladen hätte, was aber in der Nachkriegszeit mit großen Hindernissen verbunden war. Ich habe Glück gehabt und über die Vermittlung von Haeussermann und Prawy ein Unesco Fellowship bekommen.
(Interview mit Gino Wimmer 29.10.1998)

Die „Brücke der Roten Armee" (heute Reichsbrücke) in der russischen Zone

Szene 50 / 0:38:00
Maria Am Gestade
„Winkel's front door"
(Part Location)

[Dr. Winkel verlässt sein Haus]

Szene 53 / 0:38:42
Reichsbrücke
(Location)

Dreharbeiten auf dem Josefsplatz: Carol Reed mit einem Statisten

Carol Reed hinter der Kamera, Stan Pavey mit Zigarette, Angela Allen und Guy Hamilton

Portier:	[ruft vom Fenster Martins zu, der vor Harrys Ha[us] versucht, den Unfall nachzuvollziehen] Ist das wirklich so wichtig für Sie?
Martins:	Ja sehr.
Portier:	Dann kann ich Ihnen was sagen, das wird Sie interessieren.
Martins:	Wie war das mit dem Wagen?
Portier:	Heut Abend, meine Frau geht fort.

Martins:	Schön, ich komme noch mal.
Portier:	Heut' Abend. [dreht sich vom Fenster weg und blickt schreckerstarrt auf seinen Mörder]

Szene 57 / 0:40:12
Josefsplatz
„Harry's Street":
(Part Location, day)

Joseph Cotten und Alida Valli bei Nachtdrehs auf dem Josefsplatz

Herbert Halbik (Hansl) am Set

Beleuchter auf Holzgerüst. Vieles ist Improvisation

Martins:	Was ist?
Anna:	Sicher was Unangenehmes!
Martins:	Warten Sie. Sagen Sie, was is denn hier eigentlich los?

Passant:	Der Portier ist umgebracht worden.
Martins:	Was sagen Sie?
Passant:	Die Kehle durchgschnitten.
Passant:	Der Portier ist odraht. Mit'n Messer.
Martins:	Was?
Passant:	Der Portier ist umgebracht.

Szene 60 / 0:44:01
Josefsplatz
„Harry's Street"
(Part Location, night)

Passant:	Was is'n Hansl?
Hansl:	Papa, der war 's!
Passant:	Was, der Herr da?
Hansl:	Ja, Papa, ich hab 's doch g'sehn. Das ist der Mörder ... Mörder ... Mörder!
Passant:	Sie, haben Sie einen Streit g'habt mit dem Portier?
Martins:	Unsinn, was soll denn das heißen?
Hansl:	Ja, wo geh'st denn hin? Papa, der war 's, der war 's. Papa, der ist der Mörder!

101

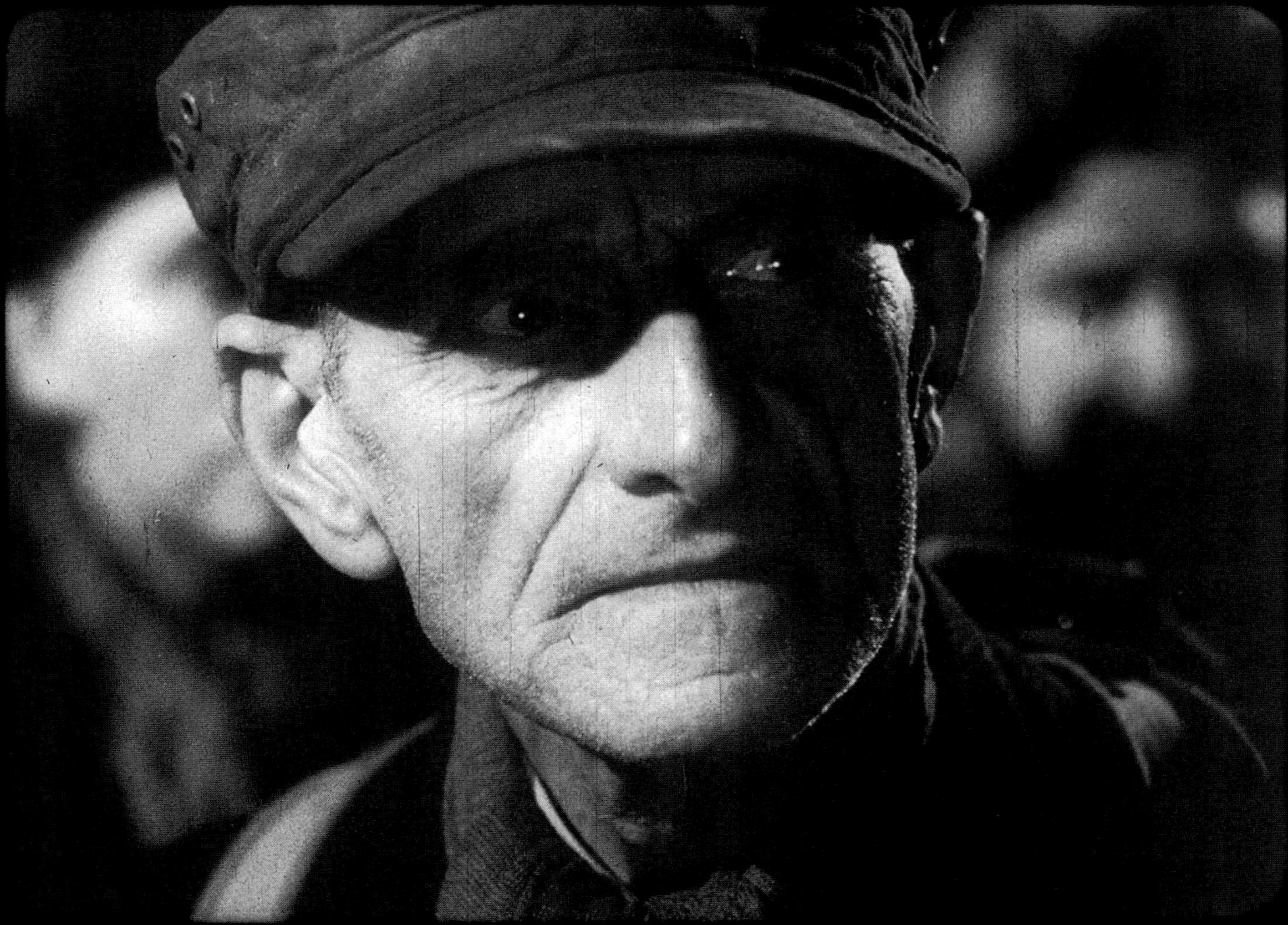

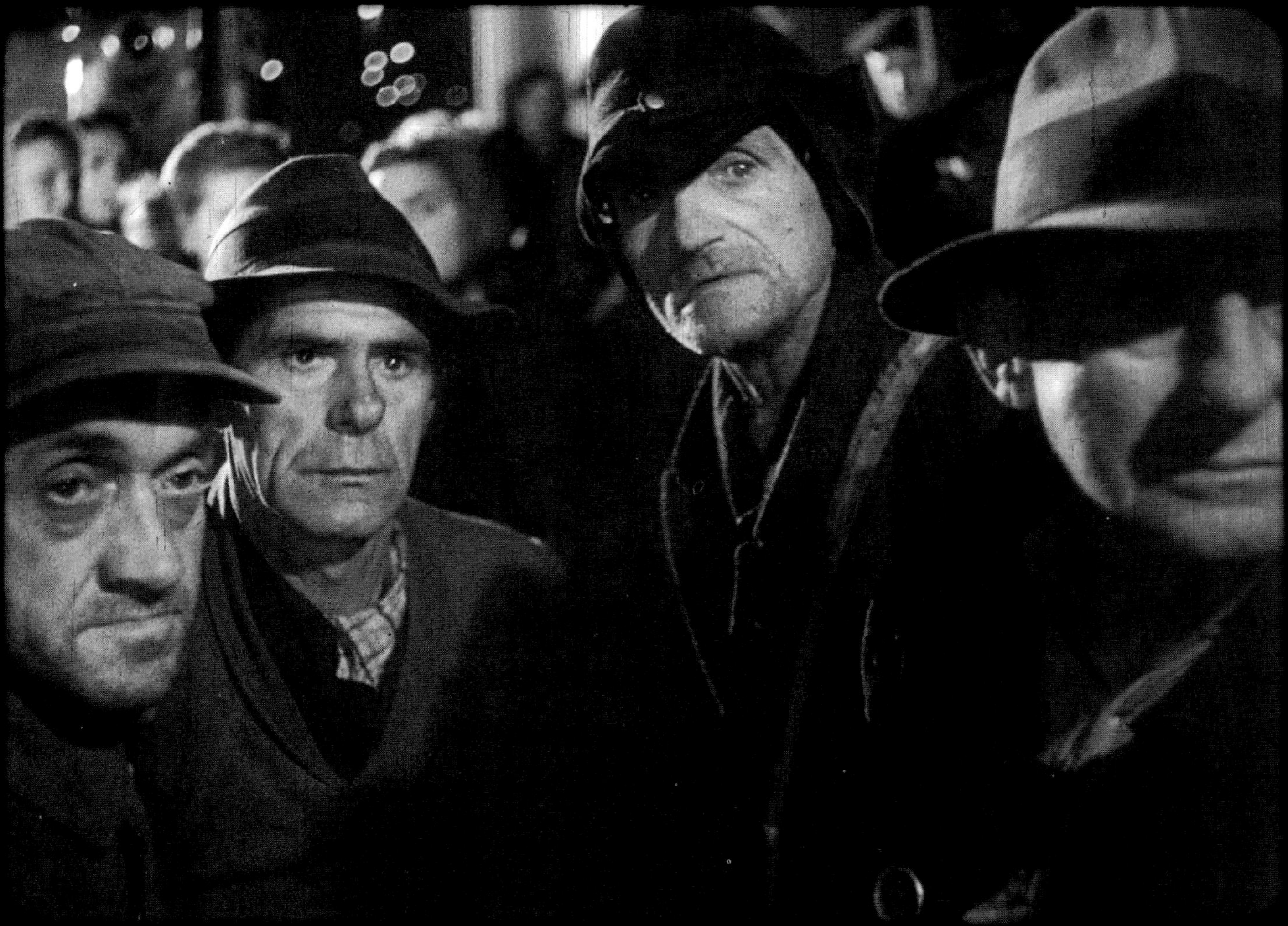

Hansl: Mörder, odraht. Mörder ... Mörder. Papa, der ist der Mörder!

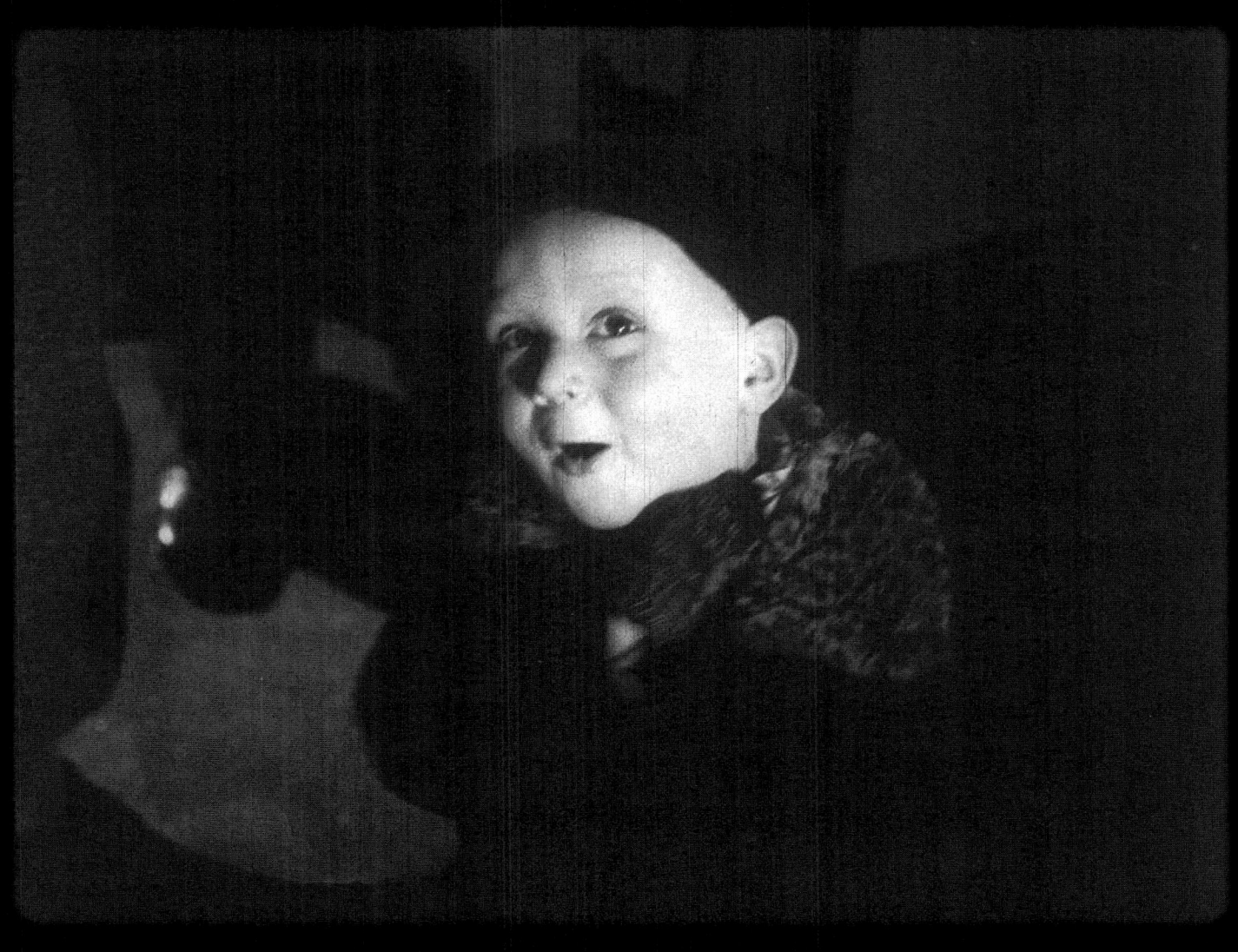

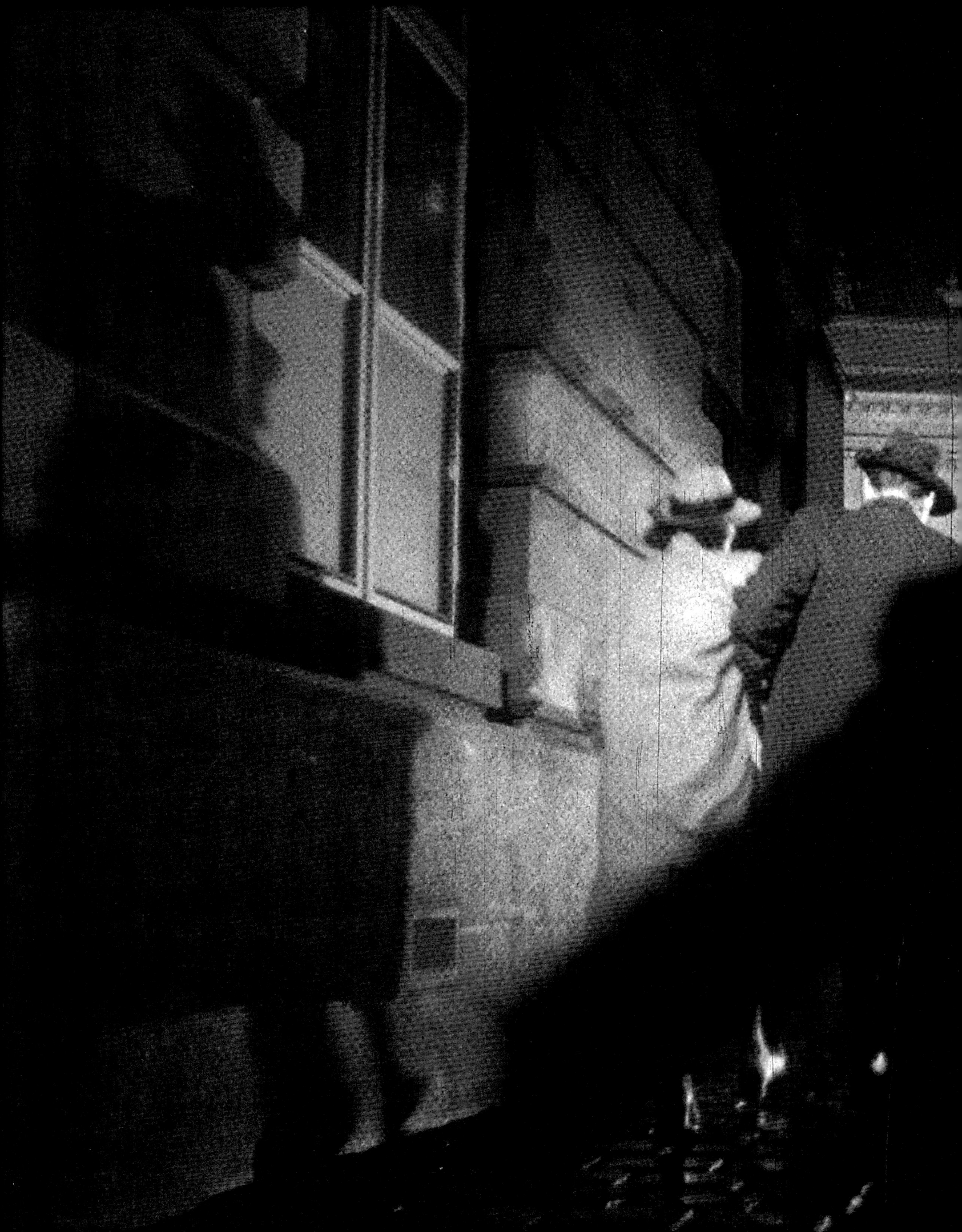

Passant: Sie, hallo, wartn S' a bissl.
He, Moment mal!

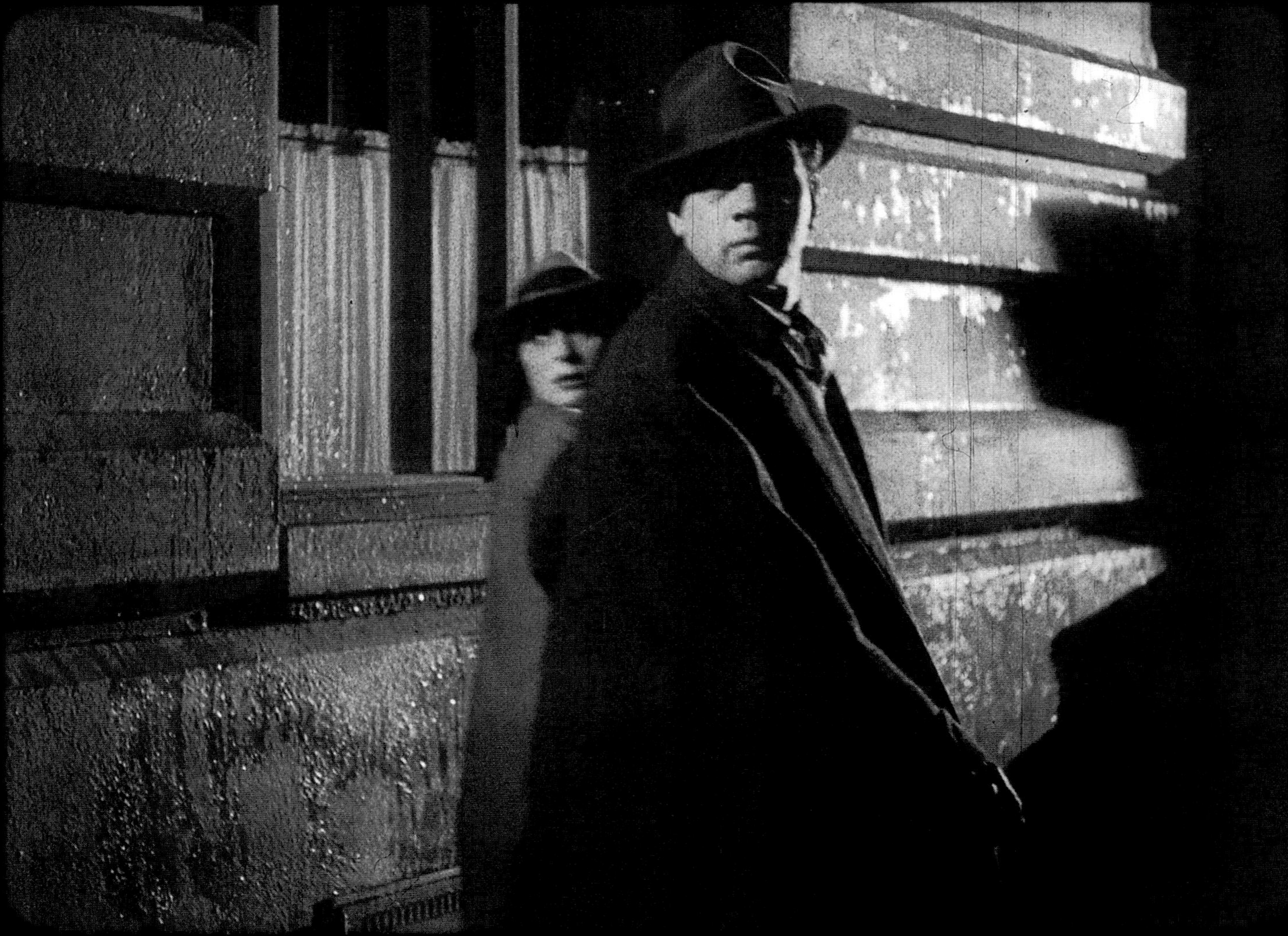

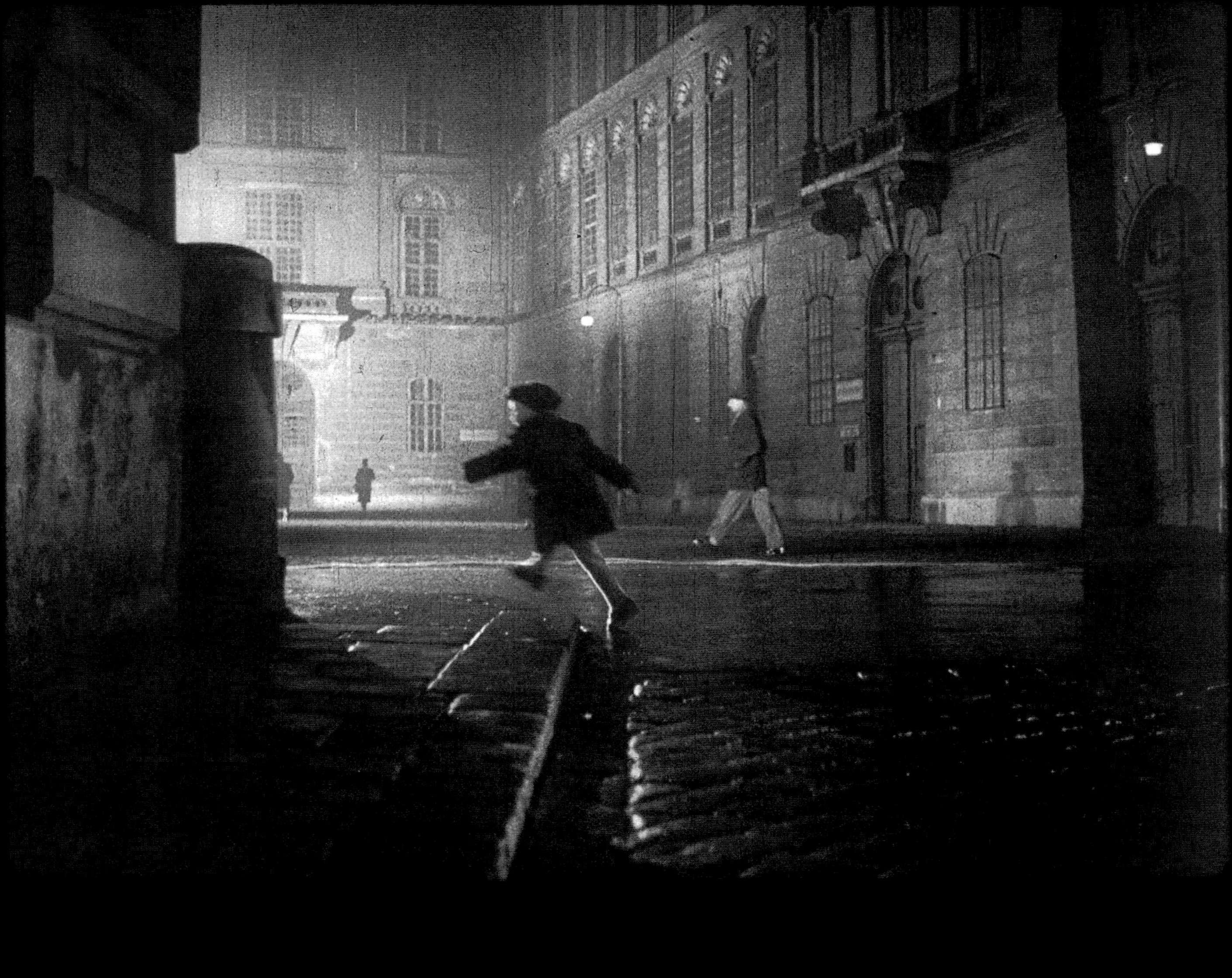

107

„Bitten Sie nur den Karl, der wird schon alles richten"
Dreharbeiten in den Trümmern der Stadt

Popescu schlägt Alarm. Schnitt: Baron Kurtz verlässt sein Haus. Schnitt: Auch Dr. Winkel macht sich mit seinem alten Fahrrad auf den Weg. (Im Hintergrund ist die Kirche Maria am Gestade auf dem Passauer Platz zu sehen.) Schnitt zur Reichsbrücke. Aus schwindelnder Höhe eines der mächtigen Pylonen fängt die Kamera einen auf der Brücke wartenden Unbekannten ein. Er ist stämmig, trägt einen schwarzen Mantel. Der Mann bekommt Gesellschaft, das Fahrrad verrät Dr. Winkel. Noch wissen wir nicht, dass Harry Lime von den Toten auferstanden ist.

Mit ihrer kühnen Hängekonstruktion gilt die Reichsbrücke einst als eines der stolzen Wahrzeichen Wiens. Den in den letzten Kriegstagen 1945 vor der Roten Armee zurückweichenden Wehrmachtsverbänden ist es nicht gelungen sie zu sprengen; als die einzige verbliebene Verbindung nach Wien wird sie unter dem Namen „Brücke der Roten Armee" zu einem Symbol nicht nur für die Befreiung Österreichs, sondern auch für die Besetzung des Landes durch die Sowjets. Die Reichsbrücke ist das Tor zum Osten, nur knapp 50 Kilometer donauabwärts liegt der Eiserne Vorhang. Am Handelskai sammeln sich unter ihr die Donauschiffe aus den östlichen Anrainerstaaten, was den nahe gelegenen Mexikoplatz zu einem berüchtigten Umschlagplatz nicht nur für geschmuggelte Ost-Zigaretten, sondern für Waren aller Art macht.

Wenn sich Regieassistent Guy Hamilton an die Dreharbeiten im besetzten Nachkriegs-Wien erinnert, denkt er stets an die Reichsbrücke und an die Schwierigkeiten, die die sowjetischen Besatzer dem Drehteam machen. Wien-Film-Chef Karl Hartl hat zwar ein gutes Verhältnis zu den Sowjets; trotzdem kommt es immer wieder zu Konflikten, die in unberechenbaren Amtshandlungen enden. Was an einem Tag möglich, ist am nächsten verboten, beklagt sich einmal Standfotograf Len Lee.[1] Die meisten Drehorte liegen innerhalb der Ringstraße im ersten Wiener Gemeindebezirk, der während der zweimonatigen Drehzeit unter der Verwaltung der westlichen Alliierten steht. Das erleichtert die Arbeit zwar ungemein, Produktionsleiter Hugh Perceval erlebt dennoch eine hektische Zeit hinter den Kulissen, zumal sich die Reichsbrücke, der Südbahnhof und der Prater mit dem Riesenrad im sowjetischen Sektor befinden.

Kaum sind die Einstellungen vom Kopf des Brückenpfeilers der Reichsbrücke abgedreht, warten am Boden bereits sowjetische Soldaten mit Kalaschnikows im Anschlag. Die Dreharbeiten müssen frühzeitig abgebrochen werden, zum Entsetzen des Teams wird die wertvolle Kamera beschlagnahmt und werden die Mitarbeiter zur nächsten Kommandantur eskortiert. Diese unmittelbare Tuchfühlung mit dem Kalten Krieg hat keiner erwartet. Was wird der Produktionsleiter dazu sagen? Mit einem Mann wie Hugh Perceval ist nicht zu spaßen, wenn es um verlorene Drehzeiten oder kaum ersetzbare, teure Geräte geht. Was aber weder das Filmteam noch die amtshandelnden Offiziere wissen: Die Kamera ist nur angemietet – von den Rosenhügelstudios, die ohnehin unter sowjetischer Verwaltung stehen. Die Sowjets beschlagnahmen also sowjetisches Gut!

Wie bei der Reichsbrücke ergeben sich auch bei den Dreharbeiten am Südbahnhof Schwierigkeiten. Trotz allgemeiner Warnungen besteht Carol Reed darauf, die Bahnhofsszenen am Gelände des Südbahnhofs zu drehen, dessen riesige Halle ihn von Anfang an begeistert hat. Man fleht ihn an, es sich noch einmal zu überlegen und die Szenen am Westbahnhof zu filmen, der in der französischen Zone liegt, aber Reed ist von seinem Vorhaben nicht abzubringen; ihm ist die Brisanz der politischen Situation nicht bewusst. Es kommt, wie es kommen muss: Kaum haben die Techniker mit dem Ausleuchten der riesigen Halle begonnen, erscheint ein sowjetischer Offizier und verlangt die Drehgenehmigung zu sehen. Mit Hilfe eines Dolmetschers führt Guy Hamilton eine umständliche Diskussion mit dem Offizier, der jedoch nicht mit sich handeln lässt. Carol Reed wiederum versucht hektisch, die geplante Einstellung mit der aus allen Rohren dampfenden Lokomotive – die Heizer haben noch tüchtig nachgelegt – abzudrehen, doch es bleibt beim Njet. Fluchtartig verlässt das Kamerateam das Bahnhofsgelände, um einer drohenden Verhaftung zu entgehen. Der Rest der Szene ist Studioarbeit: Die Lokomotive wird aus Pappkarton nachgebaut, Nebelmaschinen erzeugen den Dampf.

Problemlos verlaufen hingegen die Dreharbeiten beim Riesenrad im Prater. Der Vergnügungspark und das im Osten anschließende weitläufige ehemalige Augebiet sind zwar ebenfalls in der sowjetischen Zone, infolge eines Sonderabkommens aus dem Jahr 1945 aber für amerikanische Besatzungsangehörige mehr oder weniger ungehindert zugänglich. Da diese Regelung aber nicht die an den Prater grenzenden Straßen einschließt, ist das Drehteam gezwungen, für die der Riesenradszene vorangehende Balkonszene in den international verwalteten ersten Bezirk auszuweichen.[2]

Robert Krasker (li. vorne) bei Dreharbeiten im Stiegenhaus eines Palais auf dem Schwarzenbergplatz

„Sowohl englische als auch österreichische Schauspieler werden bei den Außenaufnahmen, die mehr als ein Drittel des Filmes ausmachen, mitwirken. Die interessantesten Stellen Wiens sollen dabei im Film Platz finden"[3], meldet die *Rathaus-Korrespondenz* am 19. Oktober 1948, als Carol Reed und sein Produktionsleiter von Wiens Bürgermeister Theodor Körner und Kulturstadtrat Viktor Matejka im Rathaus empfangen werden. Erstmals in der Geschichte der Stadt wird ein für europäische Nachkriegsverhältnisse großer internationaler Film an Wiener Originalschauplätzen gedreht. Eine internationale Starbesetzung und ein englischer Produktionstross von über 40 Mann sind angesagt, wochenlang werden sie – von neugierigen Wienern belagert – das Straßenbild mit ihren Scheinwerfern und Kameras prägen und den „Dritten Mann" zum Tagesgespräch machen. Da kann es nur recht und billig sein, dem Filmteam auch vonseiten der österreichischen Behörden jede nur mögliche Unterstützung zukommen zu lassen.

Dieser Hilfe bedarf es auch dringend, denn die Bedingungen, unter denen der Film in den nächsten zwei Monaten in Wien gedreht wird, sind mehr als ungewöhnlich. Das Stadtbild ist von den Spuren des Krieges gezeichnet, der Mangel nicht nur an Gütern des täglichen Lebens, sondern auch an Filmmaterial, Aggregaten, Scheinwerfern und Kabeln ist eklatant. Einmal gibt es keinen Strom, dann wieder sind die Telefonverbindungen ins Ausland schlecht und auf wenige Stunden täglich beschränkt. Ständig muss improvisiert werden. Dazu kommen noch die kalte Jahreszeit und eine allgemeine Stimmung der Trostlosigkeit. Weder Carol Reed noch sein Filmteam haben je zuvor im Ausland gearbeitet, geschweige denn in einem ehemals „feindlichen", jetzt von den eigenen Truppen besetzten Land. So werden die Dreharbeiten auch zu einer Begegnung zweier Welten, die sich erst langsam aneinander gewöhnen müssen. Eine österreichische Tageszeitung schreibt zwar von einem einträchtigen Miteinander am Set – „... man sitzt gemeinsam beim Essen, gemeinsam wird man mit dem Auto zum Filmen gebracht, gemeinsam sitzt man auch in geheizten Autobussen, um sich aufzuwärmen: Das gilt für die Schauspieler wie auch für die Techniker und Komparsen. Jeder spricht jeden mit dem Vornamen an, und auch zwischen den Stars und ihren Doubles entwickelt sich ein freundschaftliches Verhältnis, ebenso zu den Männern der Kanalbrigade"[4] –, aber auf beiden Seiten gibt es immer wieder Ressentiments und Misstrauen.[5] In den Augen so manch englischen Crew-Mitglieds sind die Österreicher immer noch „die Nazis" schlechthin, auf der anderen Seite wähnt man sich immer wieder von einer gewissen „Siegerattitüde" und „Überheblichkeit" der englischen Kollegen gedemütigt: „Man hat uns behandelt wie die Neger!"[6]

Als das englische Filmteam am 16. Oktober 1948 auf dem Flughafen Wien-Schwechat eintrifft, ist die Stimmung unter den Kameraleuten und Tontechnikern gedämpft. Bereits vorgewarnt, was sie in Wien neben den üblichen nachkriegsbedingten Unzulänglichkeiten erwarten wird, fehlen in ihrem Reisegepäck so auch nicht ausreichende Mengen an warmer Kleidung, Seife (!) und Zigaretten. Sie sind im Hotel Astoria in der Kärntner Straße untergebracht, einem eleganten Hotel aus der Zeit der Jahrhundertwende, das vom britischen Militär beschlagnahmt ist. Auch Orson Welles, Joseph Cotten und Alida Valli werden später dort absteigen,[7] ebenso wie jenes zweite englische Filmteam, das nur wenige Tage später für Dreharbeiten an dem Film „A Tale of Five Cities" eintrifft. „In der Lobby des Astoria Hotels ist es zugegangen wie in den Denham Studios um 6 Uhr.

Trevor Howard und Bernard Lee mit österreichischen „Kollegen"

Während ein Team gerade von den Tagesdreharbeiten hereingekommen ist, hat sich das Korda-Team gerade für die Nachtdrehs fertiggemacht."[8] Natürlich darf ein ordentliches Wiener Begrüßungsessen nicht fehlen. Karl Hartl lädt großzügig ein, Elizabeth Montagu organisiert das – unter den gegebenen Umständen – festliche Mahl: Majonnaise-Ei aus frischen Eiern vom Schwarzmarkt, Wiener Schnitzel und Sachertorte. Die Crew soll sich im fernen Wien so wohl wie möglich fühlen. Leider können einige Engländer mit der Wiener Küche nicht viel anfangen und meinen, sehr zum Entsetzen Montagus, an dem Schnitzel eigentlich nichts Besonders gefunden zu haben: „We didn't care about the meat done up like fish and chips."[9] Besser funktioniert die Versorgung dann im Laufe der Dreharbeiten wegen des aus England eingeflogenen Verpflegungstrosses. Zwei großzügige warme Mahlzeiten am Tag werden von Engländern und Österreichern gemeinsam eingenommen, ob man nun gerade im Kanal dreht oder am Zentralfriedhof. Auch der Alte Hofkeller in der Schauflergasse verpflegt die Crew; und so ist gelegentlich in den Kanälen Wiens ein in traditionellem Schwarz gekleideter Kellner mit einem Tablett voller Getränke anzutreffen.[10]

Der Terminplan der folgenden Wochen ist bis ins kleinste Detail durchkalkuliert, Carol Reed – nicht nur als Regisseur, sondern auch als Produzent nach Wien gekommen – muss die Außenaufnahmen bis Mitte Dezember abgeschlossen haben. Um das Pensum bewältigen zu können, arbeitet er mit drei Kamerateams. Die für die Nachtaufnahmen zuständige First Unit leitet der aus Australien stammende, seit langer Zeit in Europa ansässige Chefkameramann Robert Krasker, mit dem Reed wiederholte Male – zuletzt an „Odd Man Out" und „Fallen Idol" – sehr erfolgreich zusammenarbeitet hat. Der Engländer Stan Pavey steht der Sewer Unit im Kanal vor, und der aus dem Zillertal stammende Hans Schneeberger führt das für spezielle Dreheinsätze zusammengestellte dritte Kamerateam an (dem nicht nur die spektakuläre Kameraperspektive vom Brückenkopf der Reichsbrücke zu verdanken ist, sondern auch die klassische Schlussszene am Zentralfriedhof). Auch er hat mit Carol Reed schon an „Odd Man Out" und „Fallen Idol" gedreht. Oft arbeiten die drei Teams bis zu zehn Stunden pro Schicht am Set – nur zwischen 5 und 9 Uhr Früh und 17 und 20 Uhr abends werden Pausen eingelegt, für Schlaf bleiben nur wenige Stunden. Trotz des penibel ausgearbeiteten Drehplans besteht Reed darauf, eine Szene in verschiedenen Einstellungen immer wieder von neuem zu drehen und zu korrigieren. Hunderte Meter Film rollen für die legendäre Katzenszene in der Schreyvogelgasse durch die Kamera, ebenso viele für die Schlussszene am Zentralfriedhof und für die Kanalszene, wo in mehr als zwei Wochen so viel gedreht wird, dass allein die Einstellungen, die letztlich dem Schnitt zum Opfer fallen, einen abendfüllenden Film ergeben würden.

Carol Reed, der bei allen wichtigen Drehs persönlich anwesend ist – sämtliche Fäden der Produktion laufen in seinen Händen zusammen, und er hält sie fester als so manch anderer Regisseur –, kümmert sich um jedes Detail: „He was tough, demanding and knew every aspect of the film and was a great instructor"[11], erinnert sich Angela Allen; auf Außenstehende wirkt er trotzdem oft nur wie ein aufmerksamer, etwas abseits stehender Zuschauer. Geht etwas schief, ist das für ihn noch lange kein Grund zur Panik: „Wissen Sie, Ihre Idee ist absolut brillant, ich würde das im Moment aber etwas anders machen ..."[12] Hinter dieser Sicherheit stecken 20 Jahre Erfahrung im Filmgeschäft und die Besessenheit eines Mannes, dessen einziger Lebensinhalt der Film ist. Die Stars sind ihm dabei genauso wichtig wie die Statisten, die Beleuchter, die Produktionsassistenten oder die Männer der Kanalbrigade. Wer immer mit ihm arbeitet, ist stolz darauf und kann sich keinen besseren Regisseur vorstellen. Nie gibt es bei ihm auch nur die geringsten Anzeichen von Starallüren, seine Bescheidenheit ist sprichwörtlich.

„Bitten Sie nur den Karl, der wird schon alles richten"[13], hat Alexander Korda seinem Regisseur bereits in London als väterlichen Rat mit auf den Weg gegeben. Mit „Karl" ist jener Mann gemeint, mit dem Reed und Korda 1947 während der Dreharbeiten zum Remake von „Der Engel mit der Posaune" im Londoner Claridge Hotel zusammengesessen sind, um sich über Wien und Kordas neuestes Filmprojekt zu unterhalten. Karl Hartl ist es auch, der seinen alten Freund Korda davon überzeugen kann, nicht nur einzelne Einstellungen in Wien zu drehen, sondern den ganzen Film. Das Drehen an Originalschauplätzen ist 1948 noch keineswegs üblich, und noch nie zuvor ist man mit einer Produktion in diesem Umfang aus dem Atelier gegangen ... aber Karl Hartl richtet alles! Er ist ein brillanter Organisator und wird der wichtigste Ansprechpartner für das Team am Set.

Zur gleichen Zeit, als Alexander Korda mit den London Film Productions sein eigenes Imperium aufbaute und eine neue Epoche des englischen Films einleitete, kehrte Karl Hartl aus Berlin zur Sascha-Film nach Wien zurück und arbeitete mit seinem Freund Gustav Ucicky als Drehbuchautor und Regisseur an „Pratermizzi", „Tingel-Tangel" und am legendären „Café Electric" mit der noch unbekannten Marlene Dietrich und dem österreichischen Film-Beau Willi Forst. Nach dem Tod von Sascha Kolowrat, dem österreichischen Filmpionier und der treibenden Kraft hinter Sascha-Film, zieht es Hartl wieder nach Berlin, wo er nicht der einzige Österreicher ist: Der Schauspieler-Produzent Willy Forst, der Drehbuchautor Walter Reisch und der aus Galizien stammende und in Wien aufgewachsene Billy Wilder haben hier ebenfalls Fuß gefasst. Karl Hartl gelingt der Aufstieg zu einem der führenden Regisseure des deutschsprachigen Kinos, woran auch die Machtübernahme Hitlers 1933 nichts ändert. Er hält sich so weit als möglich außerhalb des wachsenden ideologischen Einflusses der neuen Machthaber und wählt bei seinen Filmen politisch unbedenkliche Sujets, vorzugsweise aus der österreichischen Geschichte, der Welt der Operette und der Komödie: Knapp aufeinander folgen „So endete eine Liebe" mit Paula Wessely und Willy Forst (1934), „Der Zigeunerbaron" (1935) und „Der Mann, der Sherlock Holmes war" (1937) mit Hans Albers und Heinz Rühmann; zu Hartls Meisterwerken zählen auch der erste Science Fiction-Film der Ufa-Studios, „F.P.1 antwortet nicht" mit Hans Albers und Peter Lorre, und „Gold" mit Hans Albers und Brigitte Helm.[14] Der „Anschluss" Österreichs an das Deutsche Reich führt Hartl 1938 wieder zurück nach Wien, wo er das Angebot von Reichspropagandaminister Josef Goebbels annimmt, Produktionsleiter der neu geschaffenen Ostmärkischen Filmkunst – später in Wien-Film umbenannt – zu werden. Dem Wunsch Goebbels gemäß soll unbedingt ein Wiener diese Position übernehmen, in Frage kommen nur zwei Männer: Karl Hartl und Willy Forst. Obwohl nie Parteimitglied, nimmt Hartl schließlich auf Drängen seiner Freunde an, um – wie er einmal in einem Interview sagt – „damit einem Abgesandten aus dem Altreich den Platz wegzunehmen"[15] und so innerhalb seines Einflussbereiches zu verhindern, dass der österreichische Film von der nationalsozialistischen Propaganda völlig vereinnahmt wird (was rückblickend gesehen gar nicht möglich gewesen wäre, da das gesamte Filmschaffen des Dritten Reiches nach genau vorgegebenen politischen Richtlinien zentralistisch von Berlin aus kontrolliert wurde).

Es klingt wie eine Ironie, dass die „große Zeit des österreichischen Films" auf das Engste mit der Eingliederung der heimischen Filmindustrie in das Filmimperium des Dritten Reiches verbunden ist und nur mit der Förderung durch das großdeutsche Kapital und in Verbindung mit den propagandistischen Interessen der NS-Herrschaft zustande gekommen ist: Nach dem „Anschluss" Österreichs an Nazi-Deutschland und der damit verbundenen Gleichschaltung der Kulturinteressen, der Übernahme aller bestehenden Filmorganisationen in die Reichsfilmkammer und der so genannten „Entjudung des Kulturbetriebes" verfügt Wien über Studios, die dank der Finanzierung aus Berlin mit einem für die Kriegszeit unerhörten Aufwand, mit den besten und teuersten Schauspielern, über 3.000 Fixangestellten und Hunderten Kleindarstellern produzieren können. Zwischen 1938 und 1945 verlassen 136 Spielfilme die Wien-Film-Studios, um ein täglich mit der Realität des Krieges konfrontiertes Kinopublikum für einige Stunden in eine imaginäre Welt zu entführen. Mit Stars wie Paula Wessely, Attila und Paul Hörbiger, dem „Wiener Original" Hans Moser, Maria Andergast, Willy Forst, Theo Lingens und vielen anderen Leinwandlieblingen des deutschsprachigen Kinopublikums folgt ein Kassenschlager dem anderen. Zu den erfolgreichsten Regisseuren zählen Willy Forst, Gustav Ucicky, Géza von Cziffra und Karl Hartl.

Viele der besten österreichischen Filmschaffenden sehen sich gezwungen, das Land zu verlassen. Auch Ernst Deutsch, der spätere Baron Kurtz im „Dritten Mann", geht ins sichere Ausland, wo sich schon eine Reihe österreichischer Regisseure wie Max Reinhardt und Otto Preminger, Berthold Viertel, Fritz Kortner und G. W. Pabst einen Namen gemacht haben. Und so finden sich in dem 1942 mit Ingrid Bergman und Humphrey Bogart gedrehten Klassiker „Casablanca" unter den Kleindarstellern und Statisten viele Schauspieler aus dem legendären Theater in der Josefstadt, die auf der Flucht vor den Nazis in Hollywood Aufnahme gefunden haben. Sie spielen neben den ebenfalls aus Österreich stammenden Stars Paul Henreid, Helmut Dantine und Peter Lorre, begleitet von der Musik des gebürtigen Wieners Max Steiner und unter der Regie von Michael Curtiz, dessen Filmkarriere – noch als Michael Kertész – unter den Fittichen von Film-Papst Graf Sascha Kolowrat im Wien der zwanziger Jahre begann.[16]

Mit den bewährten Operetten- und Walzerzauber-Themen kann Karl Hartl jedenfalls die Nachfrage Berlins nach publikumswirksamen und geschäftlich erfolgreichen Unterhaltungsfilmen im Sinne einer propagandistisch gesteuerten Realitätsflucht befriedigen und gleichzeitig einschlägiges politisches Engagement vermeiden: Verwechslungskomödien, Ausflüge in die Romantik der Biedermeierzeit, Heimatfilme und Verfilmungen literarischer Vorlagen machen das Gros der Produktion aus. Offensichtlich gelingt ihm die Gratwanderung, denn in den sieben Jahren des Bestehens der Wien-Film werden nur drei Filme mit einer eindeutig politischen Aussage gedreht: die beiden explizit antisemitisch angelegten Propagandafilme „Leinen aus Irland" (1939) mit Siegfried Breuer – dem Popescu aus dem „Dritten Mann" – und „Wien 1910", in dessen Mittelpunkt der Wiener Bürgermeister der Jahrhundertwende und populistische Antisemit

Wien-Film Studios in Sievering

Joseph-Cotten-Double Heinz Lazek (li.), Boxeuropameister und „Edelstatist" der Wien-Film

Karl Lueger steht, sowie das ideologisch stark gefärbte Filmdrama „Heimkehr" (1941) mit Paula Wessely und Attila Hörbiger. Als Produktionsleiter der Wien-Film bringt Karl Hartl immer wieder auch politisch oder „rassisch" Verfolgte im Filmgeschäft unter, unter anderem das österreichische Boxidol Heinz Lazek, im „Dritten Mann" Double Joseph Cottens. Wegen seiner Ehe mit einer Jüdin ist Lazek gezwungen, seine erfolgreiche Karriere als internationaler Spitzensportler aufzugeben. Als exzellenten Linkswalzertänzer stuft ihn Hartl einfach als unabkömmlich ein![17]

Mit dem Kriegsende ist für den österreichischen Film keineswegs die „Stunde Null" gekommen; sogar während des Einmarsches der Roten Armee wird in den Wiener Studios gedreht. Nachdem er im letzten Moment die auf Befehl Berlins angeordnete Sprengung der Studios verhindern kann, schafft es Karl Hartl, die von den Kampfhandlungen unversehrt gebliebenen Anlagen der Wien-Film am Rosenhügel in die Nachkriegszeit zu retten. Da der oberste sowjetische Filmoffizier von den Streifen Hartls sehr beeindruckt ist, bestätigt ihn die sowjetische Militärverwaltung als Leiter der neu gegründeten Wien-Film und als Verwalter der Rosenhügelstudios und legt so den Fortbestand der österreichischen Filmindustrie in seine Hände. Zudem stattet sie die Studios mit 180.000 Metern Filmmaterial aus, mit dem die ersten beiden österreichischen Nachkriegsproduktionen gedreht werden: das Heimkehrerdrama „Der weite Weg" mit Maria Andergast, Rudolf Prack und Hans Holt, und „Glaube an mich" mit Karl Hartls Ehefrau Marte Harell und Rudolf Prack als Hauptdarstellern sowie Hans Schneeberger an der Kamera. Nach dem Einmarsch der westlichen Alliierten in Wien gibt Karl Hartl die Leitung der Rosenhügelstudios ab und übernimmt die in der amerikanischen Zone liegenden Sieveringer Studios im 19. Wiener Bezirk.[18]

Diese Sieveringer Studios kann nun Hartl Carol Reed und seinem Filmteam als Standquartier und „Operationsbasis" zur Verfügung stellen, samt allen technischen und personellen Kapazitäten, die die Filmstadt Wien zu bieten hat: von den Schneideräumen bis zum Scheinwerferpark, von den Kameraleuten und Tontechnikern bis zu den Beleuchtern, Bühnenarbeitern, Maskenbildnern und einem Heer von Statisten.[19] Auch die Requisiten, die Carol Reed benötigt, um das vom Krieg so übel zugerichtete Wien mit einem barocken Brunnen oder einer Engelsfigur aufzuputzen, stammen aus dem Bühnenfundus der Wiener Filmstudios. In Sievering sieht sich Reed täglich die Aufnahmemuster durch, hier finden die Drehbesprechungen statt, lässt der Regisseur Rohschnitte für die Nachproduktion in England anfertigen. Eine besondere Hilfe dabei ist der technische Leiter der Sieveringer Studios, Otto Vlk, der aus in ganz Wien zusammengesammelten elektronischen Einzelteilen immer wieder brauchbare Filmgeräte baut, so etwa eine transportable Klangfilm Eurocord Lichttonkamera.[20]

Über die Wiener Mitarbeiter am „Dritten Mann" ist heute kaum noch etwas bekannt.

Von den London Film Productions werden sie mehr oder weniger als Back-up-Infrastruktur betrachtet und trotz des großen Lobes vor Ort in offiziellen Publikationen später nur selten erwähnt. Ohne deren unermüdlichen Einsatz hätte Carol Reed aber seinen ausgeklügelten Drehplan nicht durchziehen können; anders als die englische Crew nämlich, die zu Reeds Leidwesen die gewerkschaftlich festgesetzten Arbeitszeiten streng einhält, arbeiten die österreichischen Kollegen oft rund um die Uhr. Vermutlich würde dem Film ohne ihre Mithilfe auch die eine oder andere hervorragende Einstellung, das eine oder andere markante Gesicht fehlen.

Wenn auch damals die entsprechende Wertschätzung ausbleibt, so darf der direkte und indirekte volkswirtschaftliche Nutzen der Dreharbeiten in Wien nicht übersehen werden. Wer bei diesem Film mitarbeitet, hat Geld und kann sich leisten, was gut, teuer und verfügbar ist. Und davon gibt es in Wien genug – man muss nur wissen wo. Ist etwas nicht zu bekommen, genügt ein Telefonanruf nach London und das Gewünschte trifft innerhalb eines Tages per Flugzeug ein. Der Film bringt Arbeit – kein unbedeutender Faktor in der angespannten Arbeitsmarktsituation der Nachkriegszeit –, für die Fixangestellten der Wien-Film ebenso wie für Hunderte Freischaffende. Die Entlohnung ist –

Bundesminister Otto Sagmeister, der Sozialistische Ernährungsminister, teilt mit:

2100 Kalorien für den Normalverbraucher

Das ist eine Erhöhung von 300 Kalorien, die ab 13. September 1948 täglich ausgegeben werden. Angestellte, Jugendliche von 12 bis 18 Jahren und Hausfrauen, die bisher Zusatzkarten hatten, erhalten die gleichen erhöhten Rationen.

Arbeiter erhalten 2500 Kalorien
Schwerarbeiter 3100 und
Schwerstarbeiter 3350 Kalorien

Wie wird sich die Kalorienerhöhung in der Einkaufstasche auswirken? Normalverbraucher werden nach der Erhöhung pro Woche erhalten:

Brot und Mehl	**2 kg 90 dkg**
Nährmittel	**45 dkg**
Fleisch	**30 dkg**
Fett	**30 dkg**
Zucker	**32 dkg**

Erdäpfel bleiben wie bisher. Aber die Qualität der erhöhten Brotration wird gleichzeitig verbessert werden. Dank der unermüdlichen Anstrengungen der Sozialisten in der Regierung konnte unsere Ernährung weiter verbessert werden. Die Produktion steigt, der Wiederaufbau kommt in Schwung. Laßt euch nicht irremachen und vergeßt nicht, wie hoffnungslos es 1945 ausgesehen hat. Es wird ja doch wieder besser! Wir werden aus der Not herauskommen, wenn wir fest zusammenarbeiten.

... es wird ja doch wieder besser!

gemessen am damaligen Standard – fürstlich, Überstunden und Zulagen fetten die Einkommen zusätzlich auf. Die Mitarbeiter werden großzügig mit Essen versorgt (der Durchschnittsösterreicher muss zu dieser Zeit noch mit rund 2.000 Kalorien pro Tag sein Auslangen finden) und bekommen die normalerweise unerschwinglichen Luxusgüter Nescafé und Zigaretten geschenkt (die sie dann oftmals auf dem Schwarzmarkt verkaufen und mit dem Geld ihrerseits wieder ganze Familien ernähren). Auch die Ausstattung mit Kleidung ist großzügig, jeder – sogar die Komparsen – wird vom englischen Filmausstatter Berman & Berman von Kopf bis Fuß neu eingekleidet.[21]

In Karl Hartls Kompetenz fallen viele verschiedene Bereiche, unter anderem auch die Zusammenarbeit mit den österreichischen Behörden. Die Männer von der Kanalverwaltung müssen eingesetzt werden, die Kanalschächte zu reinigen und abzusichern, die Wiener Feuerwehr hat auszurücken, um die nächtlichen Straßen in eine gespenstische Regenlandschaft zu verwandeln, und die Polizei muss dafür sorgen, dass die Straßen rechtzeitig für die Dreharbeiten gesperrt werden.[22] Auch die Kommunikation zwischen den auf alle vier Besatzungszonen aufgeteilten Filmstudios liegt in Hartls Händen. Die Rosenhügelstudios befinden sich im sowjetisch besetzten Teil des 13. Wiener Gemeindebezirks, die Schönbrunn-Film-Ateliers in der britisch kontrollierten Maxingstraße, die Kopieranstalt im neunten Bezirk in der amerikanischen Zone und das Filmlager im französisch besetzten 14. Bezirk. Müssen etwa Scheinwerfer vom Rosenhügel nach Sievering gebracht werden, ist dies an einen wahren Papierkrieg geknüpft, da es gilt, mit jeder für Drehgenehmigungen zuständigen Behörde der jeweiligen Besatzungszone in Verbindung zu treten.

Kopfzerbrechen bereitet aber auch die Verständigung im Filmteam selbst. Auf der Seite der Engländer spricht nur Elizabeth Montagu perfekt Deutsch; Art Director Vincent Korda und Art Designer Ferdinand Bellan haben ebenfalls keine Schwierigkeiten mit der Sprache, stammen doch beide aus der ehemaligen österreichisch-ungarischen Monarchie; Regieassistent Guy Hamilton wiederum erinnert sich noch „an einige Brocken Deutsch" aus der Schule. Auf österreichischer Seite verfügen nicht nur der Wiener Regieassistent Gino Wimmer und Orson Welles-Double Otto Schusser über ausgezeichnete Englischkenntnisse,[23] auch Regisseur Paul Martin, „Location Assistant" und Dialogassistent, vermag die immer wieder auftretenden Sprachprobleme mit den österreichischen Schauspielern aus dem Weg zu räumen. Karl Hartl selbst spricht Englisch mit starkem österreichischen Akzent, kommt damit aber ebenso gut zurecht wie Welles' Double Otto Schusser.[24] Sonst jedoch versteht kaum ein Engländer Deutsch und kaum ein Österreicher Englisch. Carol Reed ist ständig auf einen Dolmetscher angewiesen, auch wenn er sich anfangs davon überzeugt zeigt, dass jeder sein Englisch verstehen würde, spreche er nur langsam und deutlich genug: „Ballo-o-o-n" müsse doch auch dem (vom Prater weg zu den Dreharbeiten auf dem Hohen Markt engagierten) Luftballonverkäufer klar sein – dem alten Mann ringt das aber nur ein verständnisloses Kopfschütteln ab, heißt es in Wien doch immer noch „Luftballon". Wegen der mangelnden Kommunikationsmöglichkeiten ergeben sich jedenfalls nur wenige soziale Anknüpfungspunkte außerhalb des Sets, man bleibt meist unter sich. Und der Empfang, den Karl Hartl zu Ehren des Filmteams gibt, gerät zu einer steifen Angelegenheit, da sich die Konversation der meisten Gäste notgedrungen auf „Good evening", „How do you do?" und einige andere Höflichkeitsfloskeln beschränkt.[25]

Karl Hartl obliegen neben den organisatorischen und sozialen auch die vertraglichen und finanziellen Aspekte der Dreharbeiten. Wegen der restriktiven Devisenbestimmungen dürfen keine Geldbeträge nach Großbritannien transferiert werden, weshalb sämtliche Kosten für die Wiener Dreharbeiten – inklusive der Honorare für Schauspieler, Statisten, Kameraleute und Techniker – vom Wiener Konto der London Film Productions abgedeckt werden sollen, auf das wiederum sämtliche Einspielergebnisse der in Wien gezeigten Korda-Filme fließen. Zusätzlich wird vereinbart, im Namen des Sascha-Film-Verleihs einen Kredit in Höhe von 1,2 Millionen Schilling (heutiger Wert rund 1,75 Millionen Euro) bei der Creditanstalt-Bankverein aufzunehmen, der mit den Einnahmen aus dem Vertrieb von Korda-Filmen in Österreich besichert werden soll.[26] Die restliche Finanzierung bringen die London Film Productions in Großbritannien auf; die Honorare für Orson Welles, Alida Valli und Ernst Deutsch werden aus Sperrkonten der London Film Productions in Italien abgedeckt. Mit 25.000 Pfund – in Lire ausbezahlt und exklusive Aufenthaltskosten und Taggeld in Höhe von 10 Pfund – ist Orson Welles der Bestverdiener dieser Produktion. 1948 etwa das 500fache (!) eines durchschnittlichen monatlichen österreichischen Ministergehalts, entspricht Orson Welles' Gage auf heutige Verhältnisse umgerechnet einem Wert von rund 1,5 Millionen Euro.[27] Relativ bescheiden machen sich dagegen die Honorare der österreichischen Darsteller aus: Erich Ponto erhält für die Rolle des Dr. Winkel rund 1.000 Schilling (25 Pfund) pro Tag zuzüglich Reise- und Aufenthaltskosten und 80 Schilling (2 Pfund) Taggeld für die Dauer von sechs Wochen; Siegfried Breuer für die Rolle des Popescu 36.000 Schilling; Paul Hörbiger 3.000 Schilling pro Tag und Hedwig Bleibtreu 1.500 pro Tag; Kameramann Hans Schneeberger wird mit insgesamt 30.000 Schilling entlohnt, Paul Martin mit 3.000 Schilling pro Woche und seine Assistentin mit 400 Schilling; Orson-Welles-Double Otto Schusser erhält für seine fast vierwöchige Tätigkeit bei den Kanaldreharbeiten 2.000 Schilling. 10.000 Laufmeter Filmmaterial werden mit 17.000 Schilling in Rechnung gestellt.

Als unentbehrliche Helfer am Set erweisen sich neben Karl Hartl noch zwei weitere Männer aus Österreich: Paul Martin und Gino Wimmer. Hartls „rechte Hand" Paul Martin – offiziell als „Location Assistant" und Dialogassistent in die Dreharbeiten eingebunden – ist Carol Reed schon beim Casting und bei der Suche nach geeigneten Drehorten hilfreich zur Seite gestanden, jetzt liegt seine Aufgabe vor allem im Regiebereich. Carol Reed hat persönlich auf seine Mitarbeit bestanden, da Martin nicht nur selbst erfolgreicher Regisseur ist, sondern durch seine Arbeit in Hollywood auch über amerikanisches Know-How verfügt. Der aus einer Banater Notarsfamilie stammende Martin war schon in den frühen dreißiger Jahren zur Ufa nach Berlin gegangen, wo er mit „Ein blonder Traum" mit Topstar Lilian Harvey, mit der er auch persönlich verbunden war, international Furore machte und daraufhin von der 20th Century Fox die Regie von Graham Greenes erster Romanverfilmung „Stambul Train" übertragen bekam.[28]

Gino Wimmer, Carol Reeds Regieassistent und „Location Assistant", ist

Gruppenfoto am Set: Gino Wimmer (li.) im Dufflecoat, Script-Girl Peggy McClafferty, Chefkameramann Robert Krasker (5. v. r.)

Tonaufnahmen am Set

über Vermittlung des amerikanischen Kulturoffiziers Marcel Prawy zum Drehteam gestoßen. Auch er springt ein, wo Not am Mann ist – und wenn es sein muss auch als Orson Welles-Double in der Katzenszene auf der Mölkerbastei. Carol Reed möchte ihn auch bei der Fortsetzung der Dreharbeiten in Shepperton nicht missen. Eine Einreiseerlaubnis erhält Wimmer mit Hilfe eines UNESCO-Fellowship Stipendiums, zwar erst nach Ende der Dreharbeiten im März 1949, aber gerade noch rechtzeitig für die Betreuung von Anton Karas, der im Mai mit der Arbeit an der Tonspur beginnt. Während Gino Wimmer generell für die Dreharbeiten im Wiener Kanal zuständig ist, steht Guy Hamilton Reed im oberirdischen Bereich zur Seite.

Guy Hamilton hätte in Oxford studieren und in den diplomatischen Dienst eintreten sollen. Ihn zieht es allerdings in die Pariser Filmstudios, wo ihn Carol Reed entdeckt, als Regieassistenten für „Fallen Idol" engagiert und für den „Dritten Mann" gleich behält. Sein eigener Stil, viel kritisches Engagement und eine gute Schauspielführung, die er – eigenen Worten nach – dem von ihm bewunderten Lehrmeister Reed verdankt, lassen ihn später zu einem überaus erfolgreichen Regisseur werden, der sich international vor allem durch seine James Bond-Verfilmungen einen Namen macht.

Anhand der wöchentlichen Bulletins des englischen Filmfachjournals *Cinema*[29] über die Außenaufnahmen in Wien lässt sich der Ablauf der Dreharbeiten in etwa rekonstruieren. Gleich nach der Ankunft stehen Besprechungen mit Karl Hartl auf dem Programm, ebenso die ersten Nachtaufnahmen der abenteuerlichen Taxifahrt durch das Gassenlabyrinth der gespenstischen, ausgestorbenen Stadt. „Eine Zeitung fliegt über den Gehsteig, laut Manuskript. Wenige Sekunden Pause, dann sieht man ein Wiener Taxi, das sehr rasch um die Ecke biegt. Im Kontrast dazu überquert mit langsam müden Schritten eine zerlumpte Gestalt mit Rucksack diesen Teil des Minoritenplatzes. Etwas später wird die gleiche Szene in Regenstimmung aufgenommen. Ein Feuerwehrwagen sorgt mit Schläuchen und Spritzen für die erforderliche Witterung. Immer aufs Neue wiederholt Reed diese kleine Szene, korrigiert sie in jedem Detail. Erst um zwei Uhr erlöschen die Lichter."[30] Joseph Cotten, zu diesem Zeitpunkt noch nicht in Wien, wird in der Taxifahrt-Sequenz gleich dreifach gedoubelt: von Operettenbariton Andreas Steinbach, vom Wiener Sänger und Schauspieler Karl Gallasch und von Boxidol Heinz Lazek. Die Innenaufnahmen mit dem entsetzten Holly Martins („Wollen Sie mich vielleicht umbringen?") werden im Studio fertig gedreht. Die wilde Taxifahrt durch die nächtlichen Straßen Wiens zieht das Kinopublikum nur 40 beklemmende Sekunden lang in seinen Bann, gehört aber wegen des perfekten Zusammenspiels von Kamera, Schnitt und Nachtfotografie zu den Lieblingsszenen der Fans des „Dritten Mannes".

Martins steht der Schock über den Mord am Hausbesorger noch im Gesicht, er muss Major Calloway sprechen, im Strudel der Ereignisse hat er auf seine Vorlesung vergessen:

[As Martins sits down, the car immediately begins to move off.]
Martins: *International Police Headquarters. Colonel Calloway's Office – The man does not reply and the car gathers speed. It plunges into ill-lit streets. Martins peers anxiously out. The taxi speeds around a corner. It almost mounts the curb. It is driving to a more deserted part of the city.*
Martins: *Slower. Slower. [The driver pays no attention.]*
Martins: *Have you got orders to kill me?*
Driver: *Ich kann nicht Englisch. (Szene 68)*

Ein unwirscher Chauffeur, gespielt vom englischen Kleindarsteller Thomas Gallagher, rast mit seinem entsetzten Gast durch düstere, enge Gassen; er schneidet Kurven, die Reifen quietschen. Für diese Einstellungen wird neben dem Minoritenplatz auch auf dem Hohen Markt (im Film: „Café Marc Aurel Square")[31], vor den Ruinen des Palais Sina, in der Sonnenfelsgasse, in der um die Ecke liegenden Schönlaterngasse im ersten Wiener Gemeindebezirk sowie in der Mechitaristengasse im siebenten Bezirk und am Rennweg vor der Sale-

sianerinnenkirche im dritten Bezirk gedreht. Die von Krieg und Elend gezeichneten stummen Gestalten, die Carol Reed dem rasenden Taxi mit starren Augen nachblicken lässt, hat sich Regieassistent Guy Hamilton aus dem Männerheim in der Meldemannstraße „ausgeborgt", einst auch Bleibe Adolf Hitlers während seiner frühen Jahre in Wien. Weitere Nachtaufnahmen folgen auf dem Platz Am Hof, dem „Kiosk Square". Das Haus Nr. 8, in dem Anna wohnt, war einst ein elegantes Bankgebäude, das kurz nach den Dreharbeiten abgerissen und durch einen Neubau ersetzt wird. Im Film hallen die Worte von Annas Zimmervermieterin durchs Stiegenhaus: „Mein Gott, ist das schrecklich! Man ist nicht mehr Herr in seinem eigenen Haus, wenn's wenigstens die österreichische Polizei wäre, aber Amerikaner, Russen, Franzosen und mitten in der Nacht. Ich meine, wenn Sie mich wenigstens vorher verständigt hätten." Deutlicher als Annas Haus erkennt man das ehemalige Bürgerliche Zeughaus mit der bekrönenden Weltkugel, das – nach schweren Bombenschäden vorbildlich restauriert – heute die Zentrale der Wiener Feuerwehr beherbergt (die entsprechend der Regieanweisung damals für „regennasses Straßenpflaster" sorgt). Für die Kameraeinstellung von Annas Wohnung zu jenem Haustor, in das Harry Lime in der Dunkelheit flüchtet, wird Annas Haus in die Schreyvogelgasse „verlegt".

Ein großes Problem bei diesen Nachtaufnahmen ist die Beleuchtung. Da weder die 1.500 Watt-Scheinwerfer noch die Aggregate der Wiener Studios ausreichen, werden riesige Karbidscheinwerfer, ein fahrbares Aggregat und weiteres Zubehör von der Firma Mole & Richardson, Technical Suppliers of The Third Man, aus England eingeflogen. Und weil das Filmmaterial nicht sehr lichtempfindlich ist und um ein Mehrfaches stärker beleuchtet werden muss als heute, heuert man zusätzlich technisches Bedienungs-Personal von der Wien-Film an, das sich vor allem dann als unentbehrlich erweist, wenn es gilt, bei der immer wieder zusammenbrechenden Stromversorgung zu improvisieren; nicht zuletzt verbrauchen die riesigen Kohlelampen Unmengen an Energie.

Um nicht kostbare Drehzeit zu verlieren, versucht Carol Reed noch vor Eintreffen der Stars, so viele Filmmeter wie möglich abzudrehen. In der Szene im kleinen Schulhof doubelt Regieassistent Guy Hamilton Orson Welles: „So Carol made me dress up in a big silly hat, and a big black coat with padded shoulders because I was rather skinny. And I found I was rather good at running in front of an arc of light and making the shadow of Harry Lime." Und da die Filmgarderobe des Titelhelden noch gar nicht entworfen ist, steckt man den großen, schlanken Hamilton kurzerhand in einen weiten schwarzen Mantel, dessen Schultern mit einem Kleiderhaken verstärkt werden, um sie der bulligen Statur von Orson Welles anzupassen. Sein Gesicht verdeckt ein breitkrempiger schwarzer Hut – von dem zu diesem Zeitpunkt niemand ahnt, dass er eines Tages Harry Limes Markenzeichen werden wird.[32]

Der Schulhof ist – schon allein vom Ambiente – der perfekte Ort für das Verschwinden Harry Limes. Hier scheint die Zeit still zu stehen: Das Kopfsteinpflaster, das hübsche Ensemble aus barocken Bürgerhäusern, die vergitterten Fenster der ehemaligen Jesuitenkirche und der breite Torbogen zum Platz Am Hof sind über die Jahre unverändert geblieben ... kein Wunder, dass gerade dieser romantische Platz immer wieder für Dreharbeiten genützt wird, wenn Alt-Wiener Ambiente gefragt ist. Gleichzeitig eignet es sich auch ideal, die Verfolgung von Harry logisch – im Sinne einer inszenierten Wirklichkeit – und fotogen in die Topografie Wiens einzubauen: So unerwartet, wie Harry Lime aus der Finsternis eines Haustores herausgelockt wird, soll er sich wieder im Nichts auflösen. Nur seine Schritte hallen durch die leeren Gassen und lassen einen verdutzten Holly Martins zurück, der nicht weiß, ob er einen Geist oder vielleicht doch Harry gesehen hat.[33]

Noch ohne seinen Hauptdarsteller Welles beginnt Carol Reed mit den Dreharbeiten an der Katzenszene vor dem so genannten Dreimäderlhaus in der Schreyvogelgasse auf der Mölkerbastei. Harry Limes geniales Auftauchen, gepaart mit dem kunstvoll komponierten Auftritt seiner Katze, zählt zu den eindruckvollsten Szenen des Films („Most magical!") und gehört zu den lebhaftesten Erinnerungen einer ganzen Kinogeneration. Die Szene ist einer spontanen Idee Carol Reeds zu verdanken: In der Romanfassung ist nur von Annas Fenster die Rede – „Gehen Sie lieber vom Fenster weg; die Vorhänge sind nicht zugezogen" –, von einem langen Schatten auf der Straße, „der sich vielleicht gemeinsam mit einer Wolke bewegt hatte, die sich gerade über den Mond schob"³⁴. In der Regieanweisung heißt es bereits, „dass er plötzlich einer Gestalt in der Dunkelheit eines Hauseingangs gewahr wird, von der er nur die Schuhspitzen sieht. Martins bleibt stehen und starrt sie an, die schweigende, regungslose Gestalt starrt zurück. Ist es einer von Calloways Leuten, oder von Tylers [im Film: Popescus] oder die österreichische Polizei?"

Carol Reed will Harry Lime so spektakulär wie möglich von den Toten auferstehen lassen. Sein Trick dabei ist die Katze!

Mit den Dreharbeiten zu dieser Szene ist ein eigens zusammengestelltes Kamerateam unter Hans Schneeberger tagelang beschäftigt. Reed lässt immer wieder mit den unterschiedlichsten Kameraeinstellungen experimentieren, kaum eine andere Szene erfordert einen solchen Aufwand an Material, Zeit und Geduld. Es dauert eine Ewigkeit, bis alles Reeds Vorstellung entspricht, nicht zuletzt wegen des fehlenden Stars. Orson Welles ist noch immer nicht zu den Dreharbeiten erschienen, daher wird auch hier mit einem Double – Regieassistent Gino Wimmer – gearbeitet. Zeitraubend und mühsam erweist sich auch die Arbeit an der Katzenszene, für die gleich mehrere Katzen zum Einsatz kommen. Sie haben nicht nur verschiedene Temperamente, sie sind auch von unterschiedlicher Lernfähigkeit und zeigen – wie Guy Hamilton es überspitzt formuliert – wenig Interesse an einem erfolgreichen Drehergebnis. Es bedarf vieler Finten, sie dazu zu bringen, sich an Harrys Schuhe zu schmiegen und mit den Schuhbändern zu spielen. In Wien setzt man Baldrian als Lockmittel ein. Es scheint zu funktionieren, bis Gino Wimmer merkt, dass man offensichtlich zuviel davon verwendet hat und die – gerade erst von Carol Reed geschenkt bekommenen – nagelneuen englischen Maßschuhe mit übelriechenden Exkrementen überzogen sind ... Bei der Fortsetzung der Dreharbeiten in den Shepperton Studios mit Guy Hamilton als Orson Welles-Double versucht man es mit Sardinenöl, Garnelenpaste und Honig. Um die Aufmerksamkeit der Katze auf Harrys Gesicht zu lenken, knüpft Art Director John Hawkesworth an das Schuhband eine dünne Angelleine, die er durch Harrys Hosenbein laufen lässt. Und Orson Welles? Er sieht sich das Haustor in der Schreyvogelgasse Nr. 8 erst bei seinem nächsten Wienaufenthalt an! Für seinen Auftritt aus dem Dunkel muss John Hawkesworth „Anna's Street" mit dem barocken Hauseingang und dem typischen Wiener Kopfsteinpflaster eigens im Studio nachbauen.

Mittlerweile ist es Ende Oktober. Von den Stars wird Joseph Cotten, aus Rom kommend, als erster in Wien erwartet. Er schafft es vorerst aber nur bis zum Semmering, etwa 100 Kilometer südlich von Wien, der Grenze zwischen der britisch kontrollierten Steiermark und der sowjetischen Besatzungszone. Bei der Passkontrolle werden Cotten und seine Ehefrau Lenore von den Sowjets aus dem Zug geholt, weil ihre Papiere angeblich nicht in Ordnung sind. Mit ein paar Lebensmitteln ausgestattet und einer Whiskyflasche in der Tasche – das übrige Gepäck haben sie dem Schaffner anvertraut –, stehen die beiden in der eisigen Nacht mitten in einer ihnen unbekannten Gegend. Nach langem Hin und Her gelingt es ihnen, die Produktionsleitung in Wien anzuru-

Joseph Cotten bei Dreharbeiten auf der Freyung

fen. Joseph Cotten versucht den schwierig auszusprechenden Namen ihres Aufenthaltsortes durchzugeben und brüllt – beim Buchstaben N angelangt – wütend ins Telefon: „N like NEVER AGAIN!"³⁵ Endlich kommen Elizabeth Montagu und Guy Hamilton, um sie abzuholen und über die Demarkationslinie zu bringen. Sie haben plump gefälschte Identitätsausweise bei sich – offizielle Dokumente waren so kurzfristig nicht aufzutreiben. Damit die Täuschung nicht auffällt, verwickeln sie den sowjetischen Offizier in ein Gespräch und bieten ihm nicht nur Zigaretten, sondern auch gleich Feuer an, allerdings so groß eingestellt, dass er, kräftig geblendet, die Fälschung nicht erkennen kann. Die „Operation Semmering" gelingt, und Joseph Cotten und seine Frau werden ins Hotel Astoria in der Kärntner Straße gebracht. Ihr Zimmer wird bald zum sozialen Zentrum des Filmteams: Die Cottens sind nicht nur sehr gesellig und beliebt, die ausgebildete Konzertpianistin Lenore hält ihre Gäste auch mit musikalischen Darbietungen auf einem herrlichen Flügel bei Laune. Außerdem gibt es hier immer den nötigen Nachschub an Whisky und Gin.

Joseph Cotten ist diszipliniert und auch deshalb beliebt, weil er ohne jegliche Starallüren ist. Privat trifft man ihn bei Erkundungstouren durch die Stadt an, beim Plaudern mit amerikanischen Militärangehörigen, die sich freuen, „ihren" Star während der Drehpausen auf einen Kaffee einzuladen. Am Set ist er der ruhende Pol, im Gegensatz zu seinem alten Freund, dem oft aufbrausenden, hyperaktiven und schwierigen Orson Welles, der ständig glaubt, die besseren und originelleren Einfälle als Carol Reed zu haben.³⁶

Als schließlich Alida Valli, aus Hollywood kommend, zum Filmteam stößt, kann Hans Schneeberger mit den Dreharbeiten zur Schlussszene in der langen Allee am Zentralfriedhof („Cemetery Street") beginnen. Mit dem Friedhof ist man schon vertraut, bereits im Oktober wurden dort Harrys Begräbnis und Holly Martins' erstes Zusammentreffen mit Major Calloway gedreht. Carol Reed hat allerdings noch keine ihn befriedigende Lösung für das Ende des Films gefunden, ihm bleibt daher nichts anderes übrig als zu experimentieren.

Als nächstes ist der Josefsplatz („Harry's Place") an der Reihe, der bei mehreren Szenen als Kulisse dient: bei der Ankunft Holly Martins, beim Treffen Holly Martins mit Baron Kurtz und bei der Zusammenrottung der aufgebrachten Menschenmenge nach der Ermordung des Hausbesorgers. Seit den Dreharbeiten hat sich auch dieser Platz kaum verändert; die überdimensionalen steinernen Frauenfiguren bewachen noch immer den Eingang zu Harrys Haus auf Nr. 5, auch Kaiser Josef II. thront nach wie vor hoch zu Ross in der Mitte des Platzes und die Fassaden der nahe gelegenen Nationalbibliothek und der Spanischen Reitschule, im Film deutlich zu erkennen, sind unverändert.

Der Drehplan sieht als erste Szene die Ankunft Holly Martins' vor. Leichten Schrittes nähert er sich dem Haus, vergleicht (laut Regieanweisung) die Hausnummer über dem Eingangstor mit dem Zettel in seiner Hand und stürmt in freudiger Erwartung eines Wiedersehens mit dem Freund die Treppe zu dessen Wohnung hinauf. Umsonst suchen Interessierte auf den Spuren des „Dritten Mannes" Harry Limes Wohnung in der Stiftgasse 15 im siebenten Wiener Gemeindebezirk. Dort befindet sich nur ein gründerzeitliches Wohnhaus, nicht aber Harrys elegantes klassizistisches Palais Pallavicini. Ein Fall von künstlerischer Freiheit? Oder sind Graham Greene und Carol Reed im Zuge ihrer gemeinsamen Drehbucharbeit im Sommer 1948 bei dem ebenfalls in der Stiftgasse liegenden Hauptquartier der 796th Military Police Patrol gelandet und haben sich mit der Adresse einfach einen „practical joke" erlaubt?[37]

Die Dreharbeiten im Palais Pallavicini am Josefsplatz laufen jedenfalls nicht ohne Schwierigkeiten ab. Gegen die Aufnahmen im Stiegenhaus hatte der Hausherr, Graf Pallavicini, nichts einzuwenden, auf der Suche nach weiteren geeigneten Drehorten im Gebäude legt sich aber der im selben Haus eingemietete Wiener Rennverein quer. Als Carol Reed bei seinem ersten Wienaufenthalt im Juni 1948 gemeinsam mit Art Director Vincent Korda, Regieassistent Guy Hamilton und Paul Martin die für Dreharbeiten eventuell in Frage kommenden Räumlichkeiten besichtigt, wird vonseiten des Rennvereins betont, dass man den Clubmitgliedern keine Unannehmlichkeiten bereiten möge. Auf Ungarisch beratschlagen Vincent Korda und Paul Martin, ob man vielleicht mit der richtigen Summe zu der gewünschten Dreherlaubnis kommen könne. Was die beiden nicht wissen: Auch die Sekretärin des Rennvereins spricht Ungarisch und ist von den Bemerkungen der beiden Männer nicht angetan.[38] Die Szene mit Paul Hörbiger, der Holly Martins aus einem Fenster nachsieht, wird deshalb über dem Eingang zur Augustinerkirche gedreht; Harrys Wohnung selbst ist ein Studioset, der herrliche „Ausblick" aus dem Fenster bis auf einen Zwischenschnitt mit Blick auf die Drahtgasse eine von Ferdinand Bellan gemalte Kulisse.

Auch die Dreharbeiten im Palais Auersperg stehen unter der Leitung von Hans Schneeberger. Wieder eine herrliche Prunktreppe – sie hat schon Christoph Willibald Gluck und Wolfgang Amadeus Mozart zu Hauskonzerten der fürstlichen Bewohner in die Beletage des Vorstadtpalais geführt, das einst zu den schönsten Wiens zählte und manch offiziellem Anlass als feierlicher Rahmen diente. In den letzten Kriegsmonaten Sitz der österreichischen Widerstandsbewegung, wird es Ende 1945 als Hauptquartier der Internationalen Polizei requiriert.

Als alle Stars bis auf Orson Welles verfügbar sind, beginnt Robert Krasker mit ihnen die Nachtszenen zu drehen; es folgen weitere Dreharbeiten für die rasante Taxifahrt und für die Flucht Holly Martins und Annas ins Kino. Diese Szene wird in der Porzellangasse im neunten Bezirk vor dem Heimatkino gefilmt, einem 1938 „arisierten" Gebäude, das nach dem Krieg zum Schauspielhaus umgebaut wird. Auch die Sequenz mit dem kleinen Hansl (Szene 60) steht in dieser Drehphase auf dem Plan. Im Anschluss daran geht es zu den Hauptdreharbeiten in den Kanal, wo das Aufnahmeteam „kalten und zugigen Zeiten entgegensah"[39]. Mehr als zwei Wochen verbringt man in den finsteren Gewölben unter der Stadt; viele Einstellungen müssen mit der Handkamera gedreht werden – eine Spezialität des Wiener Kameramanns Walter Partsch, der von der Information Service Branch ISB für die Dreharbeiten zum „Dritten Mann" empfohlen und von Ernst Haeussermann zur Verfügung gestellt wird. Als Chefkameramann der amerikanisch-britischen Wochenschau „Welt im Film" ist er an wendiges Arbeiten gewöhnt und Spezialist für Handschwenks, also der richtige Mann für die schwierigen Arbeiten in den beengten Kanalräumlichkeiten – leider genauso unbedankt wie alle anderen Österreicher am Set.[40]

Am 18. November 1948 kommt dann – reichlich verspätet und bereits ungeduldig erwartet – Orson Welles am Wiener Südbahnhof an. Schon auf dem Weg nach Wien erlaubt er sich einen bösen Spaß mit Regieassistent Bob Dunbar: Unter dem Vorwand, er möge doch einige Anzüge für ihn abholen, lässt er Dunbar einen Umweg über Venedig machen, während er selbst auf direktem Weg nach Wien fährt, nur um einige Stunden vor dem verdutzten Begleiter anzukommen. Am Set fragt man sich natürlich, mit welchen Starallüren Welles bei den Dreharbeiten aufwarten wird. Will er auch in Wien die Rolle des genialen, aber schwierigen Schauspielers spielen, dem es mit Leichtigkeit gelingt, Kollegen aus der Fassung zu bringen? Bei Joseph Cotten besteht diesbezüglich keine Gefahr; die beiden kennen einander ja schon von ihrer gemeinsamen Zeit beim Mercury Theater, und auch Carol Reed fürchtet sich keineswegs vor dem exzentrischen Genie. Er wird Welles' Schrullen akzeptieren und seine Manierismen einfach in das Spiel vor der Kamera miteinbeziehen. Orson Welles ist immerhin sein Wunschkandidat für die Rolle des Harry Lime gewesen. Außerdem vertraut er auch ganz dem bis ins kleinste Detail ausgearbeiteten Drehbuch, das dem Schauspieler kaum Freiraum lassen wird. Zudem hat Welles nur wenige Auftritte (diese allerdings sind Schlüsselszenen). Die anderen am Set, vor allem die Engländer, tun sich mit Welles nicht so leicht. Als er es einmal zu bunt treibt, beschließen sie, ihn einfach tagelang zu ignorieren, was dieser mit einem beleidigten „Am I not supposed to be in this picture?"[41] quittiert.

Noch am Tag der Ankunft von Welles beginnen die Dreharbeiten im Wiener Prater. Es ist ein kurzer Auftritt, das erste Zusammentreffen der beiden Freunde Holly Martins und Harry Lime vor dem bereits wieder instandgesetzten Riesenrad. Die in die Filmgeschichte eingegangene Fahrt der beiden Freunde wird – mit Rückprojektionen von Kameramann Monty Berman versehen, die die Drehbewegung des Riesenrades simulieren sollen – im Studio fertig gedreht. Ohne Pause geht man zu den Dreharbeiten im Kanal über, in dem es trotz gründlicher Reinigung fürchterlich stinkt. Es ist dunkel, der Boden ist rutschig und die Wände sind feucht; überall liegen Kabel, und man hat Holzstege gebaut, damit die Füße trocken bleiben. Die Flucht durch den Kanal soll einer der großen Auftritte Orson Welles' werden. Im Gegensatz zu Carol Reed, der sich für die Wiener Kanäle begeistert, kann sich Welles aber nicht mit dem Gedanken anfreunden, in den unterirdischen Gefilden Wiens zu drehen. „Nur der überaus diplomatischen Persönlichkeit Carol Reeds und dem guten Zureden aller Anwesenden gelang es, den Star aus Hollywood in das Kanalsystem zu locken. Und er erschien erst, nachdem die Kanalbrigade den Kanal gesäubert und allen Unrat beseitigt hatte, von einer Parfümwolke umgeben und nach den neuesten Londoner Modellen gekleidet."[42] Es ist ihm zu kalt und zu zugig, Welles ist wärmere Gegenden gewohnt: „Carol, I can't work in the sewers, I come from California! My throat! I'm so cold!"[43] Carol Reed gibt Welles daraufhin die Anweisung, er solle sich einfach hinstellen, zur Seite schauen und so tun, als wäre ihm die Polizei auf den Fersen, dann weglaufen. Aber Orson Welles zeigt sich nicht gewillt, durch irgendwelche Kanäle zu laufen, und versucht nun seinerseits, Reed Regievorschläge zu machen. Es solle doch überhaupt jemand anderer für ihn spielen, für ihn seien diese Bedingungen unerträglich. Also werden nur einige Großaufnahmen gemacht, dann betritt Orson Welles nie wieder die Unterwelt; in allen weiteren Kanalszenen doubelt ihn der Wiener Komparse Otto Schusser. Dieser sieht Welles zwar nicht ähnlich, die Statur stimmt aber. Und so merkt das Filmpublikum kaum, dass es nicht der große Orson Welles ist, der über Rinnsale springt und das Überlaufwehr unter dem Karlsplatz überquert, sondern sein Double.

Der Wien-Film Komparse Otto Schusser als Orson-Welles-Double

Für die Wiener sind die Dreharbeiten inzwischen zur Selbstverständlichkeit geworden. Wo immer das Drehteam auftaucht, sind bereits Schaulustige zur Stelle. Vor allem will man einen Blick auf die Stars erhaschen, die – so scheint es – auch Glanz und Schönheit in den trostlosen Nachkriegsalltag bringen. Von den ausländischen Schauspielern stehen Joseph Cotten und Alida Valli an oberster Stelle der Beliebtheit, Orson Welles ist den Wienern, wenn man in den österreichischen Tages- und Filmzeitungen der Jahre 1949 und 1950 blättert, weniger ein Begriff. Dafür aber ist das Interesse an den heimischen Stars umso größer.

Trotz etlicher Schwierigkeiten können die Dreharbeiten termingerecht in der zweiten Dezemberwoche abgeschlossen werden. Am 11. Dezember 1948 gibt es für alle Mitarbeiter – die Stars sind bereits abgereist – im Alten Hofkeller der Hofburg ein festliches Abendessen, bei dem es an nichts fehlt. Carol Reed und seine Frau freuen sich, mit der gesamten Crew ein traditionelles englisches Weihnachtsfest samt einem aus England eingeflogenen Weihnachtskuchen zu feiern. Die lange Zusammenarbeit und nicht zuletzt auch der großzügig fließende Wein scheinen endlich auch viele Sprachprobleme gelöst zu haben. Es wird ein gelungener Abend, und Carol Reed dankt den österreichischen Mitarbeitern noch einmal für ihre Hilfe. Sie seien nicht nur mit Liebe, sondern auch mit Begeisterung bei der Sache gewesen, hätten alle Schwierigkeiten bestens gemeistert und hohes fachliches Können gezeigt.[44]

Am 15. Dezember 1948 heißt es Abschied nehmen, die englische Crew freut sich auf Zuhause. Doch Carol Reed will nicht gehen, ohne den Wienern ein persönliches Weihnachtsgeschenk gemacht zu haben: Für die Wiedereinweihungsfeiern des Stephansdoms, die zeitgleich mit dem Ende der Dreharbeiten stattfinden, lässt er die gewaltigen Filmscheinwerfer in Wien zurück, die den Dom erstmals seit Kriegsende wieder in seiner alten – und jetzt notdürftig wiederhergestellten – Schönheit erstrahlen lassen!

„Nichts, wo man seiner Fantasie freien Lauf lassen könnte"
Wien aus Gips und Pappmaché

Nach einer kurzen Weihnachtspause wird der Schauplatz Wien nach London verlegt, wo die Dreharbeiten am 29. Dezember 1948 ihre Fortsetzung finden. Eine Woche lang quartiert sich das Filmteam in den kleinen Isleworth Studios in der Nähe von Richmond an der westlichen Peripherie Londons ein, um das erste Zusammentreffen Holly Martins' mit Major Calloway in der Weinstube Smolka und Annas Besuch in Harry Limes Wohnung zu drehen. Bald nach Neujahr übersiedelt man dann in die nahe gelegenen Shepperton Studios, wo in kürzester Zeit die Kulissen für die Wien-Szenen aufgebaut werden. Entsprechend den Verträgen müssen sämtliche Dreharbeiten mit den Stars bis Mitte Februar 1949 abgeschlossen sein.

Die Shepperton Studios südwestlich von London

Die nur wenige Autominuten südlich von Heathrow Airport entfernten Shepperton Studios sind seit mehr als 60 Jahren ein wahres Mekka für Filmemacher. 1931 kauft der filmbesessene schottische Geschäftsmann Norman Loudon den aus dem 17. Jahrhundert stammenden, von einem riesigen Landschaftspark umschlossenen königlichen Jagdsitz Littleton Park House am Fluss Ash, um das Sound City Film Producing and Recording Studio zu errichten. Das in viktorianischem Stil eingerichtete Landhaus mit Wintergarten und Ballsaal und der herrliche Park mit den auf Privatgrund liegenden Flußauen sowie zwei neue, modernst ausgestattete Bühnen schaffen ideale Voraussetzungen für spektakuläre Filmproduktionen. Als Alexander Korda nach 1945 seine London Film Productions Ltd. gründet, erwirbt er neben einigen kleineren Studios Shepperton, das hervorragende Arbeitsbedingungen für unabhängige Filmemacher wie David Lean, Michael Powell und Emeric Pressburger bietet und für Carol Reed zur idealen Arbeitsstätte wird: Neben dem „Dritten Mann" entstehen hier unter seiner Regie „The Fallen Idol", „An Outcast of the Islands", „The Man Between", „A Kid for Two Farthings", „Our Man in Havana" und das mit zahlreichen Oscars bedachte Filmmusical „Oliver!". Laurence Olivier dreht hier 1955 gemeinsam mit Anthony Bushell seinen großen Erfolg „Richard III." und wirkt in vielen anderen Filmen mit, 1960 arbeiten Gregory Peck, David Niven und Anthony Quinn für „The Guns of Navarone" in Shepperton, ein Jahr später entsteht Stanley Kubricks Komödie „Dr. Strangelove, Or: How I Learned to Stop Worrying And Love The Bomb" mit Peter Sellers, 1964 „Beckett" mit Peter O'Toole als Heinrich II. und Richard Burton in der Titelrolle, 1966 in der Regie von Fred Zinnemann „A Man For All Seasons" mit Orson Welles als Kardinal Wolsey, ebenso zwei Folgen von „Pink Panther" mit Peter Sellers als Inspektor Clouseau, 1982 Sir Richard Attenboroughs „Gandhi" mit Ben Kingsley und „Chaplin" mit Geraldine Chaplin in der Rolle der Mutter des in London geborenen Stummfilmstars. Zwei Shakespeare-Verfilmungen von Kenneth Branagh, „Frankenstein" mit Robert de Niro und Helena Bonham-Carter, Kevin Costners „Robin Hood", Ridley Scotts „Alien", Sidney Pollacks „Out of Africa", „101 Dalmatians" und „Evita" erblicken ebenfalls an diesem Ort das Licht der Kinoleinwand. Und auch Otto Preminger dreht hier, nämlich „Bonjour Tristesse" mit David Niven und Deborah Kerr. Mit insgesamt 17 Studiohallen unterschiedlicher Größe – eine davon misst über 2.600 Quadratmeter –, sieben bestens eingerichteten Vorführstudios und einer perfekten Infrastruktur gehört Shepperton heute – nach wechselvollen Jahren – zu den größten Filmstudios in Europa.

Als Art Director John Hawkesworth das Drehbuch zum „Dritten Mann" das erste Mal in die Hand nimmt, ist er enttäuscht. Ein nüchternes Polizeihauptquartier, ein paar Wohnräume, ein Nachtclub: nichts, um seiner Fantasie freien Lauf zu lassen, nichts, um – wie bei Kordas sonst so großzügig ausgestatteten Kostümfilmen – Kreativität zu entwickeln. Seine Motivation hält sich in Grenzen, zudem wäre er viel lieber zu den Außenaufnahmen in Wien eingeteilt worden. Als jedoch die ersten Meldungen eintreffen, wie grauenhaft kalt und ungemütlich es in Wien ist, und Vincent Korda täglich Unmengen an Fotos, Skizzen und kaum lesbaren Anweisungen für Kulissenbauten nach England schickt, wendet sich das Blatt:

Halb Wien soll im Studio nachgebaut werden! Also doch eine Herausforderung?!
Und so entsteht ein Wien aus Gips, Pappmaché und kunstvoll gemalten Kulissen – und wird immer umfangreicher.
Um hundertprozentige Authentizität zu garantieren, nimmt Standfotograf Len Lee Hunderte Details – von Grabsteininschriften am Zentralfriedhof über Kaffeetassen bis hin zu den Beleuchtungskörpern der Wiener Originaldrehorte – auf, und mehr als 300 Künstler, Bühnendekorateure und Handwerker beginnen, Wien in über 70 (!) Dekorationen aufzubauen.

Wozu der enorme Aufwand, einen Teil der Szenerie Wiens in den Shepperton Studios aufbauen zu lassen, wenn man doch ohnehin den größten Teil des Films vor Ort gedreht hat? Ganz im Sinne des englischen Filmrealismus versucht Carol Reed auch tatsächlich, so viele Außenaufnahmen wie möglich in der Stadt selbst zu machen (Innenaufnahmen waren mit wenigen Ausnahmen ohnehin nicht vorgesehen); viele der geplanten Einstellungen fallen jedoch der Tücke des Objekts zum Opfer: Einmal gibt es keine Drehgenehmigung, dann wieder spielt das Wetter nicht mit, ein anderes Mal weigert sich Orson Welles, in den feuchten Gängen der Wiener Kanalisation zu drehen oder es wird eine Kamera von den Sowjets beschlagnahmt – genügend Gründe also, Set für Set in den Studiohallen nachzustellen. Und da sich die Sowjets beharrlich weigern, einen Offizier für eine Patrouillenfahrt der „Vier im Jeep" abzukommandieren, müssen auch sämtliche Szenen mit alliiertem Militärpersonal im Studio nachgedreht werden. (Dabei lenkt der englische Schauspieler Peter Voigt in der Rolle eines amerikanischen GIs einen Jeep, „ohne je einen Führerschein besessen zu haben".[45]) Bei weiteren Rückprojektionen nimmt man es aber mit der Schauplatztreue nicht mehr so genau: Auf der nächt-

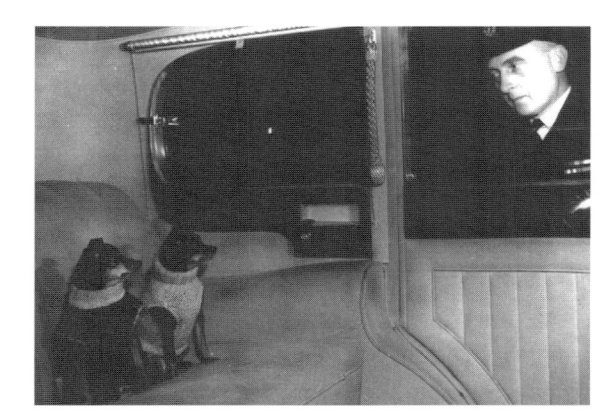

Die englischen „Doubles" werden ins Studio chauffiert

Am Set in Shepperton: Ernst Deutsch bereitet sich mit Script Assistentin Peggy McClafferty auf Szene 18 vor („Outside Lime's Flat")

„Genauso abstoßend wie ihr Herrchen"

lichen Fahrt von Major Calloway und Holly Martins ins Krankenhaus kann man im Heckfenster ihres Jeeps recht deutlich die Lichter eines Londoner Doppeldeckerbusses erkennen, bei der Schlussszene auf dem Wiener Zentralfriedhof registriert der aufmerksame Zuseher anstelle der Wiener Grabmäler die keltischen Kreuze des Fulham Cemetery in London, die den Zwischenschnitten zu verdanken sind.

Immer wieder ist das zweite Kamerateam unter John Wilcox mit Arbeiten an den Zwischenschnitten beschäftigt. Jedem noch so unscheinbaren Detail wird Aufmerksamkeit zuteil, dem Buchdeckel von Holly Martins' „Oklahoma Kid" ebenso wie der skurrilen Kunstsammlung von Dr. Winkel. Ein kleines Meisterwerk ist das „Bahnhofsrestaurant" mit der dampfenden Lokomotive im Hintergrund. Da man Annas geplante Abfahrt vom Südbahnhof nach einer Intervention der Sowjets nicht in Wien zu Ende drehen kann, muss die Szene im Studio fertig gestellt werden. „Alles, was man sehen konnte, waren die Scheinwerfer, die durch den Dampf leuchteten. Die Kritiker glaubten, es wäre ein echtes Kunstwerk gewesen, dabei war es einfach nur ein notwendiges Übel."[46]

Eine Herausforderung der besonderen Art ist der Hund von Baron Kurtz, der genauso klein, hässlich und abstoßend sein sollte wie sein Besitzer. Die eigentlichen Schwierigkeiten ergeben sich anlässlich der „Übersiedlung" des Café Mozart und des Josefsplatzes in die Shepperton Studios, denn wegen der strengen Quarantänevorschriften darf der österreichische Hund nicht nach England einreisen.

Shepperton: Joseph Cotten, Paul Hörbiger und Ernst Deutsch, „Josefsplatz"-Set

Es beginnt eine lange und fieberhafter Suche nach einem geeigneten englischen Ersatz. Schließlich findet sich ein passendes Double, das in einer Luxuslimousine mit Chauffeur ins Studio gebracht wird![47] Auch die Dreharbeiten zu „Flügel oder Bein" in Dr. Winkels Wohnung gehen in die Annalen der Filmgeschichte ein. Für das formvollendete Aufschneiden des Entenbratens sucht die Aufnahmeleitung einen Schauspieler mit „makellosen weißen Händen", den sie in der Person des englischen Schauspielers James Robertson – dessen Leidenschaft das Tranchieren des Sonntagsbratens ist – auch bald findet. Allerdings wird ihm ein Huhn vorgesetzt, das er wie eine Ente zu zerteilen hat. Der Darsteller ist empört, er könne dies mit seinem Ruf als ernst zu nehmender Schauspieler nicht vereinbaren. Er leistet der Anweisung erst Folge, als man ihm versichert, dass im Film ohnehin nur seine Hände zu sehen seien. Um ihn wieder zu versöhnen, wird er für den folgenden Tag als Lichtdouble Joseph Cottens engagiert.[48]

Was die Aufnahmeleitung in Wien zur Verzweiflung treibt, ist auch in Shepperton ein Ärgernis: Niemand kann genau sagen, wann sich Orson Welles nach London bequemen wird. „In 1949 with ‚The Magnificent Ambersons' and ‚Citizen Kane' under his belt, Orson Welles could be thought the greatest actor and director in the world. That was certainly his opinion. He made out that he was so important and so busy that he could only spare The Third Man a week in the studio."[49] Bereits im Vorfeld kündigt er an, dass er höchstens eine statt der vertraglich festgelegten zwei Wochen für die Dreharbeiten zur Verfügung stehen könne, da er seinen „Othello" in Marokko fertig drehen müsse. Carol Reed versucht noch vor Welles Ankunft möglichst viele Szenen mit den anderen Stars abzudrehen und steht unter enormem Zeitdruck. An einem Drehtag arbeitet er in bis zu acht verschiedenen Dekorationen, was für die Shepperton Studios einen absoluten Rekord darstellt und nur möglich ist, weil „much of the speed and ease in shooting has been due to the popularity of Joe Cotten, who kept up his puckish humour despite constant work on the floor".[50] Zwei Kamerateams arbeiten gleichzeitig; man filmt im „Hauptquartier der Internationalen Polizei", in „Harrys Wohnung", in „Annas Wohnung", im „Kinosaal", in der „Casanova Bar", in der „Ankunftshalle des Westbahnhofs", am „Zentralfriedhof" und im „Kinderspital" und stößt dann planmäßig in zwei nebeneinander liegenden Dekorationen aufeinander. Infolge des gedrängten Terminplans kommt es vor, dass der eine oder andere Schauspieler zum Warten verurteilt ist. Betrifft das Trevor Howard und Bernard Lee, dann sind die beiden schon mittags recht heiter und räumen gelegentlich, sehr zum Leidwesen des Art Department, deren kunstvolle Sets ab.[51]

Obwohl die beiden Kamerateams mehr oder weniger rund um die Uhr arbeiten und die Dreharbeiten zügig vorangehen, wird der vorgegebene Termin doch beträchtlich überschritten. Es ist bereits Mitte März, als es in „Annas Wohnung" noch einmal sehr lebhaft wird: Alida Valli, Joseph Cotten, Trevor Howard, Bernard Lee, Hedwig Bleibtreu und das Militärpersonal müssen in der Kulisse untergebracht werden. Am 18. März 1949 kann Joseph Cottens letzte Einstellung abgedreht werden, Alida Valli steht noch bis Ende März vor der Kamera. Als der letzte Scheinwerfer in den Shepperton Studios erlischt, ist die Arbeit am Film aber noch lange nicht abgeschlossen. Über sechs weitere Monate wird sich die Nachproduktionsphase erstrecken, in der das Rohmaterial geschnitten, montiert und mit Ton versehen wird.

KAPITEL 05

CAROL REED UND SEIN GENIALES TEAM

Szene 63 / 0:46:44
Hotel Sacher
(Part Location, night)

Martins: Könnte ich ein Taxi haben?
Portier: Aber natürlich, der Chauffeur wartet schon auf Sie!

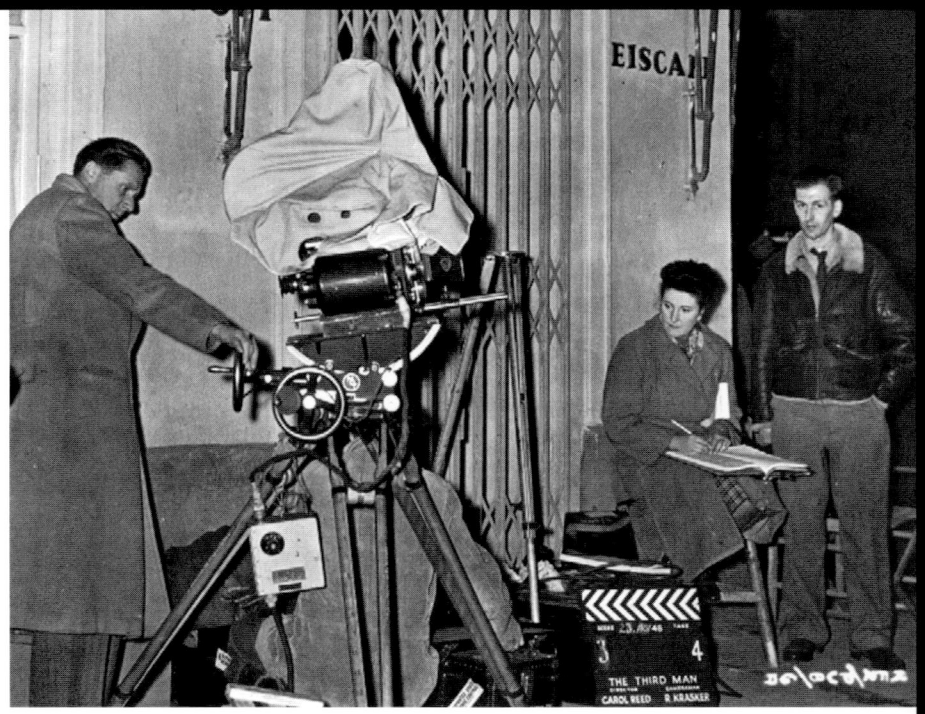

Carol Reed an der Kamera beim Nachtdreh in Wien

Minoritenkirche,
Rennweg,
Salesianerinnenkirche
(Part Location, night)

121

[Chauffeur hört nicht auf Martins]
Martins: Aber wollen Sie mich vielleicht umbringen?

123

[Taxi fährt in eine Einfahrt.
Die Türe zum Kulturinstitut öffnet sich]
Chauffeur: Bitt' schön,
　　　　gehen S' rein hier!

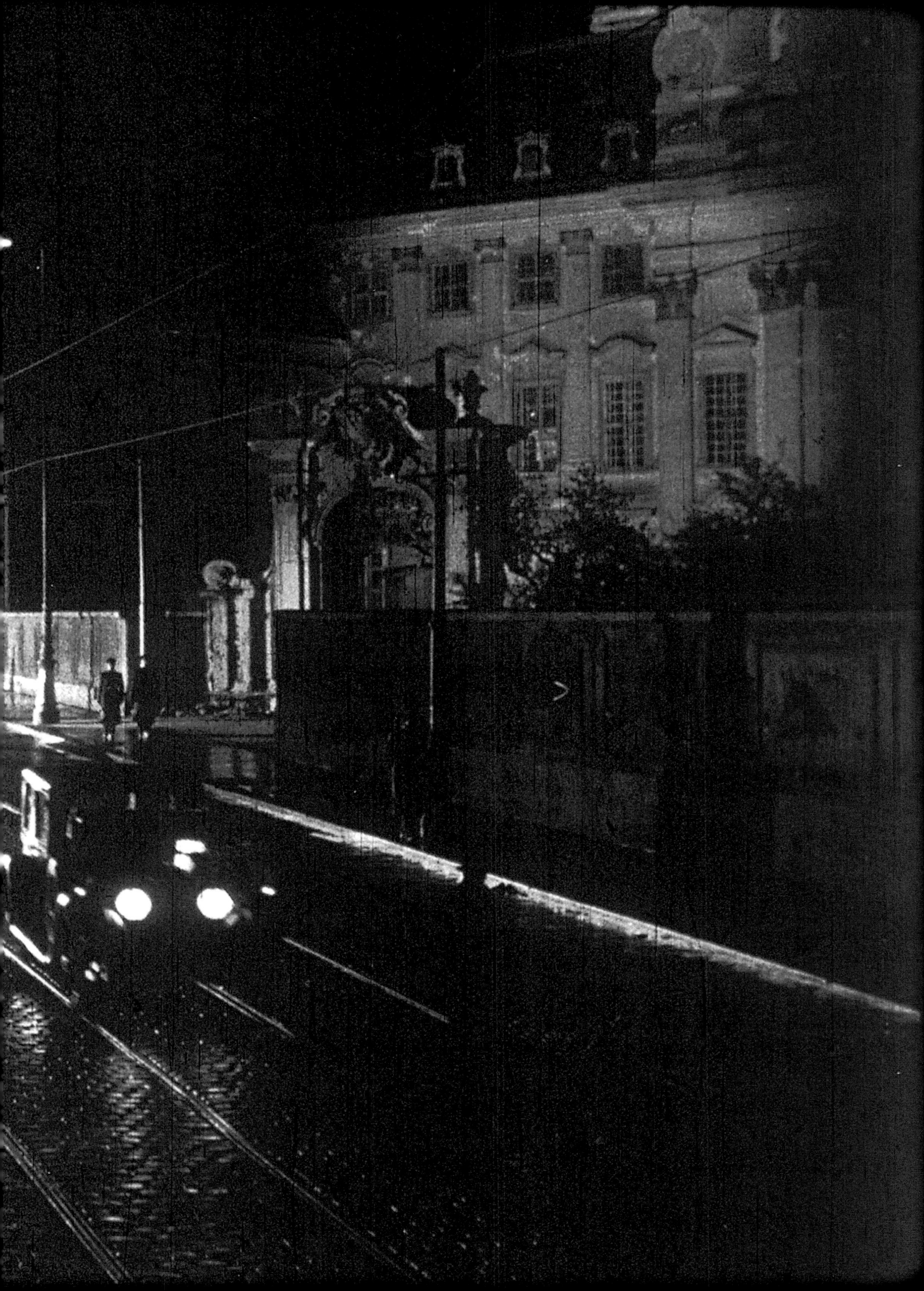

„Reed ist eines jener begnadeten Geschöpfe, die vollkommen in ihrem Traum aufgehen"
Sternstunde eines Meisterregisseurs

Holly Martins zieht es wieder zu Anna. Sie ist gerade beim Rollenstudium. Voll Wehmut kommen sie auf Harry Lime zu sprechen; beide haben ihn geliebt, beide haben einen Freund verloren. Jetzt wollen sie noch einmal versuchen, das Rätsel um seinen Tod zu lösen. Sie machen sich auf den Weg, Harrys Hausbesorger aufzusuchen. Der ist jedoch ermordet worden. „Wahrscheinlich ist er der Mörder!", tönt es aus der Menge. Vom kleinen Hansl angeführt, begibt sich die Gruppe von Neugierigen auf Mörderjagd. Eine rasante Schnittfolge hält das Publikum in Atem – über die schwer beschädigte Ruprechtsstiege beim Morzinplatz an der Kirche Maria am Gestade vorbei, durch die enge Drahtgasse und schließlich hinein ins rettende Kino. Holly Martins muss erstmals zur Kenntnis nehmen, dass es besser gewesen wäre, dem Rat Major Calloways zu folgen und Wien so schnell wie möglich zu verlassen. Spannungsgeladene Bildkomposition in jeder einzelnen Einstellung, extreme Kamerawinkel, eine unnachahmliche Lichtregie und perfekter Schnitt: Es ist eine Sequenz, die alle Elemente großen Carol Reed-Kinos aufbietet, dazu das Gespür für die richtigen Typen, aber auch Sinn für makabren Humor. Reed zieht in seiner Regie alle Register cineastischer Effekte und schafft sensible Bilder von beschwörender Eindringlichkeit.

Ginge es nach dem amerikanischen Filmregisseur Michael Winner, könnte man alle Filmakademien schließen; man brauchte sich nur einen einzigen Film anzusehen – den „Dritten Mann". Filmkritiker, eingefleischte Cineasten und eine weltweite Fangemeinde geben ihm Recht. Carol Reed hat einen zeitlosen Klassiker geschaffen, der Kultstatus beanspruchen darf. Mit seiner ausgeprägten Empfänglichkeit für Stimmung und Stimmigkeit und einem untrüglichen Gespür für die Subtilität zwischenmenschlicher Beziehungen ist es Carol Reed auf wunderbare Weise gelungen, Graham Greenes Erzählung packend und zugleich in ihrer ganzen Vielschichtigkeit und Komplexität in die Sprache des Films zu übersetzen – ihr jene „endgültige Form" zu geben, wie es der Autor selbst ausdrückte, von der er restlos begeistert war.[1] Dem Regisseur sind mit dem Medium Film natürlich andere Ausdrucksmöglichkeiten und Stilmittel zur Verfügung gestanden als dem Schriftsteller, aber es ist Carol Reeds Verdienst, der Geschichte um Harry Lime mittels der Kamera, des Schnittes, der Musik und der Besetzung mit erstklassigen Schauspielern zusätzliche Nuancen und feine Untertöne und damit auch eine gänzlich andere emotionale Wirkung verliehen zu haben: „In many movies it is hard to put a finger on the director's contribution, because there is nothing distinctive about the way the story is told. But in every scene of a Carol Reed film, one is aware that this story is being told by a master story-teller. The way in which a Carol Reed story is told is frequently as fascinating as the story itself; in short, Carol Reed's movies have style."[2]

Legendär ist Reeds Arbeit mit expressionistischen Lichteffekten und extremen Kameraeinstellungen, besonders mit seiner „gekippten Kamera", die suggerieren soll, dass in Wien „etwas Faules im Gange ist und die Welt aus dem Lot geraten ist", dass Harry Lime im wahrsten Sinne des Wortes „schiefe", also krumme Sachen macht, dass alte Werte und Freundschaften nicht mehr zählen und Sicherheit der Verunsicherung gewichen ist. Die Kamera setzt dramatische Akzente, schafft eine Atmosphäre der Ungewissheit und Bedrohung und verleiht der Stadt alptraumhaften Charakter, oder, wie es Reed selbst einmal formuliert: „The angle of vision was just to suggest that something crooked was going on."[3] Doch so sehr manche Kritiker von diesem Stilmittel begeistert sind, so sehr empfinden es andere als zu manieriert, zu gekünstelt. Einer seiner Kollegen schenkt Reed sogar spaßeshalber eine kleine silberne Wasserwaage mit der Bemerkung, er möge sie doch bei seinem nächsten Film auf die Kamera legen und darauf achten, dass das Gefälle sie nicht zum Rutschen bringt. Ein weiteres Stilelement ist der häufige Wechsel von Nahaufnahmen (das Kanalgitter mit Harry Limes Fingern) und extremem Weitwinkel (der Platz Am Hof mit der Litfasssäule), von Innen- und Außenaufnahmen sowie die rhythmische Abfolge von schnellem Schnitt für den Thriller und epischem Schnitt für den melodramatischen Erzählstrang. Jedes scheinbar noch so unbedeutende Element erzählt eine Geschichte – der Ball eines kleinen, neugierigen Buben, eine über die Besatzungsmächte schimpfende alte Frau, das Monogramm Harry Limes auf dem Pyjama seiner Geliebten. Hausfassaden, Türen, Stiegen, winkelige Straßen und das nasse Straßenpflaster sind dabei genauso wichtig wie die handelnden Personen. Mit barocken Engeln und Schuttbergen im selben Bild fängt Carol Reed die unendliche Traurigkeit über den Verlust der einstigen Schönheit Wiens ein. Carol Reed braucht kein plakatives Actionkino, um Spannung und Stimmung aufzubauen.

Auch das Spiel mit Tierassoziationen ist ein Stilmerkmal Reeds: der abstoßend hässliche Hund von Baron Kurtz als Spiegelbild seines Herrn; der Papagei, der Holly Martins zum Gespött seiner Umgebung macht und ihn noch hilfloser erscheinen lässt, als er ohnehin schon ist; das Bild des Rhinozeros, das sich irrtümlich unter die Beweisfotos von Major Calloway geschwindelt hat und zugleich auf Holly Martins' plumpes und ungeschicktes Vorgehen bei der Suche nach dem „Dritten Mann" hinweist; Harrys Katze, Symbol der Treue, gleichzeitig geschickter dramaturgischer Trick und Schlüssel zum Geheimnis um den in der Dunkelheit des Hauseingangs verborgenen Harry Lime; schließlich der Teddybär, Sinnbild der kindlichen Liebe und Geborgenheit, im Weiteren auch für das Leben eines Kindes, das durch Harrys Amoral ausgelöscht ist. Der Grundtenor der Filmkritiken ist daher in erster Linie ein Lob auf die Filmsprache: den schreckensstarren Blick des Hausbesorgers; das nur für einen Moment aus dem Dunkel auftauchende Gesicht des Totgeglaubten; die Konfrontation des zu restloser Aufklärung entschlossenen Freundes mit einem zynischen Harry Lime in der Gondel des Riesenrades; das von gespenstischen Schatten begleitete Warten auf Harry in den Ruinen vor dem Café Marc Aurel; die abenteuerliche, von unsichtbaren Stimmen untermalte Jagd durch das unterirdische Wien oder die um Erlösung bettelnden Augen des Gangsters auf der eisernen Fluchttreppe im Kanal.[4]

Was dem „Dritten Mann" aber seinen Platz unter den besten Filmen aller Zeiten für immer sichern wird, ist Carol Reeds geniale Nachtfotografie in Schwarz-Weiß. Spätestens seit den finsteren Straßen Belfasts in seinem Erfolgsthriller „Odd Man Out" ist Nachtfotografie an Originalschauplätzen sein Markenzeichen. Schon in „Fallen Idol" fasziniert ihn der nächtliche Londoner Belgravia Square, in Wien ist es nun eine ganze Stadt. An historischen Fassaden langsam entlanggleitende Schatten, kontrastreich ausgeleuchtete regennasse Kopfsteinpflasterung und vor Feuchtigkeit triefende Kanalwände – **Reed kann von Wiens nächtlicher Faszination nicht genug bekommen, er schwelgt gleichsam in der nächtlichen Atmosphäre: Zwei Drittel des Filmes spielen in der Dunkelheit der Nacht, und schließlich ist auch der Titelheld, dessen Präsenz nur mit Hilfe von Schatten sichtbar gemacht werden kann,** in erster Linie ein Geschöpf der Finsternis. Es vergeht daher kaum eine Nacht, in der nicht an irgendeiner Ecke gedreht wird; nur schade, dass Carol Reed später Hunderte Meter von Nachtaufnahmen trotz heftigster Proteste der Kameraleute dem Schnitt opfert.[5]

Holly Martins hat sich bereit erklärt, den Lockvogel zu spielen, und wartet nervös in einem kleinen Café, das Bühnenbildner Ferdinand Bellan aus dem Papiergeschäft „Zur Stadt Salzburg" auf dem Hohen Markt im ersten Bezirk gezaubert hat. Die Ruinen der angrenzenden Häuser sind gesichtslosen Nachkriegsfassaden gewichen, einzig und allein der barocke Vermählungsbrunnen mit seinem baldachinüberdachten Figurenschmuck hat überlebt. Die Nachtaufnahmen auf dem Hohen Markt zählen zu den Eindrucksvollsten, aber auch historisch Interessantesten des ganzen Films: der Blick von den Ruinen des Palais Sina an der Nordseite des Platzes auf das Café, die beim Vermählungsbrunnen postierten Polizisten, deren Atem in der kalten Winterluft gespenstische Schleier wirft, der scheinbar aus einer anderen Welt kommende Ballonverkäufer und nicht zuletzt der sich fast unmerklich entlang einer Hauswand bewegende Schatten Harry Limes (den man in Ermangelung einer vom Krieg unversehrt gebliebenen Fassade auf dem Hohen Markt auf die gerade erst wiederhergestellte Fassade der Stallburg in der Habsburgergasse projiziert hat).

Überhaupt ist es erst in der Filmfassung möglich, Wien in den Mittelpunkt des Geschehens zu rücken (in der Erzählung kommt der Stadt eine bloße Hintergrundfunktion zu). Das authentische Lokalkolorit macht den Film zu etwas Besonderem, während die Romanfassung außerhalb des englischen Sprachraums so gut wie unbekannt ist.

Natürlich steht Carol Reed mit seiner Filmkunst nicht im leeren Raum, der Regisseur kann und will seinen Lehrmeister nicht verleugnen: Vieles geht auf die enge Zusammenarbeit mit Edgar Wallace zurück, von dem er die Vorliebe für spannende Geschichten mit gruseligem Einschlag übernimmt. Von ihm lernt er aber auch die technischen und dramaturgischen Details der Regie, der Beleuchtung und der Kameraführung, mit deren Hilfe man jene Spannung erzeugen kann, die sich im „Dritten Mann" findet: die nächtlichen Schatten, die Verfolgungsjagden durch düstere, regennasse Straßen und Kanäle, das gedankenlose Spiel eines angetrunkenen Holly Martins mit dem Lichtschalter in Annas Wohnung, das glauben macht, Holly gebe jemandem ein Zeichen, oder das bedrohliche Öffnen der Kabinentür im Riesenrad hoch über den Dächern von Wien. „Carol Reed transponiert dieses kluge und dichterische Drehbuch so spannend und kühn ins bewegte Bild, dass man meint, das Zelluloid müsste in einer solchen Spannung selbst Feuer fangen. Er verblüfft immer wieder durch unvorhergesehene Lösungen, aber gerade das Ungewöhnliche erweist sich als das einzig Logische", schreibt der *Tagesspiegel* nach der Berliner Premiere am 7. Jänner 1950. Dabei baut Reed die Spannung ganz unmerklich auf, bis ein Lichtschein in der 57. Filmminute (!) die Identität des „Spions mit den Quadratlatschen" freigibt. Anders als in gängigen Thrillern sind das aber keine willkürlich zusammengestellten Spannungselemente, im Gegenteil, sie entwickeln sich aus der Handlung: Holly Martins hat nach dem Tod seines Freundes vorerst keinen Grund, in Wien zu bleiben, die Anschuldigungen Major Calloways jedoch veranlassen ihn, den Umständen des Unfalltodes von Harry Lime nachzugehen. Begleitet wird das von einer geschickt eingeflochtenen Verwechslung Martins' mit einem berühmten Schriftsteller und seinen amourösen Verstrickungen mit Anna. Spannung also nicht nur durch die Jagd auf einen Verbrecher, sondern auch durch zwischenmenschliche Prozesse: das allmähliche Loslösen vom Freund, der ihm einst alles bedeutete, und der Kampf zwischen Loyalität und Verrat.

Auch Alfred Hitchcock hat in Reeds Filmkunst Spuren hinterlassen, vor allem in den unerwarteten Wendungen der Handlung – so zum Beispiel der Ankunft Holly Martins' beim Literaturvortrag – oder der verspielten Liebe zum Detail bei der Porträtierung von Baron Kurtz, auch das enge Nebeneinander von Bösem und Komischem verweist auf seine „Schule". Immer wieder darf der Zuseher in Momenten größter Spannung erleichtert aufatmen und schmunzeln – so auch über Sergeant Paines Missgeschick, statt der Beweismittel von Harry Limes Verbrechen das Bild eines Rhinozeros in den Projektor zu schieben. Die in schwindelnde Höhen führenden Stiegenhäuser und Treppenaufgänge – aus dem „Dritten Mann" nicht wegzudenken – tragen ebenfalls Hitchcocks Handschrift: die Prunktreppe des Palais Pallavicini, das desolate Treppenhaus in Annas Wohnhaus, die schwindelerregende Wendeltreppe im Kulturinstitut, die brüchigen, teils noch mit Schutt übersäten Freitreppen unterhalb der Kirche Maria am Gestade und der Ruprechtskirche, das ausladende Stiegenhaus des Polizeihauptquartiers im Palais Auersperg und schließlich die gusseiserne Wendeltreppe des Kanals, auf der sich Harrys Schicksal erfüllt.

Vieles von dem düsteren Ambiente des Films hat seine Wurzeln in den Gangsterfilmen der dreißiger und im Film Noir der vierziger Jahre, die wiederum über Elemente des französischen Poetischen Realismus eines Duvivier und des deutschen Expressionismus eines Fritz Lang verfügen. Häuserschluchten, labyrinthartige Kanäle, bedrohlich wirkende geschlossene Räume und ungewöhnliche Kameraperspektiven erzeugen ein ständiges Gefühl von Bedrohung, Verfolgung und Tod, verstärkt durch die Ruinenlandschaft Wiens. Auch die pessimistische, zynische Stimmung ist ein typisches Merkmal des Film Noir, der in Billy Wilders klassischem Thriller „Double Indemnity" („Frau ohne Gewissen") mit Barbara Stanwyck und John Houstons „The Maltese Falcon" („Die Spur des Falken") mit einem hervorragenden Humphrey Bogart klassische Beispiele gefunden hat. Unerwähnt bleiben darf auch nicht der Zeitgeist der ausgehenden vierziger Jahre, der sich am deutlichsten im italienischen Neoverismo dokumentiert – in Filmklassikern wie Roberto Rossellinis „Roma Città Aperta" mit der grandiosen Anna Magnani oder Vittorio de Sicas „Ladri di Biciclette" –, im deutschen Trümmerfilm ebenso wie in dem in England so beliebten, im Gangster- und Schwarzmarktmilieu angesiedelten Genre der „Spivs". Im Mittelpunkt der Gangsterfilme englischer Prägung steht der verbrecherische, oft aber auch für eine vermeintlich gerechte Sache kämpfende Held.

Das Erfolgsrezept des „Dritten Mannes" liegt unter anderem auch in der nahtlosen Verknüpfung zweier unterschiedlicher Filmtraditionen: jener des großen klassischen Hollywoodfilms, der das erzählerische sowie das melodramatische Element betont, und der des britischen Kinos mit seiner zurückhaltenden Emotionalität und seinem dokumentarischen Realismus. Diese Symbiose wird durch die Wahl der Besetzung noch verstärkt: Joseph Cotten, Orson Welles und Alida Valli stehen als Paradebeispiele für den klassischen Hollywoodfilm, Trevor Howard und Bernard Lee verkörpern die britische Filmtradition. Ganz dieser verhaftet, entscheidet sich Carol Reed auch gegen ein Finale à la Hollywood und lässt den Film unkonventionell ohne Happyend ausklingen.

Schlussendlich ist es aber zweitrangig, ob „Der Dritte Mann" stärker von Alfred Hitchcock und Orson Welles inspiriert ist oder mehr Affinität zum Film Noir und zum italienischen Neoverismo besitzt. Carol Reed hat dem Film seinen ganz persönlichen Stempel aufgedrückt:

„Der Dritte Mann ist so elegant, filigran und perfekt, dass er mehr einer Uhr ähnelt als einem Film. Carol Reed ist es gelungen, ein Meisterwerk zu schaffen, mit dem er sich selbst übertroffen hat. Er hatte ein großartiges Drehbuch von Graham Greene und geniale Mitarbeiter, den besten Orson Welles, den besten Cotten und den besten Trevor Howard aller Zeiten und eine Valli, die nicht kühler und schöner hätte sein können. Aber das Beste von allem, das war Wien."[6]

Regiebesprechung Carol Reeds mit Paul Martin am Josefsplatz

Gino Wimmer übersetzt Hauptmann Gesink den Einsatzplan für die Kanalpolizei

Joseph Cotten und Carol Reed

Der Stoff, aus dem Carol Reeds Träume sind, wird bereits in frühester Jugend gewoben. Als Sohn des legendären Londoner Theaterprinzipals und Schauspielers Sir Beerbohm-Tree lernt er bereits als Kind das Leben auf und hinter der Bühne von His Majesty's Theatre kennen, das sein Vater 1895 im vornehmen Londoner West End erbauen ließ.[7] Wie sein Vater und sein älterer Bruder Claude entscheidet sich auch Carol Reed für die Schauspielerei[8] und steht 1924 erstmals auf der Bühne. Die Begegnung mit dem Schriftsteller, Dramatiker, Regisseur und Theaterdirektor Edgar Wallace bestimmt schließlich seinen weiteren beruflichen Weg, beide verbindet die bedingungslose Liebe zum Theater und zum Experimentieren. Anfangs ist Reed in Wallaces erfolgreichen Bühnenproduktionen sowohl als Schauspieler als auch als Regisseur tätig – bis dieser 1927 als Vorsitzender der neu gegründeten British Lion Film Corporation beginnt, „Kriminalreißer" in Stummfilme umzusetzen, und Reed sein Regieassistent wird. Die Arbeit fasziniert ihn, hier holt er sich auch das Rüstzeug für seine späteren Jahre. Tagsüber arbeitet Reed beim Film, abends steht er in London als Schauspieler auf der Bühne und hilft gleichzeitig bei der Regiearbeit. Dieses mörderische Arbeitspensum wird er zeit seines Lebens beibehalten; auch bei den Dreharbeiten zum „Dritten Mann" gibt es keine geregelte Arbeitszeit, und nur ebenso Besessene können mit ihm Schritt halten. 1932, nach dem Tod von Edgar Wallace, verlässt Reed das Theater und wendet sich gänzlich dem Medium Film zu, in dem er eine große Zukunft sieht. Auf die Jahre der gemeinsamen Arbeit mit Wallace blickt er stets in großer Dankbarkeit zurück und widmet seinem Mentor auch im „Dritten Mann" eine Szene:

Regieanweisungen an Joseph Cotten und Bernard Lee am Smolka Set in Shepperton

Mann aus dem Publikum:	*Welcher Autor hat Sie am meisten beeinflusst?*
Holly Martins:	*Edgar Wallace.*
Mann aus dem Publikum:	*Welcher Wallace?*
Martins:	*Edgar Wallace.*
Crabbin:	*Das ist selbstverständlich nur ein kleiner Scherz von Mr. Martins. Edgar Wallace ist, wie wir wissen, ein Schilderer von raffiniert ausgeführten Verbrechen.* (Szene 70)

Bei Edgar Wallace, den man im deutschen Sprachraum eher mit flotten Dreigroschenromanen assoziiert, hat Carol Reed alle Grundlagen für eine erfolgreiche Regiearbeit erworben: die spannende Umsetzung einer literarischen Vorlage wie auch die Arbeit mit den Darstellern. So holt er sich für den „Dritten Mann" sämtliche Schauspieler vom Theater, kommen sie doch aus einer Welt, die er versteht und in die er sich hineindenken kann. Er kennt ihre Probleme und ihre Eitelkeiten, er weiß, wie wichtig es ist, ihnen – ungeachtet der Größe ihrer Rolle – das Gefühl zu vermitteln, dass sie etwas Besonderes sind. Dabei ist es einerlei, ob es sich um – schwierige – Stars wie Orson Welles, um Laiendarsteller wie die Mitglieder der Kanalpolizei oder um Kinder wie den kleinen Hansl handelt.

In den dreißiger Jahren arbeitet Reed als Dialogregisseur und Regieassistent unter dem Doyen der englischen Regisseure, Basil Dean, der sein zweiter großer Lehrmeister wird. Wieder helfen ihm seine Erfahrungen als Schauspieler; zudem hat er, was den meisten anderen Regisseuren aus der Stummfilmzeit fehlt, die Erfahrung mit dem gesprochenen Wort. Bald zählt er zu den Führenden seiner Zunft in England. Am 29. September 1939, als die Deutsche Wehrmacht in Warschau einmarschiert und England Deutschland den Krieg erklärt, gelingt es ihm noch, „The Stars Look Down" mit Michael Redgrave in der Hauptrolle fertig zu stellen. Der Film wird vom Publikum und von den Kritikern begeistert aufgenommen, und für Michael Redgrave ist Carol Reed „eines jener begnadeten Geschöpfe, die vollkommen in ihrem Traum aufgehen",[9] er ist Kino schlechthin.

Reed ist aber nicht nur Kino, er ist britisches Kino im besten Sinn des Wortes: „Zum ersten Mal macht jemand eigenständiges britisches Kino (im Gegensatz zu den vielen Unterhaltungsfilmen nach amerikanischem Vorbild), in dem es um die eigenen Leute und das eigene Land geht, sogar um unsere sozialen Probleme wie Arbeitslosigkeit und Verstaatlichung, und das mit einer unerwarteten Offenheit."[10]

Während des Krieges stellt Carol Reed sein Talent in den Dienst der britischen Kriegspropaganda, was seinem Erfolg aber keinen Abbruch tut, im Gegenteil: Filme wie „The Way Ahead" (1944) und „The True Glory" (1945), zwei aufsehenerregende halbdokumentarische Propagandastreifen – Letzterer wird mit dem Oscar für den Besten Dokumentarfilm ausgezeichnet –, machen ihn auch außerhalb des Landes bekannt und ermöglichen ihm, sich als selbstständiger Produzent zu etablieren. Nun kann er seinen Filmstoff eigenständig bestimmen. Seine Wahl fällt auf einen Roman von F. L. Green über die letzten Stunden eines irischen Rebellen, der ihm die Drehbuchgrundlage für den ersten internationalen Höhepunkt seiner Karriere liefert – „Odd Man Out" („Gejagt", 1947, mit James Mason in der Hauptrolle). Mit schonungslosem Realismus und Liebe sowohl zum Detail als auch zur Authentizität wird in eindrucksvollen Bildern nicht nur das psychologische Drama um einen zu Tode Gehetzten geschildert, sondern auch das Schicksal der vom Bürgerkrieg geschüttelten Stadt Belfast offenbart. Nasser Asphalt, verfallene Luftschutzgräben und eine Menschenjagd in den verwinkelten Straßenzügen der nordirischen Hauptstadt ... nasses Kopfsteinpflaster, ein ausgebombtes Barockpalais und eine Menschenjagd durch die Kanäle Wiens ... „Odd Man Out" wird mit Lob überschüttet und als künstlerisch wertvollster Film nicht nur Reeds, sondern des britischen Nachkriegskinos gesehen. England und Amerika küren ihn zum Besten Film des Jahres, das Filmfestival in Brüssel zeichnet ihn mit dem Preis für die Beste Regie aus. James Mason erklärt Carol Reed zu seinem Lieblingsregisseur, zu einem „Magier, zum Max Reinhardt des Films".[11] Als seine beiden nächsten Filme „Fallen Idol" und „The Third Man" die Kinos dies- und jenseits des Atlantiks erreichen, ist Reed bereits weltweit bekannt.

Nach Unstimmigkeiten beenden Carol Reed und sein Produzent Arthur Rank ihre Zusammenarbeit und Reed sucht den Kontakt zu Alexander Korda, Ranks größtem Konkurrenten. Aus der anfänglichen Arbeitsbeziehung entwickelt sich im Laufe der Zeit eine überaus herzliche Freundschaft, verbindet sie doch vor allem eine bedingungslose Liebe zum Film. Korda stellt sich als idealer Mentor und väterlicher Freund heraus, der Reed ermöglicht, sich ganz seiner Filmarbeit zu widmen, ohne sich mit Filmbudgets quälen zu müssen. Carol Reed wiederum schätzt Kordas Rat und die Tatsache, dass er ihm völlige künstlerische Freiheit lässt. Das gute Verhältnis der beiden trägt auch bald Früchte: Bereits Reeds erster Film für Korda, „The Fallen Idol" („Kleines Herz in Not"), eine psychologische Studie über kindliche Unschuld in einer unverstandenen Erwachsenenwelt, wird von der britischen Filmakademie als Bester

Film des Jahres 1948 ausgezeichnet, die New Yorker Filmkritiker wählen Reed zum Besten Regisseur des Jahres, es folgt eine Oscar-Nominierung. Auf Kordas Vorschlag nimmt Reed „The Fallen Idol" nach Graham Greenes Kurzgeschichte „The Basement Room" in Angriff, doch schließlich wird ihm der „Der Dritte Mann" die international größte Anerkennung bringen. Nie wieder gelingt es ihm in ähnlicher Weise, ein so perfektes, wohltemperiertes Meisterwerk zu schaffen, nie wieder findet er dieselben idealen Voraussetzungen und ein derart perfekt aufeinander abgestimmtes Team, weder vor noch hinter der Kamera. Der „Dritte Mann" wird sein Film.

Es sind Reeds Vorstellungen in Bezug auf Schauspieler, Kameraführung, Kulisse und Schnitt, die diesen Film prägen. Er ist es, der den Dialogen der Greene'schen Erzählung die Pointen verleiht, und ihm gelingt es, die massive Einflussnahme Selznicks auf das Drehbuch abzuwehren und so den „Dritten Mann" mit seiner kühl-dokumentarischen Zurückhaltung und seiner Subtilität als durch und durch britischen Film zu erhalten (auch wenn er im Ranking der Amerikanischen Filmakademie an der 57. Stelle der beliebtesten amerikanischen [!] Filme – hinter „Sound of Music" und „MASH" und knapp vor „Rebel Without a Cause" – steht). Reed ist es, der auf Orson Welles als Harry Lime bestanden hat und den Star aller Stars in einer Fünfminutenrolle brillieren lässt, ihn aber gleichzeitig seiner Regie unterordnet und zu einer gemäßigten Darstellungsweise hinführt. Er bringt es zuwege, aus dem unbekannten Zitherspieler Anton Karas eine grandiose Leistung herauszuholen und mit der vollendet auf jede Einstellung des Films abgestimmten Filmmusik einen noch nie da gewesenen künstlerischen und kommerziellen Volltreffer zu landen.

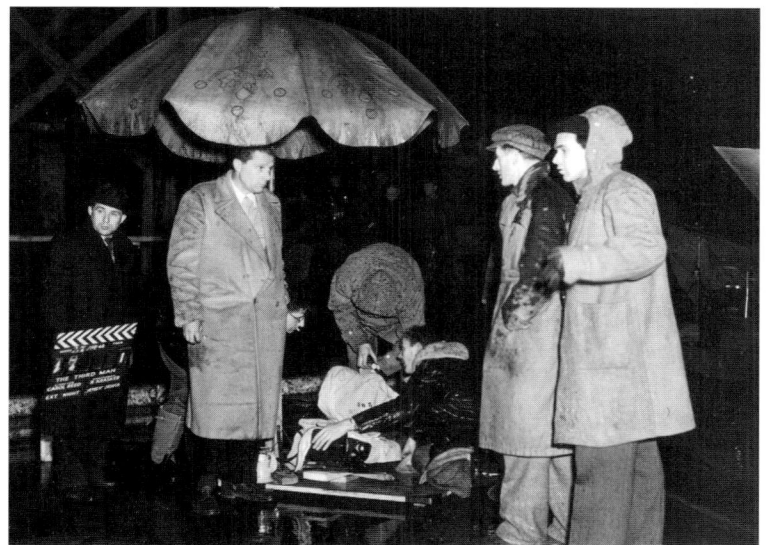

Dreharbeiten im spätherbstlichen Regen: links Carol Reed neben Robert Krasker an der Kamera, rechts im Bild Gino Wimmer

Für Carol Reed bleibt „Der Dritte Mann" auch der Maßstab, an dem all seine weiteren Werke gemessen werden, und er kann – so sehr er auch versucht – nie wieder einen solchen Hit landen. Doch was gibt es für ihn noch zu erreichen? Zu lange wird er als der Beste aller englischen Regisseure gefeiert, er kann sich aber den Luxus, einfach nur gut zu sein, nicht mehr erlauben. Er ist dazu verurteilt, ein weiteres Meisterwerk zu schaffen – doch nie wieder werden sich die idealen Voraussetzungen von Ort und Zeit ergeben, nie wieder eine so geniale Partnerschaft wie mit Graham Greene und Alexander Korda. Auch der Publikumsgeschmack ändert sich, und die neue Entwicklung des Kinos überrollt ihn. Für viele Kritiker wiederholt Reed nur mehr die Inhalte und Stilmittel seiner Filme aus den vierziger Jahren.

Mit „The Outcast of the Islands" (1951), nach der Literaturvorlage des großen englischen Erzählers Joseph Conrad, hat er zwar eine Geschichte, die ihn begeistert, seinen Lieblingsschauspieler Trevor Howard für die Rolle des charakterlosen Peter Willems und faszinierende exotische Drehorte auf Sri Lanka, aber die Kritiker reagieren zurückhaltend. Die einzige Genugtuung für Reed: Das Publikum steht auch diesmal vor dem Plaza in der Lower Regent Street Schlange, und er selbst wird kurz nach der Premiere von der jungen Königin Elizabeth II. als erster britischer Regisseur seit Alexander Korda geadelt. Die Glückwunschtelegramme häufen sich, weitere große Erfolge stellen sich jedoch nicht ein.

„The Man Between" („Gefährlicher Urlaub"), den er 1952 im geteilten Berlin mit James Mason, seinem Star aus „Odd Man Out", und der jungen Hildegard Knef dreht, wird von den Kritikern als müder Abklatsch des „Dritten Mannes" bezeichnet, und der im Londoner East End spielende Fantasy-Film „A Kid for Two Farthings" („Voller Wunder ist das Leben") erreicht trotz subtiler Regie nur einen müden Achtungserfolg. Reeds Selbstvertrauen ist zerstört; der Tod des väterlichen Freundes Alexander Korda sowie die permanente Krise der britischen Filmindustrie lassen ihn sein Glück in Hollywood suchen. Er scheitert jedoch am amerikanischen Kino, an den Stoffen und deren Umsetzung ebenso wie an den Arbeitsbedingungen. Mit „Trapeze" folgt 1956 zwar ein ausgezeichnet gemachter, spannender Film, allerdings mit schwachem Drehbuch und stereotypen Charakteren. Auch mit „Our Man in Havana", einer weiteren Zusammenarbeit mit Graham Greene, kann Reed nicht punkten. Seine größte Demütigung erlebt er indes bei der Arbeit mit Marlon Brando in „The Mutiny on the Bounty". „Der Wilde" ist 1960 am Höhepunkt seiner Karriere und hat, was Reed nicht weiß, uneingeschränktes Vetorecht über das Drehbuch. Für Carol Reed wird diese Produktion zum Alptraum, und trotz Solidaritätskundgebungen seitens der englischen Schauspieler, allen voran Trevor Howard und Gordon Jackson, tritt er von der Regie zurück. „The Agony and the Ecstasy" – nach einem Drehbuch von Irving Stone mit Rex Harrison und Charlton Heston in den Hauptrollen und spektakulären Bühnenbildern von Ferdinand Bellan, der in nur wenigen Tagen schafft, die Fresken der Sixtinischen Kapelle detailgetreu zu kopieren – wird in den USA wohlwollend aufgenommen, und man hält Reed zumindest wieder seine alte technische Brillanz zugute. Schwere Depressionen und die rastlose Suche nach einem geeigneten Stoff wechseln einander jedoch weiterhin ab. Mit dem Musical „Oliver!" sieht Reed noch einmal die Chance seines Lebens gekommen. Zwar betritt er damit völlig neues Terrain, aber das auf einer Musicaladaption Lionel Barts basierende Drehbuch sowie die Tatsache, dass bereits sein berühmter Vater Sir Herbert Beerbohm-Tree mit einer Bühnenfassung von „Oliver!" als Produzent und in der Rolle des Fagin brillierte und die Londoner zu Begeisterungsstürmen hinriss, reizen ihn. Das Wunder geschieht, der Film wird weltweit enthusiastisch gefeiert und mit einem Golden Globe Award for Best Musical, mit zahlreichen British Film Academy Awards und sechs Oscars ausgezeichnet. Reed genießt den Erfolg und den Rummel um seine Person, wie er ihn seit den Tagen des „Dritten Mannes" nicht mehr erlebt hat, in vollen Zügen und freut sich über seinen Oscar für Beste Regie, auf den er viel zu lange hat warten müssen.

Carol Reed hat dreimal großes Kino gemacht. Neben Alfred Hitchcock und David Lean zählt er Ende der vierziger Jahre zu den ganz großen Talenten des britischen Films. Während David Leans internationale Karriere – die mit „Brief Encounter" mit Trevor Howard 1945 fulminant erfolgreich beginnt – weiter steil bergauf geht und er sich mit „The Bridge on the River Kwai", „Lawrence of Arabia", „Doktor Schiwago" und „Ryans Tochter" in die Riege der (auch finanziell) erfolgreichsten Regisseure aller Zeiten katapultiert, verblasst Reeds Name nach seinem Sternstundenerfolg immer mehr. Hat Lean einfach mehr Glück, hat er die Zeichen der Zeit rechtzeitig erkannt? Ist er risikofreudiger oder kann er sich einfach besser verkaufen? Fragen, die sich Filmhistoriker immer wieder stellen.

Einer der Gründe für die sträfliche Unterschätzung Reeds liegt sicher darin, dass er selbst seine Arbeit nur als gut gemachtes Handwerk und nicht als großartigen künstlerisch-kreativen Akt versteht. Er lehnt es ab, Anspruch auf einen eigenen Stil zu erheben; mit Hilfe der Kamera will er die jeweilige Geschichte im Sinne des Autors erzählen, wobei Technik, Präzision und die Arbeit mit einem perfekt funktionierenden Team im Vordergrund stehen. Die Betonung liegt dabei auf der menschlich-psychologischen Komponente, im

Unterschied zu seinem großen Vorbild Alfred Hitchcock, für den das Spannungselement das Wichtigste war. Zu Reeds lange Zeit unterschätzten Stärken gehört es, die Vielschichtigkeit der zu verfilmenden Geschichte auszuloten und unter Einsatz aller ihm zur Verfügung stehenden Mittel filmisch umzusetzen. Damit beweist er, dass seine Art, Filme zu machen, doch weit mehr ist als nur Handwerk. Keiner hätte Graham Greenes Erzählung perfekter verfilmen, keiner hätte die Stimmungen besser vermitteln können. Carol Reed hatte die Vision, und „Der Dritte Mann" war – und ist – sein Film! Sein Pech ist nur, dass das Drehbuch von Bestsellerautor Graham Greene stammt, obwohl es Reeds Handschrift trägt; dass er Regie führt, aber Orson Welles die Anerkennung bekommt, und dass der Oscar nicht an ihn, sondern an Robert Krasker geht.

„Der Dritte Mann" ist übrigens auch die glücklichste Fügung in den Karrieren aller anderen am Film Beteiligten. Keines der Filmdrehbücher Graham Greenes erfährt je wieder eine so ideale Umsetzung wie jene durch Carol Reed. Zwar kann der Schriftsteller die Filmrechte für vier weitere Romane verkaufen, aber in keinem Fall ist ihm ein derartiger Erfolg wie mit Harry Lime beschieden. „The Heart of the Matter" („Das Herz aller Dinge") – von Reed für eine Verfilmung unter seiner Regie abgelehnt, weil es seiner Meinung nach zu viele Ähnlichkeiten mit dem „Dritten Mann" aufweist – wird schließlich in einer Produktion von Alexander Korda 1953 verfilmt, aber trotz einer soliden Besetzung mit Trevor Howard und Peter Finch weder von den Kritikern noch vom Publikum mit großer Begeisterung aufgenommen. Das Thema Kalter Krieg hat sich überlebt. Auch die Verfilmung von „The End of the Affair" („Der Ausgangspunkt") macht Greene nicht glücklich, ebenso wenig „The Quiet American" („Der stille Amerikaner") mit Michael Redgrave in der Hauptrolle und Robert Krasker hinter der Kamera, dessen Drehbuch entgegen Greenes Intentionen in eine antikommunistische Propaganda umgemünzt wird. Allein „Our Man in Havana" („Unser Mann in Havanna") aus dem Jahre 1958 scheint wieder alle Voraussetzungen für großes Kino zu haben: Man greift auf die bewährte Zusammenarbeit von Carol Reed und Graham Greene zurück – wie beim „Dritten Mann" verfassen sie gemeinsam das Drehbuch und ziehen sich auch diesmal, wie schon für „Fallen Idol", in die Abgeschiedenheit eines Hotels in Brighton zurück –, die Besetzung mit Sir Alec Guinness, Noël Coward und Ralph Richardson, der bereits in „Fallen Idol" Kritiker und Publikum begeistert hat, scheint ideal, der Nachkriegsstimmung entsprechend wird in bewährtem Schwarz-Weiß gedreht. Trotzdem lassen die Kritiker kein gutes Haar an dem Film und meinen fast einhellig, dass es Reed trotz eines guten Drehbuches und einer Starbesetzung nicht gelungen sei, die großartige Stimmung seiner Filme aus den späten vierziger Jahren heraufzubeschwören.

Trotz einer Reihe ausgezeichneter Arbeiten gelingt auch Orson Welles nie wieder ein solcher Erfolg, und mit keinem seiner weiteren Filme assoziiert ihn die Welt so spontan wie mit dem „Dritten Mann". Joseph Cottens Karriere versinkt – trotz eines Films wie „Niagara Falls" mit Marilyn Monroe – mehr oder weniger in der (internationalen) Bedeutungslosigkeit von Routineproduktionen. Trevor Howard etabliert sich nach dem „Dritten Mann" zwar als gefragter Charakterdarsteller, wird für seine Rolle in „Sons und Lovers" 1960 sogar für den Oscar als Bester Schauspieler nominiert und brilliert als Captain Bligh in „The Mutiny on the Bounty", die Bekanntheit eines Spencer Tracy hat er jedoch nie erreicht. Bernard Lee bleibt seinem Rollenfach als Polizeiinspektor, Militär oder Spion im Dienste ihrer Majestät ein Leben lang treu; Alida Valli arbeitet in Italien mit Regisseuren wie Lucchino Visconti, Michelangelo Antonioni, Pier Paolo Pasolini und Bernardo Bertolucci und wird bei den Filmfestspielen in Venedig 1997 mit dem Goldenen Löwen für ihr Lebenswerk ausgezeichnet, aber Hollywood bleibt ihr versagt. Für die österreichischen Schauspieler bleibt „Der Dritte Mann" die einzige Filmarbeit, die sie weit über die Grenzen des deutschsprachigen Raumes bekannt macht, für Herbert Halbik als kleiner Hansl die einzige Filmrolle seines Lebens. Auch die großen Tage Alexander Kordas und seines Filmimperiums sind gezählt; das Fernsehen hat dem Kino den Rang abgelaufen, und keiner der drei folgenden Produktionen

mit Graham Greene und Carol Reed, dem Erfolgsteam des britischen Nachkriegsfilms, ist ein durchschlagender Erfolg beschieden.

„Papa, der war's. Der war der Mörder!" Der kleine Hansl

Wer ist der kleine Hansl, der mit großen, fragenden Kulleraugen in die Welt der Erwachsenen blickt, die er nicht versteht? Etwas über drei Jahre ist er alt, als er das erste Mal in seinem Leben im Rampenlicht steht. Was er später über die Dreharbeiten zum „Dritten Mann" sagen kann, weiß er natürlich nur aus den Erzählungen seiner Eltern. Dass er ein sehr lebhaftes Kind gewesen sei, das nie still stehen konnte, und dass er sich einmal geweigert habe, wütend – wie es das Drehbuch vorschrieb – auf Joseph Cotten einzuschlagen, „weil er doch immer so lieb zu mir war". Immer wieder wird der kleine Hansl von seiner Mutter zu den Dreharbeiten in die Innenstadt mitgenommen, um dem Vater, der als Bühnenmeister bei der Wien-Film beschäftigt ist, bei der Arbeit zuzusehen. Plötzlich ist der Kleine inmitten all der Kameras und Kabel verschwunden; die Mutter findet ihn schließlich seelenruhig auf dem Schoß von Carol Reed sitzend, mit Schokolade in der Hand. Reed ist von dem Jungen und seiner Natürlichkeit so angetan, dass er ihn vom Fleck weg für die Rolle des unfreiwilligen Zeugen der wortgewaltigen Auseinandersetzung zwischen Holly Martins und dem Hausbesorger engagiert.

Es ist dies keine Rolle, bei der dem kleinen Hansl die Herzen der Zuschauer zufliegen, sondern eine, die alptraumhafte Spannung und Unsicherheit verbreitet und gleichzeitig die Handlung weitertreibt. Unkonventionelle Kameraeinstellungen und eine expressionistische Lichtführung verleihen seinem Körper ein gedrungenes Aussehen und lassen sein ohnehin kindlich-rundes Antlitz zu einem Mondgesicht werden, das mit dem beinahe entrückten Lächeln an einen Kobold erinnert, der durch sein schrilles und unablässiges „Papa, Papa, der war's!" nicht nur die um ihn stehende Menschenmenge, sondern auch das Kinopublikum aufschreckt. Wie schon in „Fallen Idol", wo ein kleiner Junge in seinem kindlichen Verständnis annimmt, sein bester Freund, der Butler, sei ein Mörder, setzt Carol Reed auch im „Dritten Mann" ein Kind als unschuldigen Beobachter ein. Der Junge hält Holly Martins für den Mörder des Hausbesorgers und löst damit die Jagd nach einem Unschuldigen aus.

Es gibt kaum Augenzeugenberichte von den Dreharbeiten mit dem kleinen Herbert Halbik; nur Elizabeth Montagu hat ihn als einen vifen und gelehrigen kleinen Kerl in Erinnerung, der eben nie still stehen konnte.[12] Carol Reed hilft sich damit, dass er dem Buben ein Geldstück unter den Fuß legt und ihm aufträgt, darauf besonders gut aufzupassen. Doch auch dann gibt es meist kein Stillstehen, im Gegenteil, der Junge muss immer wieder nachsehen, ob das Geldstück noch da ist. Der kleine Herbert wird mit seiner Mutter auch für weitere Dreharbeiten nach London eingeladen. Kein Wunsch bleibt ihm unerfüllt, sei es nun eine Fahrt mit dem Feuerwehrauto, der Besuch im Tiergarten oder ein Spielzeug. Carol Reed hat ihn so sehr ins Herz geschlossen, dass er ihn nicht mehr nach Wien zurücklassen will, und bietet seinem Vater einen Posten bei London Film Productions an.

Ob es der 16-jährige Matrose Easy in seinem Erstlingswerk „Midshipman Easy" ist, der achtjährige Felipe in „The Fallen Idol", der sechsjährige Joe in dem Fantasy-Film „A Kid for Two Farthings", der dreijährige Hansl im „Dritten Mann" oder gleich eine Schar von 50 Kindern im Musical „Oliver!" – Reed gelingt es hervorragend, mit Kindern vor der Kamera zu arbeiten; Kritiker attestieren ihm darin eine außergewöhnliche Fähigkeit: Mit seinem sprichwörtlichen Einfühlungsvermögen motiviert er seine jugendlichen Helden zu großartigen schauspielerischen Leistungen.[13] Reed dreht die Szene erst einmal bis zum Einsatz des Kindes ab. Nach dem Schnitt folgt eine neue Einstellung mit dem Dialogpartner; das beruhigt auch den professionellen Schauspieler, der nicht zu fürchten braucht, dass die Szene durch den Filmneuling verpatzt wird. Manchmal spricht Reed den Dialog des Kindes auch selbst und synchronisiert ihn später nach, denn aus Erfahrung weiß er, dass Kinder zwar immer ihre Dialoge kennen, aber oft den Einsatz verpassen.[14] Doch wie schafft er es, dem kleinen Herbert den neugierig-schelmischen Blick aus seinen Kulleraugen ins Gesicht zu zaubern? Zieht er, wie bei der Arbeit mit anderen Filmkindern, einen kleinen Hasen aus seinem Mantel hervor, während der Kameramann genau diesen Moment im Gesicht des Kindes mit der Kamera einfängt?

Trotz seiner Glanzrolle im „Dritten Mann" wird Herbert Halbik nicht Schauspieler. Seine Eltern bekommen zwar Filmangebote, doch eine Karriere als Kinderstar steht nie zur Diskussion. Bald bricht auch der Kontakt zu den Schauspielern ab, mit denen er sich seinerzeit so gut verstanden hat. Nach all dem Rummel kehrt wieder die Normalität des Alltags ein, bis ein heißer Augusttag im Jahr 1963 sein Leben verändert: Bei einem Badeunfall verletzt sich Herbert Halbik so schwer, dass er für den Rest seines Lebens an den Rollstuhl gefesselt ist.

„Reif für einen Oscar"
Carol Reeds Spitzenteam

„Jeden Tag bin ich mit dem Schnittmeister, Oswald Hafenrichter, zusammengesessen und habe mir die Schnittmuster angesehen, es waren viele, manche 40 Minuten lang. Kein Wunder, Carol hat auch mit drei Kamerateams gearbeitet, Tag und Nacht. Mit Staunen betrachteten wir die herrlichen Nachtaufnahmen von Bob Krasker.

Ich glaube, mit den Dreharbeiten zum ‚Dritten Mann' hat sich Carol selbst übertroffen. Er hat hart am Drehbuch gearbeitet und jede Einstellung bis ins Letzte geplant. Von diesen Schnittmustern wusste ich, dass es ein großartiger Film werden würde."[15] Als die amerikanische Filmzeitschrift *Variety* den „Dritten Mann" als ein vollblutiges, packendes Meisterwerk lobt, betont sie ausdrücklich, dass dieses Lob nicht nur der hervorragenden Regie, sondern eigentlich der gesamten Crew gelten müsse. Alexander Korda hat Carol Reed auch tatsächlich ein bewährtes und gut eingespieltes Team von Kameraleuten, Bühnenbildnern, Cuttern und Tontechnikern aus seinen Shepperton Studios zur Verfügung gestellt. Das Aushängeschild ist jedoch Kameramann Robert Krasker, der „… eine der besten und lebendigsten Schwarz-Weiß-Arbeiten geliefert (hat), die sich die Jury der Akademie nur wünschen kann"[16], jubelt die *Australian Film Weekly* über die Entscheidung der Amerikanischen Filmakademie, einen Australier mit einem Academy Award für die beste Kameraarbeit auszuzeichnen. Da tut es auch nichts zur Sache, dass Krasker zwar in Australien geboren wurde, seinen Lebensmittelpunkt aber in Europa hat. Für Robert Krasker selbst ist der Oscar die Krönung seiner Karriere, die er in den frühen dreißiger Jahren bei London Film Productions unter Alexander Korda beginnt und nach dem Krieg vornehmlich unter der Regie von Carol Reed fortsetzt. Sieben seiner Filme schaffen es, unter die hundert besten englischen Filmen des Jahrhunderts gereiht zu werden, und das *American Cinematographer Magazine*, das Fachjournal der amerikanischen Kameramänner, wählt den „Dritten Mann" im März 1999 zu den zehn besten Kameraarbeiten der Jahre 1894 bis 1949.

Als Sohn jüdischer Einwanderer 1913 in Perth geboren, studiert Robert Krasker Fotografie in Dresden und Kunst in Paris, wo er den berühmten französischen Kameramann Georges Périnal kennen lernt. 1931 nimmt ihn Alexan-

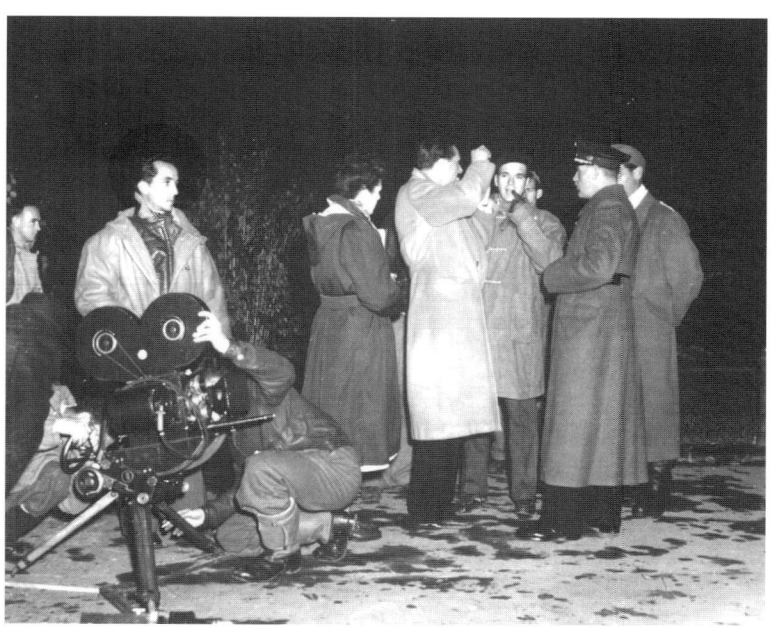

Night Location: Robert Krasker mit Mitchell-Kamera. Rechts Carol Reed mit Peggy Mc Clafferty und Gino Wimmer

der Korda bei London Film Productions unter Vertrag, und hier avanciert er zu einem der meistbeschäftigten und erfolgreichsten Kameramänner. Als Kameraassistent dreht er 1934 die beiden Korda-Kassenschlager „Catherine the Great" und „The Private Life of Henry VIII.". David Leans poetisches Melodram „Brief Encounter" mit Trevor Howard wird unter Kraskers Kameraführung eine der schönsten Schwarz-Weiß-Arbeiten, die in Carol Reeds „Odd Man Out", „The Third Man" und „The Outcast of the Islands" ihre Fortsetzung und gleichzeitig den Höhepunkt finden. (Zwei weitere Filme mit Carol Reed, „Trapeze" und „The Running Man", werden bereits in Farbe gedreht.) Als die Zeit der großen Schwarz-Weiß-Filme ausklingt, kann Krasker sein Talent 1961 mit Anthony Manns „El Cid" in Cinemascope unter Beweis stellen. Robert Krasker arbeitet mit den Besten aus der Filmbranche, macht aber in seiner ruhigen, bescheidenen Art – „easy-mannered, quiet spoken, a sensitive artist, one of the inspired professionals"[17] – nie viel Aufhebens davon. 1981 stirbt er in London im Alter von 68 Jahren an Herzversagen, nur vier Tage nach dem Tod seines zweiten Kameramanns Denys Coop, mit dem er auch in Wien gearbeitet hat.

Von Anfang an entwickelt Krasker einen markanten, sehr eigenwilligen Stil, der sich durch eine überaus dramatische Beleuchtung und einen ungeheuren Einfallsreichtum der Kameraführung auszeichnet, der vor allem in gewagten Weitwinkelkompositionen und ungewöhnlichen Perspektiven zur Geltung kommt. Man denke nur an den kleinen Hansl, in dessen Augenhöhe die Gesichter der umstehenden Erwachsenen sich zu furchteinflößenden Masken verzerren, an das gespenstisch ausgeleuchtete nasse Kopfsteinpflaster der engen Gässchen Wiens oder an das von Panik gezeichnete Gesicht Harry Limes beim Öffnen des Kanaleinstiegs. Es sind diese Einstellungen, die unvergessen sind, gehen sie doch über die Funktion der Untermalung weit hinaus. Krasker bettet die Handlung in eine Flut von Bildern, und das mit einer Intensität und Eindringlichkeit, die alle Sinne anspricht. „He was one of the most brilliant, he knew how to shoot"[18], schwärmt Angela Allen von ihrer gemeinsamen Arbeit mit Robert Krasker.

Bei den oft verwendeten Weitwinkeleinstellungen wird die Kamera entweder sehr knapp über dem Boden oder hoch über den Köpfen der Schauspieler positioniert. Damit sprengt Krasker die bislang bekannten Dimensionen und verlängert oder verbreitert eine Straße oder einen Platz überproportional – sehr zur Freude der Cineasten, die sich an den Einstellungen nicht satt sehen können, und sehr zum Leidwesen jener, die sich in Wien auf die Suche nach den Originalschauplätzen machen und dann oft von der Wirklichkeit enttäuscht sind. Leider ist durch den Schnitt vieles verloren gegangen, teils auf

Anweisung David O. Selznicks, der meint, dass das amerikanische Kinopublikum bald genug haben könnte, teils greift auch Carol Reed beim Schnitt so rigoros durch, dass von dem ursprünglichen Material von fast vier Stunden (!) nur mehr 104 Minuten übrig geblieben sind.

Mit einer Oscar-Nominierung für den Besten Schnitt wird Oswald Hafenrichter das zweite Aushängeschild des „Dritten Mannes". Den von seinen Freunden und Kollegen aus dem Filmgeschäft liebevoll Ossi genannten Cutter empfiehlt Elizabeth Montagu Carol Reed als „absolutely first-class". Er fügt sich bestens ein und ist in der Folge einer der beliebtesten Mitarbeiter, passt mit seiner Arbeitsbesessenheit und seinem Perfektionismus auch ausgezeichnet in Reeds Team. Bei vielen Filmen ist es die Regel, dass der Regisseur mit der letzten Klappe auch seine Arbeit am Film beendet, nicht so bei Carol Reed, der davon überzeugt ist, dass der Regisseur auch in der Nachproduktionsphase mit dem Cutter zusammenarbeiten muss: „A director must work with the editor. Directing is conveying to actors what you had in mind while working with the author. After that the editor must understand not only what you did on the floor, but what the author had in mind – a man the editor's never met before."[19] Meinungsverschiedenheiten zwischen den beiden Männern ergeben sich selten: nur als Carol Reed darauf besteht, Ossi nicht zu den Dreharbeiten nach Wien mitzunehmen, und als kurz vor Beendigung der Schneidearbeiten im Schnittstudio ein Brand ausbricht, dem große Teile des Rohschnitts zum Opfer fallen, und so der termingerechte Abschluss der Produktion auf dem Spiel steht.

Die Oscar-Nominierung ist auch für Oswald Hafenrichter der Höhepunkt seiner Karriere, die 1931 bei der Ufa in Berlin beginnt. Der gebürtige Grazer ist, wie so viele im Filmgeschäft, weit herumgekommen. Nach seinem Fronteinsatz im Ersten Weltkrieg beginnt er in Florenz ein Kunstgeschichtestudium, geht dann aber nach Wien, um Medizin zu studieren. Doch bald schon lockt Berlin, wo Hafenrichter seine erste Arbeit bei „Mädchen in Uniform", einem der ersten deutschen Tonfilme, beginnt. Nach der Machtübernahme Hitlers im Jahre 1933 wird der überzeugte Antifaschist wiederholte Male von der Gestapo verhaftet und verhört; er verlässt Berlin und gelangt nach einer kurzen Zeit in der französischen Armee nach Großbritannien. Des Englischen unkundig, wird er erst einmal interniert, landet 1941 schließlich aber wieder beim Film und 1945 bei Alexander Korda, der ihn für „An Ideal Husband", „Fallen Idol" und schließlich für den „Dritten Mann" unter Vertrag nimmt. 1950 entschließt sich Hafenrichter, gemeinsam mit seiner Frau Edith – ebenfalls Cutterin – nach Brasilien zu gehen, um die dortige Filmindustrie aufzubauen. Wieder in Europa, setzt er seine Arbeit beim Film sowohl in England als auch in Deutschland fort.[20]

Als begnadeter Künstler gilt auch Art Director Vincent Korda (rechts im Bild), das Familiengenie unter den Korda-Brüdern. Es ist beinahe eine Ironie des Schicksals, dass gerade er, der sich immer gegen eine Karriere beim Film gesträubt hat, letztlich am längsten in dieser Branche arbeitet. Vincent Korda studiert an der Kunstakademie in Budapest, ist anschließend freischaffender Künstler in Wien, Florenz und Paris, wo er zwölf Jahre bleibt. Sein älterer Bruder Alexander drängt ihn, seine erfolgreiche Karriere als Maler an den Nagel zu hängen und die Leitung der Abteilung Bühnenbild der London Film Productions zu übernehmen. Mit Gefühl und Geschmack stattet er die erfolgreichen Produktionen seiner Brüder Alexander und Zoltan, aber auch Paul Czinners „Catherine the Great" oder „Men Are Not Gods" des Exilösterreichers Walter Reisch mit üppigen Bühnenbildern und Kulissen ganz nach dem Vorbild Hollywoods aus. Bald verbindet ihn mit Carol Reed eine lebenslange, enge Freundschaft, und – wie auch Alexander Korda – ist er gern gesehener Gast im Hause Reed.

Vincent Korda arbeitet mit einem Team von vier talentierten Männern, den beiden Engländern John Hawkesworth und Jim Sawyer, dem gebürtigen Tschechen Joseph Bato und dem Wiener Ferdinand Bellan, die für Carol Reed bereits bei „Fallen Idol" tätig waren. Jeder von ihnen ist Spezialist auf seinem Gebiet, und wenn sie im Vorspann als Assistenten von Vincent Korda bezeichnet werden, entspricht das keineswegs der tatsächlichen Arbeitssituation, denn es gibt keine Rangordnung, sondern nur ein gleichberechtigtes Nebeneinander.[21] Alle vier gehen in die Annalen des „Dritten Mannes" ein: Joseph Bato mit seinen kleinformatigen Bleistiftskizzen, John Hawkesworth als Techniker, Ferdinand Bellan als Meister großartiger Kulissen und Jim Sawyer als „behilflicher Kunstdirektor".

Ferdinand Bellan ist der Einzige aus diesem Team, der gemeinsam mit Vincent Korda zu den Dreharbeiten nach Wien kommt, um Schauplatz für Schauplatz in Skizzen festzuhalten,[22] um so das Wiener Dekor in London nachbilden zu können. Bellan obliegt es auch, das Papiergeschäft „Zur Stadt Salzburg" auf dem Hohen Markt in das (fiktive) Café Marc Aurel umzugestalten. Der unscheinbar wirkende „Ferdie" ist einer der zahlreichen Exil-Österreicher, die in den Shepperton Studios arbeiten und gänzlich in der englischen Kultur aufgehen. Mit wenigen Strichen entwirft Ferdinand Bellan in Minutenschnelle die fantastischen Filmkulissen, und dank seines fotografischen Gedächtnisses bereitet es ihm auch keine Schwierigkeit, die gewaltige Lueger-Gedächtniskirche des Wiener Zentralfriedhofs in weniger als drei Tagen so detailgetreu auf eine zwölf Meter hohe Kulisse zu zaubern, dass niemand an ihrer Echtheit zweifelt.[23] Er gilt als einer der anerkanntesten Spezialisten seines Faches, als „eine Mischung aus Adolph Menzel, Galvani und Gustave Doré, und besitzt die Leichtigkeit, den Charme und den Blick fürs Wesentliche von allen dreien".[24] Leider ist es das Schicksal der Bühnenbildner und Kulissenmaler, dass ihre Kunst nur für den flüchtigen Augenblick besteht. Das gilt auch für den „Dritten Mann": Es sind weder Fotos oder Zeichnungen von den Bauten noch Skizzen erhalten, die Bellan von den Wiener Schauplätzen in situ als Vorlage für den Kulissenbau in Shepperton anfertigt.

Ferdinand Bellans Lebensgeschichte, von seinem in London lebenden Sohn David verfasst, liest sich wie ein Roman: Als Sohn eines Wiener Architekten in Deutschland geboren, wächst er in Wien auf und macht bereits als Kinderstar Bekanntschaft mit dem Theater und seinen faszinierenden Bühnendekorationen. Im Ersten Weltkrieg dient er als Freiwilliger der k. u. k. Armee, zuerst an der russischen, dann an der italienischen Front. Aus italienischer Kriegsgefangenschaft heimgekehrt, studiert er in Wien Kunst, entschließt sich dann aber, sein Glück beim Film zu versuchen und nach Berlin zu gehen. Das Leben eines akademischen Malers hätte ihn wahrscheinlich gelangweilt, als Bühnenbildner und Kulissenmaler für „Madame Dubarry" (1919) und „Der Kongreß tanzt" (1931) kann er hingegen seine künstlerischen Fantasien ausleben und sein umfangreiches historisches Wissen umsetzen. Die Machtübernahme Hitlers treibt auch ihn nach Paris, von wo ihn Vincent Korda 1935 in die London Film Productions-Studios holt. Hier entwickelt sich Ferdinand Bellan zu einem der vielseitigsten Bühnenbildner des englischen Films und arbeitet an der Seite des legendären Andrej Andrejew, dessen Kulissen für die „Dreigroschenoper" in der Regie von G. W. Pabst berühmt werden. Es gibt kaum einen Film aus den Korda-Studios, an dem Bellan nicht mitwirkt. Aber auch die Cinecittà zieht ihn an; dort kommen ihm seine Italienischkenntnisse aus der Zeit der Kriegsgefangenschaft sehr zugute. Höchste Anerkennung erlangt er vor allem für die Kulissen und Kostümentwürfe zu „Cleopatra" mit Elizabeth Taylor und Richard Burton sowie zu Carol Reeds Film „The Agony and the Ecstasy" mit Rex Harrison und Charlton Heston über das Leben Michelangelos, für den er den gesamten Freskenzyklus der Sixtinischen Kapelle für die Studioaufnahmen kopiert.[25]

Als Künstler wäre er vielleicht berühmt geworden, doch er verschreibt sich dem Film, liebt die Möglichkeiten, mit den verschiedensten Techniken zu experimentieren, und die Herausforderung, in Riesendimensionen zu malen. Der breiten Öffentlichkeit

Die „Fresken von Michelangelo" in der Sixtinischen Kapelle: ein Werk Ferdinand Bellans für den Carol Reed Film „The Agony and the Ecstasy"

bleibt er so ein Unbekannter, in der Branche selbst hat er allerdings seine Bewunderer.²⁶ „Sein Leben gehörte dem Film, mit seinem Tod haben wir einen der Wenigen verloren, die man als Genie bezeichnen konnte", zollt das Programmheft zu einer Retrospektive seiner Werke in einer Londoner Galerie 1976 Ferdinand Bellan Tribut.²⁷ Sein letztes großes Werk – und das Einzige, dem längere Dauer beschieden ist als einer Filmkulisse – stellt ein gewaltiges Diarama der amerikanischen Geschichte im Herzen von Disneyland dar.

Auch unter den übrigen Mitarbeitern des „Dritten Mannes" befinden sich viele, zumeist junge Talente, von denen die meisten Karriere machen: Mit Oscars ausgezeichnet werden später Kameramann Denys Coop 1978 für seine Spezialeffekte in „Superman", Dario Simoni 1962 für die Bauten in „Lawrence of Arabia" und 1965 für „Dr. Schiwago", Tontechniker John Cox für „Lawrence of Arabia" und Cutter Peter Taylor für „The Bridge on the River Kwai". Auch andere Mitarbeiter können auf den „Dritten Mann" als Meilenstein in ihrer Karriere verweisen: Regieassistent Guy Hamilton ist der Regisseur von drei der erfolgreichsten James Bond-Filme; Bob Dunbar, ebenfalls Regieassistent Carol Reeds, gründet und leitet die London School of Film; Kameramann Monty Berman und Elizabeth Montagu werden erfolgreiche Filmproduzenten. Die Jüngste im Team, Continuity Assistentin Angela Allen, macht später Karriere bei John Houston und zählt bis heute zu den Gefragtesten in der Branche; und Art Director John Hawkesworth erarbeitet sich als Drehbuchautor, Regisseur, Produzent („Das Haus am Eaton Place") und bildender Künstler einen Namen.

„Mit Liebe ausgesucht und brillant in Szene gesetzt"
Wiener Leinwandlieblinge

„Wenn sie auch nur als groteske Staffage in dem Drama um Harry Lime dienen, sind sie mit Liebe ausgesucht und von Carol Reed brillant in Szene gesetzt."²⁸ **Die Kritiker können die „herrlichen Wiener Typen" nicht genug loben. Selten gibt es einen Film mit derart hochkarätigen Charakterdarstellern in den Nebenrollen.** Carol Reed macht seinem Ruf als Actors Director wieder einmal alle Ehre. Bei der Suche nach den „Wiener Typen" hat er sich klug beraten lassen und dann mit sicherem Griff gewählt. Ob Paul Hörbiger, Hedwig Bleibtreu, Ernst Deutsch, Siegfried Breuer, Erich Ponto oder Annie Rosar, sie zählen zu den Besten der deutschsprachigen Bühne, gleichzeitig auch zu den Lieblingen des deutschsprachigen Kinos. Dass sie einem internationalen Publikum mehr oder weniger unbekannt sind, stört Reed nicht. Solange sie nur typische Wiener Originale sind.²⁹

Wichtig erweisen sich für Carol Reed auch Karl Hartls Kontakte zur Wiener Kulturszene der Nachkriegszeit. Männer wie der Schriftsteller Friedrich Torberg und Ernst Lothar, Regisseur und ehemaliger Direktor des Theaters in der Josefstadt, nach dessen Roman Hartl den „Engel mit der Posaune" gedreht hat, gehören zu seinem engsten Bekanntenkreis, ebenso Ernst Haeussermann, Programmdirektor der in der amerikanischen Besatzungszone installierten Sendergruppe Rot-Weiß-Rot und Leiter der amerikanischen Film-, Theater- und Musikabteilung der US-Botschaft in Wien, um den sich das Wiener Kulturleben der Nachkriegszeit dreht. Sein Stammtisch und Künstlerclub im Lindenkeller (Rotenturmstraße) ist der Prominententreff der Musik- und Theaterwelt Wiens schlechthin, man begegnet dort unter anderen Ernst Deutsch und Maria Schell. Hier werden die ersten Kontakte zu Hedwig Bleibtreu geknüpft, die zur selben Zeit für „Engel mit der Posaune" bei Karl Hartl unter Vertrag steht, wie auch zum Deutschen Erich Ponto, der gerade ein Auslandsengagement am Theater in der Josefstadt hat, und zu Ernst Deutsch, der eben aus dem langjährigen amerikanischen Exil nach Wien zurückgekehrt ist. Paul Hörbiger spielt in Johann Nestroys Posse „Lumpazivagabundus", als ihn Carol Reed entdeckt.

„Und diesen Nebendarstellern gelingt es unter der Regie von Carol Reed, nicht nur die Stars auf Trab zu halten, sondern auch ein Millionenpublikum für sich zu gewinnen."³⁰ Mögen ihre Rollen noch so klein sein, sie alle haben große Namen und kommen von der Bühne, wie auch Carol Reed selbst. Der Regisseur kann sich zwar mit seinen österreichischen Darstellern nur mit Hilfe eines Übersetzers verständigen, aber aufgrund seiner eigenen Bühnenerfahrung versteht er ihre Welt. Er vermag sich in sie hineinzudenken und sie auch ohne Worte zu Glanzleistungen vor der Kamera zu führen. Dabei macht es für ihn keinen Unterschied, ob es sich um Orson Welles, Paul Hörbiger oder einen Kleindarsteller handelt.

„Mich lassen S' aus mit der Polizei, das hat man davon, wenn man freundlich ist mit die Ausländer"
Paul Hörbiger

Von untertäniger Höflichkeit, mit einem gewissen Maß an Misstrauen Fremden und der Polizei gegenüber, sich aber andererseits auch gekonnt in Szene setzend – mit Paul Hörbiger als typischem Wiener Hausbesorger landet Carol Reed einen Volltreffer. „Da werden Sie kein Glück haben, mein lieber Herr. Sie kommen um 10 Minuten zu spät. Da ist niemand mehr hier. Sie kommen umsonst. ... Mr. Lime ist tot. Unfall. Überfahren vom Auto. Hier, direkt vorm Haus. Hab's selbst gesehen. War sofort tot. Er ist schon im Himmel ... oder in der Hölle. Wenn Sie sich beeilen, kommen Sie noch zur Beerdigung zurecht."

Es ist eine Nebenrolle, aber brillant gespielt. Paul Hörbiger versieht den Typ des Wiener Hausmeisters glaubhaft mit teils komödiantischen, teils bösartig-grantelnden Elementen und spielt sich damit in drei kleinen Szenen nicht nur in die Herzen seiner österreichischen Fans, sondern auch in die eines internationalen Publikums. Es spricht aber nicht zuletzt für Carol Reed, den personifizierten Wiener derart gelungen in Bildsprache umgesetzt und überzeugend in den Grundton des britischen Films integriert zu haben. Als er ihn in der Komödie „Der alte Sünder" sieht, versteht er zwar keine Silbe, ist aber von Hörbigers Ausdrucksfähigkeit so begeistert, dass er ihn vom Fleck weg engagiert – für vier Drehtage in Wien und zehn weitere in London, und das für die ansehnliche Gage von 1.050 britischen Pfund.³¹

Hausbesorger: *Mich lassen S' aus mit der Polizei, das hat man davon, wenn man freundlich ist mit die Ausländer. Jetzt aber gemma, Fräulein Schmidt, Sie waren mir immer sehr sympathisch, das wissen Sie ganz genau. Aber so einen Herrn bringen Sie mir nicht mehr daher! Verlassen Sie bitte die Wohnung, sonst vergesse ich meinen wienerischen Charme! Ich blöder Hirsch. Nur weil ich höflich sein will, krieg ich Schereeien mit der Polizei.* (Szene 30)

Als Paul Hörbiger die Rolle von Harry Limes Hausbesorger übernimmt, blickt er bereits auf eine langjährige erfolgreiche Karriere bei Theater und Film zurück, nicht zuletzt auch während des Krieges als Star der Wien-Film, wo er mit „Unsterblicher Walzer" und „Wen die Götter lieben" einem Millionenpublikum bekannt wird. Aber auch am Burgtheater und bei den Salzburger Festspielen ist er fest verankert.

Kurz vor Kriegsende wird Hörbiger als Mitglied der Widerstandsorganisation O5 verraten, von der Gestapo verhaftet und vom Volksgerichtshof in einem Hochverratsprozess zum Tode verurteilt.

Nur der Einsatz eines BBC-Korrespondenten und der Einmarsch der Sowjets im April 1945 retten ihn vor dem sicheren Tod: Als Berichterstatter Patrick Smith von der Verurteilung erfährt, lanciert er die Falschmeldung einer bereits erfolgten Hinrichtung, was einen Proteststurm der Wiener und schließlich, in den letzten Kriegstagen, Hörbigers Entlassung bewirkt.[32]

Im Gegensatz zu seinen deutschsprachigen Kollegen aus dem „Dritten Mann" – mit Ausnahme von Ernst Deutsch, der nach seiner Emigration 1933 seine Karriere in England und später in den USA erfolgreich fortsetzt –, ist Paul Hörbiger dem englischen Kinopublikum bekannt. Viele seiner Filme sind auch in England zu sehen, darunter „Der Kongreß tanzt", „Ich bin Sebastian Ott", „Wen die Götter lieben", „Die große Liebe", „Das Land des Lächelns", „Die Rose von Stambul" und „Der alte Sünder". Dabei spricht Hörbiger kein Wort Englisch! Seinen für die Originalfassung des „Dritten Mannes" englisch zu sprechenden Text erlernt er – wie übrigens auch Siegfried Breuer – rein phonetisch, wobei der starke deutsche Akzent der Regie Reeds sehr entgegenkommt. Seine „Sprachlehrerin" ist Elizabeth Montagu, die Paul Hörbiger auch in seiner Biografie „Jössas, da Herr Hörbiga" erwähnt. Sie selbst erinnert sich noch lebhaft an die gemeinsame Arbeit beim Rollenstudium und daran, wie leicht es Hörbiger gefallen sei, sich in die fremde Sprache hineinzuversetzen. Gleichzeitig wird Elizabeth Montague aber das Gefühl nicht los, dass er sich während der Dreharbeiten nicht besonders wohl in seiner Haut fühlte. Hatte er schon eine Vorahnung, dass ihn die Endfassung, vor allem die negative Zeichnung der Österreicher, enttäuschen würde?

„Unglaublich, wo stecken Sie denn, Fräulein Schmidt?" Hedwig Bleibtreu

Hausvermieterin: *Unglaublich, wo stecken Sie denn, Fräulein Schmidt? Die Polizei ist oben. Sie suchen nach Papieren und lesen alle Ihre Briefe. Als ob man ein Verbrecher wäre.* (Szene 31)

Noch bevor der erste Drehtag beendet ist, hat das Drehteam Hedwig Bleibtreu zur jüngsten Achtzigjährigen gewählt, die je in den Shepperton Studios gedreht hat. Alle sind erstaunt, mit welcher Energie die große alte Dame des Burgtheaters ihrer Rolle als keifende Zimmervermieterin, die schon bessere Tage gesehen hat, gerecht wird: „... she amazed everyone with the amount of vitality which she put into her work and her active and alert approach to life both on and off the set."[33]

Als die Doyenne der österreichischen Schauspielerschaft, „The First Lady of the Austrian Stage"[34], wie sie ehrfürchtig in der englischen Presse betitelt wird, die Rolle von Annas Vermieterin annimmt, hat sie mehr als 75 Jahre Bühnenerfahrung mit über 300 Rollen hinter sich! (Hedwig Bleibtreu stand bereits 1872 im Alter von vier Jahren das erste Mal auf der Bühne und spielte einen kleinen Buben.) Für die vielen Österreicher in den Shepperton Studios – die meisten von ihnen Emigranten – ist sie ohnehin eine Legende. Mit wirr ins Gesicht hängenden Haaren und einer Decke um die Schultern stellt sich die große Schauspielerin den Kameras – und die Kritiken überschlagen sich weltweit ebenso vor Lob („Excellent in support!") wie das heimische Premierenpublikum.

Hedwig Bleibtreus Dialoge werden in der englischen Originalfassung nie synchronisiert oder untertitelt. Es geht Carol Reed in erster Linie um das Lokalkolorit, er will aber auch den Eindruck der allgemeinen Verunsicherung des der deutschen Sprache nicht mächtigen Holly Martins dadurch verstärken. Oder sollen die Verbalattacken der Vermieterin gegen die Besatzungsmächte ungehört bleiben? Gleichsam als Kompensation scheint Carol Reed „Anna's Old Lady" zu einem gewissen Over-Acting anzuhalten, was von so manchem englischen Filmkritiker als störend und übertrieben empfunden wird. Doch trotz alledem: Carol Reed hat es wieder geschafft, eine großartige Schauspielerin in unvergesslichen Szenen zu zeigen.

„Ich war ein Freund von Harry Lime, wahrscheinlich sein bester" Ernst Deutsch

„Was mir auf den ersten Blick an ihm missfiel, erzählte mir Martins, war seine Perücke. Es war eine jener unverkennbaren Perücken – glatt und gelblich, das Haar im Nacken in einer geraden Linie abgeschnitten, und sie lag auch nicht fest am Kopf an. Und mit einem Menschen, der sich nicht in eleganter Manier mit seiner Glatze abfinden kann, stimmt etwas nicht. Auch hatte er eines jener Gesichter, in das die Falten wie mit Schminke sorgfältig eingezeichnet scheinen, jede an der richtigen Stelle, um ein charmantes, leicht schrulliges Wesen auszudrücken, jene gewissen Fältchen um die Augen. Er war hergerichtet, um auf romantische Backfische Eindruck zu machen."[35]

Baron Kurtz hat großes Interesse daran, den Freund Harry Limes kennen zu lernen. Was dieser wohl von Harrys Machenschaften weiß? Er arrangiert ein Treffen im Café Mozart, wo er sich als Harrys Freund – „sogar sein bester, außer Ihnen, selbstverständlich" – vorstellt. Holly interessiert in erster Linie, wie es zum mysteriösen Unfalltod seines Freundes gekommen ist. „Ich helfe Ihnen natürlich gerne, aber wissen Sie, als Österreicher hält man sich am besten von der Polizei fern. Ich fürchte, ich kann Ihnen nicht helfen. Aber wenn Sie auf meinen Rat Wert legen sollten, selbstverständlich."

Der Krieg hat auch vor dem Baron nicht Halt gemacht; seine Kleidung lässt auf bessere Zeiten schließen, allein sein exotischer Schoßhund verleiht ihm noch den Hauch von aristokratischer Extravaganz. Kurtz scheint einem Gemälde von Klimt oder Schiele entstiegen, er ist die „decadence made physiognomic": „... he manages to keep a certain faded elegance and charm, but like his toupée it doesn't quite ring true", lautet die Regiebeschreibung; und wirklich, in der Casanova Bar entdecken Anna und Holly Martins die wahre Identität des Barons: Er ist Stehgeiger für zahlende Gäste. Interessanterweise findet sich in der (publizierten) Drehbuchfassung ein ganzseitiger Dialog mit der Garderobenfrau des Casanova Clubs, die sich als Mutter des „Barons" entpuppt und über den Titel nur lachen kann: „Baron? Sein Vater war ein Fleischhauer in Linz!"[36]

Ob Baron oder Sohn eines Fleischhauers, Ernst Deutsch ist die ideale Wahl Reeds für die Verkörperung einer aus allen Fugen geratenen Welt. Deutsch gehört zu den Großen der deutschsprachigen Bühne und zu den letzten großen Schauspielern der Ära Max Reinhardt. Aus einer deutschjüdischen Prager Kaufmannsfamilie stammend, sind seine Vorlieben Pferdesport und Tennis. Als er eines Abends bei romantischem Mondlicht seinen Freunden von einem Balkon der Prager Burg aus – während Franz Werfel und Egon Erwin Kisch Schmiere stehen – eine Szene aus „Romeo und Julia" vorspielt, wird er vom Dramatiker und Theaterdirektor Berthold Viertel für die Wiener Volksbühne entdeckt. Auftritte in Dresden und Prag folgen, Max Reinhardt holt ihn nach Berlin. Bald wird er als „Herold des Expressionismus" stürmisch gefeiert und setzt Maßstäbe, an denen das deutschsprachige Theater noch Jahre später gemessen wird. Nach der Machtübernahme Hitlers 1933 sieht Deutsch sich gezwungen, Deutschland zu verlassen. Er kommt nach Wien und nimmt Engagements am Theater in der Josefstadt an; nach dem „Anschluss" 1938 geht er über Brüssel und Paris nach London, dann nach New York und anschließend nach Hollywood, wo er unter dem Pseudonym Ernest Dorian in Anti-Nazi-Filmen und in Produktionen der „Players from Abroad" auftritt. 1947 kehrt er wieder nach Wien zurück und schließt mit einer seiner Glanzrollen – dem Sir Colenson Ridgeon in George Bernard Shaws „Arzt am Scheideweg" –, mit der er sich im März 1938 von seinem Publikum verabschiedet hatte, nahtlos an seine Vorkriegserfolge an. 1948 – kurz vor Beginn der Dreharbeiten zum „Dritten Mann" – wird er auf der Biennale in Venedig zum Besten Schauspieler für seine Rolle in „Der Prozeß" von G. W. Pabst gewählt. Zu seinen Lieblingsrollen zählen zwielichtig-tragische Charaktere, und die Rolle des Baron Kurtz scheint maßgeschneidert für ihn zu sein.

„Menschlichkeit ist Pflicht"
Siegfried Breuer

In der Romanfassung des „Dritten Mannes" charakterisiert Greene den Amerikaner Cooler – der, um dem Ansehen der USA im Ausland nicht zu schaden, im Film auf Wunsch von David O. Selznick zum Rumänen Popescu wird – als „einen Mann ... mit einem bekümmerten, gütigen Antlitz und weitsichtigen Augen, den Menschenfreund, der bei einer Flecktyphusepidemie, einem Weltkrieg oder einer chinesischen Hungersnot auftaucht, lange bevor seine Landsleute den Ort im Atlas gefunden haben".[37] Dieser Cooler ist aber kein Menschenfreund, wenn auch sein joviales „Harrys Freunde sind auch meine Freunde" auf Holly Martins anfänglich großen Eindruck macht. Er nennt Menschlichkeit zwar seine Pflicht und besorgt Anna einen neuen Pass, aber keiner weiß besser als er, „dass man sich in Acht nehmen muss in einer Stadt wie dieser". Er leitet den Mord am Hausbesorger in die Wege, und spätestens sein unerwartetes Auftauchen bei der Literaturveranstaltung im Britischen Kulturzentrum lässt auch Holly Martins ahnen, dass sein Aufenthalt in Wien gefährliche Formen angenommen hat („Darf ich Sie fragen, arbeiten Sie an einem neuen Werk?").

Es ist eine, wenn auch kleine, Paraderolle für den renommierten Wiener Schauspieler Siegfried Breuer, die exakt in sein Rollenfach des eine Spur zu höflichen, undurchsichtigen und unnahbaren Lebemanns passt, der mit halb-geschlossenen Lidern und einem leicht abschätzigen Zug um die Mundwinkel die Welt um sich betrachtet. Genauso distanziert wie Popescu im Film erscheint auch Siegfried Breuer den Engländern, die mit ihm am Set arbeiten. Möglicherweise ist das auf seine Sprachprobleme zurückzuführen, meint Guy Hamilton. Im deutschsprachigen Europa zählt der Absolvent des Reinhardt-Seminars jedenfalls zu den gefragten Charakterdarstellern, sowohl beim Theater als auch spätestens seit 1940 beim Film. „Wiener G'schichten" (1940), „Anuschka" (1942) und „Zyankali" (1948) sind nur einige Beispiele aus seiner Filmografie. Auch in der eindeutig propagandistischen und antisemitischen Wien-Film-Produktion „Leinen aus Irland" wird Breuer mit einer Hauptrolle besetzt und spielt einen machtgierigen, intriganten jüdischen Geschäftsmann, der es nicht nur auf die Tochter seines Chefs abgesehen hat, sondern auch auf die heimische sudetendeutsche Textilindustrie, die er durch die Einfuhr zollfreien irischen Leinens in den Ruin treiben will. Für die alliierten Zensurbehörden im Österreich der Nachkriegszeit gilt Breuer schon wegen dieses Films als eindeutig „belastet".

Die Schatten der Vergangenheit holen ihn auch in den Shepperton Studios ein, als gerade in der Kulisse der Casanova Bar gedreht wird. Ein auf einem Gerüst stehender Bühnenarbeiter verliert plötzlich den Halt und stürzt mit lautem Gepolter mitten ins Set. Im selben Augenblick stürmt eine junge Frau auf die Bühne und beginnt, wild gestikulierend, den verdutzten Siegfried Breuer tätlich anzugreifen. Es stellt sich heraus, dass die junge Frau die aus Österreich emigrierte Schauspielerin Wanda Rotha ist, die gegen die Mitarbeit Breuers am „Dritten Mann" protestiert. Er sei ein Nazi, sie könne sich erinnern, ihn 1936 in Berlin in SS-Uniform gesehen zu haben.[38] Der Schauspieler beteuert, dass die Anschuldigungen falsch seien,[39] und Carol Reed gelingt es, die junge Frau zu beruhigen. Über den Zwischenfall muss naturgemäß das britische Innenministerium informiert werden, das jedoch darauf hinweist, vor Erteilung der Einreise- und Arbeitserlaubnis genaue Nachforschungen zur Person Breuers angestellt zu haben, und daher sicher ist, dass die vorgebrachten Anschuldigungen keine Berechtigung hätten. Um aufgebrachte Gemüter in England zu beruhigen, bestärkt auch Produktionsleiter Hugh Perceval, dass weder Beweise gegen Breuer vorliegen noch anzunehmen sei, dass Alexander Korda eine Rolle mit einem „belasteten" Schauspieler besetzt.[40]

„Hans, kannst du einen Moment hereinkommen? Du musst ans Telefon!"
Annie Rosar

Schade, dass Annie Rosars Rolle als Ehefrau des Hausbesorgers so klein geraten ist, viel zu klein für eine der beliebtesten und erfolgreichsten Volksschauspielerinnen Österreichs, die nicht nur in unzähligen Verwechslungskomödien und typisch österreichischen „Herz-Schmerz-Filmen" ein Millionenpublikum für sich gewinnen konnte, sondern auch für ihre legendären, frei aus dem Gedächtnis gesprochenen Dichterlesungen und Rezitationsabende berühmt ist. Aber auch mit einem einzigen Satz und einer genau dosierten Portion des legendären „Wiener Schmähs" bleibt sie unvergessen.

Frau des Hausbesorgers: *Hans, kannst du einen Moment hereinkommen?*
Hausbesorger: *Moment, schaun Sie, ich bin ja nur ...*
Frau des Hausbesorgers: *Du musst ans Telefon. (Szene 18)*

Das plötzliche Auftauchen der Hausbesorgerin ist einer der vielen kleinen, brillant umgesetzten Regieeinfälle Carol Reeds, ein Trick, um Spannung zu erzeugen, in diesem Fall um die Person des Hausbesorgers, der offensichtlich mehr weiß, als er zugeben will.

„U-inkel, Dr. U-inkel!"
Erich Ponto

„Pünktlich auf die Minute kommt Erich Ponto die Treppe herunter. Langsam, vorsichtig, tastend gleichsam, dem Geländer entlang, die kleine, schmale Jean-Paul-Gestalt mit dem großen, ausdrucksvollen Kopf in leicht gebeugter Haltung. Wirre Haarsträhnen fallen ihm in die hohe, feinmodellierte Gelehrtenstirn. Mit gottergebener Miene und einem undurchdringlich abwesenden Blick ... folgt er mir in eine freie Ecke ..."[41], beschreibt ein Journalist seine erste Begegnung mit Erich Ponto im Foyer des Hotel Astoria, wo er ihn anlässlich seines Engagements am Theater in der Josefstadt zu einem Interview für die Zeitschrift *Mein Film* bittet. Ist das nun Dr. Winkel, der behutsam den Staub von den Antiquitäten bläst, um Holly Martins den Eindruck peinlicher Verlegenheit zu nehmen, oder Erich Ponto, der ehemals königlich-sächsische Hofschauspieler und große Charakterdarsteller der deutschen Bühne und des deutschen Films der dreißiger und vierziger Jahre?

Die Rolle des Dr. Winkel ist für einen Mimen seines Formats denkbar klein, aber nicht umsonst gilt Erich Ponto in der Film- und Theaterwelt als genialer Meister der leisen Zwischentöne, der jede noch so kleine Episode mit einer Prägnanz und Wandlungsfähigkeit ausfüllt, als spielte er eine Hauptrolle. Auch mit seinem „Dr. U-inkel" schenkt er dem Kinopublikum eine der erinnerungswürdigsten schauspielerischen Leistungen des Films.

Martins: *Ich möchte die Wahrheit erfahren.*
Winkel: *Die Wahrheit?*
Martins: *Ja, die Einzelheiten.*
Winkel: *Ich kann Ihnen nicht viel sagen. Er wurde überfahren. Er war tot, als ich hinkam.*
Martins: *Wer war bei ihm?*
Winkel: *Zwei Freunde von ihm.*
Martins: *Nur zwei?*
Winkel: *Ja, natürlich.*
Martins: *Ist es möglich, dass er nicht sofort tot war?*
Winkel: *Er kann noch gelebt haben, ja, für kurze Zeit, während sie ihn über die Straße trugen.*
Martins: *Ob er sehr gelitten hatte?*
Winkel: *Nein, das glaube ich nicht.*
Martins: *War er denn noch fähig, Pläne zu machen, für mich und andere in diesen drei Sekunden? Er soll noch irgendwelche Anordnungen getroffen haben.*
Winkel: *Das kann ich doch nicht wissen, ich war nicht dabei. Das Einzige, was mich anging, war die Todesursache. Haben Sie in dieser Beziehung Zweifel?* (Szene 41)

„Seine Äußerungen waren derart knapp", beschreibt ihn Graham Greene in der Romanfassung des „Dritten Mannes", „dass man nicht eine Sekunde lang an ihrer Wahrheit zweifeln konnte ... Man hatte das Gefühl, wenn er einen Fall von Scharlach zu diagnostizieren hätte, würde er sich auf die Feststellung beschränken, dass ein Ausschlag sichtbar und die Temperatur so und so hoch sei. Bei einer polizeilichen Untersuchung würde man ihm nie einen Irrtum nachweisen können."[42] Holly Martins verspürt das Bedürfnis, Dr. Winkel „irgendwie zu besudeln", wie es im Roman heißt.[43] Das gelingt ihm auch, indem er Dr. Winkels Namen falsch („Dr. Winkle") ausspricht und ihn so, zumindest im englischen Original, zu einer „gemeinen Uferschnecke" werden lässt. Doch was hat der kleine Hund von Baron Kurtz bei „Dr. Winkle" verloren?

Hansjörg Schneider, wie Erich Ponto mit bürgerlichem Namen heißt, ist der einzige nicht aus Österreich stammende deutschsprachige Schauspieler im „Dritten Mann", er zählt als Darsteller vieler populärer Filme jedoch zu den Lieblingen des österreichischen Publikums. Er steht gerade in Wien auf der Bühne, als Carol Reed auf „Talentsuche" ist und ihn entdeckt. Ponto spielt in Lustspielen und Klassikern, in griechischen Tragödien und in Shakespeare-Stücken. Er brilliert in großen Charakterrollen wie auch in winzigen Rollen, die er mit viel Leben auszustatten versteht. Pontos Kritiker schwärmen von seiner „Schärfe der Charakterisierung", seiner „Spitzbubenschlauheit", seinem „wundervollen Humor" und dem „feinen Verständnis für seine Rollen".[44] Er ist ein besessener Schauspieler, der als Mephisto, Richard III., Jago, Nathan der Weise, aber auch als Hauptmann von Köpenick, Shylock in Shakespeares „Der Kaufmann von Venedig" sowie als Flottwell in Ferdinand Raimunds „Verschwender" das Publikum begeistert. Nach dem Krieg baut er als Generalintendant das Theaterleben im ausgebombten Dresden wieder auf. Stuttgart, Göttingen und Salzburg sind weitere Stationen seiner erfolgreichen Karriere, die ihn sogar als wissenschaftlichen Mitarbeiter an die Akademie der Künste nach Berlin führt. Die von ihm verkörperten Figuren wechseln ständig Maske, Alter, Beruf und Charakter; es sind jedoch seine Filmrollen – etwa seine Darstellung des Professor Crey, des „Schnauz" in der „Feuerzangenbowle" mit Heinz Rühmann –, die ihn weit über die Grenzen Deutschlands hinaus bekannt machen. Oft genug bestehen seine Rollen aus einem einzigen Auftritt, der sich aber beim Zuschauer festsetzt und den er aus dem Kino mitnimmt.

„Er soll schaun, dass er einen anderen Musiker bekommt"
Anton Karas und eine Melodie geht um die Welt

„[Martins] pfiff mir eine Melodie vor – sie kam mir seltsam bekannt vor ... Ich war dabei, als Harry sie komponierte; in wenigen Minuten, auf der Rückseite eines Briefumschlages. Er pfiff sie immer, wenn etwas seine Gedanken stark beschäftigte. Es war seine charakteristische Melodie. Er pfiff sie mir noch einmal vor, und dann fiel mir ein, wer sie geschrieben hatte – natürlich nicht Harry Lime. Beinahe hätte ich es Martins auch gesagt, aber wozu? Zitternd verschwebten die Töne ..."[45]

Unbewusst muss Carol Reed wohl genau diese Melodie im Kopf haben, als er sich während der Dreharbeiten in Wien auf die Suche nach einer geeigneten Filmmusik macht. Sie soll nicht nur zu Harry Lime passen, sondern auch die Stimmung in der vom Krieg verwüsteten Stadt vermitteln. Orchestrierte Walzermusik der Wiener Philharmoniker oder des London Philharmonic Orchestra, wie es der musikalische Leiter der London Film Productions, Hubert Clifford, vorschlägt, kann Reed sich nicht vorstellen.

„Der Carol ist verrückt geworden! Er will einen Zitherspieler aus Wien kommen lassen, der ihm die Musik zum Film machen soll"[46], meint Alexander Korda eines Tages in London gegenüber Karl Hartl, mit dem er sich im Claridge Hotel zu einer Besprechung trifft. „Aha, das wird bestimmt der Karas sein. Mit dem hat er schon damals in Wien so einen Kult getrieben."[47] Keiner der beiden kann zu jenem Zeitpunkt ahnen, dass eben dieser Karas wenige Monate später die Welt zu Begeisterungsstürmen hinreißen und im Buckingham Palace wie im Vatikan auf seiner Zither vorspielen, dass die Titelmelodie ihres Films einmal eines der meistverkauften Musikstücke der Welt und neben dem Donauwalzer und dem Radetzkymarsch zu der Kennmelodie Wiens schlechthin wird.

Das Harry-Lime-Theme wird zu einer Sensation in der Musikgeschichte, auch wenn sein Entstehen nur dem Zusammentreffen zahlreicher Zufälle und Umstände zu verdanken ist; und der Begegnung zweier Menschen aus Welten, die unterschiedlicher nicht sein könnten – Anton Karas', des Wieners aus einfachen Verhältnissen, und Carol Reeds, des gefeierten Starregisseurs aus London. Diese Begegnung wird zu einer Sternstunde – sowohl für die beiden Männer und den Film als auch für die Plattenindustrie und letztendlich auch für alle Liebhaber des „Dritten Mannes"!

Wie kann dieser unbekannte, wenn auch im Wiener Gemeindebezirk Sievering am Stadtrand von Wien geschätzte Heurigenmusiker so plötzlich die Herzen der Menschen erobern und ein umjubelter Star der Musikszene werden? Karas ist weder Musiktheoretiker noch Komponist, hat jedoch ein untrügliches Gefühl für unverfälschte Wiener Musik. Als guter Stimmungsmusiker braucht er dazu auch keine Noten, nur die nötige Inspiration und einen Unbeirrbaren wie Carol Reed, der überzeugt ist, sein Talent zur vollen Entfaltung bringen zu können.

Anton Karas, das Wiener Arbeiterkind aus dem Bezirk Brigittenau, träumt bereits als Schulbub davon, Theaterkapellmeister zu werden. Für einen klassischen Musikunterricht reichen die Familienfinanzen aber nicht, und so besucht Karas neben seiner Berufsausbildung zum Maschinenbauschlosser Abendkurse an der Pollux Musikschule und nach Abschluss seiner Gesellenprüfung Vorlesungen in Harmonielehre am Konservatorium beim legendären Wiener Zithervirtuosen Adolf Scheer. Im Alter von 22 Jahren beginnt er hauptberuflich als Alleinunterhalter in Heurigenbetrieben zu arbeiten; sein Stammlokal wird der Martinkovic in der Sieveringer Straße (den es heute nicht mehr gibt).

Um die Geschichte der Filmmusik und die erste Begegnung von Carol Reed und Anton Karas ranken sich zahlreiche Legenden. Jede von ihnen, ob in Biografien, Zeitungsartikeln oder Filmjournalen veröffentlicht, erzählt eine eigene Variante; sogar Reed und Karas geben in Interviews unterschiedliche und immer wieder neue Versionen zum Besten – was nur wenig verwundert, hat doch anfänglich kaum jemand dem Entstehen der Filmmusik Bedeutung beigemessen. So erinnert sich Paul Hörbiger zum Beispiel, dass Reed nächtelang mit Karl Hartl von einem Heurigenlokal zum anderen gewandert sei, um einen Musiker zu suchen.[48] Carol Reeds Regieassistent Guy Hamilton wiederum verlegt das erste Zusammentreffen der beiden in Hartls Haus, wo anlässlich einer Feier neben Wein, Essen und Bedienung auch ein Musiker – eben Anton Karas – „mitgeliefert" wird.[49] Eine andere Geschichte betont die Rolle von Trevor Howard, der Karas bei einem seiner Streifzüge durch die Wiener Lokale kennen gelernt und Reed auf ihn aufmerksam gemacht habe.[50] Im Gegensatz dazu erinnert sich Elizabeth Montagu, dass Reed dem unter enormem Druck stehenden Filmteam einen Abend freigegeben und alle zum Heurigen eingeladen habe, wo zufällig auch Karas spielt. „Plötzlich schlägt der immer ruhig und nachdenklich neben mir sitzende Carol Reed mit der Hand auf den Tisch und ruft aus heiterem Himmel ‚That's it! That's the music for the film!'"[51] Einer anderen Quelle zufolge organisiert Ross Williamson vom Alliierten Kulturdienst ISB, der neben der technischen und administrativen Unterstützung der Dreharbeiten auch für die Freizeitgestaltung der englischen Filmleute zuständig ist, einen Heurigenbesuch in Grinzing; das Lokal ist geschlossen, also übersiedelt die ganze Gruppe zu einem Heurigen nach Hietzing, wo sie auf Karas stößt.[52] Nach der Erinnerung von Anton Karas' Tochter[53] haben Wien-Film-Chef Hartl und seine Frau Marte Harell das englische Filmteam und eine Reihe österreichischer Schauspieler wie Paula Wessely, Attila und Paul Hörbiger am 18. Oktober 1948 nach einem Empfang Reeds beim Wiener Bürgermeister zu einem Abend bei einem Heurigen in Nussdorf eingeladen. Eigentlich sollten die Hausmusiker, die „Wien-Film Schrammeln", auftreten; doch da sie an diesem Abend für ihre sowjetischen Arbeitgeber in den Wien-Film-Studios am Rosenhügel spielen, wird auf Hartls Vorschlag Anton Karas vom Martinkovic geholt, dem Heurigen unmittelbar gegenüber der Sieveringer Studios. Doch dieser will zuerst gar nicht kommen! Kurt Miksch, einer der österreichischen Tontechniker am Set, erzählt eine ähnliche Version der Geschichte, allerdings ist es hier sein Onkel, der technische Direktor der Wien-Film-Studios, der Karas nach einer Drehbesprechung im Sieveringer Tonstudio einlädt, dem Team vorzuspielen. Auch in dieser Version weigert sich der Musiker anfänglich, fürchtet er doch um die abendliche Gage bei seinem Stammheurigen. Jedenfalls schenkt Anton Karas besagtem Direktor Vlk später aus Dankbarkeit für die Vermittlung seine erste Kinderzither, die sich noch heute im Besitz der Familie Miksch befindet.[54]

Ob es nun in den Sieveringer Studios, in einem „saloon"[55] oder in einem „tiny beer and sausage restaurant"[56] ist, wo Reed die Idee hat, seinen Film von den Zitherklängen eines unbekannten Musikers begleiten zu lassen, ist letztlich nebensächlich. In irgendeiner Form beginnt es draußen in Sievering, wo der gelernte Schlosser seine Arrangements aus Walzer und Wienerlied gegen ein Trinkgeld darbietet. Zuerst schenkt Reed der Musik nur wenig Beachtung, doch „... all the time, at the far end of the wine garden, was this zither player, who had come over from the restaurant where he worked, several miles away, at Sievering. His music didn't mean much to us at the time, but it formed a pleasant background to our conversation. When I woke up next morning, his tunes were still going round and round in my head".[57] Was Reed beeindruckt, ist der stimmungsvolle Klang der mit Kontrabasssaiten bespannten Wiener Zither, die Anton Karas so virtuos beherrscht. Mit seinem „schnellen Daumen" – der zu seinem Markenzeichen wird –, kann er kraftvoll gegen das Stimmengewirr im Lokal aufspielen und die Aufmerksamkeit der Gäste auf seine Musik lenken.

Kurz vor Beendigung der Dreharbeiten lässt Carol Reed den Heurigenmusiker ins Hotel Astoria kommen, damit er ihm und seinen Mitarbeitern sein gesamtes Repertoire vorspiele. Man stelle sich folgendes Szenario vor: Carol Reed noch in Pyjama und Schlafrock – es ist Sonntag und der einzige drehfreie Tag der Woche –, ein verrauchtes Hotelzimmer voller Menschen, ein Tontechniker mit einem einfachen Klangfilmrekorder und ein bescheiden gekleideter Wiener mit einem Instrument, das den meisten im Raum nicht einmal vom Hörensagen bekannt ist: „Ich komm ins Zimmer hinein, fast 30 Leute, alle Pfeifenraucher, teils sind sie auf dem Boden gesessen, wie's die Engländer machen, und ich musste sofort zu spielen anfangen. Links und rechts von mir zwei Damen,

Eine große Auszeichnung für Anton Karas: Empfang bei Königin Elizabeth II. von England, in der Mitte Carol Reed

Carol Reed und Mrs. Dudley-Ward als andächtige Zuhörer in der Weinschenke von Anton Karas

die mussten alles aufschreiben. ... Jetzt müssen Sie sich vorstellen, man hat keine Inspiration, keiner singt mit ... der Einzige, der Deutsch konnte, ist hinten im Winkerl gesessen, das war mein Dolmetscher [der deutsche Dialogregisseur Paul Martin] ... und am Abend ist mir schon das Blut zwischen die Fingernägel gekommen, um sechs hab ich g'sagt, so jetzt ist's aus, um sieben muss ich wieder bei meinem Heurigen spielen ... aber er hat mir einfach nicht die Finger von der Zither wegnehmen lassen ... endlich kommt der Einzige, der Deutsch konnte, zu mir, und erklärt mir auf meine Frage, wer die Leute eigentlich sind, für die ich spielen muss, und dass der Mann Carol Reed ist, der berühmte Regisseur, und die Frau seine Gattin, und dass der Film ‚Der Dritte Mann' heißt ... aber ich hab ihm nur gesagt, ‚Sie müssen ihm übersetzen, dass er verrückt ist, ich bin doch keine Maschine, da, schauen Sie sich doch meine Finger an, ich geh jetzt zu meinem Heurigen, ich muss ja noch Geld verdienen' ... und seine Frau, ich hab ja nicht gewusst, dass sie so gut Deutsch spricht, hat ihm alles übersetzt ... und was macht der Mann, er legt seine Hand auf meine Schulter und sagt ‚poor Toni', da hab ich noch einmal die Hände auf die Zither gelegt und gespielt ..."

Verzweifelt nach weiteren Liedern suchend, fällt Anton Karas ein Übungsstück ein, das sein Lehrer vor Jahren einmal für ihn geschrieben hat. Das muss sie gewesen sein, die Musik, die Reed an Harry Limes Melodie in der Geschichte von Graham Greene erinnert:

„... da ist er aufgesprungen, als ob ihn eine Tarantel gestochen hätte, und er hat sich neben mich hingekniet und gesagt ‚please, once more' ... und jetzt können Sie sich vorstellen, eine volle Stunde ‚once more, once more, once more'. Fast hätte ich schon meine Zither zusammeng'haut, aber da hat er Mitleid gehabt ... und dann fragt er, was er bezahlen muss ... aber ich will nur eins, raus von hier. Da ist er zu jedem gegangen, hat einen Hut genommen und jeder hat seine Tasche ausleeren müssen ... Als ich endlich nach Hause kam, fragte mich meine Frau, ob ich einbrechen gewesen sei ... für das Trinkgeld aus den Taschen des Filmstabs konnte ich mir eine Bauernstube kaufen, zwei Anzüge, für meine Frau einen Pelzmantel, stellen Sie sich vor, zu dieser Zeit ... und meine Frau sagt noch, ich glaub', da kommt noch was ..."[58]

Es ist bereits Februar, die Dreharbeiten in Wien sind längst abgeschlossen und die Musikaufnahmen, die man in Wien probeweise angefertigt hat, schon wieder vergessen. Anton Karas spielt wieder beim Martinkovic, während Carol Reed weiter mit verschiedenen Möglichkeiten für eine Filmmusik experimentiert und zahlreiche Probeaufnahmen machen lässt, die aber weder ihn noch Alexander Korda überzeugen können. Sie wollen an den Welterfolg von „Odd Man Out" anschließen, dessen Filmmusik so bejubelt wurde. Für großartige Experimente ist aber anscheinend kein Budget mehr vorhanden und die Zeit drängt. Es gibt aber noch die Aufnahmen aus Wien, und Reed fleht Hartl an, den Musiker aus Sievering nach London zu holen. Anton Karas wird verständigt – „... gehen Sie mit dem Brief auf das englische Konsulat und dort liegt alles auf, Arbeitsgenehmigung, Pass ..." –, doch der ist alles andere als begeistert. England ist weit, er spricht kein Wort Englisch und hat zudem Angst vor dem Fliegen. Er bezweifelt, der geeignete Mann für die Musikaufnahmen zu sein, und auch in Wien rühren sich Stimmen: „The Viennese were appalled. Vienna, they felt, should be represented musically only by massed violins, not by a single zither."[59] Dass es ausgerechnet die Zither, dieses einfache Volksinstrument, und der unbekannte Karas sein sollen, lässt viele den Kopf schütteln, doch Carol Reed ist davon nicht abzubringen, „he stuck to his guns"[60]. Zwar dauert

Anton Karas und Orson Welles im Heurigen „Zum Dritten Mann", fünfziger Jahre

es noch eine Weile, bis Anton Karas überredet ist, doch dann wird ein Vertrag abgeschlossen, der dem Musiker eine für die damalige Zeit und für seine Verhältnisse astronomische Gage von 1.200 Schilling bzw. 30 Pfund (entspricht heute rund 1.750 Euro) pro Woche für die Dauer von ungefähr sechs bis acht Wochen (aus denen dann zehn werden) zusichert, ebenso die Begleichung der Reise- und Aufenthaltskosten in London sowie ein wöchentliches Taschengeld von 20 Pfund.

Am 17. Februar 1949 landet Anton Karas auf dem kleinen Militärflughafen Northolt im Westen von London. Bei sich hat er eine einfache Wiener Zither aus dem Atelier des berühmten Wiener Instrumentenbauers Franz Nowy; erst nach seinem weltweiten Erfolg kann Karas teurere Instrumente erwerben, wieder aus derselben Werkstatt, aber mit einem höheren Resonanzkörper für eine vollere Begleitung.[61] Die eigentliche Arbeit an der Filmmusik beginnt erst am 1. Juni 1949. „... ich bin angekommen und hinein ins Auto, gleich nach Shepperton hinaus, und von dort bin ich dann bis zum 28. August nicht mehr rausgekommen. Von neun Uhr in der Früh bis elf, zwölf in der Nacht ..."[62] Tagelang werden immer wieder Schleifen des Rohschnitts angesehen und von Karas mit Zithermusik unterlegt. Nach zwei Wochen fleht er Mrs. Reed verzweifelt an, ihr Mann möge ihn nach Hause fahren lassen, es fiele ihm ja doch nichts ein. Es tue ihm leid, Mr. Reed zu enttäuschen, „aber er soll schau'n, dass er einen anderen Musiker bekommt oder eine andere Musik. Ich hab' geglaubt, ich brauch' nur meine Lieder spielen, die ich in Wien gespielt habe, dabei hat der Narr gesagt: ‚No, no, keine Wienerlieder.' Ich muss die Musik dazu komponieren ... und ich hab doch mein Lebtag noch nichts komponiert! ... und er hat immer nur drauf gesagt: ‚Okay, okay, Toni, you are my best friend.'" Anton Karas will nur mehr nach Hause, hat aber nicht mit dem diplomatischen Geschick von Reed gerechnet. Auf dem Weg zum Flughafen bittet Carol Reed ihn um einen letzten Gefallen: Er soll sich noch einmal den Film anschauen und spontan dazu spielen. „Ich habe mir gedacht, Herrgott, es ist eh' der letzte Tag, in fünf Stunden bist schon daheim, ich hab mich schon beim ‚Martinkovic' gesehen, und tatsächlich, ich spiel so dazu, der Film ist zu Ende, und er fragt mich: ‚Hast du den Film noch nicht verstanden?' und will auf einen Knopf drücken. Ich hau ihm noch eine auf die Finger, er hat aber keinen Mukser gemacht und greift trotzdem hin, und plötzlich ist es dunkel geworden, und auf einmal geht der Film an und da hör ich mich spielen. Er hat die Technik angerufen und die haben, ohne dass ich es gewusst habe, mein Spiel aufgenommen, und dann war's g'schehn um mich. Ich hab mich das erste Mal in meinem Leben selbst spielen gehört, dann war's um mich aus."[63]

Die Arbeit an der Filmmusik beginnt Karas Spaß zu machen, aus den drei Takten, die ihm seinerzeit in Wien eingefallen sind, wird das legendäre Harry-Lime-Leitmotiv.[64]

„Und dann hat er gesagt, ich soll die drei Takte um eine Sekunde verlängern, dann noch eine Sekunde, und dann hat er immer gesagt, schau Toni, ich hab hier eine Szene, wenn die Szene im Kino läuft, ohne Musik, laufen mir die Leut' davon, bitte mach' mir eine Musik, wo die Leute sitzen bleiben. So hat es angefangen und ... er hat mich die ganze Zeit, Tag und Nacht, nicht eine Minute alleingelassen." Es sollte Karas aber an nichts fehlen: Er wohnt im eleganten Stadthaus der Reeds in der King's Road 213 in Chelsea, wo ihm Carol Reed einen Moviola-Filmprojektor aufstellen lässt, den er selbst bedienen kann, um auch außerhalb des Studios zu einzelnen Szenen zu improvisieren.[65]

Rückblickend sollte Anton Karas diese Zeit in London als die Schönste seines Lebens bezeichnen. **Unermüdlich wird täglich bis zu 14 Stunden zu den einzelnen Sequenzen improvisiert, wenn nicht in Reeds Haus, dann in dem kaum zwölf Leute fassenden kleinen Westrex Tonstudio in Shepperton.** Geduldig gibt Reed Anweisungen, wie er sich die Musik zu dieser oder jener Szene vorstellt, wie sie noch eine Spur dramatischer oder melancholischer sein könnte, und Anton Karas gelingen musikalische Höchstleistungen. Nicht einmal seine starke Kurzsichtigkeit, die ihm den Blick auf die Studioleinwand erheblich erschwert, stellt für Reed ein Problem dar. Er findet immer eine Lösung: Ein Tintenfass symbolisiert das Harry-Lime-Motiv; schiebt es Reed zu Karas hin, soll er lauter spielen, zieht er es weg, muss die Musik leiser werden.[66] Immer wieder wird improvisiert; um das Bedrohliche, Unheimliche noch zu steigern und einen volleren Klang zu erzielen, werden die bereits bespielten Tonspuren stellenweise doppelt bespielt, an einigen Stellen lässt man auch den Ton schneller ablaufen. Doch Reed ist noch immer nicht zufrieden. Er will genau jenen Soundeffekt, den die Zither hat, wenn Karas in Reeds Haus auf dem Küchentisch in der King's Road spielt, „gritty and dirty" – also wird der Küchentisch ins Studio gebracht.[67]

Ursprünglich ist geplant, die Zithermusik nur als beiläufige Stimmungsmusik an einigen wenigen Stellen einzusetzen und den Rest des Filmes mit konventioneller Filmmusik zu unterlegen. Im Laufe der vielen „rough cut nights", dieser legendären Mittwochabendsitzungen im Aufnahmestudio, bei denen die bereits abgedrehten Sequenzen vom Produktionsteam kritisch begutachtet werden, entscheidet sich Reed jedoch, die Zithermusik nicht nur als Kennmelodie für Harry Lime, sondern für den gesamten Film zu verwenden. Das dürfte nicht zuletzt auch dem Drängen des aus Österreich stammenden Schnittmeisters Oswald Hafenrichter zu verdanken sein, der – durch die vertraute Musik aus der alten Heimat wehmütig gestimmt – Reed rät, „maybe we should use it every time, let's record it softly". Reed ist aber skeptisch, und so unterlegt Hafenrichter heimlich immer mehr Sequenzen mit Zithermusik.[68] Allmählich übernimmt diese eine Hauptrolle und fängt sozusagen an, die Handlung zu kommentieren, Orte und Personen zu definieren und die untrennbare Begleitstimme der Kamera zu werden. Damit betritt Carol Reed filmmusikalisches Neuland und erteilt gleichzeitig der großen Orchestermusik der vierziger Jahre eine deutliche Absage.

Entgegen der weitverbreiteten Meinung besteht die Filmmusik keineswegs nur aus dem Harry-Lime-Motiv,[69] sondern aus einem reichhaltigen Potpourri verschiedenster Melodien, die von Anton Karas teils selbst komponiert, teils aus schon bestehenden Musikstücken arrangiert und äußerst raffiniert der Handlung angepasst wurden. Die Bekannteste dieser Eigenkompositionen ist der „Café Mozart Walzer", der Nachwelt auf der Rückseite der Original-Schellack von Decca aus dem Jahre 1949 erhalten.[70] Mit der Musikbegleitung zum „Dritten Mann" leitet Carol Reed übrigens unbeabsichtigt den Trend ein, Titelmelodien und Filmsongs nicht nur in den Mittelpunkt eines Films zu rücken, sondern sie auch zu dessen vorrangigen Werbeträgern zu machen. Die Einnahmen aus den Aufnahmerechten und Schallplattenlizenzen sind seither unverzichtbarer Bestandteil jeder Produktionskalkulation.

In der britischen Originalfassung beginnt bereits der Vorspann (den die deutsche Synchronfassung aus dem Jahre 1962 leider nicht enthält) mit der Großaufnahme einer von unsichtbarer Hand gespielten Zither und dem Harry-Lime-Motiv. Als Holly Martins Harry Limes Haus betritt, ist der Hausbesorger gerade mit der Reinigung eines Kandelabers beschäftigt und summt dazu ein altes Wienerlied, „Erst wann's aus wird sein" von Hans Frankowsky. Bei Harrys Begräbnis hören die Zuseher wieder das Harry-Lime-Motiv, das nach ein paar Übergangstakten beim Zusammentreffen von Holly Martins und Baron Kurtz im Café Mozart von dem sehr einschmeichelnden, wienerisch klingenden „Café Mozart Walzer" abgelöst wird. Im Casanova Club setzt die Musik kurz aus, Baron Kurtz als Stehgeiger spielt eine Komposition von Hubert Clifford (dem Musikdirektor der London Film Productions), die er allerdings abrupt abbricht, als er Holly Martins und Anna an der Bar entdeckt. Nach einigen wenigen Takten Gitarrenmusik betritt Popescu die Szene. Ein drohendes Tremolo, die so genannte „Menace Music", lässt Spannung entstehen. „Unter dem Lindenbaum" aus der Operette „Die Kätzchen" von Hugo Felix untermalt die Sequenz in Annas Wohnung. Anton Karas' eigene Musik begleitet die Zuseher wieder zurück zum Josefsplatz, der Hausbesorger ist ermordet worden, die Zither jagt gleichsam Holly und Anna ins Kino („Hansel's Music"), wo die (fiktive) Musik des dort spielenden Films – wieder nach einer Komposition von Hubert Clifford – für wenige Momente die Tonspur beherrscht. Drohend und unheimlich wieder das Tremolo in Moll, das Holly Martins' panikartige Flucht aus dem Kulturzentrum unterstreicht („Culture Centre Music" und „Staircase Music"). Fast unmerklich folgt die Zither durch Major Calloways Büro („International Police Headquarters Music" und „Penicillin Montage Music"). Die Mädchen der Casanova Bar tanzen zu Fields' „Managua Nicaragua". Holly Martins' Abschied von Anna begleitet ein von Anton Karas improvisiertes Arrangement von Sandor Ujvarys „Das alte Lied von Henry Love", „Weiße Chrysanthemen" und Karas' eigener Musik, dem Katzenthema („Cat Music"). Die Kennmelodie kündigt Harry Lime im Haustor unter Annas Fenster an, die Zither ist mit der „Square Music" und der „Kiosk Music" auch bei der Verfolgungsjagd dabei, bis zu dem Zeitpunkt, als Harry Lime plötzlich in einer Litfasssäule verschwindet. Harrys Grab wird noch einmal geöffnet, 47 Sekunden lang untermalt von der „Cemetery Music". Oberst Brodsky will Annas Pass („Passport Music"), „Das alte Lied" begleitet Annas Verhaftung durch die Internationale Polizei. Die Handlung steuert einem zweiten Höhepunkt zu, dem Treffen der beiden alten Freunde vor dem Riesenrad; wieder ist Harrys Melodie zu hören. Annas Treue gegenüber Harry Lime hat ein eigenes musikalisches Leitthema, „Unter dem Lindenbaum", das bereits zu hören war, als sich Holly Martins mit einem „Habe ich gar keine Chance bei Ihnen?" von Anna verabschiedet. Fast unmerklich unterstreicht leise Musik Hollys blankes Entsetzen, als ihn Major Calloway mit den Opfern von Harry Limes Penicillinschieberei im Kinderspital konfrontiert („Hospital Music"), dann tritt die Musik wieder in den Hintergrund, um bei der Verfolgungsjagd durch den Kanal zu einem unglaublichen Crescendo anzuwachsen. Harrys Schicksal ist besiegelt, und „Unter dem Lindenbaum" lässt erahnen, dass es kein Happyend geben wird.[71]

Die Musik war, wie fälschlicherweise immer wieder kolportiert wird, nie Wiener Heurigenmusik[72]; der spezifische Laut der Zither beschwört allerdings automatisch die Assoziation mit Wien und seinen Heurigenklängen herauf, was Carol Reed auch beabsichtigt. Die Musik sollte helfen, Wien als Ort der Handlung zu definieren und den Bezug zu dieser Stadt zu verstärken, die bei den Außenaufnahmen stärker im Vordergrund steht als bei den von Dialogen dominierten Innenaufnahmen. Trotzdem ist es eine Kunstmusik, stark stilisiert und genauso expressionistisch wie Kamera und Lichtregie. Sekundengenau zu den einzelnen Sequenzen komponiert bzw. arrangiert, gehorcht sie einzig den Gesetzen von Stil und Effekt; der Liedtext von „Unter dem Lindenbaum" ist sogar kadersynchron mit Annas Tränen in der Abschiedssequenz abgestimmt. Die Musik ist ein wichtiger, über Bild und Dialog hinausgehender Bestandteil der Erzählstruktur und suggeriert Harry Limes emotionale Anwesenheit: Als der Hausbesorger meint, an der Unfallstelle sei noch ein dritter Mann gewesen, läutet plötzlich das Telefon. Anna hebt ab, doch es meldet sich niemand. Den stummen Harry Lime am anderen Ende der Leitung verrät nur ein musikalisches Lebenszeichen.

HMV lehnt sie sogar rundweg ab. Nur BBC bittet Karas zu einer Radiosendung, um seinen Hörern das in England fast völlig unbekannte Instrument vorzustellen. Als Gage wünscht sich Anton Karas einen blauen Anzug mit Weste von Selfridges aus der Oxford Street, ein Honorar darf der offiziell als Tourist eingereiste Musiker nicht kassieren. Die Premiere im Londoner Plaza in der Lower Regent Street wird schließlich ein sensationeller Erfolg. Das Publikum pfeift vor Begeisterung, und Anton Karas flieht panikartig aus dem Kino, noch bevor die Lichter angehen. „Carol und ich sind schon während des Filmes hin- und hergegangen, Carol rechts, ich links, dann hab ich mich in die letzte Reihe gesetzt und hab schon eine deutliche Unruhe gespürt, teilweise Gelächter und zum Schluss hab ich Pfeifen gehört. Ich nichts wie raus aus dem Kino, fortg'rennt. Carol hat nach der Premiere dann im Hotel gegenüber, im Gloucester, einen Presseempfang gegeben. Die suchen mich, und ich bin g'rennt, die haben mich ja ausgepfiffen! Ich hab es ja nicht gewusst, wenn ein Engländer oder ein Amerikaner pfeift, dass es ihm gefallen hat. Da kamen dann zwei Bobbies mit einem Auto, und haben mich wie einen Teddybären geschnappt und in ihr Auto gesetzt, und die haben derart geschimpft, wahrscheinlich, weil sie mich so lange haben suchen müssen, und haben mich wieder ins Hotel geführt. Und wie ich dort hineingekommen bin, kommen sie mir entgegen, Pampie und er. Geweint hat er, dass ich da war. ‚Toni, wo warst du denn?' – ‚Na, ich lass mich doch nicht auspfeifen.' ‚Aber wer hat dich ausgepfiffen?' ‚Na, du warst doch selber dabei.' Ach, was hab ich für einen Fehler gemacht, wenn man in England pfeift, dann ist das eine Zustimmung!"[74]

Das Harry-Lime-Theme auf Platz 1

Die aufwendige Arbeit an der Filmmusik hinterlässt ihre Spuren: Anton Karas ist krank vor Heimweh und einem Zusammenbruch nahe. Die Reeds beschließen, gemeinsam mit „ihrem Toni" eine ruhige Woche auf See zu verbringen, bei der die Arbeit mit keinem Wort erwähnt wird. Zurück im Studio, beginnt die Vertonung einer der schwierigsten Szenen, Annas Verhaftung. Da bricht am 28. Juli zum Entsetzen aller im Schneideraum ein Brand aus, der sieben von zwölf fertig geschnittenen Filmrollen und die Tonspur zerstört. Eine eigens zusammengestellte Crew von vier Cuttern, zu der auch Oswald Hafenrichters Ehefrau gehört, schneidet den Film neu, und Anton Karas muss die gesamte Tonspur noch einmal bespielen. Tag und Nacht wird fieberhaft gearbeitet; am 28. August, knapp eine Woche vor der Premiere, ist der Film fertig. „Als fünf Tage vor dem großen Augenblick – im letzten Moment – die letzten Zitherschläge erklangen, fuhr Carol mit mir in die Westminster Abbey und zündete eine Kerze an."[73]

Um für die Premiere des „Dritten Mannes" Werbung zu machen, stellt Carol Reed „seine" Musikentdeckung den Londoner Plattenfirmen vor, die allerdings zu diesem Zeitpunkt nicht das geringste Interesse an den Tag legen;

Der Erfolg ändert aber nichts daran, dass Karas so schnell wie möglich wieder nach Wien zurück will – ein großer Fehler, wie sich bald zeigen wird. Die Musik hat wie eine Bombe eingeschlagen und soll auf Platte aufgenommen werden, aber Karas weigert sich, zu den Studioaufnahmen noch einmal nach London zu kommen. Er sehnt sich nach der Ruhe seines heimatlichen Sievering und nach dem Martinkovic. Kurzerhand nimmt Decca die Musik einfach von der Tonspur ab, wodurch Anton Karas, der in seinem Vertrag vom 27. Mai 1949 alle Rechte an London Film Productions abgetreten hat, um sämtliche Anteile am Einspielergebnis kommt. (Und Ende November 1949 sind bereits über eine halbe Million Platten verkauft!)

Im Oktober kann Karas doch überredet werden, noch einmal nach London zu kommen – in der Zwischenzeit hat „The Third Man" den ersten Platz bei den Filmfestspielen in Cannes gewonnen und wird in England zum Besten Film des Jahres gekürt –, wo ihn ein wahrer Triumphzug erwartet. Anlässlich der Royal Film Performance spielt er vor der königlichen Familie, von der er später noch sechsmal eingeladen wird. Nach einer kurzen Premierentournee durch die Schweiz, Deutschland und Frankreich ist er vom 16. November 1949 bis Ende Januar 1950 zweimal wöchentlich Stargast im Londoner Empress Club, wo ihn Prinzessin Margaret immer wieder im privaten Kreis vorspielen lässt. Die Zithermusik wird zur „Sensation of the Music Business", die Notenblätter gehen wie die sprichwörtlich warmen Semmeln über den Ladentisch. Am 21. Dezember 1949, beim *Daily Express* Film Ball in der Royal Albert Hall, erklingt das Harry-Lime-Theme zum ersten Mal in Orchesterfassung. Eine Weihnachtsshow ohne Harry Lime ist undenkbar! Bald gibt es keine Band mehr, die die Titelmusik des „Dritten Mannes" nicht in ihrem Repertoire hat, keine Bühnenshow, in der nicht die berühmten Takte erklingen, kein Instru-

England ist hoffnungslos dem Harry-Lime-Fieber erlegen

Cartoon

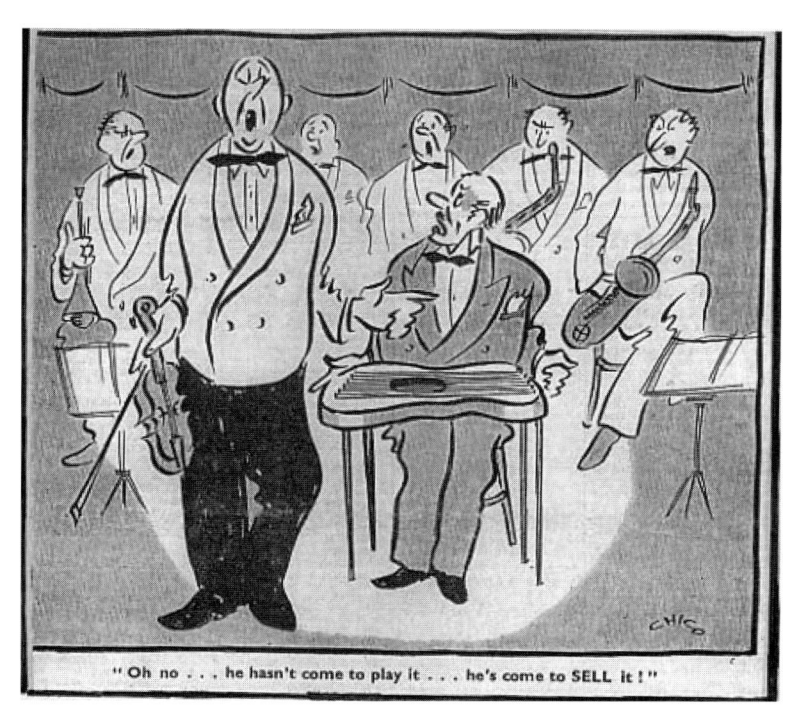

Cartoon

ment, für das nicht eine Version des Hitparadenstürmers geschrieben wird. Columbia bringt mit einem „Café Vienna Quartet" sogar eine Version auf Hawaii-Gitarre auf den Markt,[75] und auch die Beatles kommen an den berühmten Takten nicht vorbei, mit einem Wort: England ist dem Harry-Lime-Fieber hoffnungslos erlegen.

Auch David O. Selznick wird vom Erfolg der Filmmusik völlig überrascht. Niemand könne das verstehen, der es nicht mit eigenen Augen gesehen habe, meint er, sogar Zeitungsberichte, die mit dem Film an und für sich nichts zu tun hätten, würden sich ständig darauf beziehen.[76] Selznick hofft natürlich auf eine Wiederholung des Erfolgs in den USA, „we should be able to make a fortune out of this music".[77] In seiner Begeisterung schreibt er sogar einen Wettbewerb unter führenden amerikanischen Lyrikern aus, einen passenden Text zur Musik zu finden. Nach der erfolgreichen New Yorker Premiere schickt die Selznick Release Company Anton Karas auf eine 37 Wochen dauernde Tournee durch 32 Staaten der USA; wo immer der Film gespielt wird, muss auch Karas aufspielen. Man hat sich kein geringeres Ziel gesetzt als an den Kassenerfolg von „Gone With the Wind" anzuschließen. Auftritte in Kanada und Buenos Aires folgen;[78] Geschäftsleute und ganze Branchen stellen sich auf das große Geschäft ein. Ein Großhändler kauft zum Beispiel für die Premiere des „Dritten Mannes" in Washington D. C. 200 Zitherinstrumente, um für den erwarteten Ansturm gerüstet zu sein.[79] Die Popularität der Zithermusik wird in einer noch nie da gewesenen Breite ausgeschlachtet; unzählige Variationen

Anton Karas auf Welttournee in Japan und Griechenland

des Originalhits überfluten den Musikmarkt in Millionenauflage, und die Guy Lombardo Tanzband landet mit einem Gitarrensolo von Don Rodney sogar einen Platz hinter dem Original auf Rang vier der US-Charts!

Anton Karas, dem nur ein kurzer Heimaturlaub vergönnt ist, spielt auf seiner nächsten Tournee vor der niederländischen Königin Juliane und dem schwedischen Königshaus, vor der monegassischen Fürstenfamilie und vor Papst Pius XII., der den Musiker nicht nur herzlich empfängt, sondern die Audienz statt der geplanten fünf Minuten auf über eine halbe Stunde ausdehnt. Als Karas im Juli 1950 nach einer beispiellosen Erfolgstour durch Europa und die USA wieder heimatlichen Boden betritt, wird ihm auch hier ein begeisterter Empfang bereitet. Er ist ein international gefeierter Star, zu dessen Empfang sich sogar Bundeskanzler Leopold Figl und Mitglieder der Bundesregierung in Schwechat einfinden. Natürlich ist auch Wien nicht vom Zitherfieber verschont geblieben. Bei der Wiener Frühjahrsmesse entwickelt sich ein „bemerkenswertes Exportgeschäft mit Zithern nach Großbritannien und die USA"; die Wiener Musikschulen verzeichnen einen sprunghaften Anstieg ihrer Schülerzahlen und beklagen, dass „die sieben ihnen zur Verfügung stehenden Zitherlehrer ihrer Aufgabe kaum nachkommen könnten und dass viele der angemeldeten Zitherschüler auf spätere Termine vertröstet werden müssten". Im Kino findet die „Zithermanie" eine, wenn auch kurzlebige, Fortsetzung in der Komödie „So Long at the Fair", die kurz nach dem Erfolg des „Dritten Mannes" mit dem bekannten englischen Schauspieler Jean Simmons im Salzkammergut gedreht wird.

Trotz des großen Empfangs ist die Freude über die Rückkehr Karas' nach Österreich jedoch nicht ungetrübt. Es gibt Kritik am kometenhaften Aufstieg des „kleinen Zitherspielers aus Sievering", der ja nicht einmal Noten lesen könne, und bissige Bemerkungen der Art, dass Karas „... immer denselben, sentimentalen, primitiven Gassenhauer auf seinem Instrument (zupft), bald lauter, bald leiser, bald auftrumpfend"[80]; es gibt aber auch großes Lob, wie ein Artikel im Kleinen Volksblatt zeigt: „Noch eines darf in diesem Film nicht übergangen werden: Anton Karas, der nunmehr weltberühmte Sieveringer Zithervirtuose, hat den Streifen kompositorisch untermalt und ersetzt mit seinem Instrument wirkungsvoll ein großes Orchester. Er beherrscht die Zither mit einer Virtuosität, die aller Anerkennung würdig ist. Eine Schande, dass die-

ser Künstler nicht von uns, sondern von anderen ‚entdeckt' werden musste."[81]

Ab September 1951 ist Karas wieder ein ganzes Jahr lang auf Tournee. In der Zwischenzeit hat Carol Reed für einen guten Agenten gesorgt, der Karas hilft, seinen musikalischen Erfolg auch in klingende Münzen umzuwandeln. Ein mit den London Film Productions neu ausgehandelter Vertrag sichert ihm endlich eine Beteiligung an den Einspielergebnissen – und Karas spielt und spielt, bis seine Finger wund sind. Einladungen zu Gastspielen auf Luxuskreuzern und von Casinos in Las Vegas flattern ins Haus, ebenso eine zur Weltausstellung in Montreal. Das Angebot, in einem New Yorker Lokal für 20.000 US-Dollar im Monat aufzutreten, schlägt Karas allerdings aus. Drei Tourneen (1962, 1969 und 1972) führen ihn nach Japan, wo er vor Kaiser Hirohito spielt. Auch hier wird er von einer begeisterten Fangemeinde empfangen, die bis heute – in zahlreichen Vereinen unter kaiserlicher Patronanz organisiert – der Zithermusik à la Karas huldigt. Nicht zuletzt dank seiner Musik zählt „Der Dritte Mann" in Japan heute noch zu den beliebtesten ausländischen Filmproduktionen.

„Bei meiner Ankunft in Tokio 1962 erlebte ich gleich die erste große Überraschung. Auf dem Programm für meine Tourneen standen drei große Konzerte, sieben große Fernsehsendungen, eine Schallplattenaufnahme mit dem Titel ‚Anton Karas in Tokyo' und drei Mitternachtskabaretts mit Greta Keller ... was man mir jedoch verschwiegen hatte, eröffnete man mir jetzt: Ich sollte mit einem japanischen Orchester konzertieren ... unmöglich! Ich hielt es einfach für ausgeschlossen, dass ein japanisches Musikensemble von rund 30 Mann mit mir auf ‚gut wienerisch' konzertieren sollte. Ich wäre nie nach Japan gekommen, hätte ich davon gewusst ... man werde proben, ausgiebig und hart proben, hat man mir gesagt. So ausgiebig und hart geprobt habe ich noch nie in meinem Leben und ich musste mich immer mehr wundern. Ihr Einfühlungsvermögen war verwunderlich. Sie begriffen schnell, worauf es ankommt bei der Wiener Musik, auf den Klang, den Rhythmus ... ich habe nie das Gefühl gehabt, du spielst ja mit Japanern. Und gerade darum werde ich diese Stunden nie vergessen."[82]

Sein „Hari Laim" macht sich bezahlt. 1953 kann sich Anton Karas seinen Herzenswunsch erfüllen und im 19. Wiener Gemeindebezirk, Ecke Sieveringer Straße 173 und Brechergasse, ein eigenes Lokal eröffnen, das er

Ein Traum geht in Erfüllung: die eigene „Weinschenke Zum Dritten Mann" in Sievering

Anton Karas hat es geschafft

„Kisses, always kisses, but no words" – Anton Karas und Carol Reed, eine lebenslange Freundschaft

natürlich „Weinschenke Zum Dritten Mann" nennt. Es wird bald zu einem „weit über die Grenzen Österreichs bekannten und in der vordersten Reihe der Wiener Fremdenverkehrsattraktionen stehenden Betriebe"[83], der erste Nobelheurige Sieverings, der zwar der Konkurrenz ein Dorn im Auge ist, in dem aber die österreichische und internationale Prominenz verkehrt.

Auch nach dem weltweiten Erfolg von Film und Filmmusik bleiben Anton Karas und Carol Reed freundschaftlich verbunden, eine Freundschaft, die sich durch „always just kisses, kisses, but no conversation"[84] auszeichnet, wie sich Regieassistent Guy Hamilton erinnert. Viele herzliche Briefe der Reeds gehen an „ihren Toni", und Anton Karas widmet seinem Entdecker nicht nur das „Carol Theme", sondern fertigt in der eigenen Hobbywerkstätte für den groß gewachsenen Freund auch ein Bett in Überlänge an, damit sich Reed ja wohl fühlt bei ihm in Sievering: „It was his pride and his joy so that Carol could come and stretch in the bed."[85] Nicht einmal Carol Reeds unerwarteter Tod im Mai 1976 kann die Bindung der beiden beenden. Der Regisseur hat testamentarisch verfügt, dass ihn Anton Karas musikalisch auf dem letzten Weg begleiten soll. Und so kommt es, dass Karas noch einmal seine Zither in London aufstellt, diesmal auf der Empore der Chelsea Old Church, und das Harry-Lime-Thema als Trauermarsch intoniert.

Nach zwölf Jahren schließen sich die Pforten des Heurigen „Weinschenke Zum Dritten Mann" für immer. „Ich habe lange genug im Scheinwerferlicht gestanden, ich will nicht mehr." Anton Karas beschränkt sich auf Fernsehauftritte, Eröffnungen und Konzerte zu besonderen Anlässen, wie zum Beispiel dem Besuch Joseph Cottens in Wien, mit dem er 23 Jahre nach Entstehung des „Dritten Mannes" noch einmal in Erinnerungen schwelgt. 1976 ehrt ihn die Stadt Wien mit dem Goldenen Verdienstzeichen, und neun Jahre später, 1985, erklingt die berühmte Zither ein letztes Mal bei der Beisetzung von Anton Karas. Seine letzte Ruhestätte auf dem Sieveringer Friedhof ist heute eine Pilgerstätte für Fans aus aller Welt.[86]

Bei den Filmfestspielen in Cannes 2002 erklingt das Harry-Lime-Theme als Toninstallation entlang der Croisette – als eine der zwölf populärsten Melodien der Filmgeschichte.

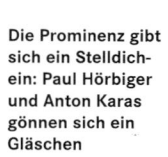

Die Prominenz gibt sich ein Stelldichein: Paul Hörbiger und Anton Karas gönnen sich ein Gläschen

Auch die ausländische Prominenz amüsiert sich beim „Dritten Mann": Gina Lollobrigida

KAPITEL
06

WIEN ZWISCHEN DICHTUNG UND WAHRHEIT

Graham Greene zwischen
Dichtung und Wahrheit.
Bei ihm weiß man nie, wo
der Mensch aufhört und der
Schriftsteller anfängt

Ausstellungsplakat des
British Council, des
wichtigsten Organs der
britischen Kulturpropaganda
im Nachkriegsösterreich

Szene 73 / 0:48:14
Vorlesungssaal des
Britischen
Kulturinstitutes

Publikum: Welcher Autor hat Sie am meisten beeinflusst?
Martins: Wallace.
Publikum: Welcher Wallace?
Martins: Edgar Wallace.
Crabbin: Das ist selbstverständlich nur ein kleiner Scherz von Mr. Martins: Edgar Wallace ist, wie wir wissen, ein Schilderer von raffiniert ausgeführten Verbrechen.

Popescu:	[taucht plötzlich im Hintergrund in Begleitung zweier Männer auf] Darf ich etwas fragen? Arbeiten Sie gerade an einem neuen Werk?
Martins:	Ja, es heißt „Der Dritte Mann".
Popescu:	Ah, ein Roman, Mr. Martins?
Martins:	Eine Mordgeschichte. Ich fange gerade an. Ein Tatsachenbericht.
	[Crabbin erspäht Popescu]
Crabbin:	Oh, Mr. Popescu. Sehr erfreut, Sie bei uns begrüßen zu dürfen. Mr. Popescu ist ein warmherziger Förderer unserer ärztlichen Hilfsaktion.
Popescu:	Sind Sie ein langsamer Arbeiter?
Martins:	Nicht, wenn's mich interessiert.
Popescu:	Ist es nicht ein etwas gefährliches Vorhaben?
Martins:	Ja.
Popescu:	Eine Mischung aus Wahrheit und Dichtung?
Martins:	Diesmal ist es mehr Wahrheit.
Popescu:	Hören Sie auf mich, Mr. Martins. Halten Sie sich an die Dichtung, das ist Ihr Gebiet.
Martins:	Ich bin inzwischen schon zu sehr vertraut mit der Wahrheit.
Popescu:	Man muss etwas aufgeben können, Mr. Martins.
Martins:	Niemals.
Popescu:	Wie schade.

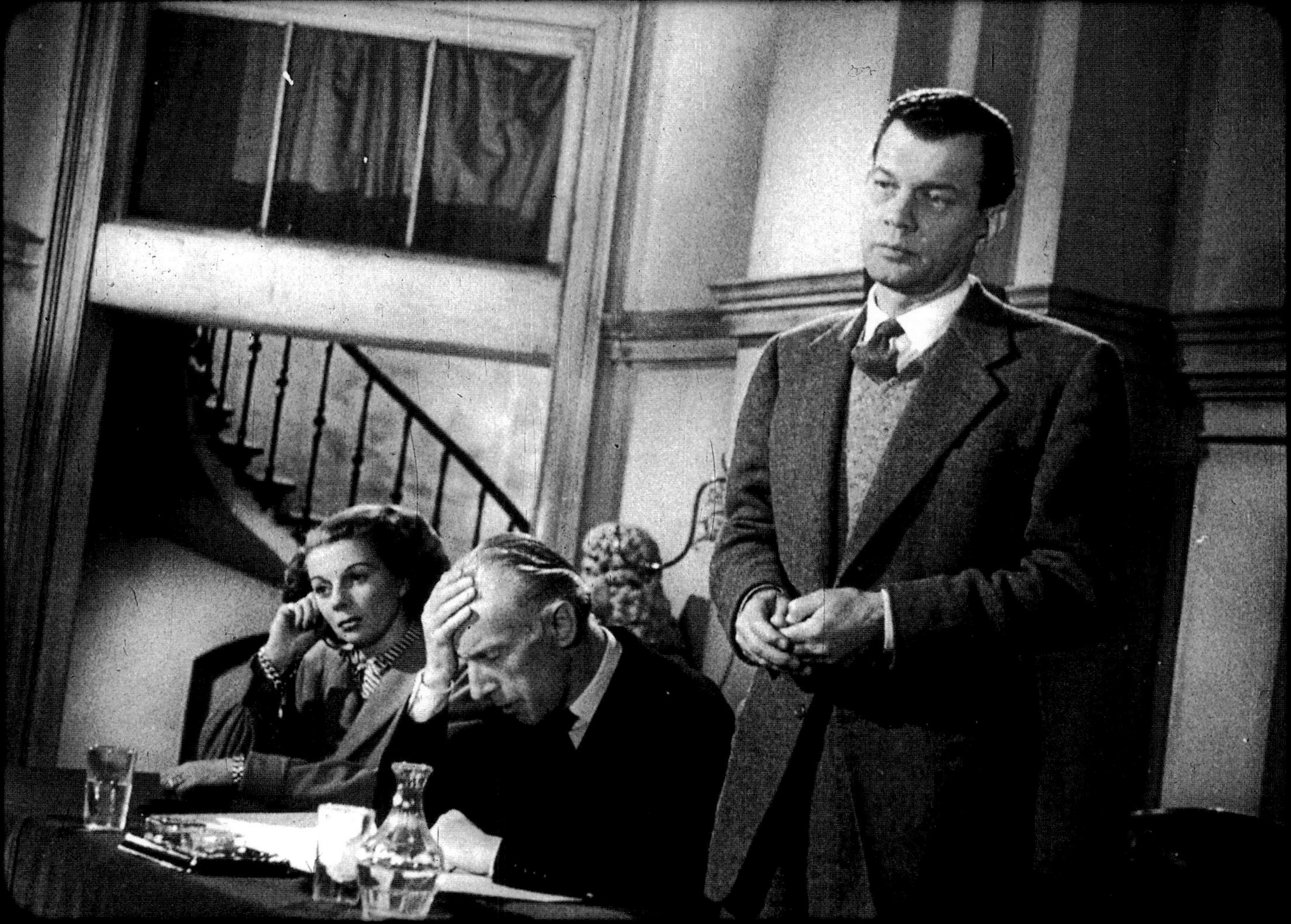

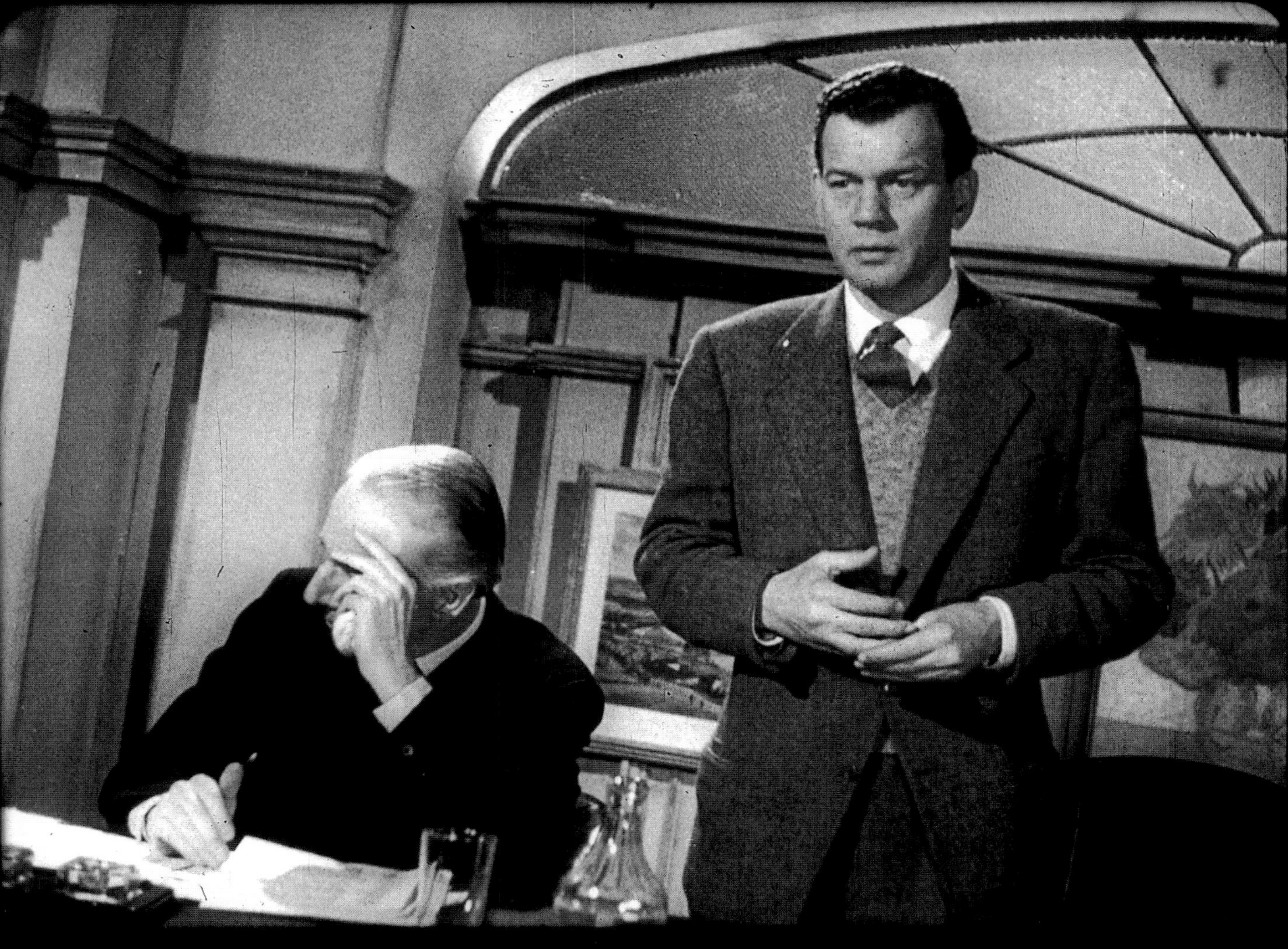

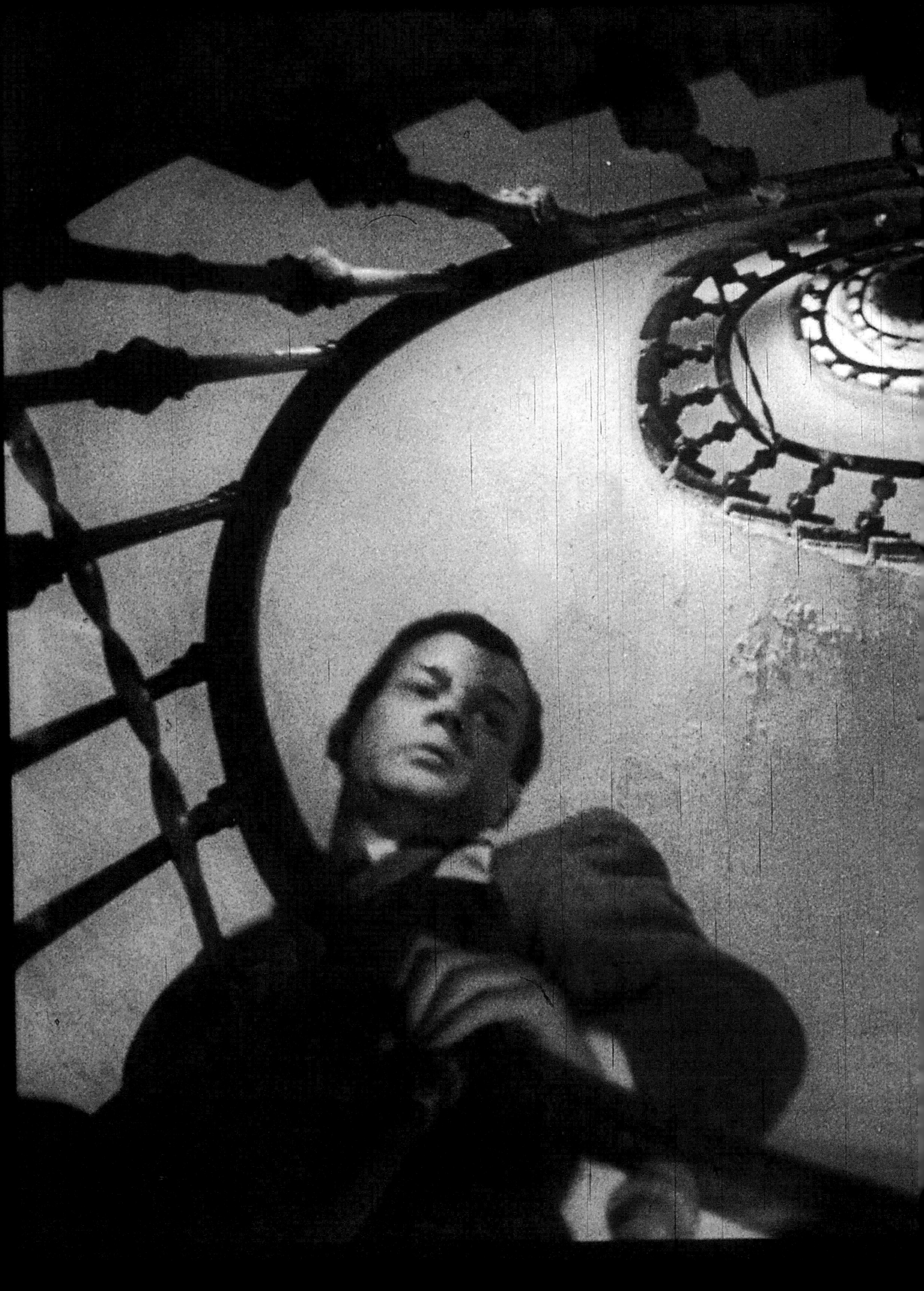

[Martins flüchtet über eine Treppe in einen finsteren Raum]

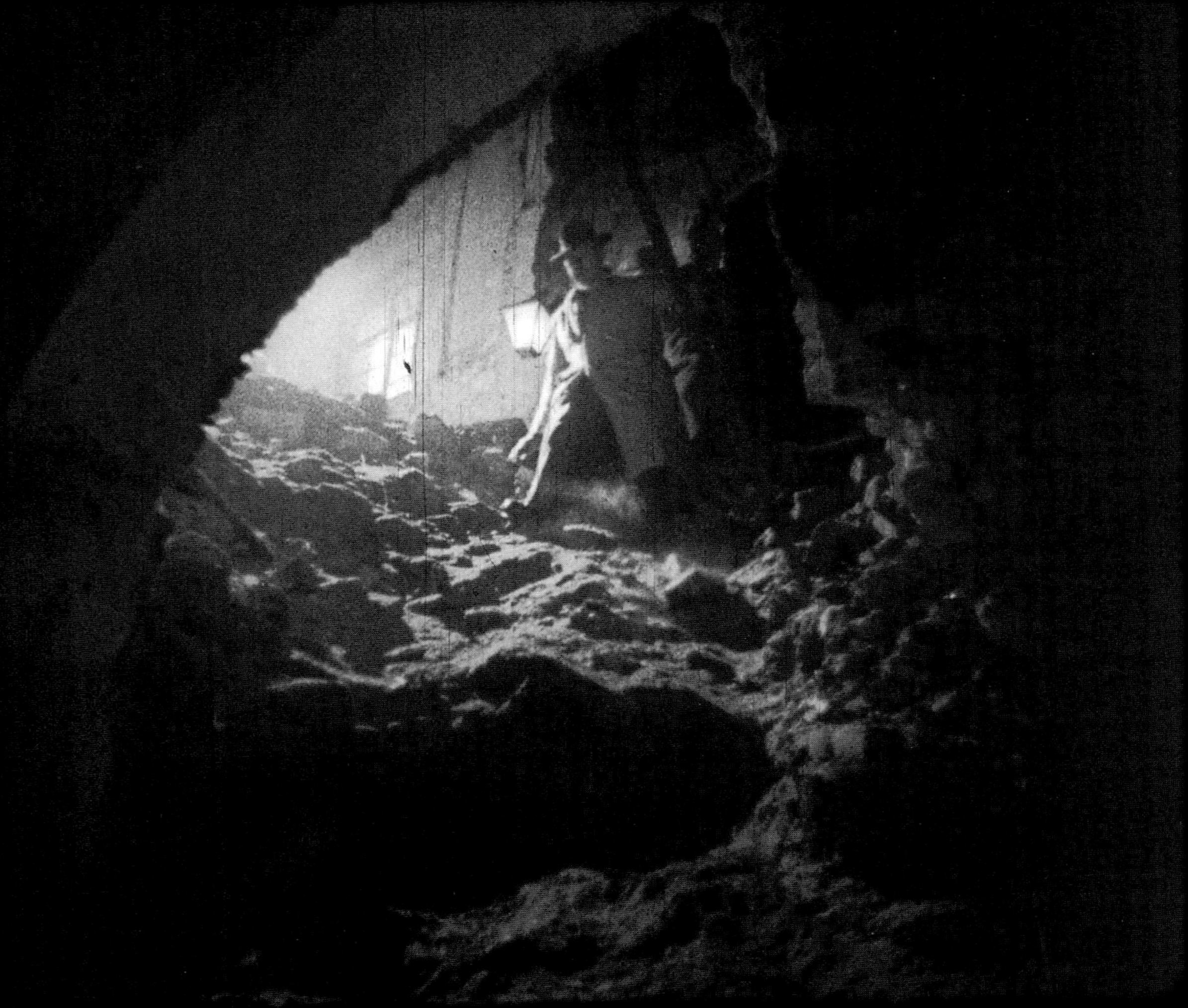

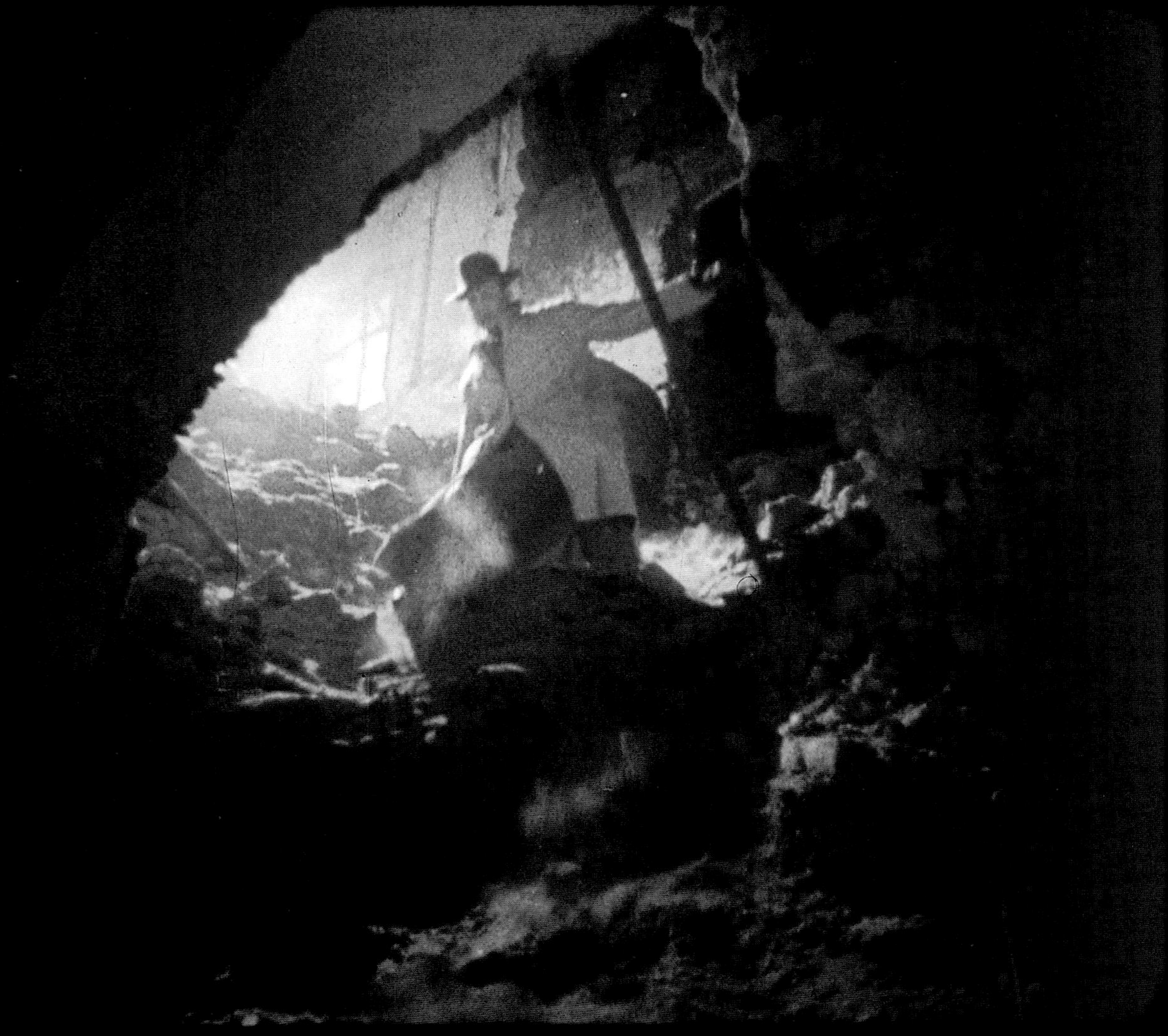

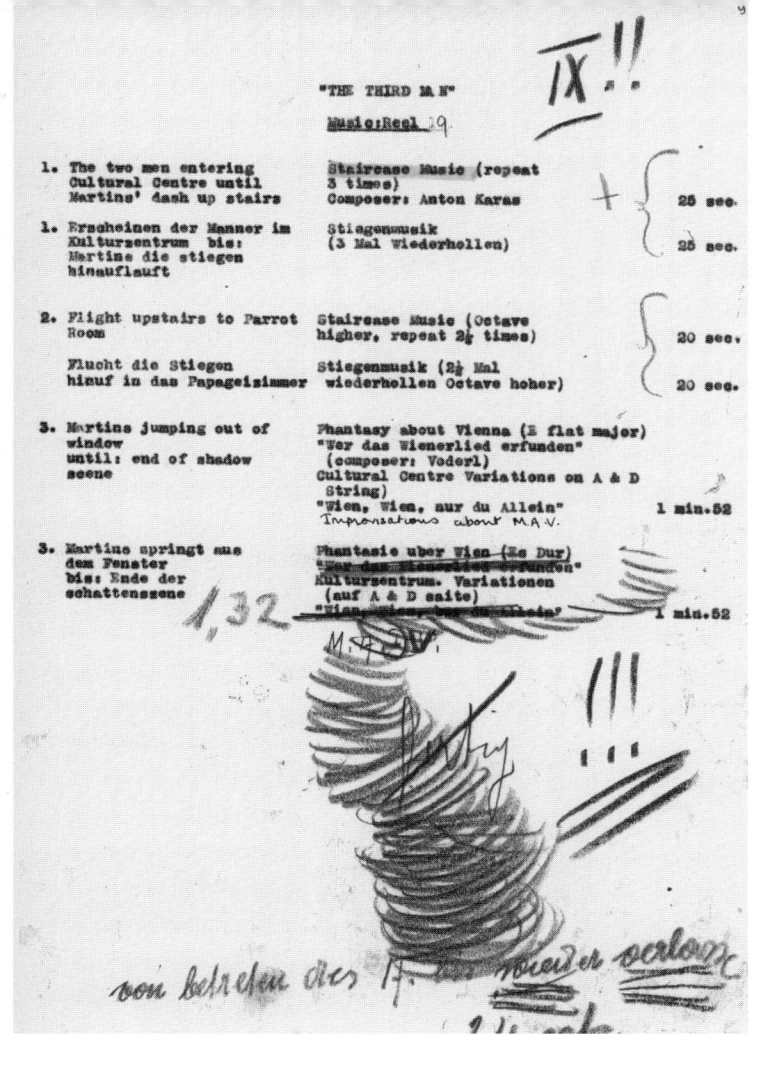

Einsatzplan für die Filmmusik (Reel 9):
„Der Dritte Mann" ist mehr als
nur das Harry-Lime-Theme!

"THE THIRD MAN"
Music: Reel 9

1. The two men entering   Staircase Music (repeat
   Cultural Centre until   3 times)
   Martins' dash up stairs Composer: Anton Karas   25 sec.

1. Erscheinen der Manner im Stiegenmusik
   Kulturzentrum bis: (3 Mal Wiederhollen)
   Martins die stiegen   25 sec.
   hinaufläuft

2. Flight upstairs to Parrot Staircase Music (Octave
   Room   higher, repeat 2½ times)   20 sec.

   Flucht die Stiegen   Stiegenmusik (2½ Mal
   hinauf in das Papageizimmer wiederhollen Octave hoher) 20 sec.

3. Martins jumping out of   Phantasy about Vienna (E flat major)
   window   "Wer das Wienerlied erfunden"
   until: end of shadow   (composer: Voderl)
   scene   Cultural Centre Variations on A & D
                             String)
                             "Wien, Wien, nur du Allein"
                             Improvisations about M.A.V.   1 min. 52

3. Martins springt aus   Phantasie uber Wien (Es Dur)
   dem Fenster   "Wer das Wienerlied erfunden"
   bis: Ende der   Kulturzentrum. Variationen
   schattenszene   (auf A & D saite)
                             "Wien, Wien, nur du Allein"   1 min. 52

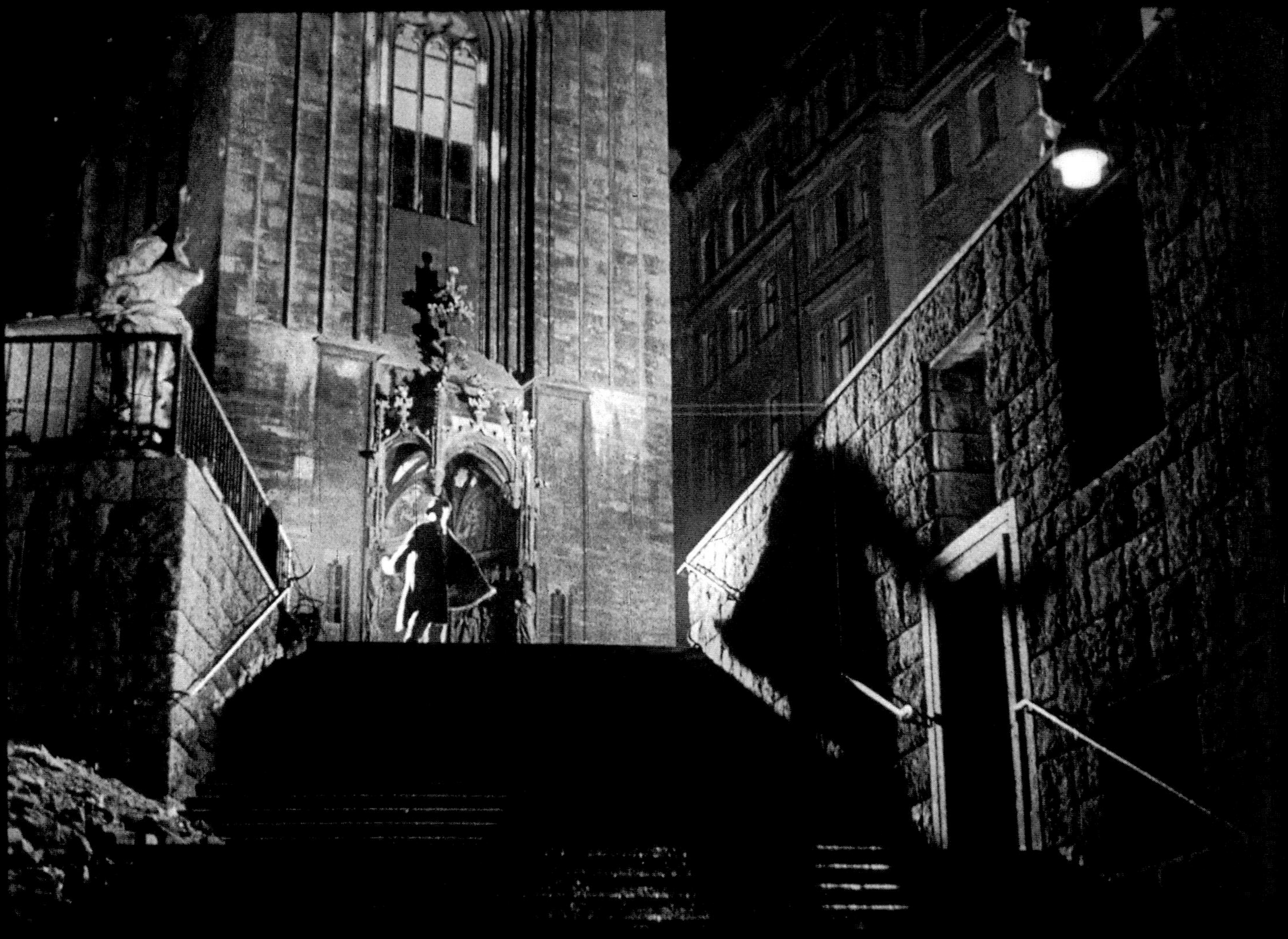

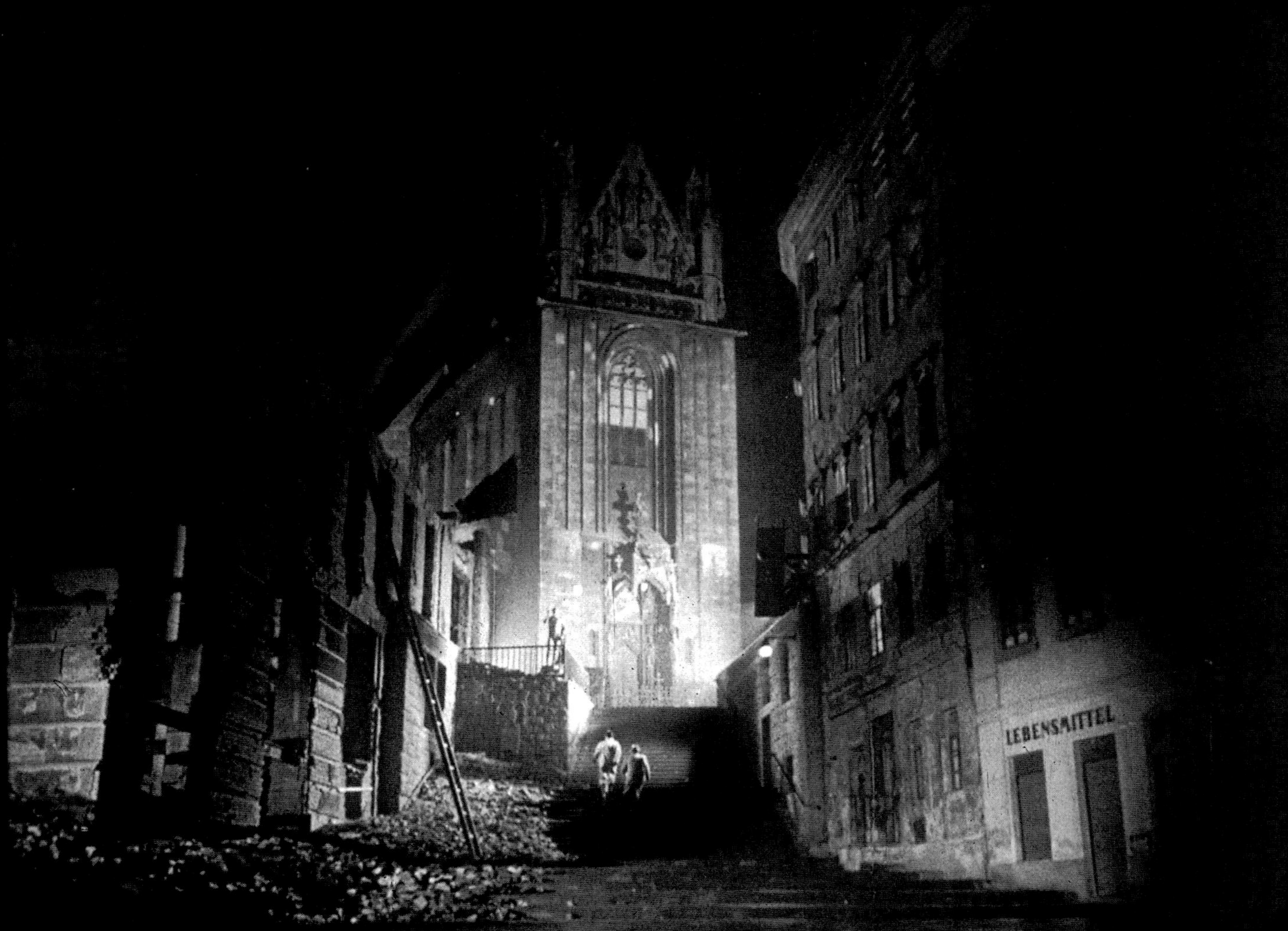
LEBENSMITTEL

Feldbahn-kreuz

155

Szene 81 / 0:52:30
Hauptquartier der
Internationalen Polizei:
Überblendung

Calloway: In Wien gibt es natürlich nicht genug Penicillin. Nur im Schwarzhandel ist es zu kriegen. Gestohlenes
Penicillin aus unseren Lazaretten. Aber es wird natürlich nicht rein verkauft, sondern verdünnt. Verstehen Sie?
Martins: Sagen Sie bloß, ein bisschen gestohlenes Penicillin ist wichtiger als ein Mord.

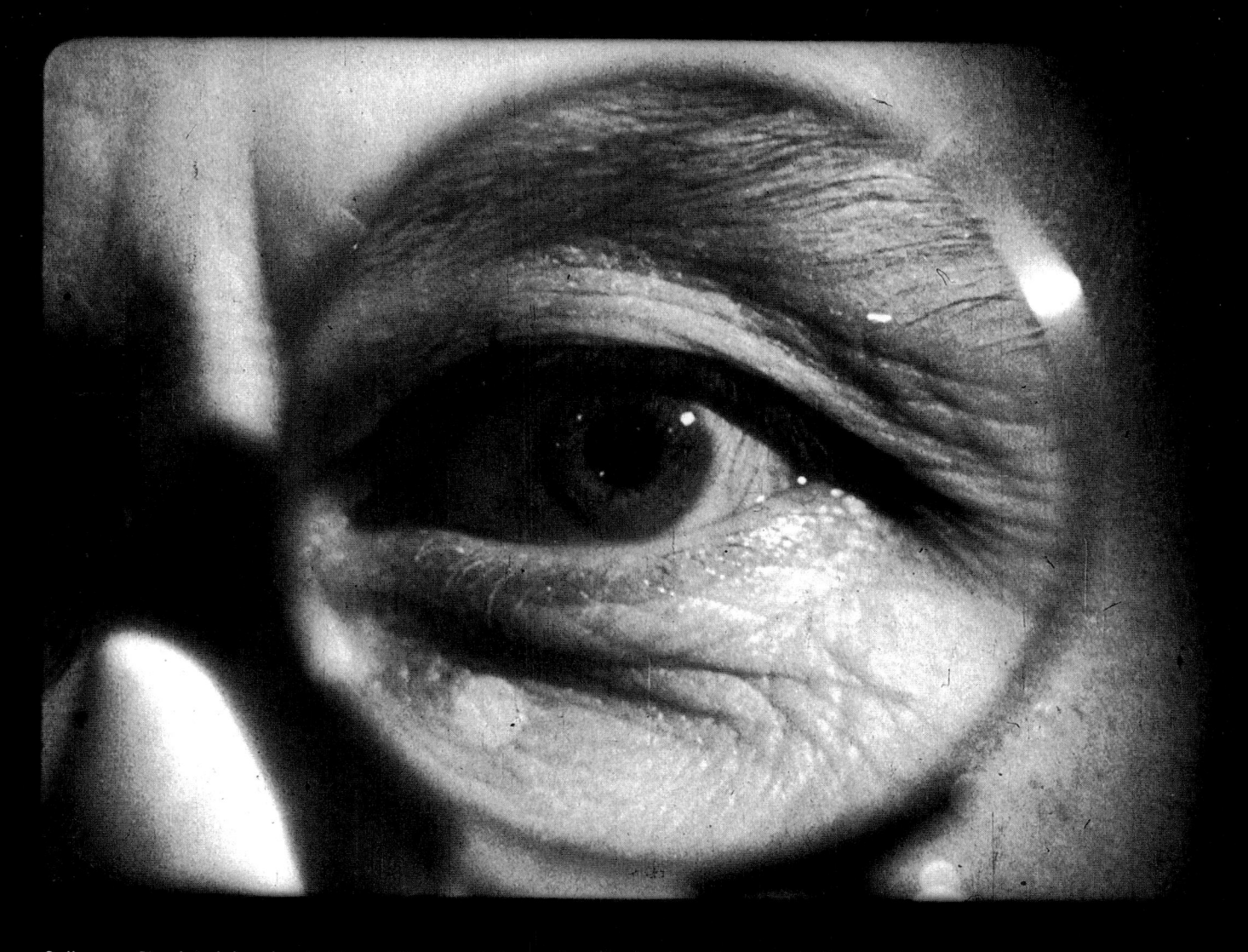

Calloway: Das ist viel mehr als Mord. Männer mit faulenden Gliedmaßen, Frauen mit Kindbettfieber und dann die Kinder. Verwässertes Penicillin gegen Gehirnhautentzündung. Die Glücklicheren sterben, die anderen können Sie in der Irrenanstalt besuchen, wenn Sie Lust haben. Harry Lime ist der Organisator dieser Verbrechen.

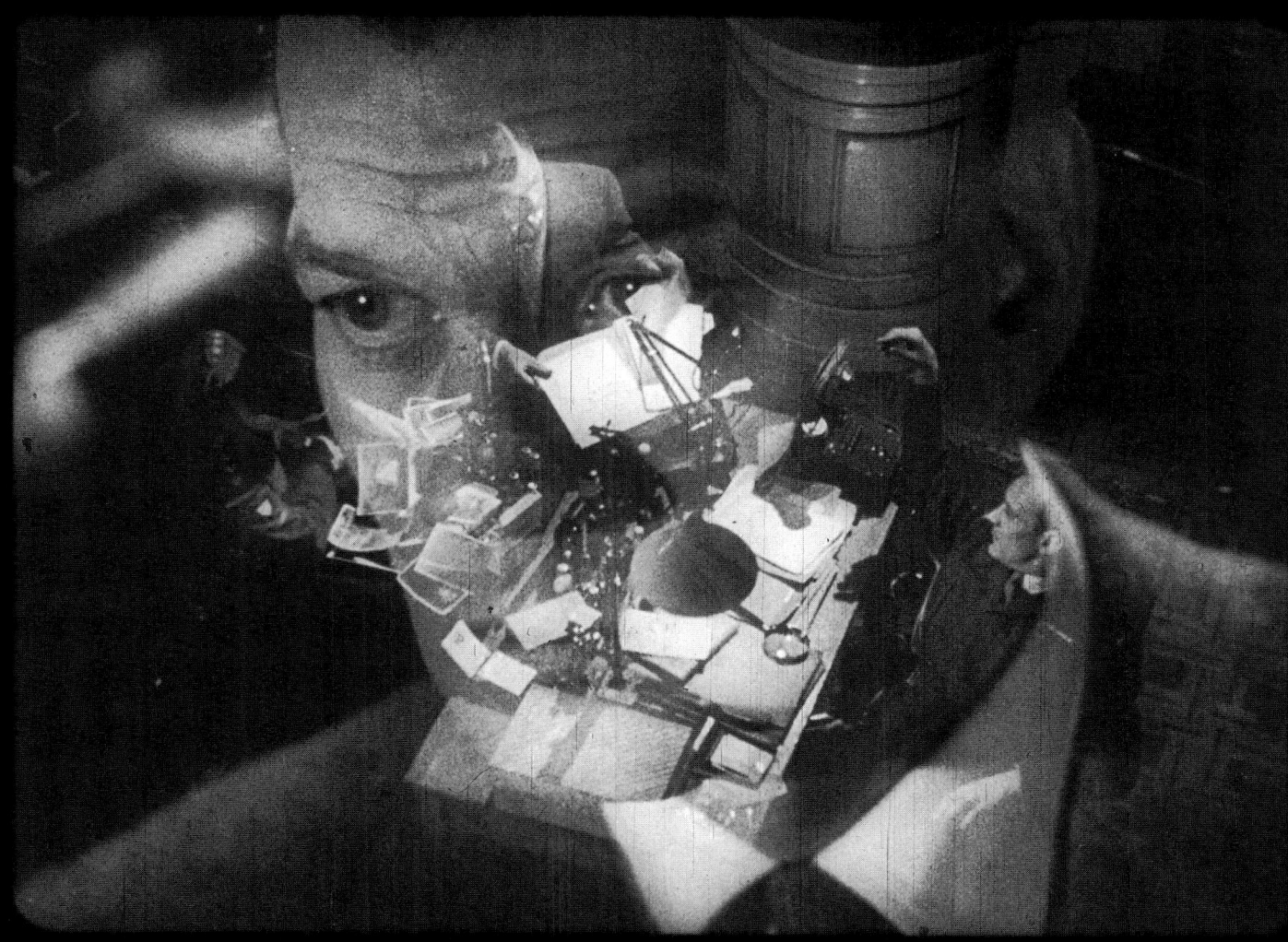

„... nur der Hintergrund für ein Märchen?"
Eine perfekte Momentaufnahme Wiens

Popescu: Ah, ein Roman, Mr. Martins?
Martins: Eine Mordgeschichte. Ich fange gerade an. Ein Tatsachenbericht. ...
Popescu: Eine Mischung aus Dichtung und Wahrheit?
Martins: Diesmal ist es mehr Wahrheit.
Popescu: Hören Sie auf mich, Mr. Martins. Halten Sie sich an die Dichtung,
das ist Ihr Gebiet. (Szene 70)

Die „Mordgeschichte", an der Holly Martins gerade zu „schreiben" begonnen hat, ist eine Mischung aus Dichtung und Wahrheit, genau wie die Welt, die sich um den „Dritten Mann" dreht. Und treibt nicht auch Graham Greene mit seinen Lesern und Carol Reed mit seinem Kinopublikum dasselbe raffinierte Doppelspiel von Sein und Schein – in dem sich die Ebenen ständig verschieben und man nie weiß, was glaubhaft ist und was nicht?

Spannung und eine latente Ungewissheit beginnen bereits bei Greene: Wo hört denn der Mensch Graham Greene auf und wo fängt der Schriftsteller Graham Greene an? Auch Holly Martins ist nicht der „existenzialistische Schriftsteller", für den ihn Crabbin und die kulturbeflissenen Gäste des britischen Kulturvereins halten. Der „Schreiberling" Holly Martins wiederum weiß nicht, wo die Fantasiewelt seines „Oklahoma Kid" endet und das wirkliche Leben beginnt, und aus dem wirklichen Leben, seiner Suche nach dem „dritten Mann" in Wien, webt er wiederum den Stoff für eine Dichtung. Harry ist nicht tot, Baron Kurtz kein Baron, Anna keine Grazerin. Genauso bewegt sich auch die Stadt Wien ständig zwischen einer dokumentarischen und einer inszenierten Wirklichkeit. Es ist ein Spiel mit Illusionen – und wäre ein anderer Filmtitel passender als „Der Dritte Mann", dann wohl Orson Welles' „F' for Fake".[1] Alles nur Illusion.

Wie bei kaum einem anderen Film kommt es dabei zu einer nahtlosen Verschmelzung von Realität und Fiktion, von realer Stadttopografie und Stadtgeschichte mit dem von Graham Greene und Carol Reed komponierten filmischen Kunstwerk.

Das Nachkriegs-Wien, wie es Paul Tabori in seinem Roman „Epithaph for Europe" als pittoresk-schaurigen Hintergrund für einen Thriller beschrieben hatte. So stellt es sich Alexander Korda vor, als die ersten Ideen für die neue Filmproduktion konkreter werden. Der Schriftsteller Greene geht noch einen Schritt weiter: Er beschränkt sich nicht darauf, die Stadt und ihre Topografie, ihre Geschichte und die Bewohner ab und zu in die Erzählung einfließen zu lassen; er beginnt vielmehr das in Trümmern liegende Wien und sein Schicksal immer stärker mit jenem der handelnden Personen zu verweben. Wien steht physisch und mental im Mittelpunkt des Geschehens und wird zu einer Metapher für die Brüchigkeit menschlicher Beziehungen. Carol Reeds Regie macht Wien zum Star: Alles dreht sich nur mehr um diese Stadt – was durch den geschickten Einsatz spektakulärer Drehorte, die Besetzung mit deutschsprachigen Schauspielern und die so wienerisch klingende Zithermusik des Anton Karas noch verstärkt wird.

Zahlreiche Anspielungen auf die Stadt und die in die Handlung verwobenen tagespolitischen Ereignisse lassen Wien auf den ersten Blick überaus realistisch erscheinen. Manches davon findet sich in Dialogen, anderes wiederum in einer singulären Bemerkung, einer Geste oder einer für das flüchtige Auge kaum wahrnehmbaren Kameraeinstellung. Dem journalistisch erfahrenen und für politische Stimmungen und Zusammenhänge sehr sensiblen Graham Greene ist während seiner Wienaufenthalte im Jahr 1948 nichts entgangen.

Keine Beobachtung lässt er unverarbeitet, und seine Erzählung liest sich wie ein penibel zusammengestellter und mit unzähligen alltagsbezogenen Details angereicherter Polizeibericht, der auf „Fakten, nicht jedoch auf Fiktion setzt". Major Calloway, den Greene in der Prosafassung in die Rolle des Erzählers schlüpfen lässt, weist die Leser immer wieder darauf hin, dass das, was sie lesen, Wirklichkeit ist, womit er ständig den dokumentarischen Charakter der Geschichte unterstreicht: „Ich habe den Fall, so gut ich konnte, aus meinen eigenen Akten und aus den Erzählungen Martins rekonstruiert. Jede Einzelheit ist so genau wie nur möglich wiedergegeben – nicht eine Zeile von dem, was mir Martins erzählte, wurde von mir erdichtet, obzwar ich nicht für Martins' Erinnerungsvermögen bürgen kann."[2] Topografisch präzise Angaben[3] verstärken den dokumentarischen Charakter ebenso wie Anspielungen auf Zensur, auf die „Behinderung der Telegrammübermittlung durch die ganze Zonenwirtschaft" und die Unsicherheit in den sowjetisch besetzten Teilen Wiens, „wo mitunter etwas passiert". Hinweise darauf, dass man im Theater in der Josefstadt „sogar in seinem schweren Wintermantel (friert)", dass die Lokale in der amerikanischen Zone „voller amerikanischer Soldaten mit ihren Mädchen" seien und man „den russischen Fahrern ... nicht trauen" könne, untermauern diesen Eindruck.

Aber auch der Film hat jenen dokumentarischen Charakter, der Wirklichkeit vortäuschen soll. Crabbin, der schrullige britische Kulturverantwortliche, spricht von der Notwendigkeit der „kulturellen Umerziehungsaktion", und dass die Propaganda eine „furchtbar wichtige Sache" sei, womit er sowohl die damals aktuelle Entnazifizierung im kulturellen Bereich als auch den für die Westmächte während des Kalten Krieges immer stärker in den Vordergrund rückenden Kampf gegen den Kommunismus anspricht. Die British Cultural Relations Society aus dem „Dritten Mann" ist eine Anspielung auf das 1945 in Wien eröffnete British Council – das wichtigste Organ der britischen Kulturpropaganda –, das nicht nur dazu dient, eine glanzvolle kulturelle Visitenkarte zu hinterlassen, sondern auch eigene Kultur- und Wertvorstellungen als ideologische Kampfmaßnahme einzusetzen.[4] Der Kinnhaken, den Sergeant Paine Holly Martins verpasst, lässt Crabbin sofort an ein Verbrechen denken: „Das müssen wir melden. Wollte man Sie berauben?" Popescus Rat an Holly Martins im Casanova, dass sich in dieser Stadt jeder in Acht nehmen müsse, ist ein weiterer Hinweis für Wien als Hort des Verbrechens.

„Österreicher dürfen nicht in Ihr Hotel", klärt Baron Kurtz den Fremden über das vom britischen Militär beschlagnahmte Hotel Sacher auf, er könne ihn jedoch „gleich um die Ecke, im Café Mozart" treffen, wo er keinen Hehl aus den Zuständen in der Stadt macht: „Schieben tut hier jeder. Sonst würden wir verhungern." Die Not macht erfinderisch, der Schwarzmarkt blüht, nicht nur im Resselpark auf dem Karlsplatz, sondern überall in und unter der Stadt. Dementsprechend präsent ist auch die Polizei, verstärkt durch die Militärstreifen der Alliierten. „Mich lassen S' aus mit der Polizei", meint der Hausbesorger, der nach den Terrorjahren des nationalsozialistischen Polizeistaates nur mehr seine Ruhe haben möchte. Annas Zimmervermieterin wiederum klagt: „... wenn's nur die eigene Polizei wäre" – ein deutlicher Seitenhieb auf die Besatzungsmächte. Improvisation ist an der Tagesordnung, auch Harry Limes Anna, von Beruf Schauspielerin, weiß sich mit Geschenken aus dem Publikum zu helfen.

Anna: Möchten Sie einen Tee? Den hat mir jemand auf die Bühne geworfen.
Statt Blumen, was mir offen gestanden lieber ist, bei den Zeiten. Oder
möchten Sie lieber Whisky, ich habe welchen?
Martins: Nur etwas Tee.
Anna: Dann werde ich ihn verkaufen. (Szene 23)

Über eine „Ami", die ihr Holly Martins anbietet, und über die vom Schieber Popescu großzügig angetragene ganze Packung – er kann es sich leisten – freut sich Anna ganz besonders, sind doch Zigaretten rigoros rationiert und Frauen durch die ihnen nur zur Hälfte zugestandene Männerration doppelt benachteiligt: als Raucherinnen und – in Zeiten der „Zigaretten-Währung" – auch bei Tauschgeschäften! Mit „ein paar Zigaretten" beruhigt Anna wiederum ihre über die Polizeirazzia schimpfende Hausfrau, die sich überschwänglich dafür bedankt – nur zu verständlich, haben doch Frauen über 55 überhaupt kein Anrecht auf eine Zigarettenration!

Holly Martins' naive Frage „Stimmt etwas nicht mit Ihren Papieren?"

wird im Nachkriegs-Wien häufig gestellt. „Sie sind gefälscht. Wegen der Russen, ich bin aus der Tschechoslowakei." Anna Schmidt ist eine von Hunderttausenden Flüchtlingen und Heimatvertriebenen, die in Österreich nach 1945 Zuflucht gefunden haben. Als Staatenlose sind sie oft der Willkür der sowjetischen Besatzer ausgeliefert, Tausende von ihnen werden verschleppt, in Scheinprozessen verurteilt und in sibirische Arbeitslager verbannt. Dass Anna diesem Schicksal entgeht, hat sie nur dem beherzten Eingreifen Major Calloways zu verdanken, auch wenn Oberst Brodsky fordert: „Der Fall [Annas] kommt morgen vor den Viermächteausschuss. Sie hat kein Recht, hier in Wien zu sein."

Wien ist in keiner Beziehung mehr, was es einst war: „Das ist doch kein Wirtshaus, das ist das Zimmer einer Dame", klagt Annas Vermieterin. Von der Eleganz der einstigen kaiserlichen Haupt- und Residenzstadt ist nur mehr wenig zu sehen; vom herrschaftlichen Stadtpalais sind ein nun desolates Stiegenhaus und der einst elegante, mit Stuck verzierte Salon übrig geblieben, jetzt notdürftig adaptiert und an ein Fräulein vermietet. „Wäre das in Ihrem Land möglich?", schüttelt Annas Zimmerwirtin empört den Kopf über die Willkür der Besatzer, „die Befreiung hab ich mir ganz anders vorgestellt!" Und tatsächlich soll es noch jahrelanger zäher Verhandlungen zwischen Österreich und den Alliierten bedürfen, bis 1955 endlich der Staatsvertrag unterzeichnet wird, der die Souveränität Österreichs garantiert. Wie vielen Österreichern spricht die Zimmervermieterin aus dem Herzen, als sie den russischen Besatzungsoffizier anschnauzt: „Reden Sie nicht Deutsch? Die Sprache hätten Sie längst lernen können. Lang genug sind Sie ja schon hier!" (Eine Passage, die übrigens nie ins Englische übersetzt wurde.) Die wilde Taxifahrt durch das dunkle Wien täuscht eine Entführung vor. „Wollen Sie mich vielleicht umbringen?", fürchtet ein von den Ereignissen überrumpelter Martins, an die Entführungen im Auftrag des sowjetischen Geheimdienstes denkend. Im Februar 1948, Greene ist gerade in Wien, wird eine der größten Penicillinschieberbanden ausgehoben. Sie benützt – wie Harry Lime im Film – die Abwasserkanäle der Stadt als Fluchtweg: „In Wien gibt es natürlich nicht genügend Penicillin. Nur im Schwarzhandel ist es zu kriegen und Schieber haben kein Mitleid mit Amateuren", klärt Major Calloway Holly Martins auf. Anna hingegen warnt er: „Wien ist eine geschlossene Stadt, da kommen Sie nicht raus." Wien ist zwar nicht Berlin, trotzdem spürt man auch in Österreich, dass der Zugang zu der in der sowjetischen Besatzungszone liegenden Landeshauptstadt merklich erschwert worden ist und sich die oft willkürlichen Kontrollen verschärften.

Auch der häufige Gebrauch der Zweisprachigkeit (leider nur in der englischen Originalfassung) verstärkt den Eindruck von Authentizität.

Meist begnügt sich das Drehbuch mit punktuell in die Dialoge eingebauten deutschen Sprachbrocken, einem falsch verwendeten Vokabel, einem starken Akzent oder der falschen Aussprache eines Wortes, um den Kinobesucher daran zu erinnern, dass die Geschichte um Harry Lime in Wien spielt: Der Hausbesorger erwartet den gerade erst in Wien angekommenen Holly mit einem „Es hat keinen Zweck so zu läuten, es ist niemand hier."[5] „... gelitten unter Pontius Pilatus", hören wir den Priester beim Begräbnis Harry Limes das Vaterunser sprechen. „Wer ist das?" möchte Baron Kurtz von Dr. Winkel wissen – er meint den Fremden, der sich plötzlich unter die kleine Trauergemeinde gemischt hat –, um sich gleich wieder auf den Grund ihres Aufenthaltes auf dem Zentralfriedhof zu besinnen: „Moment bitte, der Kranz."[6] Die Frau des Hausbesorgers will ihren Mann vor einer unbedachten Einmischung warnen: „Kannst du einen Moment hereinkommen? Du musst ans Telefon!" Im Theater in der Josefstadt führt man eine Komödie auf, natürlich auf Deutsch. In Harrys Wohnung läutet das Telefon: „Hallo, wer ist da? Warum antworten Sie nicht?", wundert sich eine merklich irritierte Anna. Vor dem Haus wird Anna schon von ihrer Vermieterin erwartet: „Unglaublich! Wo stecken Sie denn, Fräulein Schmidt? Die Polizei ist oben. Sie suchen nach Papieren und lesen alle Ihre Briefe. Als ob man ein Verbrecher wäre!" Dr. Winkels Sprechstundenhilfe empfängt Holly Martins mit „Die Sprechstunde ist von drei bis fünf", aber der magische Satz „Tell him I'm a friend of Harry Lime" öffnet alle Türen: „Hilde, führen Sie den Herrn herein." Der Hausbesorger möchte Martins mehr über den vermeintlich unbekannten dritten Mann verraten und ruft ihm vom Fenster aus nach: „Mein Herr. I'm not a bad man, mein Herr ...". Die gaffende Menschenmenge auf dem Josefsplatz spricht Deutsch, auch Holly Martins stößt ein unbeholfenes „Was ist?" aus, als er merkt, dass hier etwas nicht stimmt. „Der Portier is' odraht. Mit dem Messer. Ermordet. Die Kehle durchgeschnitten." Anna und Holly Martins flüchten vor dem Mob in die sichere Dunkelheit eines Kinos. Dort läuft gerade einer der vielen amerikanischen Filme, die die österreichischen Kinos seit 1945 überschwemmen, allerdings in deutscher Synchronfassung – der Kinomarkt der Nachkriegszeit wird von Produktionen aus den Ländern der Alliierten dominiert.[7] Martins will so schnell wie möglich zu Major Calloway. Er bittet den Hotelportier um ein Taxi. „Bitte, mein Herr", der Chauffeur wartet schon; in rasender Fahrt geht es durch die Stadt. Die Frage des Fahrgastes – „Have you orders to kill me?" – wird mit einem unwirschen „Ich kann nicht Englisch!" beantwortet. Popescu will den unliebsamen Martins beseitigen lassen. Man sieht ihn telefonieren, er spricht Deutsch. Aus einem beleuchteten Wohnzimmerfenster schreit eine aus dem Schlaf geschreckte Bewohnerin: „Zum Teufel, was ist denn da los? Sagn S', was fällt Ihnen denn überhaupt ein? Sind Sie ganz deppert? Ja Sie, schaun S' nicht so blöd, eine Frechheit ist das, in der Nacht so einen Krawall zu machen!" Major Calloway hat den falschen Mann begraben. „Bitte, wir bringen jetzt den Sarg rauf." Als die „Vier im Jeep" in Annas Wohnung auftauchen, spricht der sowjetische Militär Deutsch mit starkem russischen Akzent: „Internationale Polizei. Sie müssen mit uns kommen, Fräulein Schmidt; bitte ziehen Sie sich an"; der Brite entschuldigt sich: „Sorry Miss, it's orders. Tut mir leid, aber Befehl ist Befehl"; für den Amerikaner ist Anna ein „Fräulein" (mit dem typischen amerikanischen „r"); der Franzose erinnert „Mademoiselle" an ihren Lippenstift, und dazwischen eine keifende Wienerin: „Haben S' denn gar kein Schamgefühl?" Noch ein letztes Mal hören wir deutsche Stimmen bei der Jagd auf Harry Lime. Die Polizei umstellt das Café Marc Aurel; österreichische Polizei ist auch im Kanal: Stimmengewirr mischt sich mit Hundegebell und Trillerpfeifen, dann

Bundeskanzler Leopold Figl und General Creery bei der Eröffnung des English Reading Rooms in der Kärntner Straße

hört man Rufe: „Drei Mann zum Donaukanal" – „Licht" – „Wir gehen Richtung Stadtpark" – „Stopp, da ist er. He, stehen bleiben oder ich schieße."

Trotz seiner schöpferischen Interpretation der Wirklichkeit bereitet Carol Reed die Szenerie in Wien so glaubwürdig auf und fängt den Zeitgeist so authentisch ein, dass die „Stadt im Film" schließlich in die Rolle eines eigenständigen, höchst authentischen Zeitdokuments schlüpft. „The action takes place in Vienna. Reed went on location amongst the ruins of the Austrian capital, assisted by Austrian actors speaking their own language ... This realism gives to the film some fantastic aspects which no decorator could ever have compensated for", bejubelt ein englischer Kritiker den Realismus des Films. Es scheint, als wäre die Handlung nur erfunden, um die Stadt, ihre Atmosphäre und ihre Menschen sichtbar zu machen. „Weder die Literatur noch die dramatische Kunst ... haben ein so treffendes Bild der Menschen unserer Nachkriegstage zu zeichnen vermocht wie dieses geniale Filmwerk ... Hier wird auch der Geist der Zeit eingefangen, der Geist, der hier zwischen Tränen und Trümmern atmet, der die völlige Demoralisierung der Menschheit hüben und drüben zur Folge hat."[8] Akribisch ausgeführte Details machen den „Dritten Mann" zu einer einzigartigen und durch nichts zu ersetzenden Momentaufnahme Wiens im Jahr 1948.

Kein Fotoreporter hätte ein präziseres Bild der Stadt, der politischen Situation und des Alltagslebens der Menschen zeichnen können. Ein englischer Kritiker schwärmt zurecht davon, „wie beängstigend er [Reed] die Stimmung des heutigen Wiens eingefangen hat, von dessen Leichtlebigkeit nichts mehr übrig geblieben ist.

Wie meisterhaft er den unbeschreiblichen Geruch von Moder und Fäulnis heraufbeschworen hat, der den Ruinen entströmt".[9] Auch die *Hamburger Morgenpost* ist vom Realismus begeistert: „Das ist kein Wien mit himmelblauer Operettenseligkeit, wie es in unserer Vorstellung lebt und wohl hundertfältig auf der Leinwand dargestellt wurde. Das ist die internationale Viersektorenstadt der Nachkriegszeit. Ein verhangener Himmel stülpt sich über regennasse Strassen, über hungernde Menschen, die in Palästen hausen, über vom Schicksal zerknautschte Existenzen, über Schwarzhändler, Schieber und Verbrecher ... er ist Kriminalfilm und Zeitdokument in einem."[10]

Die Sprache, die Drehorte, die Handlung, die Geschichte hinter der Geschichte des „Dritten Mannes" – all das ist unverkennbar Wien. Und doch ist alles nur Fiktion. Graham Greene bedient sich der Stadt, um die Handlung „sichtbar" zu machen. Wien bekommt seine Rolle zugewiesen – die Rolle einer Stadt, in der die literarischen Fantasien und die moralischen Ansprüche eines Schriftstellers angesiedelt sind, der es sich zur Aufgabe gemacht hat, mehr als nur reißerische Unterhaltung zu schreiben. Wien wird sein „Greene-Land", wird zum „Hintergrund für ein Märchen", wie der Autor selbst einmal sagt. Sein Wien wird zur Metapher für den Verlust von Freundschaft und menschlichen Werten, im Weiteren für die moralische Verderbtheit der Welt an sich, personifiziert durch die neuerliche Bedrohung des Weltfriedens infolge des Kalten Krieges: Ost und West stehen einander feindlicher denn je zuvor gegenüber, haben ihre Einflusssphären durch Stacheldraht und Minengürtel abgegrenzt und rüsten verstärkt auf. Berlin ist bereits vom Westen abgeschnitten und auch für Wien fürchtet man Ähnliches. Dafür ist der geplante Ausbau eines in der Simmeringer Haide in der britischen Zone liegenden Großflugplatzes für den Einflug von Hilfsgütern einer von vielen Beweisen.[11]

Ost und West – auf der einen Seite der Warschauer Pakt und grausame stalinistische Säuberungswellen, auf der anderen Seite die beinahe pathologische Hetze Senator McCarthys gegen eine allerorts lauernde „Rote Gefahr".

Nicht nur für Greene, auch für Reed ist Wien Mittel zum Zweck: Er bedient sich der Stadt als schaurig-düsterer Kulisse für eine aus allen Fugen geratene Welt. Das Dunkle und Unheimliche, zugleich auch Triste und Verwahrloste der Stadt und ihrer Menschen ist eine konstruierte und künstlerisch überhöhte Wirklichkeit, die in den Dienst der Handlung und der Spannung gestellt wird. Es muss der Eindruck einer „hässlichen Wirklichkeit" vermittelt werden und Wien ein „Sündenpfuhl Nachkriegseuropas" sein, die Geschichte soll aufrütteln und die Leser respektive das Kinopublikum packen – und letztlich auch die Kinokassen füllen! Wien hat um jeden Preis „reißerisch" zu sein, auch wenn dazu Männer aus dem Obdachlosenasyl als Statisten eingesetzt werden, die Feuerwehr zum Spritzen der nächtlichen Straßen ausrückt und die Stadt durch geschickte Lichteffekte noch schaurig-morbider erscheint, als sie es ohnehin schon ist. Reed sucht sich die fotogensten Ruinen aus, die er vor allem um den Stephansdom, im Textilviertel und in der Judengasse, am Morzinplatz, am Tiefen Graben und entlang des Donaukanals findet. Historisch besonders interessant ist eine Aufnahme des ausgebrannten Stephansdoms, an dem gerade der zerstörte Dachstuhl durch eine stählerne Dachkonstruktion ersetzt wird – und das nicht zuletzt, weil sie drastisch vor Augen führt, wie wenig von den Häusern gegenüber des Doms übrig geblieben ist. Auch der Hohe Markt war von starkem Bombardement betroffen, nur die an die Tuchlauben grenzende Südwestecke ist verschont geblieben; und genau dort lässt Reed das Papiergeschäft „Zur Stadt Salzburg" mit Hilfe einer Markise, einiger Kaffeehaustische und Blumenkisten zum Café Marc Aurel umfunktionieren.

Carol Reed greift also tief in die cineastische Trickkiste, um den Eindruck von Authentizität zu vermitteln, denn an einer banalen Realität wäre niemand interessiert gewesen. „Es freut mich, wenn die Leute das Kino verlassen und sagen: Endlich die Wirklichkeit! Und sie haben gar nicht gemerkt, die komprimierte Vision des Realen geschluckt zu haben, eindrucksvoller als die Realität selbst. Erst die künstlerische Komponente, die die Wirklichkeit sieht, zusammenfasst, deutet, erst sie macht die Realität bedeutend, schafft das Kunstwerk."[12] Und Alexander Korda ist Recht zu geben, wenn er meint, dass eben das die magische Formel sei, die die Massen rund um den Erdball in die Kinos locken und den „Dritten Mann" zu einem der erfolgreichsten Filme aller Zeiten machen werde.

„Das ist kein Wien mit himmelblauer Operettenseligkeit!" Ein gedämpfter Premierenjubel in Wien

Als der Film am 10. März 1950 auch in Wien ins Kino kommt, sind sich die Filmkritiker und das heimische Publikum in ihrer Begeisterung über die künstlerischen Qualitäten des Films einig: „Der Reiz des Filmes liegt vor allem in seinem Atmosphärischen, im Malerischen. Carol Reed hat mit Hilfe seines Kameramannes ein Wien hingezaubert, das gerade durch seine fantastische Unwirklichkeit das verwüstete Antlitz unserer Stadt während der letzten Jahre in verblüffender Konzentration wiedergibt", schreibt die *Wiener Zeitung*.[13] „Es ist eine Kubin'sche Welt, die sich da zwischen den halb verfallenen Barockpalästen und Schutthalden ausbreitet ... und das Riesenrad bringt einen surrealistischen Symboleffekt. Auf gleicher Höhe steht natürlich die Darstellung ...". Ähnlich urteilt auch die Wiener *Arbeiter-Zeitung*: „Man müsste diesen Film mehrmals sehen, um alle Einzelheiten der grandiosen Photographie Robert Kraskers – Bombenruinen gegen den nächtlichen Himmel, regenglänzende Straßen, herbstliche Alleen, eine Jagd durch die Wiener Kanäle – ganz zu erfassen; um die unzähligen, vollkommen neuartigen, unerhört gescheiten Regieeinfälle Carol Reeds ganz zu würdigen ... so muss ein Film aussehen, der Erfolg hat!"[14] Auch der Filmkritiker des *Neuen Österreich* schwärmt vom schonungslosen Realismus des Films: „Carol Reed hat ein Wien ohne die Schminke verlogener Hollywoodromantik auf die Leinwand gebracht. Dass einem Engländer gelang, was ein Dutzend österreichischer Regisseure nicht zustande brachte, ist für uns tief beschämend."[15]

Gleichzeitig ist das heimische Kinopublikum aber auch tief in seinem patriotischen Stolz getroffen. Anders als ein ausländisches Publikum, das den Thriller – losgelöst von einer Stadt, die es nicht kennt – uneingeschränkt genießen kann, haben die Wiener Schwierigkeiten mit der künstlerischen Freiheit, die sich Carol Reed genommen hat.

In der filmischen Wirklichkeit sieht man nicht die im Dienste eines

Kunstwerks expressionistisch übersteigerte und verfremdete Realität, sondern nimmt diese für bare Münze. Viele reagieren wie ein Zeitungs-Kritiker mit unverhohlener Empörung: „Im Namen des guten Rufes dieser Stadt, in der mehr als eine Million arbeitender Menschen ihr tägliches Brot verdienen, protestieren wir gegen den englischen Film ‚Der Dritte Mann' ... Wien, dessen Glorie nicht nur in Barock gemeißelt und in Symphonien vertont ist, sondern auch unsterblich verkörpert ist in den Helden und Märtyrern seiner Arbeiterbewegung, in den Leistungen seiner Wissenschaftler, Techniker und Sozialpolitiker, kann nicht schweigen, wenn es zum gruseligen Hintergrund des Kalten Krieges erniedrigt wird." Mit diesem Wien will man sich nicht identifizieren! Das hier dargestellte Wien werde als das Wien schlechthin gezeigt, die Verbrechermentalität als die Lebensweisheit der Wiener. Wien erscheine als eine zerbombte Stadt, halb Friedhof, halb Nachtlokal, eine makabre Räuberhöhle, wo „Kindermörder, Penicillinfälscher, Kopfjäger, Kretins, rachitische Kinder und Internationale Polizei" herumlaufen. Wien sei „in seiner tiefsten Erniedrigung ... nicht das Zerrbild, zu dem es die Macher dieses Alexander-Korda-Films machen wollen."[16] „Der Dritte Mann" – eine „unerhörte Rufschändung": Wann immer die ausländische Presse über Wien schreiben würde, werde sie die Stadt als Ort des Terrors und des Verbrechens hinstellen. Und dann solle man noch klatschen, wenn Wien zur „verachteten und gemiedenen Kloake Europas" gemacht wird!

Autofriedhof beim Gürtel

Etwas milder, aber ebenfalls tief gekränkt zeigt sich der Kritiker des *Kleinen Volksblattes* in seinem Urteil über den Film:

„Das ist die Story, die wir uns im Hinblick auf die vertrauten Plätzchen unserer Stadt gerne etwas anders gewünscht hätten. Selbstverständlich wissen wir, dass es in diesen Zeiten unseligen Andenkens, in denen der Film spielt, Schleichhändler und ähnliches Gesindel in Hülle und Fülle gab, meist Ausländer, denen von Wiener Spießgesellen gerne assistiert wurde. Darüber erzählen unzählige Prozessberichte. Aber es gab zu dieser Zeit in Wien noch anderes, von dem man dem genialen Drehbuchautor Graham Greene bei seinem Besuch in Wien offenbar nichts erzählt hat: rastlose Tätigkeit von Menschen mit knurrendem Magen, mit unverrückbarer Hoffnung auf bessere Zeiten, Optimismus und Anständigkeit trotz Erbsen, kalter Wohnungen und leerer Kleiderkasten. Es gab Österreicher, die auch in diesen Tagen ihre Pflicht bis zur Selbstaufopferung taten. Und diese sieht man leider in diesem Film nicht. Eine Feststellung, die im Interesse der Wahrhaftigkeit gemacht werden muss."[17]

So mancher Kritiker bemängelt bloß einige banale Äußerlichkeiten: „... wenn man den Film genauer unter die Lupe nimmt, wird man feststellen, dass es 1947 für einen Ausländer kaum möglich war, auf eine Privateinladung nach Wien zu kommen; dass bei dem Verkehrsunfall eines Amerikaners die Militärpolizei doch genauere Untersuchungen anstellt; dass im Theater in der Josefstadt nur selten Rokokokomödien gespielt werden und dass eine Schauspielerin mit holprigem Deutsch schwerlich an dieser Bühne engagiert sein dürfte."[18]

Die Bedenken und Einwürfe sind verständlich. Eine Schiebergeschichte im Schwarzmarktmilieu als Visitenkarte Wiens? Sogar der Wiener Tourismusverband beginnt sich Sorgen um den Ruf der Stadt zu machen. Handelt es sich dabei um einen verständlichen Verdrängungsmechanismus? Um gekränkten Stolz? Oder um die Konfrontation mit einem neuen Wienbild, das nicht den lieb gewonnenen Klischees entspricht und über das man sich auch noch lustig macht? (Holly Martins kann nicht einmal das Wort „Heuriger" richtig aussprechen!) Keinesfalls will man an den Krieg und seine Folgen erinnert werden, noch dazu, wo der Krieg bereits in relativ weite Ferne gerückt ist und die Wirklichkeit des Jahres 1950 das, was man auf der Leinwand sieht, Lügen straft: Viele der Ruinenberge sind verschwunden, der Wiederaufbau ist in vollem Gang, die Versorgungslage hat sich weitgehend normalisiert, die im Film sehr präsente militärische Verwaltung der Alliierten weicht allmählich einer zivilen, und Penicillin gibt es bereits in so ausreichenden Mengen, dass mit Schieberei kein Geld mehr zu machen ist. Die Wiener können sich wieder etwas leisten, und auch kulturell geht es aufwärts. Neben dem Internationalen Musikfest absolviert die Wiener Staatsoper bereits gefeierte Auslandstourneen. Die Österreichischen Tabakwerke verzeichnen mit 600 Millionen Stück einen Nachkriegsrekord in der Zigarettenproduktion, und im Sommer 1950 wird im Gänsehäufel, dem größten Freiluftbad Europas an der Alten Donau, wieder nach Lust und Laune gesonnt und gebadet. Der Neubau des Westbahnhofs wird in Angriff genommen, die Renovierungsarbeiten an der Wiener Staatsoper machen große Fortschritte, und Bürgermeister Theodor Körner legt den Grundstein zum Bau der zehntausendsten Gemeindewohnung nach dem Krieg. Es ist schlimm genug, dass der Krieg ihrer Stadt so übel mitgespielt hat. Dass aber diese Schmach auch noch in Form eines Krimis in alle Welt hinausposaunt werde, empfindet die Wiener Bevölkerung angesichts ihres unermüdlichen, aufopferungsvollen Einsatzes für den Wiederaufbau als Verhöhnung.

Für diese Haltung mitverantwortlich sind aber auch die Klischees der leichtlebigen europäischen Walzermetropole, jahrzehntelang reproduziert in den typischen „Wien-Filmen" österreichischer Prägung. Carol Reeds Mischung aus Thriller und Milieufilm hingegen ist – trotz der Besetzung mit Wiener Publikumslieblingen und der vertraut klingenden Musik – ein typisches Produkt des englischen Kinos, das nichts mit österreichischem Selbstverständnis und österreichischem Filmverständnis zu tun hat. Zwei unterschiedliche Filmtraditionen treffen hier aufeinander: Auf der einen Seite das Genre der typischen „Wien-Filme" mit seiner bereits in den sozialen und politischen Wirren der Zwischenkriegszeit begonnenen und von der nationalsozialistischen Filmpolitik kultivierten Flucht in eine Traumwelt, die die ruhmreiche, eng mit dem Kaiserhaus verbundene Geschichte Österreichs, das reiche musikalische Erbe und die „Heurigengemütlichkeit" in den Mittelpunkt stellt. Auf der anderen Seite der englische Film der vierziger Jahre, der sich schon früh mit dem Kampf gegen den Faschismus und mit sozialen Problemen auseinander zu setzen begonnen und eine Tradition des sozialkritischen Realismus geschaffen hat. Ihm ist letztlich auch der „Dritte Mann" verpflichtet – wenn auch mit viel „Wiener Lokalkolorit" angereichert, was ihm die Wiener hoch angerechnet haben. Und so verwundert es nicht, dass sowohl das Wiener Kinopublikum als auch zahlreiche österreichische Kritiker den „Dritten Mann" mit der ihnen so lieb gewordenen heimischen Tradition vergleichen, bei der man in Operettenmelodien und Walzerherrlichkeit schwelgen kann, wo das Leben ebenso wie die dargestellten Charaktere unbeschwert, lebensbejahend, ausgelassen und charmant sind und wo man – mit einem Wort – alle Ingredienzien vorfindet, die dem kollektiven Wunschdenken eines Großteils der Kriegs- und Nachkriegsgeneration entsprechen. „Wir aber lügen uns weiter Gemütlichkeit und Harmlosigkeit vor. Es musste erst jener Engländer kommen, Graham Greene, der Dichter der Sünde und der Gnade, um uns unser Wien so zu zeigen, wie es wirklich ist, als nackte, bloße Stadt. Von oben regieren die alliierten Truppen, als hätten wir weder Regierung noch Polizei, von unten jene verbrecherischen Nutznießer des Elends und der Not. Das ist das Wien von 1947. So hat der englische Dichter uns erlebt und der bedeutendste Regisseur Europas uns abgebildet. Wir konnten es wohl nicht wagen, der Welt dieses unser nacktes Antlitz zu zeigen, ja scheuten uns sogar vor dem Spiegel und mieden die Wahrheit, solange es ging. Nun aber wird er uns vorgehalten. Unerbittlich und doch verständnisvoll, und was wir sehen, wird uns erschüttern, begeistern und mitreißen. Denn so haben wir unser Wien noch nie gesehen"[19], bringt *Das Offene Wort* anlässlich der Premiere auf den Punkt. Statt des Herrn Hofrat steht ein ausländischer Schieberkönig im Mittelpunkt des Geschehens, statt eines feschen Wiener Madls ein tschechisches Flüchtlingsmädchen mit gefälschtem Pass; das „typisch Wienerische" spielt, wenn auch von den besten österreichischen Schauspielern brillant verkörpert, bloß eine marginale Rolle; die Atmosphäre ist von Kriminalität, Überlebensstrategie, Auflehnung gegen die Besatzungsmächte – und Ärger über die Ausländer – geprägt. Wäre dieselbe Geschichte in irgendeiner anderen vom Krieg versehrten Metropole angesiedelt gewesen – das heimische Kinopublikum hätte das Meisterwerk vermutlich uneingeschränkt bejubelt. Aber in Wien, in der eigenen Stadt? Wo man jede Ecke kennt (und sofort auf jeden scheinbaren „Regiefehler" hinweisen kann)? Was haben die Engländer bloß aus Wien gemacht? Das Einzige, was tröstet, sind die Wiener Publikumslieblinge, *der* Hörbiger, *die* Bleibtreu und *die* Rosar, die vertraut klingenden Zithermelodien und die trotz aller Zerstörungen herrlichen Bilder von Wien.

Auch wenn Graham Greene und Carol Reed nur unterhalten wollen, haben sie keinen liebenswerten Film gemacht, wie ihn sich das österreichische Kinopublikum wohl eher gewünscht hätte.

Während Deutschland mit so genannten Trümmerfilmen wie „Die Mörder sind unter uns", „Irgendwo in Berlin" und „In jenen Tagen" seine jüngste Vergangenheit aufzuarbeiten versucht und in Italien der Neoverismo mit Roberto Rossellinis Nachkriegstrilogie „Roma Città Aperta", „Paisà" und „Germania anno zero" (Letzterer in den Trümmern von Berlin gedreht) oder Vittorio de Sicas vielfach preisgekröntem Nachkriegsklassiker „Ladri di Biciclette" (1949) Einzug hält, bleibt der österreichische Nachkriegsfilm dem viel beliebteren und publikumswirksameren Genre des „Wien-Films" treu. Nur wenige Filme bilden eine Ausnahme: So versucht der Semidokumentarfilm „Sturmjahre – Der Leidensweg Österreichs" unter der Regie von Franz (Frank Ward) Rossak 1947 anhand der Rückkehr eines kriegsverschickten Knaben vom Grauen des Krieges zu erzählen. 1948 dreht Karl Hartl – nach einem Buch des 1938 emigrierten und 1945 als amerikanischer Kulturoffizier nach Wien heimgekehrten Regisseurs und ehemaligen Direktors des Theaters in der Josefstadt, Ernst Lothar – den „Engel mit der Posaune", der unter anderem auch die Auswirkungen der nationalsozialistischen Rassenpolitik um die eine Jüdin spielende Paula Wessely thematisiert. Im selben Jahr entsteht der Heimkehrerfilm „Die Sonnhofbäuerin". 1948 kommt als Produktion des kurzlebigen Film-Studios des Theaters in der Josefstadt[20] „Das andere Leben" mit Erik Frey, Aglaja Schmid und zahlreichen anderen Josefstadt-Schauspielern in den Hauptrollen in die österreichischen Kinos, ebenso G. W. Pabsts Ritualmorddrama „Der Prozeß", das zwar vom internationalen Biennale-Publikum in Venedig 1948 enthusiastisch bejubelt und für das Ernst Deutsch mit dem Prädikat Bester Schauspieler ausgezeichnet wird, das in Österreich allerdings über einen Achtungserfolg nicht hinauskommt. 1949 folgt G. W. Pabsts Widerstandsfilm „Duell mit dem Tod". 1951 versucht der auf Polizeiberichten und Jugendamt-Dossiers basierende (verschollene) Episodenfilm „Asphalt" mit Johanna Matz in einer der Hauptrollen unverblümt realistisch die Probleme einer frühreifen und ohne Aufsicht aufwachsenden illusionslosen Großstadtjugend aufzugreifen. Im Großen und Ganzen sind aber Themen wie Krieg, nationalsozialistischer Terror, die österreichische Mitschuld an Nazi-Verbrechen, die Bewältigung des Nachkriegsalltags, Ausländerfeindlichkeit und Antisemitismus ebenso wenig gefragt wie Kriegszerstörungen: Letztere bleiben „gelegentlich aufblitzende Marginalien"[21] – ein paar ausgebombte Hausfassaden und pittoreske Schuttkegel genügen in „Hofrat Geiger" (1947), eine noch von Trümmern übersäte Baulücke in der Inneren Stadt in der Johann-Strauß-Biografie „Wien tanzt" (1951). Kritisches Kino bleibt auf die Enklaven des einem breiteren Kinopublikum unzugänglichen Experimentalfilms beschränkt, der vornehmlich mit Namen wie Wolfgang Kudrnofsky, Kurt Steinwender[22], Peter Kubelka oder Ferry Radax verbunden ist. Sogar von offizieller Seite – der österreichischen Bundesregierung – wird 1952 der Auftrag zu dem Spielfilm „1. April 2000" vergeben, der die „Opferrolle" Österreichs als eines vom „Dritten Reich" annektierten Staates nicht nur völlig unkritisch in den Mittelpunkt der Handlung stellt, sondern auch humorvoll beweisen soll, dass Österreich auf eine makellose Vergangenheit zurückblicken kann.[23] Bloß eine einzige österreichische Filmproduktion der Nachkriegszeit thematisiert die Besatzungszeit, sie wird allerdings 1953 vom United States Information Service bei der Willy-Forst-Filmproduktion in Auftrag gegeben: Der Durchhaltefilm des Kalten Krieges soll einer nach sieben Jahren Besatzungszeit bereits mehr als desillusionierten österreichischen Bevölkerung vor Augen führen, dass die amerikanischen Alliierten als einzige Schutzmacht imstande seien, das identitätsstiftende österreichische Erbe zu retten, seine Hochkultur zu fördern, seine Industrie finanziell aufzubauen und die Menschen vor dem physischen und geistigen Hunger und vor allem vor dem drohenden Kommunismus zu retten.[24]

Brauchtum, Volksverbundenheit, dörfliche Religiosität, Mutterliebe und das „typisch Österreichische" stehen bei der neu zu definierenden nationalen Identität im Vordergrund, Filme wie „Rendezvous im Salzkammergut" belegen den wieder gefundenen Stolz auf das eigene Land und die Hoffnung auf einen baldigen wirtschaftlichen Aufschwung. Franz Antels „Auf der Alm da gibt's ka Sünd'" mit Maria Andergast und Susi Nicoletti, Gustav Ucickys Frauenschicksal „Cordula" mit Paula Wessely und Attila Hörbiger oder der auf die Geschichte Österreichs zurückgreifende Film „Erzherzog Johanns große Liebe" mit Marte Harell und Rudolf Prack – sie alle kommen im selben Jahr wie „Der Dritte Mann" in die österreichischen Kinos.

„Vieles ist von atemberaubender Echtheit, vieles aber mag nur im Auge flüchtiger Besucher so aussehen"
Die perfekte Illusion

Sechs Wochen Aufnahmearbeiten an den verschiedensten Schauplätzen Wiens – in der Innenstadt, im Prater, in den Kanälen der Stadt, auf dem Zentralfriedhof. Seitdem sind mehr als 50 Jahre vergangen, die Wunden des Krieges sind verheilt, die Ruinenberge durch moderne, oft gesichtslose Wohn- und Geschäftshäuser ersetzt worden. Die menschenleeren, düsteren Straßen haben dem pulsierenden Leben einer Großstadt Platz gemacht – und trotzdem scheint an manchen Orten die Zeit stehen geblieben zu sein. In den engen, kopfsteingepflasterten Gassen, die einander mit weit ausladenden Plätzen abwechseln, und in den Tiefen der Stadt finden sich noch überall die Spuren von Harry Lime. Doch Vorsicht: Natürlich wurde auf dem Josefsplatz gedreht, auf der Mölkerbastei und auf dem Hohen Markt. Manches aber scheint nur dort gedreht, denn: Harry Limes Wien gehorcht nicht den Gesetzen eines Stadtplans! Die Wirklichkeit ist nur eine Scheinbare, von Ästhetik und künstlerischer Freiheit Bestimmte. „Harry's Place" befindet sich nicht in der Stiftgasse, das Café Mozart nicht am Albertinaplatz, die Litfasssäule nicht auf dem Platz Am Hof, Annas Wohnung nicht in der Schreyvogelgasse und der Balkon von Baron Kurtz nicht neben dem Riesenrad.

Immer wieder stößt man auf geschickt konstruierte Montagen unterschiedlicher Originaldrehorte, die zu einem Einzigen verschmolzen und zusätzlich mit Zwischenschnitten aus dem Studio angereichert worden sind. Harrys Zug fährt zwar in den authentischen Wiener Westbahnhof ein, aber sowohl der Waggon, aus dem er aussteigt, als auch der Bahnsteig, an dessen Ende er die Passkontrolle durchschreitet, sind im Studio nachgebaut. Diese Szene ist ein unlogisch gewordenes Relikt aus einem früheren Drehbuchentwurf, der eine Ankunft Holly Martins' auf dem Flugplatz vorsah,[25] und erfüllt zwei wichtige Funktionen: Sie stellt die Präsenz der amerikanischen Besatzungsmacht in Wien in den Vordergrund und setzt die Zuseher durch eine kurzes Frage-Antwort-Spiel effektvoll mitten ins Geschehen. Das Publikum weiß sofort, wo und bei wem Holly Martins wohnen wird, nämlich in der Stiftgasse 15 (wo man ihn allerdings vergebens sucht). Harry Lime wohnt ja im eleganten Palais Pallavicini auf dem Josefsplatz. Ebenso vergebens sucht man das Café Mozart auf dem Albertinaplatz. Aus produktionstechnischen Gründen – man will den Kaffeehausbetrieb nicht stören –, aber auch, um das Zusammentreffen der beiden Männer auf einem großen, offenen Platz effektvoller ins Bild bringen zu können, wird das Café 200 Meter vom Original entfernt auf den Neuen Markt verlegt: mit ein paar typischen Wiener Kaffeehaustischen vor der Kapuzinerkirche und einem aus den Wiener Rosenhügelstudios als traditionellen Ober engagierten Komparsen, der zwei „kleine Schwarze" bringt. Der Neue Markt ist topografisch korrekt eingefangen – das neobarocke Herrenhuterhaus am Ende des Platzes, die später dem Hotel Europa gewichenen Ruinen des Hotels Meissl & Schaden ebenso wie das Portal der Kapuzinerkirche. Doch die Kaffeehaustüre, durch die Holly Martins Ausschau nach dem „Baron" hält, stammt aus dem Studio. Und in ihrer Verglasung spiegelt sich eine gemalte Kulisse! Auch Annas zahlreiche Adressen sind verwirrend. Einmal „wohnt" sie in einem alten Palais auf dem Platz Am Hof Nr. 8 („Anna's Street"), wohin sie Holly Martins nach ihrer ersten Begegnung im Theater in der Josefstadt begleitet; dann „übersiedelt" die Regie ihre Wohnung in die Schreyvogelgasse, wo sie der nur kurz aus der Tiefe der Stadt auftauchende Harry besuchen möchte; laut Eintragung in ihrem Pass, den Major Calloway als Faustpfand in der Hand hält, hat sie auch eine Adresse in der Wipplingerstraße 25; Harry Limes mysteriöser Auftritt aus dem Dunkel eines Haustors in der Schreyvogelgasse 8 wiederum ist mit einem vor der Kirche Maria am Gestade gedrehten Gegenschuss versehen, Teile der Torszene wurden im Studio nachgedreht. Vom Vergnügungsestablissement Casanova Bar in der Dorotheergasse ist nur die Neonreklame über dem Straßenportal authentisch, die Bar selbst wurde im Studio aufgebaut.[26] Während Holly Martins im echten Zuschauerraum des Theaters in der Josefstadt sitzt, richtet man in Shepperton eine eigene Dekoration für Bühne und Bühnenbild der Rokokokomödie ein. Um Dr. Winkel zu besuchen, durchschreitet Holly Martins den (realen) Hinterhof des barocken Ulrichshofs im siebenten Wiener Gemeindebezirk – Dr. Winkel „wohnt" allerdings in einer mit Antiquitäten überladenen Wohnung im Studio, und das Haus, das er mit seinem Fahrrad verlässt, um zur Reichsbrücke zu fahren, befindet sich in der Börsegasse im ersten Bezirk! Die sich nach dem Mord am Hausbesorger zusammenrottende, gaffende Menschenmenge steht einmal auf dem Josefsplatz, dann in der Bräunerstraße und schließlich wieder im Studio. Die spannende Verfolgungsjagd von Anna und Holly versetzt uns mit Hilfe eines Schnitts vom Josefsplatz zur Ruprechtskirche und mit einem weiteren vom Tiefen Graben zum „Heimatkino" in der Porzellangasse. Die rasante Taxifahrt wiederum führt vom Hotel Sacher durch die Sonnenfelsgasse, die Schönlaterngasse, über den Hohen Markt, den Minoritenplatz, den Ulrichsplatz, den Rennweg und endet schließlich im „Vortragssaal" der British Cultural Relations Society im Studio – „die altmodischen, die ärmlichen, die ernsten und die fröhlichen Gesichtszüge echter Bücherwürmer in ihrer ganzen bunten Vielfalt, die Martins sah, im Hintergrund zusammengedrängt, gleich den Bildern in einem Fotoalbum"[27], gehören Kleindarstellern der Shepperton Studios, ihren Namen nach zu schließen sind es vor dem Naziterror in das sichere England geflüchtete Emigranten. Für die drei Sequenzen auf dem Wiener Zentralfriedhof (Harry Limes falsches Begräbnis zu Beginn des Films, die Exhumierung seiner Leiche und sein Begräbnis am Ende des Films) wird auch an den unterschiedlichsten Orten gedreht: zwischen Tor 2 und der Dr. Karl Lueger-Gedächtniskirche vor den Ehrengräbern von Beethoven und Schubert, hinter der Kirche im Bereich der Friedhofsgärtnerei, und einiges sogar auf dem Londoner Fulham Cemetery, dessen keltische Kreuze in den Rückprojektionen von Major Calloways Fahrt durch den Friedhof deutlich zu erkennen sind. „London's grimmest job this week seems to be connected with the filming of cemetery pictures for the new Carol Reed production. The sequences are needed to match up with earlier shots from Vienna. Now the unit has the dismal task of looking for suitable vistas to fill certain gaps in the original", schreibt der *Glasgow Herald* am 15. Februar 1949. Auch wenn man „Harrys Grab" (Reihe 14 der Gruppe 43A) noch heute auf dem Wiener Zentralfriedhof mithilfe des im Film leicht zu erkennenden, markanten Grabsteins der Familie Elchinger finden kann – es ist das Grabmal der Familie Grün, das Ende Oktober 1948, gerade für eine Beerdigung ausgehoben, für die Dreharbeiten kurzerhand „ausgeborgt" wird –, sind Teile der ersten Begräbnisszene sowie der Exhumierungsszene doch im Studio gedreht; Schildermaler Arthur Night fertigte dafür detailgetreu über 40 Grabsteine aus Pappmaché an und versah sie aufwendig mit Originalinschriften (!). Harrys Grab bleibt dabei genauso leer wie die Betten im Kinderspital, das man „mit etwas makaberem Humor"[28] in der benachbarten Dekoration nachgebaut hat. Dem aufmerksamen Betrachter wird auffallen, dass die mächtige Friedhofskirche im Hintergrund nicht immer echt ist, wenn auch der Maler Ferdinand Bellan hier auf einer zwölf Meter hohen Leinwand gute Arbeit geleistet hat.

„Annas Schlafzimmer", eine Kreation des Art Department

Ob es Harrys eleganter Salon oder Annas bescheidene Wohnung ist, Major Calloways Büro, das Bahnhofsrestaurant, die Gondel des Riesenrades, das Café Marc Aurel oder die Kanaltreppe im Finale (allesamt Orte, die im Studio aufgebaut werden): Carol Reed versucht stets, allem den hundertprozentigen Anschein von Authentizität zu verleihen. Entweder greift er dafür zu speziellen Requisiten wie Reklame- oder Hinweisschildern („Gösser Bier", „Ottakringer Bier", „Filterzigaretten", „Ausspucken verboten") oder er holt das reale Wien mit Hilfe eines Zwischenschnitts in die fiktive Welt der Studiosets: So fährt am Fenster von Major Calloways (Studio-)Büro die sehr reale 71er-Straßenbahn vorbei, ein anderes Mal blicken die Zuseher von Harry Limes (Studio-)Wohnung am Josefsplatz ins Drahtgässchen beim Judenplatz, von Annas (Studio-)Wohnung wiederum fährt die Kamera durch die Blumen am Fensterbrett direkt auf Harry Limes Haustor in der Schreyvogelgasse 8 zu. Im umgekehrten Fall klettert Holly Martins, von einem Papagei in den Finger gebissen, aus dem Fenster des Studiosets in die Wirklichkeit der Wiener Ruinenberge (auf dem Passauer Platz), und Harry Lime versucht verzweifelt, von einer (Studio-)Kanaltreppe in die Freiheit der (realen) Straße zu gelangen, wobei er seine Finger durch den (Studio-)Kanaldeckel streckt, bevor man nach einem Schnitt seine Finger (gedoubelt von Carol Reed) aus einem echten Kanalgitter herausragen sieht.

Auch die raffiniert geschnittenen Rückprojektionen vermitteln den Eindruck, diese oder jene Szene sei in Wien gedreht worden. Wer würde schon glauben, dass Harry Lime nie mit dem Riesenrad gefahren ist, oder dass die „Vier im Jeep" die Straßen von Wien im Studio patrouilliert haben? Meinen die Zuseher, von Harry Limes Wohnung zur Nationalbibliothek zu blicken, dann ist es nur eine Kulisse von der Hand Ferdinand Bellans. Auch wenn vor seiner Türe Passanten vorbeigehen und ein Jeep passiert und man auf der gegenüberliegenden „Straßenseite" ein Geschäftsschild der Wiener Porzellanhandlung Rasper & Söhne sieht (das sich allerdings nie in der Kärntner Straße, sondern immer auf dem Graben befunden hat!), ist das mit geschnitzten Weinranken an Wiener Weinstubengemütlichkeit erinnernde Lokal ebenso ein Werk der Bühnenbildner von Shepperton wie die Silhouette vor Annas Fenster, die der Barockkirche Am Hof nachempfunden wurde. Und ein Lokal namens Smolka hat es in Wien nie gegeben.

ER WAR HARRY

INFACH NUR HARRY

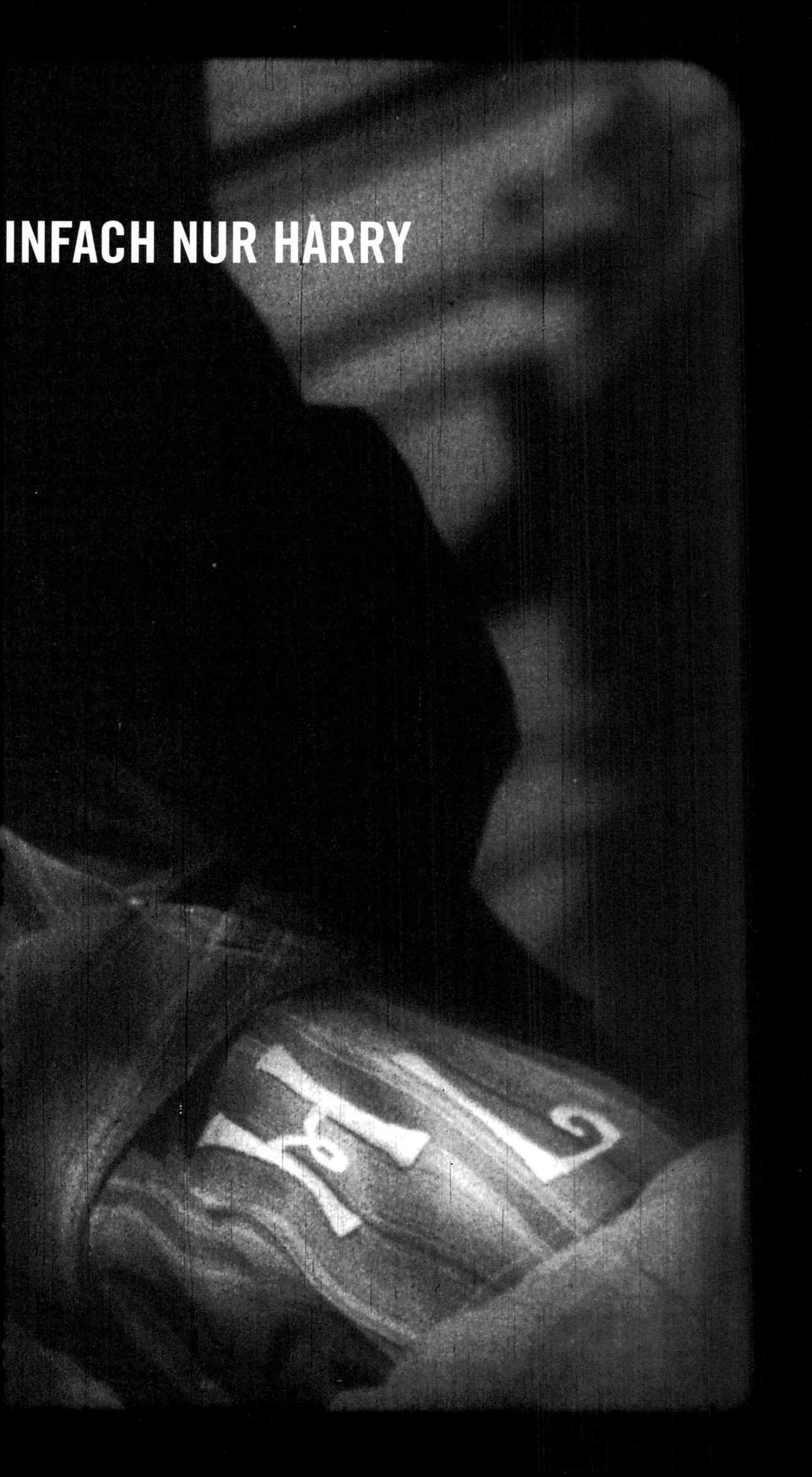

KAPITEL
07

Die Ziegelklopferinnen: Frauenalltag in der Nachkriegszeit

What impression are you making on the civilians? DO YOU LOOK LIKE A BUM?

OR do they admire your appearance?

„Welchen Eindruck machst du auf die Zivilisten? SIEHST DU WIE EIN OBDACHLOSER AUS? Oder bewundern sie dich für dein Aussehen?"

Schönbrunner Schlossbad: Freizeitvergnügen für britisches Militärpersonal

Wiener Girl mit GIs: die Kunst zu überleben

Szene 86 / 0:56:10
Casanova Bar
„The Oriental"

„Mein Gott, so viele Katzen! Es war eine einzige Improvisation. Ich habe lange darüber nachgegrübelt, wie man Harry in dem Hauseingang entdecken sollte. Ich wollte nicht, dass Cotten an ihm vorbeigeht und ihn einfach entdeckt, das hätte nichts gebracht, da ja der Zuschauer keine Ahnung gehabt hätte, wer der Mann im Hauseingang war. In der Szene, in der Cotten Valli die Blumen bringt, habe ich Cotten die Regieanweisung gegeben, doch zu versuchen, mit der Katze auf Annas Bett zu spielen. Sie aber springt aus dem Fenster. Und während Cotten noch versucht, mit der Katze ‚anzubandeln', lasse ich ihn sagen ‚Miez, Miez, wollen wir spielen? ... Sie mag mich nicht!'. Dann habe ich die Worte für Valli dazugefügt: ‚Sie mochte nur Harry.' Als nächstes blicken wir durch das Fenster, sehen einen Mann die Straße hinunterlaufen und sich in einem Hauseingang verstecken. Es könnte irgendjemand sein. Aber von dem Moment, wo die Katze auf ihn zuschleicht und mit seinem Schuhband spielt, weiß der Zuseher, dass es Harry ist. Das war so ein kleiner Trick. Wir haben eine ganze Reihe von Katzen gebraucht: eine in Wien, die die Hauswand entlangläuft, eine im Studio am Bett, wieder eine andere, die mit dem Schuhband spielt ... was so schwer dabei war, war die Katze dazu zu bringen, zu Harry hinzuschleichen. Sardinen! Das nächste Problem war, die Katze dazu zu bringen, zu Harry hinaufzublicken. Mir hat einfach die Idee gefallen, ‚Katze liebt das Böse', einfach die Ausstrahlung dieses Mannes. Dann wollte ich, dass Cotten etwas zu Harry hinüberruft, ohne aber zu wissen, was der Zuschauer bereits weiß: dass es nämlich Harry war, der im Haustor stand."
Carol Reed

„Katzendreh" am Set in Shepperton mit Ted Scaife

Musikeinsatzplan
(Reel 12)

Szene 90 / 0:56:41
Annas Wohnung

Martins: [Holly spielt mit der Katze] Miez, miez, wollen wir spielen? [Katze will nicht mit ihm spielen] Bist du müde? Sie mag mich nicht.
Anna: Sie mochte nur Harry.

Szene 91 / 0:58:28
Mölkerbastei
(Part location, night)

169

[Martins hat Anna verlassen, fühlt sich in den dunklen Straßen von einem Unbekannten verfolgt]

Martins: Was für ein Spion bist du denn mit deinen Quadratlatschen? Was willst du denn von mir? Bist du stumm? Komm heraus, komm, komm, egal, wer du bist. Komm ans Licht, wenn du Mut hast, verdammter Spitzel!

171

Frau: Was ist denn da los? Ja, Sie meine ich! Schauen S' nicht so blöd!

Martins: Harry!?!

173

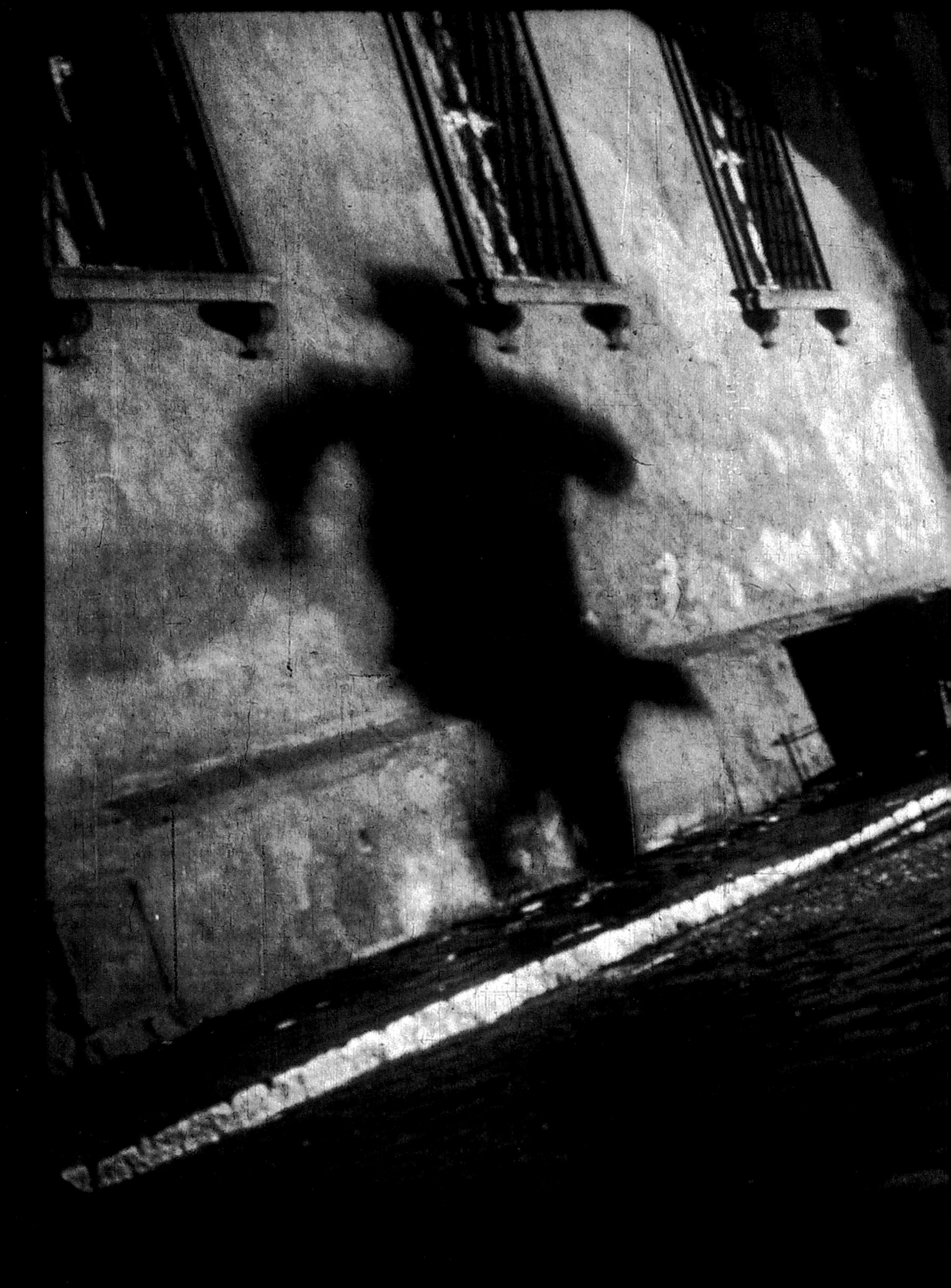

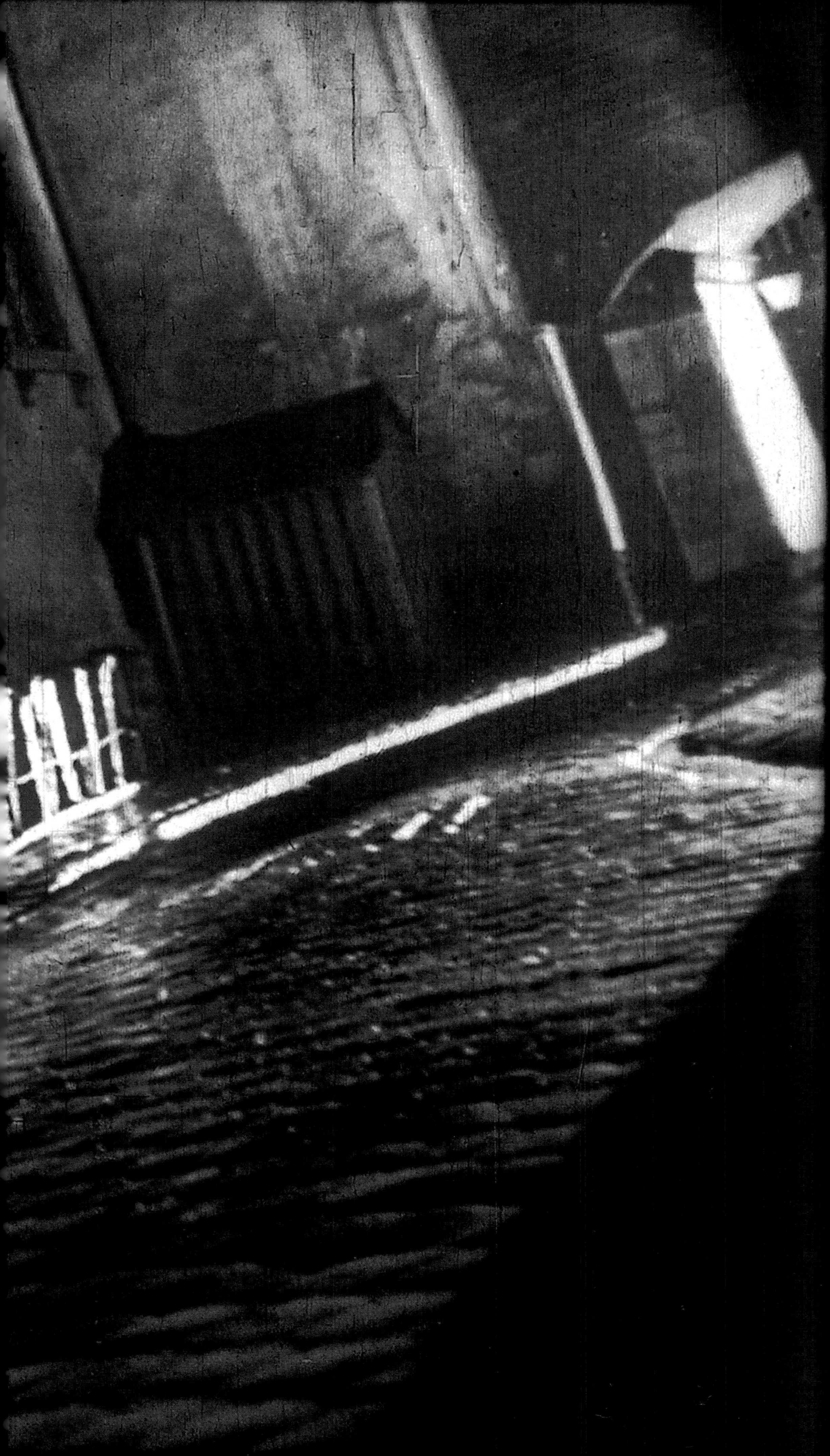

Szene 96 / 1:03:53
Schulhof, Am Hof
„Kiosk Square"
(Location, night)

Die Litfasssäule am Platz Am Hof bietet ein ausgezeichnetes Beispiel dafür, wie Film Illusion schaffen kann:

Das Requisit wird so positioniert, dass die dahinter liegende Mariensäule völlig verdeckt ist.

Platz Am Hof heute

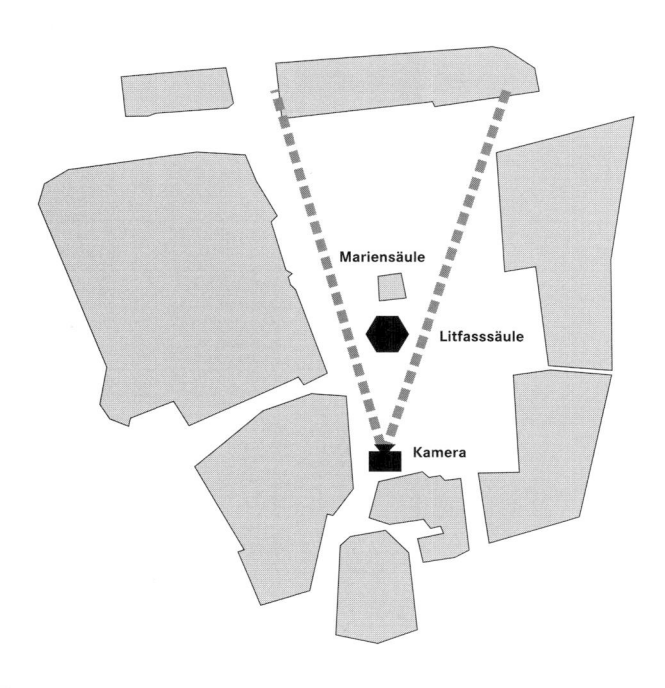

Mariensäule

Litfasssäule

Kamera

Martins: [zu Calloway] Ich rannte seinem Schatten nach, und plötzlich …
Calloway: Ja?
Martins: Und plötzlich war er verschwunden.
Calloway: So?
Martins: Sie glauben mir wohl nicht?
Calloway: Nein.
Calloway: Ja. Wo waren Sie, als Sie ihn zuerst sahen?
Martins: 50 Meter von hier.
Calloway: Auf welcher Straßenseite?
Martins: Auf der. Hinter dem Schatten her. Weder rechts noch links gehen Querstraßen ab.
Calloway: Und kein Tor.
Martins: Aber ich sah seinen Schatten an der Wand!
Calloway: Wahrscheinlich verschwand er dann auch in der Luft unter Feuer und Rauch.

Calloway: [entdeckt die Litfasssäule] Es war also doch nicht der deutsche Whisky!

Szene 97 / 1:04:42
Kanal
(Part Location)

Martins: [Sie sind in den Wienflusstunnel hinabgestiegen] Was ist das? Wo sind wir?

Paine: Die Kloaken von Wien. All das fließt in die blaue Donau. Duftet herrlich, was?
Calloway: Wir müssen tiefer schaufeln als ein Grab!

Szene 98 / 1:05:23
Zentralfriedhof
(Part location, dawn)

Totengräber: [haben Harrys Grab geöffnet] Bitte, wir bringen jetzt den Sarg rauf.
Calloway: Aufmachen!
Polizist: Haben Sie ihn erkannt, Herr Major?
Calloway: Ja, Josef Harbin! Hilfsarbeiter im Militärhospital. Zuträger von Harry Lime.

Szene 102 / 1:06:49
Annas Wohnung
(dawn)

Polizei: [klopft an Annas Türe] Aufmachen!
Anna: Wer ist da?
Polizei: Internationale Polizei. Fräulein Schmidt?

Vermieterin: Sie können doch da nicht allein hinaufgehen! Warten Sie, bis ich nachkomme, schließlich ist das ja auch ein anständiges Haus und keine Kaserne!

Vermieterin: [zu Militärpolizisten gewendet] Was ist denn nun schon wieder los, kommen Sie jetzt jeden Tag? Können Sie nicht reden? Antworten Sie mir doch! Nicken, nicken kann ein jeder, reden sollen Sie. Können nicht Deutsch? Die Sprache hätten S' längst lernen können! Lang genug sind Sie ja schon hier. Ja, was glotzen Sie mich so an, haben S' noch nie an Türken g'sehn?

Polizei: Ist das Ihr Pass?
Anna: Ja.
Polizei: Bitte ziehen Sie sich an.

Anna:	[zu Polizist] Wohin bringen Sie mich? Ins Internationale Polizeihauptquartier. Zur Überprüfung.
Russe:	Sind Sie fertig, Fräulein?
Brite:	Tut mir leid, Miss Schmidt, aber Befehl ist Befehl.
Anna:	Befehl ist Befehl, das kommt mir bekannt vor.

Franzose:	[reicht Anna ihren Lippenstift] Mademoiselle, Ihr Lippenstift!
Anna:	Danke.

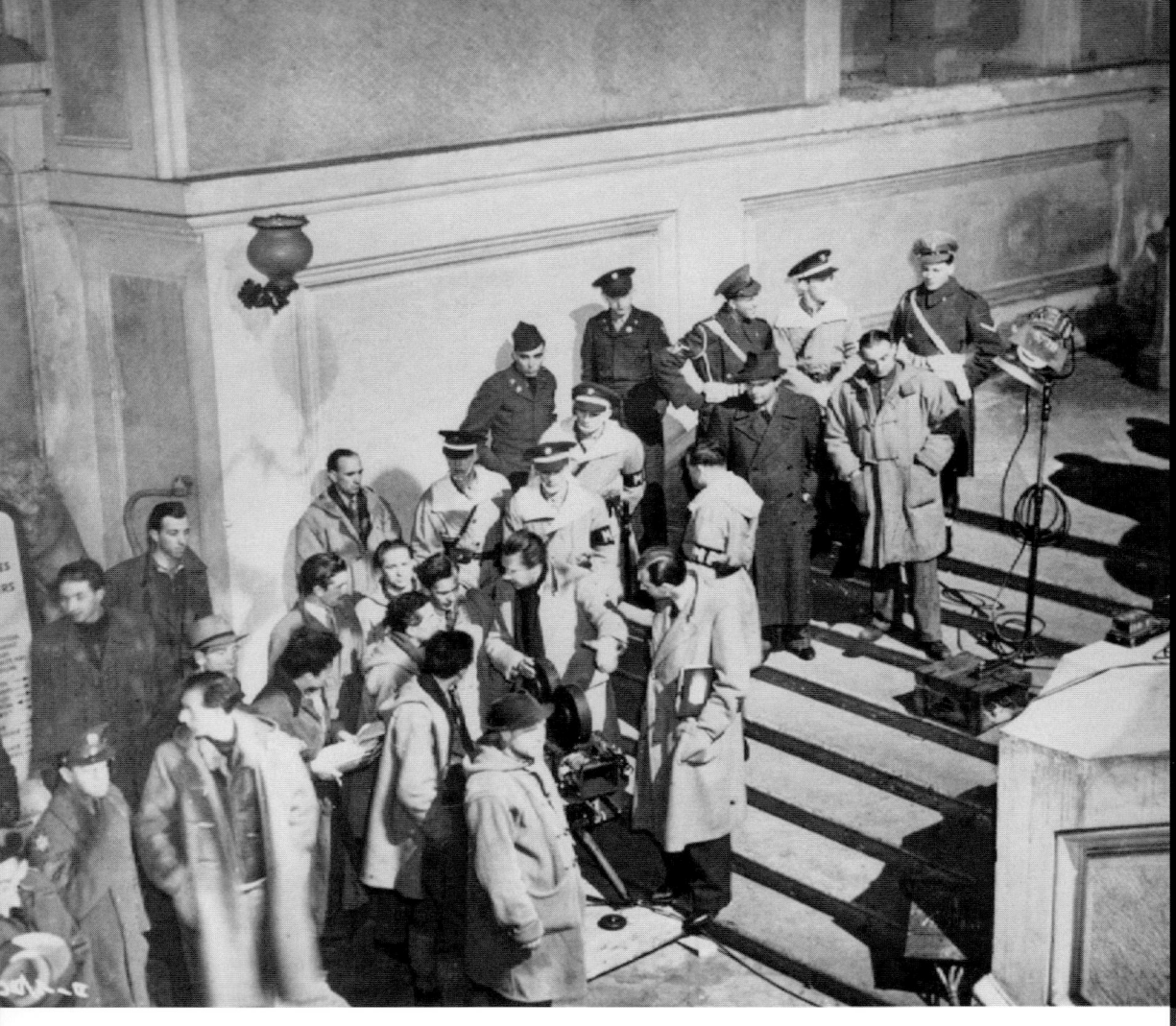

Innendrehs im Palais Auersperg. Carol Reed (Mitte) mit Regieassistent Guy Hamilton an seiner linken Seite

Verzweiflung der Österreicher über die nicht enden wollende Besatzung – Plakat

Palais Auersperg, die Einsatzzentrale der Internationalen Polizei

Szene 105 / 1:08:56
Internationale Polizei
(Part Location)

Russe: [zu Martins] Mischen Sie sich nicht ein!
Martins: [zu Anna] Ich muss mit Ihnen sprechen! Ich habe einen Toten laufen sehen.

185

Szene 110 / 1:10:47
Balkon von Kurtz'
Wohnung
(Location, day)

Martins: Ich möchte mit Harry sprechen!
Kurtz: Sind Sie wahnsinnig?
Martins: Natürlich, ich habe ein Gespenst gesehen! Sagen Sie Harry, ich will mit ihm sprechen!
Kurtz: Blödsinn. Kommen Sie herauf!

Martins: Nein danke, kein Bedarf. Er soll zum Riesenrad kommen! Glauben Sie auch an Gespenster, Dr. Winkel? Äußern Sie sich gefälligst!

Ankunft des Stars am Wiener Südbahnhof: Orson Welles in Begleitung von Marcel Prawy (Mitte) und Ernst Haeussermann (rechts) vom ISB und Vertretern der London Film Productions

Orson Welles, aus Rom kommend

Szene 111 / 1:11:39
Riesenrad
„The Great Wheel"
(Part Location, day)

189

Eine Drehpause für Orson Welles vor dem Parlament auf der Ringstraße

„Dem Schöpfer der besten Bloody Mary der Welt" (Widmung Welles' im Gästebuch des Hotel Sacher)

Keine Schminke, nur ein bisschen Puder: Orson Welles

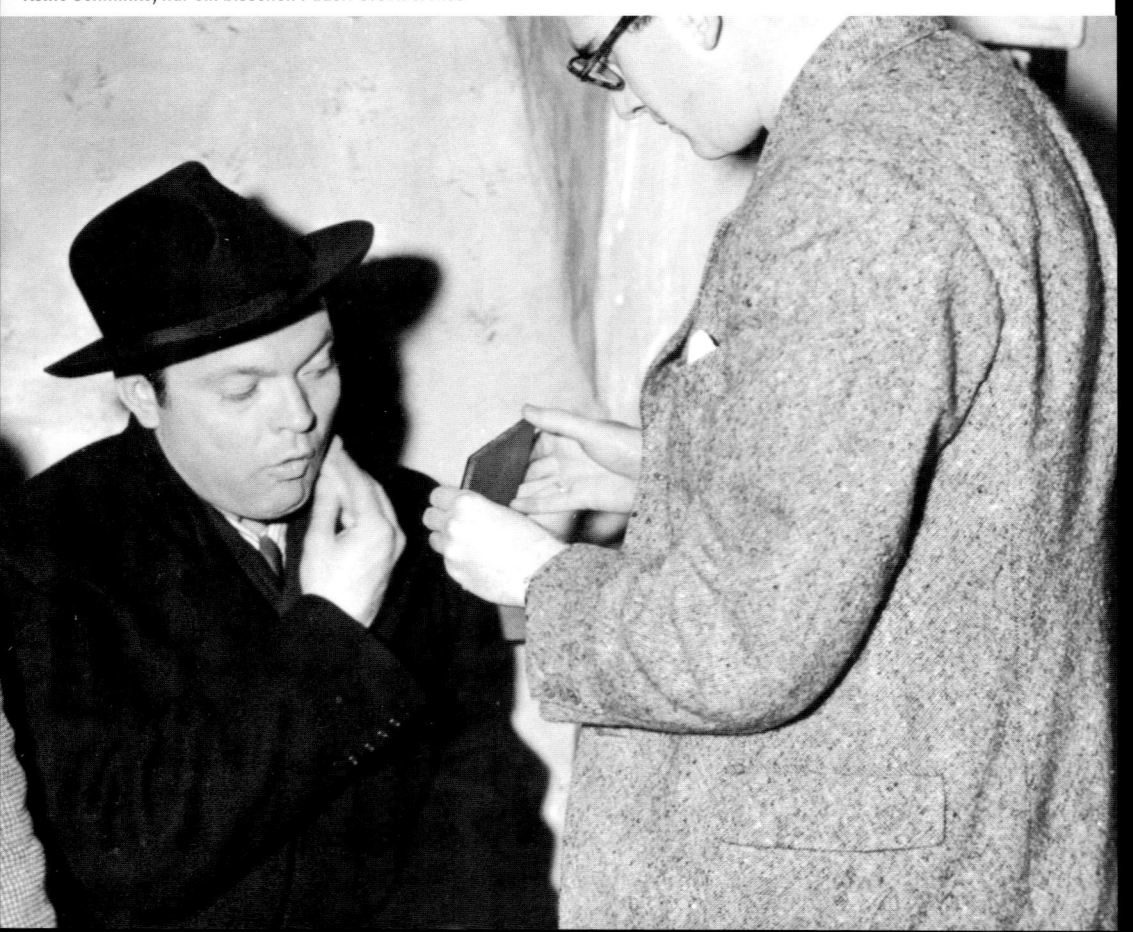

Harry: [auf Martins zugehend]
 Tag, alter Junge, wie geht's denn?
Martins: Tag Harry.
Harry: Nanu, du siehst ein wenig mitgenommen aus.

Martins: Hör mal Harry …
Harry: Ja?
Martins: Ich möchte mir dir sprechen.
Harry: Mit mir? Natürlich! Komm. Früher drängten sich hier die Kinder, aber jetzt haben sie kein Geld, die armen Teufel.

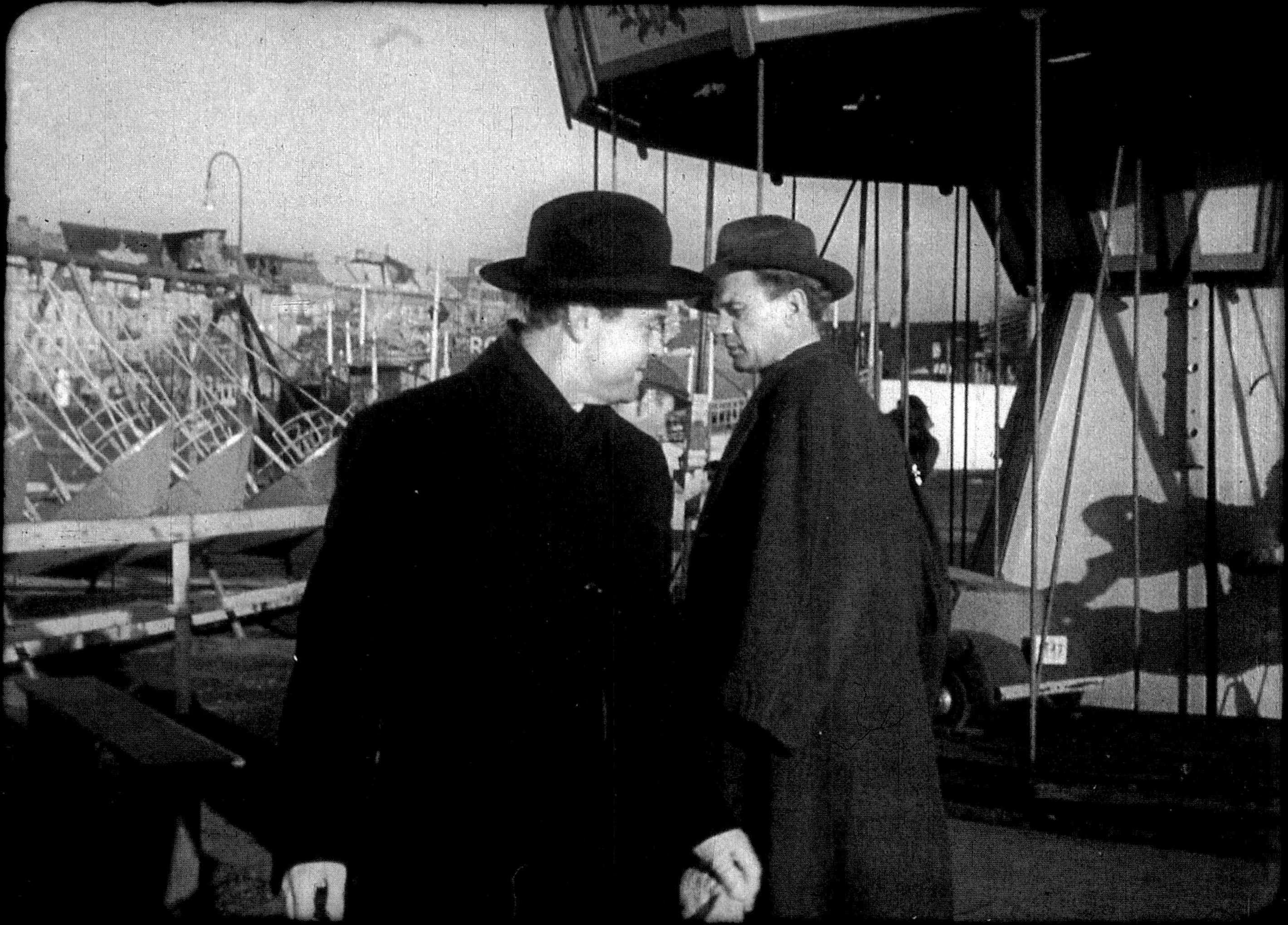

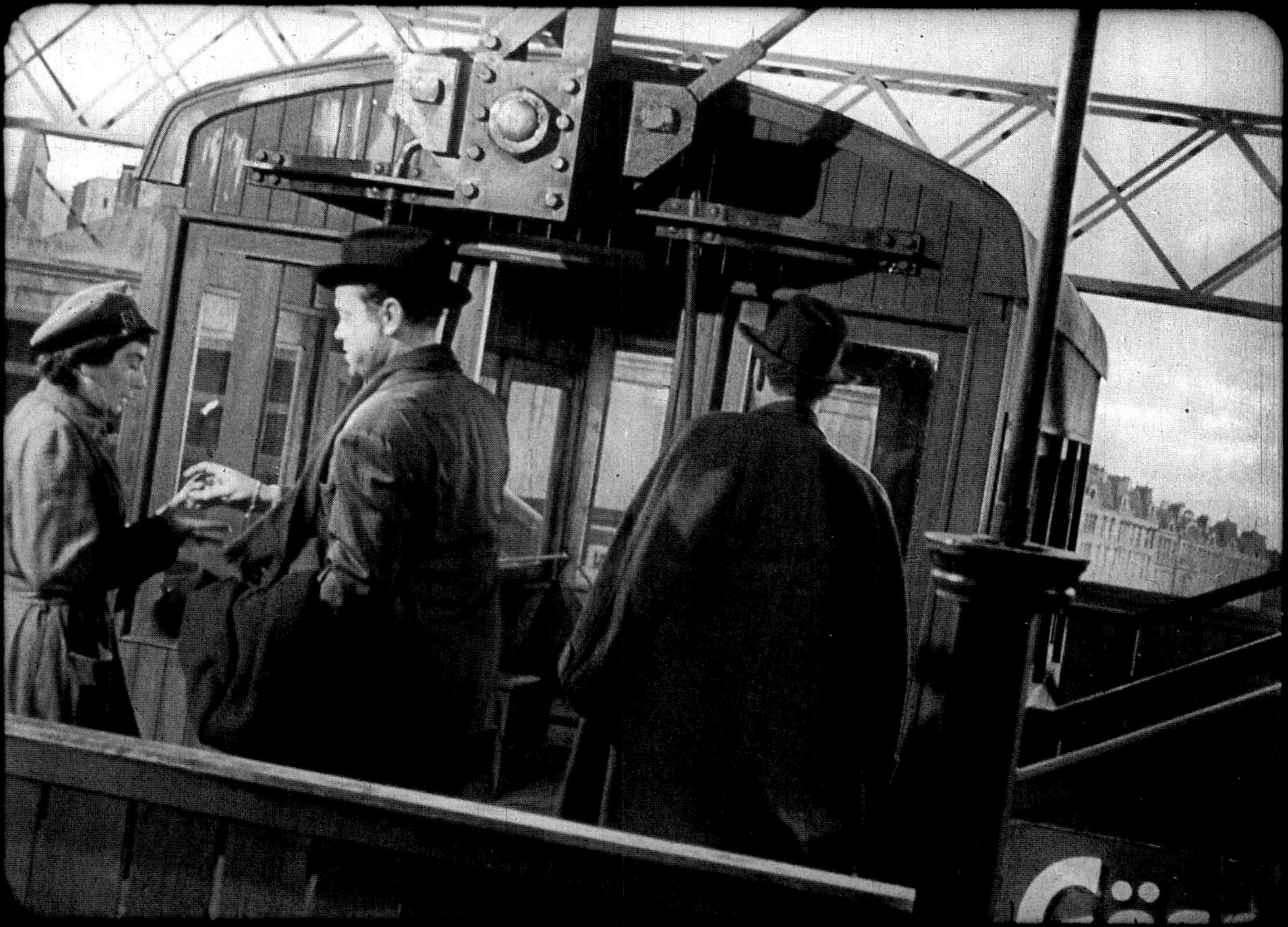

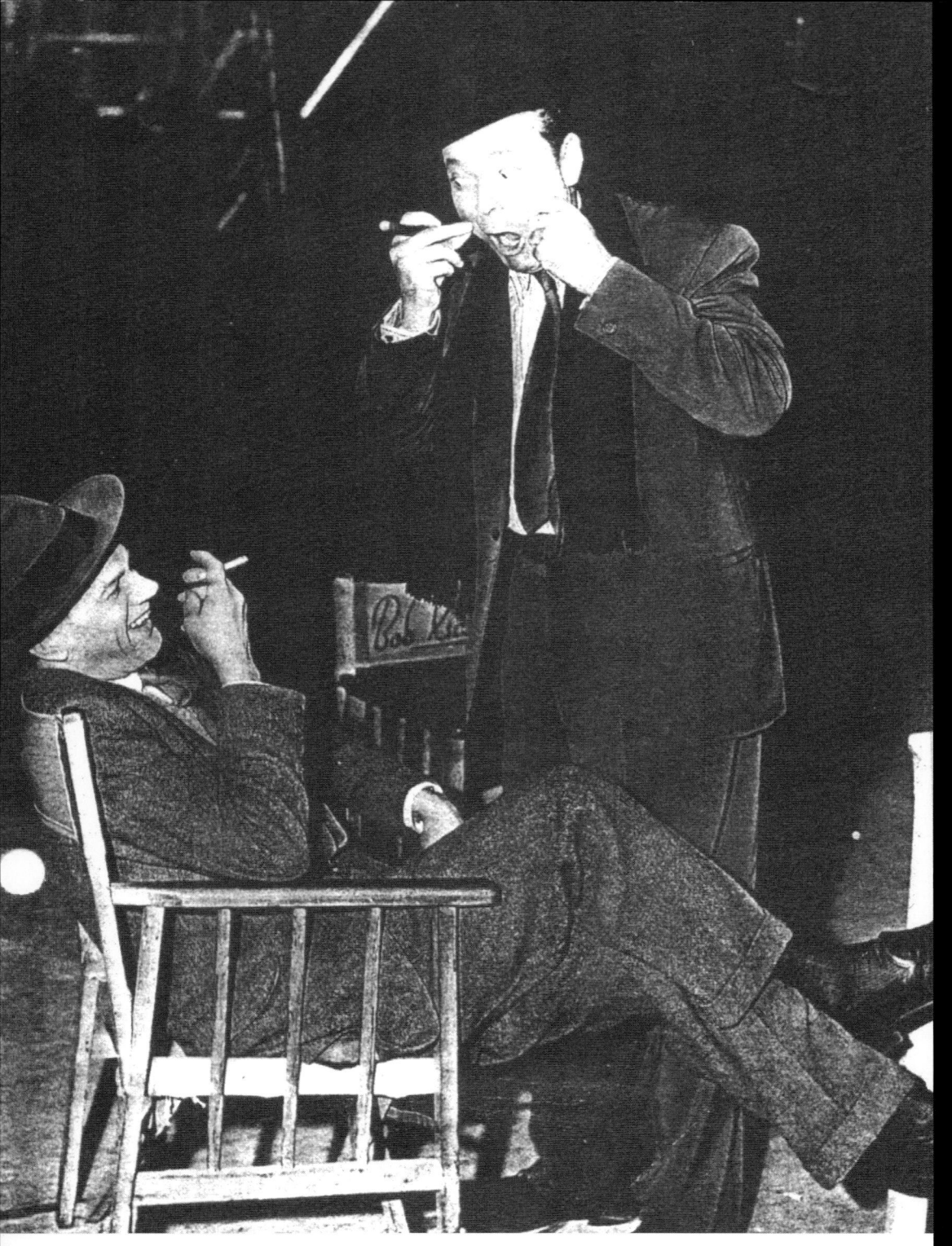

Orson Welles und Joseph Cotten, zwei gute alte Freunde am Set in Shepperton

Musikeinsatzplan (Reel 15)

Martins: Hör mal, Harry, ich konnte es gar nicht glauben.
Harry: Nett, dich zu sehen.
Martins: Ich war bei deiner Beerdigung.
Harry: Das war eine spaßige Sache. Mhm, Magensäure. Das sind die einzigen Tabletten, die mir helfen. Die Letzte. Ich kriege keine in ganz Europa.
Martins: Weißt du schon von deiner Freundin? Sie ist verhaftet.
Harry: Traurig, traurig.
Die tun ihr aber nichts.
Martins: Sie wollen sie den Russen übergeben!
Harry: Was kann ich tun, mein Junge? Ich bin tot!
Martins: Ihr helfen!

193

Harry:	Holly, sag mal, mit wem hast du gesprochen?
Martins:	Mit der Polizei.
Harry:	Dumm von dir.
Martins:	Und Anna?
Harry:	Hat dir die Polizei geglaubt?
Martins:	Annas Schicksal berührt dich wohl gar nicht?
Harry:	Ich hab im Augenblick ganz andere Sorgen.
Martins:	Du willst also nicht ...
Harry:	... was soll ich denn tun? Überleg doch mal!
Martins:	Beauftrage jemanden!
Harry:	Soll ich mich vielleicht selber aufgeben?
Martins:	Warum nicht?
Harry:	Um Gottes Willen, nicht diese Töne! Ich vertrag nicht diese, diese Phrasen. Holly, hör auf! In dieser Welt gibt's keine Helden.
Martins:	Du hast dicke Beziehungen.
Harry:	Hör endlich mit Anna auf. Ich muss sehr vorsichtig sein. Ich bin nur im russischen Sektor sicher. Und auch nur so lange, wie sie mich brauchen. Anna hätte mir schaden können.
Martins:	Also, du hast die Polizei auf sie gehetzt? Antworte!
Harry:	Nanu, du bist doch nicht mein Vernehmungsrichter.
Martins:	Aber ich bin auch nicht dein Komplize.
Harry:	Warum nicht? Du würdest dabei gar nicht schlecht fahren. Das bist du auch damals nicht.
Martins:	Ja, damals im Spielclub, da wusstest du sogar den Weg ins Freie.
Harry:	Ja.
Martins:	Ja für dich, aber nicht für mich.
Harry:	Du, hör mal, das mit der Polizei war nicht richtig. Das nehme ich dir sehr übel.
Martins:	Hast du schon eins von deinen unschuldigen Opfern gesehen?
Harry:	Zugegeben, das Ganze ist nicht sehr schön, aber Opfer ...? Was für ein Wort! Sieh da unten. Würde es dir etwas ausmachen, wenn einer dieser Punkte für immer aufhören würde, sich zu bewegen? Wenn ich dir 20.000 Pfund für jeden krepierten Punkt bieten würde, würdest du Geld zurückweisen, oder würdest du ja sagen, vorausgesetzt, dass keine Gefahr dabei ist? Übrigens, ich bezahl nicht mal Steuern bei dem Geschäft. Nur so kommt man zu Geld.

195

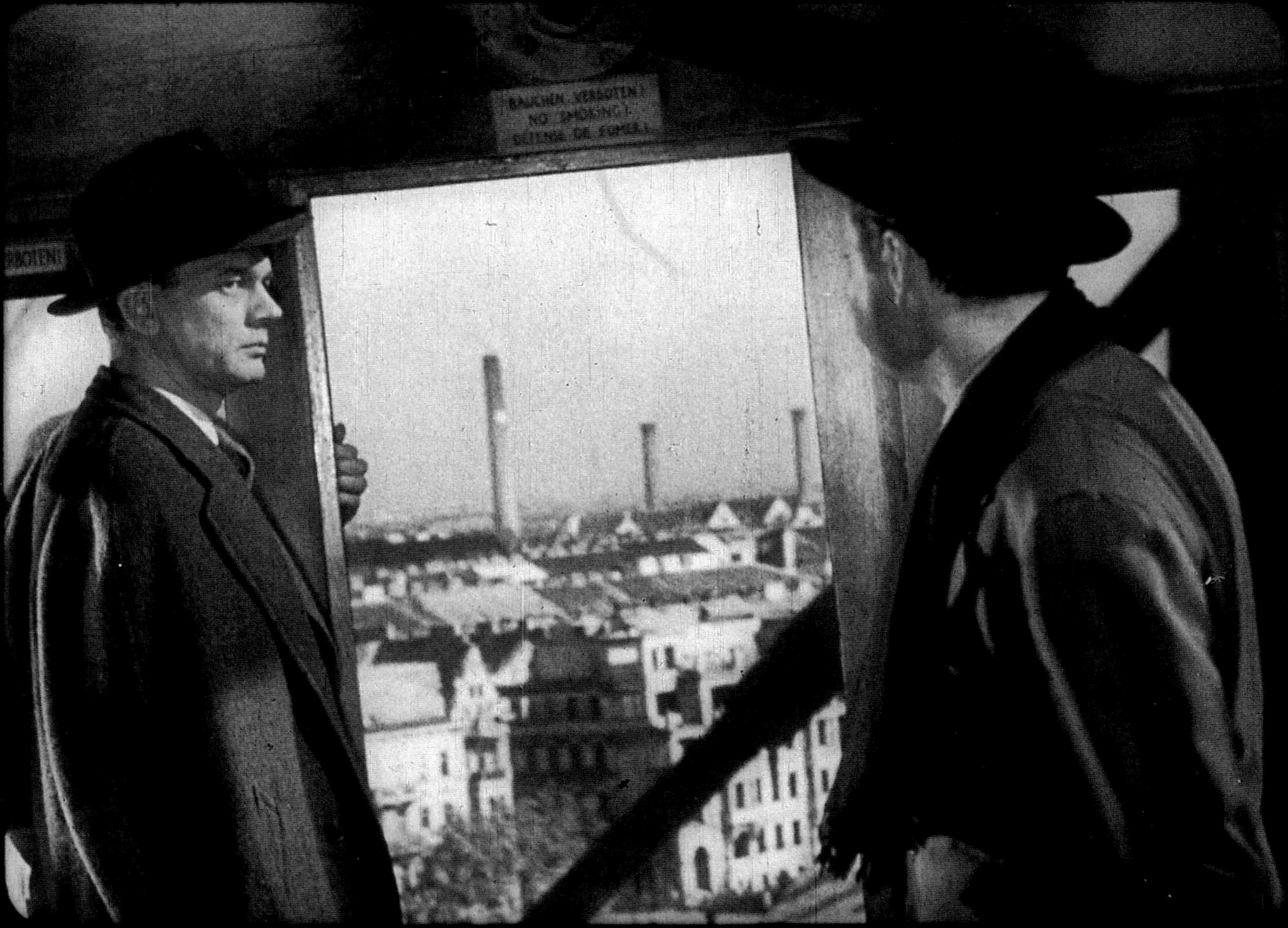
NO SMOKING!

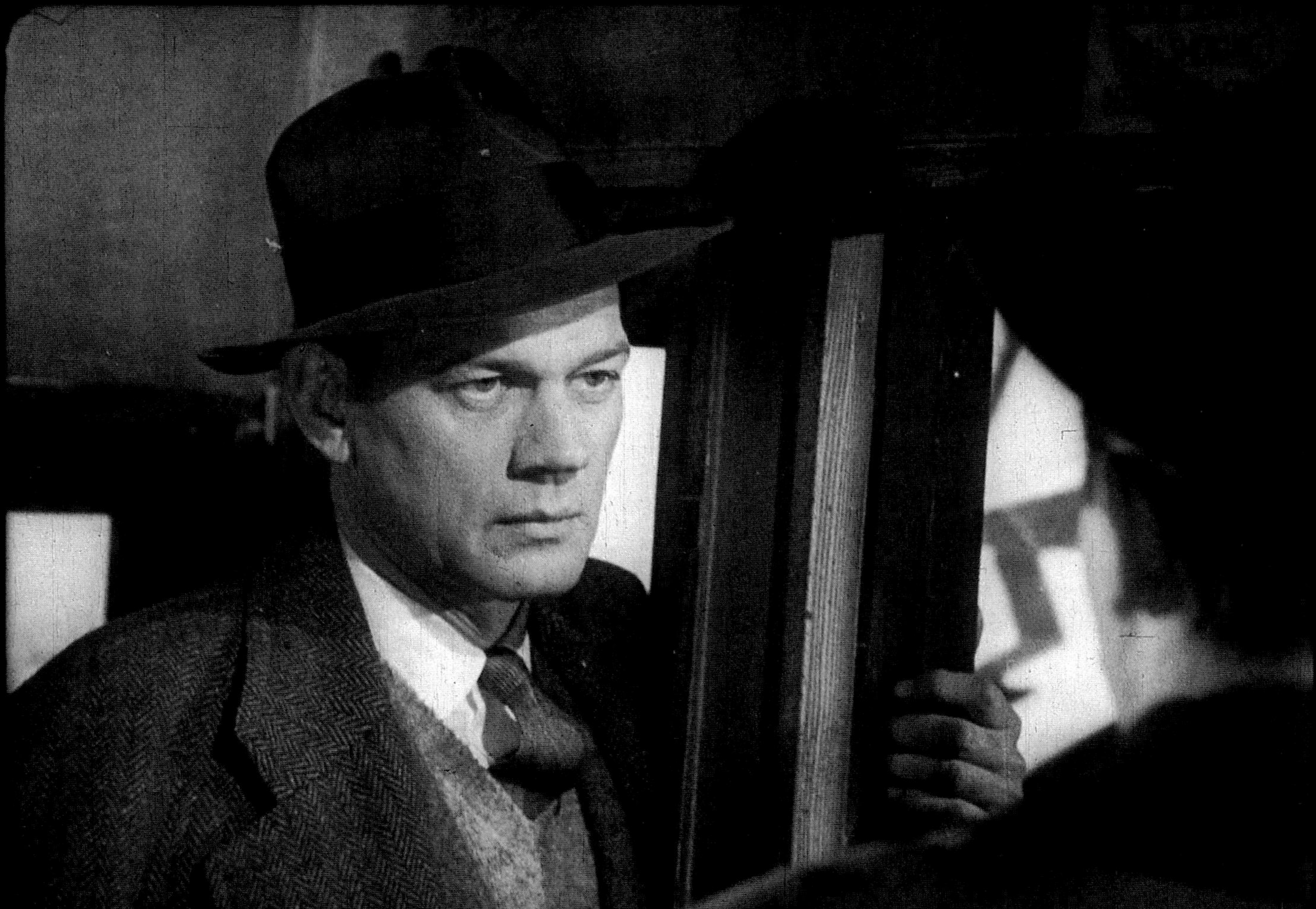

Martins:	Im Zuchthaus nützt dir dein Geld nichts.
Harry:	Und das Zuchthaus ist in der anderen Zone. Sie haben keine Beweise. Wenn du nicht ...
Martins:	Du möchtest mich loswerden, was?
Harry:	Vielleicht.
Martins:	Das kann ich verstehen.
Harry:	Ne Pistole hab ich. Wenn du da unten liegst, werden sie wohl kaum nach Schusswunden bei dir suchen.
Martins:	Sie haben den Sarg ausgegraben.
Harry:	Hm, und haben ... Harbin ... hm. Schade. Mein Gott, Holly, was reden wir beide da für dummes Zeug, als ob ich dir was antun könnte. Oder du mir. Du hast halt noch einen veralteten Standpunkt. Wo gibt's denn Menschlichkeit und Mitleid auf dieser Welt? Sieh dir das Treiben der Herren an, die die Welt regieren, und du wirst mir zugestehen, dass ich ein Waisenknabe dagegen bin. Die haben ihren Fünfjahresplan, und ich habe meinen.
Martins:	Du hast einmal an Gott geglaubt.
Harry:	Ich glaube noch immer an den alten Mann. Ich glaube an Gott, an den Teufel und daran, dass die Toten am glücklichsten sind, hier versäumen sie nicht viel, die armen Hunde. Woran glaubst du? Also, falls du Anna aus der Patsche helfen kannst, sei nett zu ihr, sie verdient es wirklich. Ich hätte dich bitten sollen, mir aus den Staaten Tabletten mitzubringen. Holly, schade, dass du nicht mitmachst. Ich kann in Wien keinem Menschen mehr trauen. Weißt du, wir haben immer zusammengehalten. Falls du es dir überlegst, gib mir Nachricht, wir können uns überall treffen, aber wenn du kommst, will ich nur dich sehen und nicht die Polizei. Ich hab Vertrauen zu dir.

Reed, Cotten und Welles am Set in Shepperton: Vorbereitung für die Schlüsselszene, die Fahrt mit dem Riesenrad

Wer führt hier Regie? Carol Reed (links) oder Orson Welles (rechts), der ja selbst auch Regisseur ist

Holly und Harry verlassen die Riesenradkabine] ... und sei nicht so trübsinnig!
Es ist alles halb so schlimm. Und denk dran, was der Mann gesagt hat: In den 30 Jahren unter den Borgias hat es nur Krieg, Terror, Mord und Blut gegeben. Aber dafür haben wir Michelangelo, Leonardo da Vinci und die Renaissance.

In der Schweiz herrscht
brüderliche Liebe,
500 Jahre Demokratie und Friede.

Und was haben wir davon?
Die Kuckucksuhr.

Adieu Holly!

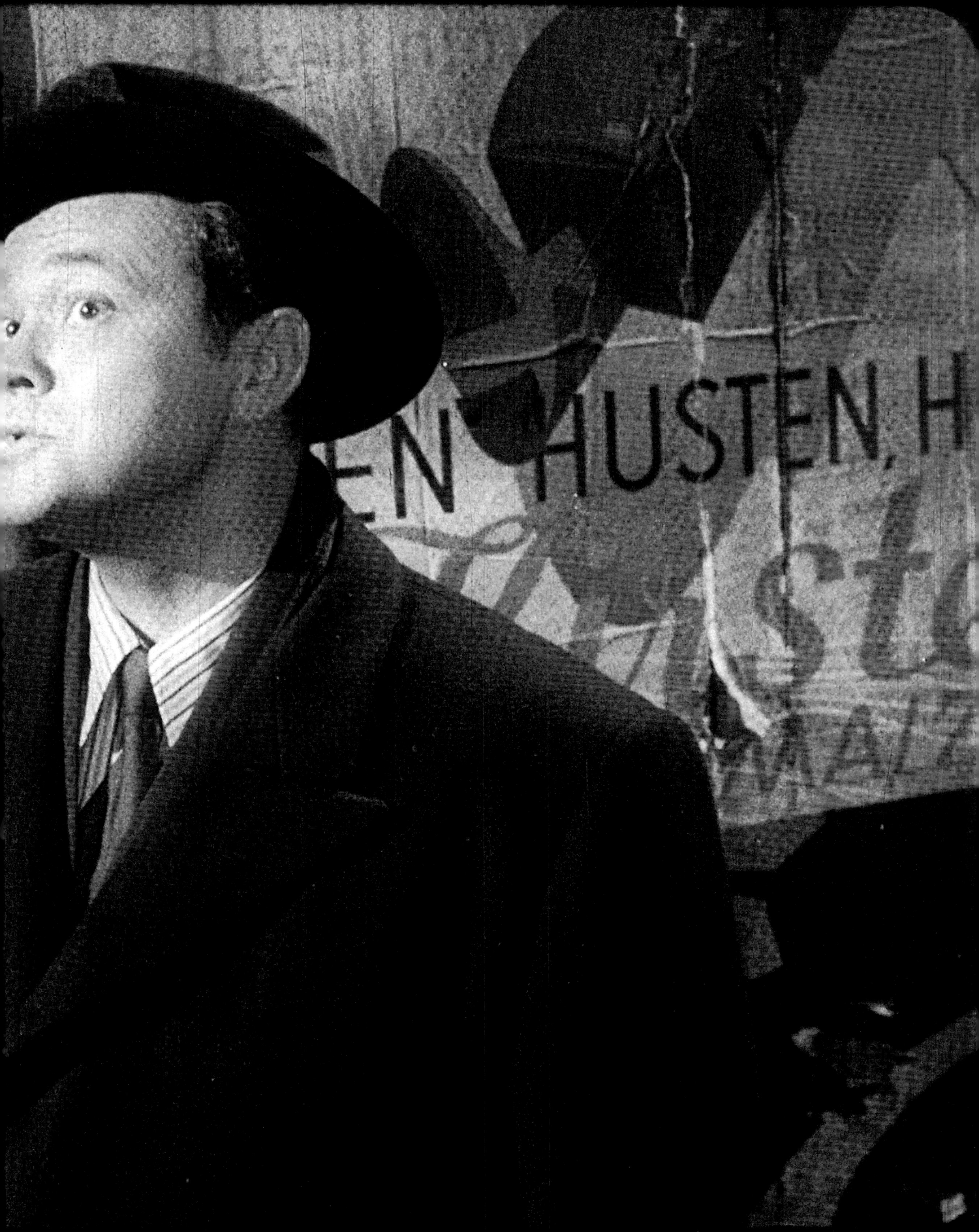
EN HUSTEN, H

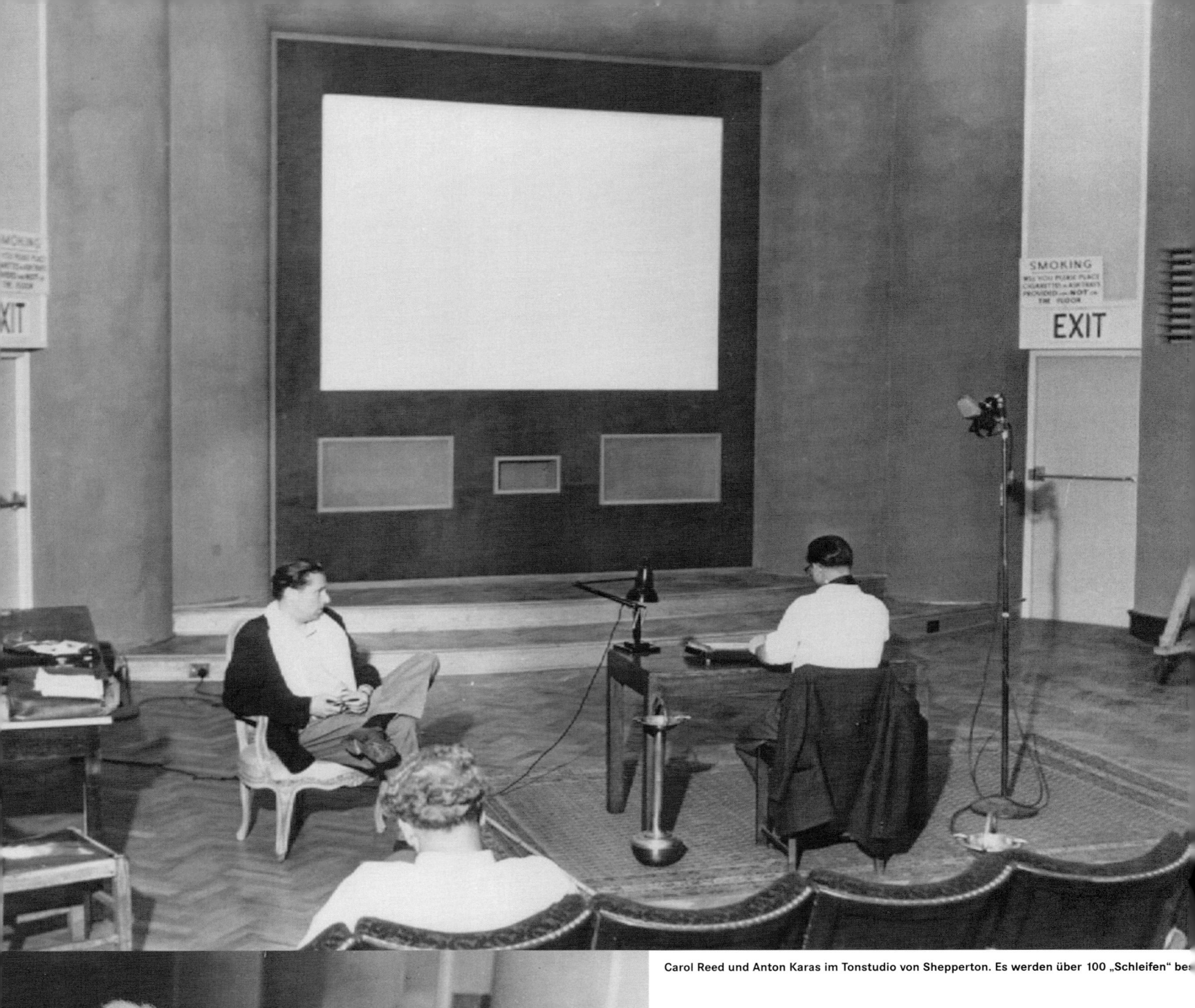

Carol Reed und Anton Karas im Tonstudio von Shepperton. Es werden über 100 „Schleifen" be

Zwölf Wochen
Arbeit an der
Filmmusik

Improvisationen zur „Riesenradszene"

CHAPPELL **THE HARRY LIME THEME**
(ZITHERBALLADE)
aus dem Film "Der dritte Mann"

Musik: Anton Karas

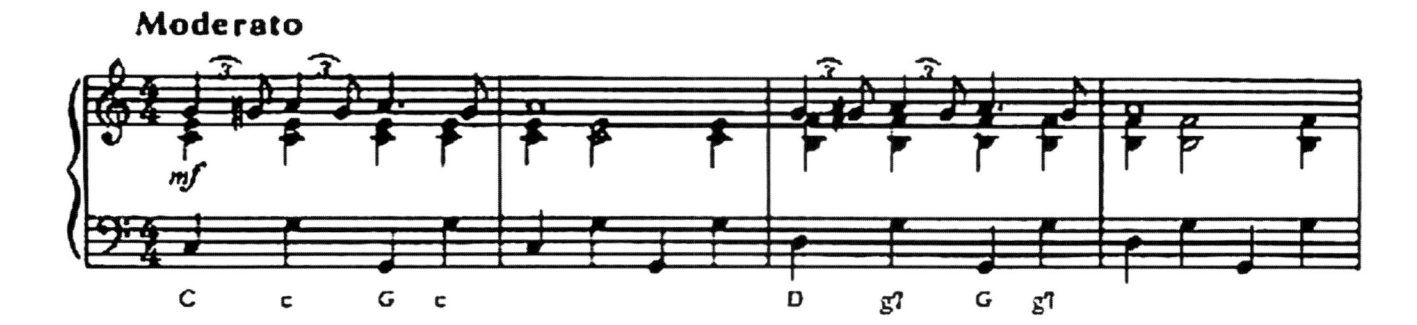

Moderato

„Komm ans Licht, wenn du Mut hast!"
Orson Welles, der große Zauberer Dr. Wu

So wenig sich Carol Reed nach den Drehbuchvorschlägen David O. Selznicks richtet, so wenig lässt er sich bei der Besetzung der Rolle des Harry Lime ins Handwerk pfuschen.

Er braucht einen Schauspieler, der Lausbub und Teufel, unbekümmerter Schulfreund, der „nicht immer saubere Dinge dreht", und zynischer Verbrecher gleichzeitig ist, der sich über das Schicksal seiner anonymen Penicillinopfer hinwegsetzt. Es muss ein Schauspieler mit starker Ausstrahlung und dominanter Leinwandpräsenz sein, der es schafft, dem Kinopublikum trotz eines nur fünf Minuten dauernden Auftritts unvergesslich in Erinnerung zu bleiben. Robert Mitchum? Noël Coward? Trevor Howard? Für Carol Reed muss, ja kann es nur Orson Welles sein! Er schätzt ihn als einen Schauspieler, der beim Film ebenso zu Hause ist wie in der Welt des Theaters, vielleicht erinnert er ihn mit seinen vielen Talenten, dem exzentrischen Auftreten, den künstlerischen Extravaganzen und seinem natürlichen Charme an den eigenen Vater, den legendären Londoner Schauspieler und Theaterprinzipal Sir Herbert Beerbohm-Tree. In seinen Augen kann nur ein so genialer Schauspieler wie Welles der Faszination des Bösen den nötigen Ausdruck verleihen.

Zu einer ersten Tuchfühlung zwischen Carol Reed und Orson Welles kommt es in Rom. Reed muss versuchen, so diplomatisch wie möglich vorzugehen, hat Welles doch sicherlich Hunderte Einwände gegen die Rolle. Warum soll ihn dieses scheinbar unspektakuläre Engagement auch locken, das ihn ohnehin erst in der zweiten Spielhälfte ins Bild bringt? Natürlich möchte er lieber in zwei Drittel des Films als Hauptdarsteller brillieren und selbst Regie führen. Doch Carol Reed kann ihn umstimmen und Orson Welles sagt zu, ohne auch nur eine Zeile des Drehbuchs gelesen zu haben! Jetzt muss noch Alexander Korda überzeugt werden, der starke Bedenken gegen Welles vorgebracht hat – aber nicht aus denselben Gründen wie Selznick, für den Welles einfach ein nicht kalkulierbares Risiko hinsichtlich der Einspielergebnisse eines Films darstellt. Korda hat bereits zuvor einige Projekte mit Welles abgebrochen, die diesem die Chance gegeben hätten, gleich drei Filme mit den London Film Productions als Schauspieler, Regisseur oder Produzent und unter fantastischen, in Amerika unüblichen Konditionen zu machen. Anderseits kann sich Korda selbst nur schwer den distinguierten Noël Coward in der Rolle des Harry Lime vorstellen – und seinem Lieblingsregisseur einen Wunsch abschlagen, das kann er einfach nicht. Außerdem weiß er, dass Orson Welles wie immer Geld braucht; soeben hat er ihn nach dem Fiasko der Broadway-Show „In 80 Tagen um die Welt" vor seinen Gläubigern gerettet, jetzt fehlen Welles die nötigen Finanzen für sein Lieblingsprojekt, die Verfilmung des „Othello".

Orson Welles wäre aber nicht Orson Welles, würde er nicht noch vor dem endgültigen Vertragsabschluss eine völlig verrückte Verfolgungsjagd durch halb Europa inszenieren. Es ist dies einer seiner bösen Streiche, mit dem er vermutlich an Korda Rache nehmen will, weil dieser die gemeinsamen Projekte hat platzen lassen. Vielleicht aber kompensiert er damit auch nur seine Angst vor Reed, der zu diesem Zeitpunkt zu den ganz Großen der internationalen Regieszene zählt. Auf jeden Fall sieht sich Korda schließlich gezwungen, seinen jüngeren Bruder Vincent nach Rom zu schicken, um Orson Welles nach London zu bringen. Er möge es aber geschickt angehen und Welles nicht spüren lassen, wie sehr sie an ihm interessiert sind. In Rom angekommen, quartiert sich Vincent Korda im Hassler Hotel ein, um Orson Welles, den er im Grand Hotel wähnt, abfangen zu können. Welles habe sich aber, so wird ihm ausgerichtet, gerade in Richtung Florenz verabschiedet. Vincent fährt ihm nach, noch macht ihm das Katz-und-Maus-Spiel nichts aus. Doch auch in Florenz verpasst er Welles, der bereits nach Venedig weitergereist ist. Dasselbe Spiel wiederholt sich in Venedig, Neapel und auf Capri. Dort gelingt es Vincent Korda, wenigstens einen Blick auf Welles zu werfen, wenn auch aus der Ferne, denn als seine Fähre gerade in Capri anlegt, befindet sich der Schauspieler bereits auf dem Schnellboot zurück nach Neapel. Er genießt offenbar den Spaß, weiß aber zugleich, dass er die Rolle dringend braucht, nicht zuletzt auch für die Begleichung seiner horrenden Hotelrechnungen – und Korda würde ihm die Gage bar auf die Hand geben! Aber noch will er Korda zappeln lassen: „I was going to do it but I was going to make Alex pay for all those movies I hadn't done", wird er sich einmal erinnern.[1] In Nizza ist das Versteckspiel endlich vorbei. Vincent Korda findet Welles – wie nicht anders zu erwarten – in einem der feinsten Restaurants der Stadt. Um ja kein Risiko einzugehen, verfrachtet er ihn in eine gemietete Privatmaschine. Problemlos geht es nach London, doch offensichtlich hat Welles noch einmal das Bedürfnis, seine Rachegelüste auszuleben: Vincent bringt seinem Bruder Alexander eine Schale voll exotischer Früchte als Geschenk mit – in der entbehrungsreichen Nachkriegszeit, in der auch in England die Lebensmittel einer strengen Rationierung unterliegen, ein wahrer Luxus. Bevor er sie aber noch überreichen kann, hat Orson Welles bereits von jeder Frucht abgebissen![2]

Sofort beginnen die Verhandlungen mit Alexander Korda. Da Welles die Rolle im Grunde genommen nicht interessiert, will er wenigstens finanziell so gut als möglich aussteigen. Normalerweise lässt sich Korda nur auf eine Vorschusszahlung mit Beteiligung am Einspielergebnis ein, diesmal aber bietet er für die Rolle des Harry Lime entweder eine 20-prozentige Beteiligung am Einspielergebnis oder 100.000 US-Dollar bar auf die Hand. Nun macht Orson Welles den größten Fehler seines Lebens: Er verzichtet auf die Gewinnbeteiligung. Wie kann er zu diesem Zeitpunkt auch ahnen, dass der Film wie eine Bombe einschlagen, dass er ein zweites „Sound of Music" werden und allein in den USA sieben Millionen Dollar einspielen wird?[3]

Orson Welles mag den Studiobossen Hollywoods mit seinen sprichwörtlichen Extravaganzen und seiner kommerziellen Unvermarktbarkeit ein Dorn im Auge gewesen sein und Legionen von Kritikern, Filmhistorikern und Fans in verschiedene Lager gespalten haben, doch alle sind sich darin einig, dass ihm mit der „Nebenrolle", die er eigentlich nur einer seiner notorischen Pleiten zu verdanken hat und nach der es ihn nicht gedrängt hat, das Bravourstück seiner Karriere gelungen ist. Trotz zahlreicher weiterer Filme, die heute Kultstatus haben, wird diese Rolle Orson Welles' Markenzeichen. Wo immer er in der Öffentlichkeit erscheint oder Interviews gibt, er ist und bleibt Harry Lime. Und er sorgt dafür, dass er es auch noch nach 50 Jahren sein wird und immer dann, wenn ihm die Finanzen ausgehen, Kapital daraus schlagen kann. „Harry hatte viele Leben. Und ich kenne sie alle. Wie das? Ganz einfach. Weil ich Harry Lime bin!"[4], bastelt er selbst eifrig an diesem Mythos und lässt Harry Lime 1951, als Kino-, Tanz- und Varietébühnen in aller Welt noch unter den magischen Zitherklängen von Anton Karas vibrieren, mit einem gezielten Schuss als Radioheld wieder auferstehen, dessen krimineller Weg nun durch ganz Europa führt. „Das war der Schuss, der Harry Lime tötete. Er ist in den Kanälen unter Wien gestorben, wie alle jene wissen, die den ‚Dritten Mann' gese-

Orson Welles und Alexander Korda: Wie viele Projekte hätte man gemeinsam verwirklichen wollen?

hen haben. Das war das Ende von Harry Lime. Aber es war kein Anfang. Denn Harry Lime hatte viele Leben. Und ich kann sie alle erzählen. Wieso gerade ich? Weil mein Name Harry Lime ist."⁵ Mit derselben amoralischen Nonchalance wie sein Urbild, aber ohne dessen nihilistische Gewissenlosigkeit, lässt er den neuen Harry von einem Abenteuer zum nächsten eilen, mischt ihn unter die Halbwelt der verruchtesten Städte Europas, lässt ihn hübsche Frauen verführen, bizarre Intrigen spinnen und vielen gefährlichen Situationen nur um Haaresbreite entkommen. In „A Ticket to Tangier" ist Harry in einen gefährlichen Drogenhandel verwickelt, in „Two is Company" setzt Harry seine Beziehungen zur Mafia ein, um auf ungewöhnliche, aber einträgliche Weise eine Ehe zu vermitteln. Geniale, witzige Unterhaltung aus der Hand jenes Mannes, der schon im Alter von 23 Jahren mit einer Hörspieladaption von H. G. Wells' „War of the Worlds" die Welt der amerikanischen Radioempfänger aus den Angeln hebt und sie mit einer überaus realistisch wirkenden Dokumentation über die angebliche Landung von Außerirdischen in Panik stürzt. Auch wenn nur zwei von insgesamt 52 Episoden aus Welles' Feder stammen, verleihen doch seine nuancenreiche, geheimnisvolle Stimme und seine Begabung, aus jeder Situation einen „practical joke" zu machen, der Serie Leben und Spannung. Die musikalische Untermalung mit Zithermusik ist natürlich wieder von Anton Karas. Und wer noch immer nicht genug von Harry Lime hat, kann sich im folgenden Jahr einen Nachschlag in Buchform holen. Aus einer der Fortsetzungsgeschichten wird schließlich die Idee zu dem Orson Welles-Klassiker „Mr. Arkadin" (1955) geboren. Ein Jahr später produziert Orson Welles die Fernsehserie „Around the World with Orson Welles", deren dritte Folge bezeichnenderweise „The Third Man in Vienna" heißt. Auch in späteren Jahren kann er nicht von Harry Lime lassen: Noch einmal lässt er den Mythos von Harry Lime „Spying in Vienna" in den späten sechziger Jahren aufleben.

Harry Lime ist aber auch als Serienheld der BBC wieder auferstanden, wenn es der farblose englische Schauspieler Michael Rennie in der Hauptrolle mit seinem großen Vorbild auch nicht im Entferntesten aufnehmen kann. Das Einzige, was die beiden Produktionen verbindet, sind Titel und Titelmelodie, aber „kein Kopfsteinpflaster, keine tolle Kamera und keine Spannung", wie ein Kritiker enttäuscht vermerkt. Die Jahre vergehen, der „Dritte Mann" bleibt – ob in einer kolorierten TV-Version von NBC, auf Plakatwänden, in Werbeeinschaltungen oder in der politischen Karikatur, in einer Aufnahme der Beatles oder im Soundtrack der Winnetou-Persiflage „Der Schuh des Manitu". In Wien selbst ist er für die immer größer und interessanterweise immer jünger werdende in- und ausländische Fangemeinde zweimal wöchentlich in der britischen Originalkinoversion im Burgkino am Ring zu Gast. Seinen 50. Geburtstag hat man zum Anlass genommen, seine Fans in aller Welt mit einer digital restaurierten Fassung und einem viel gelobten Neustart in Programmkinos in Großbritannien, den USA, Kanada und Australien zu beschenken.⁶

Einmal ein Mythos, immer ein Mythos. Auch moderne Produzenten können sich der Faszination des „Dritten Mannes" nicht entziehen und lassen immer wieder mit Plänen zu Fortsetzungen und Remakes aufhorchen. Noch zu Lebzeiten Graham Greenes träumt der österreichische Regisseur Robert Dornhelm von einem „Vierten Mann". Alle wären sie mit von der Partie gewesen, Orson Welles und Joseph Cotten, auch die österreichischen Stars, allein Graham Greene zeigt kein Interesse. Am Desinteresse Graham Greenes scheitert auch der australische Produzent Phil Brady.⁷ 1997 plant Oliver Stone ein Remake in einer Gemeinschaftsproduktion mit Lumière Pictures, aber trotz großer Ankündigung in den Medien wird nichts daraus. Wer hätte es auch mit Orson Welles aufnehmen oder den Dufflecoat lässiger als Major Calloway tragen können? Da hat Steven Spielberg die bessere Idee: Harry Lime und Holly Martins in Gestalt der weltbeherrschenden Mäuse „Pinkey and the Brain", eine 20 Minuten Cartoon-Hommage, von unsichtbarer Hand gespielte Zitherklänge im Vorspann bis zur „gekippten" Kamera Carol Reeds, vom Riesenrad über die Kuckucksuhr bis zum Kanal.⁸

Der Mythos Harry Lime geht nicht zuletzt auf seinen perfekt inszenierten Auftritt im Lichtschein eines nächtlichen Fensters zurück. Welch ein großartiges Entree für einen Schauspieler, der erst in der zweiten Hälfte des Films auf der Leinwand erscheint! Wie von Zauberhand tritt er plötzlich aus dem Dunkel eines Haustors heraus, Schelm und Teufel in einer Person, mit einem maliziösen Lächeln auf den Lippen. Er füllt die Leinwand mit so geballter Energie, dass man glauben könnte, er wäre seit der Begräbnisszene zu Beginn des Films stumm abwartend hinter einem Grabstein des Zentralfriedhofs gestanden, um in der 59. Filmminute wie ein Deus ex Machina mit einem Knalleffekt direkt in die Handlung zu platzen. Orson Welles vergleicht seinen Auftritt im Dunkel der Tornische einmal mit der Rolle des großen Zauberers Dr. Wu, die er vor Jahren im Theater gespielt hat: Zuerst würden sich alle fragen „Was wird passieren, wenn der große Mr. Wu auf die Bühne kommt? Wie wird er aussehen?", dann käme der Gongschlag, und plötzlich würde der große Mr. Wu in seiner vollen Pracht erscheinen. Die Zuschauer wären ganz verrückt und jeder würde sagen: „Ist das nicht ein großartiger Schauspieler, der den Mr. Wu spielt?"

Bei der Rolle des Harry Lime sei es ihm egal gewesen, wie viele Zeilen Text er gehabt habe, es sei ihm vielmehr darauf angekommen, wie präsent er im Film sei – und präsent war er allein dadurch, dass die anderen ständig von ihm redeten. Ganze 57-mal (!) fällt sein Name! Gleich zu Anfang des Films wird ihm die Hauptrolle zugewiesen: „Ach, ich wollte Ihnen doch die Geschichte von Holly Martins erzählen, einem Amerikaner, der nach Wien kam, einen Freund zu besuchen, der Freund hieß Harry Lime." Schon im Prolog werden wir auf ihn eingestimmt. Es werde ein „Harry Lime" begraben, erfährt Holly auf dem Friedhof, Baron Kurtz stellt sich als ein Freund Harrys vor, „sogar sein bester"; es ist von „Harrys" Arzt die Rede, die Polizei sucht nach Briefen von „Harry", Anna kann nicht glauben, dass „Harry" in schiefe Sachen verwickelt ist: „Sie täuschen sich über Harry!". „Harrys Freunde sind auch meine Freunde", meint Popescu und findet es widersinnig, dass „ein Mann wie Harry" durch einen Unfall zugrunde gegangen sein soll. Für Major Calloway ist es Gewissheit, dass „Harry Lime der Organisator dieser Verbrechen" ist. Für Anna ist er „Harry, einfach nur Harry".⁹

Orson Welles ist aber nicht nur der perfekte Dr. Wu, sondern auch der perfekte Verführer. Ihm liegt nicht nur seine Katze, sondern die ganze Welt zu Füßen, sein Freund bewundert ihn, seine Geliebte bleibt ihm treu.

In der Romanfassung warnt Major Calloway den Leser, sich unter Harry Lime „nur ja keinen aalglatten Schurken vorzustellen", sondern einen Mann „mit einem fröhlichen Lausbubengesicht, aus dem die Menschenfreundlichkeit strahlt und die Überzeugung, dass sein persönliches Glück der ganzen Welt die Sorgenfalten glätten wird".¹⁰ Harry ist aber auch „einer, aus dem noch immer kein Erwachsener geworden ist ... weil das Böse wie Peter Pan ist – es besitzt die schreckliche, Schrecken einflößende Gabe ewiger Jugend".¹¹ Er ist in „allerlei schmutzige Geschäfte verwickelt", weiß, wie man zu einem gefälschten Pass kommt, wo die unterirdischen Fluchtwege sind und wie man sich die Kollaboration der Sowjets erkaufen kann. „Er hat immer tolle Dinge gedreht ... wie man beim Examen durchkommt, wenn man überhaupt keine Ahnung hat ... mit vierzehn brachte er mir bei, wie man Karten zinkt", erinnert sich Holly. Nun treffen sich die beiden beim Riesenrad. Auch jetzt strahlt Harry Lime die überhebliche Zuversicht eines Mannes aus, der noch aus jeder gefährlichen Situation einen Ausweg gewusst hat, doch langsam bröckelt die Fassade ab. Wird er den Freund für seine Sache gewinnen können? Der scheinbar über alles erhabene Harry Lime ist sich seiner Sache nicht mehr so ganz sicher: Da ist die Angst des in die Enge getriebenen Tieres, sein Lächeln ist unsicher und maskenhaft, fast hilflos, seine Bewegungen sind unruhig, er kann seinem Jugendfreund nicht in die Augen sehen. Nur indem er in der Kabine ständig auf und ab geht und seine Magensäuretabletten schluckt, vermag er sein Unbehagen einigermaßen unter Kontrolle zu halten. Spürt er, dass ihn sein Schicksal eingeholt hat? Annas Los berührt ihn nicht mehr, er hat andere Sorgen: „Ich muss sehr vorsichtig sein. Ich bin nur im russischen Sektor sicher, und auch nur so lange, wie sie mich brauchen." Mit einem teuflischen Lächeln auf den Lippen öffnet er die Kabinentüre, in der Absicht, auch seinen besten Freund im wahrsten Sinne des Wortes „fallen" zu lassen. In diesem

Moment erfährt er jedoch, dass „sein" Sarg ausgegraben worden ist. Sein Gesicht erstarrt, doch er wäre nicht Harry, würde er nicht sofort wieder die Oberhand gewinnen und versuchen, seine Verbrechen und die der restlichen Welt zu relativieren: „Zugegeben, das Ganze ist nicht sehr schön, aber Opfer? Was für ein Wort! Sieh da unten, würde es dir etwas ausmachen, wenn einer dieser Punkte für immer aufhören würde, sich zu bewegen? ... Wo gibt's denn Menschlichkeit und Mitleid auf dieser Welt? Sieh dir das Treiben der Herren an, die die Welt regieren, und du wirst mir zugestehen, dass ich dagegen ein Waisenknabe bin. Die haben ihren Fünfjahresplan, und ich habe den meinen ... und bezahl' nicht einmal Steuern bei dem Geschäft." Dabei setzt er sich nicht nur über jegliche Schuld hinweg, sondern findet auch noch den Zynismus, seine Verbrechen so darzustellen, als würde er seinen Opfern auch noch einen Dienst erweisen: „Die ‚armen Hunde' versäumten ja ohnehin nicht viel auf dieser Welt, nur als Tote wären sie am glücklichsten." Er bringt aber auch die Arroganz der Großen auf den Punkt, die glauben, jeglicher Moral entsagen zu können. Kaum hat jedoch die Gondel sicheren Boden erreicht, bäumt sich Harry Lime noch einmal trotzend auf, als wäre mit dem Ende der Fahrt in luftiger, unsicherer Höhe auch alle innere Unsicherheit beseitigt. Holly solle doch nicht so trübsinnig sein, auch die Borgias seien machtgierige und rücksichtslose Staatsmänner gewesen und trotzdem hätten sie der Welt große Kultur geschenkt, während Jahrhunderte von brüderlicher Liebe in der Schweiz im Grunde genommen nichts hervorgebracht hätten – außer eben der Kuckucksuhr.

Welcher andere Schauspieler als Orson Welles hätte Harry Lime dieselben dämonischen Züge verleihen können, wer die diffizile Vielschichtigkeit seiner gleichzeitig melancholischen und scherzenden, wehleidigen und brutalen, liebenswerten und unendlich zynischen Persönlichkeit so überzeugend darstellen können? Es sind seine charismatische Ausstrahlung und seine großartige schauspielerische Begabung, die Welles als Harry Lime zu einem der unwiderstehlichsten Bösewichte der Filmgeschichte machen.

Die Parabel von der Kuckucksuhr sollte zu einer der meistzitierten Zeilen des Films werden, von euphorischen Kritikern sogar zur Kernaussage des „Dritten Mannes" hochstilisiert. Augenzeugen der Dreharbeiten sind zwar davon überzeugt, dass sie nur Welles' Laune am Set entsprungen ist, um Carol Reed wenigstens für den Bruchteil einer Minute die Regie aus der Hand zu reißen, trotzdem ist es gerade dieser zynische Nachsatz, der Orson Welles' Namen für immer mit dem „Dritten Mann" verbindet.

Dabei hat alles gar nicht so gut begonnen. Als sich Orson Welles am 17. Jänner 1949 endlich bequemt, in die Shepperton Studios zu kommen, lässt es sich nicht einmal Studio-Chef Alexander Korda nehmen, höchstpersönlich am Set zu erscheinen, um Zeuge der Dreharbeiten zur Riesenradszene zu werden. Wird Orson Welles wieder – wie schon Wochen zuvor in den Wiener Kanälen – versuchen, Carol Reed Regieanweisungen in eigener Sache zu geben? Jeder weiß, dass der Schauspieler überaus eifersüchtig auf Reed ist, seit dieser mit „Odd Man Out" und „Fallen Idol" zu den führenden Regisseuren der Welt gehört. Es knistert vor Spannung, was Carol Reed aber nicht aus dem Konzept bringt. Welles dagegen ist nervös, der Schweiß steht ihm auf der Stirn und er hat Schwierigkeiten mit dem Text. Mehr als 30 Klappen sind bereits erfolglos gefallen, und es machen sich erste Anzeichen allgemeiner Erschöpfung bemerkbar. Plötzlich scheint Orson Welles das Bedürfnis zu verspüren, die Autorität des Regisseurs untergraben zu müssen. Kaum hat Carol Reed ihm den Rücken zugedreht, fällt ihm nichts Besseres ein, als den linkischen Gang des Regisseurs „nachzuwatscheln". Doch statt Gelächter erntet er nur Totenstille. Jeder andere Regisseur hätte Welles entweder zur Rede gestellt oder das Handtuch geworfen (was Carol Reed übrigens bei den Dreharbeiten zur „Mutiny on the Bounty" mit dem noch viel schwierigeren Marlon Brando tatsächlich gemacht hat); Reed gibt dem Kameramann leise, jedoch für Welles noch hörbar, die Anweisung, die nächste Einstellung einfach ohne laufende Kamera zu drehen. (Bei den Dreharbeiten in Wien hatte er den Kaprizen seines Stars ein Ende bereitet, indem er ihn mehrere Tage lang ignorierte.) „Orson hat den Wink verstanden. Sofort gab er sich wieder lammfromm, und Carol hatte wieder einmal gewonnen."[12] Orson Welles gesteht später, das ganze Spiel ohnehin durchschaut zu haben, doch Reed habe ihn hier einfach mit seiner eigenen Strategie geschlagen. „Als Regisseur wickle ich auch immer meine Schauspieler um den Finger. Carol habe ich erwischt, wie er es mit mir machte, und das Schlimmste ist, dass ich ihm darauf reingefallen bin. Carol und ich haben eines gemeinsam: Wir beide haben eine unendlich große Geduld ‚mit mir'."[13] Reed hingegen meint auf die Frage, ob der Aufwand mit Orson Welles überhaupt die Sache wert gewesen sei, mit britischer Gelassenheit: „Man kann ihm zwar kaum nachkommen und er ist unberechenbar wie ein Vulkan, aber die Arbeit mit ihm macht Spaß. An einem Tag glaubt man, dass er mitbekommen hat, was man meint. Am nächsten Tag ist alles schon wieder anders. Er ist einfach ein herrlicher Showman und will alle zum Lachen bringen", was wiederum Welles mit den Worten quittiert, Reed sei der einzige Regisseur, mit dem er gerne arbeite.[14]

Für diese Tour de force mit Orson Welles erhält Carol Reed höchstes Lob von den Kritikern. Sie sei der beste Beweis für seine Stärke als Regisseur, und es sei ihm hervorragend gelungen, aus Welles eine gut dosierte, erstklassige Leistung herauszuholen. Vielleicht kann Reed aber nur deshalb so gut mit Welles umgehen, weil er ein guter Menschenkenner ist und weiß, dass dieser an sich selbst die höchsten Ansprüche stellt und ein Suchender, ein ständig Experimentierender ist – auch wenn er immer wieder an den Gegebenheiten des Lebens scheitert: ob es Kritiker sind, die ihn zerreißen, oder Finanziers, die ihn im Stich lassen, oder ob es ein Alexander Korda ist, der in vielen von Welles' hoch fliegenden Filmprojekten keine Zukunft sieht. „Er war ein gescheitertes Genie, das immer auf der Suche nach etwas war, was er nie fand. Als sein ‚Macbeth' zu einem Desaster wurde, und die schlechten Kritiken ins Haus flatterten, reichte er sie allen weiter, als hätte er einen Oscar verliehen bekommen, in Wirklichkeit war er am Boden zerstört."[15]

Jedenfalls glückt es Welles immer, die Aufmerksamkeit aller – ob im positiven oder negativen Sinn – auf sich zu ziehen und Schlagzeilen zu machen. „He was a tremendous wit, you could feel his aura and his presence, but he was also like a spoilt child and loved playing games", erinnert sich auch Angela Allen.

Trotz allem, mit der Riesenradszene gelingt es Orson Welles, alle anderen, Graham Greene als Autor, Carol Reed als Regisseur und Joseph Cotten als Ko-Star, in den Schatten zu stellen. Der „Dritte Mann" ist natürlich kein Film von Orson Welles, das Schauspiel- und Regiegenie ist an keiner Stelle aktiv in die Produktion eingebunden, auch wenn er das gerne gewesen wäre. Sucht man aber den „Dritten Mann" in einer Videothek, findet man ihn unter Orson Welles eingereiht. Blättert man in der Filmliteratur, entsteht der Eindruck, Orson Welles hätte nicht nur seine eigenen Dialoge, sondern mehr oder weniger auch das Drehbuch geschrieben. Man liest, er habe die im Drehbuch vorgegebene Rolle des Harry Lime mit „zusätzlichen Charakterzügen" versehen und auch selbst Regie geführt, enthalte der Film doch alle Elemente, die schon „Citizen Kane" mit seiner ausgeklügelten Regie, den raffinierten Kameraeinstellungen und der expressionistischen Beleuchtung zu einem Klassiker gemacht hätten: Nach dem fulminanten Erfolg des „Dritten Mannes" dehnt Orson Welles als großer Geschichtenerzähler, der er nun einmal ist, seinen Anteil am Erfolg bewusst oder unbewusst immer mehr auf den ganzen Film aus und erweckt so den Eindruck, dass nicht nur das Zitat mit der Kuckucksuhr, sondern die gesamte Riesenradsequenz, wenn nicht überhaupt der ganze Film auf sein Konto gehe. Das dürfte auch Graham Greene merklich irritiert haben, worauf ein kurzer handschriftlicher Verweis des Schriftstellers in seinem persönlichen Drehbuchexemplar schließen lässt, das er einem Freund gewidmet hat (und das 1996 bei einer Graham Greene-Auktion bei Sotheby's in London versteigert wurde). Es muss ihm ein besonderes Bedürfnis gewesen sein festzuhalten, dass ausschließlich die von ihm markierten Zeilen und keine anderen von Orson Welles stammten: „... lines (THE ONLY ONES) contributed

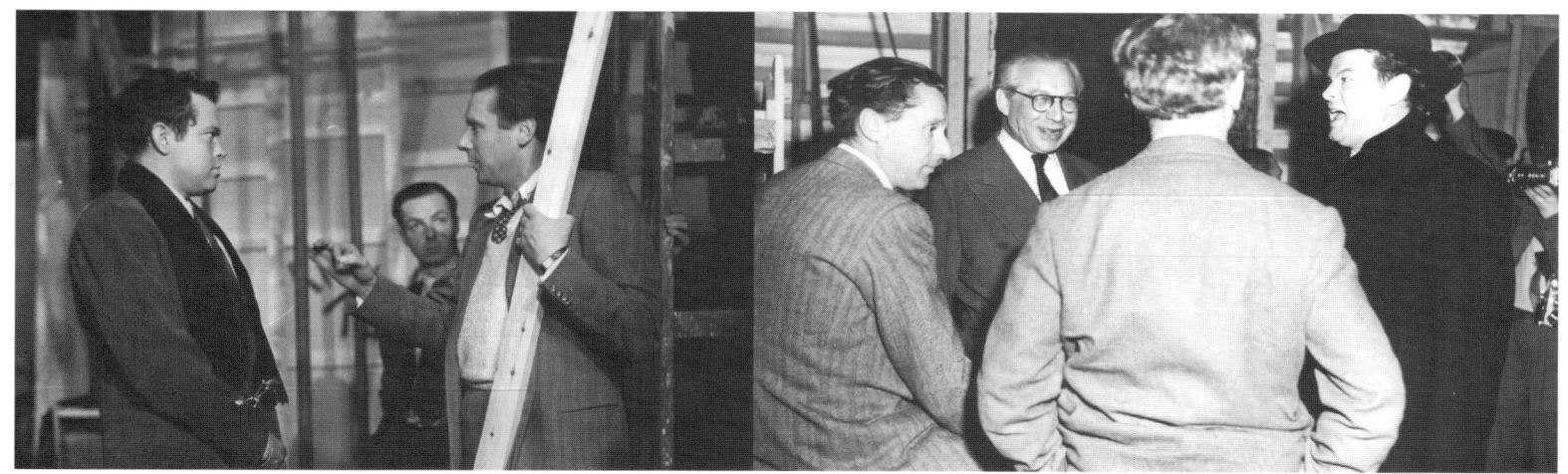

Orson Welles, Carol Reed und Regieassistent Guy Hamilton im Hintergrund (Regieanweisungen Riesenradszene)

Alexander Korda lässt sich nicht nehmen, persönlich Zeuge der Dreharbeiten in Shepperton zu werden (v. l. n. r.): Carol Reed, Alexander und Vincent Korda (mit Rücken zur Kamera), Orson Welles

by Orson Welles".¹⁶ Später soll Greene ätzend bemerkt haben, dass er die nötigen Zeilen selbst beigesteuert hätte, wäre er nur bei den Dreharbeiten zur Riesenradszene dabei gewesen. Es wäre ja bloß eine einzige zusätzliche Zeile für den richtigen Rhythmus der Szene notwendig gewesen, „... otherwise perhaps I might have supplied the missing lines instead of the cuckoo clock. They needed an extra line for timing. As it was, Orson did it!" Allerdings gesteht er Orson Welles zu, dass sie die besten des Films seien.¹⁷ Auch wenn Guy Hamilton bezweifelt, dass das berühmte Zitat überhaupt von Welles stammt: „I have no justification for saying this, but my whole instinct tells me that it is not Orson's line. Orson takes credit for it ... I'm convinced that it's not an Orson Welles original. More than that I can't say and I could be very wrong."¹⁸ Wie auch immer es gewesen sein mag – Orson Welles hat sich damals tatsächlich sehr intensiv mit den Borgias beschäftigt und kurz vor seiner Rolle als Harry Lime die Figur des Cesare Borgia in „Prince of Foxes" verkörpert. Nichts scheint Orson Welles mehr zu faszinieren als die Verherrlichung bzw. die Relativierung des Bösen. Um dieses Thema geht es schließlich auch in Charlie Chaplins schwarzer Komödie um den Heiratsschwindler und Frauenmörder Monsieur Verdoux aus dem Jahre 1947, die auf einer (1942 an Chaplin verkauften) Idee von Orson Welles basiert.

Der amerikanische Regisseur Peter Bogdanovic spricht Orson Welles einmal in einem Interview auf diese Szene und seinen sonstigen Anteil am „Dritten Mann" an. Auf die Frage, was er denn noch gemacht habe außer Harry Lime zu spielen, antwortet dieser einigermaßen kryptisch, er habe mehr oder weniger auch „seinen" Text geschrieben. Er habe eine bestimmte Vorstellung vom Dialog gehabt, und die habe Carol Reed gefallen. Dieser sei eben ein Regisseur gewesen, der alle Ideen aufgegriffen habe.

Bogdanovic: Besides playing Harry Lime, what else did you do on „The Third Man"?
Welles: I wrote my part.
Bogdanovic: Every word of it?
*Welles: Carol Reed is the kind of director who'll use any ideas – anything that's going. I had notions for the dialogue, and Carol liked them.*¹⁹

Ob er auch auf die Regie oder die Kameraführung Einfluss genommen habe? Er habe nur einige Ideen gehabt wie die aus dem Kanalgitter ragenden Finger. Und die Katze? Die sei einzig und allein Carol Reeds Idee gewesen, „pure Carol"! Für diese Szene habe Reed sogar ein eigenes Drehteam zusammengestellt und die Einstellung immer wieder durchgespielt, bis sie seinen Vorstellungen entsprochen habe. Auch die Schlussszene sei einzig und allein die Arbeit Carols gewesen, „not by Greene or anybody else, wonderful idea". Er selbst sei nur bei den Dreharbeiten auf dem Friedhof dabei gewesen und hätte sich gewünscht, selbst etwas zu dieser genial komponierten Einstellung beigetragen zu haben.

Orson Welles hat weder Kamera noch Regie geführt noch das Drehbuch geschrieben. Doch hinter der Figur des Harry Lime und seinen charismatischen Auftritten stehen die ganze geballte Kraft der vielschichtigen Persönlichkeit dieses großartigen Schauspielers, seine lebenslange Auseinandersetzung mit Kunst, seine intensive Beschäftigung mit der menschlichen Psyche, seine an Besessenheit grenzende Liebe zu Theater und Film, sein Hang zum Fabulieren und Experimentieren und nicht zuletzt seine fast kindliche Vorliebe für das Spiel mit der Illusion. Da musste doch die Rolle des Harry Lime der Nabel sein, um den sich alles drehte und der wenig Spielraum für andere Akteure – weder vor noch hinter der Kamera – ließ.²⁰

Als Orson Welles die Rolle des Harry Lime annimmt, ist er 33 Jahre alt und hat bereits mehr als 5.000 (!) Engagements hinter sich. Er hat viele eingeschworene Anhänger, für die er als Regisseur und Schauspieler das Wunderkind schlechthin ist, aber auch Feinde, die seinen oft maßlosen künstlerischen und menschlichen Ansprüchen hilflos gegenüberstehen. Kultur und kultiviertes Leben sind schon von Kindheit an seine ständigen Begleiter gewesen, früh zeigt sich eine ausgeprägte Begabung für alles, was mit Kunst, Theater oder Musik zu tun hat. Bereits im Volksschulalter führt er in seinem eigenen Puppentheater Dramen von Shakespeare auf, mit sechzehn steht er in einer Aufführung von „Jud Süß" auf der Bühne des legendären Globe Theatre in Dublin, 1934 debütiert er am Broadway. Weltweite Aufmerksamkeit erregt Orson Welles jedoch nicht auf der Bühne, sondern mit einer dramatisierten Radioversion von H. G. Wells' utopischem Roman „The War of the Worlds" („Der Krieg der Welten"). Obwohl nur als makabrer Beitrag zum bevorstehenden Halloween-Fest des Jahres 1938 gedacht, stürzt die überaus realistische Darstellung der Landung von Marsmenschen auf der Erde Tausende Menschen in Panik. Welles' Name ist in aller Munde, und es dauert nicht lange, bis sich Hollywood für den genialen Außenseiter zu interessieren beginnt und dem erst 25-Jährigen die absolute Freiheit bietet, all seine Talente sowohl als Produzent als auch als Autor, Regisseur und Schauspieler in einer Person auszuspielen und in Film umzusetzen. „Citizen Kane", sein Erstlingswerk – in dem er auch zum ersten Mal mit Joseph Cotten vor der Kamera steht –, wird zum Jahrhundertfilm und sprengt alle Maßstäbe Hollywoods, sowohl was seine eigene schauspielerische Leistung und seine Regie, als auch was die Geschichte des Bürgers Kane betrifft, die recht unverhohlen das Leben des legendären exzentrischen Zeitungsmagnaten Randolph Hearst zum Vorbild hat. Kameraführung und Tontechnik werden richtungsweisend für den Film der vierziger Jahre, das Drehbuch, das Welles gemeinsam mit Herman J. Mankiewicz verfasst hat, wird mit einem Oscar ausgezeichnet. „Citizen Kane" wird ein Klassiker der Filmgeschichte und wahrscheinlich Orson Welles' bedeutendstes Filmwerk, das jedoch auch seinen zweifelhaften Ruf als „Gift der Kinokassen", als finanziell nicht vermarktbares Filmgenie begründet. Im Laufe seiner spektakulären Karriere gelingt es ihm tatsächlich nicht, mehr als 13 Filme für den kommerziellen Verleih zu vollenden. Dabei reicht seine Bedeutung weit über seine stilistischen Innovationen und seine moderne Filmsprache hinaus. Infolge des Drangs, ständig neue Wege zu gehen, eröffnet Orson Welles immer neue Horizonte, stößt dabei aber auch immer wieder an die Grenzen des Machbaren, experimentiert unaufhörlich weiter und erobert mit jedem seiner unzähligen Filmprojekte neues Terrain. Damit ist er natürlich seiner Zeit immer weit voraus, was ihn sowohl für Kritiker als auch für ein Massenpublikum unzugänglich macht. Nur acht Jahre nach dem fulminanten Erfolg von „Citizen Kane" ist er daher gezwungen, ins selbst gewählte Exil nach Europa zu flüchten, wo er allerdings den Traum der Selbstverwirklichung nur auf ständiger Flucht vor seinen Gläubigern träumen kann.

So erinnerungswürdig Orson Welles' erster Auftritt im Lichtschein eines Wohnzimmerfensters, so unvergessen ist auch sein letzter. Von Major Calloway in die Falle gelockt und von der Wiener Polizei gehetzt, flüchtet Harry Lime noch einmal in die ihm so vertraute Welt der Wiener Kanalisation, wo eine gusseiserne Wendeltreppe sein Schicksal wird. Nur mehr wenige Meter trennen den bereits schwer Verwundeten von der Freiheit, als ihn sein Freund stellt und ihn von seinen Qualen erlöst. Wieder ist es Welles' geniales Mienenspiel, das diese Szene – die leicht ins Kitschige oder Pathetische hätte abgleiten können – zu unvergesslichem Kino macht: In seinen Augen spiegelt sich nicht nur die Panik eines Mörders, für den es kein Entrinnen mehr gibt, in seinem Blick liegt auch die ganze Hilflosigkeit eines Menschen, der im Grunde seines Herzens doch nicht so abgrundtief schlecht ist, dass er nicht auch Erlösung und Gnade verdiente. Als sein Blick auf den des Freundes trifft, weicht plötzlich jede Angst von ihm; ein fast unmerkliches Nicken signalisiert Holly Martins, dass Harry Lime bereit ist, für seine Verbrechen zu büßen.

„Das Riesenrad ist mein Glücksrad geworden" Eine andere Sichtweise der Welt

Graham Greene ist es gelungen, seine Weltanschauung in kompaktester Form in einen perfekt durchkomponierten Dialog zu verpacken und mit dem Riesenrad – dem Wendepunkt seiner Erzählung – den symbolträchtigsten Ort der Handlung zu wählen. An dessen höchster Stelle endet die Illusion einer romantisch verklärten Freundschaft, und Holly Martins steht vor den Trümmern seines Weltbilds. Mit der brutalen Wahrheit konfrontiert, muss er erkennen, dass das Böse nicht nur in der Fiktion seiner Wildwestgeschichten existiert, sondern zur bitteren Realität geworden ist, und er die moralische Verpflichtung hat, danach zu handeln. Er muss Major Calloway helfen, den verbrecherischen Umtrieben Harry Limes ein Ende zu bereiten und den einstigen Freund dingfest zu machen. Doch nicht nur der Symbolcharakter des Riesenrades, der die Fahrt hoch über den Dächern Wiens weit über das Held-trifft-Anti-Held-Schema hinauswachsen lässt, auch die raffinierte cineastische Umsetzung macht diese Szene zu einem Höhepunkt.

In der schwindelerregenden Höhe verändert sich die Perspektive – Distanz relativiert. Was macht es da schon aus, wenn sich „einer dieser Punkte da unten nicht mehr bewegt?" (Szene 114) Man sieht die Welt mit anderen Augen – und war es nicht auch die Idee seines Erbauers Gabor Steiner, für 60 Heller den Menschen – abgehoben von allen weltlichen Dingen – ein paar sorglose Minuten und einen unvergleichlichen Blick über die Ringelspiele und Geisterbahnen des Praters und die Dachlandschaften von Wien zu schenken?

Der Wiener Theater- und Varietédirektor Gabor Steiner, einer der vielseitigsten und ideenreichsten Vertreter der Unterhaltungsindustrie im Wien der Jahrhundertwende, hat bereits 1895 nach dem Vorbild des Londoner Vergnügungsparks „Venice in London" auf dem Areal des „Englischen Gartens" eine Vergnügungsstadt mit künstlichen Kanälen, italienischen Palazzi und einer eigenen Operettenbühne aus dem Boden gestampft. Die beliebtesten Künstler Wiens geben sich hier ein Stelldichein, aber die vergnügungssüchtigen Wiener wollen mehr. 1897 erfolgt die Grundsteinlegung einer weiteren Attraktion, eines „senkrechten Karussells", das bald alles andere in den Schatten stellen und mit seinen 65 Metern Höhe eines der markantesten Wiener Wahrzeichen werden soll – das Riesenrad. Nicht nur die beiden Konstrukteure, Marineleutnant Walter B. Bassett und Ingenieur Harry Hitchings, auch die Idee, die Finanzierung und sogar die einzelnen Bauteile des über 400 Tonnen schweren Wunderwerks kommen aus Großbritannien. Nach einer Rekordbauzeit von nur acht Monaten kann es rechtzeitig zum 50. Regierungsjubiläum von Kaiser Franz Joseph I. zu den Klängen der britischen Nationalhymne in Anwesenheit des britischen Botschafters eröffnet werden. Allein in den ersten Tagen stehen mehr als 10.000 Besucher Schlange, um das Riesenrad zu bewundern und aus seinen Waggons, wie Jahre später Harry Lime, über Wien zu blicken:

„Und mit einem Blick sah er aus dem leise schaukelnden Waggon hinunter auf die immer kleiner werdenden Gestalten. Langsam versanken auf der einen Seite die Häuser der Stadt unter ihnen, langsam wuchsen auf der anderen die mächtigen stählernen Kreuzträger des Riesenrades vor ihnen empor. Der Horizont wich zurück, die Donau wurde sichtbar und die Pfeilertürme der Reichsbrücke kamen über den Häusern zum Vorschein ... Harry warf einen Blick auf die Spielzeuglandschaft unter ihnen ... der Wagen hing nun bewegungslos im Zenit seiner Bahn ... dann setzte er sich wieder in Bewegung und schwebte langsam der Erde entgegen, bis die Fliegen zu Zwergen und endlich zu Menschen wurden."[21]

1916 droht die Spitzhacke, was allerdings – welch ein Glück für den „Dritten Mann" – durch kriegsbedingten Geldmangel verhindert wird. 1918 ersteigert der aus Tschechien stammende Eisenhändler Eduard Steiner (nicht mit Gabor Steiner verwandt) das Riesenrad, ebenfalls mit der Absicht, es abzutragen und zu verschrotten. Aber wieder rettet Geldmangel das Riesenrad, bis es 1939 „arisiert" und sein Besitzer 1944 in Auschwitz ermordet wird. 1945 fällt das Riesenrad, wie der gesamte Prater, dem Kampf um Wien zum Opfer, übrig bleibt ein ausgebranntes Gerippe.

Kein Ringelspiel, kein Karussell, keine Geisterbahn überlebt das Inferno. Gemeinsam mit dem Stephansdom und der Wiener Staatsoper ist das Riesenrad als Symbol des Überlebenswillens der Stadt und ihrer Bewohner eines der ersten Objekte, die wieder aufgebaut werden – außerdem gilt es 1947, das 50-jährige Jubiläum seines Bestehens zu feiern. Trotz der auf die Hälfte reduzierten Gondelanzahl wird es wieder zu einer der beliebtesten Touristenattraktionen der Stadt.

Seine einzigartige Architektur zieht aber nicht nur Hunderttausende von Wien-Besuchern an, auch Filmemacher haben immer schon vom Riesenrad als Filmkulisse geschwärmt. Bereits 1914 dreht die Zirkusdirektorin Madame Solange d'Atalide, auf einem Pferd sitzend, auf dem Dach eines Waggons eine Runde. In „Pratermitzi" mit Anny Ondra und im „Riesenrad" mit Maria Schell und O. W. Fischer steht es im Mittelpunkt der Handlung. Drei Jahre vor dem Fall des Eisernen Vorhangs weht auch der „Hauch des Todes" ums Riesenrad, als James Bond (gespielt von Timothy Dalton) im Dienste Ihrer Majestät einen KGB-General aus Bratislava in den Westen schleusen soll. (Auch die historischen Gasometer von Simmering und die ehemalige kaiserliche Sommerresidenz Schloss Schönbrunn werden in die Handlung einbezogen, die Sophiensäle in der Marxergasse und die Volksoper dienen als „Double" des Stadttheaters von Bratislava, eine Brücke zur Donauinsel als Grenzübergang nach Bratislava. Ausrangierte Waggons der Wiener Straßenbahn sorgen für das Flair des Kalten Kriegs.) 1995 schließlich ist das Riesenrad Kulisse für die leichtherzige Komödie „Before Sunrise" mit Ethan Hawkes. *Der* Film allerdings, der spontan mit dem Riesenrad assoziiert wird, ist der „Dritte Mann".

Bereits bei seinem ersten Wienbesuch im Februar 1948 besucht Graham Greene den Prater, der allerdings „zerstört und unkrautüberwuchert" einen mehr als traurigen Anblick bietet. „Einzig und allein das Riesenrad drehte sich langsam über den Fundamenten einstiger Ringelspiele, die wie verlassene Mühlsteine dalagen, und über dem rostenden Eisen zerschossener Panzer, die niemand weggeräumt hatte."[22] Auch Reed dreht eine Runde in der beeindruckenden Praterattraktion – im Film werden dies dann Harry Lime und Holly Martins tun.

Doch wie so oft beim „Dritten Mann" handelt es sich auch bei der Schlüsselszene des Films um eine inszenierte Wirklichkeit. Und die beginnt eigentlich schon mit der Balkonszene (Szene 110), in „the street outside Kurtz's house", wie es im Drehbuch heißt. Holly Martins hat kein Gespenst in die Litfasssäule verschwinden sehen und vermutet Harry bei dessen „bestem" Freund Baron Kurtz, der – welch Zufall! – soeben Dr. Winkel zu Besuch hat. Misstrauisch geworden möchte Holly aber auf keinen Fall ein Risiko eingehen und Harry lieber auf neutralem Boden als in einer Wohnung treffen.

Martins: Ich möchte mit Harry sprechen!
Kurtz: Sind Sie wahnsinnig?
Martins: Natürlich, ich habe ein Gespenst gesehen! Sagen Sie Harry, ich will mit ihm sprechen!
Kurtz: Blödsinn. Kommen Sie herauf!
Martins: Nein danke, kein Bedarf. Er soll zum Riesenrad kommen! Glauben Sie auch an Gespenster, Dr. Winkel? Äußern Sie sich gefälligst! *(Szene 111)*

Er deutet in Richtung Riesenrad und scheint auch auf dieses zuzugehen. Dass dazwischen ein perfekter Schnitt liegt, ist dem Betrachter, der von der Spannung, aber auch von der Skurrilität und der unfreiwilligen Komik der gerade gesehenen Szene gefesselt ist, nicht bewusst.

Wie viele „Dritte Mann"-Fans haben bereits die Umgebung des Riesenrades nach diesem Haus mit dem Balkon abgesucht! Wie sollten sie auch wissen, dass sie sowohl dem Schriftsteller als auch dem Regisseur auf den Leim gegangen sind. „Wie Sie sich erinnern werden", schreibt Graham Greene in seinem Roman, „wohnte Kurtz in der russischen Zone, genauer gesagt im zweiten Bezirk, in einer breiten, leeren und öden Straße, die zum Praterstern führt", und auch in der Regieanweisung heißt es, dass Martins über eine Behelfsbrücke den Donaukanal überquert und in die Praterstraße einbiegt.²³ Die Balkonszene wurde aber nicht beim Praterstern gedreht, sondern Ecke Morzinplatz/Gonzagagasse 1 im ersten Wiener Gemeindebezirk! Ein Sonderabkommen aus dem Jahre 1945 machte amerikanischen Besatzungsangehörigen zwar den in der sowjetischen Zone liegenden Prater mehr oder weniger zugänglich, nicht aber die an den Prater grenzenden Straßen, wodurch man gezwungen war, in den international verwalteten ersten Bezirk auszuweichen.

Der Morzinplatz: Balkon des Hauses Ecke Gonzagagasse / Morzinplatz, Holly Martins mit den Ruinen des Hotel Metropol im Hintergrund, Ruinen auch am Fuß der Ruprechtskirche

Im Zuge einer Generalsanierung verlor das Haus jedoch seinen schönen Balkon, und auch seine unmittelbare Umgebung hat sich seit 1948 stark verändert: Entlang des Donaukanals fährt keine Straßenbahn mehr, die im Film deutlich sichtbaren Ruinen des Dianabades haben einer neuen Skyline aus Bürohochhäusern Platz gemacht, und natürlich sind auch die Schuttberge unmittelbar hinter Holly Martins längst verschwunden. Welch Ironie des Schicksals, es waren dies die Reste des Hotel Metropol, in das nach dem „Anschluss" 1938 die Wiener Leitstelle der Gestapo eingezogen war – ein Symbol jenes Terrorregimes, das Graham Greene (neben dem Stalinismus) vor Augen haben muss, als er seinen Harry Lime auf dem Riesenrad sagen lässt: „Wo gibt's denn heutzutage noch Menschlichkeit und Mitleid auf dieser Welt? Sieh dir das Treiben der Herren an, die die Welt regieren, und du wirst mir zugestehen, dass ich ein Waisenknabe dagegen bin."²⁴ Das Metropol ist „in Trümmer gesunken wie das Tausendjährige Reich", liest man heute auf dem „Mahnmal für die Opfer der Gestapo", das nur wenige Meter von der Stelle entfernt errichtet wurde, von der sich Holly Martins vom Balkon weg zum Riesenrad dreht.

Bei einem Ringelspiel treffen sich die Freunde (es ist Orson Welles' erste Szene in Wien). Ein selbstsicherer Harry „mit einem fröhlichen Lausbubengesicht, aus dem die Freundlichkeit strahlt und die Überzeugung, dass sein persönliches Glück der ganzen Welt die Sorgenfalten glätten würde",²⁵ geht auf einen sich seiner Sache nicht mehr so sicheren Holly Martins zu. Die beiden Freunde haben sich lange nicht gesehen und wissen nicht, ob noch alles so ist wie früher. Harry ist vorsichtig, er weiß nicht, was Holly in der Zwischenzeit über ihn in Erfahrung gebracht haben kann, und will nicht den Fehler begehen, eine Hand zum Gruß auszustrecken, „die vielleicht verschmäht worden wäre".²⁶ So klopft er Holly Martins mit einem „Tag, alter Junge, wie geht's denn?" auf den Arm. Nun sollte die Szene im Riesenrad folgen, zumindest ist es so geplant. Aber es kommt anders. Als man zu drehen beginnen will, ist die Einstiegsplattform verschwunden, angeblich für Reparaturzwecke abgebaut. Man bietet dem Filmteam zwar an, sie für eine entsprechend hohe Summe speziell für die Dreharbeiten wieder aufbauen zu lassen, Reed verzichtet aber darauf, dreht nur das Treffen der beiden Freunde vor dem Riesenrad und lässt die eigentliche Fahrt im Studio nachdrehen.²⁷ Die Beengtheit der Originalkabinen hätte es ohnehin unmöglich gemacht, neben den Schauspielern auch noch Ausrüstung, Kamerateam, Beleuchter und Tontechniker unterzubringen. Bühnenbildner John Hawkesworth ist über den zusätzlichen Arbeitsaufwand nicht erfreut. Die Aufbauten nehmen mehr als die Hälfte der 1.600 Quadratmeter großen Studiohalle ein. Überhaupt sollte sich die Riesenradsequenz als eine der größten Herausforderungen für das gesamte Team – vom Regisseur bis zu den Stars, von der Kamera bis zur Beleuchtung, von der Dekoration bis zur Kulisse und natürlich zum Schnitt – herausstellen. Tagelang sind die Bühnenbildner am Werk, auch die Schildermaler („Ausspucken verboten") und Ferdinand Bellan, der wieder ein paar Wiener Silhouetten mehr malen muss (z. B. von der hinter dem Riesenrad vorbeiführenden Ausstellungsstraße), sowie jene Mitarbeiter, die für die Montage der Rückprojektion zuständig sind, für die Kameramann Monty Berman unzählige Runden durch Wien gedreht hat.²⁸

Als die Riesenradszene in den Shepperton Studios gedreht wird und John Hawkesworth und sein Team noch über den Arbeitsaufwand stöhnen und meinen, dass dieser in keinem Verhältnis zu Länge und Bedeutung der Szene stehe, kann noch niemand ahnen, dass sie eines Tages das Herz und die Seele eines Filmklassikers und für alle ein Glücksrad werden wird.

ANN

IN FRAUENSCHICKSAL IM NACHKRIEGS-WIEN

Alida Valli am Set in Shepperton

Szene 119 / 1:18:45
Bahnhof
(Part Location)

Paine: [hat Anna zum Bahnhof begleitet] So, jetzt sind Sie in Sicherheit.
Anna: Ich begreife Major Calloway nicht.

Der ausgebombte Südbahnhof, für Carol Reed ein faszinierendes Set

Heimatlose, Wohnungslose, Orientierungslose: Warten am Südbahnhof

Anna:	Adieu.
	[erblickt Martins im Bahnhofsrestaurant]
	Fahren Sie auch?
Martins:	Oh?!
Anna:	[steigt noch einmal aus dem Waggon aus]
	Was machen Sie hier?
Martins:	Ich wollte Sie zur Bahn bringen.
Anna:	Warum warten Sie *hier*?
Martins:	Ich wollte gerade wieder rausgehen.
	Ich habe was getrunken.
Anna:	Sie wussten, dass ich fahre?
Martins:	Ja, habe ich zufällig auf der Polizei gehört.
Anna:	Sie waren also bei Major Calloway?
Martins:	Nein, nein, den kenne ich ja nur ganz flüchtig.
Anna:	Harry, was ist los?
Martins:	Hören Sie doch endlich auf, mich Harry zu nennen. Kommen Sie ...
Anna:	Was wird hier eigentlich gespielt?
Martins:	Nichts, ich hab einen Schnaps getrunken. Weiter nichts. [Hängt seinen Mantel um ihre Schulter] Hier, Sie werden frieren.
Anna:	Ich friere nicht.
Martins:	Telegrafieren Sie, wenn Sie da sind.
Anna:	Sie verbergen etwas. Wo ist Harry?
Martins:	In Sicherheit.
Anna:	Woher wissen Sie das?
Martins:	Ich hab ihn gesehen.
Anna:	Wie geht es ihm?
Martins:	Er sorgt schon für sich selbst, keine Angst.
Anna:	Hat er von mir gesprochen? Was hat er gesagt?
Martins:	Nichts Besonderes.
Anna:	Da stimmt doch was nicht. Weiß Calloway, dass Sie bei Harry waren?
Martins:	Calloway weiß nichts.
Anna:	Warum hilft er mir dann? Die Russen werden ihm bestimmt Schwierigkeiten machen.
Martins:	Na wenn schon.
Anna:	Ach so ... Warum lügen Sie?
Martins:	Sie sollen aus Wien raus.
Anna:	Aber ich gehe nicht!
Martins:	Anna, bitte setzten Sie nicht Ihre einzige Chance aufs Spiel.
Anna:	Sie beide haben doch was vor, Sie und Calloway?
Martins:	Er fragte, ob ich ihm helfen würde, ihn zu fassen.
Anna:	Armer Harry.
Martins:	Armer Harry. Armer Harry. Er würde für Sie keinen Finger krumm machen.
Anna:	Dieses Argument aus Ihrem Mund sagt alles.
Martins:	Sie lieben ihn immer noch.
Anna:	Ich liebe ihn nicht mehr. Ich will ihn nicht mehr sehen, aber er ist ein Teil von mir, für immer. Und ich könnte ihm nie was Schlimmes tun.
Martins:	Ach, Anna, wir streiten uns nur, es hat keinen Zweck.
Anna:	Wenn Sie Ihre Dienste verkaufen, will ich nicht der Preis sein. Ich liebte ihn, Sie liebten ihn, und was hab ich für ihn getan? Nichts. Und was wollen Sie jetzt tun? Wissen Sie, was ein Achtgroschenjunge ist?

[Der Zug ist dampfend aus der Station gefahren. Anna verlässt wütend das Bahnhofsbuffet, der Mantel, den ihr Holly Martins fürsorglich über die Schultern gehängt hat, liegt auf dem Boden, die Flügeltüre schwingt nach.]

215

Szene 123 / 1:23:50
Kinderspital
„Children's Hospital"

Calloway: Das ist das größte Kinderkrankenhaus in Wien. Alles Opfer von Limes Penicillinkuren.
Gehirnhautentzündung. Bekamen Penicillin von Lime. Traurig, was?

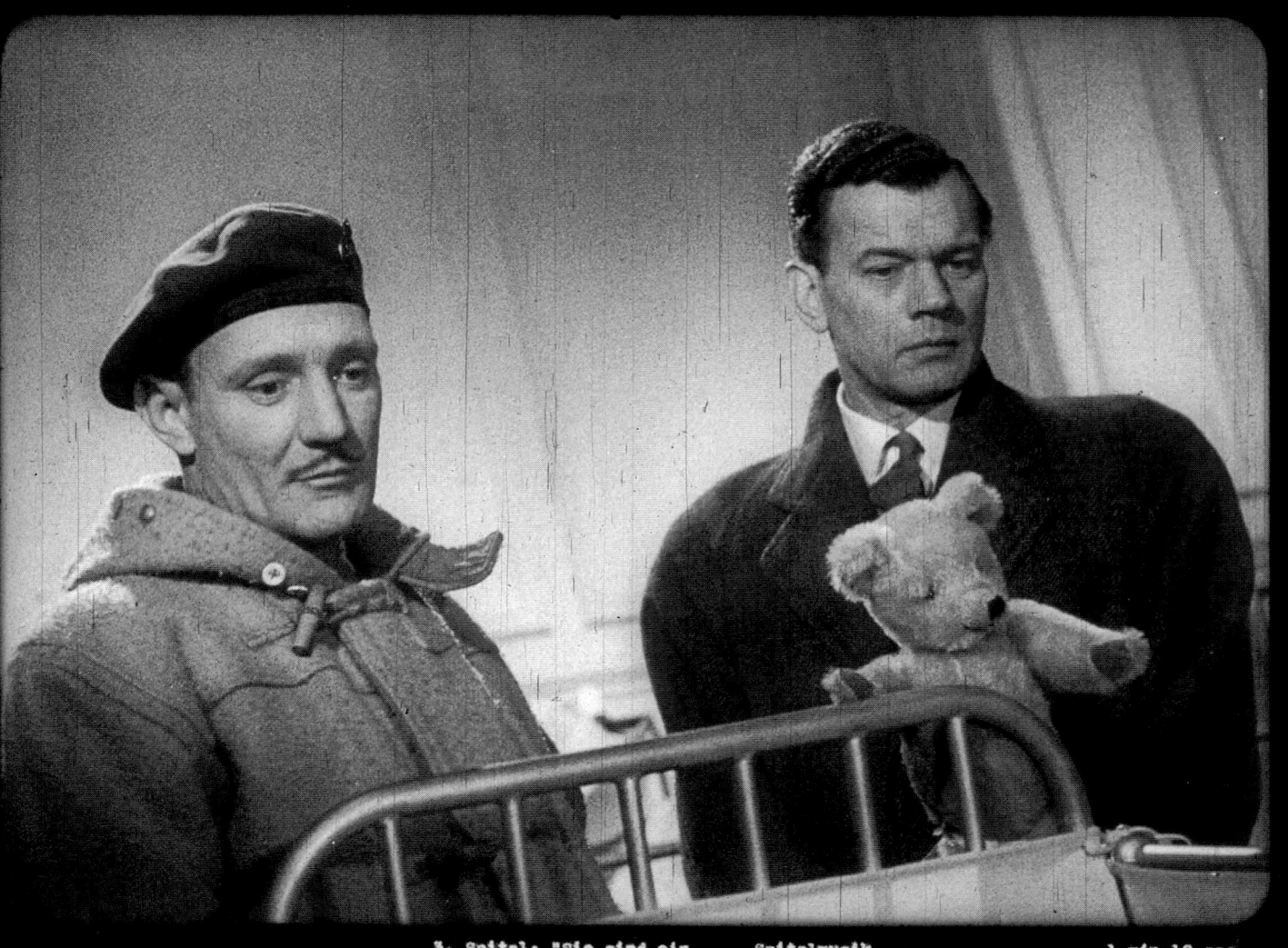

3. Spital: "Sie sind ein   Spitalmusik   1 min.12 sec
   Schriftsteller, es wird   ("Es freut auf dieser Welt
   sie interessieren"   mein Leben nimmermehr")
   bis: Auflosung   B Dur

Szene 125 / 1:24:28
Calloways Jeep

Calloway: Paine hat mir ein Buch von Ihnen geborgt. Der „Rote Panther" oder so was. Hab ein bisschen drin gelesen, war ganz nett. Wie kamen Sie bloß zu dieser Tätigkeit? Schreiben Sie schon lange?
Martins: Schon gut, Calloway, Sie haben gewonnen.
Calloway: Ich hab gar nicht gewusst, dass es in Mexiko ...
Martins: Ich sagte doch, Sie haben gewonnen.
Calloway: Was meinen Sie?
Martins: Ich werde für Sie den Lockspitzel machen.

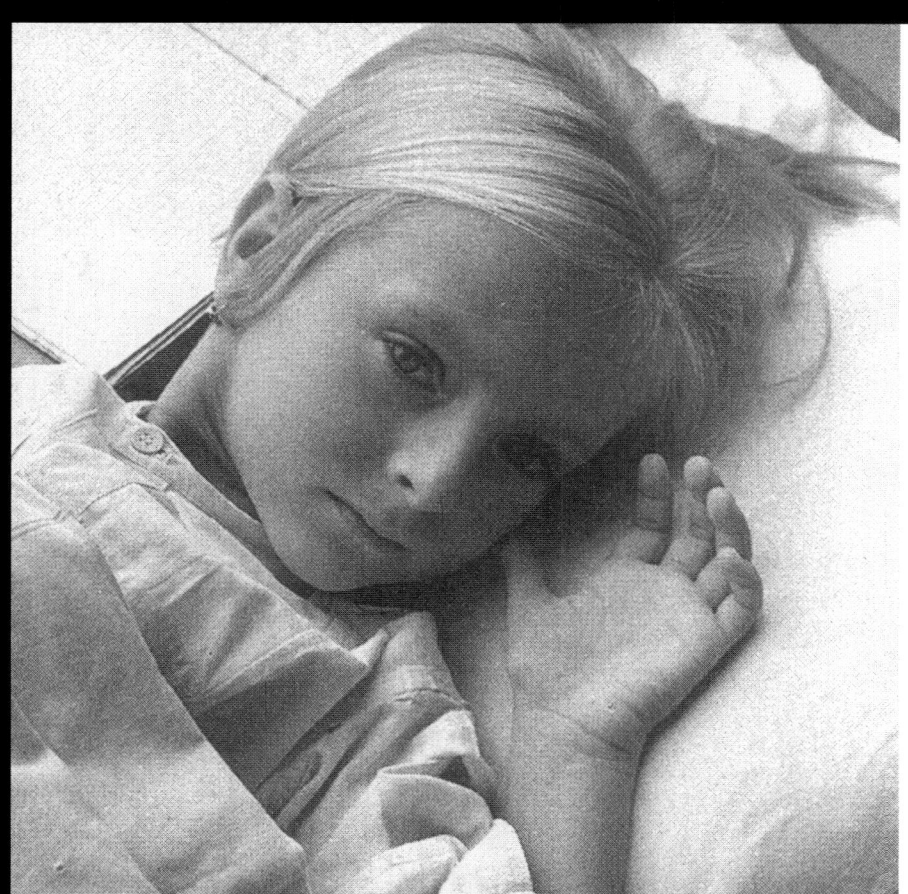

Tuberkulosekrankes Kind in einem Wiener Krankenhaus (1945)

„Nur einmal hat er mir einen Gefallen getan"
Anna Schmidt, „a girl of spirit"

Sergeant Paine hat Anna zum Bahnhof gebracht. Was hat Major Calloway dazu bewogen, ihr so plötzlich zu helfen? Durch die angelaufene Scheibe des Zugabteils fällt ihr Blick auf Holly Martins. Auf wen wartet er im Bahnhofsbuffet? Hat er etwas mit Major Calloway und ihrem neuen Pass zu tun, der sie in die Sicherheit einer westlichen Zone bringen soll? Da stimmt doch etwas nicht. Sehr bald wird es zur Gewissheit: Holly Martins hat seinen besten Freund, ihren Geliebten verraten! Und sie soll der Preis sein? Wütend über Hollys Charakterlosigkeit und zutiefst gedemütigt zerreißt sie den rettenden Pass. Sie braucht keinen wärmenden Männermantel um ihre Schultern, sie kann ihr Leben selbst in die Hand nehmen!

Wenn vom „Dritten Mann" die Rede ist, dann meist von den Männern im Film: von Harry Lime, dem Teufel mit dem Engelsgesicht, und von Holly Martins, dem tollpatschigen Cowboy von Wien. Anna Schmidt weist man meistens nur eine Nebenrolle als hübscher, melodramatischer Aufputz im Spannungsfeld zwischen diesen beiden Männern zu. Dass sie die eigentliche, wahre Heldin ist, wird vielfach übersehen. Dabei bildet gerade sie bis zur allerletzten Szene des Films den Fixpunkt, um den sich das Drama um die beiden Freunde dreht, den Fels in der Brandung einer aus allen Fugen geratenen Welt: Im Gegensatz zum wankelmütigen Holly zeigt sich Anna unerschütterlich in ihrer Loyalität gegenüber dem Geliebten („Ein Mensch verändert sich nicht, nur weil ich mehr von ihm weiß"); gleichzeitig bleibt sie sich auch selbst treu, bewahrt sich – auch um den Preis des eigenen Verderbens – ihre Selbstachtung und geht schließlich stolz erhobenen Hauptes als Siegerin hervor. Holly Martins und Harry Lime dagegen sind die großen Verlierer: Holly verliert seinen naiven Glauben an das Gute im Menschen, die Achtung und Liebe der Frau, die er gewinnen möchte, und den einzigen Freund; Harry büßt sein Leben ein.

Die Kriegswirren haben Anna als Flüchtling aus der Tschechoslowakei nach Österreich verschlagen. Harry hat ihr ein Engagement in einem Wiener Theater verschafft. Die Einschätzung von Baron Kurtz – „ein Mädchen aus der Josefstadt, Sie kennen ja Harrys Geschmack" – lässt vorerst nicht unbedingt viel von ihr erwarten. Anna ist hübsch, talentiert und unabhängig. Für Harry ist sie ein „liebes, kleines Ding", eine Geliebte, der man ein paar Liebesbriefe schreibt und sie fallen lässt, wenn es die eigene Haut zu retten gilt. („Hör endlich auf mit Anna. Sie hätte mir schaden können.") Für Holly Martins ist sie Mittel zum Zweck (jene Person, die Licht in das Geheimnis um den mysteriösen Tod seines besten Freundes bringen könnte), dann ein romantisches Abenteuer in einer Stadt, „in der es sonst nicht viel zu holen gibt". Der pragmatisch-nüchtern denkende Polizeioffizier Calloway sieht in ihr nichts anderes als das „Verhältnis von Lime", auch die Frau des Hausbesorgers hält nicht viel von ihr, wie die Worte ihres Mannes suggerieren: „I have always liked you, Fräulein Anna, whatever my wife may say."[1] Und Anna? „Ich weiß nicht, was soll man hinterher darüber sagen?", meint sie auf die Frage Holly Martins', ob sie ihn wirklich geliebt habe. „Ich weiß nur, dass ich auch tot sein möchte." Major Calloway gegenüber versichert sie, „wir haben uns geliebt, wenn Sie das meinen", wehmütig denkt sie an gemeinsame Stunden zurück: „Um diese Zeit ist es besonders schlimm, gegen 6 kam er immer vorbei. Ich hab mich schon immer vor dem Alleinsein gefürchtet. Ich war auch nie allein. Bitte, Holly, erzählen Sie mir von ihm." Ist Harry aber wirklich die große Liebe gewesen?

Harry hat ihr zumindest ein relativ sorgloses und behütetes Leben außerhalb des täglichen Überlebenskampfes bieten können. Sie genießt einen für die Durchschnittsfrau in der Nachkriegszeit kaum erreichbaren Lebensstandard: Anna teilt mit Harry die herrschaftliche Wohnung (sein aus der Schublade genommener Kamm suggeriert Intimität); sie hat Geld von Harry („Er [Baron Kurtz] hat mir übrigens nach Harrys Tod Geld gebracht. Harry hatte es ihm im letzten Moment aufgetragen"), Zigaretten („Zigarette, Fräulein Schmidt? Behalten Sie alle"); sie kann es sich leisten, auf einen Whisky zu gehen („Gehen wir einen Whisky trinken. Harry hat das auch immer gesagt"); sie trägt Nylonstrümpfe (die man in ihrem bescheidenen Zimmer über eine Wäscheleine gehängt sieht) – ein in der Nachkriegszeit für die Mehrheit der Frauen unerschwinglicher und nur über den Schwarzmarkt erhältlicher Luxus; und sie schläft in einem luxuriösen Seidenpyjama (mit Harrys eingestickten Initialen!), offensichtlich ein Geschenk des Geliebten. Als Schauspielerin genießt Anna das Privileg, von Verehrern Geschenke zu bekommen, die sie auf dem Schwarzmarkt in bares Geld umsetzen kann. („Den [Tee] hat mir jemand auf die Bühne geworfen, statt Blumen, was mir offen gestanden lieber ist, bei diesen Zeiten.") Sie muss sich nicht mit den schlechten Arbeitsbedingungen und Hungerlöhnen zufrieden geben, mit denen man ihre Zeitgenossinnen abspeist, sie teilt nicht das Los der Trümmerfrauen, Schwerstarbeit im Wiederaufbau zu leisten, sie hat keine Familie durch nervenaufreibende Improvisation, gefährlichen Schleichhandel und demütigende Hamsterfahrten durchzubringen.

Mit einem Amerikaner als Geliebtem nimmt Anna aber auch teil am „Mythos Amerika", für den die Frauen in der Nachkriegszeit verständlicherweise besonders anfällig sind.

Wien, die Stadt mit den schlechtesten Heiratschancen

Der Krieg hat viele von ihnen um ihre Jugend betrogen, nach dem eben erst Durchgemachten sehnen sie sich nach Schutz, Liebe und Anerkennung als Frau. Harry scheint dieses Traumbild des „Amis" zu verkörpern, er ist gut aussehend, großzügig, weltoffen – nicht so verhärmt, seelisch und körperlich gezeichnet wie die Männer, die aus dem Krieg oder der Gefangenschaft nach Hause gekommen sind. Harry kann dem „Fräulein Schmidt" Schutz vor politischer Verfolgung und vor Arbeitslosigkeit geben, ihr ein Stück heile Welt bieten, von der Wien 1948 noch recht weit entfernt ist, und zumindest vorübergehende Geborgenheit – die bei einem Frauenüberschuss von über 240.000 (!) allein in Wien nur schwer zu finden ist.[2] Für die Frau des Hausbesorgers – und wahrscheinlich auch in den Augen mancher Kinogeher der damaligen Zeit – ist Anna eines der vielen „Amiflitscherln", wie man jene Mädchen wenig schmeichelhaft nannte, die nach der Lockerung des Fraternisierungsverbots eine Beziehung zu einem (vornehmlich westlichen) Besatzungssoldaten eingegangen sind. Stellvertretend für ihre Zeitgenossinnen gehorcht Anna einer der allgemeinen Nachkriegs-Not entsprechenden Form weiblicher Überlebensmoral. Kann man es ihr verübeln? Auf den Frauen lastet in Anbetracht des Männermangels der Hauptanteil am Wiederaufbau der Stadt (im September 1945 stehen in Wien 905.475 Frauen nur 511.823 Männer gegenüber)[3], viele von ihnen sind Alleinerhalterinnen und verdienen wenig in der traditionell ohnehin schlecht bezahlten Frauenerwerbsarbeit. Wo die Männer fehlen, übernehmen Frauen auch noch deren Arbeit – und das bei einer denkbar schlechten Ernährungslage und äußerst mangelhafter medizinischer Versorgung. Auch die Arbeit im Haushalt ist mit heute unvorstellbaren Schwierigkeiten verbunden: Viele Familien – oder was davon übrig geblieben ist – leben in Ruinen, Notunterkünften oder gar in ehemaligen Luftschutzkellern, die Gas- und Stromversorgung ist mangelhaft und oft nur auf wenige Stunden beschränkt, Kochen bedeutet ständige Improvisation. Um ihre Familien zumindest notdürftig über die staatlich zugewiesene, der Mindestkalorienanzahl entsprechende Lebensmittelration hinaus versorgen zu können, fahren die Frauen zum Hamstern aufs Land, vor den Geschäften in Wien stehen sie Schlange. Unter diesen Umständen bedeutet die Beziehung zu einem Besatzungssoldaten, zu einem wohlhabenden Ausländer mehr als nur einen flotten Abend in einem der vielen Tanzlokale in den westlichen Zonen, sie bedeutet auch eine materielle Absicherung, von der eine ganze Familie leben kann: Schokolade, Zigaretten, Kaffee, Konserven, Kleidung, alles Luxuswaren, die gegen Güter des täglichen Bedarfs zu tauschen oder auf dem Schwarzmarkt zu klingender Münze zu machen sind. Eine solche Beziehung – manchmal nur kurzlebig, manchmal aber auch mit einer Eheschließung besiegelt – kann zur Überlebensfrage werden. Auf jeden Fall ist sie gut genug für eine Tüte Eis: Im Sommer 1946 wurden laut *Time Magazine* in den amerikanischen Eisgeschäften der US-Zone von Wien über 600.000 Eiskugeln an die GIs und ihre österreichischen Girls verkauft! Eiskugeln als Symbol für den Mythos von Freiheit, Unbeschwertheit und „American Way of Life".

Die Sehnsucht nach heiler Welt ist groß. Wienerin mit GI

Aus welchem Grund Anna ihren Harry Lime auch geliebt haben mag, und egal, was sie jetzt alles über ihn erfährt: In ihrer fast übermenschlichen Standhaftigkeit und Treue erweist sie sich als starke Frau und wächst über sich hinaus („Ich liebe ihn nicht mehr. Ich will ihn nicht mehr sehen, aber er ist ein Teil von mir, für immer. Und ich könnte ihm nie was Schlimmes tun."). Bis zuletzt, im Café Marc Aurel, versucht sie ihn vor der Polizei zu warnen.

Verkörpert Anna hier Graham Greenes eigenen Traum von Loyalität und Treue, nach denen er sich selbst immer gesehnt, die er aber nie wirklich gefunden hat, die er auch selbst nie zu erfüllen imstande war? Schon in seiner Schulzeit – er besucht eines jener englischen Internate, in dem die Schüler Repressionen vonseiten nicht nur der Lehrer, sondern auch der (meist älteren) Mitschüler ausgesetzt sind – leidet er unsäglich darunter, dass es ihm nicht gelingt, einen echten Freund zu finden. Und auch auf der Universität hat er Probleme, befriedigende Beziehungen aufzubauen. Die Beschäftigung mit Themen wie Freundschaft, Vertrauen und Verrat, aber auch mit dem Festhalten an einer Überzeugung – ob einer politischen oder einer religiösen – wird zu einem Fixpunkt in seinem Leben, aber auch zu einer Besessenheit, die sein gesamtes literarisches Schaffen wie einen roten Faden durchzieht.[4] Wie muss er Holly Martins beneiden, als er ihn zu Major Calloway sagen lässt, dass er wenigstens einen Freund in der Schule hatte, sie „beide zusammenhingen wie die Kletten" und sogar „Blutsbrüder waren"; und es muss Salz in Greenes Wunden gewesen sein, Holly zum Verräter zu machen. Anna dagegen widersteht selbstlos nicht nur den Verlockungen der Freiheit, sondern auch einer neuen Beziehung.

Greene wäre aber nicht Greene, würde er sich nicht immer wieder in seinen eigenen Widersprüchen verfangen: Er träumt von der wahren Liebe und geht selbst fremd, er tritt in die katholische Kirche ein (eine im protestantischen England nicht alltägliche Entscheidung), nur um ihr größter Sünder zu werden, und auch Anna lässt er noch am Schluss seiner Erzählung ihren Prinzipien untreu werden und mit Holly Martins den Friedhof Hand in Hand verlassen. Erst durch Carol Reeds Regie kann sie bis zur letzten Konsequenz ihren Weg alleine gehen.

Es ist dies eine gewagte Entscheidung in einer Zeit, da die Frau am liebs-

Alida Valli am Set: eine Mischung aus Greta Garbo und Hedy Lamarr

ten wieder in der traditionellen Frauenrolle hinter dem Herd und zwei Schritte hinter dem Mann gesehen wird! Viel eher hätte es dem kollektiven Wunschdenken der (männlichen) Nachkriegsgeneration entsprochen, hätte Anna einen Mann und Beschützer an ihre Seite bekommen – anstatt sie ihr Schicksal selbstständig in die Hand nehmen zu lassen und damit den männlichen Führungsanspruch in Frage zu stellen.

Alida Valli erweist sich in der Rolle der stolzen und doch so sensiblen Anna Schmidt als die Idealbesetzung.

„I didn't see Valli, the sexiest thing you ever saw in your life. We had long conversations about Austria and all that – instead of me leaping into action! Crazy! Completely mad! And I see her now and she excites me beyond words. I was right there – next door to her in the hotel [Hotel Astoria]. Just a little knock on the door and, you know, borrow some salt. I see ‚The Tird Man' every two or three years – it's the only movie of mine I ever watch on television because I like it so much – and I look at Valli, and I say. ‚What was in your mind when you were ten days in Vienna and you didn't make a move.' She drives me mad with lust when I see her in it."[5] *(Orson Welles)*

Auch Produzent Selznick ist von der dunkelhaarigen, kühlen italienischen Schönheit, die bei den Filmfestspielen in Venedig bereits als Zwanzigjährige zur Besten Schauspielerin des Jahres gekürt wurde, so begeistert, dass er sie groß als die neue Garbo in Hollywood herausbringen will. Wie die aus Wien stammende Hedy Lamarr verkörpert sie für ihn das Idealbild der schönen, schmachtenden und leidenden Hollywood-Diva! Gleich in ihrem ersten Film, Alfred Hitchcocks „The Paradine Case", besetzt er sie mit einer Hauptrolle neben Stars wie Gregory Peck und Joseph Cotten, in ihrem zweiten Film „The Miracle of the Bells" neben Frank Sinatra. Alida Valli in der Rolle der Anna Schmidt ist für Selznick vor allem ein finanztechnischer Schachzug: Da sie ohnehin bei ihm unter Vertrag steht, kann er sie „kostengünstig" gegen Überlassung der amerikanischen Filmrechte in die Produktion des „Dritten Mannes" einbringen. Für Carol Reed hingegen bedeutet die sensible italienische Schauspielerin, die schon sehr jung ihre Ausbildung am renommierten Centro Sperimentale di Cinema in Rom absolviert hat, die Idealbesetzung. Er will für sein Fräulein Schmidt keine glamouröse Hollywood-Diva (Barbara Stanwyck war für die Rolle im Gespräch!), sondern eine Schauspielerin, die Anna psychologische Tiefe und stille Kraft zu verleihen vermag, die Liebe und Verachtung, Stolz und Unschuld nicht in großen theatralischen Bravourstücken ausdrückt, sondern in unbedeutend erscheinenden Gesten und mit großer Würde. Ihr trotzig-stolzes „Wir haben uns geliebt, wenn sie *das* meinen", sagt schließlich auch mehr als tausend Worte, und mit einer einzigen Träne gelingt es ihr, nicht nur ihren ganz persönlichen Schmerz über den Verlust des Geliebten auszudrücken, sondern gleichzeitig auch den Schmerz einer verlorenen Generation.

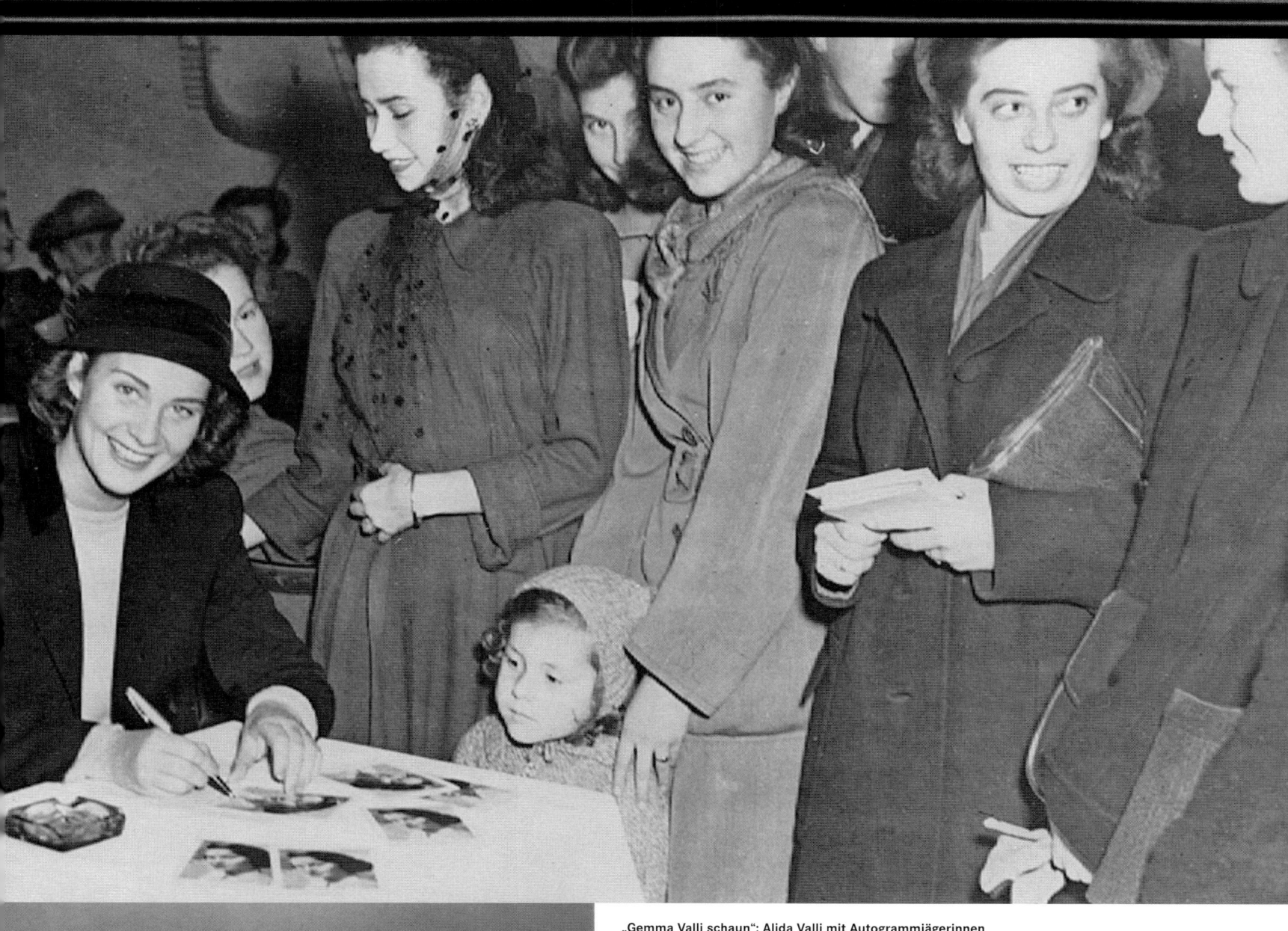

„Gemma Valli schaun": Alida Valli mit Autogrammjägerinnen

Am Set hört und sieht man wenig von der allgemein als äußerst scheu und zurückhaltend beschriebenen Schauspielerin, Elizabeth Montagu beschreibt sie als eine unscheinbare und kontaktscheue Einzelgängerin, „a non-descript, no-contact person who lived her own life". Alida Valli zählt zwar mit mehr als dreißig Hauptrollen zu den führenden Schauspielerinnen des italienischen Films und steht am Beginn einer erfolgversprechenden Hollywoodkarriere, sie findet sich aber in ihrer Star-Rolle offensichtlich noch nicht so ganz zurecht. Das *Neue Österreich* weiß, wie auch die anderen Zeitungen, nur wenig über sie zu berichten: „Alida Valli, die wie die übrigen Mitwirkenden trotz ihrer österreichischen Abstammung (ihr Vater war österreichischer Offizier im ehemaligen österreichisch-ungarischen Marinestützpunkt Pola gewesen) nur wenig Deutsch konnte und die größte Mühe hatte, ein paar Brocken Wienerisch zu erlernen, lebte ziemlich zurückgezogen und machte durch keinerlei Extravaganzen von sich reden." Dafür genießt sie es um so mehr, Wien mit ihrer Kamera zu erobern und sich als „Entschädigung" für ihre sehr schlichte Filmgarderobe einige hübsche österreichische Dirndln – 1948 der letzte Schrei der österreichischen Nachkriegs-Couture – zu kaufen. Einzig und allein zu Joseph Cotten, mit dem sie schließlich schon in Hollywood gemeinsam vor der Kamera gestanden ist, hat sie mehr Kontakt.

Zehn Tage in Wien lassen nicht viel Zeit für Sightseeing: Alida Valli auf der Terrasse des Hochhauses in der Herrengasse, im Hintergrund die Votivkirche

KAPITEL
09

ORSON IN DER UNTERWELT

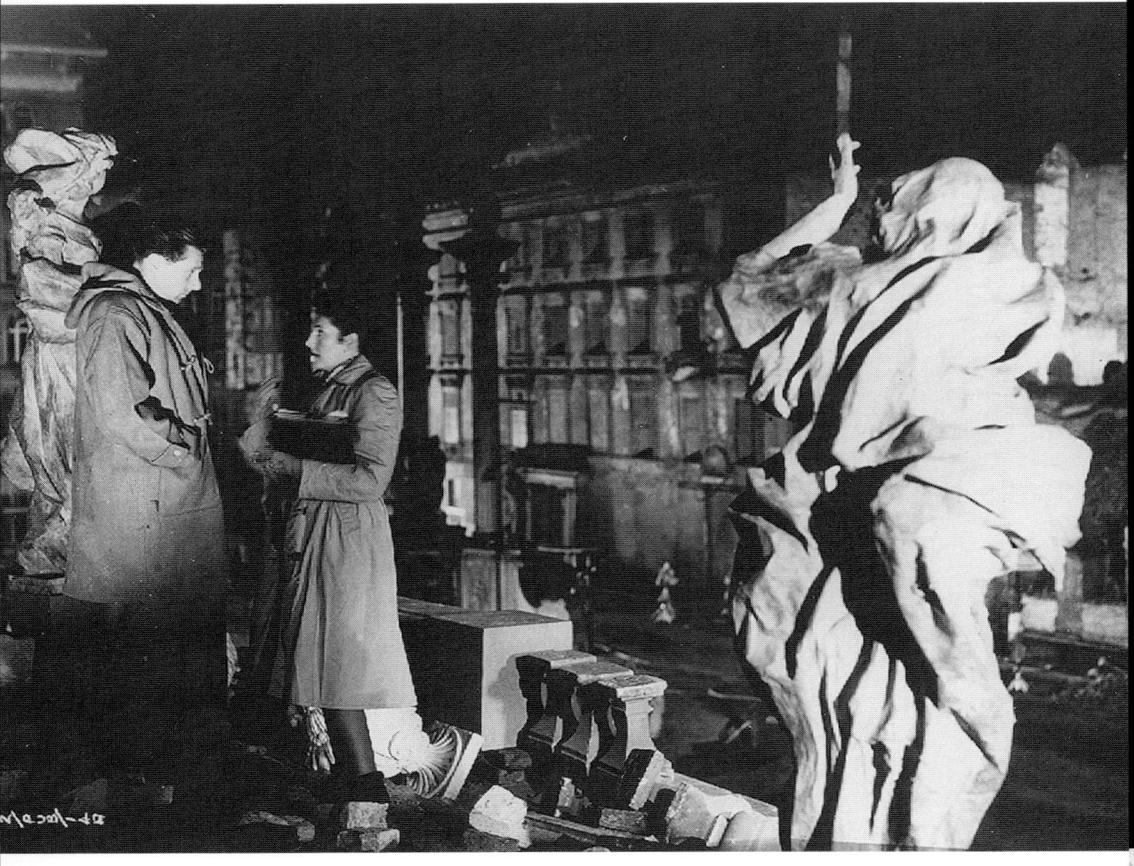

Dreharbeiten in der luftigen Höhe des Palais Sina auf dem Hohen Markt: Carol Reed mit Peggy McClafferty

Nachtdrehs auf dem Hohen Markt: Carol Reed im Gespräch mit Robert Krasker (Bildmitte), im Hintergrund das ausgebombte Palais Sina

Blick auf den Hohen Markt mit Bombenkrater, rechts im Bild das Gebäude der Anker-Versicherung und der Vermählungsbrunnen

Szene 126-136 / 1:25:12
Hoher Markt „Cafe Marc Aurel Square"
(Part Location, night)

225

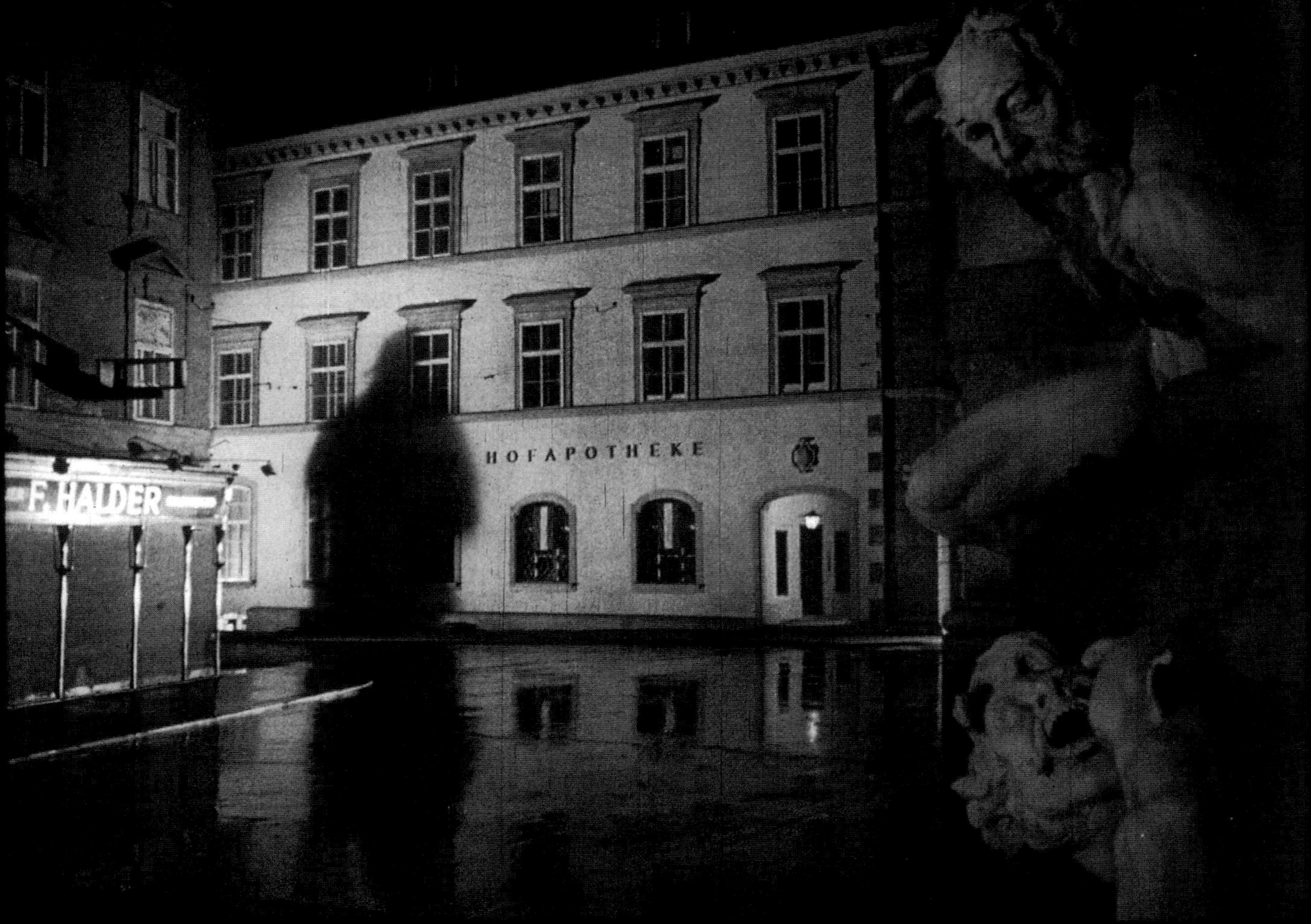
F. HALDER
HOFAPOTHEKE

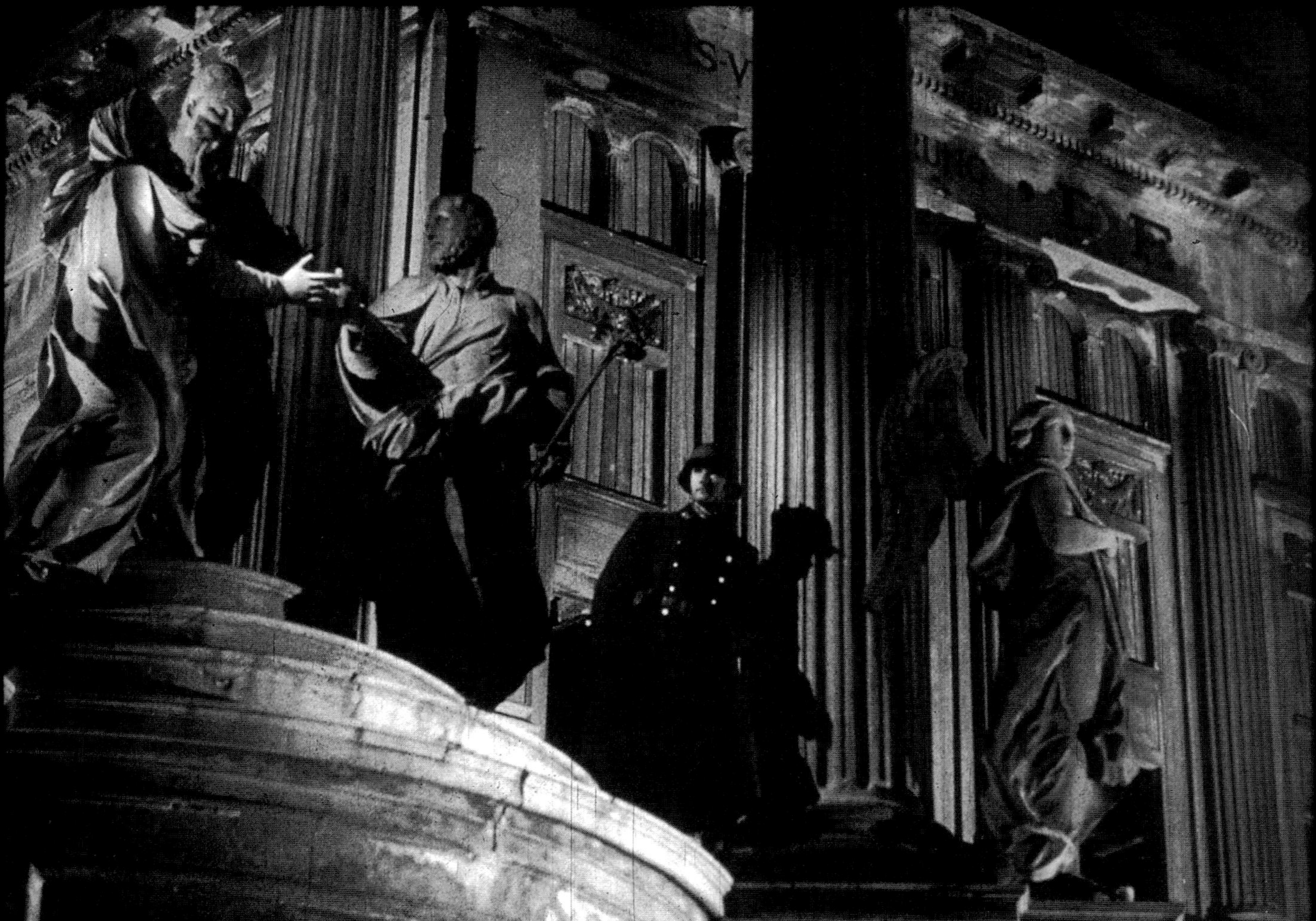

[Calloway und Paine halten sich versteckt]
Paine: [zu Calloway, auf das Marc Aurel deutend] Sehen Sie.

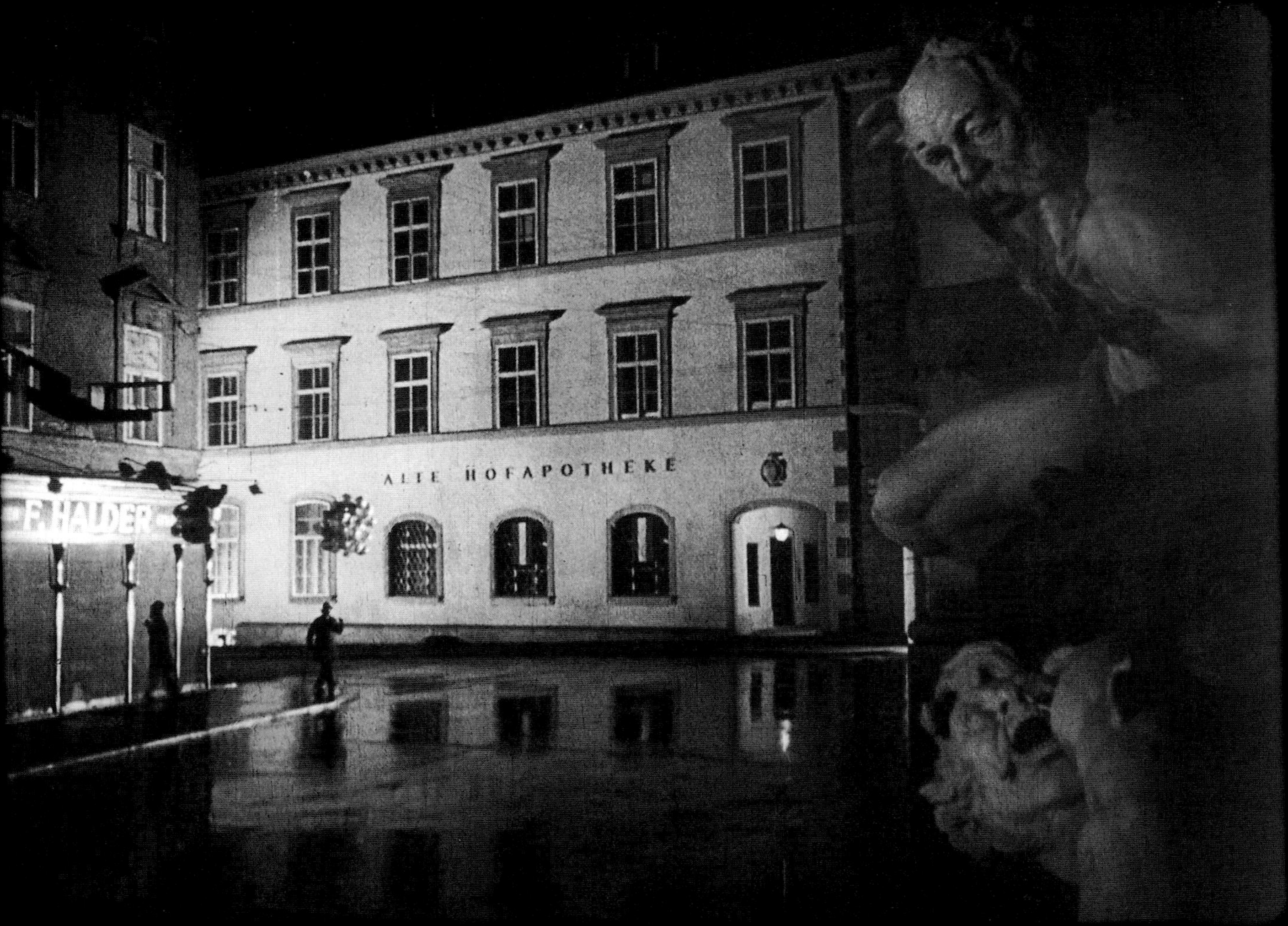
ALTE HOFAPOTHEKE
F. HALDER

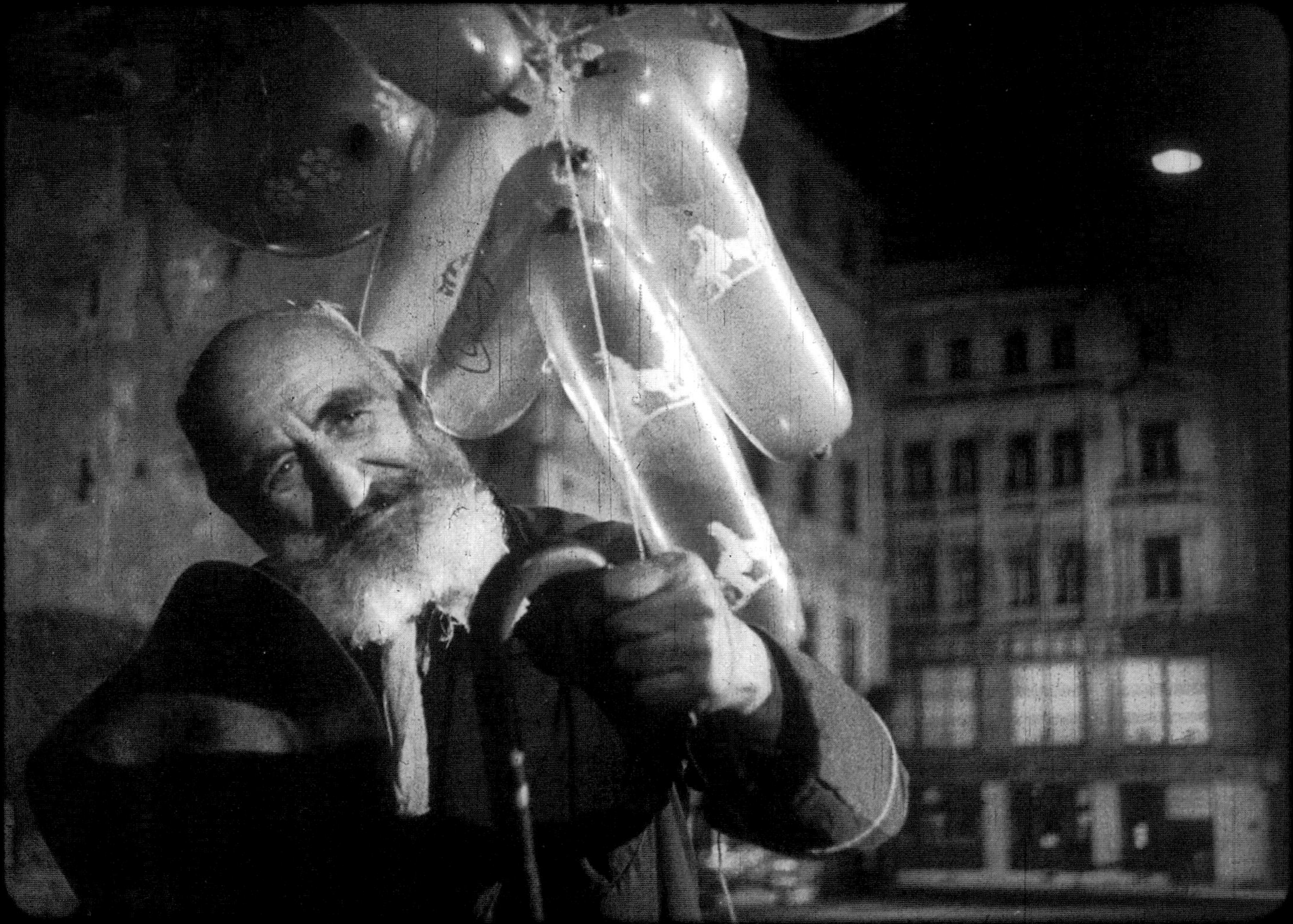

Ballonverkäufer: Mein Herr, Ballon. Einen Luftballon.
Calloway: [deutet ihm zu verschwinden]
Nein, verstehen Sie nicht!
Paine: Weiter gehen!
Calloway: Gehen Sie doch weiter, bitte!
Paine: [nachdem der Ballonverkäufer keine Anstalten macht wegzugehen]
Kommen Sie, nur einen, schnell. Ich sagte: nur einen. Verschwinden Sie!

> Harry Lime Theme

[Harry betritt durch eine Hintertüre das Café]

Martins:	[im Café] Wären Sie doch weggefahren. Woher wussten Sie, dass ich hier bin?
Anna:	Von Baron Kurtz. Sie haben ihn verhaftet. Aber Harry wird nicht kommen. Er ist nicht so blöd.
Calloway:	Ach, Paine, gehen Sie doch mal rüber ins Café.
Paine:	Gut.
Anna:	Sie können mir doch nicht erzählen, dass Sie das umsonst machen. Was haben Sie denn bekommen?
Martins:	Ich habe nichts bekommen.
Anna:	Der ehrliche, vernünftige, gute und harmlose Holly Martins! Holly, schon dieser Name. Es muss ein erhebendes Gefühl sein, für die Polizei den Spitzel zu machen.

Anna:	Harry, lauf weg, die Polizei steht draußen! Schnell.
Harry:	Anna ...
Paine:	Achtung, zum Hinterausgang!

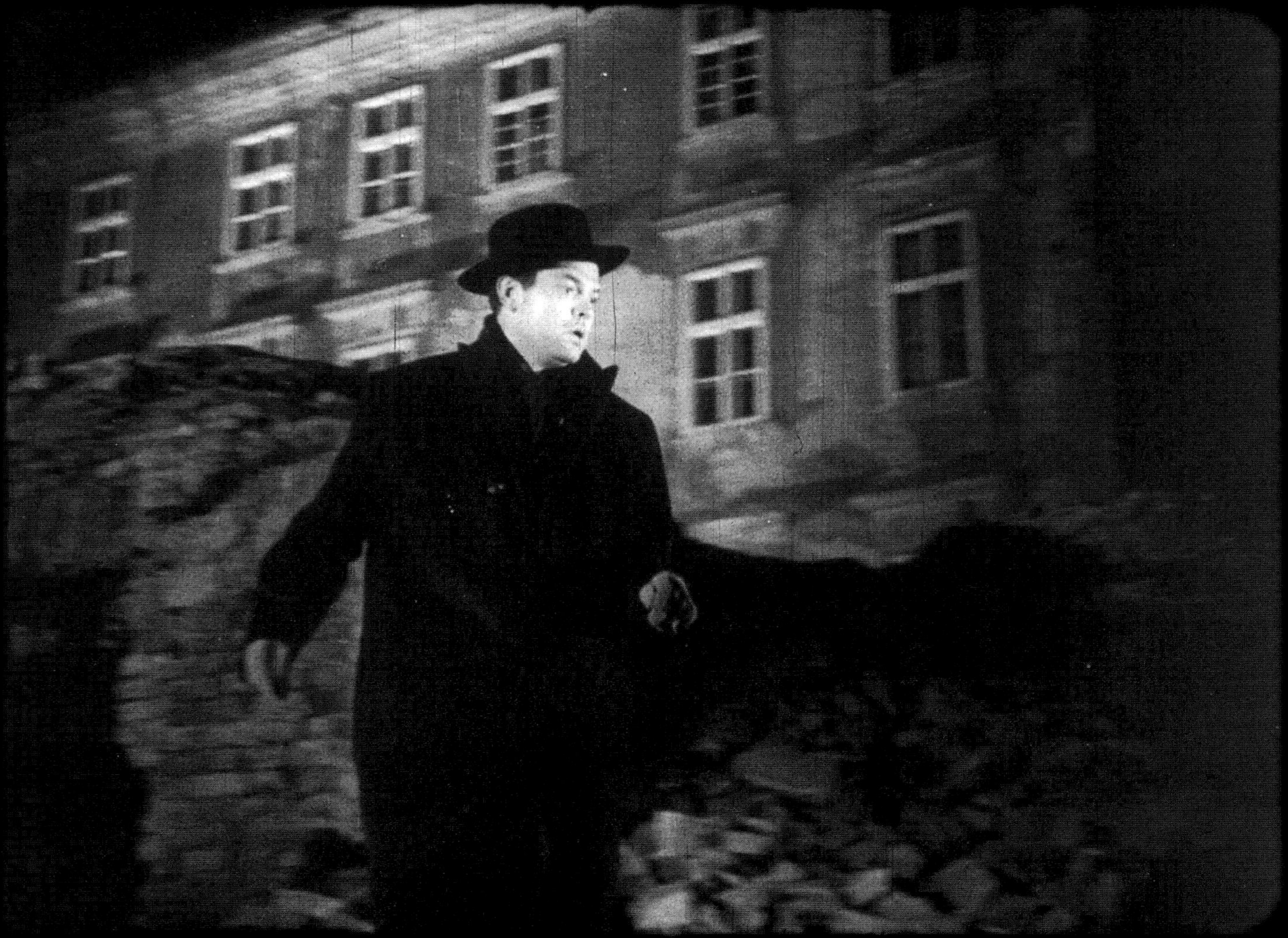

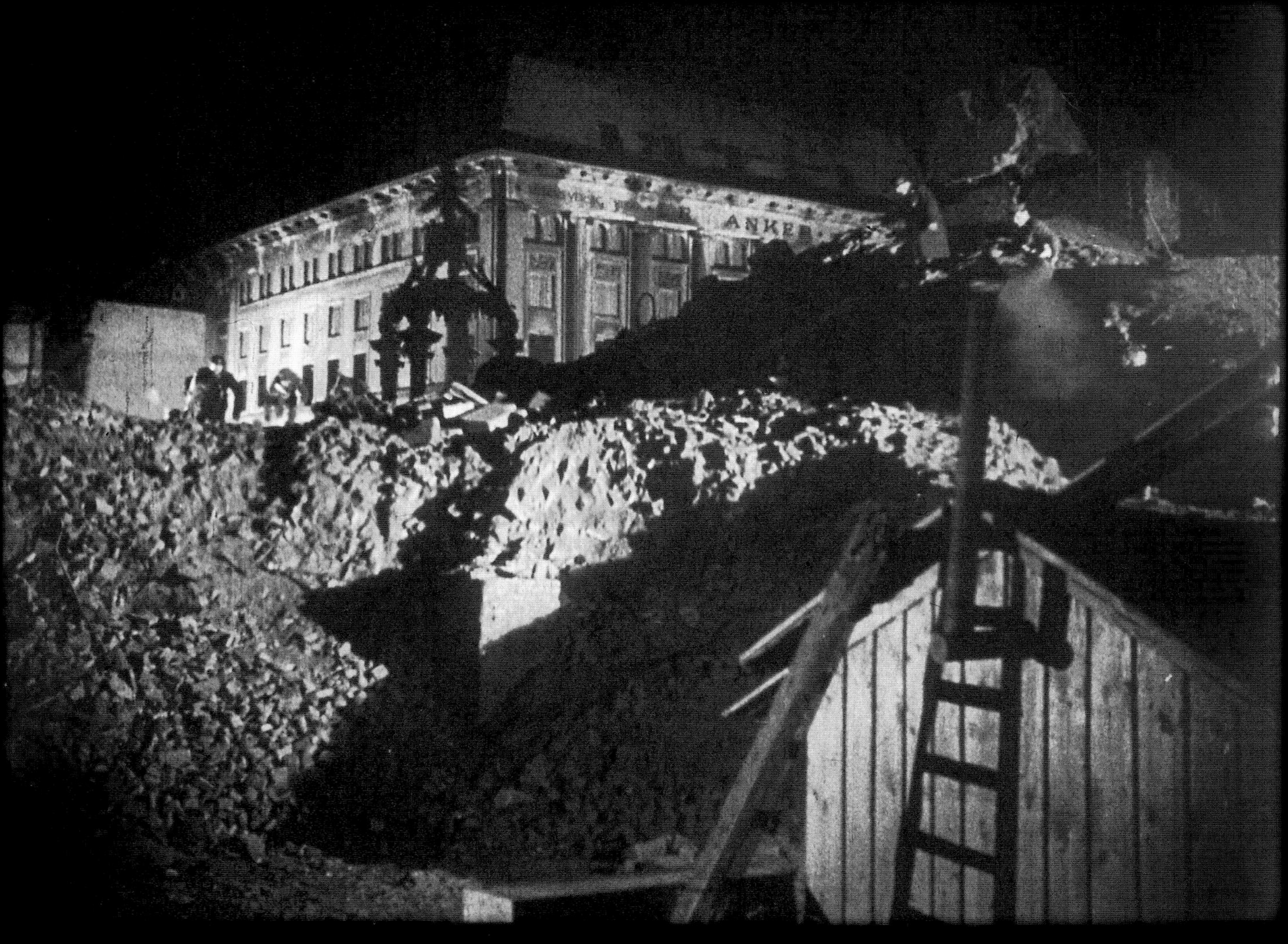
ANKER

233

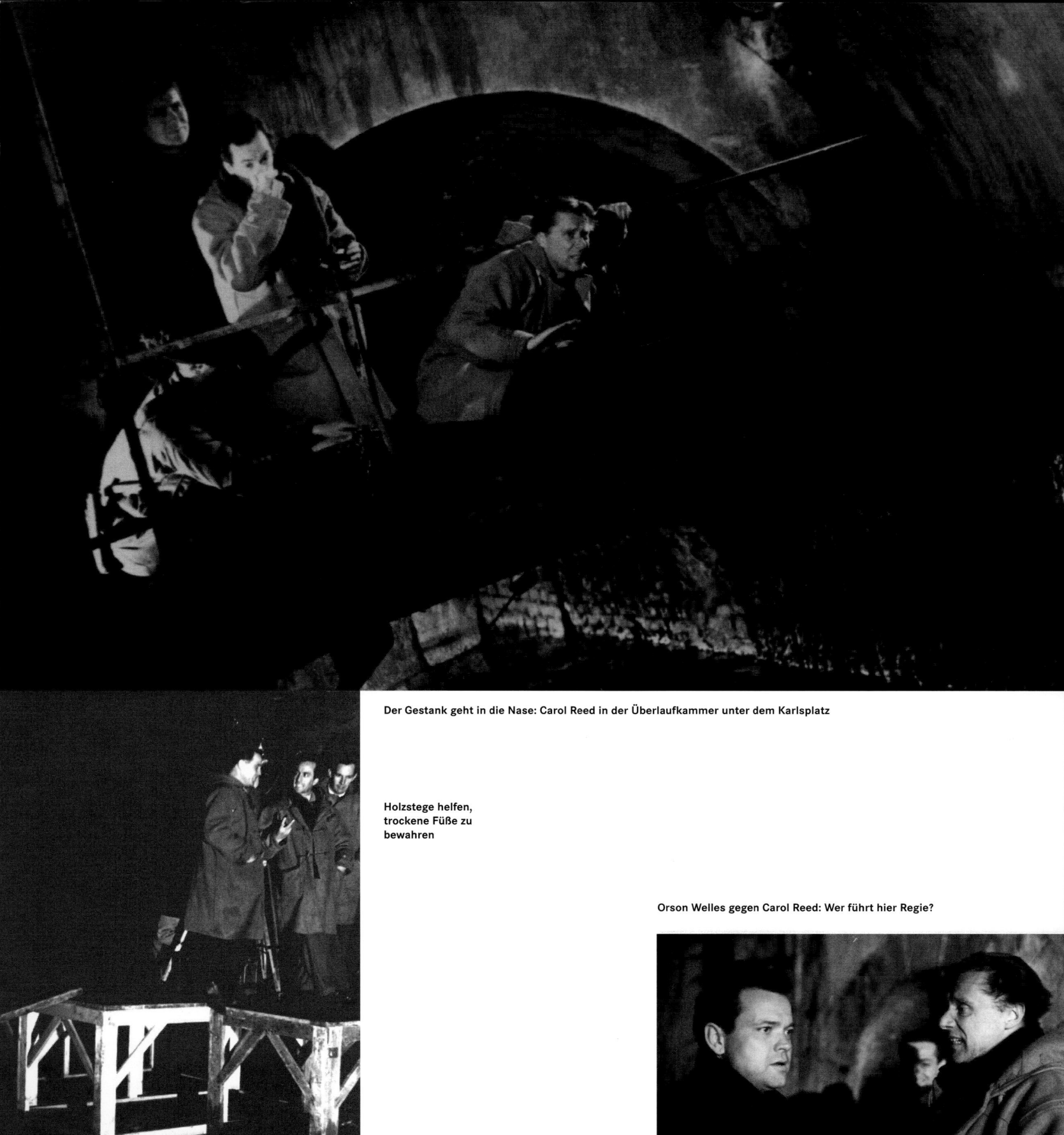

Der Gestank geht in die Nase: Carol Reed in der Überlaufkammer unter dem Karlsplatz

Holzstege helfen, trockene Füße zu bewahren

Orson Welles gegen Carol Reed: Wer führt hier Regie?

Das „Vereinigungswehr" des Ottakringbachs mit dem linken Wiensflusssammelkanal. In diesem Bereich findet das Gros der unterirdischen Dreharbeiten statt

UNTERIRDISCHE EINBAUTEN BEI DER SEZESSION

Szene 137 / 1:29:43
Kanal
(Part Location, night)

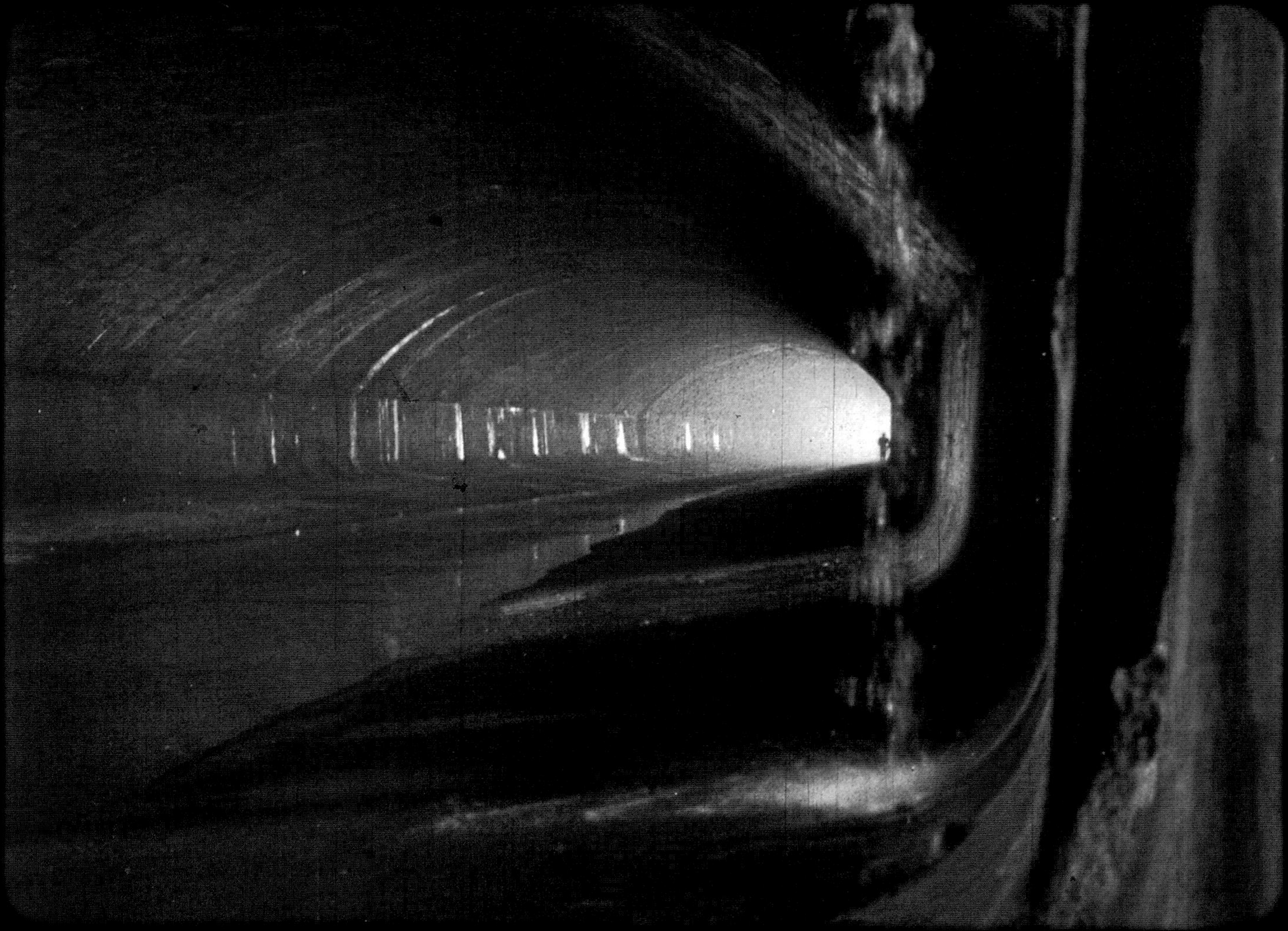

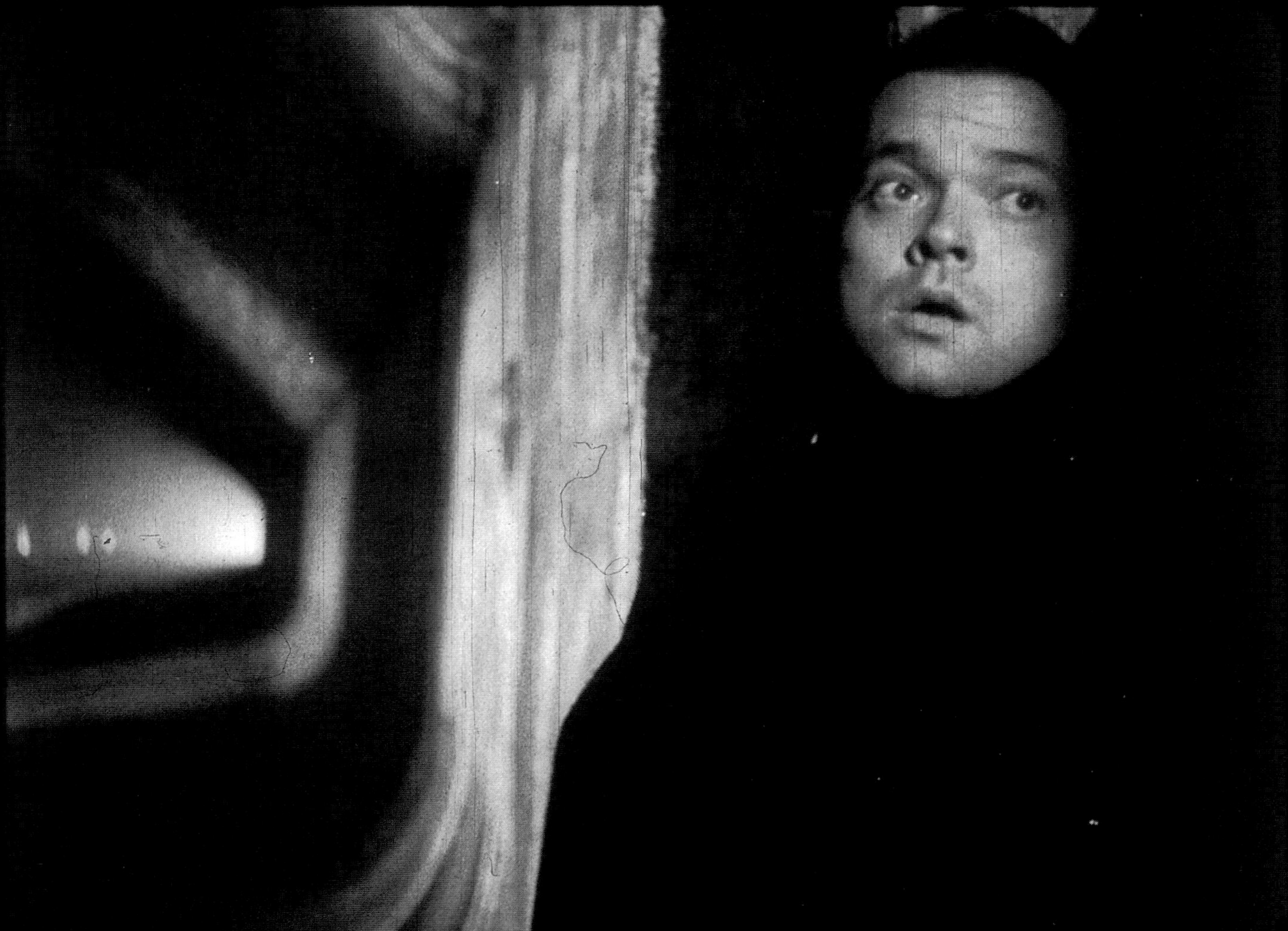

237

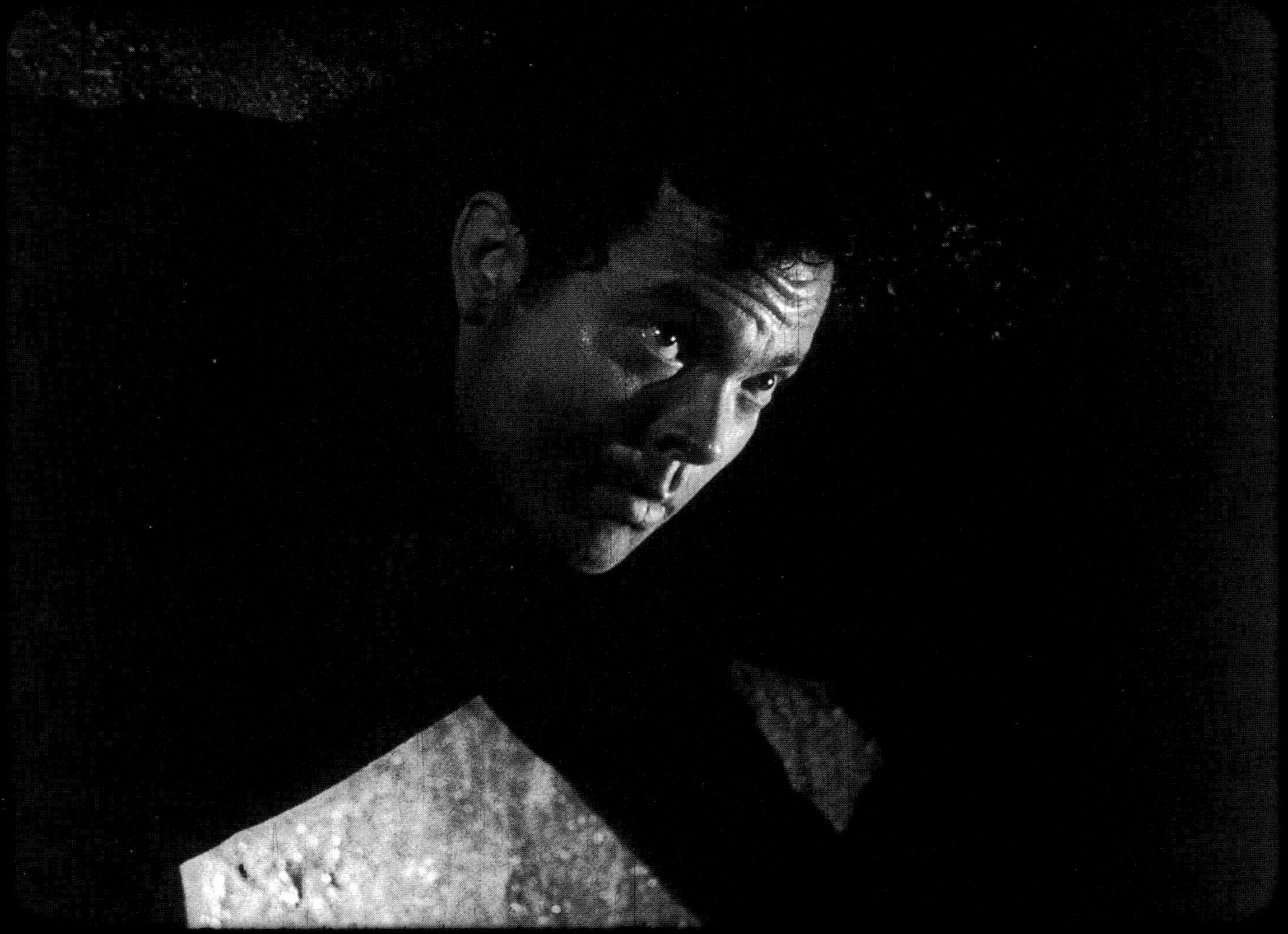

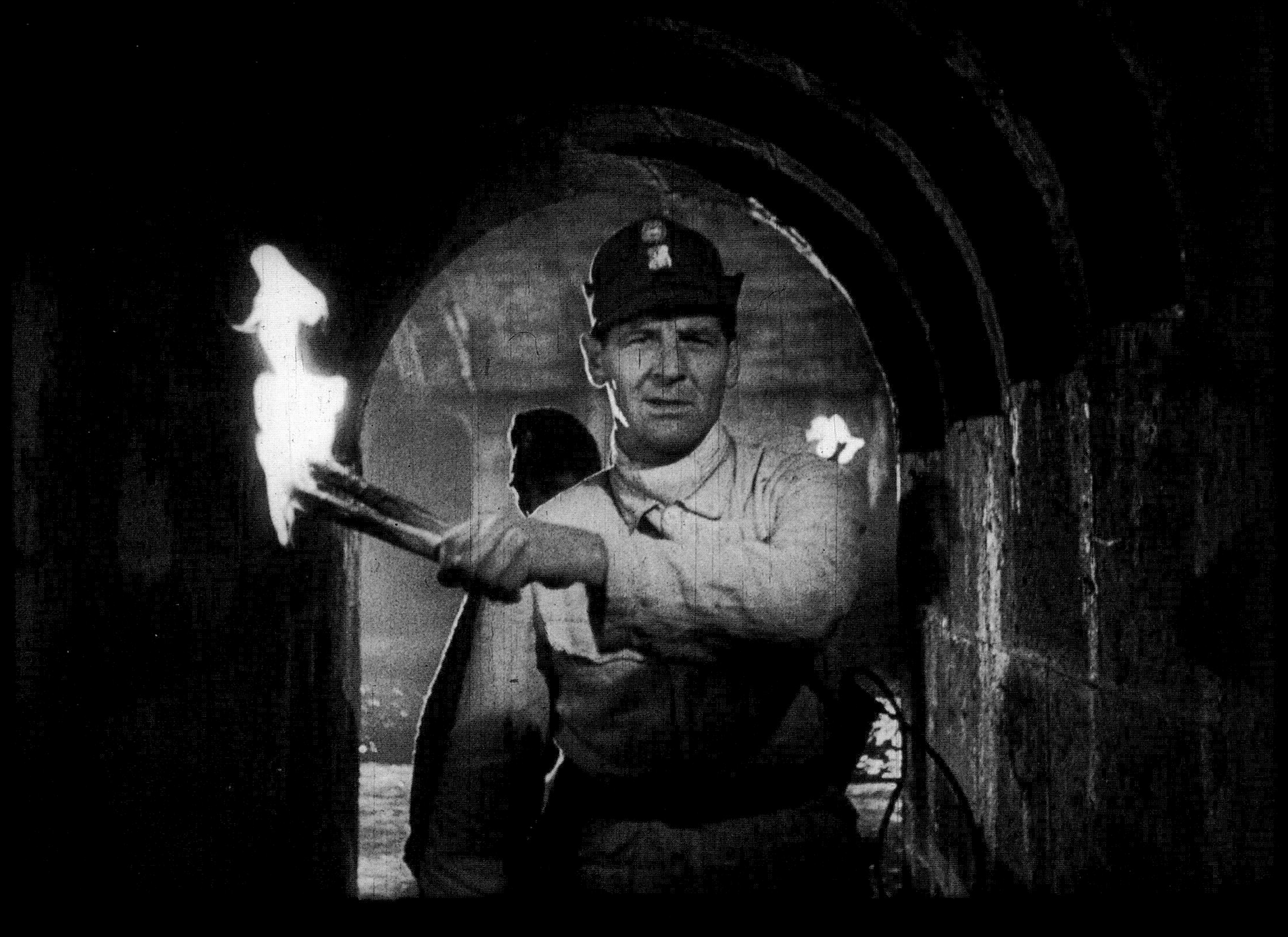

239

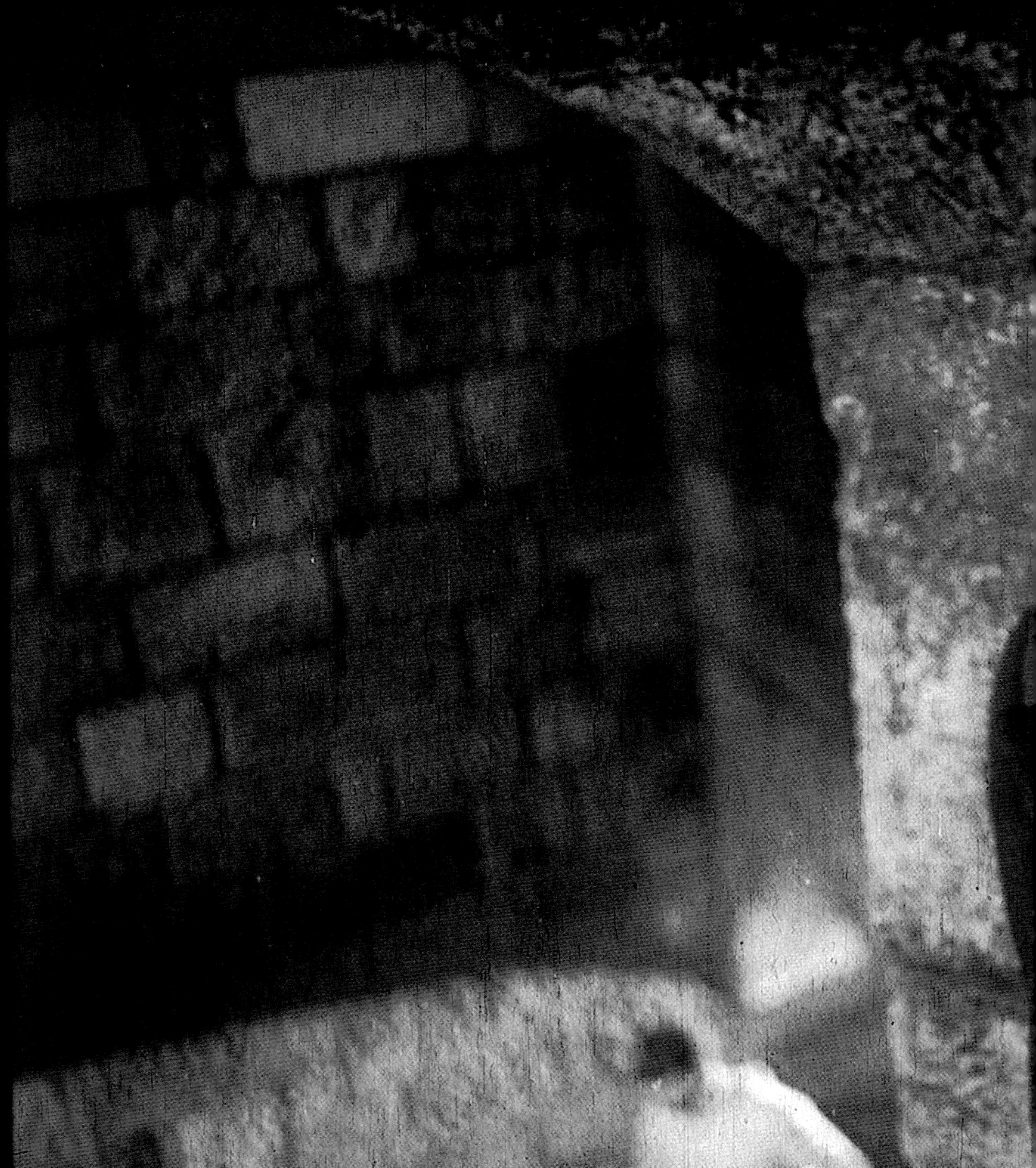

241

Die Dreharbeiten in den Kanälen von Wien: dramatisch wie die Filmszenen

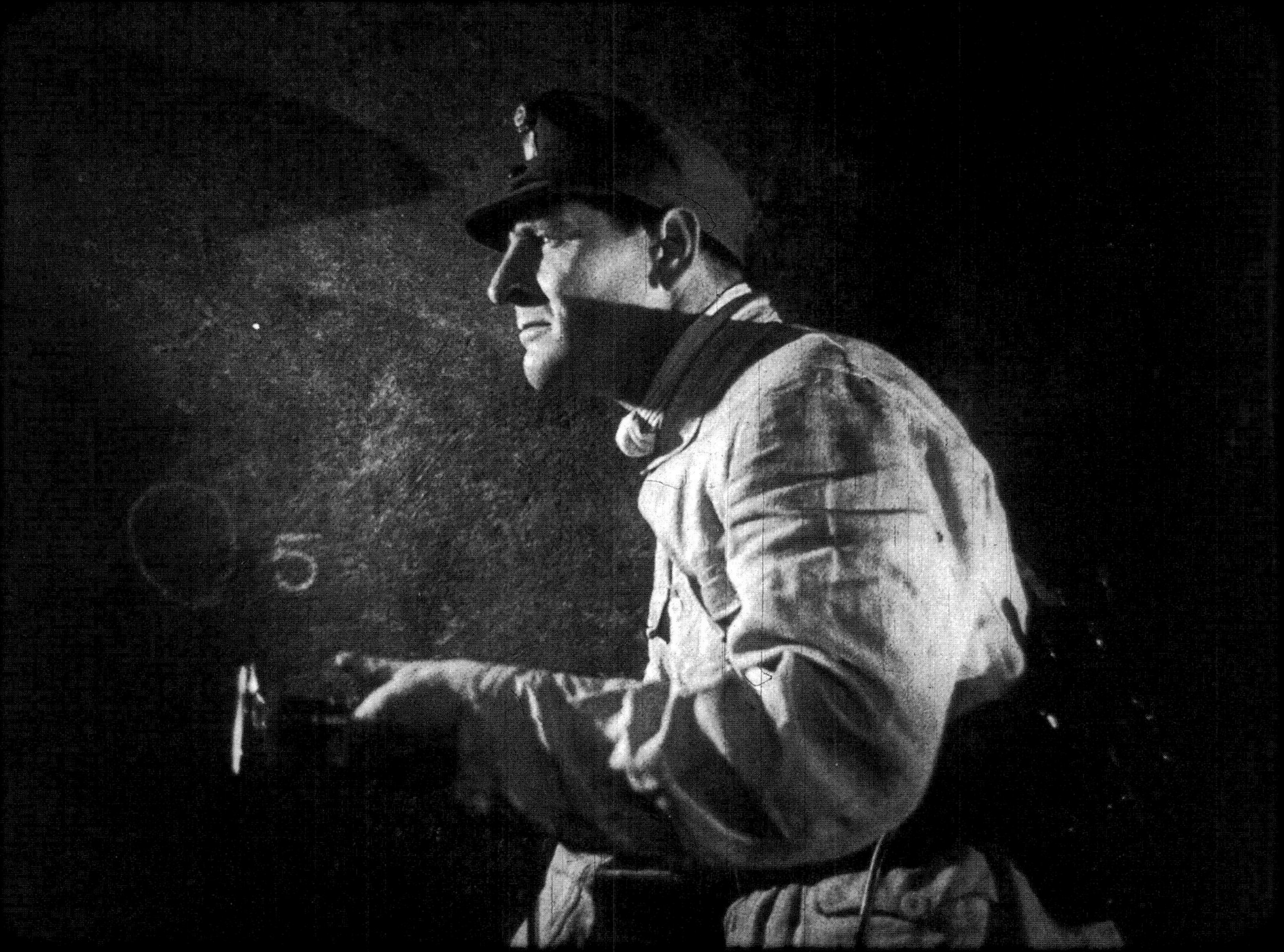

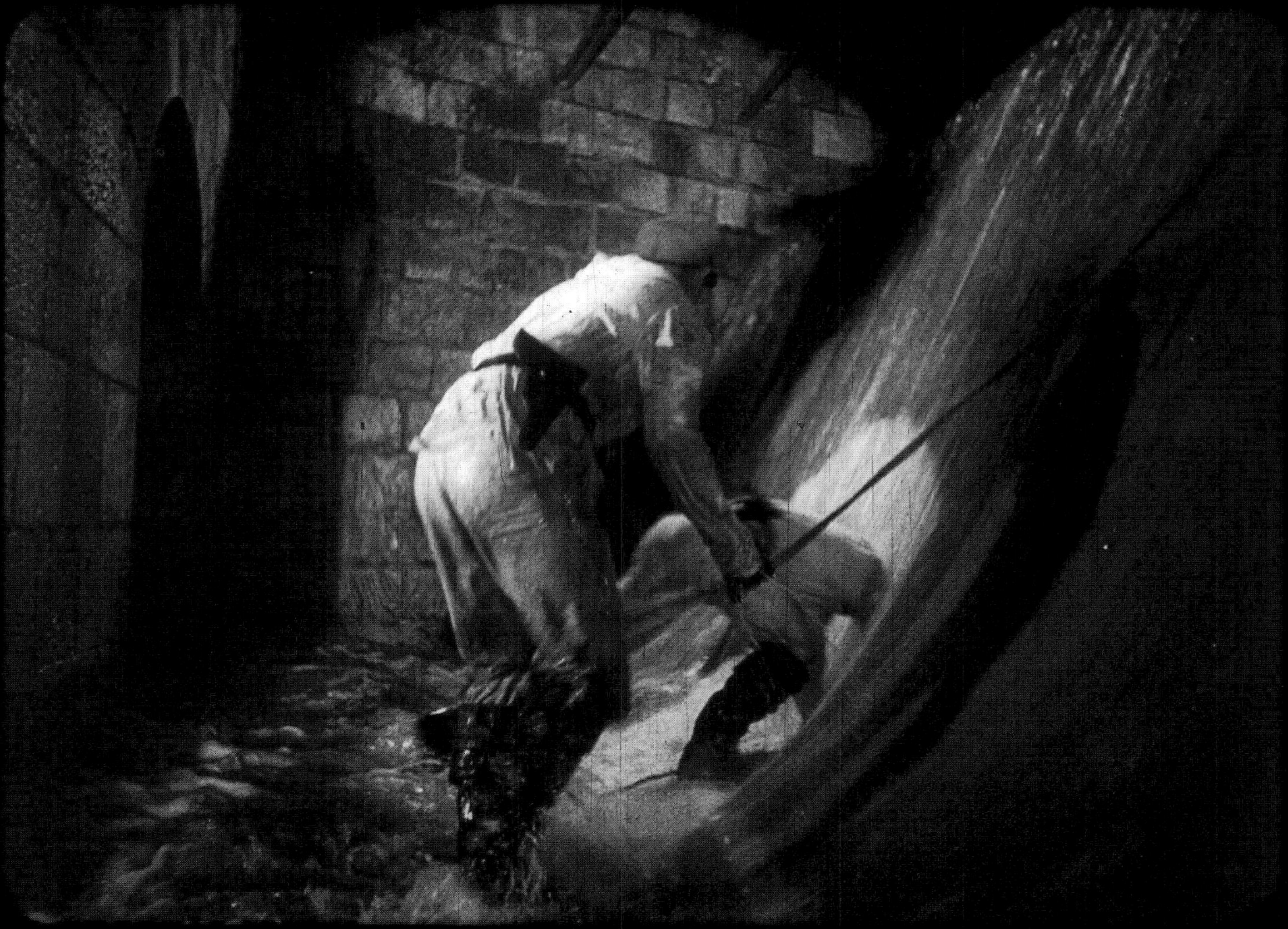

Fast vier Wochen lang hört man den Clapper Boy im Kanal

Heute kaum noch vorstellbare Beleuchtungsverhältnisse

Trevor Howard mit Kamerateam

Das Kanalsystem hat Carol Reed schon bei seinem ersten Wien-Aufenthalt fasziniert

Polizei: Da, da ist er! He, stehen bleiben, oder ich schieße!

Martins:	[findet Harry, der über eine Wendeltreppe aus dem Kanal entkommen möchte] Bist du es? Es ist aus, Harry.
Harry:	Was willst du?
Martins:	Gib doch auf!
Paine:	Mr. Martins, kommen Sie zurück , zurück, zurüü ... [Paine bricht von einer Kugel getroffen zusammen]

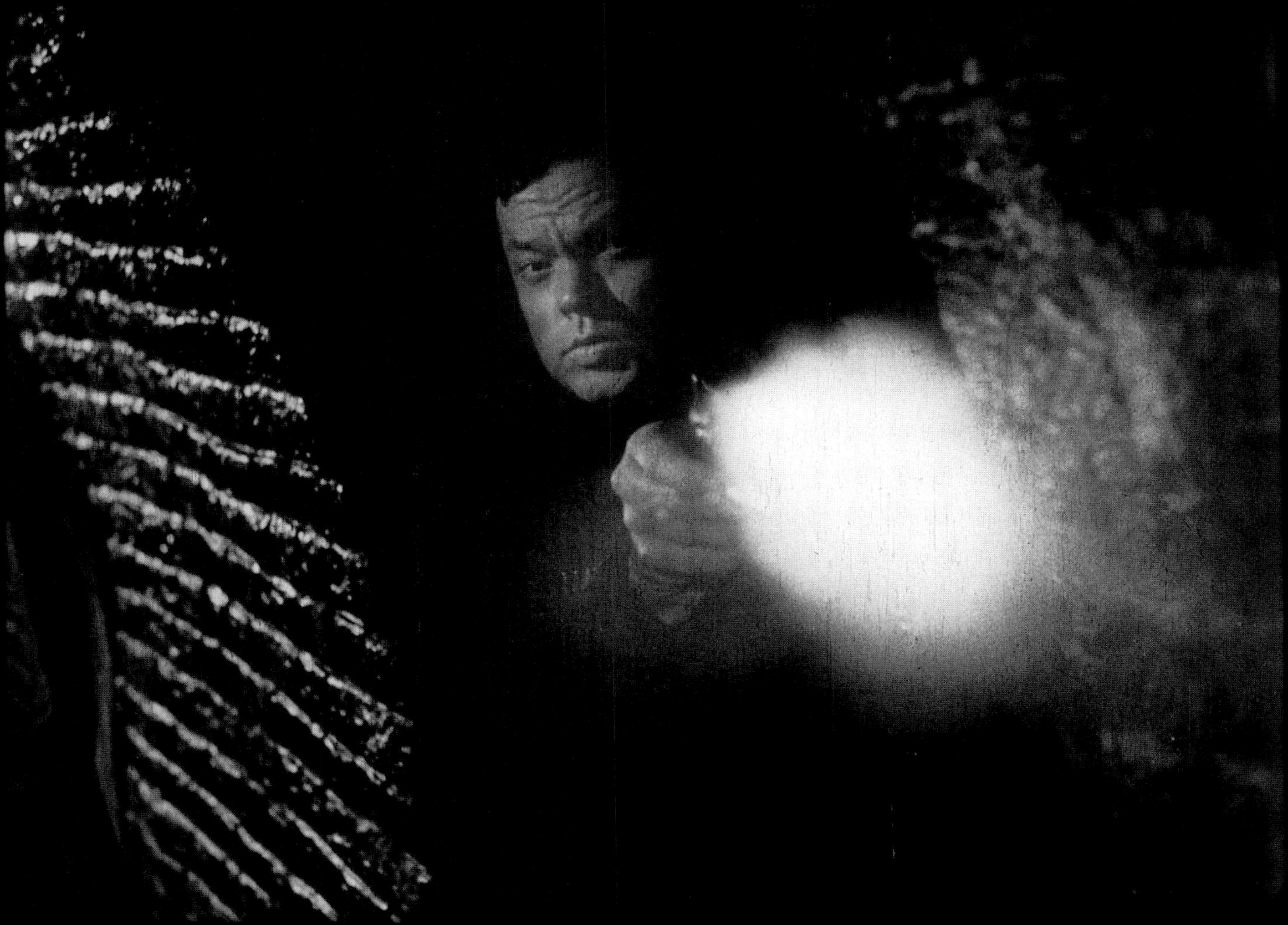

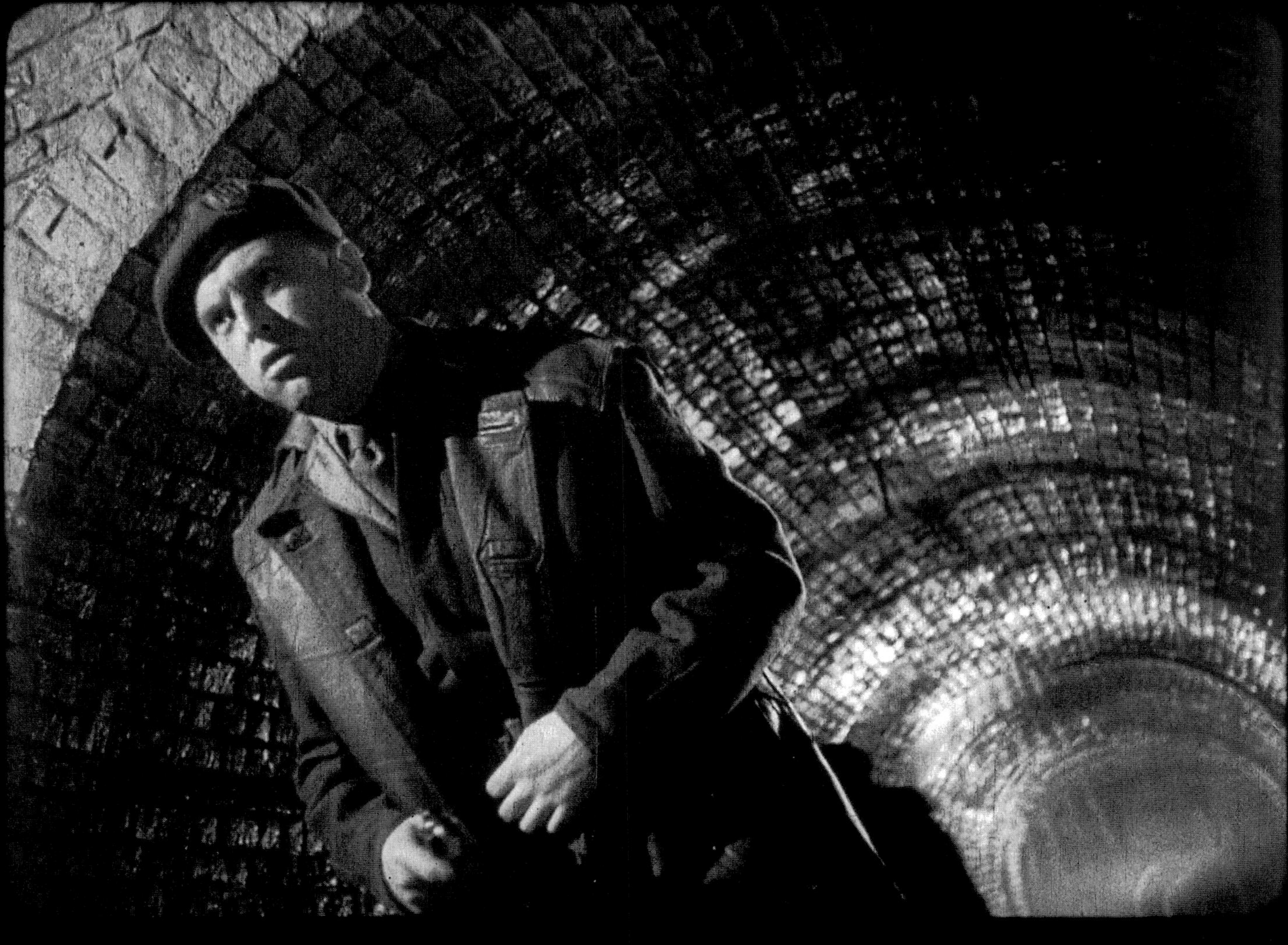

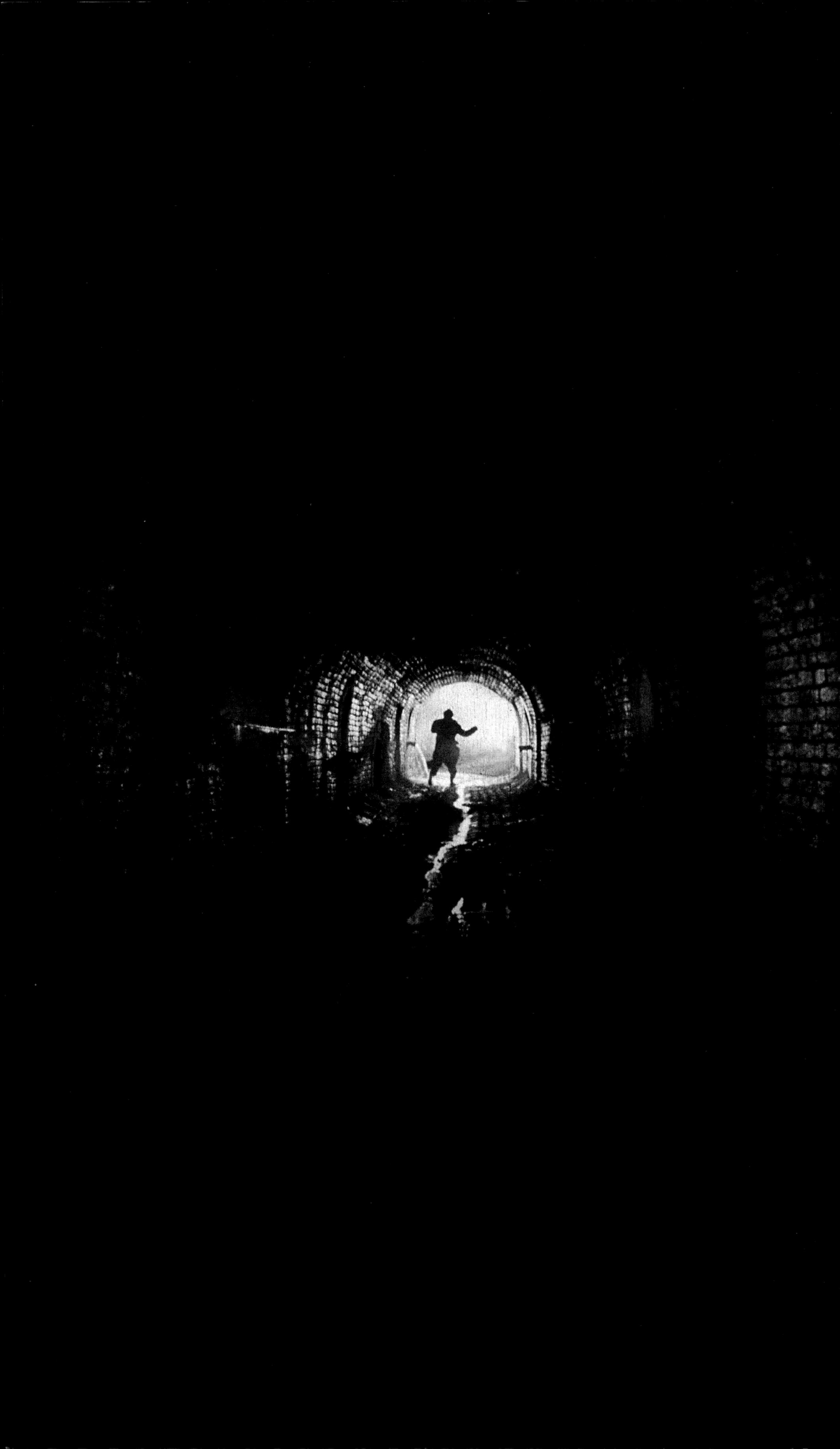

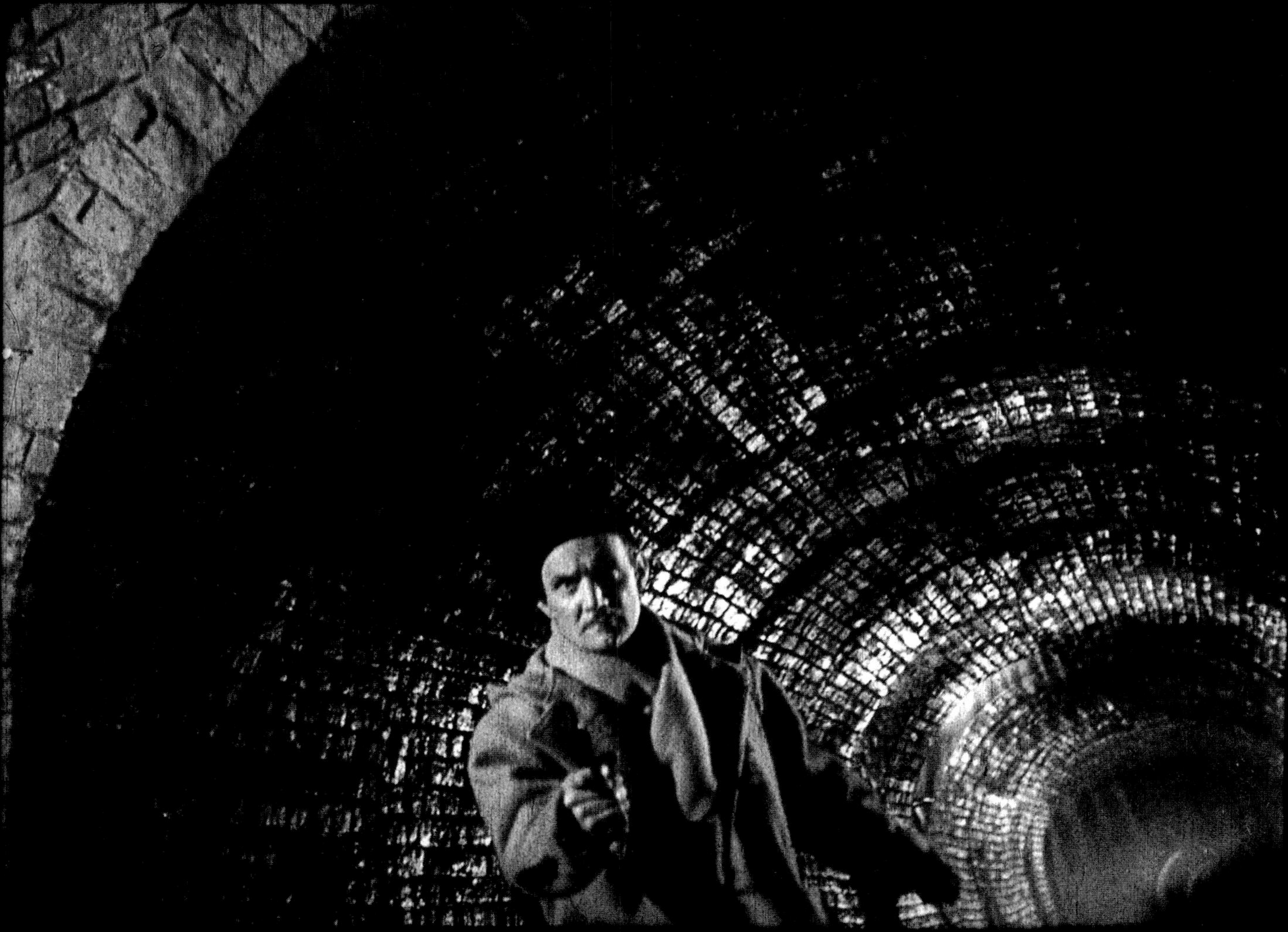

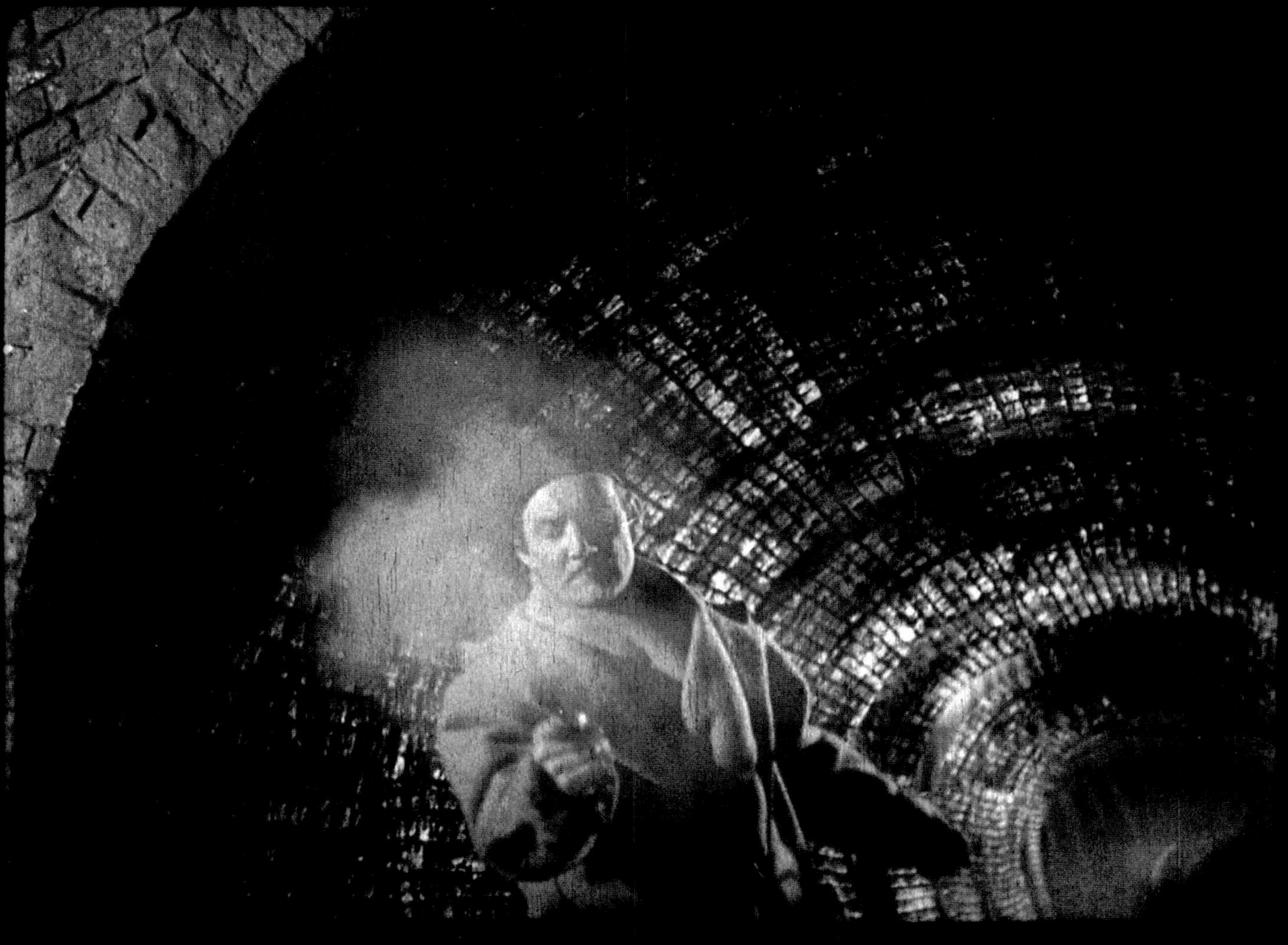

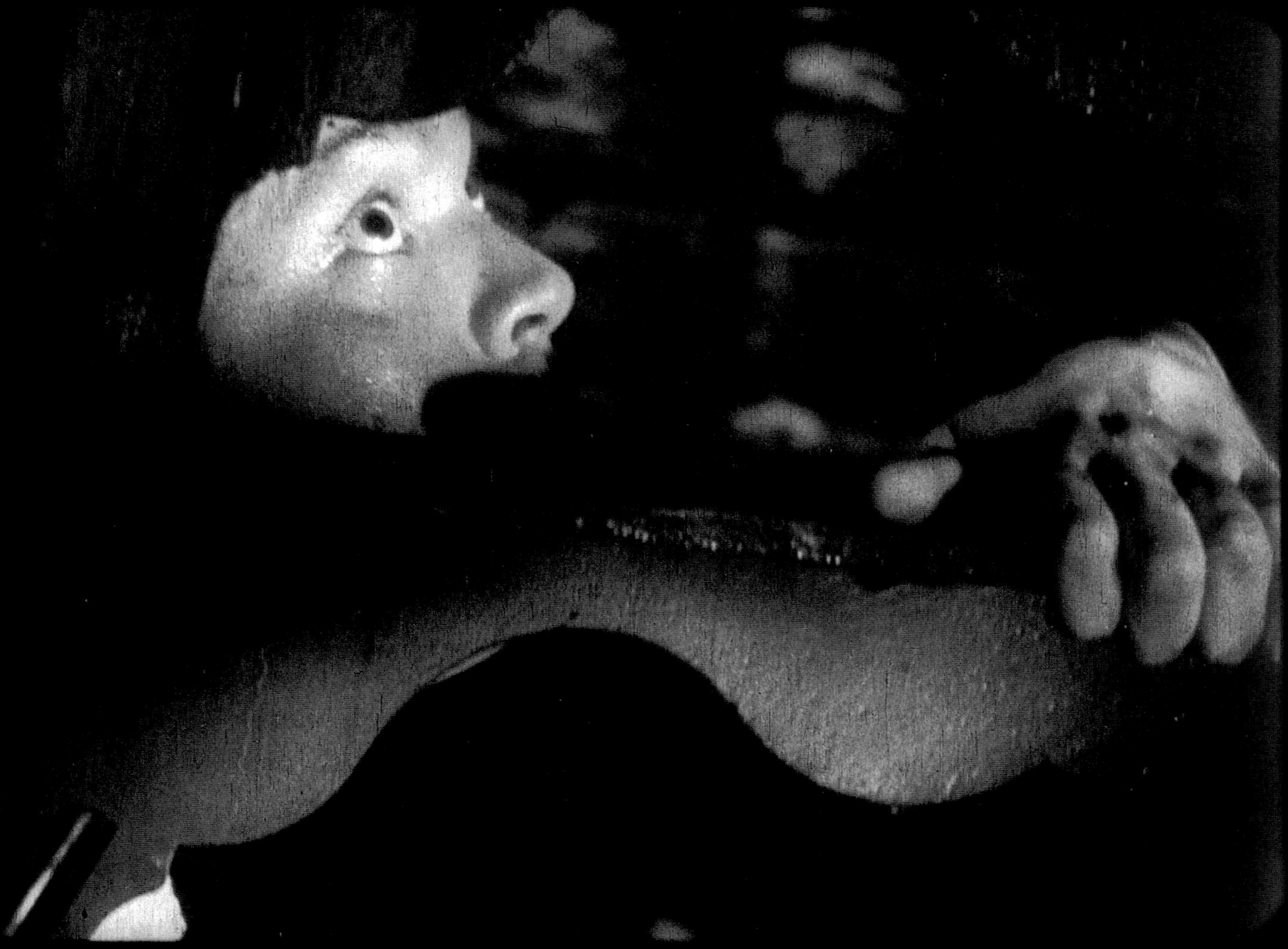
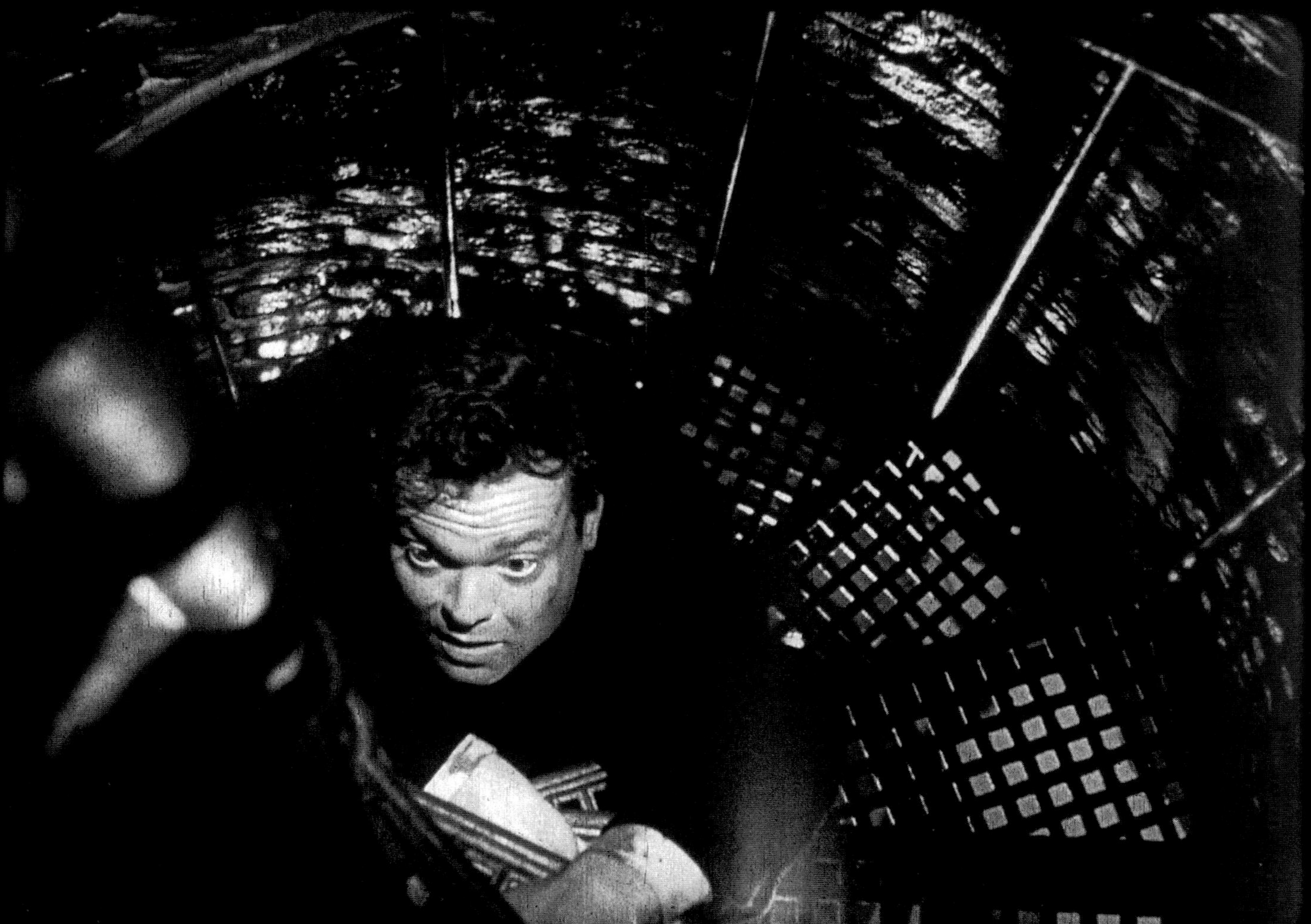

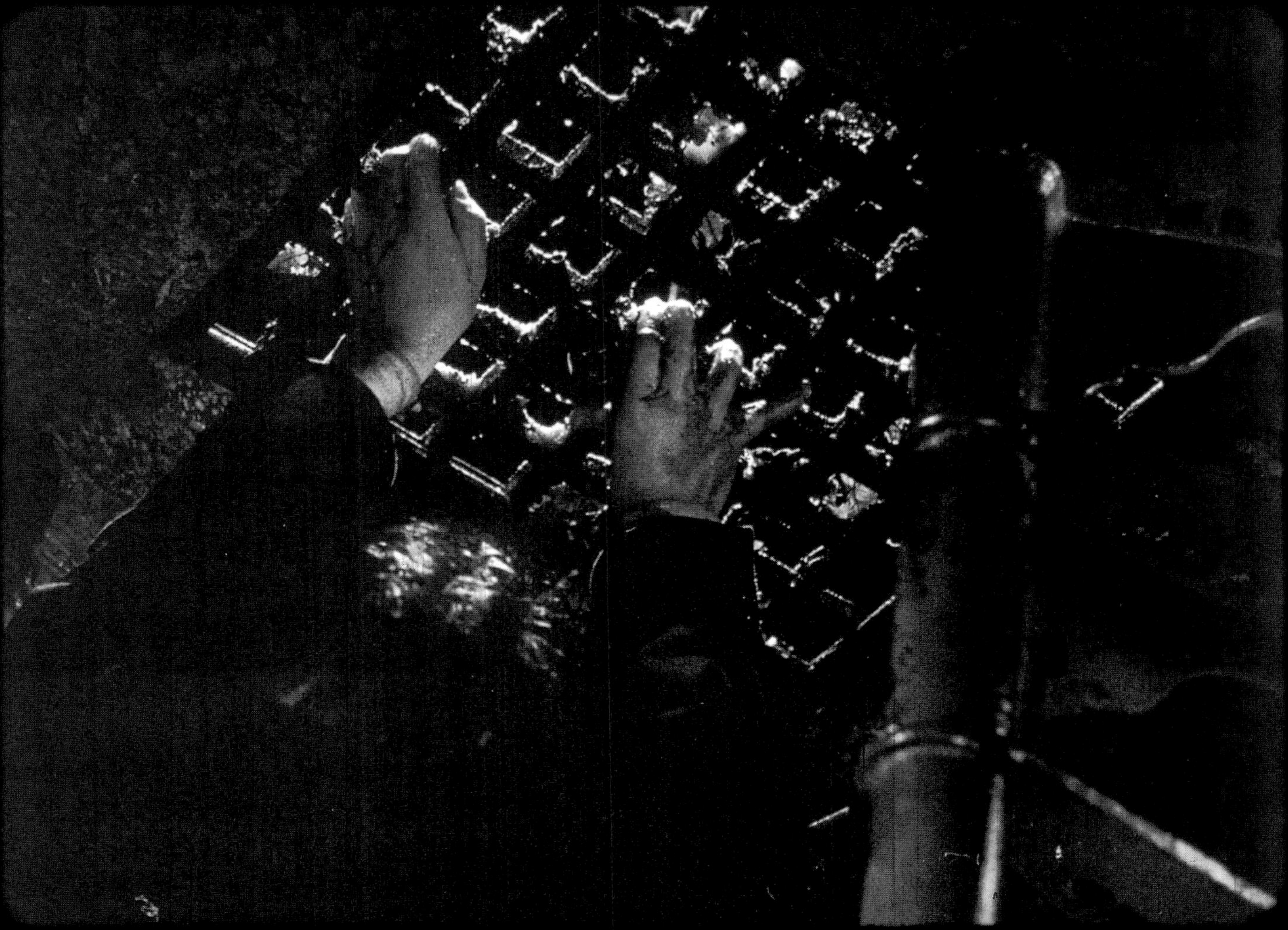

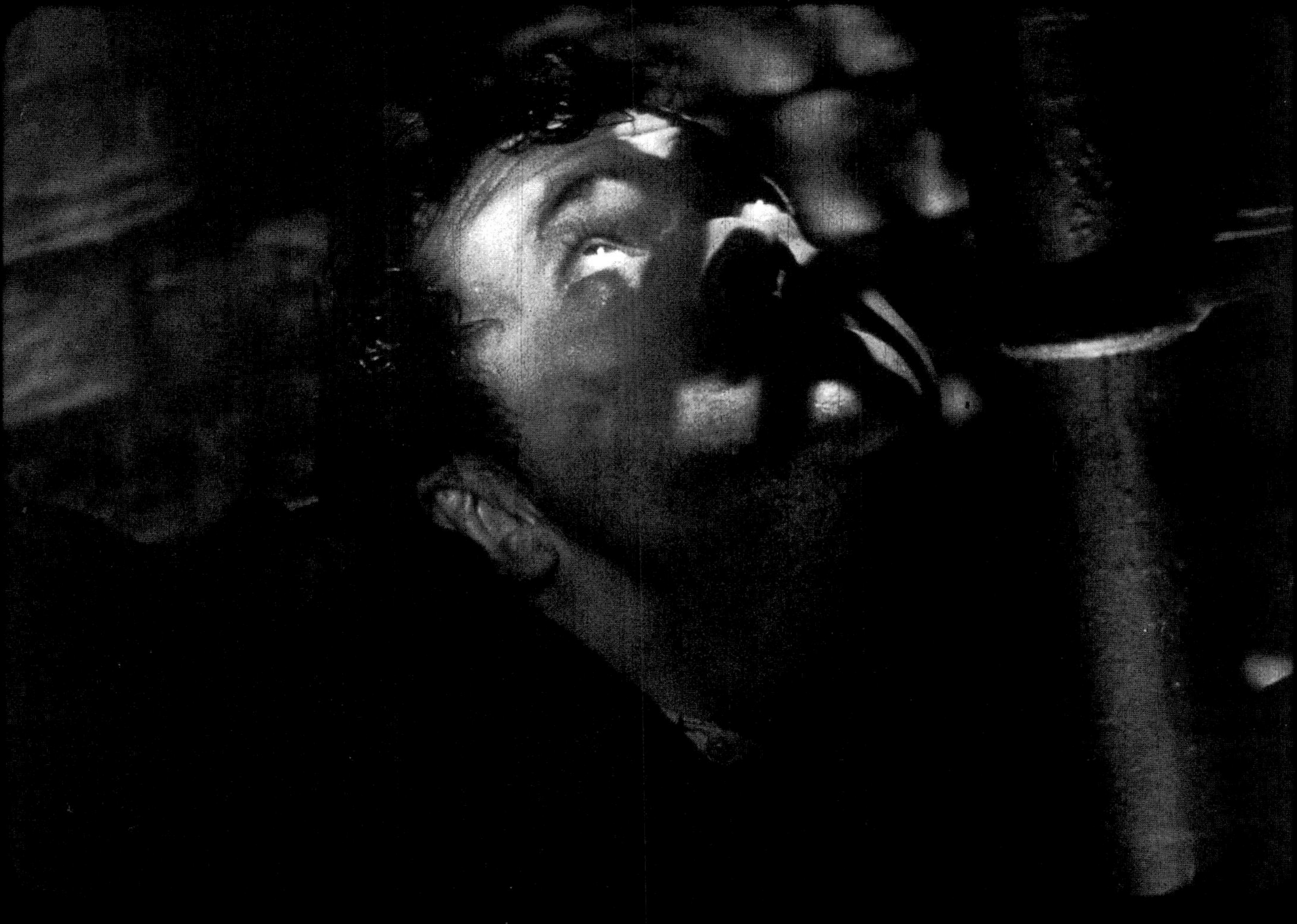

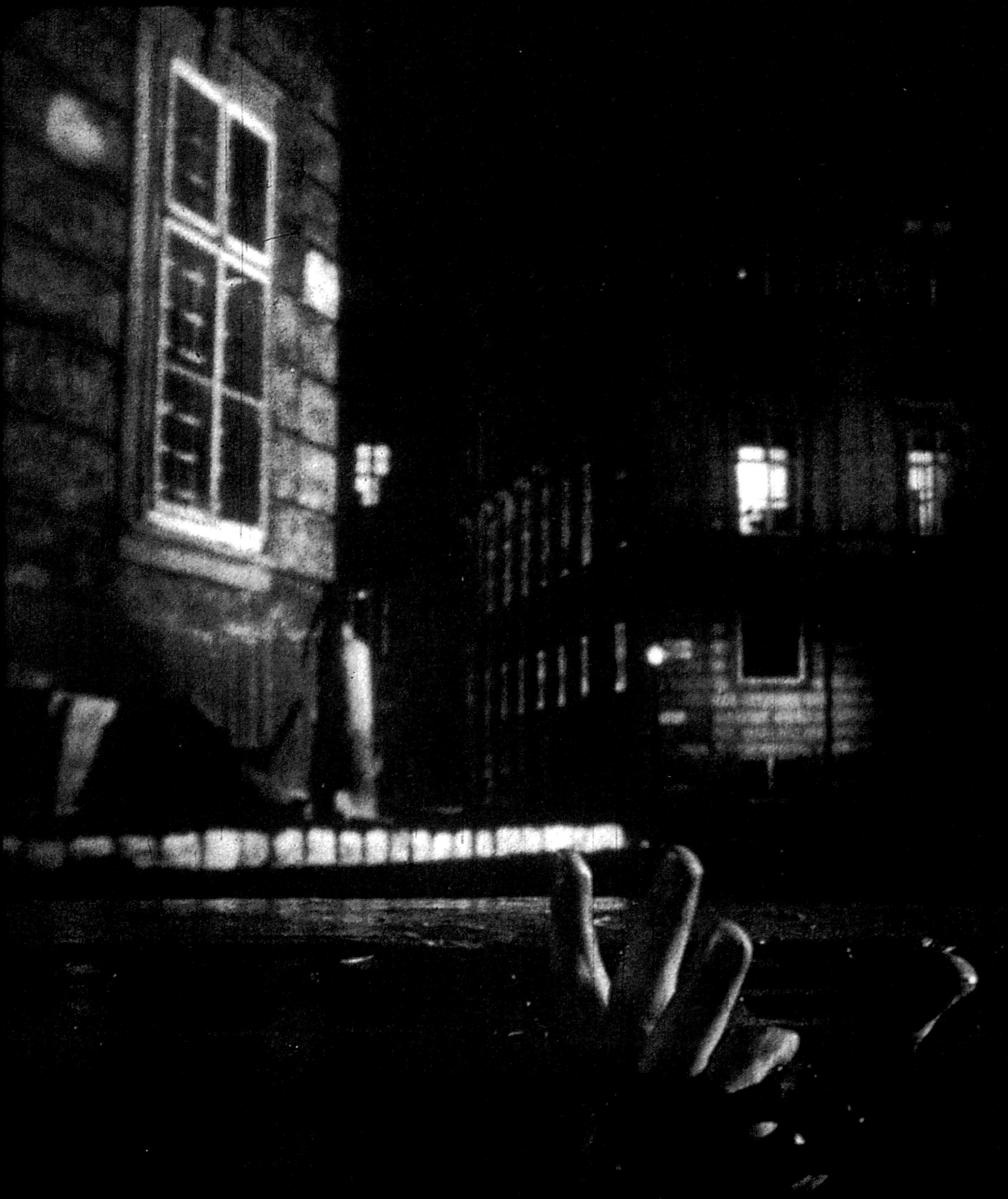

[Harry versucht verzweifelt, den Kanaldeckel zu heben]

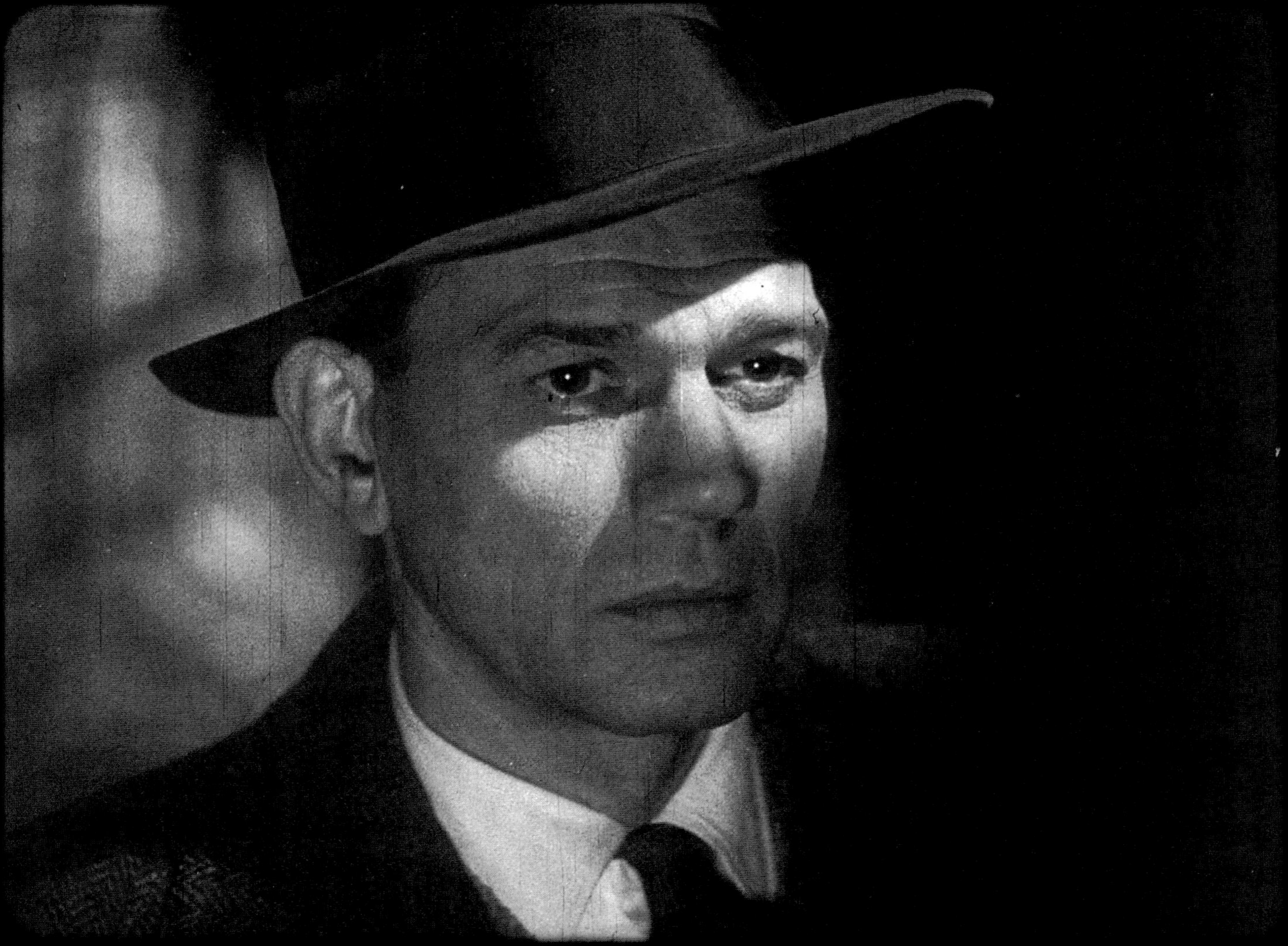

[Durch einen Schuss verletzt, nickt er Martins zu, ihn von seinen Qualen zu erlösen. Man hört einen Schuss]

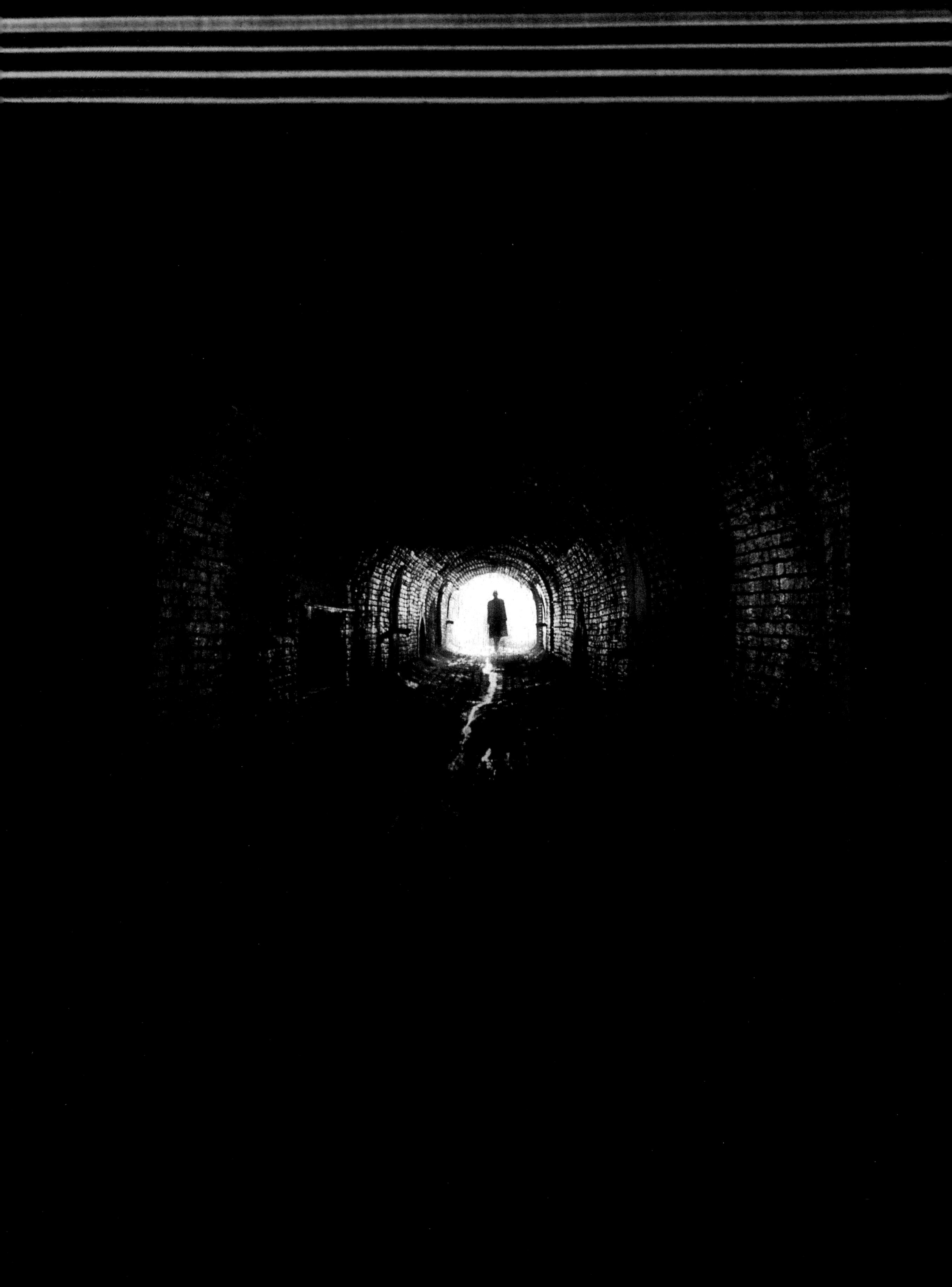

„All das fließt in die schöne blaue Donau. Duftet herrlich, was?"
Die Kloaken von Wien

Durch das dunkle Labyrinth der Kanalanlagen hetzt ein nach Atem ringender und von Angst gepeinigter Harry Lime. Ihm sind Major Calloway und Sergeant Paine auf den Fersen, Holly Martins und die mit Hunden, Trillerpfeifen, Pistolen und riesigen Handscheinwerfern ausgerüsteten Männer von der Kanalpolizei. Von allen Seiten rücken sie ihm zu Leibe, vom Donaukanal, vom Stadtpark, vom Karlsplatz. Sie durchkämmen jeden Winkel des Kanals. Die Ausstiege sind bewacht, der Weg in die sowjetische Zone ist durch einen Polizeikordon abgeriegelt. Keuchend läuft Harry Lime durch schmale Gänge, erreicht ein weit ausladendes Gewölbe. Einen Augenblick hält er inne, sein Atem geht stoßweise, das Entsetzen eines gehetzten Tieres steht ihm ins Gesicht geschrieben. Er blickt sich um – in welche Richtung soll er weiter? Ein Sprung, er scheint den rettenden Ausstieg gefunden zu haben. Da streift ihn ein Schuss, mit letzter Kraft versucht er durch einen Kanaldeckel zu entkommen.

Generationen von Kinogehern sind der Faszination dieser Verfolgungsjagd durch die Wiener Kanäle erlegen und auch nicht deklarierte Harry Lime-Fans müssen zugeben, dass Carol Reed und seinem Team hier etwas ganz Besonderes gelungen ist: ein Feuerwerk ungewöhnlicher Kameraeinstellungen, rasanter Schnittfolgen und gespenstischer Lichteffekte, wobei es nicht nur um die Dramatik der Handlung, sondern auch und besonders um die Dramatik des Ortes geht. Und die hat sich so tief eingeprägt, dass der Kanal zu einem Synonym für den „Dritten Mann" schlechthin geworden ist – und das bei einer Gesamtlänge der Kanalsequenz von weniger als zehn Minuten! Dramatisch ins Bild gesetzte Wehranlagen, tosende Wassermassen, eine gusseiserne Fluchttreppe, ein rettender Kanaldeckel – Bilder einer verborgenen Welt, die im Gedächtnis haften bleiben.

„Was für eine seltsame Welt liegt doch, den meisten von uns unbekannt, unter unseren Füßen verborgen! Wir leben über einer Höhlenlandschaft von Wasserfällen und rauschenden Flüssen, wo Ebbe und Flut abwechseln wie in der Welt darüber. Wer jemals die Abenteuer von Allan Quatermain und den Bericht seiner unterirdischen Wasserreise zur Stadt Milosis gelesen hat, der kann sich den Schauplatz von Limes letztem verzweifelten Widerstand vergegenwärtigen. Der Hauptkanal, etwa halb so breit wie die Themse, braust unter einem mächtigen Tunnelgewölbe dahin und wird von zahlreichen Zuflüssen gespeist ... und von allen Seiten hört man das Tosen stürzender Wässer."[1]

Die „Höhlenlandschaft", die Graham Greene seinen Lesern so dramatisch schildert, ist der Tunnel des Wienflusses, der im Zuge der 1894 begonnenen Flussregulierung entsteht und zu den wohl eindrucksvollsten Abschnitten des Wiener Kanalnetzes zählt. Wenn Graham Greene allerdings den Wienfluss als „Hauptkanal, halb so breit wie die Themse", beschreibt, lässt er seiner Fantasie nur allzu freien Lauf, denn der Wienfluss ist mit einer Breite von wenigen Metern und einer Tiefe von einigen Zentimetern äußerst „zahm" und schwillt nur bei Schneeschmelze oder ausgiebigen Regenfällen auf ein Vielfaches seines durchschnittlichen Fließvolumens an. Trotzdem weiß der Major, wo er Harry Lime suchen muss.

Diese schaurig-geheimnisvolle Welt, glitschig, übelriechend und rattenverseucht, fasziniert Graham Greene bereits bei seinem ersten Wienbesuch, als er in Begleitung der Kanalpolizei das unterirdische Wien kennen lernt.

Sie sollte das Reich seines Harry Lime werden! Durch Litfasssäulen und Kanalschächte würde er unter- und wieder auftauchen, seinen schmutzigen Geschäften nachgehen, den Schutz der Russen suchen und der Polizei entkommen:

„Wir sind hier an einem der Einstiege zum Hauptkanal unter der Stadt."
„Und jeder Mensch kann da hinuntersteigen?"
„Jeder. Aus irgendeinem Grund sträuben sich die Russen dagegen, dass die Eingänge abgesperrt werden."
„Und wie weit kann man da unten gehen?"
„Durch ganz Wien. Die Bewohner benützen die Kanäle während der Luftangriffe. Einige unserer englischen Kriegsgefangenen hielten sich zwei Jahre hier versteckt. Deserteure tauchen hier unter – und Einbrecher bedienen sich ihrer. Wenn man sich in dem Kanalnetz auskennt, kann man an jedem Punkt der Stadt wieder herauskommen, entweder durch ein Kanalgitter oder einen Ausstieg wie diesen hier. Die Österreicher müssen eine eigene Kanalbrigade zur Überwachung der Kloaken unterhalten."[2]

Welch faszinierender und exotischer Drehort! Von einer späteren Interpretation der Verfolgungsjagd durch die Kanäle Wiens als Freud'sches Symbol hält Greene allerdings wenig und meint in „Conversations With Graham Greene" zu seiner Interviewerin, dass sie für ihn weder etwas Außergewöhnliches noch Symbolhaftes an sich hätten, sondern schlicht und einfach die Kanäle Wiens seien: „As for the Vienna sewers, there's nothing exemplary or symbolic about them: they were quite prosaically the sewers of Vienna."[3]

Bis in die Nachkriegszeit üben diese Kanäle eine magische Anziehungskraft auf kriminelle Elemente und all jene aus, die am Rande der Gesellschaft leben. Die „Strotter" und „Fettfischer" verdienen sich in der fauligen Feuchte der Stollen ihren mageren Lebensunterhalt, indem sie nachts, wenn der Wasserspiegel am niedrigsten ist, mit Sieben oder mit den bloßen Händen die übel riechenden Kanäle nach Verwertbarem abfischen. Die unzähligen Stollen und Gänge bieten auch idealen Unterschlupf für Wohnungslose, Kleinkriminelle und organisierte Verbrecherbanden. Schleichhändler können hier ihre Depots anlegen und Einbrecher kundschaften Einstiegsmöglichkeiten in Hauskeller aus. Während der Dreharbeiten zum „Dritten Mann" steigt eine Einbrecherbande durch die Kanäle des neunten Wiener Gemeindebezirks in das PX Store für amerikanische Besatzungsangehörige gegenüber der Volksoper und plündert den gesamten Lagerbestand.[4] Möglicherweise ist es dieselbe Bande, über die *Die Weltpresse* am 3. März 1950 schreibt, dass es gerade wieder gelungen sei, durch die „einmütige Zusammenarbeit der österreichischen und alliierten Polizei" das Haupt einer Schieberbande – „einen internationalen Verbrecher großen Formats", der in Wien als U-Boot gelebt hat – „in einer großangelegten Razzia durch sämtliche Bezirke der Stadt und das gewaltige Kanalsystem dingfest zu machen".

Ist es da verwunderlich, wenn das Kanalsystem die Fantasie von Schriftstellern und Filmemachern angeregt hat? Ein Faible für diese Wiener Unterwelt und die sie bevölkernde Halbwelt findet sich übrigens lange vor Graham Greene schon beim österreichischen Schriftsteller Heimito von Doderer. In seinem Roman „Die Dämonen" – im Wien der Zwischenkriegszeit angesiedelt – lässt er den „Strizzi" Meisgeier während der bürgerkriegsähnlichen Kämpfe des Jahres 1927 mit seiner Freundin Didi einen überaus interessanten Ausflug durch die Wiener Kanallandschaft machen: In der (durch moderne Verbauung leider nicht mehr zugänglichen) „Überfallkammer" des Alsbaches unterhalb der Friedensbrücke steigen sie in eine Zille und fahren über die Dauer von acht Minuten entlang des unter der Rossauer Lände verlaufenden Donaukanalsammlers bis zum Schottenring, von wo sie sich zu Fuß entlang des „Ringsammelkanals" zum brennenden Justizpalast begeben: „Unter der Ringstraße ziehen sich ... zwei Stollen hin. Der rechte, wenn man in der Richtung zur Universität sich wendet, ist betoniert und hat ein so genanntes Podest, das heißt, die Strömung läuft in einem eingesenkten Bette dahin, neben welchem ein fortlaufender erhöhter Auftritt sich erstreckt, sodass man trockenen Fußes gehen kann. Dieser Kanal verlässt aber die Ringstraße noch vor der Universität und biegt gegen die Alser Straße ab. Der linke Stollen – als der weitaus ältere – ist mit Ziegeln ausgemauert und hat kein Podest. Wenn man ihm folgen will, muss man im Wasser gehen, das rasch entgegenkommt und bis zu den Knien aufrauscht, während der Fuß auf dem glitschigen Grunde nicht immer den festesten Stand fasst. Dieser alte Ziegelkanal verlässt die Ringstraße erst später und führt direkt unter den Schmerlingplatz."[5]

Kaum eine andere europäische Großstadt verfügt mit mehr als 2.000 Kilometern begehbarer Kanäle über ein derart großzügig angelegtes Kanalsystem wie Wien.

Grund dafür sind die von den Höhen des Wienerwalds der Donau zahlreich zufließenden Bäche ebenso wie die bauliche Entwicklung der Stadt. Lange vor anderen Metropolen hat Wien eine gut funktionierende Kanalisation, Mitte des 18. Jahrhunderts ist das damalige Wien, das heute etwa dem ersten Bezirk entspricht, bereits vollständig kanalisiert. Nicht so ideal sind die Zustände außerhalb der Stadtmauern in den Vorstädten und Vororten, wo der Unrat und die Abwässer weiterhin in die offen fließenden Wasserläufe wie den Alsbach oder den Ottakringbach entsorgt werden. Erst nach der verheerenden Cholera-Epidemie des Jahres 1830 – ein Jahrhunderthochwasser und Eisstöße auf der Donau verhindern das Abfließen der Wienerwaldbäche und haben eine Verseuchung des Grundwassers zur Folge – geht man daran, die Flussläufe der westlichen Bezirke Wiens zumindest innerhalb des heutigen Gürtels unter Tag zu verlegen und gleichzeitig zu beiden Seiten des Wienflusses Hauptsammelkanäle anzulegen, die als „Cholerakanäle" in die Geschichte der Stadt eingehen. Bis zu diesem Zeitpunkt nimmt allein der Wienfluss die Abwässer von fast 4.000 städtischen Wohnhäusern ebenso auf wie jene der zahlreichen, entlang des Wienflusses liegenden Gewerbe- und Industriebetriebe. Obwohl von einer idealen Abwasserentsorgung noch weit entfernt, hat man damit doch die größten Missstände beseitigt und kann stolz auf etliche Kanalbauten verweisen, wie sie in anderen europäischen Großstädten erst rund drei Jahrzehnte später angelegt werden. Das sprunghafte Ansteigen der Stadtbevölkerung an der Wende zum 20. Jahrhundert macht weitere Verbesserungen notwendig; der Bau von Hauptsammelkanälen beidseits des Donaukanals, die Einwölbung des Wienflusses im Bereich von Karlsplatz und Naschmarkt und die Verbauung der Flussläufe an der westlichen Peripherie außerhalb des Gürtels folgen (zahlreiche Hauptstraßenzüge Wiens verlaufen noch heute entlang dieser verschwundenen Bäche). Die innenpolitischen Spannungen der zwanziger und dreißiger Jahre schließlich machen die Kanäle zum Tummelplatz radikaler politischer Gruppierungen, die diese für die Lagerung von Munition und Sprengstoff, aber auch als Fluchtwege nützen. Nach Beendigung der Februarkämpfe 1934 richtet die Wiener Polizei daher einen aus 30 Mann bestehenden Spezialtrupp „zur regelmäßigen Streifung" als so genannte Kanalbrigade ein. Während des Krieges ist diese Brigade nicht nur für die Ausforschung von Verbrechern zuständig, sondern kontrolliert auch das Luftschutzsystem; nach dem Krieg dient sie wieder der Bekämpfung krimineller Elemente, nicht zuletzt von Schleichhändlerbanden. Ohne die ausgezeichnete Zusammenarbeit mit der Kanalbrigade wären die Dreharbeiten in Wiens Unterwelt jedenfalls nicht möglich gewesen. „The sewer police were darling, very cooperative!",[6] erinnert sich Elizabeth Montagu gerne an die vielen gemeinsam im Kanal verbrachten Drehtage, bei denen die Männer um Hauptmann Gesink auch immer wieder Gelegenheit haben, ihr Talent als Laiendarsteller unter Beweis zu stellen.

Im Zweiten Weltkrieg wird nicht nur die Stadt an sich schwer in Mitleidenschaft gezogen, auch das Kanalnetz weist mit rund 1.800 Bombentreffern starke Beschädigungen auf. Sogar Sammelkanäle in über acht Metern Tiefe werden zerstört. Die rasche provisorische Schadensbehebung verhindert den Ausbruch von Seuchen; die vollständige Behebung der Kriegsschäden sollte aber bis 1950 dauern. Ein wichtiges Kapitel der städtischen Abwasserversorgung wird mit der Errichtung einer Hauptkläranlage im Osten Wiens abgeschlossen, durch die fast das gesamte Abwasservolumen Wiens einer Klärung zugeführt werden kann und die Belastung der Donau durch die Abwässer Wiens auf ein Mindestmaß reduziert ist.

Wien verfügt also unbestritten über ein faszinierendes Kanalsystem, die Abwasserkanäle mit ihren spektakulären, kafkaesk-alptraumhaften Verzweigungen und Verschachtelungen von Tunneln, wie sie uns Carol Reed im „Dritten Mann" zeigt, sind jedoch nur eine geniale filmische Illusion aus raffiniert kom-

Mitglieder der Kanalpolizei als begabte Laiendarsteller

ponierten Verschnitten von Originalaufnahmen der fotogensten Teile des Wiener Kanalsystems und Zwischenschnitten aus den Shepperton Studios. Nur so kann der auf wenige Quadratmeter beschränkte Bereich des so genannten „Schotterfangs" und der „Überlaufkammer" unter dem Girardipark am Karlsplatz mit seinen Galerien, dem massiven, noch aus dem 19. Jahrhundert stammenden Quadermauerwerk und den tunnelartigen Gängen Weitläufigkeit und Endlosigkeit vermitteln. Hier lässt Reed seinen in den meisten Fällen gedoubelten Harry Lime über ein Eisengeländer zur Überlaufkante des gefluteten Wehrs hinunterklettern; hier können sich die Männer der Kanalbrigade wagemutig abseilen und durch die so genannten „Regenauslässe" in den Wienflusstunnel laufen. Ein Kritiker meint zwar nach der Wiener Premiere, dass er sich mehr vom oberirdischen Wien gewünscht hätte, hält Carol Reed aber zugute, dass es ihm zumindest gelungen sei, die Kanäle Wiens äußerst spektakulär zu verfilmen![7]

Was Orson Welles und sein gestörtes Verhältnis zu den Wiener Kanälen betrifft – bekanntlich weigerte er sich beharrlich, länger als für einige wenige

Einstellungen in den feucht-kalten Gängen und Tunnels zur Verfügung zu stehen –, bleibt Reed nichts anderes übrig, als Teile des Wiener Kanals in den Shepperton Studios nachzubauen, obwohl der ursprüngliche Plan ausschließlich die Sequenz mit dem auf den Stufen einer Wendeltreppe sterbenden Harry Lime im Studio vorgesehen hat: So entsteht schließlich ein Stück Wienflusseinwölbung samt künstlichem Wienfluss, der von einem unter dem Studioboden liegenden Bassin gespeist wird (in dem nur zwei Jahre später Humphrey Bogarts legendäre „African Queen" versenkt wird[8]). Art Director John Hawkesworth entwirft den Ziegelkanal, in dem Sergeant Paine von einer Kugel tödlich getroffen zu Boden sinkt. Und auch die Wendeltreppe, auf der sich Harry Limes Schicksal erfüllen soll, ist eine Arbeit der Studiorequisiteure. Durch einen Streifschuss verwundet, versucht der Flüchtende verzweifelt, mit letzter Kraft durch ein Kanalgitter die rettende Straße zu erreichen.[9] Ein herrlicher Regieeinfall von Carol Reed, doch wie hätte Harry Lime über eine runde Wendeltreppe zu einem quadratischen Kanaldeckel gelangen können?

Auch Orson Welles' Finger sind nicht echt, sie werden vom Regisseur höchstpersönlich gedoubelt! Nicht eingeweihten Harry Lime-Fans sei auch verraten, dass Harry, als er am Platz Am Hof plötzlich „wie Feuer und Rauch" verschwindet, nicht allzu weit gekommen ist: Die „Litfasssäule" stammt aus der Kulissenwerkstätte der Sieveringer Studios, unter dem Platz befinden sich anstelle von Kanälen Sektkellereien (die heute einer Tiefgarage gewichen sind)! Original-Litfasssäulen als Einstiege ins Wienflussbecken findet man heute noch im Bereich Lothringerstraße und Vordere Zollamtstraße. Für die Inszenierung von Harrys mysteriösem Verschwinden sind sie ungeeignet, sie dienen allerdings dem Drehteam zum Abstieg in die Wiener Unterwelt. Angeleitet (oder irregeführt) durch den Roman suchen viele Filmfans auch in der Nähe des Hohen Marktes beim Café Marc Aurel (das es in Wien nie gegeben hat) nach einem Kanaleinstieg, werden aber dort nicht fündig: „Jetzt galt es nur noch, die Falle mit dem Köder zu versehen. Nach genauem Studium des Kanalsystems kam ich zu dem Schluss, dass ein Kaffeehaus in der Nähe des Haupteingangs der Kloake, den Martins mit einem Zeitungskiosk verwechselt hatte, der geeignetste Punkt wäre, Lime aus der russischen Zone herüberzulocken. Er brauchte nur noch einmal aus dem Erdboden aufzutauchen, fünfzig Meter weit zu gehen, Martins abzuholen und mit ihm wieder in das schützende Dunkel der Kanäle verschwinden."[10] Der im Film gezeigte Kanalzugang, in den ein von Hunden und der Polizei gehetzter Harry über Schutthalden flüchtet, ist der so genannte „Sterneinstieg" des Girardiparks.

Doch auch wenn die legendäre Flucht Harry Limes wie so vieles andere im „Dritten Mann" nur komponierte Realität ist und ein Stück Wienflusstunnel, ein Hauptsammelkanal und ein paar Seitenstollen genügt haben, um ein Kanalsystem von Tausenden von Kilometern vorzutäuschen:

Die Fluchtsequenz vermittelt dennoch ein ausgezeichnetes Bild der Wiener Unterwelt, die es wert ist, gesehen zu werden. Jährlich folgen Tausende von Einheimischen und Touristen aus aller Welt den Spuren Harry Limes in die Tiefen der Stadt und sind von der einzigartigen historischen Architektur begeistert – ganz zu schweigen davon, dass die einst grimmige Welt der „Fettfischer" und „Sandler" auch über den „Dritten Mann" hinaus zu einer überaus begehrten Kulisse für Spielfilme, Werbespots und Videoclips geworden ist. So konnten auch die österreichischen TV-Kultserien „Kottan ermittelt" und „Kommissar Rex" nicht die Wiener Kanälen übergehen.[11]

Die Möglichkeit einer Begehung der Kanalisation, wie sie „Der Dritte Mann" suggeriert und wie sie von vielen Fans erträumt wird, ist allerdings nur den Männern der zuständigen Magistratsabteilung vorbehalten, die in den Kanallabyrinthen ihre schweren und von der Öffentlichkeit kaum zur Kenntnis genommenen Reinigungs- und Instandhaltungsarbeiten durchführen, sowie der jetzt für die Sicherheit der Kanäle zuständigen Spezialabteilung WEGA der Wiener Polizei. Für Kanalbegehungen im Rahmen von autorisierten Führungen eignet sich nur der Bereich unter dem Karlsplatz. Ein längerer Aufenthalt im Untergrund Wiens ist aus gesundheitlichen Gründen allerdings nicht zu emp-

Der Wienflusstunnel in Shepperton: die perfekte Illusion

fehlen: Der ständige Luftzug, die hohe Luftfeuchtigkeit und der Gestank können schwer zu schaffen machen. Aus diesem Grund fürchtete auch Orson Welles um seine Stimme und hatte panische Angst vor einer Bakterienvergiftung. Lebensgefährlich können auch plötzlich einsetzende Regenfälle werden, die die harmlos wirkenden unterirdischen Rinnsale in Minutenschnelle zu reißenden Bächen anschwellen lassen. Früher konnten sich in den Kanälen aufhaltende Leute sich wenigstens auf das unruhige Hin- und Herlaufen und das schrille Pfeifen der Ratten verlassen, die Modernisierung der Kanäle und eine systematische Rattenbekämpfung haben aber die Zahl dieser „Frühwarner" drastisch reduziert! Elizabeth Montagu schaudert es allerdings heute noch, wenn sie an ihre erste Kanalbegehung in Begleitung von Graham Greene, Carol Reed und den Männer von der Kanalpolizei im Juni 1948 denkt: Ratten, wohin sie blickte, vor allem im Licht der riesigen Suchscheinwefer. Reed hingegen ist fasziniert, was kann er sich mehr wünschen als solch ein Heer absolut authentischer Komparsen![12] Allerdings ergreifen sie bei den Dreharbeiten im grellem Scheinwerferlicht die Flucht, und die Hausratten, die das Filmteam schließlich als „Doubles" auftreiben kann, betteln mehr um Futter, als sich um die Regie Carol Reeds zu kümmern.[13] Auch Regieassistent Guy Hamilton sind die Wiener Kanalratten noch in bester Erinnerung, weniger als Komparsen allerdings denn als Markierungshilfe. Wie sollte man sich sonst die vielen potenziellen Drehorte merken, durch die Reed seinen Harry Lime hasten sieht, wo es doch in den Wiener Kanälen weder Beschriftungen noch Wegweiser gibt? Als bei den Vorbereitungen für die Dreharbeiten wieder einmal tote Ratten, fast in der Größe kleiner Schafe, an ihnen vorbeischwimmen, meint Hamilton zu Reed, man solle besagte Stelle doch einfach den „Drehort der toten Schafe" nennen.[14]

KAPITEL
10

HERR, GIB IHM DIE EWIGE RUHE

Szene 138 / 1:36:48
Zentralfriedhof
(Part Location, day)

Calloway: [zu Martins] Wie spät?
Martins: Halb drei.
Calloway: Wenn Sie das Flugzeug erreichen wollen, muss ich mich beeilen.

Martins: Calloway, können Sie nicht etwas für Anna tun? [Rückprojektion: Fulham Cemetery]
Calloway: Ich möchte schon, aber sie wird es mir nicht erlauben.

Martins: [steigt aus, als er Anna sieht] Einen Moment bitte.
Calloway: Aber die Zeit ist knapp.
Martins: Auf ein Wort nur, eines bitte.

Calloway: Seien Sie vernünftig, Martins.
Martins: Vernunft war noch nie meine Stärke.

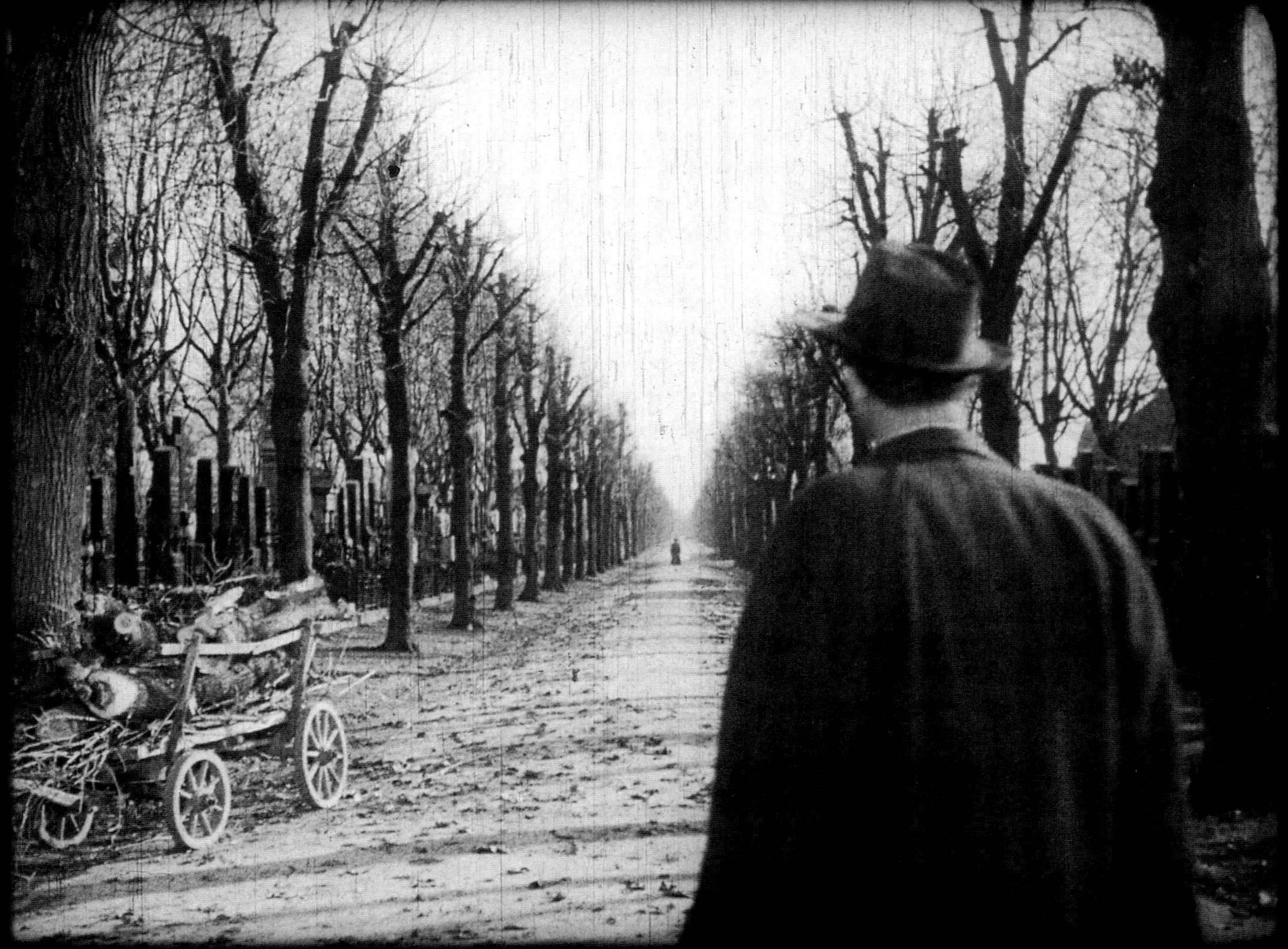

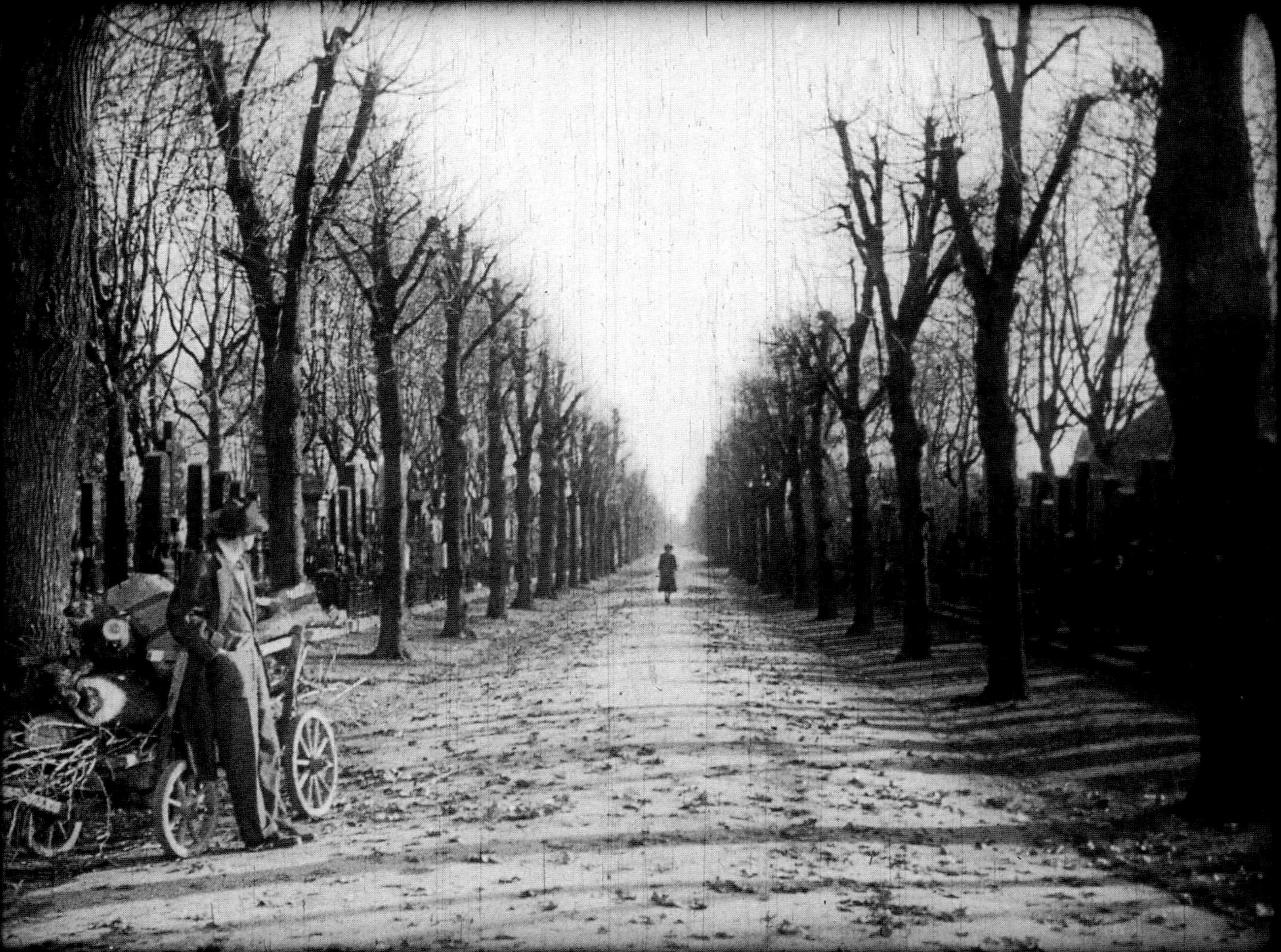

265

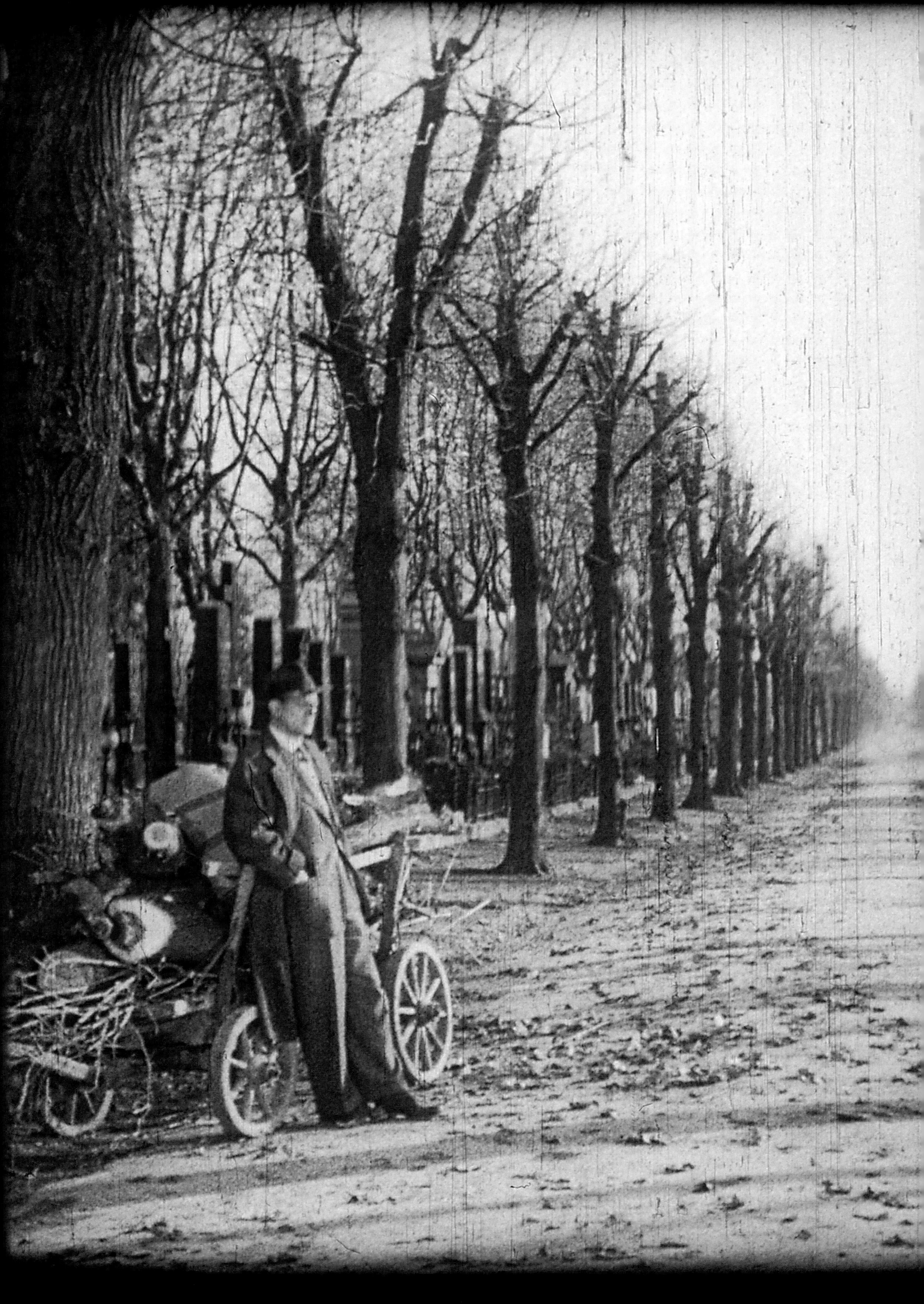

Anna
[geht an Martins vorbei, ohne eines Blickes zu würdigen]

Szene 140 / 1:39:28
THE END

„Herr, gib ihm die ewige Ruhe"
Ein perfektes Ende

„Ich blickte ihm nach und sah, wie er mit seinen überlangen Beinen hinter dem Mädchen herstelzte. Er holte sie ein, und sie gingen nebeneinander weiter. Ich glaube nicht, dass er ein einziges Wort zu ihr sagte: Es war wie das Ende einer Geschichte, bis auf eines: Ehe sie meinen Blicken entschwanden, hatte sie ihre Hand in seinen Arm gelegt – und so beginnt gewöhnlich eine Geschichte."[1]

Als Alexander Korda plant, einen Film im besetzten Nachkriegs-Wien zu drehen, denkt er ursprünglich an eine flotte, unbeschwerte Kriminalkomödie, ganz nach dem Geschmack des Kinobesuchers der Nachkriegszeit. Auch David O. Selznick will ein glückliches Kinopublikum nach Hause gehen lassen: „Jeesez, couldn't we make a shot where the girl gets together with the fella? It was in the original script!"[2] Carol Reed sieht es anders. Ein Happyend müsse doch auf das Publikum, das eben erst den Tod und das Begräbnis Harry Limes erlebt hat, unpassend, ja zynisch wirken. So ein Ende könne kein logischer Schluss sein! Annas Trauer um Harry Lime habe den ganzen Film durchzogen, warum sollte sie ihre Trauer plötzlich aufgeben? Das Ende müsse sich doch als Folgerung aus dem zuvor Geschehenen ergeben, und es sei unmöglich, die Realität einfach zurechtzubiegen. Nur weil zufällig „so ein dummer Amerikaner" in Wien aufgetaucht sei, der sich in sie verliebt hat? Außerdem verachte Anna Holly und finde seinen Namen lächerlich und habe auch keine Veranlassung, ihm den Verrat an seinem besten Freund zu verzeihen. Ein beschwingtes Ende würde außerdem die von ihm so dicht gezeichnete Stimmung der Hoffnungslosigkeit und Verzweiflung im ausgebombten und ausgehungerten Nachkriegs-Wien zerstören.

Carol Reed ist nicht gewillt, Kompromisse an den gängigen Publikumsgeschmack zu machen, schon gar nicht an einen amerikanischen. So beginnt ein zähes Ringen um die letzte Szene des Films, begleitet von endlosen Arbeitssitzungen, Telefonaten und Memos. Schließlich einigt man sich darauf, den Schluss in der vom sowjetischen Soldatenfriedhof hinter der Dr. Karl Lueger-Gedächtniskirche ausgehenden und an der Friedhofsgärtnerei vorbeiführenden Allee auf dem Zentralfriedhof zu drehen. Kein Brunnen, kein Wegweiser und kein Denkmal, nichts, was der perfekten Symmetrie im Weg stehen könnte, dafür zu beiden Seiten kahle, bis auf wenige Äste zurückgeschnittene und dunkel in den Himmel ragende Bäume, die den Eindruck von Kälte, Isolation, Trauer und Hoffnungslosigkeit noch unterstreichen würden.

Als sich Graham Greene die Rohfassung des Films ansieht, ist er skeptisch und gibt zu bedenken, dass das Publikum bei einer über 60 Sekunden dauernden, ungeschnittenen Schlussszene nicht ruhig auf seinen Plätzen verweilen würde. Zu diesem Zeitpunkt gibt es allerdings noch keine passende Musikbegleitung. Als der Autor dann die endgültige Fassung sieht, ist er grenzenlos begeistert und gesteht, dass er Reeds Regiekunst einfach unterschätzt habe.[3] Erst dieser Schluss gebe dem Film seine ausgeglichene Balance und mache ihn vielschichtig, jede andere Lösung hätte ihm viel von seiner intellektuellen Kraft genommen, schwärmt auch Filmhistoriker Andrew Sarris.[4] Orson Welles, bei den Dreharbeiten am Zentralfriedhof als Zaungast anwesend, gesteht später einmal, dass er sich gewünscht hätte, bei dieser genialen Schlussszene selbst Regie geführt zu haben.

Das stimmige Ende zählt zu den Sternstunden des Kinos und zu einer der größten Leistungen Carol Reeds. Hier wächst der Regisseur über sich hinaus, hier wird er zum Künstler, und an dieser genialen Regieleistung wird Reed später immer wieder gemessen werden:

66 Sekunden ohne einen einzigen Schnitt, ohne einen einzigen Kameraschwenk, ohne eine einzige Dialogzeile; etwas mehr als eine Minute, in der sich das Drama und die Ausweglosigkeit des Schicksals in ihrem ganzen Umfang entfalten können, ohne durch eine falsche Handbewegung oder die falsche Musik zerstört zu werden.

Es ist ein trüber, kalter Novembertag, erinnert sich Joseph Cotten an die Dreharbeiten. Gemeinsam mit Alida Valli steht er in der Allee vor der Gärtnerei. Carol Reed überlegt lange, bis er sich plötzlich entschließt, hier die Schlussszene zu drehen: Alida Valli soll aus einiger Entfernung auf die Kamera zugehen, er selber im Vordergrund stehen bleiben, gegen einen Leiterwagen gelehnt und mit einer Zigarette in der Hand. Sie soll sich ihm nähern und er, sobald sie seine Höhe erreicht habe, langsam auf sie zugehen, um sie das letzte Stück des Weges, Arm in Arm, zu begleiten. Doch welche Überraschung: Es kommt keine Regieanweisung – und Valli geht, ohne den Kopf in seine Richtung zu wenden oder ihn auch nur eines Blickes zu würdigen, an ihm vorüber. Niemand sagt ein Wort. Die Kamera läuft weiter, die Requisiteure streuen noch immer geröstete Herbstblätter von den Hochsitzen. Worauf nur wartet Reed? Verunsichert macht Cotten einen letzten Zug und wirft seine Zigarette in hohem Bogen weg. Erst jetzt folgt das erlösende „Cut".[5]

Herbstblätter und eine weggeworfene Zigarette. Trauer, das Ende einer Beziehung – und das Ende eines Films.

Dreharbeiten auf dem Zentralfriedhof: Hans Schneeberger rechts neben der Kamera. Mit auf dem Set: Joseph Cotten, Carol Reed, Angela Allen und Joseph Cotten Lichtdouble

Weihnachtsessen im Alten Hofburgkeller: ein kleines Dankeschön für die gute Zusammenarbeit am Set

„It was simply a combination of magic ingredients"
Eine Hommage

„Womit wird das Kino von heute auch noch unsere Enkelkinder fesseln? An welche Filme werden sie sich auch noch im Jahre 2000 erinnern? Ohne Zögern würde ich sagen, ‚Der Dritte Mann'!"[1]

Seit mehr als einem halben Jahrhundert lässt dieser Film das Kinopublikum in aller Welt Schlange stehen. Bis heute hat er alle Modeströmungen überlebt. Bis heute gilt er als unerreicht.

Wo liegt der Schlüssel zu seinem Geheimnis? War es das perfekte Einfangen des Zeitgeistes? Die Authentizität des Ortes? Die literarische Qualität des Drehbuchs? Die Regie Reeds? Das Zusammenspiel einer idealen Besetzung mit einem hoch professionellen Team? Der „beste Orson Welles aller Zeiten"? Waren es die sprichwörtlich glücklichen Umstände, die den richtigen Film zur richtigen Zeit am richtigen Ort mit den richtigen Leuten haben entstehen lassen?

Es hat einfach alles gestimmt. Produzent Alexander Korda hat mit seinem Gespür für spektakuläres und vor allem kassenträchtiges Kino die richtige Story für den richtigen Schauplatz gefunden und bestes europäisches mit amerikanischem Kino verbunden. Es ist ihm gelungen, packende Unterhaltung mit Kunst zu verknüpfen und zu beweisen, dass ein Thriller auch Kunstwerk und ein Kunstwerk auch Thriller sein kann – sogar jenen Kritikern zum Trotz, die meinten, der „Dritte Mann" sei „bloß die Verbindung von einem gut gemachten, spannenden, aber konventionellen Krimi mit einem gut gemachten Melodram, das keine Botschaft und keinen Standpunkt hat". Die Suche nach einem alten Freund, der – in üble Machenschaften verstrickt – zur Strecke gebracht wird, ist normalerweise der Stoff, aus dem „Reißer" gemacht sind. Aber Graham Greene hat ihm Vielschichtigkeit und Tiefe verliehen, und Carol Reed die nötige Stimmigkeit und technische Brillanz: Er hat eine unnachahmlich dichte Atmosphäre von Dunkelheit, Kälte und Verlorenheit heraufbeschworen. Ob es nun ein zwischen Eisschollen auf der Donau treibender Toter ist, der Atem eines Polizisten in der Kälte einer Winternacht, das letzte Laub, das er von kahlen Bäumen schweben lässt – Bilder von großer Eindringlichkeit.

Imposant auch die aufregenden Nachtaufnahmen der Stadt. Sie gehören zu den beeindruckendsten Wien-Bildern, die je den Weg ins Kino gefunden haben. Sie faszinieren durch Schönheit und Perfektion und vermitteln ein Gefühl von Endzeitstimmung und Verlust. Diese Atmosphäre steht in harmonischem Einklang mit der Musik. Selten ist ein derartiger Glückswurf gelungen.

Nie zuvor in der Geschichte des Films ist eine Stadt ähnlich in den Mittelpunkt gestellt, nie zuvor realistischer mit einer fiktiven Spielfilmhandlung verwoben worden. Wien – bislang Inbegriff von Walzerromantik und kaiserlicher Prachtentfaltung – schockiert als eine ihrer Würde beraubte Stadt und fasziniert als dichterisches Gleichnis für das moralische Elend im Gefolge eines Weltkrieges. Man spürt förmlich die Belastung der Besatzungszeit, der die Österreicher ausgesetzt sind, aber auch die latente Spannung, die auf den Alliierten lastet.

Wie hätte der Film ohne Kordas gute Verbindungen zu Wien ausgesehen? Bis auf Graham Greenes zweifellos geniale Idee vom Verschwinden und Auftauchen eines Mannes, bis auf eine spannend inszenierte Story hätte ihm wahrscheinlich so ziemlich alles gefehlt: das regennasse Kopfsteinpflaster, die Zitherklänge eines Anton Karas, die Wiener Originale in der Gestalt eines Hörbiger und einer Bleibtreu und auf jeden Fall das Riesenrad und die Wiener Kanallandschaft.

Carol Reed hat Wien zu einem Mythos stilisiert, und zum Mythos ist auch Orson Welles geworden. Mit seinem Charisma hat er ganz großes Kino gemacht …

„… und Harry wird weiter in der Dunkelheit des Kinosaals schweben, die Fantasien von Generationen beflügeln und immer wieder ein bisschen Glück schenken, wie ein schöner Traum." Ilse Aichinger

---

Dear Mr Brady,

Thank you very much for your letter. It certainly is an amusing idea, your sequel to The Third Man. It wasn't entirely out of my mind when I wrote the line, "A man's not dead...", but I am afraid too much time has passed now for me to contemplate such a sequel. Think of the difficulty of conveying all the past to more than one generation who have grown up without ever seeing the original film.

Thank you for writing all the same.

Yours sincerely,

Graham Greene

1974 ist „Der Dritte Mann" für Graham Greene schon Geschichte.
Eine Fortsetzung? Für ihn ausgeschlossen

Grundsätzliche Anmerkungen

Deutsche Synchronfassung: Die Bilder aus dem Film werden vom Text der deutschen (Neu-)Synchronfassung von 1962 begleitet. Er ist nie in Druck erschienen und entstammt einer persönlichen Mitschrift.

Zu drei Textstellen gibt es eine Neuübersetzung, um den ursprünglichen Sinn der Originalfassung wiederzugeben:

Szene 9, Ankunft Holly Martins' in Harrys Haus (Seite 19): Hausbesorger: „Er ist schon in der Hölle [zeigt mit Finger hinauf] oder im Himmel [zeigt mit Finger hinunter]." (statt Übersetzung der Synchronfassung: „Er ist schon im Himmel oder in der Hölle.")

Szene 102, Annas Verhaftung (Seite 183): „Tut mir leid, Miss. So steht es in der Befehlsausgabe." Anna: „Ich weiß nicht, was eine Befehlsausgabe ist." MP: „Ich auch nicht." (statt Übersetzung der Synchronfassung: Britischer MP: „Tut mir leid, Miss Schmidt. Befehl ist Befehl." Anna: „Befehl ist Befehl, das kommt mir bekannt vor.")

Szene 111, nach Verlassen der Riesenradkabine (Seite 199): Harry: „... es ist alles halb so schlimm, denk daran, was der Mann gesagt hat." (statt in Synchronfassung: „... es ist alles halb so schlimm, und denk daran, was Mussolini gesagt hat.")

Originalzitate aus der deutschen Romanfassung: In den Textteil eingeflochten sind auch Originalzitate der 1958 im Rowohlt Verlag erschienenen deutschen Übersetzung der Romanfassung, wobei der Autorin bewusst geworden ist, wie sich Sprache innerhalb eines halben Jahrhunderts verändern und für moderne Ohren oft recht antiquiert wirken kann. Der Prosatext lässt uns auch Zeuge des höchst interessanten Umformungsprozesses von der ursprünglichen Erzählung Graham Greenes zur endgültigen Filmfassung werden.

Englische Filmzitate: Alle englischen Filmzitate sind der 1968 im Lorrimer Verlag veröffentlichten und von Carol Reed autorisierten Drehbuchfassung entnommen, in der die spontan am Set geänderten Dialoge und Regieanweisungen zusätzlich in Fußnoten angeführt sind.

Anmerkungen

01 Die Geburt eines Filmklassikers

1 „I had paid my last farewell to Harry a week ago, when his coffin was lowered into the frozen February ground, so that it was with incredulity that I saw him pass by, without a sign of recognition, amongst the host of strangers in the Strand". Graham Greene: Ways of Escape. Harmondsworth 1987, 96.

2 „... when Alexander Korda over dinner asked me to write a film for Carol Reed ... I had nothing more to offer him except this paragraph, though what Korda really wanted was a film about the Four-Power occupation of Vienna ... It was this complex situation which Korda wanted to put on film, but he was prepared all the same to let me persue the tracks of Harry. So to Vienna I went." Greene, Ways of Escape, 96. Englische Originalzitate wurden von der Autorin ins Deutsche übertragen, was im Weiteren nicht gesondert ausgewiesen ist.

3 Im Bann von Edgar Wallace: Carol Reed, in: *Der Spiegel*, 6.5.1953, 26f.

4 Sein Erfolgsrezept ist, dass er dabei die effektvolle Aufmachung der Hollywood-Filme mit dem vielschichtigen und viel empfindsameren Bildungs- und Kunstgeist Europas verbindet, was Jahre später auch das Erfolgsrezept für den „Dritten Mann" werden sollte.

5 Die Denham Studios werden bald zu einer bedeutenden Anlaufstelle für europäische Filmemigranten, vor allem aus dem Deutschen Reich und Österreich.

6 1936 wird Korda britischer Staatsbürger und bald „britischer" als seine neuen Landsleute.

7 Mark Priestley: The Amazing Korda, in: The Carol Reed Papers, Special Collections Dpt. BFI, London.

8 „The strong international flavour of ‚The Third Man' should make the film ideal for the widest distribution, and the recent exhibition tie-up between Selznik and British Lion will probably ensure that this picture gets it. There should be intense interest in the film among the Austrian public ...". *The Film Industry*, Februar 1949.

9 „He was everything a great movie mogul was supposed to be – brash, brilliant, cunning and extravagant. For a writer, with the death of Korda, fun has gone out of the film industry – yes, one begins to think of it again as just an industry. So long as he was alive the unexpected might always happen – a chance word at the dinner table and a week later it was quite possible that one might wake up in Hong Kong ... The fun has really gone. He has no successor, no one with whom it is possible not to talk about films, but about painting, poetry, music, anything in the world rather than ‚that industry' which always seemed on the point of quietly, out of neglect, becoming an art while he was away reading Baudelaire somewhere among the islands of Greece." Graham Greene: A Tribute to Korda, in: *Sight and Sound*, Spring 1956, zit. in: David Parkinson: Mornings in the Dark. The Graham Greene Film Reader. Manchester 1993, 439f.

10 Graham Greene: Der dritte Mann. Reinbek/Hamburg 1958 (Taschenbuchausgabe), 12: in allen weiteren Fußnoten nur als „Greene: Romanfassung" zitiert!

11 „... to write an original post-war continental story to be based on either or both of the following territories: Vienna, Rome. This will necessitate Mr. Greene visiting Vienna for a period of approximately three weeks, and Italy for about eight weeks, for the purpose of research and background.." Vertrag Graham Greenes, in: Carol Reed Papers.

12 *Morning News*, 12.2.1948.

13 Greene: Ways of Escape, 99.

14 Interview mit Elizabeth Montagu. Alle im Weiteren zitierten Interviews wurden – so nicht anders angegeben – von der Autorin geführt. Siehe im Detail den Anhang.

15 Greene: Romanfassung, 13. Graham Greene lässt das authentische Café Mozart zum Café Vienna werden (Greene, Ways of Escape, 98). Das authentische Café Vienna in der Kärntner-Straße 2 (im Drehbuch: „Kärntner-Strasse Bar") wird im Film zum „Smolka".

16 Greene: Romanfassung, 112.

17 Greene: Romanfassung, 19.

18 „All that came as the days too rapidly passed were bits of photogenic background: the shabby Oriental nightclub, the officers' bar at Sacher's, the little dressing rooms which formed a kind of interior village in the old Josefstadt Theatre ..." Greene, Ways of Escape, 98f.

19 „The Oriental was the tattiest, the most terrible of all night clubs, it was dark and damp, and there were these totally talentless, half-starved strippers from Russia or Czechoslovakia, they were very sad ladies ..." Interview mit Elizabeth Montagu.

20 Greene: Romanfassung, 93.

21 Interview mit Elizabeth Montagu.

22 Der Begriff „Greeneland" wurde 1940 vom englischen Literaturkritiker Arthur Calder-Marshall in einer Rezension des Greene-Romans „The Power and the Glory" als Synonym für die literarische Welt des Autors geprägt.

23 Michael Shelden: Graham Greene. The Man Within. London 1994, 295.

24 „He [Colonel Beauclerk] described how when he first took over in Vienna he demanded from the Austrian authorities a list of the Viennese police. A section of the list was marked ‚Underground Police'. ‚Get rid of these men', he ordered, ‚things have changed now', but a month later he found the ‚underground' police were still on the list. He repeated his order with anger, and it was then explained to him that the ‚underground police' were not secret police, but police who literally worked underground along the enormous system of sewers." Greene, Ways of Escape, 99.

25 „At lunch the officer had told me about the penicillin racket, and now, along with the sewers, the whole story took shape. The researches I had made into the functioning of the Four-Power occupation, my visit to an old servant of my mother's in the Russian zone, the long evenings of solitary drinking in the Oriental, none of them was wasted. I had my film." Greene: Ways of Escape, 99.

26 „Exactly at the stroke of twelve ... a British sergeant came clattering down the stairs, followed by a Russian, a French and an American military policeman. The place was in half-darkness, but without hesitation (I had described her with care) he strode across the cellar and demanded to see Elizabeth's passport." Greene: Ways of Escape, 100.

27 Mehr über Graham Greenes Erinnerungen an den kurzen Aufenthalt in Prag, Greene: Ways of Escape, 101-105.

28 Eine Sammlung von Graham Greenes Briefen, Manuskripten und Tagebüchern befindet sich in der Walston Collection der Lauinger Library der Georgetown University, Washington DC.

29 „I was glad to take my plane to Rome. There were no passengers except myself and a young married couple. The husband was Prince Schwarzenberg and he had been appointed Minister to the Vatican by the former government. I noticed that they had a lot of luggage with them, and I was not surprised to hear a few weeks later of the prince's defection." Greene, Ways of Escape, 104f.

30 „When Carol Reed came with me to Vienna to see the scenes which I described in the treatment I was embarrassed to find that between winter and spring Vienna had completely changed. The blackmarket restaurants, where in February one was lucky to find a few bones described as oxtail, were now serving legal if frugal meals. The ruins had been cleared away from in front of the Café Mozart which I had christened ‚Old Vienna'. Over and over again I found myself saying to Carol Reed, ‚But I assure you Vienna was really like that – three months ago.'" Greene: Ways of Escape, 98.

31 Widmung der Romanfassung.

32 „Carol Reed is the only director I know with that particular warmth of human sympathy, the extraordinary feeling for the right face for the right part, the exactitude of cutting, and not the least important, the power of sympathising with an author's worries and an ability to guide him."

33 Der Wert von 4.000 Pfund 1948 entspricht heute rund 232.500 Euro.

34 Interview mit Elizabeth Montagu.

35 *Evening Standard*, 14.12.1948.

36 Das am Broadway bereits sehr erfolgreich aufgeführte Gesellschaftsstück um den Verlust und die Wiedergewinnung eines verlorenen Glaubens wird vom Wiener Publi-

kum als „ein Abend voll psychologischer Intensität" (*Öst. Neue Tageszeitung*), vor allem wegen der hervorragenden schauspielerischen Leistung des Ensembles – zu dem u. a. Helene Thimig und Leopold Rudolf gehören – mit Begeisterung aufgenommen. Allein Kritiker Hans Weigel übt vernichtende Kritik. Unter dem Titel „Rhapsody in Greene" lässt er im *Bildtelegraph* vom 30. 9.1957 kein gutes Haar an dem Alterswerk des englischen Dramatikers: „Bisher wühlte sich's bei Graham Greene so nett im Morast, ehe kurz vor dem letzten Vorhang die Gnade sich einstellte – und jetzt? O alte Kloakenherrlichkeit, wohin bist du entschwunden? Man erwartet einen echten Greene (fünf Sechstel Reißer, ein Sechstel Mysterium) und man sieht ein Gesellschaftsstück mit religiösem Einschlag ... er wird alt, der Graham Greene, und dabei nicht besser, aber wesentlich fader."

37 „The Third Man was never written to be read but only to be seen ... to me it is impossible to write a film play without first writing a story ... Characterisation, mood and atmosphere seem to be impossible to capture for the first time in the dull shorthand of a conventional treatment ... One can not make the first act of creation in treatment form." Graham Greene: The Third Man. New York 1999, Preface, 8. In allen weiteren Fußnoten zitiert als Greene: Engl. Romanfassung.

38 In der Universitätsbibliothek von Austin, Texas, finden sich unter dem Index „David O. Selznick Papers" sechs verschiedene Manuskripte: die „Story", das „Treatment", das „First Draft Script", das „Second Draft Script", das „Shooting Script" und das „Release Script". Unterschiedliche Fassungen gibt es auch in der Special Collection des British Film Institute in London, teilweise mit handschriftlichen Anmerkungen von Carol Reed.

39 „,The Third Man' was never intended to be more than the raw material for a picture." Greene: Engl. Romanfassung, Preface.

40 Greene: Romanfassung, 77ff.

02 Ein britischer Filmtriumph

1 Die Idee, den Schriftsteller Holly Martins zum Autor von „Oklahoma Kid" zu machen, ist Graham Greene vielleicht in Wien gekommen, wo der mit James Cagney und Humphrey Bogart gedrehte Western 1948 gerade mit großem Erfolg lief. Die Musik zu diesem Film stammt übrigens von dem gebürtigen Wiener Max Steiner, zu dessen unvergesslichen Werken auch die Musik zu „Vom Winde verweht", „Casablanca", „Sierra Madre" und „King Kong" gehört.

2 Greene: Romanfassung, 11.

3 *Die Presse*, 12.3.1950.

4 „It was Cotten, as Holly Martins, who came up with the portrayal of American mulishness that supplies the film with its prodigious kick.", in: *New York Times*, 9.5.1999.

5 Joseph Cotten: Vanity Will Get You Somewhere. San Francisco 1987, 97.

6 In den frühen fünfziger Jahren feiert Joseph Cotten noch Erfolge in „Walk Softly Stranger", „September Affair" und „Niagara" (mit Marilyn Monroe in der weiblichen Hauptrolle), dann konzentriert er sich mangels interessanter Filmangebote wieder mehr auf Theater und Fernsehen, für das er auch als Produzent auftritt. Als er 1981 nach einem Schlaganfall seine Stimme verliert, zieht sich Cotten aus dem aktiven Filmgeschäft zurück und stirbt hochbetagt 1994 in Los Angeles.

7 „He is in charge of the Military Police in Vienna. A man with a background of Scotland Yard training; steady, patient, determined in his work – a man who is always kindly up to the point when it interferes with his job, who never gets angry (because it would be unprofessional) and regards Martins with amused tolerance." Graham Greene / Carol Reed: The Third Man. Modern Film Scripts. London 1969, 8.

8 „His acting was so subtle and realistic that he was often dismissed by the old school as not acting at all." Zit. nach: Vivienne Knight: Trevor Howard. A Gentleman and Player. London 1986, 27.

9 „He really changed attitudes. He was to us, to my generation, sublime, because he brought a new style to the cinema. Previously it was the Americans who gave us truth on screen. People like Spencer Tracy, Gary Cooper and Humphrey Bogart; and Trevor had that quality instinctively ... total realism in depth." Noël Coward über Trevor Howard. Ebda, 67. Eine seiner eindrucksvollsten Rollen ist die des Harry Scolbie in der Graham Greene-Verfilmung „The Heart of the Matter" (1953), die Kritiker wegen der emotionalen Vielschichtigkeit zu Begeisterungsstürmen hinreißt. Was auch für „Sons and Lovers" (1960) gilt, in dem er in die Rolle des Bergarbeiters Walter Morel schlüpft. In der für Carol Reed sehr unglücklich verlaufenen Verfilmung „Die Meuterei auf der Bounty" steht er neben Marlon Brando als gnadenloser Captain Bligh vor der Kamera. Er brilliert als Richard Wagner in Viscontis „Ludwig" (1971), als Father Collins in David Leans „Ryan's Daughter" (1971) und als alternder Häuptling der Cheyennes in „The Windwalker" (1981). In Amerika spielt er neben Cary Grant, Frank Sinatra, Yul Brunner und Robert Mitchum.

10 Knight: Trevor Howard, 76.

11 Interview mit Bob Dunbar.

12 Interview mit Guy Hamilton.

13 Rudy Behlmer / Henry Hart: David O. Selznick, in: *Films in Review*, vol. XIV, No. 6, Juni/Juli 1963, 321ff.

14 Siehe dazu die (unveröffentlichten) Sitzungsprotokolle vom 8.8.1948 aus der „David O. Selznick Collection" im Harry Ransom Center, Austin, Texas. Alle folgenden Zitate in diesem Kapitel, so nicht anders angegeben, sind diesen Aufzeichnungen entnommen.

15 Andere Aspekte, die bei diesen Sitzungen behandelt werden, betreffen zum Beispiel Selznicks Wunsch, den in den USA überaus populären gebürtigen Wiener Erich von Stroheim als österreichischen Schauspieler für die Rolle des Baron Kurtz zu engagieren, eine Idee, die später aber fallen gelassen wird. Zahlreiche weitere Vorschläge sind rein praktischer Natur, um die amerikanische Zensurbehörde nicht vor den Kopf zu stoßen: Schimpfwörter, zu offensichtliche sexuelle oder dem Anstand nicht entsprechende Andeutungen wie Annas Bemerkung „... wir hofften, ein Baby zu haben" (sie und Harry, obwohl sie nicht verheiratet waren) oder abwertende Kommentare über Militärpersonal sollten tunlichst vermieden werden; vgl. dazu Gesprächsprotokolle vom 8. 8.1948, Ransom Collection.

16 „Dramatize zones and nationals in occupied Vienna. Illustrate machinery of changing of authority. If Russians are in chair during story, see them assume authority. Work in incidents between nationals wherever possible, such as between two MPs, with humour and tension. Very opening of the picture in documentary treatment". Ebda.

17 Graham Greene: The Pleasure Dome: Collected Film Criticism, 1935-40. London 1972, 4.

18 vgl. Charles Drazin: In Search of the Third Man. London 1999, 39.

19 Drazin: In Search of the The Third Man, 43.

20 Interview Peter Bogdanovich – Orson Welles, in: Barbara Leaming: Orson Welles. New York 1985, 358.

21 Drazin: In Search of the The Third Man, 122.

22 Carol Reed Papers.

23 Drazin: In Search of the The Third Man, 119.

24 „A close pal of mine had wired me offering me a job doing publicity work for some kind of a charity he was running. I'm a writer. My name's Martins, Holly Martins. Anyway down, I came all the way to old Vienna happy as a lark and without a dime." Prologtext der US-Film-Fassung.

25 Briefverkehr John Hawkesworth mit der Autorin.

26 Carol Reed Papers.

27 Insgesamt gibt es vier britische Einreichungen; u. a. die Komödie „Passport to Pimlico" mit Margaret Rutherford, David Leans „Passionate Friends" und Thorold Dickinsons „Queen of Spades".

28 Carol Reed Papers.

29 Als bester ausländischer Film wird Vittorio de Sicas „Die Fahrraddiebe" gekürt.

30 *Neue Zeitung*, 7.1.1950.

31 *Tagesspiegel*, 7.1.1950.

32 *Der Spiegel*, 7.1.1950

33 Carol Reed Papers.

34 Ebda.

35 „Mr Reed has brilliantly packaged the whole bag of his cinematic tricks, his whole range of inventive genius for making the camera expound. His eminent gifts for compressing a wealth of suggestions in single shots, for building up agonized tension and popping surprises are fully exercised. His devilishly mischievous humour also runs lightly through the film, touching the darker depressions with little glints of the gay and macabre." *New York Times*, 3.3.1950.

36 Zu den besten heimischen Produktionen werden „Sunset Boulevard" mit Gloria Swanson und „All About Eve" mit Bette Davis ernannt.

37 Carol Reed Papers.

38 *Die Weltpresse*, 6.3.1950.

39 Die Minister Ernst Kolb, Felix Hurdes, Oskar Helmer, Eugen Margaretha, Josef Kraus und Karl Maisel sowie die Staatssekretäre Ferdinand Graf und Vinzenz Übeleis sind bei der Wien-Premiere des „Dritten Mannes" ebenso vertreten wie die Wiener Vizebürgermeister Karl Honay und Lois Weinberger und der legendäre Wiener Polizeipräsident Josef Holoubek.

40 „Did we know it was going to be a world wide success? No, of course not. You never know. Everybody worked very hard on the picture. The cast was anything but castiron. I mean Joe Cotten was about as sexy as ... I mean you could give him away to the birds. Orson was box-office poison. Alida Valli was more or less unknown. Nobody could understand her in ,Paradine Case'. Trevor was Trevor. Nobody's going to rush. There's no Cary Grant in it. It was a real trap." Interview mit Guy Hamilton.

41 *St. Gallener Tagblatt*, 24.12.1949

03 Ein Film schreibt Stadtgeschichte

1 „It's an ugly story ... a grim one too except for the absurd business of the British Council. But you will understand it better if I can make you see the background ... this sad smashed city of Vienna, divided up into zones among the four powers, the Russians, the British, the American, the French zones, regions marked only by notice boards, and in the centre the Inner City under control of all powers." Greene, Romanfassung, 11f.

2 vgl. dazu Manfred Rauchensteiner: Der Sonderfall. Die Besatzungszeit in Österreich 1945-1955. Hg. vom Heeresgeschichtlichen Museum/Militärwissenschaftlichen Institut, Wien. Wien 1995, 145.

3 vgl. dazu Lotte Benz-Casson: Wien 1945. Ein Sammelwerk aus dem zerstörten Stadtbild Wiens mit 168 Original-Aufnahmen. Wien o. J., 125.

4 Jahrbuch der Stadt Wien 1945/46.

5 Greene: Romanfassung, 114.

6 Greene: Romanfassung, 12.

7 „... in the Inner City each power in turn, for a month at a time, takes, as we call it, the chair and becomes responsible for security. At night, if you are fool enough to waste your Austrian shillings on a night club you will be fairly certain to see the international police at work, four military police one from each power, talking to each other, when they talk at all, in the common language of the enemy." Greene: The Third Man, Harmondsworth 1998, 12.

8 Heute befindet sich an der Stelle des ehemaligen Kurierflugfeldes der Busparkplatz des Schlosses Schönbrunn.

9 Andreas Augustin: Die berühmtesten Hotels der Welt. Das Hotel Bristol. Wien 2001.

10 Einen ausgezeichneten Überblick zu diesem Thema bietet: Rauchensteiner: Der Sonderfall.

11 Österreichisches Jahrbuch 1945/46.

12 Das entspricht 2002 einem Wert von rund 33 Milliarden Euro.

13 Heute noch sind im 1962 geschaffenen ERP-Fonds 2,25 Milliarden Euro, aus dem Kredite für Innovation, Forschung, Technologie oder Exportorientierung gewährt werden können.

14 Aus einer Erhebung der Alliierten vom 8. November 1945 geht hervor, dass zu dieser Zeit in Österreich Staatenlose und „Versetzte Personen" (Displaced Persons) aus 34 Ländern Zuflucht suchen, darunter rund 330.000 Reichs-, Volks- und Sudetendeutsche. (Manfred Rauchensteiner: Der Sonderfall. Die Besatzungszeit in Österreich, 143.) Zu ihnen gehören auch die Tschechin Anna Schmidt und der Rumäne Popescu im Film. Die über ganz Österreich verstreuten Auffanglager werden zwar den Verhältnissen entsprechend gut von der Flüchtlingsorganisation der Vereinten Nationen versorgt – oft geht es den Insassen besser als der ausgebombten Bevölkerung –, trotzdem sind Entwurzelung und Lagerleben Brutstätten der Kriminalität: Überproportional hoch ist die Kriminalität, die auf das Konto der Displaced Persons geht.

15 *Arbeiter-Zeitung*, 3.8.1952.

16 vgl. dazu Briefverkehr und Rechnungen der London Film Productions, BFI Carol Reed Special Collection / Interview Ernst Lazek.

17 Walter Heinrich: Der doppelte Markt. Die Überwindung des Schwarzen Marktes. Wien 1947.

18 Milo Dor / Paul Federmann: „Internationale Zone". Wien 1994.

19 Greene: Romanfassung, 87.

20 *Weltpresse*, Oktober 1948.

21 1954 gelingt es wieder zwei Österreichern, dem Biologen Brand und dem Chemiker Margreiter, säurefestes Penicillin zur oralen Verabreichung in Form von Tabletten zu entwickeln.

22 Persönliche Aufzeichnungen Univ. Prof. Spitzy.

23 „Penicillin wird nur den Militärspitälern zugeteilt; kein ziviler Arzt, nicht einmal ein ziviles Krankenhaus, kann auf gesetzlichem Weg in den Besitz dieses Heilmittels gelangen." Greene, Romanfassung, 87.

24 Namentlich angeführt werden das Spital der Barmherzigen Brüder, das Rudolfinum und das Krankenhaus der Israelitischen Kultusgemeinde.

25 *Wiener Klinische Wochenschrift*, 18.4.1947.

26 Greene: Romanfassung, Vorwort, 10.

27 Greene: Romanfassung, 87. Verdünnt verabreichtes Penicillin ist nämlich therapeutisch völlig wirkungslos, da die zu bekämpfenden Bakterienstämme eine so genannte „Penicillinfestigkeit" entwickeln, die bei weiterer Behandlung auch die richtige Dosierung unwirksam macht und zum Tod des Patienten führen kann.

28 Greene: Romanfassung, 88.

29 Erwin A. Schmidl (Hg.): Österreich im frühen Kalten Krieg 1945-1958. Spione, Partisanen, Kriegspläne. Wien 2000, 89.

30 Interview mit Ernst Lazek.

31 Shelden: Graham Greene, 325.

32 Zitat aus Brief von Jack Davis.

33 Einen umfassenden und vor allem top-aktuellen Einblick in die Arbeit ausländischer Geheimdienste auf österreichischem Boden bietet der Grazer Universitätsprofessor Siegfried Beer in: Studien zur anglo-amerikanischen Österreichpolitik 1938-1955. Mediale, diplomatische, militärische, geheimdienstliche und besatzungspolitische Aspekte der Rekonstruktion in Zentraleuropa während und nach dem Zweiten Weltkrieg, (vor allem Kapitel II: Geheimdienstliche Aspekte 1941-1955), Graz 1999; Siegfried Beer: Von Alfred Redl zum „Dritten Mann". Österreicher und Österreicherinnen im internationalen Geheimdienstgeschehen 1918-1947, in: *Geschichte und Gegenwart* 16/1997; Erwin A. Schmidl (Hg.): Österreich im frühen Kalten Krieg 1945-1958, besonders das Kapitel „Rund um den ‚Dritten Mann'. Amerikanische Geheimdienste in Österreich 1945-55", Wien 2000; Kid Möchl: Der geheime Krieg der Agenten. Spionagedrehscheibe Wien. Hamburg 1997.

34 Zur Erkundung weiterer geheimdienstlicher Aktivitäten Großbritanniens in Österreich eignen sich am besten die Spionagethriller von Bestsellerautor John le Carré, der selbst Ende der vierziger Jahre als Feldwebel David Cornwell in der britischen Militärspionageabwehr in Graz tätig ist. 1963 erscheint sein überaus erfolgreicher und mit Richard Burton, Claire Bloom und Oskar Werner verfilmter Roman „Der Spion, der aus der Kälte kam", von dem Graham Greene restlos begeistert ist. Als weitere Spionageromane des 1931 geborenen Oxfordabsolventen und Diplomaten empfehlen sich „Tinker, Tailor, Soldier, Spy" („Dame, König, As, Spion" [1975]) und „The Honorable Schoolboy" („Eine Art Held/1977").

35 Andreas Augustin: Die berühmtesten Hotels. Das Hotel Bristol. Wien 2001.

36 Rupert Rindler: Kriminalakt Austria. Wien 1953, 9f.

37 Ebda.

38 Vgl. Schmidl (Hg.): Österreich im frühen Kalten Krieg 1945-58, 119ff; auch Siegfried Beer: Zielscheibe Wien, Spionage in Österreich 1945-1955: In: *Damals* 2/99, 26-31.

39 Ebda.

40 Greene: Romanfassung, 13.

41 Greene: Romanfassung, 102. Dabei nimmt es Graham Greene mit den realen Verhältnissen in Wien aber nicht so genau: Unter keinen Umständen kann ein Patrouillenfahrzeug der Allliierten Polizei von zwei Russen besetzt sein, und nie ist es von einem russischen, sondern immer von einem amerikanischen Fahrer chauffiert worden.

42 Aus eigener Erfahrung kennt Greene alle Schliche und geheimen Verbindungen der „Zunft", für die gleich mehrere Mitglieder seiner Familie tätig sind: Sein Onkel spioniert für die britische, sein älterer Bruder Herbert für die kaiserliche japanische Marine, später für die Faschisten Spaniens und für die Amerikaner, seine jüngere Schwester Elizabeth steht nicht nur seit 1938 im Dienste von MI 6, sondern ist auch mit einem hohen Offizier des britischen Geheimdiensts verheiratet. Vgl. Michael Korda: The Third Man, in: *The New Yorker*, 25.3.1996. Elizabeth ist es auch, die 1942 schließlich ihren Bruder Graham anwirbt. Als Offizier Nummer 59200 wird er im Dienst der Gegenspionageabteilung des Secret Intelligence Service SIS vorerst nach Sierra Leone geschickt, ab 1943 leitet er von einem herrschaftlichen Landhaus in der Harry Lane (!) des südenglischen Städtchens St. Albans die britische Gegenspionage in Portugal.

43 Korda: The Third Man, in: *The New Yorker*, 45.

44 Norman Sherry, The Life of Graham Greene. London 1989, 165.

45 Graham Greene, Der menschliche Faktor, Wien 1978, Vorwort.

46 Greene: Ways of Escape, 99.

47 „Vienna was where the illusion of the anti-fascist fight would be played out", in: Beer: Von Alfred Redl zum „Dritten Mann", 17. Die Atmosphäre des Kampfes gegen den Faschismus der dreißiger Jahre hat der aus Wien stammende Hollywood-Regisseur Fred Zinnemann in seinem vielfach ausgezeichneten Drama „Julia" (1977) mit Vanessa Redgrave, Jane Fonda und Maximilian Schell brillant eingefangen.

48 Kindergarten, Mütterberatungsstelle, Bibliothek und technische Einrichtungen wie die kommunale Waschküche sind hier so fortschrittlich gestaltet, dass es sogar der Herzog von Windsor nicht unter seiner Würde empfand, sie im Zuge eines Wien-Besuchs 1936/37 zu inspizieren.

49 Zit. nach Miranda Carter: Anthony Blunt. His Lives. London 2001, 158.

50 Nähere Informationen zu Kim Philbys Rekrutierung in den sowjetischen Geheimdienst finden sich in: Carter: Anthony Blunt, 156ff.; E. H. Cookridge: The Third Man. The truth about ‚Kim' Philby, double agent. London 1968; Andrew Boyle: The Climate of Treason: Five Who Spied for Russia, London 1979; sowie Phillip Knightly: The Master Spy. The Story of Kim Philby. New York 1990.

51 Shelden: Graham Greene, 304. Greene und Philby verbringen lange Abende in Gesprächen. Greene hätte viel dazu beigetragen, dass die Arbeit beim Geheimdienst so viel Spaß gemacht hat. Greene wiederum bewundert Philbys lockeren Arbeitsstil, seine Professionalität, aber auch dessen persönlichen Charme.

52 Greene / Reed: Drehbuch, Szene 14.

53 Shelden: Graham Greene, 316.

54 The Master Spy.

55 Interview mit Ernst Lazek.

56 The Korda Papers, BFI Special Collections.

57 Zit. nach R. Norton-Taylor: I spy. Literary Agents, in: *The Guardian*, 23.5.1998, 3.

58 Was wiederum stark an Hollys Verteidigung seines Freundes Harry gegenüber Major Calloway erinnert: „Sie beleidigen meinen toten Freund. Bloß weil er ein bisschen mit Benzin oder so etwas geschoben hat."

59 Scherzend meint Greene, dass es eigentlich Philby gewesen sei, der den Begriff „der dritte Mann" geprägt habe, lange bevor noch jemand ahnen konnte, dass er eines Tages auf seinen alten Freund zutreffen würde. *Sunday Telegraph*, 12.3.1978

60 Vgl. Kim Philby: My Silent War. London 1968 (Vorwort). 1986 geht dann ein lang gehegter Wunsch der beiden Männer in Erfüllung: Glasnost ermöglicht Graham Greene einen Besuch seines „Dritten Mannes" in Moskau; es sollte nicht der Letzte sein.

61 Siehe dazu ausführlich Shelden: Graham Greene, 310ff.

62 Zu Elizabeth Montagu siehe ausführlich Shelden: Graham Greene, 325; Christof Mauch: Schattenkrieg gegen Hitler: Das Dritte Reich im Visier der amerikanischen Geheimdienste 1941-1945. Stuttgart 1999.

63 „This [contract] will confirm your engagement to render for London Film Productions Ltd. such services as the Company may require in giving advice on the film script ... and to provide assistance in Vienna in connection with the production of a film to be based thereon ... The engagement commenced on the 22nd day of June 1948 and shall continue until the 1st September 1948. You will render your services hereunder to the best of your skill and ability and shall colla-

borate in the writing of the said script with Mr. Carol Reed and such other persons as the Company may require ... you agree that the entire copyright in the products of your services hereunder shall be the absolute property of the Company and you hereby grant and assign absolutely to the Company the entire copyright in the products of your services throughout the world ..." Carol Reed Papers (Vertrag Greenes).

64 Telefoninterview mit Lotty Smolka, 1999.

65 Smolka/Smollett nützt seine Position erfolgreich aus, um pro-russische Propaganda zu machen, anti-sowjetische Vorurteile britischer Entscheidungsträger zu zerstreuen, die Veröffentlichung von George Orwells auf Stalin gemünzter Satire „Animal Farm" zu verhindern und die Stalinistische Gewaltherrschaft in den Augen der britischen Öffentlichkeit zu relativieren (was letztendlich auch Harry Lime in seinem berühmten Zitat über die Borgias macht, die einen Michelangelo, einen Leonardo da Vinci und die Renaissance hervorgebracht haben, während es bei den friedliebenden Schweizern nur zur Kuckucksuhr gereicht hat).

66 Philby vermeidet allerdings penibel, den Kontakt zu Smolka an die große Glocke zu hängen, um seine kommunistischen Verbindungen nicht auffliegen zu lassen. Mehr noch, Kim Philby muss ihn als einen ihm eines Tages gefährlich werdenden Zeugen aus ihrer gemeinsamen Zeit während der Wiener Februarkämpfe im Jahr 1934 fürchten und denunziert ihn öffentlich. Philby-Zitat über Smolka.

67 Beer: Von Alfred Redl zum „Dritten Mann", 3ff.

68 Beer: Von Alfred Redl zum „Dritten Mann", 11-14.

04 Hinter den Kulissen

1 Len Lee: „The unit suffered from a perverse Russian policy which allowed co-operation with the film-makers one day and condemned it the next." *Film Industry*, Okt. 1948.

2 Das Zugangsrecht haben sich die US-Militärs ausbedungen, um das weitläufige Gelände zum Reiten nützen zu können, allerdings ausschließlich unter der Bedingung, die „Korridorstraßenbahnlinie" 5 von dem in der amerikanischen Zone gelegenen Franz-Josefs-Bahnhof ohne Aussteigen und unter absolutem Fotografierverbot zum Praterstern zu benutzen!

3 *Rathaus-Korrespondenz*, 19.10.1948.

4 *Neues Österreich*, 12.3.1950.

5 Interviews mit Angela Allen, Ernst Lazek, Walter Partsch, Kurt Miksch.

6 Interview mit Ernst Lazek.

7 Joseph Cotten wird auf Zimmer 306, Orson Welles auf Zimmer 343 wohnen.

8 Über die Dreharbeiten zu „A Tale of Five Cities" berichtet das *Cinema Studio* vom 10.11.1948: „One of Vienna's best known night-clubs will also be shown in the picture and other Viennese backgrounds, introducing the cream of the city's stage and screen celebrities." Der Regisseur der in Wien gedrehten Sequenzen ist Geza von Cziffra, unter den österreichischen Schauspielern befinden sich O. W. Fischer, Fritz Immhoff und Ernst Waldbrunn.

9 Interview mit Elizabeth Montagu.

10 Interview mit Elizabeth Montagu.

11 Interview mit Angela Allen.

12 Interview mit Guy Hamilton.

13 Interview mit Guy Hamilton.

14 Das im Studio aufgebaute „Untersee-Atomkraftwerk" ist so realistisch, dass britische Wissenschaftler tatsächlich glauben, Deutschland habe bereits die Technologie zum Bau eines solchen Werkes gehabt.

15 Franz Antel/Christa F. Winkler: Hollywood an der Donau. Geschichte der Wien-Film in Sievering. Wien 1981.

16 Auch in der Besetzungsliste des „Dritten Mannes" finden sich unter den Kleindarstellern und Statisten zahlreiche österreichischer Emigranten, die teils aus politischen, in der Mehrzahl aber aus „rassischen" Gründen emigrieren mussten und in den Filmstudios des für seine Großzügigkeit bekannten Alexander Korda Aufnahme und Gelegenheitsjobs bekommen; unter ihnen die Schwester der österreichischen Schriftstellerin Ilse Aichinger, die in einer kleinen Rolle als „Schwester" Anna Schmidts in der Rokokokomödie des Theaters in der Josefstadt auf der Bühne steht.

17 Interview mit Ernst Lazek.

18 Einen ausgezeichneten und sehr differenzierten Einblick in die Geschichte des österreichischen Nachkriegsfilms bietet: E. Büttner / Chr. Dewald: Anschluß an Morgen. Eine Geschichte des österreichischen Films von 1945 bis zur Gegenwart (im Besonderen: Gespräch mit Christa Blümlinger, Oliver Rathkolb, Gottfried Schlemmer und Maria Steiner zur Filmsituation in Österreich nach 1945, 140ff). Wien 1997.

19 Allein um den Zuschauerraum des Theaters in der Josefstadt mit Publikum zu füllen, müssen 80 (!) Komparsen bereitgestellt werden! Das „Rokokolustspiel", eigens für den Film geschrieben, wird allerdings auf eine Bühne in den Shepperton Studios verlegt.

20 Interview mit Kurt Miksch.

21 Interview mit Ernst Lazek.

22 Die Polizei ist auch angewiesen darauf zu achten, dass während der Dreharbeiten kein Filmmaterial abgezweigt wird. Filmmaterial, neu oder gebraucht, scheint auf dem Schwarzmarkt eine begehrte Ware gewesen zu sein, wie ein Brief der London-Film Productions vom 12.2.1949 an die Produktionsleitung in Wien beweist, in dem der Verlust von Filmmaterial in Rechnung gestellt wird (Carol Reed Collection, BFI London). Beim Abschiedsessen im Alten Hofkeller wird Carol Reed sogar von einem Mann angesprochen, ob er nicht vielleicht bereits belichtetes, aber nicht mehr benötigtes Filmmaterial für ihn hätte – er könne es gut gebrauchen, um es (nach Abkratzen der Emulsion!) zu Schuhsohlen zu verarbeiten! Interview mit Gino Wimmer.

23 Ob bei Einsatzbesprechungen mit Major Gesink, dem Kommandanten der Kanalpolizei, oder bei Regieanweisungen an ein österreichisches Double, Gino Wimmer ist unabkömmlich. Wimmer verdankt seine perfekten Englischkenntnisse übrigens seinen kriegsbedingten Aufenthalten in England und Amerika, Otto Schusser der Hotelfachausbildung im Wiener Hotel Bristol und in England. Carol Reed versteht sich nicht nur blendend mit Schusser, sondern bietet sogar an, ihm in London eine Ausbildung zum Schauspieler zu ermöglichen.

24 Er ist nicht, wie man immer wieder liest, der „arbeitslose Fleischergeselle", der zufällig dem Filmteam in die Arme läuft, sondern schon jahrelang ein bewährter Kleindarsteller bei der Wien-Film. Nach über 50 Filmen zwingt ihn der Tod der Eltern, 1953 die familieneigene Gastwirtschaft im Süden Wiens zu übernehmen, die er – wie könnte es anders sein – „Zum dritten Mann" nennt. Sie erlangt aber nie auch nur annähernd die Berühmtheit des Heurigen gleichen Namens von Anton Karas. Sie befindet sich sehr abgelegen in der Nähe von Schloss Neusteinhof in der Gutheil Schodergasse in Inzersdorf am südlichen Stadtrand von Wien und fällt wenige Jahre nach der Übernahme der Spitzhacke zum Opfer. Interview mit Witwe Anny Schusser.

25 Interview mit Guy Hamilton.

26 Kreditvertrag BmfHuWA, 118.225/23a/48 vom 7.10.1948 (Österreichisches Staatsarchiv).

27 Alle Angaben auf Grund der (leider unvollständig erhaltenen) Korrespondenz zwischen der London Film Productions Ltd. und der Bank of England in: Carol Reed und Korda Collections im British Film Institute, London. Im Vergleich dazu verdient eine in einem amerikanischen „PX Store" in Wien angestellte Buchhalterin monatlich 590 Schilling, eine Verkäuferin 450 Schilling und der General Manager aller europäischen PX-Stores 5.100 US-Dollar. Eine Stange amerikanischer Zigaretten zu 200 Stück wurde offiziell um 1 US-Dollar verkauft! Ein Kilogramm Brot kostet 1,20 Schilling, ein Kaffee im (fiktiven) Bahnhofsrestaurant im Film 3,20 Schilling.Die Umrechnung orientiert sich an folgenden Werten: 1948 entspricht ein Pfund 40 Schilling, wobei ein Schilling im Jahr 1948 mit einer Kaufkraft von 20 Schilling bzw. rund 1,5 Euro im Jahr 2002 gleichzusetzen ist.

28 Was als Feuerprobe für den Sprung nach Hollywood gedacht ist, endet in einem Fiasko. Paul Martin kann mit „Stambul Train" nicht überzeugen – selbst Greene lässt kein gutes Haar an dem Regisseur.

29 *Cinema* vom 17.11., 24.11. und 1.12.1948.

30 Carol Reed dreht in Wien. Interview nach Mitternacht, in: *Mein Film*, Nr. 46, 12.11.1948, 4.

31 Die – unter Anführungszeichen stehenden – Ortsbezeichnungen der Film Locations stammen aus dem Drehbuch.

32 „So Carol made me dress up in a big silly hat, and a big black coat with padded shoulders because I was rather skinny. And I found I was rather good at running in front of an arc of light and making the shadow of Harry Lime". Interview mit Guy Hamilton.

33 Drehbuchanweisung: „Holly stands around in bewilderment, unable to decide whether he was drunk or whether he had seen a ghost, or indeed Harry."

34 Greene: Romanfassung, 97.

35 Cotten: Vanity Will Get You Somewhere, 97.

36 Interview mit Elizabeth Montagu.

37. In der Romanfassung lässt Graham Greene Harry übrigens noch in einer Wohnung am Stadtrand wohnen: „Lime hatte ihm geschrieben, er könne in ihn in seiner eigenen Wohnung am Stadtrand unterbringen, die früher einem Nationalsozialisten gehört hatte und beschlagnahmt worden war." Greene, Romanfassung, 14.

38 „Carol Reed verstand die Welt nicht mehr. Was war passiert? Er wäre doch so höflich gewesen und es wäre doch alles bestens gelaufen ...". Interview mit Guy Hamilton.

39 *The Cinema Studio*, 1.12.1948.

40 „Ich wurde damals von Haeussermann als ein Kameramann zur Verfügung gestellt, der beweglich ist und sich in den Kanälen zurechtfindet. Der Großteil der Kanalaufnahmen wurde von mir gedreht. Der damalige Chefkameramann Robert Krasker hat aber Carol Reed gegenüber geäußert, er wolle mich nicht im Titel haben. Das ärgert mich eigentlich bis heute." Interview mit Walter Partsch.

41 „Und was ist mit mir, sollte ich denn nicht auch in diesem Film sein?" Interview mit Guy Hamilton.

42 *Neues Österreich*, „Der dritte Mann und seine Hintermänner", 12.3.1950.

43 Nicolas Wapshott: The Man Between. A Biography of Carol Reed. London 1990, 142.

44 Interview mit Gino Wimmer.

45 Interview mit dem englischen Schauspieler John Voigt.

46 Cotten: Vanity Will Get You Somewhere, 97f.

47 *The Film Industry*, 24.3.1949.

48 Carol Reed Papers.

49 „Nach ‚Citizen Kane' und ‚The Magnificent Ambersons' galt Orson Welles als der genialste Schauspieler und Regisseur der Welt. Und jetzt hielt er sich für so wichtig und so beschäftigt, dass er meinte, unmöglich mehr als eine Woche für den ‚Dritten Mann' zur Verfügung stehen zu können." Interview mit John Hawkesworth.

50 *The Film Industry*, 9.2.1949.

51 „Trevor Howard and Bernard Lee used to pretend it was one of their birthdays if they had nothing to do. One day they got into Dr. Winkel's consulting room and to my fury, scattered the dressings and the props all over the place", erinnert sich John Hawksworth.

05 Carol Reed und sein geniales Team

1 Greene: Romanfassung, 12.

2 Andrew Sarris: First of the Realists, in: *Film and Filming* 3/12 (Sept. 1957), 9ff.

3 Carol Reed Papers.

4 „Mr. Reed has his camera swinging from pillar to post, and you with it – seeing an angry woman in a top window, a child's ball bouncing on the ground, the maze-like intricacies of a city's sewers, the close-up of a man's fingers groping feebly through a street grating." Carol Reed Papers.

5 Im Artikel „Will Harry Return from the Shadow" des britischen Abendblattes *Evening Standard* vom 23.11.1989 wird berichtet, dass das Studio von Francis Ford Coppola eine ungeschnittene 4-Stunden-Version des „Dritten Mannes" besitzt, die auch alle dem Schnitt geopferten Sequenzen enthält, was aber von Sprechern des Studios vehement bestritten wird.

6 Stephen Hunter, *Washington Post*, 19.7.1999, c 01.

7 Wie faszinierend muss für den gerade erst Achtjährigen die Arbeit an „Pygmalion" gewesen sein, das George Bernard Shaw eigens für seinen Vater und dessen Theater geschrieben hat und das im Majesty's Theatre uraufgeführt wird.

8 Reeds Wege kreuzen sich mit denen des jungen Lawrence Olivier und Charles Laughton. Und der berühmte englische Schauspieler Oliver Reed ist sein Cousin.

9 Zit. nach Wapshott: The Man Between, 142.

10 Carol Reed, in: *Mein Film*, Nr. 46, 12.11.1948.

11 Zit. nach Wapshott: The Man Between, 142.

12 Interview mit Herbert Halbik.

13 Zur Regiearbeit mit Kindern befragt, gibt Greene das Geheimnis seines Erfolges preis: Man müsse das Kind in seiner ganzen Natürlichkeit agieren lassen und dürfe es nichts machen lassen, was es nicht auch im wirklichen Leben tun würde. Dazu bedürfe es natürlich des richtigen Kindes und einer ungemeinen Geduld und Flexibilität vonseiten des Regisseurs. Ihm selber mache es nichts aus, das Drehbuch immer wieder umzuschreiben, um mit einer besseren als der ursprünglich geplanten Einstellung das Optimale aus der spontanen schauspielerischen Begabung des Kindes herauszuholen.

14 „What I do is shoot the scene until the child's line is due. Then I cut, do a separate take of the line reading, and then start again. This relaxes the professionals. .... Sometimes I speak the child's line myself, let the other actors go on with the scene, and later have the child dub his line in. Amateurs and children always remember their dialogue, but they always forget their cues." Interview mit Carol Reed, in: Charles Th. Samuels: Encountering Directors. New York 1972, 169.

15 „Every day I sat with the editor, Oswald Hafenrichter, and watched the rushes, there were plenty of them, sometimes forty minutes worth, as Carol was working with three units, day and night. We watched in wonder at Bob Krasker's marvellous lighting. I think the location work on ‚The Third Man' shows Carol at his best, having worked so long and so hard on the script, he had planned every shot in the greatest detail. From those rushes I knew it was going to be a great film." Interview mit John Hawkesworth.

16 *Australian Film Weekly*, Vol 74, Nr. 1250, Okt. 1950.

17 Mit ihm verlor die Welt des Filmes wohl eines „seiner begabtesten Talente, einen umgänglichen, bescheiden, sehr sensiblen Künstler und einen der begabtesten Männer vom Fach". (Obituary in Carol Reed Papers).

18 Interview mit Angela Allen.

19 Samuels: Encountering Directors, 169.

20 Ean Wood: Obituary O. Hafenrichter, in: *The Film and Television Technician*, June 1973.

21 Interview mit John Hawkesworth.

22 Von diesen Skizzen ist leider keine Einzige erhalten geblieben; Interview mit David Bellan.

23 „Ferdie needed only three days to paint a huge backing in perfect perspective to represent a Viennese street. It matched the location street shots to the last detail, and ran the full width of the stage." The Film Industry, 2.9.1949.

24 Nachruf Prof. Hodin 1976, Privatbesitz David Bellan.

25 „Keiner, der ihm bei der Arbeit zugesehen hat, hat je an seinem Talent gezweifelt. Sein Wissen über Anatomie oder Kleidung war unglaublich. Es schien ihm sehr leicht zu fallen, eine Figur in jeder nur erdenklichen Haltung zu zeichnen, aber in Wirklichkeit steckten Tausende von Stunden dahinter, in denen er sich mit der Materie beschäftigte und übte." *FTV Technician*, Nov. 1976.

26 „His greatest charm was a shy humility, although he was aware that he was one of the outstanding artists of his age and took pride in just being that. As a ‚pure' artist he could have won world wide recognition, but he loved film-making, its scope for experiment in techniques and the constant challenge of painting to super dimensions. As a result he was only known and really admired by us, the behind-the-scenes-men of the film industry. What a man, what a technician, what a friend." *FTV Technician*, Nov. 1976.

27 „Ferdinand was essentially a loner, travelling from production to production with his talent. He did not want to be an Art Director, with responsibility ... for the actual physical construction in the studio of his designs. This put him in a difficult position when it came to credits on film. Often he was called to carry out work which had been beyond the capability of the film's resident designer; he was a modest man, but at the same time would obviously not accept a credit as ‚assistant', so for most of his career he worked uncredited, while at the same time becoming a legend within the industry itself." Interview mit David Bellan.

28 Carol Reed Papers.

29 „Was soll man noch über die klassisch zusammengesetzten Darsteller sagen? Dass keiner der berühmten Namen sich zu schade war, eine Charge zu spielen, sie mit Atmosphäre füllte, unentbehrlich wurde und somit unvergessen bleiben wird mit diesem einmaligen Film zusammen?" Carol Reed Papers.

30 *Cinema Studio*, Feb. 1950.

31 Brief der Bank of England vom 26.11.1948 an London Film Productions, in: Carol Reed Papers, BFI. 1.050 Pfund entsprechen in etwa 42.000 Schilling; für diese Summe kann man 1948 zwei neue Peugeot 203 oder rund 40.000 Kilogramm Brot kaufen.

32 Die Wiener sind entsetzt, und um den Widerstand unter der Bevölkerung in den Wirren der letzten Kriegstage nicht noch mehr zu schüren, wird Hörbiger schließlich entlassen. Interview mit Ernst Lazek.

33 *Evening Standard*, Jänner 1950.

34 Carol Reed Papers.

35 Greene: Romanfassung, 37.

36 Auch wenn die Szene dem Schnitt zum Opfer fällt, wird Nelly Arno – eine der vielen Exilösterreicherinnen in den Shepperton Studios – immer noch als Schauspielerin in der Besetzungsliste angeführt.

37 Greene: Romanfassung, 60.

38 *Daily Mirror*, 12.1.1949.

39 „There is not an atom of truth in it", *Evening News*, 12.1.1949.

40 *Cinema*, 19.1.1950.

41 Interview mit Erich Ponto, in: *Mein Film*, Oktober 1950.

42 Greene: Romanfassung, 51.

43 Greene: Romanfassung, 48.

44 Hansjörg Schneider: Erich Ponto. Ein Schauspielerleben. Berlin 2000.

45 Greene, Romanfassung, 25.

46 Wolfgang Kudrnofsky: Vom Dritten Reich zum Dritten Mann. Helmut Qualtingers Welt der vierziger Jahre. Wien 1973, 266ff.

47 Ebda.

48 Paul Hörbiger: Ich hab für Euch gespielt. München 1979, 337f.

49 Interview mit Guy Hamilton.

50 Knight: Trevor Howard, 76.

51 Interview mit Elizabeth Montagu.

52 Cotten: Vanity Will Get You Somewhere, 97.

53 Interview mit Frau Chudik.

54 Interview mit Kurt Miksch.

55 Cotten: Vanity Will Get You Somewhere, 97.

56 John Wakeman (Hg.): *World Film Directors*, Vol. 2, New York 1987, 921.

57 Interview mit Reed.

58 Radio-Interview mit Anton Karas, 1978.

59 Interview von John Crosby mit J. Cotten, in: *Observer*, 1.6.1969.

60 Interview mit Guy Hamilton.

61 Die Zither, die Anton Karas auf seinen Welttourneen begleitete, wurde ihm ins Grab gelegt; eine weitere Zither ist in der „Sammlung Alter Musikinstrumente" in der Wiener Hofburg aufbewahrt, wo man auch über Kopfhörer dem Harry-Lime-Thema lauschen kann, dessen Originalpartitur sich in der Österreichischen Nationalbibliothek befindet.

62 Brief vom 7. Juni 1949, Carol Reed Papers.

63 Radio-Interview mit Anton Karas, 1978.

64 Über den Ursprung des Harry Lime-Motivs haben sich im Laufe der Jahre unzählige Legenden gebildet. Für Anton Karas ist es eine Melodie, die er seinen eigenen Angaben zufolge immer dann spielt, wenn er traurig ist. Woher er sie hatte? Sie ist ihm einfach eingefallen. Andere wiederum sagen, es handle sich um ein altes burgenländisches Wiegenlied, wieder andere, sein Ursprung wäre in einer Fingerübung zu suchen, die ihm sein Lehrer zusammengestellt hätte ... es liegt aber in der Natur der Sache, dass ein Berufsmusiker wie Anton Karas Melodien aus allen möglichen Quellen bewusst oder unbewusst zusammenträgt, um sein Publikum damit zu unterhalten.

65 Bald gehört „Toni" zum Inventar des Hauses, er passt sich sogar in seiner Kleidung dem gutbürgerlichen, eleganten Stil Carol Reeds an und beginnt ein seidenes Halstuch zu tragen! Mrs. Reed übersetzt fleißig die Anweisungen ihres Mannes und tröstet den oft heimwehkranken Musiker. Elizabeth Montagu geht mit ihm auf der Oxford Street einkaufen, wo er sich an dem im Vergleich zu Wien tollen Warenangebot der Kaufhäuser nicht satt sehen kann und am liebsten halb London gekauft hätte.

66 Interview mit Gino Wimmer, der für die Betreuung von Anton Karas während des Londonaufenthalts zuständig ist.

67 Interview mit Dorli Percival, der Privatsekretärin von Carol Reed.

68 Interview mit David Eady.

69 *Der Spiegel* schreibt etwa vom Harry-Lime-Motiv, das sich „ewig wiederholt wie die Laierkastenbegleitung eines Moritatensängers". *Der Spiegel*, 40, 1949.

70 Decca Schallplatte F 9235.

71 Musikeinsatzplan „Cue Sheet" von Anton Karas. Privatsammlung der Familie Chudik.

72 Leserbrief auf *Spiegel*-Artikel zur Filmmusik 40/49: „Eine Beerdigung mit Heurigen-Musik Untermalung finde ich geschmacklos."

73 Radio-Interview mit Anton Karas, 1978.

74 Ebda.

75 Columbia Schallplatte DB 2611.

76 Rudy Behlmer (Hg.): Memo from David O. Selznick, London 1973, 391.

77 Ebda.

78 Die unzähligen Briefe und Ansichtskarten, die Anton Karas fast täglich nach Wien schickt, geben einen Einblick, wie anstrengend diese Zeit für ihn war. Privatsammlung Chudik.

79 Carol Reed Papers.

80 *Wiener Allgemeine*, 10.3.1950.

81 *Das Kleine Volksblatt*, 12.3.1950.

82 Interview für die *Neue Illustrierte Wochenschau*, 8.4.1962.

83 Konzessionsurkunde. Privatsammlung Chudik.

84 Interview mit Guy Hamilton.

85 Interview mit Guy Hamilton.

86 Das Grab von Anton Karas befindet sich auf dem Sieveringer Friedhof, Gr. 28, Reihe 9, Nr. 9.

06 Wien zwischen Dichtung und Wahrheit

1 ‚F' for Fake: Filmklassiker von und mit Orson Welles (1975).

2 Greene: Romanfassung, 13.

3 „Als Martins auf der behelfsmäßigen Pionierbrücke den Donaukanal überquerte, wurde ihm so recht bewusst, wie menschenleer die Straßen waren … Ein Wegweiser sagte ihm, dass er jetzt die russische Zone betrat; doch von der Besatzung war nichts zu merken. In der Inneren Stadt sah man mehr russische Soldaten als hier … Hier, auf der anderen Seite des Kanals, herrschte eine ungewöhnliche Stille, die einen fantasiebegabten Journalisten dazu bewogen hätte, ein dramatisches Bild stummen Terrors zu zeichnen; der wahre Grund waren aber die breiten Strassen, die größeren Zerstörungen durch Bomben und Artilleriebeschuss, die geringere Bewohnerzahl und – der Sonntagnachmittag." Greene: Romanfassung, 112.

4 Einer effizienten Kulturpolitik und Propaganda der alliierten Siegermächte fällt in der labilen politischen Situation der österreichischen Besatzungszeit eine besondere Bedeutung zu. Das kulturelle Angebot Wiens ist dementsprechend vielfältig. Es dient zur Zeit des Kalten Krieges aber nicht nur dazu, eine glänzende kulturelle Visitenkarte zu hinterlassen, sondern eigene Kultur- und Wertvorstellungen als ideologische Kampfmaßnahme einzusetzen. Seit April 1946 veranstaltet das British Council in seinen Räumlichkeiten auf der Freyung 1 öffentliche Vorträge und Gastspiele von englischen Künstlern. An drei Abenden pro Woche referieren Angehörige der britischen Informationsorganisationen und Gäste aus England über Themen aus der britischen Hoch- und Alltagskultur, aus Geschichte, Wirtschaft oder Politik. Zur selben Zeit wird auch der englische Leseraum Ecke Kärntner Straße und Mahlerstraße durch hohe britische Militärs in Anwesenheit von Bundeskanzler Leopold Figl und anderen hohen Vertretern der österreichischen Öffentlichkeit und des kulturellen Lebens wie Schauspieler Paul Hörbiger eröffnet. Auch die anderen Besatzungsmächte versuchen ihre Kultur zu vermitteln. Eine wesentliche Rolle in der amerikanischen Kulturmission nimmt das Amerikanische Informationsbüro Ecke Kärntner Straße/Philharmonikerstraße ein, wo auch die Amerikanisch-Österreichische Gesellschaft ihren Sitz hat, die Franzosen richteten ihr Kulturinstitut im Palais Lobkowitz ein, und die Sowjets Ecke Karlsplatz/Operngasse im vierten Bezirk. Auch Filme wie die 1939 unter der Regie von Ernst Lubitsch gedrehte Komödie „Ninotschka" (1939) werden zur Zeit des Kalten Krieges als eines der wirkungsvollsten Instrumente der alliierten Propaganda eingesetzt und erfreuen sich beim österreichischen Kinopublikum größter Beliebtheit. Die amerikanischen Produktionen bestechen durch ihren Hollywood Glamour und ihre Stars, die russischen, wie z. B. Sergej Eisensteins „Alexander Newskij" durch ihre hohe künstlerische Qualität und epische Breite. Im Kosmos Theater in der Siebensterngasse im siebenten Bezirk wird amerikanische Kultur vermittelt, hier werden auch die ersten amerikanischen Musicals aufgeführt, um deren Popularisierung sich vor allem Marcel Prawy verdient gemacht hat. Einblicke in die Propaganda der Westmächte im Kulturbereich und im speziellen Fall des amerikanischen Geheimdienstes CIA zur Zeit des Kalten Krieges bietet die britische Historikerin Frances Stonor Saunders in: „Wer die Zeche zahlt". Die CIA und die Kultur im Kalten Krieg. Berlin 2001. Ihre Nachforschungen in europäischen und US-Archiven haben ein Netzwerk an amtlichen Einrichtungen, halbamtlichen Institutionen, einflussreichen Stiftungen und Kulturzeitschriften (wie das in Wien erscheinende Forum) als Instrumente der politischen Propaganda zum Zweck der Immunisierung der freien Welt gegenüber dem „kommunistischen Virus" aufgedeckt.

5 Der vom Portier in der englischen Originalfassung deutsch gesprochene Text stimmt in diesem Fall nicht mit dem Text der deutschen Synchronfassung aus dem Jahr 1962 überein: „Da werden Sie kein Glück haben, mein lieber Herr. Sie kommen um 10 Minuten zu spät. Da ist niemand mehr hier. Sie kommen umsonst."

6 Regieanweisung: „As Holly Martins turns away from the grave, they say something to each other in low voices."

7 So stammen 1952 rund 50 Prozent der insgesamt 392 ausländischen Filmimporte aus den USA, österreichische Eigenproduktionen gibt es nur 19. Reinhold Wagnleitner: Coca-Colonisation. Wien 1991, 319.

8 *Frankfurter Allgemeine Zeitung*, 14.1.1950.

9 „How fearfully, throughout the picture, he has caught contemporary Vienna's air of gaity not faded but dead. How masterfully has he conjured from the rubble that mixed unspeakable stench of damp and dry rot."

10 *Hamburger Morgenpost*, 13.1.1950.

11 Hubert Prigl: Bekannte und unbekannte Flugplätze und Flugplatzprojekte in Wien von 1909 bis heute. Unveröff. Skriptum, Wien 2002.

12 *Die Neue Zeitung*, 26.1.1950.

13 *Wiener Zeitung*, 12.3.1950.

14 *Wiener Arbeiter-Zeitung*, 11.3.1950.

15 *Neues Österreich*, 11.3.1950.

16 *Der Abend*, 11.3.1950.

17 *Kleines Volksblatt*, 12.3.1950.

18 Carol Reed Papers.

19 *Das offene Wort*, 7.1.1950.

20 Das Filmstudio des Theaters in der Josefstadt wird 1947 aus der Idee heraus geboren, den Theaterbetrieb mit einem Filmstudio zu koppeln, dem das gesamte Bühnenensemble zur Verfügung stehen sollte. Durch den Einsatz der besten Schauspieler des Landes hofft man, qualitativ hochwertige österreichische Filme zu produzieren. Der frühe Tod von Chefdramaturg Dr. Ibach, eines seiner Begründer, macht jedoch alle Hoffnungen zunichte.

21 Büttner / Dewald: Anschluss an Morgen, 16.

22 Besonders interessant ist im Zusammenhang mit dem „Dritten Mann" Steinwenders Film „Wienerinnen – Schrei nach Liebe" (1951), ein (lange verschollener) Episodenfilm nach dem Vorbild des italienischen Nachkriegskinos, der wie „Der Dritte Mann" auf die offiziellen Wien-Klischees zugunsten einer zeitgenössischen Wirklichkeit verzichtet. Wie Carol Reed dreht Steinwender (allerdings aus Kostengründen) vornehmlich an Originalschauplätzen wie einem Ziegeleiwerk auf dem Wienerberg, dem Rangiergelände des Franz-Josefs-Bahnhofs und dem Alberner Hafen. Auch hier stoßen sich Kritiker an der Darstellung Wiens und der WienerInnen („Wenn Österreicher ein solches Bild von Wien entwerfen, so müssen sie mit leidenschaftlichem Protest zurückgewiesen werden." *Offenes Wort* 15, 1952) und die Wienerberger Ziegeleiarbeiter protestieren: „Da unsere Wienerberger Kollegen als Säufer, Lumpen und sexual entartete Menschen bezeichnet werden, wird es wohl angebracht sein, wenn die Filmgesellschaft im Bereich der ‚Wienerberger' auftaucht, diese ganz einfach zu verjagen. Die Fabrikanten des Films … werden dann dahinter kommen, dass Ziegelbrocken harte Gegenstände sind." Gabriele Jutz: Ein Spielfilm zwischen Tradition und Innovation, in: Reinhard Sieder (Hg.): Österreich 1945-1995. Wien 1995, 133ff.

23 Eine ausgezeichnete Analyse des Films und seines Umfeldes bieten die zwölf Beiträge der vom Filmarchiv Austria und dem Institut für Ethnologie der Universität Wien herausgegebenen Anthologie Ernst Kieninger u. a. (Hg.): 1. April 2000. Wien 2000.

24 Büttner / Dewald: Anschluss an Morgen, 37.

25 In einer früheren Drehbuchfassung hätte Holly Martins auf dem Flughafen ankommen sollen.

26 Für Graham Greene und Carol Reed ist das Casanova schon während ihrer gemeinsamen Arbeit am Drehbuch eine reichlich fließende Quelle der Inspiration, ihre Besitzer stoßen sich allerdings daran, dass es im Film zu einem Stelldichein krimineller Elemente hochstilisiert wird. Sie klagen die London-Film Productions wegen Rufschädigung auf 1.000 englische Pfund, ein kleines Vermögen im Nachkriegs-Wien – dies allerdings erst, als sich der Film als Kassenschlager herausgestellt hat. Interview mit Guy Hamilton.

27 Greene: Romanfassung, 75.

28 *Schweizer Film Zeitung*, 13.4.1949.

07 Er war Harry, einfach nur Harry

1 Leaming: Orson Welles, 362.

2 Ebda.

3 „I took the 100.000 [dollars]. The picture grossed, you know, something unbelievable … in America it was only a success, but in the rest of the world it was an absolute bombshell – it was ‚The Sound of Music', you know. There never was such a hit in 25 years as there was in Europe." (Wapshott: The Man Between, 227). Im Vergleich zu Orson Welles nimmt sich die Gage von Trevor Howard bescheiden aus: Für seine Rolle als Major Calloway erhält er nur 7.500 Pfund (heute ca. 220.000 Euro), was einem Drittel der Gage Orson Welles entspricht. Carol Reed Papers.

4 „The Lives of Harry Lime", Radiohörspiel in 52 Folgen. Einige Episoden sind auch für das deutsche Radio übersetzt worden (Harry Alan Towers, 1952).

5 Ebda.

6 Im Zuge der Restaurierung haben Experten 22.000 Bruchstellen, Flecken und Kratzer zum Verschwinden gebracht. Bei Optimum Releasing hat sich das Einspielergeb-

nis des britischen Neustarts mit über 200.000 Pfund zu Buche geschlagen und das, obwohl „Der dritte Mann" in jeweils nur drei Kinos des Landes gleichzeitig läuft.

7 Brief Graham Greenes an Produzent Phil Brady vom 4.3.1974.

8 „Pinkey and the Brain", 13. Episode (1996) in einer Produktion von Dreamworks nach einem Buch von Gordon Bressack und Charles M. Howell IV und unter der Regie von Charles Visser.

9 Über den symbolischen Charakter des Namens ist schon viel spekuliert worden: Biograph Michael Shelden meint, dass sich „Lime" auf „limonengrün" bezieht, also eine Anspielung auf Green(e) selbst sei. Andere wiederum leiten es von „limelight", dem (Scheinwerfer-)Licht ab, in dem Harry Lime im finsteren Hauseingang erscheint, eine Theorie, die aber auszuschließen ist, da die Szene erst nach dem Verfassen der Drehbuchvorlage von Carol Reed vor Ort komponiert wird!

10 „Don't picture Harry Lime as a smooth scoundrel. He wasn't that. The picture I have of him on my files is an excellent one: he is caught by a street photographer with his stocky legs apart, big shoulders a little hunched, a belly that has known too much good food for too long, on his face a look of cheerful rascality, a geniality, a recognition that his happiness will make the world's day." Greene: Romanfassung, 115.

11 Greene: Romanfassung, 117.

12 Interview mit John Hawkesworth.

13 „As a director I soft-soap the actors. I caught Carol doing that with me and what was worse I found myself believing him. Carol and I have one thing in common: we are both awfully patient with me". Wapshott: Carol Reed, 227.

14 „He is quick, and very, very fast. It's like working with a volcano, but it's fun. One day you think he's caught your idea; the next day he's off on quite a different track. He's a wonderful showman; he likes to make everybody laugh ..." Charles Hamblett: Mr. Welles v. Mr. Reed, in: *Illustrated Film News*, 12.2.1949.

15 Wapshott: Carol Reed 227.

16 Siehe dazu Sotheby's Versteigerungskatalog der Graham Greene Sammlung, Dez. 1996. Sotheby's London.

17 Carol Reed Papers.

18 Interview mit Guy Hamilton.

19 Leaming: Orson Welles, 362.

20 Greene: Romanfassung, 117.

21 Greene: Romanfassung, 12.

22 Greene: Romanfassung, 100. In der Regieanweisung heißt es: „Martins walks up from the makeshift bridge over the canal, past the sign that warns one is entering the Russian zone, and into the long wide dingy Praterstrasse. In a side-turning are a number of big houses that have come down in the world through bombing and abandonement. He consults his notebook for Kurtz' address. Martins stops outside one house. The bottom floor is gutted, and the doorway smashed in, but the first floor is habitable. A balcony, half-broken away, is in front of the windows. Martins bangs on the smashed door with his fist, then finds a makeshift wire bell and pulls it. It jangles somewhere above, and Martins steps back into the roadway and waits. One of the windows opens and Kurtz looks out. When he sees Martins, he comes foreward cautiously onto the smashed balcony". Greene / Reed: Drehbuch.

23 Szene 116.

24 Greene: Romanfassung, 115.

25 Ebda.

26 Interview mit John Hawkesworth.

27 Interview mit Monty Berman.

08 Anna, ein Frauenschicksal im Nachkriegs-Wien

1 Wörtlich übersetzt: „Fräulein Schmidt, Sie waren mir immer sehr sympathisch, egal, was meine Frau über Sie sagt." Durch die Synchronisation ist der Satz leider verstümmelt und daher seines ursprünglichen Sinns beraubt worden. Hier heißt es: „Fräulein Schmidt, Sie waren mir immer sehr sympathisch, das wissen Sie ganz genau." (Szene 30).

2 Statistisches Jahrbuch der Stadt Wien 1945.

3 Frauenleben 1945 – Kriegsende in Wien. Katalog zur 205. Sonderausstellung des Historischen Museums der Stadt Wien, 1995, 176.

4 In seinen Erinnerungen „A Sort of Life" gibt Graham Greene einen sehr aufschlussreichen Einblick in seine Kindheit und seine Schulzeit in St. John's in Berkhampshire (besonders Kapitel 3, 54ff.). Graham Greene: A Sort of Life. Harmondsworth 1986.

5 Leaming: Orson Welles, 363: Als Orson Welles in Wien ankommt, hat er gerade ein amouröses Abenteuer hinter sich. Daher scheint er auch an Alida Valli anfänglich kein großes Interesse gehabt zu haben.

09 Orson in der Unterwelt

1 Greene, Romanfassung, 127.

2 Greene, Romanfassung, 110.

3 Marie-Francoise Allain: The Other Man. Conversations with Graham Greene. Harmondsworth 1984.

4 Interview mit dem Leiter der österreichischen PX Stores.

5 Heimito von Doderer: Die Dämonen. München 1956, 1265ff.

6 Interview mit Elizabeth Montagu.

7 Brief von Graham Greene an Phil Brady, 1974.

8 Interview mit Produzent Joe Marks.

9 „Harry has been struck by a random bullet. Harry falls and scrambles away. He reaches the foot of the iron stairs. Thirty feet above his head is a manhole. The wounded Harry reaches a grille at street level. His fingers clutch and claw at the heavy grating, unable to move it." Greene / Reed: Drehbuch, Regieanweisung Sz. 137, 132.

10 Greene, Romanfassung, 125.

11 In einem Remake von „Der Mann mit der eisernen Maske" (Co-Produktion von Columbia Pictures und der Sascha Wien unter der Regie von Ken Annakin und der Produktionsleitung von Ernst Lazek) dienen dieselben Stellen, an denen 30 Jahre vorher Harry Lime verzweifelt um sein Leben gerannt ist, als Kulisse für einen waghalsigen Mantel-und-Degen-Kampf zwischen dem Sonnenkönig und seinem Zwillingsbruder in den „Tuillerien" von Paris. Als Hommage an den „Dritten Mann" „dient" dabei ein Rokoko-Kamin à la Schloss Schönbrunn als Abgang in die unterirdischen Verliese von Paris! Leider kann die hochkarätige Besetzung mit Lloyd und Beau Bridges, José Ferrer, Helmut Dantine, Rex Harrison, Ursula Andress, Sylvia Kristel und Olivia de Havilland nicht verhindern, dass der Film von den Kritikern mit „sharp swords, dull film" abgetan wird.

12 Interview mit Elizabeth Montagu

13 Interview mit Anny Schusser.

14 Interview mit Guy Hamilton „We sloshed around and every time we came to a sort of interesting intersection where some water was coming down there, Carol was saying this is marvellous, Harry Lime could come down here ... Definitely mark this. Now I'm in real trouble because it doesn't say Piccadilly Circus, Regents Street. The only thing there were a couple of enormous dead rats about the size of small sheep floating down, and so far as I was concerned that was the ‚dead sheep location'."

10 Herr, gib ihm die ewige Ruhe

1 Greene, Romanfassung, 132.

2 Gesprächsprotokolle Selznick-Greene-Korda vom 8.8.1948 in der Harry Ransom Collection, Texas University, Austin, Texas.

3 „I had not given enough credit to the mastery of Reed's direction, and at that stage, of course, neither of us anticipated Reed's discovery of Anton Karas, the zither player. All I had indicated in my treatment was a kind of signature tune connected with Lime." Greene, Ways of Escape, 98.

4 „Suddenly, all the disquieting elements in this thriller fall into place, and new layers of meaning rise above the surface. Holly Martins has been repudiated by Reed and Greene as well as Lime's mistress ... With a different final sequence, The Third Man would lose much of its intellectual force." Andrew Sarris: Carol Reed and the Context of His Time, in: *Film Culture* 3,1; 1957, 11ff.

5 Cotten, Vanity Will Get You Somewhere, 97.

EINE HOMMAGE

1 Carol Reed Papers.

Bildnachweis

Archiv der Bundespolizei, Wien: 73 M.

Austrian Film Archiv, Wien: 188 o., u., 242 (4), 244 M. (2), 244 u.,

Bradey, Phil: 269 u. r.

British Film Institute, London: 29 o.

CANAL + IMAGE, London: Umschlag (3), 14 o., 14 u. l., 15 u. r., 17 o., 17 u., 18 o., u., 19 o., u., 20 o., u., 21 o., u., 24, 29 u., 32/33, 34, 35, 36 o., u., 37 o., u., 38, 39 o., 39 M., 39 u., 40, 43 u., 44, 47, 49 o., u., 51 o., u., 52 o., u., 53 o., u., 54/55, 56, 57 o., u., 59 o., u., 61 o., u., 62 o., u, 63 u., 64 o., 65 o., 66 (3), 67 (6), 68, 69 M., 69 r., 70 o., u., 71 o., u., 72 o., u., 74 o., u., 75 o., u., 76 o., u., 77 o., u., 81 M., 91, 92/93, 95 o., u., 95 o., u., 96 o., u., 97 o., u., 98 o., 99 o., u., 100, 101 o., u., 102 o., u., 103 o., u., 104/105, 106 o., u., 107 o., u., 109, 112 u., 114, 117 o. l., 117 o. M., 117 o. r., 117 M. u., 118 o., u., 119 (4), 120 o., 120 u., 121 o., u., 122 o., u., 123 o., u., 124/125, 127 u., 128, 132 l., 133 l., 144/145, 147 o., u., 148, 149 o., u., 150/151, 152 o., u., 154 o., u., 155 o., u., 156 o., u., 157 o., u., 163, 164/165, 167 o., u., 168 o., 169 o., u., 170, 171 (3), 172 o., u., 173 o., u., 174/175, 176 o., u., 178 (3), 179 (3), 180 o., u., 181 o., u., 182 o., u., 183 o., u., 185 o., u., 184 o., 186 o., u., 187 o., u., 189 o., u., 190 u., 191 o., u., 193 o., 194, 195 o., u., 196 o., u., 197, 198 o., 198 u., 199, 200/201, 202 o., u., 203 o., 204, 209 o. l., u. r., 210/211, 212, 213 o., u., 215 o., u., 216 o., u., 217 o., 220 o., u., 221 o., 221 u., 223/224, 224 u., 225 o., u., 226 o., u., 227 o., u., 228 o., u., 229, 230 o., u., 231 (3), 232 o., u., 233 o., u., 234 o., 235 o., u., 236 o., u., 237 o., u., 238 o., u., 239 o., u., 240/241, 243 o., u., 245 o., u., 246, 247 o., u., 248, 249 o., u., 250 o., u., 251 o., u., 252/253, 254, 255, 256, 259, 260, 261, 262 o., u., 263 o., u., 264 o., u., 265 o., u., 266/267, 269 l., r.

Historisches Museum der Stadt Wien: 65 u. r., 82 o., 166 o. l., 166 M. r., 218

Hotel Sacher, Wien: 48 o., u., 190 M., 219

Hulton Deutsch (Filmagentur), Wien: 89, 146 o., M.

Institut für österreichische Geschichtsforschung, Wien: 30, 48 M., 73 l. u., 166 M. l.

Imperial War Museum, London: 28 u., 111 u., 159 o., 214 o.

Kunsthistorisches Museum, Wien: 73 o. l.

Österr. Nationalbibliothek, Wien: 15 u. l., 16 o. r., 16 u., 50 o., M., u., 60 o. l., 60 u. l., 64 u. r., 73 o. r., 73 o. r., 81 o., 82 u., 84 u., 86 l., 87 r., 110 o., 127 o., 184 M., 234 M. r., u. r.

Privat: 16 o. l., 22, 27, 43 o., 58 o., M., u., 60 M., u., 63 o., 81 u., 90, 94 o., 98 u., 108, 110 u., 112 o., 115, 127 M., 129, 131 o., u., 132 r., 137 o., u., 138 o., u., 140, 141 (3), 142 (3), 143 (5), 153 o., 130, 168 u., 190 o., 193 u., 203 u., 207 l., r., 224 M., 279, 268

Privatarchiv Selznick: 41

Sammlung Wilhelmine Chudik: 43 o.

Sammlung Peter Croy: 16 M., 31, 84 M., 85, 166 u. r., 217 u., 219

Sammlung Kurt Miksch: 15 o., 23

Shepperton Studios: 78 o., 116

Timmermann, Christoph: 177 (3)

Votava: 234 M. l., 244 o., 258 o., u., 234 M. r., u. r.

Wiener Stadt- und Landesbibliothek, Wien: 25, 26, 28 o., 43 u., 60 M. l., 64 u. l., 65 u. l., 69 o., 86/87, 111 o., 139, 146 u., 161, 184 u., 209 o. r., u. l., 214

Chronologie eines Filmklassikers

September 1947: Graham Greene erwähnt in einem Brief an seine Geliebte Catherine Walston erstmals die Idee zu einem Roman, in dem es um das Verschwinden und geheimnisvolle Wiederauftauchen eines Mannes namens Harry geht.

Dezember 1947: Alexander Korda, Carol Reed und Graham Greene besprechen nach dem weltweiten Erfolg ihrer Zusammenarbeit an „Odd Man Out" ein weiteres gemeinsames Filmprojekt. Mit eingebunden ist Kordas österreichischer Freund Karl Hartl, der die Weichen für die Dreharbeiten in Wien stellt.

26. Jänner 1948: Graham Greene unterzeichnet einen Vertrag mit den London Film Productions für eine Erzählung, die als Drehbuchgrundlage für „The Third Man" dienen soll.

11. bis 23. Februar 1948: Drehbuchrecherchen Graham Greenes in Wien, erster Aufenthalt.

2. März bis 24. April 1948: Greene zieht sich nach Italien zurück, um eine 120-seitige Erzählung als Drehbuchvorlage zu verfassen.

14. Mai 1948: Vertrag zwischen Sir Alexander Korda von London-Film und David O. Selznik bezüglich einer Gemeinschaftsproduktion am „Dritten Mann" und dreier weiterer Filme (die allerdings niemals realisiert werden). Bei den Besprechungen auf Selznicks Jacht in den Bermudas ist auch Carol Reed anwesend.

18. bis 30. Juni 1948: Graham Greenes zweiter Aufenthalt in Wien in Begleitung von Carol Reed, Alexander und Vincent Korda sowie Mitarbeitern von den London Film Productions. Karl Hartl hilft bei den Vorbereitungen für die Dreharbeiten in Wien.

8. Juli 1948: Die erste Drehbuchfassung ist fertig, Graham Greene schließt einen Drehbuchvertrag mit den London Film Productions ab.

8. bis 19. August 1948: Drehbuchbesprechungen zwischen Carol Reed, Graham Greene und David O. Selznik in Hollywood, die sich auch nach der Rückkehr von Autor und Regisseur in einer Flut von weiteren Korrespondenzen fortsetzen.

26. August 1948: Graham Greene verkauft die Rechte am Drehbuch an die London-Film, behält aber die Rechte an der ursprünglichen Erzählung.

20. September 1948: Die vorläufig endgültige Drehbuchfassung ist fertig gestellt.

6. Oktober 1948: Der Sascha Film-Verleih nimmt für die Finanzierung der Dreharbeiten in Wien einen Kredit über die Österreichische Creditanstalt bei der Nationalbank auf und bietet ihre Einnahmen aus dem Verleih von Korda-Filmen in Österreich als Sicherstellung.

16. Oktober 1948: Carol Reed kommt zum zweiten Mal nach Wien, diesmal mit einem Filmstab von rund 40 Leuten der London-Film.

18. Oktober 1948: Empfang Carol Reeds beim Wiener Bürgermeister Theodor Körner

22. Oktober 1948: Beginn der siebenwöchigen Dreharbeiten in Wien

31. Oktober 1948: Ankunft von Joseph Cotten

Mitte November 1948: Eintreffen der anderen internationalen Stars in Wien

17. November 1948: Vertrag zwischen London-Film und Sascha Film-Verleih über die Auswertung des Films in Österreich

18. November 1948: Beginn der Dreharbeiten mit Orson Welles

8. Dezember 1948: Abschluss der Hauptdreharbeiten in Wien

11. Dezember 1948: Abschiedsessen für die österreichische Filmmannschaft im Hofburgkeller

15. Dezember 1948: Das britische Filmteam verlässt Wien

29. Dezember 1948: Beginn der Londoner Dreharbeiten in den Isleworth Studios, ab dem 6. Januar 1949 in den Shepperton Studios

16. Jänner 1949: Ankunft von Orson Welles in London für einwöchige Dreharbeiten

Februar 1949: Karas wird von den London Film Productions für die Filmmusik unter Vertrag genommen, beginnt aber erst im Juni mit der Arbeit an der Filmmusik und bleibt bis zum 3. September, einen Tag nach der Premiere, in London.

31. März 1949: Ende der Dreharbeiten in Shepperton

27. Juli 1949: Ein Brand im Schneideraum der Shepperton Studios zerstört Teile des Rohschnitts.

2. September 1949: Festpremiere im Plaza in der Lower Regent Street, Piccadilly in London

17. September 1949: „Der Dritte Mann" wird bei den Filmfestspielen in Cannes mit der Goldenen Palme ausgezeichnet.

September 1949: David O. Selznick lässt eine eigene amerikanische Version schneiden.

November 1949: Anton Karas beginnt sein Engagement im vornehmen Empress Club in London, wo er in Princess Margaret eine begeisterte Zuhörerin findet. Zu diesem Zeitpunkt sind bereits über 300.000 Platten des „Harry-Lime-Theme" über den Ladentisch gewandert.

6. Jänner 1950: Berliner Premiere in der Filmbühne Wien

2. Februar 1950: US- Premiere im Victoria Theatre, New York; Anton Karas startet mit seiner ersten Welttournee.

9. März 1950: Österreichische Festpremiere im Apollo-Kino in Wien, am 10. März im Mirabell-Kino in Salzburg

31. März 1950: Erste deutsche Synchronfassung im Apollo Kino, Wien

29. März 1951: Robert Krasker bekommt von der Amerikanischen Filmakademie den Oscar für die Beste Schwarz-Weiß-Kamera verliehen, Nominierungen für Carol Reed für die Beste Regie und für Oswald Hafenrichter für den Besten Schnitt.

1962: Zweite deutsche Synchronfassung für einen Neustart im deutschen Sprachraum

1999: Anlässlich seines 50. Geburtstags internationaler Neustart des „Dritten Manns" mit renovierten Kopien. Das US-Kinopublikum kommt das erste Mal in den Genuss der britischen Carol Reed Originalfassung. „Der Dritte Mann" wird zum besten britischen Film des Jahrhunderts gewählt.

10. März 2000: „Geburtstagsfeier" im Wiener Apollo-Kino in Anwesenheit von noch lebenden Mitarbeitern aus England und Österreich

Wiener Drehorte

Alserbachstraße / Ecke Rossauerlände, 9. Bez.: (Sterneinstieg) Sz. 136
Am Hof, 1. Bez.: (Anna's Place) Sz. 31, (Kiosk Square) Sz. 96
Auerspergstraße / Palais Auersperg, 8. Bez.: (Hauptquartier der Internationalen Polizei, Foyer und Stiegenhaus, Annas Verhaftung) Sz. 99
Bäckerstraße, 1. Bez.: (Stiegenhaus der British Cultural Relations Society) Sz. 69
Ballgasse, 1. Bez.: (Flucht Holly Martins', Flucht Harry Limes) Sz. 60
Beethovenplatz / Beethovendenkmal, 1. Bez.: Vorspann
Börsegasse, 1. Bez.: (Dr. Winkel mit Fahrrad) Sz. 51
Bräunerstraße / Josefsplatz, 1. Bez.: (Ermordung des Hausbesorgers) Sz. 60
Donau bei Reichsbrücke, 22. Bez.: Vorspann
Dorotheergasse, 1. Bez.: (Casanova Bar) Sz. 46
Drahtgasse, 1. Bez.: (Flucht Holly Martins' und Annas) Sz. 60
Habsburgergasse, 1. Bez.: (Harry Limes Schatten)
Hoher Markt, 1. Bez.: (Marc Aurel Square, Café Mark Aurel) Sz. 66-68, 126-135
Josefsplatz, 1. Bez.: (Palais Pallavicini, Harry's Place) Sz. 9, 18, 57, 60
Josefstädter Straße / Theater in der Josefstadt, 8. Bez.: (Zuschauerraum) Sz. 21
Judengasse, 1. Bez.: (Flucht Holly Martins') Sz. 80
Karlsplatz / Wienflusseinwölbung, 1. Bez.: (Hollys erster Kanaleinstieg, Flucht im Kanal) Sz. 97, 137
Karlsplatz / Girardipark, 1. Bez.: (Manhole on the rim of the city, Kanaleinstieg) Sz. 136
Karlsplatz / Resselpark, 4. Bez.: (Schwarzmarkt) Vorspann
Lothringerstraße / Hotel Sacher, 1. Bez.: (Taxiszene) Sz. 65
Mariahilfer Straße 45 / Windmühlgasse 20 (Hirschenhaus), 6. Bez.: (Flucht Holly Martins') Sz. 80
Minoritenplatz, 1. Bez.: (Taxifahrt, Harry Limes Finger im Kanaldeckel) Sz. 66-68, 107
Morzinplatz / Ecke Gonzagagasse, 1. Bez.: (Street outside Kurtz' house, Balkonszene) Sz. 110
Neuer Markt, 1. Bez.: (Café Mozart) Sz. 17
Parlament, 1. Bez.: Vorspann
Passauer Platz, 1. Bez.: (Flucht Holly Martins' und Annas) Sz. 60, 80
Petersplatz, 1. Bez.: (Oriental Bar) Sz. 87
Philharmonikerstraße / Hotel Sacher, 1. Bez.: Sz. 65
Prater / Riesenrad, 2. Bez.: (Holly Martins und Harry Lime) Sz. 111-117
Porzellangasse, 9. Bez.: (Heimatkino, Flucht Holly Martins' und Annas ins Kino) Sz. 62
Rathaus, 1. Bez.: Vorspann
Reichsbrücke (= Brücke der Roten Armee), 22. Bez.: (Treffen Harry Limes mit Kurtz, Dr. Winkel und Popescu) Sz. 53
Rennweg / Einfahrt zum ehemaligen Salesianerinnenkloster, 3. Bez.: (Literaturvorlesung) Sz. 69
Ruprechtsplatz, 1. Bez.: (Flucht Holly Martins' und Annas)
Schloss Belvedere, 4. Bez.: Vorspann
Schloss Schönbrunn, 13. Bez.: Vorspann
Schmerlingplatz vor dem Justizpalast, 1. Bez.: (Militärparade)
Schönlaterngasse, 1. Bez.: (Taxifahrt) Sz. 66-68
Sonnenfelsgasse, 1. Bez.: (Taxifahrt) Sz. 66-68
Schreyvogelgasse 8, 1. Bez.: (Anna's Street, Hauseingang / Katze) Sz. 95
Schulhof, 1. Bez.: (Verfolgungsjagd Harry Limes) Sz. 96
Stadtpark / Johann Strauß Denkmal, 1. Bez.: Vorspann
Stephansplatz, 1. Bez.: (Ruinen des Stephansdoms) Vorspann
Südbahnhof, 10. Bez.: (Annas „Abschiebung" in die britische Zone) Sz. 119
Tiefer Graben, 1. Bez.: (Flucht Holly Martins' und Annas) Sz. 69
Ulrichsplatz 2, 7. Bez.: (Innenhof, Wohnung Dr. Winkel) Sz. 39
Westbahnhof, 15. Bez.: (Hollys Ankunft) Vorspann, Sz. 5
Zentralfriedhof, 11. Bez.: (vor der Ehrengräbergruppe zwischen Tor 2 und Dr. Karl Lueger-Gedächtniskirche, Allee vor dem Eingang zur Gärtnerei, Abteilung 43b) Sz. 10, 98, 138

Wo man in Wien noch auf den „Dritten Mann" stößt

Österreichische Nationalbibliothek / Musiksammlung, 1. Bez.: Originalpartitur des Harry-Lime-Themas
Neue Burg / Sammlung Alter Musikinstrumente, 1. Bez.: Konzertzither von Anton Karas
Anton-Karas-Platz, 19. Bez.
Sieveringer Friedhof: Grab von Anton Karas
Sieveringer Straße 173, 19. Bez.: Heuriger „Zum dritten Mann" (heute Wohnhaus) Sieveringer Straße, 19. Bezirk: Sieveringer Filmstudios (heute Wohnhausanlage)

Gruppenbild mit Dame (Angela Allen): Kanalpolizei (mit Schirmmützen), Drehteam und Doubles. Im Vordergrund (re. von Klappe) Gino Wimmer

Der Dritte Mann

Produktion: Alexander Korda, London Film Productions; David O. Selznick (Selznick Release Company); Verleih: British Lion Film Corporation.

Stab/London Film Productions
Drehbuch, nach einer Vorlage von Graham Greene: Graham Greene, Carol Reed; Produktionsleitung (Associate Producer): Hugh Perceval; Aufnahmeleitung (Production Manager): T. S. Lyndon-Haynes; Austrian Advisor: Elizabeth Montagu; Scriptüberwachung (Script-Supervisor): Peggy McClafferty; Script-Assistenz (Continuity): Angela Allen;

Produktion und Regie (Produced and directed by): Carol Reed; Produktions-Assistent (Production-Assistent): Robert (Bob) Dunbar; Regieassistenz (Assistent Directors): Guy Hamilton, Jack Causey, Jack Green; Story Advisor: Peter Smollett;

Kamera (Director of Photography): Robert Krasker; Erste Kamera-Assistenz (Camera Operators): Edward (Ted) Scaife, Denys Coop; Zweite Kamera-Assistenz (Additional Photographers): Monty Berman, John Wilcox, Stan Pavey; Standfotografie (Stills Photographer): Len Lee; Schnitt (Editor): Oswald Hafenrichter; Rohschnitt (Assembly Cutter): Peter Taylor; Schnitt-Assistenz (Assistent Editors): Ken Behrens, David Eady;

Ausstattung und Bauten (Set Design): Vincent Korda (Art Director), John Hawkesworth, Joseph Bato, Ferdinand Bellan, Jim Sawyer; Innenrequisiten (Set Dresser): Dario Simoni; Kostüme (Wardrobe): Ivy Baker, George Murray;

Musik: Anton Karas; Ton (Sound Supervisor): John Cox; Tonassistenz (Sound Recording): Bert Ross, Red Law; Tonschnitt (Sound Editor): Jack Drake;

Dialog-Assistenz [US Fassung: Jerome Chodorov], Mabbie Poole, (?) Baroness Budberg, Carola Baronin Schey.

Stab/Wien-Film (uncredited)
Produktionsassistenz: Karl Hartl; Österreich-Berater: Paul Martin; Regieassistenz: Gino Wimmer; Kamera: Hans Schneeberger; Kamera-Assistenz: Walter Partsch, Rainer Herold; Tontechnik: Kurt Miksch.

Besetzung
Holly Martins: Joseph Cotten; Anna Schmidt: Alida Valli; Harry Lime: Orson Welles; Major Calloway: Trevor Howard; Sergeant Paine: Bernard Lee; Harrys Hausbesorger: Paul Hörbiger; Frau des Hausbesorgers: Annie Rosar; Baron Kurtz: Ernst Deutsch; Dr. Winkel: Erich Ponto; Popescu: Siegfried Breuer; Annas Hausvermieterin (Landlady): Hedwig Bleibtreu; Crabbin: Wilfrid Hyde-White; Hansl: Herbert Halbik; Oberst Brodsky: Alexis Chesnakov; Portier im Hotel Sacher: Paul Hardtmuth; Taxifahrer: Thomas Gallagher; Hansls Vater: Frederick Schreiber; Dr. Winkels Haushälterin („Hilde"): Jenny Werner; Barmann in der Casanova Bar: Leo Bieber; Kellner im Smolka: Erich Pohlmann; US-GI am Bahnhof: Reed de Rouen; Krankenschwester: Lily Khan; Mann auf der Straße: Martin Boddy; Ballonverkäufer: Josef Behrens; Brit. Militärpolizist: Robert Brown; US-Militärpolizist (Fahrer): John Voigt; Besucher des Literaturvortrags: Ernst Ullman; Gäste der Casanova Bar: Madge Brindley, Jack Faint; Crabbins stumme Begleiterin: Paula Breeze; Schauspieler der Josefstadt: Karl Stepanek, Hannah Norbert, Helga Singer-Aichinger; Kommandant der Wiener Kanalbrigade: Hauptmann Gesink; Internationale Polizei: Jack Arrow, Reg Morris, Stephen Gray, Duncan Ryder, Brooks Kyle, Ray Browne, Arthur Hall, Howard Leighton, Gordon Tanner, Michael Godfrey, Guy de Morceau, Arthur Barrett, Paul Carpenter, Geoffrey Keene, Vernon Greeves, Jonny Ladd; Double für Orson Welles: Otto Schusser; Double für Joseph Cotten: Andreas Steinbach, Heinz Lazek; Double für Alida Valli: Ilse Peternell; Double für Trevor Howard und Joseph Cotten: Karl Gallasch; in weiteren Rollen: Walter Hortner, Martin Miller, Rona Grahame, Holga Walrow, Harry Belcher, Michael Connor, Fritz Krenn, Geoffrey Wade.

Außenaufnahmen: Schauplätze in Wien und auf dem Fulham Cemetery in London; **Studioaufnahmen:** Isleworth und Shepperton Studios bei London.

Länge: britische Fassung (1949): 104 Minuten, 2.875 m, amerikanische Fassung (1950): 93 Minuten, 2.571 m.

Deutsche Synchronfassungen: „Der Dritte Mann" wurde in Österreich – sowohl in der Original- wie auch in der deutschen Synchronfassung – von 1950 im Sascha Filmverleih gezeigt, die neue Synchronfassung von 1962 im Union Film Verleih.

Film- und Drehbuchrechte: Österreich, Deutschland, Schweiz: Taurus Film, München; Weltrechte: Canal Plus, London/Paris.

Glossar

Die kursive Angabe nach dem Familiennamen bezieht sich auf die Tätigkeit im Rahmen der Filmproduktion. Die Seitenverweise in eckigen Klammern finden sich nur bei unmittelbar an der Produktion beteiligten Personen.

Allen, Angela, *Script Supervisor:* Die jüngste Mitarbeiterin am Set. Nach dem „Dritten Mann" arbeitet sie vor allem mit John Houston („African Queen"), John Frankenheimer und Franco Zeffirelli, aber auch mit Carol Reed an „The Agony and the Ecstasy". Allen lebt heute in London und ist nach wie vor in diesem Gebiet tätig. [50, 96, 131, 133, 205, 268]

American Film Academy Award Oscar: „Der Dritte Mann" erhält einen Oscar für Beste Kamera (Robert Krasker) und Nominierungen für Beste Regie (Carol Reed) und Besten Schnitt (Oswald Hafenrichter).

Apollo Kino, Wien: Wiener Uraufführung am 9. März 1950.

Arno, Nelly, *Garderobefrau im „Casanova":* Sie wird zwar als Mutter von Baron Kurtz angeführt, ihre Rolle ist aber bis auf eine kurze Einstellung dem Schnitt zum Opfer gefallen.

Bato, Joseph (*1888), *Art Director:* Der gebürtige Ungar studiert vorerst Architektur, später in Paris bei Henri Matisse Landschaftsmalerei. Trotz einer schweren Verwundung im Ersten Weltkrieg bleibt er als Maler von Kriegsschauplätzen im Einsatz. Sein Landsmann und Künstlerkollege Vincent Korda holt ihn in die Studios der London Film Productions, wo er als Bühnen- und Filmausstatter sowie Kostümdesigner tätig ist, später auch für MGM British Studios. 1942 veröffentlicht er „Defiant City", eine Serie von Sketches über den Londoner Blitz, das Vorwort verfasst sein Freund, der britische Dramatiker J. B. Priestley. Als dessen sozialkritisches Drama „An Inspector Calls" 1954 verfilmt wird, zeichnet Joseph Bato für die Bauten verantwortlich und arbeitet auch mit zwei Kollegen aus dem „Dritten Mann" zusammen: Guy Hamilton (Regie) und Ted Scaife (Kamera). Batos Markenzeichen sind seine minutiös angefertigten Bleistiftzeichnungen. Mitarbeit Batos an: „Perfect Strangers" (1945), „Bonnie Prince Charlie" (1948), „The Wonder Kid" (1952), „The Heart of the Matter" (1954). [132]

Beauclerk, Colonel, Duke of St. Albans, Leiter der Britischen Abteilung der Alliierten Propagandasektion ISB: Wichtiger Kontakt Graham Greenes während seiner Vorbereitungsarbeiten für das Drehbuch. Gemeinsam mit seinem Stellvertreter Ross Williamson steht er als Vertreter der Britischen Besatzungsmacht dem Filmteam bei den Dreharbeiten zum „Dritten Mann" in Wien bei. [26, 45, 88]

Bellan, Ferdinand „Ferdie" (1897-1976), *Assistant Art Director im Team Vincent Korda/John Hawkesworth,* so genannter „Hintersetzermaler": Sohn eines Architekten, macht schon als fünfjähriger Kinderdarsteller an der Wiener Volksoper von sich reden. Nach dem Besuch der Wiener Kunsthochschule geht Bellan als Bühnenbildner und Landschaftsmaler zur Ufa nach Berlin, emigriert 1936 nach England, wo er als Ausstatter u. a. an Filmen von Jaques Feyder und den Korda-Brüdern arbeitet. Mitarbeit an: „Das tanzende Wien" (1927), „The Four Feathers" (1939), „Perfect Strangers" (1945), „The Agony and the Ecstasy" (1962). [112, 115, 126, 129, 132-133, 163, 209]

Berliner Premiere: 7. Jänner 1950.

Berman, Monty, *Kamera:* Später selbst erfolgreicher Filmproduzent. [133, 209]

BFI: Das British Film Institute in London verwaltet die Nachlässe von Carol Reed und Alexander Korda.

Bleibtreu, Hedwig (1868-1958), *Anna's Old Lady:* Österreichische Charakterschauspielerin, Doyenne des Wiener Burgtheaters. Beginnt ihre Theaterlaufbahn als Mundart-Schauspielerin in einer bayerischen Volkstheatergruppe. 1892 an das Wiener Carl Theater in der Leopoldstadt engagiert, von 1893 an mehr als 50 Jahre lang Mitglied des Burgtheaters. Ihre nicht weniger erfolgreiche Filmkarriere beginnt in den frühen dreißiger Jahren. „Hotel Sacher" (1939), „Wiener G'schichten" (1941), „Der Engel mit der Posaune" (1948), letzter Film „Gefangene Seele" (1951). Ihre Enkelin Monica Bleibtreu gehört seit 1989 dem Ensemble des Deutschen Schauspielhauses an, deren Sohn Moritz hat sich bereits im deutschsprachigen Theater etabliert. [6-8, 22, 25, 29, 45, 66-69, 72, 112, 117, 133-134, 162, 181, 182]

Bowen, Elizabeth, englische Schriftstellerin: Hält während Greenes erstem Wienaufenthalt im Februar 1948 im Rahmen einer Veranstaltung der Anglo-Austrian-Society im British Council eine Vorlesung über den englischen Roman des 20. Jahrhunderts, die Graham Greene inspiriert, Holly Martins bei einer Lesung moderner Literatur in Wien auftreten zulassen.

Breeze, Paula, *Die schweigsame Unbekannte* an Crabbins Seite.

Breuer, Siegfried (1906-1954), *Popescu:* Sohn eines Wiener Opernsängers. Neben seiner Theaterkarriere in Wien, Prag und Berlin auch beliebter Schauspieler und Regisseur beim österreichischen Film, besonders zur Zeit der Wien-Film 1938-1945. „Leinen aus Irland" (1939), „Anuschka" (1941), letzter Film „Unter den Sternen von Capri" (1953). Auch Sohn Siegfried Breuer jun. und die beiden Enkelsöhne Jacques und Pascal Breuer arbeiten als Schauspieler, vornehmlich in TV-Produktionen. [6, 29, 45, 78-79, 112, 133-135, 148]

British Film Academy Award: Die Britische Filmakademie (BAFTA) zeichnet 1949 den „Dritten Mann" mit dem Prädikat Best British Film of the Year aus.

Brown, Robert, *Britischer Militärpolizist* („Tut mir leid, Miss Schmidt, aber Befehl ist Befehl."): Nachfolger von Bernard Lee als „M" in James Bond.

Burg Kino, Wien: Laufende Vorstellungen von „The Third Man" im englischen Original (Sonntag und Freitag).

Cannes Film Festspiele: 1949 gewinnt „Der Dritte Mann" den Großen Preis von Cannes.

Causey, Jack (+ 1977), *Regieassistent:* Später erfolgreicher englischer Regisseur und Produzent, bekannteste Regiearbeiten mit „Mord im Orient Express" und zahlreichen Carry On-Filmen.

Chesnakov, Alexis (1894-1984), *Oberst Brodsky:* Der aus Russland stammende und in England lebende Schauspieler ist in seiner langen Filmkarriere auf die Porträtierung russischer Typen festgelegt. Seine letzte Rolle spielt er 1956 in der Spionagekomödie „The Intelligence Men". Für die Verfilmung der Anton Czechov-Komödie „Uncle Vanya" (1963) mit Sir Laurence Olivier und Michael Redgrave schreibt er die Filmmusik. [74]

Coop, Denys (1920-1981), *Kamera:* Britischer Kameramann, der auch bei „The Fallen Idol", „The Man Between" und „Our Man in Havana" mit Carol Reed zusammenarbeitet, darüber hinaus mit Regisseuren wie David Lean, Otto Preminger, John Houston und Stanley Kubrick. Geht in die Filmgeschichte vor allem mit seinen Special Effects in „Superman" ein, wofür er 1978 mit einem Special Achievement Award der American Film Academy ausgezeichnet wird. [131, 133]

Cotten, Joseph (1905-1995), *Holly Martins:* Amerikanischer Schauspieler, der seine Filmkarriere 1941 unter der Regie von Orson Welles mit „Citizen Kane" beginnt. Zählt vor allem in den vierziger und frühen fünfziger Jahren zur ersten Garde der Hollywoodstars. 1948 wird er in Venedig als Bester ausländischer Schauspieler für „Portrait of Jennie" ausgezeichnet. [6, 7, 20-21, 24, 34-35, 37-39, 41-42, 44, 49, 50-52, 54-56, 59-62, 64, 66-67, 71-72, 76-77, 79, 92, 98-99, 101, 103-104, 106-107, 109, 111, 114-115, 117-118, 122, 127-128, 130, 143, 147, 149-150, 156-157, 168-170, 172-174, 176, 178-179, 185-187, 189, 191-192, 194, 196-199, 205-207, 210-211, 213, 215-217, 220-221, 227, 231, 233, 254, 262-266, 268]

Cox, John (* 1908), *Tontechniker:* Leiter des Shepperton Tonstudios. 1962 Oscar für Besten Ton in „Lawrence of Arabia". [133]

Davies, John „Jack" (* 1914), *Tontechniker:* Beschreibt in „Birth of a Legend" (ACT Magazine) die erste Aufnahme der Zithermusik von Anton Karas in den Wiener Sieveringer Studios. Lebt heute in Südengland. [85]

Deutsch, Ernst (1890-1969), *Baron Kurtz:* Einer der bedeutendsten Charakterdarsteller des deutschsprachigen Theaters. 1914 von Berthold Viertel entdeckt und an die Wiener Volksbühne engagiert. Auftritte in Prag, Dresden, Berlin, später auch in Wien. Neben seiner glänzenden Theaterkarriere spielt er in mehr als 60 Filmen. 1938 Emigration über England in die USA. 1947 Rückkehr nach Wien. Ensemblemitglied des Burgtheaters. Auftritte bei den Salzburger Festspielen und Vorlesungen in englischer Sprache an der Sommerakademie des Studio of Dramatic Arts auf Schloss Landskron bei Salzburg. Bis 1952 bleibt er Ensemblemitglied des Burgtheaters, dann zieht es ihn nach Berlin, wo er 1969 stirbt. 1973 wird in Hamburg das Ernst Deutsch-Theater nach ihm benannt. [6, 8, 20, 29, 45, 50-56, 110, 112, 117, 133-135, 162, 186-187]

Dunbar, Robert „Bob" (1914-2000), *Regieassistent:* Nach Tätigkeit bei der Berliner Ufa, in den Shepperton und Denham Studios und Aufenthalten in Mexiko und Moskau arbeitet er als Produzent. Gründet und leitet die London School of Film von 1959 bis 1974. [39, 115, 133]

Gallasch, Karl, *Double für Joseph Cotten und Trevor Howard:* Wiener Filmschauspieler und Sänger. [113]

Galloway, Sir Alexander, *General Lieutenant:* Britischer Hochkommissar und Oberkommandierender der britischen Truppen in Österreich 1947-1949. Sein Name dient Graham Greene als Vorbild für Major Calloway.

Greene, Graham (1904-1991), *Drehbuch:* Einer der bekanntesten englischen Schriftsteller des Zwanzigsten Jahrhunderts. Nach dem Studium der Geschichte in Oxford macht er sich bald einen Namen als Redakteur und Filmkritiker und wird Mitherausgeber der Literary Supplements von *Times* und *Spectator*, gleichzeitig Versuch sich als Schriftsteller zu etablieren. Bereits seine ersten beiden Romane, „The Man Within" (1929; „Zwiespalt der Seele") und „Stamboul Train" (1932) bescheren dem jungen und unbekannten Schriftsteller überraschend große Erfolge. In seiner beinahe 60-jährigen Schaffensperiode begeistert Graham Greene ein Millionenpublikum in aller Welt mit niveauvoller und spannender Unterhaltung. Greenes Werke werden in rund 30 Sprachen übersetzt, „Brighton Rock", „The Heart of the Matter", „The End of the Affair", „The Quiet American", „Our Man in Havana" in Millionenauflagen gedruckt, „The Power and the Glory" wird zu einem Klassiker der Weltliteratur. Unzählige seiner Romane und Kurzgeschichten liefern die Grundlage für anspruchsvolle Verfilmungen. Graham Greene schreibt auch Kurzgeschichten, literatur- und filmkritische Essays, Dramen (u. a. „The Potting Shed"), Kinderbücher und Filmkritiken. 1971 erscheint seine erste Autobiografie „A Sort of Life", 1980 in erweiterter Form unter dem Titel „Ways of Escape" neu aufgelegt. 1986 wird Graham Greene von Queen Elizabeth II. mit dem höchsten Verdienstorden Großbritanniens ausgezeichnet, der Nobelpreis bleibt ihm jedoch versagt. Im Alter zieht er sich nach Antibes an der Cote d'Azur zurück und stirbt 1991 in Vevey bei Genf. [6, 15-16, 22-23, 25-30, 38, 40-41, 44, 48, 83-84, 87-91, 129-130, 135-136, 138, 146, 158-162, 205, 208-209, 219, 257, 259, 269]

Haeussermann, Ernst (1916-1984), amerikanischer ISB-Offizier: Österreichischer Schauspieler und Theaterdirektor, der 1939 in die USA geht, wo er als Regieassistent unter Max Reinhardt in Hollywood arbeitet. Nach seiner Rückkehr 1945 wird er als Offizier der Information Services Branch der amerikanischen Streitkräfte in Österreich Programmdirektor der in der amerikanischen Besatzungszone installierten Sendergruppe Rot-Weiß-Rot, Leiter der amerikanischen Film-, Theater- und Musikabteilung und eine der wichtigsten Persönlichkeiten des Kulturlebens im Nachkriegs-Wien. Später Direktor am Theater in der Josefstadt und am Burgtheater, unterrichtet am Max Reinhardt-Seminar und an der Hochschule für Musik und darstellende Kunst. War verheiratet mit Susi Nicoletti. [94, 115]

Hafenrichter, Oswald „Ossi" (1897-1973), *Schnitt:* Aus Oplotnitz bei Marburg in der ehemaligen Untersteiermark gebürtig. Medizinstudium in Graz und Wien, ab 1925 bei der Ufa in Berlin, aber auch in Rom, Prag und Wien tätig. Als Mitglied der kommunistischen Partei mehrmals von der Gestapo verhört, flüchtet er nach Frankreich, später nach England. Anfang der vierziger Jahre Schnitt bei Dokumentarfilmen für das Ministry of Information, nach dem Krieg Schnittmeister in den Korda-Studios. Cutter bei den Filmen „Mädchen in Uniform" (1931), „The Guns of Navarone" (1961), „The Great Train Robbery" (1961). [131-132, 139-140]

Halbik, Herbert (* 1945), *Hansl:* Die Rolle des Hansl, für die der erst Dreijährige von Carol Reed spontan am Set entdeckt wird, bleibt seine einzige Filmrolle. Lebt heute in Wien. [6-7, 41, 65, 98, 101, 103-107, 130-131]

Hamilton, Guy (* 1922), *Regieassistent:* Betrachtet Carol Reed als seinen bedeutendsten Lehrmeister, beginnt 1952 selbst erfolgreich Regie zu führen. 1958 entsteht nach dem gleichnamigen Erfolgsstück von George Bernard Shaw „The Devil's Disciple" mit Kirk Douglas, Burt Lancaster und Sir Laurence Olivier und 1963 der kritische Kriegsfilm „Man in the Middle" mit Robert Mitchum und Trevor Howard. Seine größten kommerziellen Erfolge sind die James Bond-Filme „Goldfinger" (1964), „Diamonds Are Forever" (1972) mit Sean Connery und „Live and Let Die" und „The Man With the Golden Gun" mit Roger Moore. Lebt heute auf Mallorca. [7, 16, 27, 45, 96, 108, 112-115, 133, 135, 137, 143, 184, 207, 259]

Hartl, Karl (1899-1978), *Österreichberater des Teams der London Film Productions in Wien:* Österreichischer Filmregisseur und Produktionsleiter der Wien-Film. In den zwanziger Jahren Regieassistent unter Alexander Korda in den Sascha-Studios, später bei der Ufa in Berlin, ab 1938 Produktionsleiter der Wien-Film. Die nach dem Krieg neu aufgenommene Zusammenarbeit mit Alexander Korda legt den Grundstein für den „Dritten Mann" und bringt die Produktion nach Wien. Zu seinen Filmen zählen „Berge in Flammen" (1930 mit Luis Trenker), „Gold" (1933), „Der Mann, der Sherlock Holmes war" (1938), „Wen die Götter lieben" (1942) und Hartls größte Nachkriegserfolge „Der Engel mit der Posaune" (1948) und „Mozart" (1958) mit der österreichischen Nachwuchsschauspielerin Johanna Matz und Oskar Werner. War mit dem österreichischen Filmstar Marte Harell verheiratet. [15, 22-23, 25, 29, 90, 109-112, 133, 136-138, 162]

Hawkesworth, John (* 1920), *Art Director im Team von Vincent Korda:* In späteren Jahren erfolgreicher Autor und Produzent, u. a. der beliebten Fernsehserie „Upstairs Downstairs" („Das Haus am Eaton Place"). Zahlreiche internationale Preise, lebt er heute in England. [114, 116, 132-133, 209, 259]

Herold, Raimund, *Kameraassistent von Hans Schneeberger:* Lebt in Wien.

Hörbiger, Paul (1894-1981), *Harrys Hausmeister:* Einer der populärsten österreichischen Volksschauspieler, feiert auch große Erfolge auf deutschen Bühnen. Spielt in mehr als 250 Filmen, oft neben Hans Moser. „Der Kongreß tanzt" (1931), „Wiener G'schichten" (1940), „Wen die Götter lieben" (1942), „Der alte Sünder" (1951), „Lumpazivagabundus" (1956). [6-8, 18, 45, 57, 62-64, 97, 112, 115, 117, 133-134, 137, 143, 162]

Howard, Trevor (1916-1988), *Major Calloway:* Englischer Charakterdarsteller, vom Theater kommend. Filmdebüt 1944 in Carol Reeds Kriegsdokumentation „The Way Ahead", international bekannt wird Howard als Herzensbrecher in David Leans Bahnhofsromanze „Brief Encounter" (1945). Weitere Zusammenarbeit mit Carol Reed in „Outcast of the Islands" (1951) und „Mutiny on the Bounty" (1962). Oscar-Nominierung für „Sons and Lovers" (1960). [6, 20, 23, 28, 35-37, 39, 41, 49, 70-71, 74-75, 94, 109, 117, 127, 129-131, 137, 156-157, 178-180, 204, 216-217, 227, 233, 244, 249, 262-263]

Hyde-White, Wilfrid (1903-1991), *Crabbin:* Populärer englischer Theater- und Filmschauspieler. Spielt bevorzugt Repräsentanten der englischen Oberschicht. Sein Colonel Pickering in „My Fair Lady" macht ihn international zu einem Begriff. Spielt in der Originalfassung und dem englischen Remake von „Der Engel mit der Posaune". [40, 49, 147, 149]

ISB, Information Services Branch: Im Juni 1945 in Wien installierte Unterabteilung der Information, News & Censorship Section of the Allied Forces Headquarters, deren Aufgabe vor allem bis 1947 darin besteht, die österreichische Medienkultur von nationalsozialistischem Gedankengut zu „reinigen" und unter österreichischer Leitung, aber alliierter Kontrolle neu aufzubauen. Der ISB hat nach 1945 auch die alleinige Kontrolle über den Filmverleih in Österreich und sorgt neben der Filmzensur für die Verbreitung von Propagandafilmen und kommerziellen Filmproduktionen, vor allem aus den USA. 1945 veranlasst der amerikanische Informationsdienst die Herausgabe des *Wiener Kurier*, der zum wichtigsten Sprachrohr der USA in Österreich wird, kurze Zeit später folgt der britische Informationsdienst mit der *Weltpresse* und der französische mit *Welt am Montag*. Leiter der britischen Abteilung der ISB ist 1948 Colonel Charles Beauclerk.

Isleworth Studios: Nach Abschluss der Außenaufnahmen in Wien übersiedelt das Produktionsteam für zwei Wochen vorübergehend in die Isleworth Studios, bevor die Dreharbeiten in Shepperton fortgesetzt werden.

Kanalbrigade, Spezialeinheit der Wiener Polizei: 1934 zur Überwachung und Verbrechensbekämpfung im Wiener Kanalsystem geschaffen, während des Krieges aufgelöst, nach 1945 wieder eingesetzt. Organisatorische Hilfe bei den Dreharbeiten im Wiener Kanalnetz, zahlreiche ihrer Mitglieder, vor allem Hauptmann Gesink [127, 258], profilieren sich als Laiendarsteller.

Karas, Anton (1906-1985), *Filmmusik:* Wiener Heurigenmusiker aus Sievering. Die von ihm komponierte/arrangierte und gespielte Filmmusik mit dem legendären Harry-Lime-Theme als Titelmelodie macht ihn zu einem internationalen Star. Seine Einnahmen ermöglichen Karas die Eröffnung seines eigenen Heurigen: „Zum dritten Mann" in der Sieveringer Straße 173, heute steht dort ein Wohnhaus. [7, 39, 42, 113, 129, 136-143, 202-204]

Korda, Sir Alexander (1893-1956), *Produzent:* Aus Ungarn gebürtiger Filmregisseur und Produzent (eigentlich Sandor Kellner). 1917 Gründung der ersten Filmproduktionsgesellschaft in Budapest, 1919 Flucht nach Österreich, Freundschaft mit Sascha Kolowrat und Karl Hartl. Geht 1923 nach Berlin, 1926 nach Hollywood, 1931 nach England. Macht sich 1932 mit den London Film Productions selbstständig und wird zum bekanntesten und erfolgreichsten britischen Filmproduzenten, in vielen seiner Filme führt er selbst Regie. Baut die Denham Studios auf und arbeitet während des Krieges für den britischen Geheimdienst. Produktionschef von MGM British, u. a. Direktor der Shepperton Studios. 1936 britische Staatsbürgerschaft, 1942 Erhebung in den Adelsstand für seine Verdienste um die britische Filmindustrie. Der Zusammenarbeit mit der Wien-Film entspringt neben dem „Dritten Mann" auch Kordas zweiter in Österreich gedrehter Film „Das Wunderkind" mit Susi Nicoletti, Oskar Werner und Bobby Henrey (Idee und Regie: Karl Hartl, Regieassistenz und Dialogleitung: Elizabeth Montagu). [7, 14, 22-24, 27, 30, 34, 38, 40-42, 45, 88, 90-91, 109, 128-132, 136, 138, 160-161, 204, 205-207, 268-269]

Korda, Vincent (1896-1979), *Art Director:* Studium der Malerei in Budapest, Wien, Paris und Florenz. Von seinem Bruder Alexander nach London geholt, zeichnet er für die aufwendigen Ausstattungen, die zum Markenzeichen der London Film Productions werden, verantwortlich. Bald einer der bedeutendsten Production Designer des britischen Kinos der dreißiger und vierziger Jahre. Oscar für „The Thief of Bagdad" (1940). Arbeitet mit Carol Reed auch an „Fallen Idol" (1947) zusammen. [23, 29, 112, 115-116, 132, 204, 207]

Korda, Zoltan (1895-1961): Bruder von Alexander und Vincent Korda. Nach ersten Filmtätigkeiten in Ungarn, bei der Ufa in Berlin und in Hollywood holt ihn Alexander nach London, wo er für die London Film Productions als Regisseur arbeitet und vor allem durch seine farbenprächtigen Abenteurerfilme, u. a. „The Elephant Boy", bekannt wird. 1940 nach Hollywood. Einer seiner späteren internationalen Erfolge wird die Verfilmung von Alan Paton's „Cry The Beloved Country" mit dem jungen Sidney Poitier in der Hauptrolle (1951). Sein Sohn Michael Korda, heute Verleger und Schriftsteller in den USA, hat mit „Charmed Lives. The Korda Family" eine Biografie des Korda-Clans verfasst. [23, 132]

Krasker, Robert (1913-1981): *Kamera.* Einer der bedeutendsten Kameramänner des Zwanzigsten Jahrhunderts. Aus Australien stammend, studiert in Deutschland, geht 1930 über Frankreich nach England, wo er hauptsächlich für Alexander Korda arbeitet, an „The Four Feathers" 1936 bereits als zweiter Kameramann. Nach dem Krieg dreht er zahlreiche Filme für Carol Reed und wird sein Lieblingskameramann, u. a. „Odd Man Out", „Fallen Idol", „The Outcasts of the Island" und „Trapeze". Mit seinem Namen sind auch Erfolge wie „Henry V." mit Laurence Olivier – seine erste Arbeit in Technicolor – verbunden, David Leans Kassenschlager „Brief Encounter", „Cry the Beloved Country" und „El Cid". Für den „Dritten Mann" erhält Krasker den Oscar für Beste Kamera. [94, 108-109, 112, 115, 119, 129-131, 160, 224]

Ladd, Johnny, *russischer Polizist* (Hausdurchsuchung in Annas Wohnung): Englischer Schauspieler, der für die Rolle des russischen Polizisten wegen seines „typisch russischen" Kinns engagiert wird. Lebt in Australien.

Lazek, Heinz (1912-1976?), *Double für Joseph Cotten:* Österreichisches Boxidol der dreißiger Jahre. 1935 Europameister im Mittelgewicht, 1938 im Schwergewicht. Nach dem vom Nationalsozialismus erzwungenen Ende seiner Karriere wird er von Karl Hartl als „Edelstatist mit Linkswalzerverpflichtung" bei der Wien-Film unter Vertrag genommen, 1947 gründet er in Wien eine Sport- und Mannequinschule. [110-111, 113]

Lee, Bernard (1908-1981), *Sergeant Paine:* Britischer Schauspieler, dessen Bühnenkarriere mit einer Ausbildung an der Royal Academy of Fine Arts in London und einem Engagement bei Edgar Wallace beginnt. Im Laufe seiner Karriere spezialisiert er sich immer mehr auf Militär-, Polizisten- und Spionagerollen. Verkörpert die Rolle des „M" in den James Bond-Filmen der Jahre 1962 bis 1981. [39, 70, 109, 117, 127-128, 130, 178-180, 227, 229, 247]

Lee, Len, *Standfotograf der Shepperton Studios:* Fertigt über 1.500 Wien-Fotos als Grundlage für die Studiodreharbeiten in den Shepperton Studios sowie Film- und Production Stills an. [108]

London Film Productions Ltd.: 1932 von Alexander Korda gegründete britische Filmproduktionsgesellschaft, die bald zu den Bedeutendsten und Erfolgreichsten der britischen Filmindustrie gehört und durch die Internationalisierung ihrer Produktionen neues Leben in die kränkelnde Filmindustrie Englands bringt. Untrennbar mit der Persönlichkeit Kordas verbunden, der sie mehr oder weniger als Ein-Mann-Gesellschaft geführt hat, stellen die London Film Productions mit dem Tod ihres Gründers 1956 die Filmproduktion ein.

Mars Film Gesellschaft: Produziert 1962 eine neue Synchronfassung für einen deutschsprachigen Neustart des „Dritten Mannes".

Martin, Paul (1899-1967), *Produktions- und Dialogassistent:* Aus dem Banat stammender Erfolgsregisseur der Ufa in Berlin, wo er mit Billy Wilder, Walter Reisch und Lilian Harvey zusammenarbeitet. Seine Verfilmung von Graham Greenes „Stambul Train" für die 20th Century Fox wird allerdings ein Misserfolg und vereitelt eine erfolgreiche Hollywoodkarriere. [28, 29, 112, 115, 127, 138]

McClafferty, Peggy, *Scriptgirl.* [112, 117, 119, 224]

Mirabell Kino, Salzburg: Salzburger Uraufführung am 10. März 1950.

Montagu, Elizabeth (1909-2002), *Produktionsassistentin und „Austrian Advisor":* Persönliche Sekretärin von Alexander Korda und Betreuerin Graham Greenes in Wien, arbeitet nach dem „Dritten Mann" noch mehrere Jahre für amerikanische Filmgesellschaften in Wien, bis sie ihre eigene Produktionsfirma für Werbefilme gründet. Lebt bis zu ihrem Tod in Beaulieu bei Southampton, Südengland. [7, 25, 27, 63, 85, 90-91, 109, 112, 114, 130, 132-133, 137, 221, 258-259]

Partsch, Walter (1923-2001), *Zweiter Kameramann:* Beginnt seine Filmkarriere 1938 als Kameraassistent bei der Wien-Film, wo er mit den bedeutendsten Kameraleuten der deutschsprachigen Kinounterhaltungsindustrie zusammenarbeitet. 1945-1949 Reporter und Chefkameramann der britisch-amerikanischen Wochenschau „Welt im Film", wirkt anschließend als Kameramann an Spielfilmen („Asphalt", 1951, „Sebastian Kneipp – ein großes Leben", 1958) und weit über hundert Dokumentar-, Kultur-, Industrie- und Werbefilmen mit und produziert teilweise selbst. Mit zahlreichen in- und ausländischen Preisen ausgezeichnet. Lebt bis zu seinem Tod in Wien. [115]

Pavey, Stan, *Kamera:* Steht der Sewer Unit vor. [96, 109, 119, 244]

Perceval, Hugh, *Associate Producer Carol Reeds und Produktionsleiter.* [135]

Ponto, Erich (1884-1957), *Dr. Winkel:* Populärer und vielseitiger Charakterdarsteller des deutschen Theaters und Films. Nach dem Krieg kurzfristig Theaterintendant in Dresden, von 1947 bis zu seinem Tod in Stuttgart, Göttingen, München und Wuppertal. Zu seinen bekanntesten Filmen zählen „Ich klage an" (1941) und „Sauerbruch" (1953). Als ihn Carol Reed kennen lernt, ist er Gaststar im Theater an der Josefstadt. [6, 20, 29, 46-47, 95, 133, 136, 186-187]

Prawy, Marcel (* 1911), amerikanischer Filmoffizier des ISB. Zusammen mit Ernst Haeussermann Begründer der amerikanisch-britischen Wochenschau „Welt im Film". Steht dem Team bei den Wiener Dreharbeiten gemeinsam mit Haeussermann zur Seite. Er empfiehlt den jungen österreichischen Regieassistenten Gino Wimmer und den Kameramann Walter Partsch an Carol Reed. Noch während der Besatzungszeit wird er (u. a. mit George Gershwins „Porgy and Bess" an der Wiener Volksoper) zu einem der Wegbereiter des amerikanischen Musicals in Wien, später auch die mit Abstand populärste Autorität auf dem Gebiet der klassischen Musik und der Oper. [94, 188]

Reed, Sir Carol (1906-1976), *Produktion und Regie:* Führender britischer Regisseur, Schauspieler und Produzent, seit 1924 Zusammenarbeit mit Edgar Wallace als Theaterschauspieler und Produzent. Zu seinen bekanntesten Filmen zählen „The Stars Look Down" (1939, „Die Sterne blicken herab"), „Night Train to Munich" (1940, „Nachtzug nach München"), „Odd Man Out" (1946, „Ausgestoßen"), „The Fallen Idol" (1948, „Kleines Herz in Not") – seine erste Zusammenarbeit mit Korda und Greene, an die nahtlos „The Third Man" anschließt, „Outcast of the Islands" (1951, „Der Verdammte der Inseln"), „The Man Between" (1953, „Gefährlicher Urlaub"), „Trapeze" (1956, „Trapez"), „Our Man in Havana" (1959, „Unser Mann in Havanna") und die Verfilmung des Erfolgsmusicals „Oliver!" (1968), für die Reed mit einem Oscar ausgezeichnet wird. Oscar-Nominierungen für „Odd Man Out", „Fallen Idol" und „The Third Man". Obwohl einer der prominentesten Filmregisseure der Nachkriegszeit, erlangt keiner seiner Filme eine ähnliche Bedeutung wie „Der Dritte Mann". [6, 15-16, 22, 28-31, 38-43, 45, 50, 94, 96, 108-109, 111- 115, 118, 120, 126-139, 142-143, 153, 159-163, 168, 184, 198, 202, 204-206, 208, 224, 234, 258-259, 268-269]

Rosar, Annie, *Die Frau des Hausbesorgers:* Große österreichische Volksschauspielerin. [6, 29, 57, 133, 135, 162]

Sascha-Film: Vom österreichischen Filmpionier Graf Alexander (Sascha) Kolowrat nach dem Ersten Weltkrieg in Wien gegründete Filmfirma. Nimmt 1919 den jungen ungarischen Regisseur Alexander Korda unter Vertrag, ebenso den Wiener Regieassistenten Karl Hartl. Diese Verbindungen sollten später entscheidend zur Entstehung des „Dritten Manns" beitragen.

Sawyer, J., *Assistant Art Director:* Chef der technischen Zeichner der Shepperton Studios. [132]

Scaife, Ted (* 1912), *Chefkameramann des zweiten Drehteams:* Seit 1947 Kameramann bei den London Film Productions, arbeitet mit Reed auch an „An Outcast of the Islands" und „A Penny for Two Farthings" mit und zusammen mit Guy Hamilton an der J. B. Priestley Verfilmung von „An Inspector Calls" (1954). [168]

Schneeberger, Hans (1895-1971), *Chefkameraman des dritten Drehteams:* Aus Brandberg im Tiroler Zillertal gebürtig, zählt gemeinsam mit dem Bergfilmpionier Arnold Franck, mit Schauspieler/Produzent Luis Trenker und Leni Riefenstahl, mit der er auch vier Jahre liiert ist, zu den Wegbereitern des Berg- und Sportfilms der zwanziger Jahre. Kamera für „Das blaue Licht" unter der Regie von Leni Riefenstahl. Ihre Namen sind untrennbar mit den Stummfilmklassikern „Berg des Schicksals" (1924), „Der heilige Berg" (1926), „Die weiße Hölle vom Piz Palü" (1929) und „Stürme über dem Mont Blanc" (1930) verbunden, für die er in Schneestürmen, Eiswänden und sogar vom Flugzeug aus mit dem nicht weniger wagemutigen Flugpionier Ernst Udet dreht. Mehr als vierzigjährige Karriere als Kameramann und teilweise auch als Schauspieler, arbeitet an mehr als 120 Filmen, mit Carol Reed auch an „Fallen Idol" und „Odd Man Out". Im „Dritten Mann" leitet er die Dreharbeiten auf Reichsbrücke und Zentralfriedhof sowie Außenaufnahmen an zahlreichen Drehorten in der Inneren Stadt. Hans Schneeberger ist auch Generalvertreter der Firma Mole & Richardson in Österreich. Zählt in den späten vierziger und frühen fünfziger Jahren zu den besten Kameramännern der Wien-Film. [109, 111-112, 114-115, 268]

Schusser, Otto (1912-2001), *Orson-Welles-Double:* Kleindarsteller und „Edelstatist" in über 50 Filmen der Wien-Film Produktionsgesellschaft. [112, 115]

Selznick, David O. (1902-1965), *Amerikanischer Ko-Produzent:* Prototyp des unabhängigen amerikanischen Filmproduzenten, größter Erfolg: „Vom Winde verweht" holt Alfred Hitchcock nach Amerika holt. Stellt Korda für den „Dritten Mann" die bei ihm unter Vertrag stehenden Stars Joseph Cotten und Alida Valli im Gegenzug für die amerikanischen Vertriebsrechte zur Verfügung. [14, 24, 30, 34, 39-42, 129, 132, 135, 141, 204, 220, 268]

Shepperton Studios: *Studioaufnahmen* für den „Dritten Mann". Wenige Kilometer südlich von Heathrow Airport in der Grafschaft Middlesex liegend, zählen nach wechselvollen Jahren zu den größten und renommiertesten englischen Filmstudios.

Sieveringer Studios (eigentlich: WIEN-Film Studios in Sievering), Wiener „Hauptquartier" des englischen Filmteams: 1916 von Sascha Kolowrat für die Sascha-Film in der Sieveringer Straße gegründet, zählen sie neben den Rosenhügel Studios und den Schönbrunn Studios zu den drittgrößten Filmstudios Wiens. Gegen Ende des Zweiten Weltkriegs wird die Einrichtung nach Bayern verschleppt, Wiedereröffnung am 23. März 1946 durch die amerikanischen ISB Behörden. Mit der Liquidierung der Wien-Film Produktionsgesellschaft kommt auch das Ende der Studios in der Sieveringer Straße.

Simoni, Dario (+1984), *Kostüm:* 1962 für „Lawrence of Arabia" und 1965 für „Doctor Zhivago" mit einem Oscar für Beste Bühnenausstattung ausgezeichnet. [133]

Spin-offs: „The Adventures of Harry Lime" (US-Titel „The Third Man: The Lives of Harry Lime") – BBC Radio Show in 52 Fortsetzungen nach einem Drehbuch von Orson Welles und unter der Regie von Tig Roe (1951); „The Third Man" – britisch-amerikanische TV-Serie mit Michael Rennie als Harry Lime, unter der Regie von u. a. Paul Henreid (1958); „The Third Man" – dramatisiertes BBC Hörspiel um Police Inspector Jean Darblay in Yorkshire (1981); „The Third Mouse" – Folge in der Zeichentrickserie „Pinkey and the Brain" (1995).

Synchronfassungen: Erste deutsche Synchronfassung 1949/1950 von Mars Film Synchron GmbH Berlin. Regie: Georg Rothkegel, Buch: Thea von Harbou, Produktionsleitung: Conrad Flockner. Friedrich Joloff (Orson Welles), Wolfgang Lukschy (Joseph Cotten), Hans Nielsen (Trevor Howard), Elisabeth Ried (Alida Valli); bis auf Paul Hörbiger und Ernst Deutsch synchronisieren sich alle deutschsprachigen Schauspieler selbst. Nachdem ein Brand im Nitrofilmlager der Firma Kroll in Frankfurt sämtliche Negative und Kopien der deutschen Originalsynchronfassung zerstört, wird „Der Dritte Mann" für einen Neustart in den deutschsprachigen Ländern 1962 im Auftrag des Atlas Filmverleihs neu synchronisiert. Mit großer Sorgfalt versucht man Sprecher zu finden, deren Stimmen sich nicht allzu sehr von jenen der ursprünglichen Synchronfassung unterscheiden: Werner Peters (Orson Welles), Horst Niendorf (Joseph Cotten), Heinz Drache (Trevor Howard), Dagmar Altrich (Alida Valli), Ernst Deutsch (Ernst Deutsch), Ernst Wilhelm Borchert (Erich Ponto), Curt Ackermann (Siegfried Breuer), Eva Eras (Hedwig Bleibtreu). Nur Paul Hörbiger kann seinem Hausbesorger als Einziger noch die Originalstimme leihen. Die Musik wird von der englischen Originaltonspur abgenommen. Durch eine glückliche Fügung sind die Originalsynchronstimmen in einem 1950 von Klaus-Dieter Klingberg für Radio Bremen zusammengestellten Hörspiel erhalten geblieben.

Taylor, Peter, *Schnitt:* 1957 für seinen Schnitt in „Bridge on the River Kwai" mit einem Oscar ausgezeichnet. [133]

Valli, Alida (* 1921), *Anna Schmidt:* Italienische Schauspielerin mit Vater österreichischer Herkunft, bürgerlicher Name Alida Maria Altenberger. Studiert nach dem Tod ihres Vaters im Jahr 1936 in Rom im Centro Sperimentale di Cinema Schauspiel und Regie. Bald erste Charakterrollen beim Film, wird bereits als Zwanzigjährige in Venedig als Beste Schauspielerin des Jahres ausgezeichnet und international bekannt. Der Krieg unterbricht ihre Karriere. 1945 holt sie David O. Selznick nach Hollywood, um sie als „neue Garbo" in Alfred Hitchcocks „The Paradine Case" (1947) an der Seite Joseph Cottens und in „The Miracle of the Bells" (1948) mit dem jungen Frank Sinatra groß herauszubringen. Obwohl nach ihrem Erfolg im „Dritten Mann" einer internationalen Karriere nichts mehr im Weg steht, arbeitet sie in der Folge fast ausschließlich wieder in italienischen Produktionen wie „Senso" (1954), „Edipo Rè" (1967) und in „Strategia del ragno" (1970) unter der Regie von Bernardo Bertolucci. 1953 nochmalige Zusammenarbeit mit Trevor Howard in „La Mano dello Streniero" („The Stranger's Hand") nach einem Drehbuch von Graham Greene. 1995 „A Month by the Lake" neben Uma Thurman und Vanessa Redgrave. Mehrfache Auszeichnungen, u. a. bei den Filmfestspiele Venedig 1997: Goldener Löwe für ihr Lebenswerk. 1999 holt sie der österreichische Regisseur Franz Xaver Schwarzenberger für die italienisch-österreichisch-deutsche Koproduktion „Vino Santo" neben Anna Galiena, Friedrich von Thun und zahlreichen österreichischen Schauspielern vor die Kamera. Alida Valli lebt heute in Rom und ist nach wie vor eine viel beschäftigte Theater- und Filmschauspielerin, ihre vorläufig letzte Rolle spielt sie 2002 in dem Thriller „Semana Santa". [6, 21, 24, 28, 39, 42, 59, 61-62, 66-67, 70-71, 74-77, 79, 98, 104, 106-107, 109, 112, 115, 117, 127, 130, 164-165, 168, 181-183, 185, 210-213, 215, 220-221, 231, 263-265, 267-268]

Vienna Walks & Talks: Führungen zu den Originalschauplätzen des „Dritten Manns" in Wien.

Voigt, Peter, *US-Chauffeur des Interalliierten Jeeps:* Englischer Schauspieler, der „nie einen Führerschein besessen hat". Lebt in Südengland.

Welles, Orson (1915–1985), *Harry Lime:* Wunderkind des amerikanischen Films. Legendärer Ruf durch spektakuläre Inszenierungen für Bühne und Film. Produziert mit „Citizen Kane" (1942) ein Epoche machendes Filmwerk, gilt in Hollywood aber wegen der schwachen Einspielergebnisse seiner Filme bald als „Kassengift". Bekannteste Filme: „The Magificent Ambersons" (1941) mit Joseph Cotten, „Journey Into Fear" (1942), „Lady from Shanghai" (1948) mit Rita Hayworth, „Touch of Evil" (1958) und „A Man for All Seasons" (1967) unter der Regie von Fred Zinnemann. Arbeitet während seiner gesamten Karriere in den USA und in Europa am Theater, für Radio und Fernsehen, um mit den Honoraren seine oft sehr extravaganten Projekte und Experimente zu finanzieren. Zahlreiche Werke bleiben unvollendet. Welles' Einfluss auf die Entwicklung des Films, vor allem als Pionier der Tiefenschärfe, ist aber von dauerhafter Wirkung geblieben und hat wesentlich zu einer Bereicherung des künstlerischen Repertoirs des Mediums Film beigetragen. Wird 1975 für sein Lebenswerk mit einem Oscar ausgezeichnet. [7-8, 25, 38, 42-43, 48, 112, 115-118, 127-130, 133, 159, 171, 173, 188, 190-193, 195-200, 204-209, 220, 222-223, 230, 232, 234, 236-241, 247, 250-251, 255, 258-259]

WIEN-Film: Nach dem „Anschluss" Österreichs an das Deutsche Reich 1938 aus der Umwandlung der Tobis-Sascha-Filmindustrie hervorgegangene Filmproduktionsfirma, wird auf Wunsch des für Reichsfilmangelegenheiten zuständigen Propagandaministers Joseph Goebbels der Leitung des österreichischen Regisseurs Karl Hartl unterstellt. 50 abendfüllende Spielfilme begründen eine „Glanzzeit" Wiens als Filmstadt. Nach dem Krieg unter demselben Namen neu gegründet. An die Erfolge vor 1945 anzuschließen, ist aber schwer. Die amerikanische Besatzungsmacht ist an einer florierenden österreichischen Filmindustrie nicht interessiert und geizt mit Produktionsgenehmigungen, um den Marktanteil amerikanischer Verleiher im besetzten Nachkriegsösterreich zu sichern. Darauf spezialisiert sich die österreichische Filmindustrie immer mehr auf Heimatfilme, die wegen der kaum benötigten Atelierszenen kostengünstig herzustellen sind, mit herrlichen Landschaftsaufnahmen beim Publikum – und vor allem am deutschen Markt gewinnbringend – punkten. Als zu Beginn der fünfziger Jahre die amerikanische Filmeinfuhr drastisch erhöht wird und fast die Hälfte des Filmangebots abdeckt – das besetzte Österreich kann sich nicht durch Kontingentierung wehren –, ist die österreichische Filmindustrie und damit auch die Wien-Film dem Diktat des finanzstarken deutschen Marktes völlig ausgeliefert. Kapitalaufwendige, selbstständige österreichische Filmproduktionen bleiben auf der Strecke. Nach dem Staatsvertrag 1955 geht die Wien-Film in staatlichen Besitz über, ihr Ende ist eingeleitet. Die Eigenproduktionen entwickeln sich immer mehr zu Verlustgeschäften, auch die Vermietung der Rosenhügel-Ateliers für ausländische Filmproduktionen kann die Auflösung 1985 nicht verhindern. Ohne die Zusammenarbeit mit der Wien-Film wären die Dreharbeiten zum „Dritten Mann" im Übrigen nicht möglich gewesen. Neben Personal wird vor allem technisches Equipment bereitgestellt: Scheinwerfer („Brutes"), Kameras (Eclaire), eine portable Lichttonkamera EK 114 für Primärtonaufnahmen.

Wimmer, Gino (* 1919), *Assistant Director Carol Reeds:* Nach seiner Rückkehr aus Amerika 1946 Arbeit in der Dokumentarfilmabteilung von „Welt im Bild", Regieassistenz in österreichischen Nachkriegsproduktionen, u. a. unter Gustav Ucicky und Karl Hartl. Die erfolgreiche Zusammenarbeit mit Carol Reed ermöglicht Wimmer, nach Beendigung der Dreharbeiten in Wien durch Vermittlung Alexander Kordas mit einem UNESCO Mass Media Fellowship für ein Jahr nach London zu gehen: Arbeit in der damals weltberühmten SHELL-Dokumentarfilm-Unit unter Sir Arthur Elton, Studium in Edinburgh und Oxford. Nach Tätigkeit unter Marc Allegret in Paris Rückkehr nach Wien. Mitarbeit an zahlreichen Produktionen der österreichischen Produktions- und Verleihfirma Cosmopol-Film, u. a. am Cannes-Siegerfilm „Die letzte Brücke" mit Maria Schell; Gastregieassistent bei Columbia unter Hathaway und Cecil B. de Mille. Pressechef der Cosmopol Film, langjähriger Film-Redakteur der *Kronen-Zeitung*, Mitglied der Österreichischen Filmprädikatisierungskommission, des British Film Institute und der Cinemateque Française. [94, 112-114, 127, 129]

Quellennachweis und weiterführende Literatur

Graham Greene: Der Dritte Mann

Romanfassungen
The Third Man. Unpublished original short story. Draft script, 20. September 1948. In: Carol Reed Papers, Special Collections, British Film Institute (BFI), London
The Third Man. The Fallen Idol, Harmondsworth 1976 (Neuauflage 1988) [Britische Fassung]
The Third Man, New York 1999 [US-Fassung]
Der dritte Mann, Reinbek bei Hamburg 1958
The Third Man. Hg. und mit Nachwort versehen von Bernd Lenz, Stuttgart 1985

Drehbuchfassungen
The Third Man. Unpublished film script. In: Carol Reed Papers, Special Collections, British Film Institute (BFI), London
The Third Man. Unpublished film treatment. In: Carol Reed Papers, Special Collections, British Film Institute (BFI), London
Greene, Graham / Reed, Carol: The Third Man. Modern Film Scripts, London 1969
Dt. Synchronfassung: Persönliche Mitschrift (Barbara Timmermann)

DVD
The Third Man. DVD [US-Fassung] Criterion Collection
The Third Man. DVD [Britische Fassung]
Der dritte Mann. DVD [Deutsche Synchronfassung 1962]

Hörspielfassungen
The Third Man. Audio Edition. Read by Martin Jarvis. Telltapes Ltd., Auburn/CA 1998
The Third Man. The Fallen Idol. BBC Full-Cast Dramatisations. Dramatised by Richard Wortley. BBC Worldwide Ltd. 2001

Literatur

Adamson, Judy / Stratford, Philip: Looking for the Third Man. On the Trail in Texas, New York, Hollywood. In: *Encounter* Vol. 50/6 (June 1978), 39ff.

Albrich, Thomas: Asylland wider Willen. In: Günter Bischof / Josef Leidenfrost: Die bevormundete Nation. Österreich und die Alliierten 1945-1949, Innsbruck 1988, 217-244

Allain, Marie-Françoise: The Other Man. Conversations with Graham Greene, Harmondsworth 1984

Alloth, Kenneth / Farries, Miriam: The Art of Graham Greene, New York 1963

Alloway, Lawrence: Symbolism in „The Third Man". In: *World Review*, New Series 13 (1950), 57ff.

Angst-Nowik, Doris / Sloan, Jane (Ed.): One-Way Ticket to Hollywood. Film Artists of Austrian and German Origin in Los Angeles, Los Angeles 1987

Antel, Franz / Winkler, Christian F.: Hollywood an der Donau. Geschichte der Wien-Film in Sievering, Wien 1991

Augustin, Andreas: Die berühmtesten Hotels der Welt. Das Hotel Bristol, Wien 2001

Bachinger, Karl / Matis, Herbert: Der österreichische Schilling. Geschichte einer Währung, Graz 1974

Beer, Siegfried: Studien zur anglo-amerikanischen Österreichpolitik 1938-1955. Mediale, diplomatische, militärische, geheimdienstrechtliche und besatzungspolitische Aspekte der Rekonstruktion in Zentraleuropa während und nach dem Zweiten Weltkrieg, Graz 1999 (besonders Kapitel II: Geheimdienstliche Aspekte 1941-1955)

Beer, Siegfried: Von Alfred Redl zum „Dritten Mann". Österreicher und Österreicherinnen im internationalen Geheimdienstgeschehen 1918-1947. In: *Geschichte und Gegenwart*. Vierteljahreshefte für Zeitgeschichte, Gesellschaftsanalyse und politische Bildung. Jg. 16/1 (März 1997), 3-25

Beer, Siegfried: Zielscheibe Wien. Spionage in Österreich 1945-1955. In: *Damals* 2/99, 26-31

Behlmer, Rudy / Hart, Henry (Ed.): Memo from David O. Selznick, London 1973

Benedikt, Heinrich (Hg.): Gazette of the Allied Commission, Wien 1945-1955. In: Geschichte der Republik Österreich, Wien 1954

Benz-Casson, Lotte: Wien 1945. Ein Sammelwerk aus dem zerstörten Stadtbild Wiens mit 168 Original-Aufnahmen, Wien o. J.

Beson, George C. S.: American Military Government in Austria May 1945-February 1946. In: Carl J. Friedrich: American Experiences in Military Government in World War II, New York 1948

Bischof, Günter: Der Marschallplan und Österreich. In: *Zeitgeschichte* 17 (1990), 463-474

Brusatti, Alois: Entwicklung der Wirtschaft und Wirtschaftspolitik. In: Erika Weinzierl / Kurt Skalnik (Hg.): Österreich. Die Zweite Republik. Bd. 1, Graz 1972

Brusatti, Alois / Gutkas, Karl / Weinzierl, Erika: Österreich 1945-1970. 25 Jahre Zweite Republik, Wien 1970 (=Schriften zur Erwachsenenbildung in Österreich, Bd. 21)

Buchners Enzyklopädie des Films. Filme und Filmemacher, Schauspieler und Techniker, Genres, Länder und Institutionen in 3000 Stichwörtern und 540 Abbildungen, Frankfurt 1977

Bülow, Hans: Der dritte Mann. Ein Film-Meisterwerk. In: *Frankfurter Hefte* 5/2 (1950), 212ff.

Büttner, Elisabeth / Dewald, Christian: Anschluss an Morgen. Eine Geschichte des österreichischen Films von 1945 bis zur Gegenwart, Wien 1997

Cargnelli, Christian / Omasta, Michael (Hg.): Aufbruch ins Ungewisse. Österreichische Filmschaffende in der Emigration vor 1945, Wien 1993

Carpenter, Lynette: „I Never Knew the Old Vienna". Cold War Politics and *The Third Man*. In: *Film Criticism* (1978), 27-34

Carter, Miranda: Anthony Blunt. His Lives, London 2001

Chamrath, Gustav: Die Gesetze gegen Schleichhandel, Preistreiberei, Hamstern und ähnliche Delikte, Linz 1947

Charlot, Alain: Die 100 besten Kriminalfilme. Heyne Film- und Fernsehbibliothek, München 1989

Cook, Christopher: Hijacking *The Third Man*. In: *Listener* 116, 2991 (December 1986), 18-25

Cookridge, E. H.: The Third Man. The truth about „Kim" Philby, double agent, London 1968 (dt.: Karriere: Doppelagent. Kim Philby – Meisterspion für London und Moskau, Hamburg 1968)

Cooper, J. C.: An Illustrated Encyclopedia of Traditional Symbols, London 1984, 96

Cotten, Joseph, Vanity Will Get You Somewhere. San Francisco 1987 (dt.: Mein unbescheidenes Leben. Hollywoods letzter Gentleman erinnert sich, Hamburg 1988)

Crosby, John: „The Second Man". In: *Observer*, 1. Juni 1969

Crowther, Bosley: The Third Man. In: *New York Times*, 3. Februar 1950

Croy, O.: Wien 1945. Ein Tagebuch in Wort und Bild, Eisenstadt 1975

Denby, David: Night World. In: Philip Nobile (Ed.): Favorite Movies. Critics, Choice, New York 1973, 87-96

Denscher, Bernhard: Wien und „Der dritte Mann". In: *Wien aktuell,* Heft III (1985), 30f.

Doerfler, Goswin: Karl Hartl. An Austrian Film Director. In: *Focus on Film*, no. 29 (March 1978), 35-43

Dor, Milo / Federmann, Reinhard: Internationale Zone. Roman, Wien 1994

Drazin, Charles: The Best Years. The British Film of the 1940s, London 1998

Drazin, Charles: In Search of the Third Man, London 2000

Driver, Paul: „A Third Man Cento". In: *Sight and Sound* 59/1 (Winter 1989/90), 36-41

Durgnat, Raymond: Films and Feelings, Cambridge/Mass. 1971

Falk, Quentin: Travels in Greeneland. The Cinema of Graham Greene, London-New York 1990

Frankfurter, Bernhard: Rund um die „Wien-Film" Produktion. Staatsinteressen als Impulsgeber des Massenmediums eines Jahrzehnts, o. O., o. J.

Friedlmeier, Herbert / Mraz, Gerd: Österreich 1945-55. Fotos aus dem Archiv des Wr. Kuriers, Wien 1994

Fritz, Walter: Im Kino erlebe ich die Welt. 100 Jahre Kino und Film in Österreich, Wien 1997

Fritz, Walter: Die österreichischen Spielfilme der Stummfilmzeit (1907-1930), Wien 1967

Fuchs, Manfred: Der österreichische Geheimdienst. Das zweitälteste Gewerbe der Welt, Wien 1993

Gabler, Neal: An Empire of their Own. How the Jews invented Hollywood, New York 1988

Gedye, G. E. R.: A Wayfarer to Austria. Part 1: Vienna 1947, London 1947

Glanninger, Peter: Visualisierung von Bedrohung. Die Bedeutung von Bildern in ‚Der dritte Mann'. In: *Zeitgeschichte* 21/9-10 (1994)

Gomez, Joseph A.: „The Third Man": Capturing the Visual Essence of Literary Conception. In: *LFQ* 2 (1974), 332ff.

Granögger, Ulrike: Graham Greenes *The Third Man*. Das Buch – Der Film, Diplomarbeit Wien 1992

Greene, Graham: A Collection of Critical Essays, Englewood Cliffs/New Jersey 1973

Greene, Graham: Ways of Escape, Harmondsworth 1987

Gribble, Jim: The Third Man. Graham Greene and Carol Reed. In: *LFQ* 26/3 (1998), 235ff.

Guha, W.: Die Geschichte eines österreichischen Filmunternehmens: Von der Sascha-Film-Fabrik Pfraumberg in Böhmen zur WIEN-Film, Wien 1975

Haas, Ernst / Andics, Hellmut: Ende und Anfang, Wien-Hamburg-Düsseldorf 1975

Hanisch, Ernst: Der lange Schatten des Staates. Österreichische Gesellschaftsgeschichte im 20. Jahrhundert, Wien 1994 [= Herwig Wolfram (Hg.): Österreichische Geschichte 1890-1990]

Harlow, John: For Kim Philby, read Harry Lime. In: *The Sunday Times*, 14. Dezember 1996

Hawtree, Christopher (Ed.): „Yours, etc.". Letters to the Press. Graham Greene, o. O. 1991

Hawtree, Christopher: Will Harry Return from the Shadows? In.: *Evening Standard*, 23. November 1989, 31

Heinrich, Walter: Der doppelte Markt. Die Überwindung des Schwarzen Marktes, Wien 1947

Horak, Jan-Christian: Schauplatz Wien. Österreich im Anti-Nazi-Film Hollywoods. In: Christian Cargnelli / Michael Omasta (Hg.): Aufbruch ins Ungewisse. Österreichische Filmschaffende in der Emigration vor 1945. Bd. 1, Wien 1993, 199ff.

Hörbiger, Paul: Ich hab für Euch gespielt. Erinnerungen. Aufgezeichnet von Georg Markus, München-Berlin 1979

Irnberger, Harald: Nelkenstrauß ruft Praterstern. Am Beispiel Österreichs: Funktion und Arbeitsweise geheimer Nachrichtendienste in einem neutralen Staat, Wien 1981

Jagschitz, Gerhard: Zeitaufnahmen. Österreich im Bild. 1945 bis heute, Wien ² 1985

Jeger, S. W.: Austria 1946. By 2 Labour Members of Parliament, S. W. Jeger, Maurice Orbach, London 1946

Jutz, Gabriele: Ein Spielfilm zwischen Tradition und Innovation. Wienerinnen – Schrei nach Liebe (Kurt Steinwender, 1951). In: Reinhard Sieder u. a. (Hg.): Österreich 1945-1995, Gesellschaft, Politik, Kultur, Wien 1996, 133ff.

Kemp, Philip: The Third Man. In: *Sight and Sound* 4/4 (1994), 54f.

Kieninger, Ernst u. a. (Hg.): 1. April 2000, Wien 2000

Knight, Vivienne: Trevor Howard. A Gentleman and Player, New York 1986

Knightly, Philip: The Master Spy. The Story of Kim Philby, New York 1990

Korda, Michael: Charmed Lives. The Fabulous World of the Korda Brothers, London 1980

Korda, Michael: The Third Man. In: *The New Yorker*, 25. März 1996, 44ff.

Kramer, Thomas / Prucha, Martin: Film im Laufe der Zeit. 100 Jahre Kino in Deutschland, Österreich und der Schweiz, Wien 1994

Kudrnofsky, Wolfgang: Vom Dritten Reich zum Dritten Mann. Helmut Qualtingers Welt der vierziger Jahre, Wien 1973

Kulik, Karol: Alexander Korda. The Man Who Could Work Miracles, New Rochelle/NY 1975

Kulpok, Alexander: Das Land des Todes betreten, ohne zu sterben. Ein Unerforschlicher wird erforscht: Graham Greene und seine Biographen. In: *Süddeutsche Zeitung*, 8. April 1996, VI/II

Lambert, Gavin: The Third Man. In: *Monthly Film Bulletin* 16, 189 (September 1949), 159

Leaming, Barbara: Orson Welles. A Biography. New York 1995

Levy, Emanuel: And the winner is …: the history and politics of the Oscar Awards, New York 1987

Limbacher, James L.: Film Music. From Violins to Video, London 1974

Limburg, Guido: Geschichte zwischen Zeitdokument und Historienfilm. „Der Dritte Mann" und „Die Ehe der Maria Braun". In: *Geschichte lernen* 7/42 (1994), 31ff.

Lutz, E. H. G.: Penicillin. Die Geschichte eines Heilmittels und seines Entdeckers Alexander Fleming, München 1954

Lyon, Christopher (Ed.): The Macmillan Directory of Film and Filmmakers. Vol. 1, London 1984

Macleaod, Norman: ‚This strange, rather sad story': The Reflexive Design of Graham Greene's ‚The Third Man'. In: *Dalhousie Review* 63, no. 2 (Summer 1983), 217-241

Maimann, Helene / Mattl, Siegfried (Hg.): Die Kälte des Februar. Österreich 1933-1938. Katalog zur gleichnamigen Ausstellung der Österreichischen Gesellschaft für Kulturpolitik, Wien 1984

Man, Glen K. S.: The Third Man. Pulp Fiction and Art Film. In: *LFQ* 21, 3 (1993)

Mauch, Christof: Schattenkrieg gegen Hitler: Das Dritte Reich im Visier der amerikanischen Geheimdienste 1941-1945, Stuttgart 1999

Mazakarini, Leo / Augustin, Andreas: Hotel Sacher Wien, Wien 1967

McBride, Joseph: Orson Welles. Actor and Director, New York 1996

Mc Farlane, Brian: The Third Man: Context, Text and Intertextuality. In: *Metro Magazine* 92 (1993), 16-26

Mc Farlane, Brian: *The Third Man*: Greene, Reed and the Art of Entertainment. In: Brian Mc Farlane / Longman Cheshire (Ed.): Viewpoints on Film. Vol. 1, Melbourne 1992, 1-20

Menschen nach dem Krieg. Schicksale 1945-55. Katalog des Niederösterreichischen Landesmuseums zur Ausstellung in der Schallaburg 1995, Innsbruck 1995

Möchel, Kid: Der geheime Krieg der Agenten. Spionagedrehscheibe Wien, Hamburg 1997

Moss, Robert F.: The Films of Carol Reed, London 1987

Myerscough-Walker, R.: Vincent Korda. Stage and Film Director, London 1940

Nolan, Jack E.: Graham Greene's Films. In: *LFQ* 2 (1974), 302-309

Norman, Barry: 100 Best Films of the Century, London 1992

Odlas, Susanne: Der dritte Mann. In: *Neuer Film-Kurier* Nr. 454, Wien 1999

Palmer, James W. / Riley, Michael M.: „The Lone Rider in Vienna. Myth and Meaning in The Third Man". In: *LFQ* 8, 1 (Spring 1980), 14-20

Parkinson, David (Ed.): Mornings in the Dark: The Graham Greene Film Reader, Manchester 1993

Patzer, Franz (Hg.): Der dritte Mann. Die Zeit. Die Stadt. Der Film. Wiener Stadt- und Landesbibliothek. Katalog zur 203. Wechselausstellung der Wiener Stadt- und Landesbibliothek (Gestaltung und Text: Bernhard Denscher), Wien 1985

Philby, Kim: My Silent War. London 1968 (dt.: Mein Doppelspiel. Autobiographie eines Meisterspions, 1968)

Phillips, Gene D.: Graham Greene. The Films of His Fiction. Studies in Culture and Communication, Columbia University 1974, 44ff.

Portisch, Hugo: Österreich II. Band 1: Die Wiedergeburt unseres Staates, Wien 1987

Powell, Michael: A Life in Movies. Masterworks of the British Cinema, London o. J.

Quinlain, David: The Illustrated Guide to Film Directors, London 1983

Quinlain, David: Illustrated Directory of Film Stars, London 1991

Raskin, Richard: Closure in The Third Man: On the Dynamics of an Unhappy Ending. In: *PVO* (Dezember 1996), 101ff.

Rathkolb, Oliver: Politische Propaganda der Amerikanischen Besatzungsmacht in Österreich 1945 bis 1950. Ein Beitrag zur Geschichte des Kalten Krieges in der Presse-, Kultur- und Rundfunkpolitik, Dissertation Wien 1981

Rauchensteiner, Manfred: Der Sonderfall. Die Besatzungszeit in Österreich 1945-1955, Graz 1995

Reed, Carol: Carol Reed Special Collection. Notes and Correspondence. British Film Institute (BFI), London

Riedl, Elisabeth: Penicillin V. Eine Sternstunde der Biochemie Kundl, Kundl o. J.

Riefenstahl, Leni: Memoiren, München 1987

Rindler, Rupert, Kriminalakt Austria, Wien 1953

Ross, Robert F.: The Films of Carol Reed, Southampton 1987

Rottinger, Christian: Wiener Kanalgeschichte – Von den Römern zum ‚Dritten Mann'. In: *Perspektiven* 6/7 (1990)

Samuels, Charles Thomas: Encountering Directors, New York 1972

Sarris, Andrew: Carol Reed and the Context of His Time. In: *Film Culture* 3,1 (1957), 11ff.

Sarris, Andrew: First of the Realists. An Analysis of Carol Reed's Work for the Cinema, Part 1. In: *Films and Filming* 3, 12 (September 1957), 9-10

Sarris, Andrew: The Stylist Goes to Hollywood, Part 2. In: *Films and Filming* 4, 1 (October 1957), 11-12

Saunders, Frances Stonor: Wer die Zeche zahlt ... Der CIA und die Kultur im Kalten Krieg, Berlin 2001

Schembor, Friedrich Wilhelm: Verbrechen und Unfälle in Wien 1945/46. In: *JbVGStW* 56 (2000)

Schmidl, Erwin A. (Hg.): Österreich im frühen Kalten Krieg 1945-1958. Spione, Partisanen, Kriegspläne. Eine Publikation des Militärwissenschaftlichen Büros des Bundesministeriums für Landesverteidigung, Wien 2000

Schneider, Hansjörg: Erich Ponto. Ein Schauspielerleben, Berlin 2000

Schwenk, August: Die Filmproduktionsstätten. In: *Filmkunst* No. 5 (1950), 254-255

Shelden, Michael: Graham Greene. The Man Within, London 1994

Shelden, Michael: Snatching the Plot. In: *Sunday Telegraph Review*, 11. Juli 1994

Sherry, Norman: The Life of Graham Greene, London 1989

Sieder, Elfriede: Die Alliierten Zensurmaßnahmen zwischen 1945-55. Unter besonderer Berücksichtigung der Medienzensur, Dissertation Wien 1983

Sieder, Reinhard / Steinert, Heinz / Tálos, Emmerich (Hg.): Österreich 1945-1995. Gesellschaft, Politik, Kultur, Wien 21996

Skerret, Joseph T.: Graham Greene at the Movies. A Novelist's Experience with the Film. In: *LFQ* 2 (1974), 293-301

Smith, Graham: The Achievement of Graham Greene, Brighton 1986

Snyder, John R.: The Spy Story as Modern Tragedy. In: *LFQ* 5 (1977), 216-34

Steiner, Gertraud: Die Heimat-Macher. Kino in Österreich 1946-1966, Wien 1985

Straberger, Ilse: Die deutsche Übersetzung der bekanntesten Werke Graham Greenes. Eine Untersuchung zur Technik des Übersetzens, Dissertation Wien 1956

Tabori, Paul: Alexander Korda. A Biography, New York 1966

Taylor, John Russel: Masterworks of the British Cinema, London 1974

Taylor, John Russel (Ed.): The Pleasure Dome. Graham Greene: The Collected Film Criticism 1935-40, London 1972

Thomson, David: Showman. The Life of David O. Selznick, o. O. 1993

Ulrich, Rudolf: Österreich und Hollywood. Ein Beitrag zur Entwicklung des amerikanischen Films, Wien 1993

Van Wert, William F.: Narrative Structure in The Third Man. In: *LFQ* 4 (1974), 341-346

Vogel, Stefan: Frankreich und die Alliierte Besetzung Wiens von 1945-1955. In: *Jahrbuch des Vereins Geschichtsforschung der Stadt Wien* 55 (1999), 173-210

Voigt, Michael: Pictures of Innocence: Sir Carol Reed. In: *Focus on Film* 17 (Spring 1974), 28

Wagnleitner, Reinhold: Coca-Colonisation und Kalter Krieg. Die Kulturmission der USA in Österreich nach dem Zweiten Weltkrieg, Wien 1991

Wakeman, John (Hg.): World Film Directors. Vol. 1: 1890-1945, New York 1987

Wapshott, Nicolas: The Man Between. A Biography of Carol Reed, London 1990

Warren, Patricia: British Film Studios. An Illustrated History, Avon 1995

Weihsmann, Helmuth: The Third Man's Vienna. A Visual History Document or the Evaluation of Film As Historic Evidence. In: *Journal of Visual Literacy*, Vol. 13, No. 2 (Autumn 1993)

Weinzierl, Ulrich (Hg.): Februar 1934. Schriftsteller erzählen, Wien 1984

Winner, Michael: Every shadow tells a story. In: *Independent* 7 (October 1994), 24

Wobbe, R. A.: Graham Greene. A Bibliography and Guide to Research, New York 1979

Wolfe, Peter: Graham Greene the Entertainer. Modern Critiques, Carbondale 1972

Wollen, Peter: Riff-raff realism. In: *Sight and Sound* 4 (1998), 18ff.

Woodbridge, George: The History of UNRRA, New York 1950

Ferner Zitate aus folgenden Publikationen
A Guide to the Allied Commission in Austria, Wien 1950
Biochemie 1946-1996. 50 Jahre Technologie fürs Leben. Festschrift zu 50 Jahren Biochemie Kundl (Gestaltet von Sabine Eder u. a.)
Cités-Cinés. Ausstellungskatalog. Éditions Ramsay et la Grande Halle/La villette 1987
Frauenleben 1945. Kriegsende in Wien. 205. Katalog der Sonderausstellung des Historischen Museums der Stadt Wien, Wien 1995
Der Kanaltrupp der WEGA. Informationsblatt der Alarmabteilung der BUPO Wien
Kulturelle Visitenkarten: Die (Re-)Präsentation der Besatzungsmächte in Wien 1945-1955
237. Wechselausstellung im Wiener Rathaus, November 1999-April 2000. Hg. von Walter Obermaier (www.stadtbibliothek.wien.at/ausstellungen/1999/wa-237/toc-de.htm)
Programm der Casanova Bar 1948
Programmheft Theater in der Josefstadt 1957
Wien baut auf. Katalog einer Ausstellung im Festsaal des Wiener Rathauses September/ Oktober 1948
30 Jahre Sascha-Film. Eine Festschrift der Sascha-Film Verleih und Vertriebs GesmbH, Wien 1948
80 Jahre Wiener Sicherheitswache. Hg. von der Bundespolizeidirektion Wien. Text von Karl Springer, Wien 1949
Wiener Klinische Wochenschrift, 18. April 1947

Österreichische Zeitungen
Abend 11. 3. 1950; *Amtsblatt* der Stadt Wien, 12. 4. 1950; *Arbeiterzeitung* 23. 1. 1982; *Kleines Volksblatt,* 12. 3. 1950; *Morning News* (Tageszeitung des Br. Informationsdienstes IBS) 12. 2. 1948, 18. 2. 1948; *Neue Kronenzeitung* 25. 10. 1987; *Neues Österreich* 22. 11. 1947, 16. 10. 1948, 21. 10. 1948, 11. 3. 1950, 12. 3. 1950; *Presse* 11. 3. 1950, 12. 3. 1950, 15. 3. 1950, 16. 3. 1950, 17. 3. 1950; *Welt am Montag* 25. 2. 1950, 27. 2. 1950; *Weltpresse* 22. 2. 1950, 23. 2. 1950, 25. 2. 1950, 2. 3. 1950, 6. 3. 1950, 10. 3. 1950, 11. 3. 1950, 13. 3. 1950, 15. 5. 1950; *Wiener Arbeiter Zeitung* 11. 3. 1950; *Wiener Illustrierte* 14. 1. 1950, 23. 3. 1950; *Wiener Kurier* 4. 3. 1950, 10. 3. 1950; *Wiener Weltpresse* 22. 8. 1947, 26. 8. 1947; *Wiener Zeitung* 10. 10. 1945, 10. 3. 1950

Österreichische Filmzeitschriften

Film. Die österreichische illustrierte Zeitschrift, Nr. 32 (Jänner 1949)
Filmkunst. Zeitschrift für Filmkultur und Filmwissenschaft, Nr. 1 (1949), Nr. 2 (1950), Nr. 3 (1950), Nr. 5 (1950), Nr. 7/Sonderheft (1951)
Funk und Film, 26. 11. 1948, 10. 12. 1948, 17. 2. 1950
Mein Film. Die österreichische Film Illustrierte, 18. 6. 1948, 16. 7. 1948, 23. 7. 1948, 13. 8. 1948, 29. 10. 1948, 12. 11. 1948, 19. 11. 1948, 26. 11. 1948, 23. 12. 1948, 10. 12. 1948, 3. 2. 1950, 10. 2. 1950, 10. 3. 1950, 24. 3. 1950, 31. 3. 1950, 18. 8. 1950
Österreichische Kino Zeitung. Mitteilungsblatt für den Fachverband der Lichtspieltheater, 3. 7. 1948, 9. 10. 1948, 13. 11. 1948, 20. 11. 1948, 11. 12. 1948, 18. 12. 1948
Österreichische Film- und Kino Zeitung. Zentralorgan der österreichischen Filmwirtschaft, 14. 1. 1950, 28. 1. 1950, 18. 2. 1950, 25. 2. 1950, 11. 3. 1950, 18. 3. 1950
Wiener Filmrevue, Nr. 4 (1950)

Deutsche Tageszeitungen und Zeitschriften (Auswahl)

Der Abend 25. 1. 1950; *Darmstädter Echo* 3. 2. 1950; *Echo der Woche* 26. 1. 1950; *Frankfurter Allgemeine* 14. 1. 1950; *Hamburger Allgemeine* 28. 10. 1949, 13. 1. 1950; *Hamburger Freie Presse* 13. 1. 1950; *Hamburger Morgen Post* 13. 1. 1950; *Illustrierte Filmwoche* 9. 3. 1950; *Kölnische Rundschau* 7. 2. 1950; *Neue Zeitung* 7. 1. 1950; *Die neue Zeitung* 8. 1. 1950, 26. 1. 1950; *Spiegel* 14. 1. 1985; *Der Tag* 25. 1. 1950, 26. 1. 1950; *Tagesspiegel* 7. 1. 1950

Englischsprachige Tages- und Wochenzeitungen (Auswahl)

Birmingsham Mail 21. 10. 1949; *Cambridge Daily News* 24. 1. 1950; *Continental Daily Mail Paris* 18. 11. 1949; *Coventry Standard* 10. 1. 1950; *Daily Express* 2. 9. 1949, 6. 9. 1949, 2. 12. 1949, 2. 6. 1950; *Daily Mail* 2. 9. 1949; *Daily Mirror* 2. 9. 1949, 14. 10. 1949, 26. 5. 1950; *Daily News* 2. 2. 1950, *Edinburgh Evening Dispatch* 14. 1. 1950; *Glasgow Evening News* 21. 1. 1950; *Glasgow Herald* 2. 6. 1950; *Herald* 2. 9. 1949; *Manchester Guardian* 2. 9. 1949, 11. 3. 1950; *Montreal Daily Star* 13. 5. 1950; *New York Herald Tribune* 16. 12. 1949, 29. 12. 1949; *New York Times* 3. 2. 1950, 11. 3. 1950; *Observer* 4. 9. 1949; *Scottish Daily Mail* 13. 1. 1950; *Standard* 1. 9. 1949; *Sunday Times* 4. 9. 1949, 18. 9. 1949, 3. 7. 1994; *The Times* 1. 9. 1949, 9. 11. 1949, 2. 6. 1950; *Time Magazine* 28. 11. 1949, 6. 2. 1950, *Washington Post* 15. 3. 1950

Interviews, Telefonate und Korrespondenz mit folgenden Personen (im Zeitraum von 1995 bis 2002)

Ilse Aichinger (Wien), Angela Allen (London), David Bellan (London), Dr. Richard Bennett (USA), Wilhelmine Chudik (Wien), John W. Davies (Devon); Bob Dunbar (London), David Eady (London), John Galliford (USA), Guy Hamilton (Mallorca), Herbert Halbik (Wien), Raimund Herold (Wien), Jackie Jones (London), Ernst Lazek (Wien), Alex Maitland (England), Joe M. Marks (London), William H. Meck (USA), Kurt Miksch (Wien), Elizabeth Montagu (Beaulieu), Viscountess Toshiko Naito (Japan), William J. Nutile (USA), Paul Oliver (Shepperton), Walter Partsch (Wien), Dorli Percival (London), Marcel Prawy (Wien), Max Reed (London), Anny Schusser (Wien), Lotty Smolka (Wien), Hans Hermann Spitzy (Baden), Peter Voigt (London), Gino Wimmer (Wien)

Autoren

Brigitte Timmermann, Mag. Dr. phil. Studium der Anglistik und Geschichte an der Universität Wien. Mehrjährige Lehrtätigkeit an einem Wiener Gymnasium. Kinderkarenz. Diplomstudium der Touristik an der Wirtschaftsuniversität Wien. Derzeit Arbeit als freiberufliche Historikerin, staatlich geprüfte Fremdenführerin und Lehrbeauftragte in der Erwachsenenbildung. Ihre Liebe zum Film hat 1987 die unkonventionelle Stadtführung „Wien auf den Spuren des Dritten Manns" entstehen lassen, aus der die Idee zu vorliegendem Buch geboren wurde. Lebt mit ihrer Familie in Wien.
Publikation: „Die Begräbnisstätten der Habsburger in Wien" (Wien, 1997)

Frederick Baker, M. Phil. (cantab.), B.A. (Hons.). Geboren 1965 in Salzburg, Studium der Anthropologie und Archäologie in Cambridge und Sheffield. King Edwards VII Scholarship – Volkskunde, Eberhard-Karls-Universität Tübingen. Seit 1994 freier Regisseur. Vier internationale Regiepreise: Golden Hugo / Chicago 1997, Grand Prix / Tech Film 2000, Bester Dokumentarfilm / Academia Festival Olomouc 2001 und Golden Gate Award / San Francisco 2002. Österreich-Korrespondent von The Independent.
Publikationen (u. a.): „Jüdische Identität und Jüdisches Schicksal. Sir Ernst H. Gombrich" (Hg. mit Emil Brix, Wien 1997), „London Erlesen" (Hg., Klagenfurt 2001), „The Red Army Grafitti in the Reichstag" (Hg., London 2001), „Wiener Wandertage" (Klagenfurt 2002)
Dokumentationen (u. a.): Eric Hobsbawm – The Stories My Country Told Me (BBC, 1996), The Haider-Show (BBC, 2000), Stalin Red God (BBC/ORF, 2001)

Dank

Mein Dank gilt allen, die dieses längst überfällige Buch über Wiens berühmtesten Film ermöglicht haben:

Den MitarbeiterInnen vom Czernin Verlag, die sich weit über das übliche Maß für dieses Buch eingesetzt und engagiert haben; Frederick Baker, der dem Buch mit seinem unkonventionellen Bild-Essay eine zusätzliche, fantastische Dimension verliehen hat, und Bernhard Kerbl für dessen grafische Umsetzung.
Dr. Peter Zawrel vom Österreichischen Filmförderungsfonds, Univ. Doz. Dr. Hubert Ch. Ehalt, Dr. Bernhard Denscher, Herrn Ing. Müllner, Gerhard Strassgschwandtner.
Für die Hilfe bei meinen Recherchen und Bereitstellung von Material in Österreich danke ich besonders:
Austria Filmarchiv, Prof. Kurt und Traude Brazda, Alexander Horvath, Frederick Kacek, Ernst Lazek, Ing. Kurt Miksch, Walter Partsch (+), Mag. Feigl von der Wiener Stadt- und Landesbibliothek; Prof. Marcel Prawy, Dr. H. Prigl, Herbert Prix, Hotel Sacher, Anny Schusser, Univ. Prof. Dr. Spitzy, Herrn Prof. Gino Wimmer.
Im Ausland danke ich: Angela Allen, Australian Film Institute, David Bellan, Dr. Richard Bennett, Monty Berman, Charles Drazin, Philip Brady, BAFTA, Jack Davies, Bob Dunbar, Charles Eady, Renee Goddard, Larry und Erika Goldberg, Conrad Hafenrichter, Guy Hamilton, John Hawkesworth, John Herron vom Archiv der Pinewood Studios, Jackie Jones-Krasker, Allan Lawson von BECTU, Joe Marks, Bill Meck, Dr. Owen Meegan, Janet Moat von BFI, Elizabeth Montagu (+), Dr. Öppinger vom Österreichischen Kulturinstitut in London, Dorli Perceval, Max Reed, Peter Voigt, Familie Dr. Wittenstein-Varga.

Der größte Dank gilt allerdings meinem Mann Herbert, Barbara, Kerstin und Stoffi und allen unseren guten Freunden. Ohne ihre aktive Mitarbeit (vor allem bei Fotoarchivierung, Kopier- und Schreibarbeiten, Übersetzungsarbeiten, etc.), ihre Unterstützung für meine Arbeit und ihre unendliche Geduld hätte dieses Buch nicht entstehen können.

.KUNST

bm:bwk

Filmfonds Wien
Stiftgasse 6
A-1070 Wien

Pixelstorm Lithodesign & Datenstudio
Würthgasse 14 / Top 15
A-1190 Wien

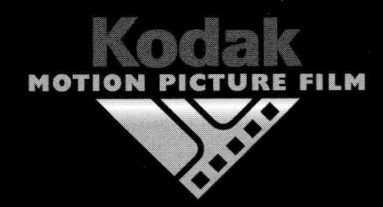

Kodak Gesellschaft m.b.H.
(Österreich)
Albert Schweitzer-Gasse 4
A-1148 Wien

Ludwig Reiter Schuhmanufaktur
Mölkersteig 1 (Drei Mäderl Haus)
A-1010 Wien